低碳智库译丛

"十三五"国家重点图书出版规划项目

国家出版基金项目
NATIONAL PUBLICATION FOUNDATION

PLANETARY ECONOMICS
Energy, Climate Change and the Three Domains of Sustainable Development

Michael Grubb

Jean-Charles Hourcade   Karsten Neuhoff

星球经济学
能源、气候变化和可持续发展的三个领域

（英）迈克尔·格拉布 让-夏尔·乌尔卡德 卡斯滕·努豪夫 著

刘哲 张莹 周亚敏 王思丹 严晓琴 译

潘家华 校

东北财经大学出版社
Dongbei University of Finance & Economics Press   大连

ROUTLEDGE
Taylor & Francis Group

辽宁省版权局著作权合同登记号：06-2015-165

Planetary Economics: Energy, Climate Change and the Three Domains of Sustainable Development by Michael Grubb, Jean-Charles Hourcade, Karsten Neuhoff

Copyright©2014 by Routledge

Authorised translation from the English language edition published as an Earthscan title by Routledge, a member of the Taylor & Francis Group. Copies of this book sold without a Taylor & Francis sticker on the cover are unauthorized and illegal

图书在版编目（CIP）数据

星球经济学：能源、气候变化和可持续发展的三个领域 /（英）迈克尔·格拉布（Michael Grubb）等著；刘哲等译. 一大连：东北财经大学出版社，2017.5
（低碳智库译丛）
ISBN 978-7-5654-2726-8

Ⅰ．星…　Ⅱ．①迈…②刘…　Ⅲ．①能源经济-研究②气候变化-研究③可持续性发展-研究　Ⅳ．①F407.2②P467③X22

中国版本图书馆CIP数据核字（2017）第075532号

东北财经大学出版社出版发行
　大连市黑石礁尖山街217号　邮政编码　116025
　网　　址：http：//www.dufep.cn
　读者信箱：dufep@dufe.edu.cn
大连图腾彩色印刷有限公司印刷

幅面尺寸：170mm×240mm　字数：690千字　印张：48
2017年5月第1版　　　　2017年5月第1次印刷
责任编辑：李　季　　　　责任校对：童　心
封面设计：冀贵收　　　　版式设计：钟福建
定价：109.00元

教学支持　售后服务　　联系电话：（0411）84710309
版权所有　侵权必究　　举报电话：（0411）84710523
如有印装质量问题，请联系营销部：（0411）84710711

气候变化是当前人类面临的最大威胁，危及地球生态安全和人类生存与发展。采取应对气候变化的智慧行动可以推动创新、促进经济增长并带来诸如可持续发展、增强能源安全、改善公共健康和提高生活质量等广泛效益，增强国家安全和国际安全。全球已开展了应对气候变化的合作进程，并确立了未来控制地表温升不超过2℃的目标。其核心对策是控制和减少温室气体排放，其中主要是化石能源消费的CO_2排放。这既引起新的国际治理制度的建立和发展，也极大推动了世界范围内能源体系的革命性变革和经济社会发展方式的转变，低碳发展已成为世界潮流。

自工业革命以来，发达国家无节制地廉价消耗全球有限的化石能源等矿产资源，完成了工业化和现代化进程。在创造其当今经济社会高度发达的"工业文明"的同时，也造成世界范围内化石能源和金属矿产资源日趋紧缺，并引发了以气候变化为代表的全球生态危机，付出了严重的资源和环境代价。在全球应对气候变化减缓碳排放背景下，世界范围内正在掀起能源体系变革和转型的浪潮。当前以化石能源为支柱的传统高碳能源体系，将逐渐被以新能源和可再生能源为主体的新型低碳能源体系所取代。人类社会的经济发展不能再依赖地球有限的矿物资源，也不能再过度侵占和损害地球的环境空间，要使人类社会形态由当前不可持续的工业文明向人与自然相和谐、经济社会与资源环境相协调和可持续发展的生态文明的社会形态过渡。

应对气候变化，建设生态文明，需要发展理念和消费观念的创新：要由片面追求经济产出和生产效率为核心的工业文明发展理念转变到人与自

然、经济与环境、人与社会和谐和可持续发展的生态文明的发展理念；由
过度追求物质享受的福利最大化的消费理念转变为更加注重精神文明和文
化文明的健康、适度的消费理念；不再片面地追求 GDP 增长的数量、个
人财富的积累和物质享受，而是全面权衡协调经济发展、社会进步和环境
保护，注重经济和社会发展的质量和效益。经济发展不再盲目向自然界摄
取资源、排放废物，而要寻求人与自然和谐相处的舒适的生活环境，使良
好的生态环境成为最普惠的公共物品和最公平的社会福祉。高水平的生活
质量需要大家共同拥有、共同体验，这将促进社会公共财富的积累和共
享，促进世界各国和社会各阶层的合作与共赢。因此，传统工业文明的发
展理论和评价方法学已不能适应生态文明建设的发展理念和目标，需要发
展以生态文明为指导的发展理论和评价方法学。

政府间气候变化专门委员会（IPCC）第五次评估报告在进一步强化
人为活动的温室气体排放是引起当前气候变化的主要原因这一科学结论的
同时，给出全球实现控制温升不超过 2℃目标的排放路径。未来全球需要
大幅度减排，各国经济社会持续发展都将面临碳排放空间不足的挑战。因
此，地球环境容量空间作为紧缺公共资源的属性日趋凸现，碳排放空间将
成为比劳动力和资本更为紧缺的资源和生产要素。提高有限碳排放空间利
用的经济产出价值就成为突破资源环境制约、实现人与自然和谐发展的根
本途径。广泛发展的碳税和碳市场机制下的"碳价"将占用环境容量的价
值显性化、货币化，将占用环境空间的社会成本内部化。"碳价"信号将
引导社会资金投向节能和新能源技术，促进能源体系变革和经济社会低碳
转型。能源和气候经济学的发展越来越关注"碳生产率"的研究，努力提
高能源消费中单位碳排放即占用单位环境容量的产出效益。到 2050 年世
界 GDP 将增加到 2010 年的 3 倍左右，而碳排放则需要减少约 50%，因此
碳生产率需要提高 6 倍左右，年提高率需达 4.5%以上，远高于工业革命以
来劳动生产率和资本产出率提高的速度。这需要创新的能源经济学和气候
经济学理论来引导能源的革命性变革和经济发展方式的变革，从而实现低
碳经济的发展路径。

经济发展、社会进步、环境保护是可持续发展的三大支柱，三者互相

依存。当前应对气候变化的关键在于如何平衡促进经济社会持续发展与管理气候风险的关系。气候变化使人类面临不可逆转的生态灾难的风险，而这种风险的概率和后果以及当前适应和减缓行动的效果都有较大的不确定性。国际社会对于减排目标的确立和国际制度的建设是在科学不确定情况下的政治决策，因此需要系统研究当前减缓气候变化成本与其长期效益之间的权衡和分析方法；研究权衡气候变化的影响和损害、适应的成本和效果、减缓的投入和发展损失之间关系的评价方法和模型手段；研究不同发展阶段国家的碳排放规律及减缓的潜力、成本与实施路径；研究全球如何公平地分配未来的碳排放空间，权衡"代际"公平和"国别"公平，从而研究和探索经济社会发展与管控气候变化风险的双赢策略。这些既是当前应对气候变化的国际和国别行动需要解决的实际问题，也是国际科学研究的重要学术前沿和方向。

当前，国际学术界出现新气候经济的研究动向，不仅关注气候变化的影响与损失、减排成本与收益等传统经济学概念，更关注在控制气候风险的同时实现经济持久增长，把应对气候变化转化为新的发展机遇；在国际治理制度层面，不仅关注不同国家间责任和义务的公平分担，更关注实现世界发展机遇共享，促进各国合作共赢。理论和方法学研究在微观层面将从单纯项目技术经济评价扩展到全生命周期的资源、环境协同效益分析，在宏观战略层面将研究实现高效、安全、清洁、低碳新型能源体系变革目标下先进技术发展路线图及相应模型体系和评价方法，在国际层面将研究在"碳价"机制下扩展先进能源技术合作和技术转移的双赢机制和分析方法学。

我国自改革开放以来，经济发展取得举世瞩目的成就。但快速增长的能源消费不仅使我国当前的 CO_2 排放已占世界 1/4 以上，也是造成国内资源趋紧、环境污染严重、自然生态退化严峻形势的主要原因。因此，推动能源革命，实现低碳发展，既是我国实现经济社会与资源环境协调和可持续发展的迫切需要，也是应对全球气候变化、减缓 CO_2 排放的战略选择，两者目标、措施一致，具有显著的协同效应。我国统筹国内国际两个大局，积极推动生态文明建设，把实现绿色发展、循环发展、低碳发展作为基本途径。我国自"十一五"以来制定实施并不断强化积极的节能和CO_2减排目标及能源结构优化目标，并以此为导向，促进经济发展方式的根本性转变。我国也需要发展面向生态文明转型的创新理论和分析方法作为指导。

先进能源的技术创新是实现绿色低碳发展的重要支撑。先进能源技术越来越成为国际技术竞争的前沿和热点领域，成为世界大国战略必争的高新科技产业，也将带来新的经济增长点、新的市场和新的就业机会。低碳技术和低碳发展能力正在成为一个国家的核心竞争力。因此，我国必须实施创新驱动战略，创新发展理念、发展路径和技术路线，加大先进能源技术的研发和产业化力度，打造低碳技术和产业的核心竞争力，才能从根本上在全球低碳发展潮流中占据优势，在国际谈判中占据主动和引导地位。与之相应，我国也需要在理论和方法学研究领域走在前列，在国际上发挥积极的引领作用。

应对气候变化关乎人类社会的可持续发展，全球合作行动关乎各国的发展权益和国际义务。因此相关理论、模型体系和方法学的研究非常活跃，成为相关学科的前沿和热点。由于各国研究机构背景不同，思想观念和价值取向不同，尽管所采用的方法学和分析模型大体类似，但各自对不同类型国家发展现状和规律的理解、把握和判断的差异，以及各自模型运行机理、参数选择、政策设计等主观因素的差异，特别是对责任和义务分担的"公平性"的理念和度量准则的差异，往往会使研究结果、结论和政策建议产生较大差异。当前在以发达国家研究机构为主导的研究结果和结论中，往往忽略发展中国家的发展需求，高估了发展中国家减排潜力而低估了其减排障碍和成本，从而过多地向发展中国家转移减排责任和义务。世界各国因国情不同、发展阶段不同，可持续发展优先领域和主要矛盾不同，因此各国向低碳转型的方式和路径也不同。各国在全球应对气候变化目标下实现包容式发展，都需要发展和采用各具特色的分析工具和评价方法学，进行战略研究、政策设计和效果评估，为决策和实施提供科学支撑。因此，我国也必须自主研发相应的理论框架、模型体系和分析方法学，在国际学术前沿占据一席之地，争取发挥引领作用，并以创新的理论和方法学，指导我国向绿色低碳发展转型，实现应对全球气候变化与自身可持续发展的双赢。

本译丛力图选择翻译国外最新、最有代表性的学术论著，便于我国相关科技工作者和管理干部掌握国际学术动向，启发思路，开拓视野，以期对我国应对全球气候变化和国内低碳发展转型的理论研究、政策设计和战略部署有参考和借鉴作用。

何建坤

2015 年 4 月 25 日

↘ 中文版序言

迈克尔·格拉布教授的新书《星球经济学》由潘家华教授团队翻译出版，值得庆贺。也特别高兴能将该书纳入"低碳智库译丛"系列精选译著之中，增光添彩。

应对气候变化涉及经济、社会、人文、能源、环境等诸多领域，战略和政策的研究和设计需要多学科的交叉融合。该书以跨学科的视角，系统分析了推动能源变革、应对气候变化和实现可持续发展的理论和实践问题。作者从组织行为经济学、新古典经济学和福利经济学以及演化和制度经济学的角度，分析了经济发展中资源投入和经济产出的三个领域，即差异化的个人及组织"令人满意"的决策、理想市场条件下的"最优化"和复杂体系的创新和演化。分析了这三个领域之间的联系和演变，提出了解决能源和气候变化问题、促进可持续发展需要实施的提高能效、市场和价格政策、对创新和基础设施战略性投资等涵盖上述三个领域的支柱性政策。强调了需要三个领域经济学之间的相互认知和联系，政策选择也需要统筹权衡，关键要推动三个领域的协调、融合，寻求各支柱政策之间的良性互动，发挥协同效应，以综合性战略和政策纠正市场失灵，加快经济发展方式的转型。

迈克尔·格拉布教授的思想顺应和引领了当前所谓"新气候经济"的发展趋向。全球气候变化是人类面临的最大威胁，危及地球生态安全和人类社会的生存和发展，减缓气候变化将极大压缩各国的碳排放空间，在管控气候风险的同时实现各国经济社会可持续发展，必须统筹协调和利用各种政策工具，促进能源节约和结构低碳化，促进技术创新和体制创新，促进经济发展方式的转型，实现"减排"与"发展"的双赢，使应对气候变化行动成为促进经济发展的新机遇和新的增长点。同时，国际应对气候变化制度建设和合作行动，在促进全球加大减排力度的同时，也要促进各国走上以低碳为特征的持续、稳定的发展路径，促进各国之间的互利共赢。迈克尔·格拉布教授关于经济发展三个领域和三大政策支柱之间相互融合、相互支持和促进的理念，会给我们带来更多新鲜的、独特的认知和启示。

当前中国处于工业化、城镇化快速发展阶段，推动能源变革、减缓碳排放，比发达国家面临更艰巨的任务。需要实施统筹经济增长与碳减排双赢的战略和政策，也面临诸多障碍和挑战。但这也是推动创新、不再沿袭发达国家高碳基础设施建设，实现低碳工业化和城镇化跨越式发展的重要机遇。我国建设生态文明，走新型绿色低碳工业化、城镇化道路，也需要创新的经济学理论和分析方法的支撑，需要有清晰的战略思路和全面、均衡的政策体系保障。本书所提供的理论和实证分析、政策设计和国际视野，对我国应对气候变化和低碳发展转型的理论研究和政策设计都有借鉴作用。

迈克尔·格拉布是伦敦大学学院教授，并担任英国碳基金首席经济学家、英国能源监管机构电力市场办公室高级顾问、英国气候变化委员会成员，在推进能源和碳市场改革、制定能源与应对气候变化政策等方面都有丰富的实践经验，本书内容也体现了理论与实践的紧密结合。本书中文版的出版，也进一步加强了中国学术届对格拉布教授的了解，开拓了更广阔的交流和合作的机会。

何建坤

2015.11.15

↘ 译者序

　　《星球经济学》是气候变化经济学领域的一部力著。本书作者针对分布在生产可能性前沿左、中、右的三大经济发展领域，详尽分析了能效提高、能源/排放定价和能源技术创新这三大类支柱性政策。书中介绍了能效进步的Bashmakov常数、能效提高的反弹效应、欧美碳市场的起源、化石能源创新的历程等气候变化领域的经典问题，是对气候变化治理的一次系统性梳理。难能可贵的是，不同于死板的教科书，本书将严肃的能源气候经济问题用一种诙谐但不失准确的语言表述出来，如布丹驴、象肉炖兔肉、肥猫、果冻工厂这些比喻，让读者格外心领神会。最重要的是，书中提到的经济增长的创新动力、三人领域的协同关系、现代技术推动的全球化带来的危机等问题，即便在《巴黎协定》签署生效、美国新一届总统当选之后，这些观点仍然灼灼其华。规模经济的饱和、消费主义带来的环境问题经过滞后的大范围发酵、能源体系的脆弱性和适应性，这些深层次的关于增长和发展的原因分析，对于政策制定者和广大学者而言，无异于敲响了振聋发聩的木铎。

　　能够完成本书的翻译得益于各方的贡献。首先要感谢迈克尔·格拉布教授及这本书的写作团队，他们为我们提供了气候变化经济学领域一本很好的前沿教材，其钻研创新的精神和严谨的治学态度值得我们学习。在校对过程中，格拉布教授也为我们更好地理解原文进行了细心和耐心的解释。此外，承蒙潘家华老师的信任和引荐，我们几位译者有幸参与这本书的英译中翻译工作，我们在此借助《星球经济学》的出版来表达对潘老师的诚挚谢意！本书第1章、第2章的翻译工作由周亚敏博士完成；缩略语、第3章、第4章的翻译工作由严晓琴女士完成；第5章、第12章的翻译工作由王思丹博士完成；第6、7、8章的翻译工作由张莹博士完成；前言、致谢、第9、10、11章、附录的翻译工作以及全书的统稿由我本人完成。从2014年7月到2016年11月，历时2年多，这本书翻译的过程见证了我们的携手成长，相信大家都有所收获，在此感谢各位的辛勤付出！最后，也是最重要的，我们也要借此机会感谢东北财经大学出版社的李季编辑对本书翻译工作的无尽支持和鼓励！

　　由于学识和能力所限，本书还有很多未尽之处，我们也希望有机会能够对本书进行进一步修改和完善，欢迎各位读者对书中出现的错误给予批评指正。

刘哲于北京

2016年冬

劳伦斯·图毕阿娜（Laurence Tubiana）做过法国总理顾问，当她邀请我做演讲的时候，我被她提出的主题打动了。她问，在我们应对全球能源和环境挑战的时候，经济学究竟起到了什么作用？是促进了问题的解决，还是阻碍了事态的进展？作为英国碳基金（Carbon Trust）的首席经济学家、剑桥大学经济学院的高级研究人员，我有点儿被这个问题问住了，同时也产生了巨大的研究兴趣。

人们通常想去解决实际问题，而不是坐而论道。我们的世界正在变得越来越不可持续，关于这一点，吉姆·麦克尼尔（Jim McNeil）早在25年前就提醒过我们。然而究竟为什么我们，特别是各国政府，在保护我们共同的未来方面显得这么无能？我们究竟应该怎么做？

还有第三个问题联系和强化了以上两个问题：指引我们思维模式的理论，无论是否已知，究竟有多完善？本书正是基于这个问题，寻求其他两个问题的答案。

寻找这些问题的答案花了我4年的时间，事实上，关于这一问题我已经思考了半生，所有的灵感和结论都来自我在职业生涯中的积累。我的工作涉及很多领域，但我始终都对这个问题保持兴趣：为什么能源困境的不同部分之间彼此隔绝？我研究过自然科学和物理学，但是出于对能源问题的痴迷，我在英国最好的技术大学里对系统动力工程，以及创新和融合经济学进行了深入研究。之后我又在查塔姆研究所（Chatham House，皇家国际关系研究所）能源与环境部先后以高级研究员和部门主管的身份进行了相关政策的研究。至此，我认识到了来自世界不同地区、不同思想体系的人们，他们在对这一问题的理解上存在巨大的差异。

20世纪90年代末，科学家、工程师和经济学家之间无休止的理论之争，只有在共同寻求解决实际问题的途径时才能暂时告一段落。而我在那之后长达10年的经济学家身份横跨不同领域，将看似彼此隔绝的世界连接在了一起。这无疑给我提供了绝佳的视角，使我能够一方面寻求厂商和消费者之间的联系，另一方面弥补政府政策和经济顾问之间的鸿沟。

然而即使有这样的背景，试图在二十几年时间里寻求以上问题的答案，对某个个人而言也太难了。在一番努力之下，我特别幸运地找到了两个合作伙伴，他们都是欧洲顶尖的学者，他们为我的问题贡献了各自的见解和经验。一位是让-夏尔·乌尔卡德（Jean-Charles Hourcade）教授——法国顶级经济学家、法国国际环境与发展研究中心（CIRED）创始人。另一位是卡斯滕·努豪夫（Karsten Neuhoff）教授——德国经济研究院气候政策部主任。

我们的中心结论是，人类决策的三个彼此隔绝的领域需要得到认知、理解和连接。每一个领域对应不同的理论基础，依赖不同的证据，并且指向不同的政策选择。没有哪个是正确的或错误的，只是如盲人摸象般从各自的角度描述了部分事实；同样，也没有哪个能够独自为整个事实提供足够的解释，或独自为政策提供充分的依据。

在过去的几十年中，第二领域中的假设和理论——通常被称为新古典经济学——往往主导了经济学思想并产生了政策影响。过于注重最大化竞争力带来的短期收益、弱化监管，导致了西方债务的积累，并最终导致信贷紧缩。能源领域的相应做法虽降低了成本，却也减少了投资，包括对创新的投资。能源的环境影响——尤其是气候变化——的解决方案是碳定价，这已被证明很难实现，并且碳价到目前为止还不稳定。结果是，大气中还在不断累积温室气体，我们的后代将不得不面对其带来的后果。

理论的终极检验不应该是它自身是否完美，而是它是否印证现实。全球能源和环境问题超越了所有的新古典主义假设的合理边界，用其他领域来更合理地解释现实。不确定性是巨大的，而预测能力总是有限的，施加于他人的"外部性"成本很可能比经济交易成本更大。我们生活的星球系统是庞大的、复杂的，它不断发展着并且不时地呈现出不稳定性。能源消费和排放不是由各主体有意识的、周密的决策所驱动，而是由这个星球上几乎每一个人的个人选择和根深蒂固的行为模式所决定。能源系统和技术已经发展了几个世纪，并将在未来的几十年甚至几个世纪继续发展；随着创新和基础设施等外部环境的改变，能源系统会不断适应，但仍有很大的惯性。化石燃料市场和大气层一样，覆盖了世界上的所有国家。

虽然牛顿力学是对我们所处的这个世界关于运动的划时代的解释，但试图用传统经济学工具来理解我们的星球系统就像用牛顿力学来解释宇宙大爆炸。牛顿力学可以说是历史上最成功、最强大的科学理论，但它只是描述了在特定范围内的过程，而无法解释所有事物。为了对最小和最大事物进行合理解释，物理学发展出了量子力学和相对论。同样，传统经济学为星球系统的主要部分提供了有用的和重要的见解。然而，要想解析这一巨大挑战，传统的工具和假设无法探究其深度，我们还需要借助其他领域的帮助。

通过寻求其他领域的帮助，我们的研究还启迪了一个持久的经济难题。半个多世纪以前，诺贝尔奖获得者经济学家罗伯特·索洛（Robert Solow）指出，关于资源积累的经典理论无法充分解释观察到的经济增长。他将"剩余"——经济增长的"暗物质"——归因于创新。我们的结论是，在实践中解释它意味着扩大视野以包含其他领域，我们只阐释了涉及能源和环境的部分。

无论在经济领域还是在环境领域，弄清各领域的作用范围是制定好政策的关键。我们这样来回答劳伦斯的问题，在相应的边界内，经济学建议和模型都能起作用，而当它们在不知不觉中穿越了边界，则变得毫无用处。

这本书提出的证据表明，在能源和环境的巨大挑战中，三大领域中的每一个领域都具有大致相当的重要性；并且，它们是相互依存的。从三个领域引出三大支柱政策——三种基于不同原则的截然不同的行动方案。任何单独的支柱政策都会失败。只有通过了解三个支柱并将它们整合在一起，我们才有希望改变这一进程，而且，如果我们这么做了，经常被假设的经济与环境之间的冲突，以及相关的责任分担的政治僵局，都将大大地得到化解。只有揭示了真正的结构性挑战，才能解决关于投资和回报的难题。明智的政策需要整合三大支柱，这既可以协调局部的问题，又能为相关投资带来长期经济性和环境收益。

　　这本书充满了事实。对于那些想要一个与优雅理论相符的简单世界的人来说，事实似乎是丑陋的。但是事实给予我们的启示却并不丑陋：我们确实可以解决一些21世纪最大的挑战。

迈克尔·格拉布

剑桥，2013年6月

Equation 1 三大领域

　　本书的核心论点在于，可持续的经济增长需要融合经济决策和经济发展的三大不同领域。

　　第一领域：满意度描述了个人和机构根据习惯、惯例和内在假设进行决策的倾向。在对这一领域的理解上，来自不同领域（包括心理学、管理科学和交易分析）的见解在最近几十年里随着组织行为经济学的进步得到进一步扩展。这一领域符合人类忽视风险的倾向，无论风险是否足够遥远、难以捉摸或个体决策者多难对其产生影响。

　　在能源与环境的问题上，满意的行为明白地解释了改善能效能够带来巨大的经济净收益，因此进行更明智的选择的潜力也更大。这就是第一支柱政策，即标准和参与。

　　第二领域：优化度描述了基于经济因素做出最优选择的领域。这反映了围绕市场行为和相应的新古典主义和福利经济学理论的传统假设。特别是对于政府当局，应对风险（或其他不利影响）的方法是进行评估，并通过有效的行动来补偿不利影响。这运用了成本/收益分析的思想，需要权衡整体的成本和收益。这一思想还包括这样的原则：市场价格应该尽量反映成本和收益。最近几十年的研究厘清了许多复杂的因素，包括商业和商品周期以及与金融市场相关的盲目行为。

　　在能源和环境问题上，这一领域最接近大多数能源公司和主要能源用户的日常运营和支出决策。它也有助于解释（虽然不能预测）化石燃料市场周期性、高成本的不稳定性。化石燃料所产生的环境影响，以及直接补偿污染受害者或子孙后代的困难，进一步凸显了选择清洁产品和流程的好处。这一切成为支柱二政策的基础，即合理使用市场和定价机制。

　　第三领域：转型描述了复杂的系统随时间发展以及大型实体——特别是政府和大型跨国公司——战略决策如何影响这一系统。制度经济学的进展反映了经济学领域的复杂性和混沌理论的进步，对第三领域的理解也随之取得了巨大的发展。在应对风险的方法上，第三领域最密切地呼应了我们生活和机构中对安全高于一切的需求，最高的表达是国家安全。由于安全性在历史上被认为限于个人、团体和国家的范畴，这一概念还没有被扩展到整个星球的范畴，但正是这点可能最好地描述了全球能源和气候风险的本质。

　　在能源与经济体制的演进中，关键的是创新和基础设施的发展。能源部门用于研发的投入占其营业额的比重异常低，并且完全依赖于广泛的、复杂的和长期的基础设施建设。

　　关于这些问题的决策塑造了可行的未来选择的边界，并构成了支柱三政策的基础——战略投资。

　　以上三个领域存在于不断扩张的时间、地域和社会（如进行集体决策的个人或机构）范围内。没有一个独立于其他两个，它们描述着不同规模、不同类型的决策各自起主导作用的过程。因此，其相对重要性取决于被处理的问题的性质。这本书展示的多重证据表明，在未来的几十年对全球能源系统的改造中，三个领域同样重要。成功应对全球能源和环境的挑战需要同时使用三种支柱政策，并了解和利用它们之间的相互作用。

　　本书对每一支柱都进行了三个章节的介绍，每个支柱都包括一个关键点概要。每一部分的内容都概括了相关的理论，但主要强调了基础证据以及经验教训。这有助于演示三大领域所对应的现实和单一支柱政策的复杂性、潜力以及局限性。由此引出我们的分析——我们如何才能做到更好并从中获利：无论在政策或技术上都不要指望灵丹妙药式的神话，而是要结合、塑造和强化改变三大支柱政策进程的力量。

　　支柱三的最后一章指出，经济增长理论始终依赖某种力量，而这种力量超出了第二领域假设范围。这种"经济增长的暗物质"已越来越多地被归因于行为和管理的改变、基础设施改善，以及技术和制度的创新。第一和第三领域包含了这些过程。因此，第三领域提供了一个更全面的方法来理解经济的进步和增长，这些进步和增长无法依靠新古典主义的理论进行充分解释。将三个领域放在一起能够得出这样一个结论：通过利用三大类支柱政策，有效的能源和气候变化政策完全符合经济发展需求，并能够最终提高发展水平。能源是发展的关键，良好的经济和环境政策最终会殊途同归。

迈克尔·格拉布

让-夏尔·乌尔卡德

卡斯滕·努豪夫

↘ 致 谢

本书体现的主题是：能源和经济系统是不断发展的，项目本身也是发展的。首先，我十分感谢英国经济与社会研究委员会（ESRC）、工程和物理科学研究委员会（EPSRC）的支持；感谢他们对剑桥大学电力政策研究组（EPRG）关于可持续能源经济的专题项目的核心资助，让我在剑桥能够有更多的时间开展针对这些问题的20多年的研究，并对相关政策进行广泛的评估。这里要特别感谢戴维·纽佰里教授，他是EPRG的创始人和领导人，他为具有深刻现实意义问题的知识探索创造了一流的环境，同时也十分感谢他的信任、支持、深刻的见解和知识分子的敏锐。

也是在剑桥的EPRG，我遇到了卡斯滕·努豪夫，有着过人精力的他同意加入成为本书的合著者，他主笔完成了本书支柱二第6至第8章中关于经济手段的内容。让-夏尔·乌尔卡德，作为一位在能源领域进行长期且具有创造性研究的欧洲学者，加入了我们一起来完成这本书的三重奏，他还带来了他在巴黎国际供电会议组织（CIRED）所积累的专业技术。他和他的团队在支柱三内容的撰写上发挥了主导作用，特别是全权负责了第10和11章的撰写，连接了能源经济学和政策设计的"微观"论述和当今时代更广泛的经济挑战，涉及了欧洲经济和欧元区的未来。我要深深地感谢卡斯滕和让-夏尔对这一项目的信赖以及他们在项目期间慷慨的知识贡献；每个人主导一个领域的撰写，最终成果集合了我们所有的观点。

反过来，我们三个也要感谢众多帮助我们完成《星球经济学》的学者和同事。本书每一个支柱的内容都离不开研究助理的支持。第一、二、三支柱的内容分别得到 Siobhan McNamara、Tim Laing 和 Davide Cerruti 的支持。Paul Drummond 帮助指导了第3章的完成。同时，特别感谢 Aofie Brophy-Haney 和 Junko Mochizuki 对第4、第5章宝贵的额外投入。

　　我们特别感谢 Aurélie Méjean 将项目从剑桥转移到 CIRED，她以及她的同事们齐心协力完成整合第 10 章内容的艰巨任务，同时，她也是我们生物燃料方面的核心专家。我们也真心感谢以下同事（按姓的字母顺序排列）：Paolo Avner、Ruben Bibas、Christophe Cassen、Etienne Espagne、Dominique Finon、Céline Guivarch、Minh Ha Duong、Jun Li 和 Adrien Vogt-Schlib。我们还要感谢 Aurélie 和 Simone Cooper，他们帮助精简和翻译了第 11 章材料，使我们的文章同经济增长理论的联系更加浅显易懂和令人信服。

　　各方的协调很大程度上要归功于气候政策的 Claudia Comberti，气候政策是一个专注应用学术研究与政策的国际研究网络，尤其是在欧洲层面的研究。Claudia 迅速成为本书编撰过程中不可或缺的一员，她在各章中贡献研究支持，并制作了许多图形。一些成员贡献了宝贵的意见和协助，特别是在第二支柱部分，尤其是 Misato Sato、Anna Korppoo、Axel Michaelowa 和 Andreas Tuerk，同时，Michel Colombier、Chris Beauman 和 Hans Juergen Stehr 也使我深信：努力使这样一项大规模的工作有意义是十分重要且有用的。学术研究和实际政策的接口工作并不容易，本书的部分版税将用于支持气候政策。

　　Claudia 帮助组织了在剑桥大学、牛津大学（同时也感谢 Nick Eyre 的帮助）、帝国理工学院（同时也感谢 Rob Gross）、巴黎 CIRED 和柏林德国经济研究所（DIW）召开的评审会议。

　　Claudia 还邀请了众多的学术评审专家参与工作，这里也感谢评审专家们为我们贡献的有用的意见。我要特别感谢 Michael Spackman 和 Steve Mandel 对前面章节的评论，感谢 Liz Hooper、Emi Mizuno、Catherine Mitchell、Antoine Dechezleprêtre 和 Gregory Nemet 等专家意见，根据他们的意见，我们重新修改了第 9 章的内容。

　　本书慎重地结合了学术研究和实践经验，令人遗憾的是，它的普遍性还远远不够。我要感谢 Tom Delay——碳信托基金的首席执行官——他相信学者也能在执行机构中发挥实际作用，使我能够在剑桥的工作岗位上很好地兼顾我的机构责任和学术自由。我相信我们都是受益者。我还要感谢我在碳信托的几位前同事，尽管我已经离开碳信托很长一段时间了，他们一直以来都支持、包容我的研究并提供给我他们深刻的见解，还为我提供了分析数据和一些关键图形的设计。

同样，我要感谢 Sarah Harrison 为任命我为英国煤气和电力市场办公室（Ofgem）的高级顾问所做的安排，在那里我学到了更多，并试图弄清所有这些研究的实际影响：如何调整才能更好地保护现在和未来的消费者的利益。

由于项目在时间和规模上的合理扩大，我需要感谢剑桥气候变化减缓研究中心（4CMR）的 Doug Crawford-Brown。经济学院为 EPRG 提供的研究委员会资金到期后，是他们为本项目提供了后续的资金支持。4CMR 主持了最后的评审会并以机构名义聘用了 Sushmita Saha，她在本书提交给出版商的最后阶段做了大量的工作，包括数据的更新、完善图表以及数学软件的教程演示。

最后，当然我要感谢我们的出版商 Jonathan Sinclair Wilson 先生，无论耗时多长，他和他的公司 Earthscan 出版社一直致力于本书的出版。我也十分感谢 Robert Langham 和 Andy Hall，在泰勒弗朗西斯集团收购了 Earthscan 之后，他们以极大的热情完成了对这个项目的无缝对接。

所有的旅程在这里结束，或至少完成了初衷。许多人参与了部分的旅程，或者帮助提供了这一旅程的重要元素。这里不可能列出所有人的名字，但对你们的贡献我们深表感激。写一本书也是学习世界各地无数学者著述的旅程，他们的学术研究也为本书的出版做出了贡献。虽然最终成果及其中的任何错误都取决于作者，但我们感谢所有提供过帮助的人。我们希望最终的努力成果不负众望。

↘ 缩略语

AEEI 自主能效优化

ADEME 法国能源与环境控制署

AEA 原子能机构

AGECC 联合国能源及气候变化顾问组

ARPANET 阿帕网/美国高等研究计划署计算机网络

BECCS 进行碳捕获和储存的生物能

BEV 纯电动汽车

BOS 系统平衡

BRT 巴士快速交通

Btu 英制热量单位

¢ 美分

CAFE 公司平均燃油经济性

CAGE 全球经济竞争优势

CCC 气候变化委员会

CCICED 中国环境与发展国际合作委员会

CCL 气候变化税

CCS 碳捕获与储存

CCU 碳捕获与使用

CDM 清洁发展机制

CEGB 英国中央电力局

CEPI 欧洲造纸工业联合会

CEPR 英国经济政策研究中心

CERN 欧洲核子研究组织

CERT 碳减排目标

CFL 紧凑型节能灯

CHP 热电联供

CLCF 低碳未来中心

CRC 碳减排承诺

CRIEPI 日本中央电力研究所

CSIRO 澳大利亚联邦科学与工业研究组织

CSP 聚焦式太阳能发电

DECC 能源与气候变化部

Defra 环境、食品与农村事务部

DGEM 动态一般均衡模型

DOE 指定的经营实体

DRI 直接还原铁

DTI 贸易与工业部

EAIC 竞争力与创新项目执行机构

EBRD 欧洲复兴开发银行

ECEEE 欧洲节能经济理事会

EEA 欧盟环境部

EEC 能源效率承诺

EIA 能源投资减少计划

ENSO 厄尔尼诺现象

EPBD 欧洲建筑能源性能指令

EPRI 电力研究所

ESCO 能源服务公司

ESMAP 国际能源部门管理援助规划

ESRL 地球系统研究实验室

EST 节能信托

ETP 能源技术展望

ETS 排放交易体系

ETSAP 能源技术和系统分析项目

ETSU 能源技术支持部门

EUA 欧盟排放配额

EWEA 欧洲风能协会

FFV 柔性燃料汽车

GDP 国内生产总值

GEA 全球能源评估

GHG 温室气体

GtC 十亿吨碳

GVA 毛附加值

GWEC 全球风能理事会

HCEI 夏威夷清洁能源行动计划

HEES 家庭能效计划

HVDC 高压直流

IAEA 国际原子能管理局

ICCT 国际清洁交通理事会

ICE 英国土木工程师学会

IEA 国际能源署

IEEA 欧盟智慧能源执行局

IETA 国际排放交易协会

IIASA 国际应用系统分析研究所

INSEAD 英士国际商学院

IP 知识产权

IPCC 政府间气候变化专门委员会

IPTS 欧盟前瞻技术研究所

IRC 国际住宅标准

ISO 国际标准化组织

JI 联合履约机制

JIAG 联合履约行动组

JRC 联合研究中心

LDV 轻型载货汽车

LED 发光二极管

LEED 能源与环境设计先锋（绿色建筑认证体系）

MER 市场汇率

MITI 国际贸易与工业部（日本）

Mtoe 百万吨石油当量

NAMA 国家适当减缓行动

NAP 国家分配计划

NASA 美国国家航空航天局

NBER 美国国家经济研究办公室

NCDC 国家气候数据中心

NDRC 中国国家发展与改革委员会

NFFO 非化石燃料义务

NGL 天然气液化

NIMBY 邻避症候群（这是个好主意，但别弄在我家后院）

NOAA 美国国家海洋和大气管理局

OECD 经济合作与发展组织

Ofgem 英国煤气和电力市场办公室

OPEC 石油输出国组织

PAT 执行、实现和贸易

PHEV 插电式混合动力汽车

ppm 百万分率

PPP 购买力平价

PV 光电

R&D 研究与开发

RAM 可再生能源拍卖机制

RD&D 研究、开发和示范

RGGI 区域温室气体减排行动

RIIA 皇家国际问题研究所

ROC 可再生能源义务证书

SEEA 环境与经济核算体系

SUV 运动型多用汽车

toe 吨石油当量

UEDP 潜在能源需求趋势

UKCCC 英国气候变化委员会

UNEP 联合国环境规划署

UNFCCC 联合国气候变化框架公约

UNIDO 联合国工业发展组织

VAT 增值税

VED 汽车消费税

WCI 西方气候行动计划

WEC 世界能源理事会

WTO 世界贸易组织

↘ 目 录

↘ 图、表和专栏

第1章

陷入困境？

1.1 引言

道理很简单，至少从理论上而言。化石燃料是有限的，大气也是有限的。早晚有一天，我们的能源系统不得不改变。

经济学理论预言一种有限资源的价格会随着其消耗而升高，直到出现替代技术与之竞争并取代它。经济学建议，如果有"外部"影响，比如燃烧煤炭对健康或环境造成破坏，那么政府应该对排放征税以反映破坏成本，或是设置排放上限来达到相同的效果。

当然，事实上这并不容易——没有人严肃地断言过这很容易。化石燃料一直以来是经济发展的中心。依赖煤炭燃烧的蒸汽机引发了18世纪和19世纪的工业革命，而电力和内燃机更多地推动了20世纪的电气化革命。能源提供热能温暖我们的家，生产和转换工业原料；提供电力照亮我们的建筑，运转我们的电器、通信和娱乐系统；为农业的"绿色革命"提供燃料和肥料；为我们自身以及货物的运输提供动力。能源的益处不胜枚举。

能源和发展之间的关联关系已经非常明显。二战以后，大约是20世纪的后25年，伴随着大部分工业化国家的经济繁荣，全球能源需求增加了3倍。[1] 20世纪70年代的石油危机使全球能源需求突然中断。80年代中期石油价格崩溃，80年代后期全球经济恢复增长（通常归功于"发展中国家"的经济自由化），再次伴随着能源需求的激增，相比之前15年又翻了一番。

然而，所有这些还远称不上状态良好。全球超过1/3的人口——25亿人——还生活在极度贫困中，依赖传统木柴和其他生物质燃料来烹饪和取暖；其中一半人口无法获得电力供给。[2]这些人的能源需求及其增长潜力是巨大的，但他们已经错过了化石燃料价格低廉的历史阶段。全球石油价格自20世纪90年代后期开始螺旋式波动，并且在2005年后急剧上升，这给经济发展带来了艰难状况，而且也预示着进一步的经济衰退。

伴随着全球化石能源消费的不断增长，出现了一系列环境问题，其范围和规模都在不断增加。首先，这些问题涉及污染物排放，比如雾霾、硫化物、工业提取过程的副产品等。如何处理这些问题成为20世纪政策讨论的主题，但事后证明这些污染还是相对容易解决的。CO_2虽然不是污染物，但是化石燃料燃烧的主要产物，其浓度达到了上百万年来前所未有的水平，而且还在大气中持续累积。

本书描述用于应对挑战的理论、证据和政策含义之间的相互作用。虽然该问题的范围之广令人难以置信，但传统经济学理论对此类问题的描述十分简单，可以追溯到3/4世纪之前。[3]传统经济学特别注重价格的作用以及成本和收益之间的权衡。现在我们也可以将这些理论与系统和相应的实际经验证据匹配起来：自20世纪70年代后，人们在解决石油依存度问题上大约花了40年的时间，其中有20年用于解决CO_2排放问题。

历史令人警醒，它表明所涉及的系统要比任何单一理论假设复杂得多。工业化国家都在努力减少CO_2排放量，大多数新兴经济体（覆盖世界大部分人口）仍然踩着西方化石燃料密集型发展模式的脚印前进。一种观点悄然兴起，认为这些问题过于庞大而无法解决。巨额投资正进入开发更难获得的化石燃料的前沿领域，国内和国际关于气候变化的讨论更多地关注如何处理由于控制排放失败所带来的气候影响，以及谁应该买单的问题。

本书的核心论点是，主流理论无法与这些挑战简单相匹配——挑战已经超出了理论的范畴。不同的方法指向问题的不同方面，即"大象的不同部位"，而不是一个全景图。相反，这使得做出合乎逻辑的反应并获得解决问题的政治共识难上加难。政策无法充分切中要害的原因，是由于理论无法反映至关重要的现实，因此我们也无法实现可持续发展。

这本书面向政府、研究人员，以及对深入理解现实问题和机遇感兴趣的公众。本书探讨经典理论和累积证据之间的差距，以及它们对决策和政策的影响。累积证据不仅来源于现代经济学分支和其他学科的延伸研究，也来源于政策措施的实践经验。本书也讨论这些系统如何运转，研究得出何种结论，政策制定者做出哪些努力，以及组合结果意味着什么。

由于本书强调实证证据是有用理论的基础，因此本章的其余部分陈述了关于能源本质的一些基本证据，以及相关的环境体系，主要是从经济学的角度来看。下一章陈述了思考问题的一个新框架——强调不同理论适合不同范围，关键是要理解它们的假设、边界和关系：他们如何互相补充而不是互相竞争地解释和指导现实。然后本书其余部分的结构得以确定下来，即考察以上每个层次下的主要思想、数据和经验。最后一章作为总结，提供了一个更宽泛、更综合的视角，来理解能源转换经济学及其对实际政策的影响。

1.2　客观存在的挑战——能源、资源和气候

能源趋势

以燃料和地区划分，图1-1表明过去45年中全球能源消费超常增长——最初由工业化国家主导，而近年来亚洲增速特别快。伴随着石油消费，最引人注目的是近年来亚洲煤炭消费的爆炸式增长，与此同时全球的天然气消费也在增长。核能得到利用后，非化石能源资源总体上在过去1/4世纪中保持同步，不到全球总能源的15%；水电和风能的持续增加弥

补了核能的减速发展。能源和 CO_2 排放的总体增长趋势是持续不断的，仅在2009年有所削减，因为当时发生了最严重的全球经济衰退，至今还历历在目。

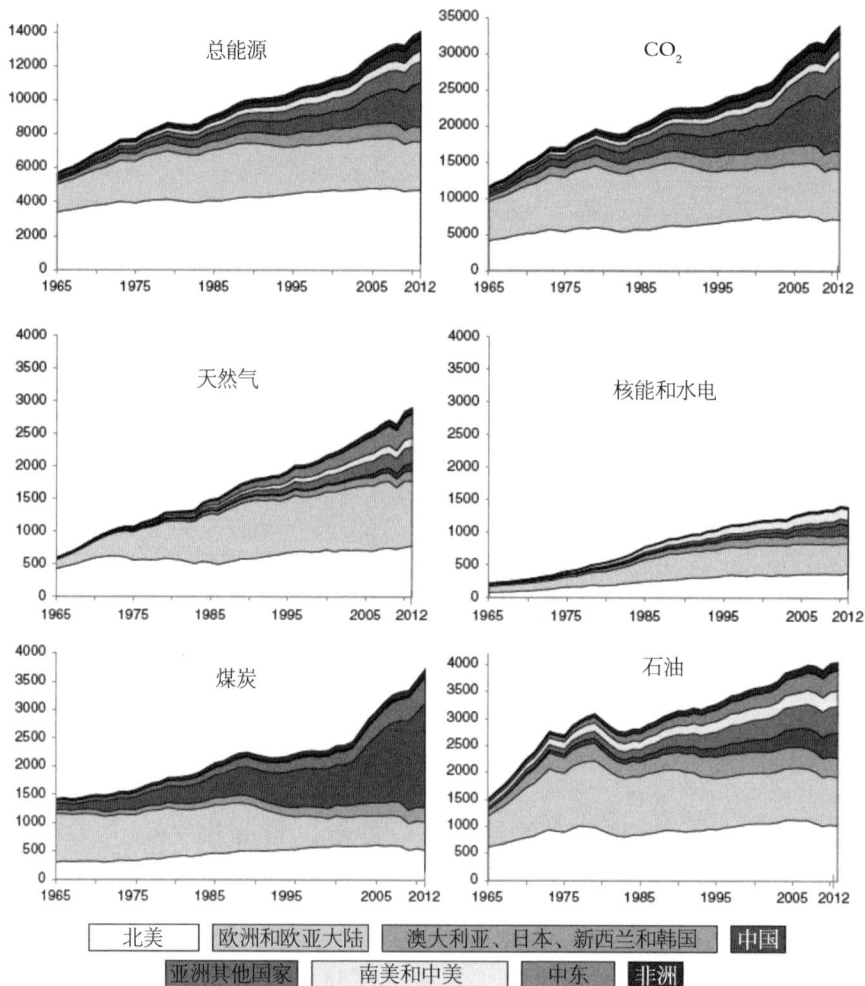

图1-1　以地区和燃料划分的能源趋势，1965—2012

注：各图代表不同地区对每种燃料的总消费量，以百万吨油当量计。

来源：BP世界能源统计年鉴（2013）。

　　不断增长的能源消费令人喜忧参半。它反映出数十亿人的生活标准在提高——包括获得电力供给、使用化石燃料取代对本地森林的破坏性使用以及不再燃烧其他生物质用于烹饪和取暖。自20世纪80年代以来每十年大约有十亿人可以实现这样的能源转换。

　　事实上，最重要的一个能源贡献指标没有在图1-1中显示出来，即所谓的能源效率。第4章将进行详细说明，自石油危机后的几十年来，几乎所有地区的经济增长都超过了能源和排放的增长，降低了它们的能源（和碳）强度，也就是能源与GDP的比值。认为GDP与能源/排放绑定在一起的看法是经不起推敲的，许多地区的GDP增速已经超过了能源/排放增速。全球能源强度的下降速度在过去十年有所放缓，但各个国家的情况大不相同，自20世纪70年代中期以来一些领头国家的GDP几乎翻了一番，而它们的能源需求并未增加（第5章）。

　　此外，许多国家的能源结构中出现了"能源阶梯"现象，随着时间推移向电力和低碳燃料转型（虽然在亚洲，特别是中国，煤炭使用的增长仍然是一个重要例外）。[4]但就全球而言，所有这些转型的速度远远低于GDP增速。在全球水平下，没有数据表明化石燃料的压力会减轻，也没有迹象表明会出现全球性好转。

　　能源趋势引发两个基本问题：孰进孰出。

孰进：化石燃料的过山车

　　如果现代世界是建立在化石燃料基础上的，那么最重要的一个组成部分——全球石油市场——则被证明是极度不稳定的。廉价石油在20世纪中期中东发现大量"超级巨大"油田的背景下得以激增，助推了二战后四分之一世纪内的经济快速扩张。

　　20世纪70年代的石油危机使经济快速扩张阶段戛然而止（见图1-2）。由于坐拥大部分全球石油储备的国家坚持对石油的控制权，在1973年政治不稳定加剧的背景下，全球石油价格翻了一番多。通货膨胀增加导致经济增长速度骤降，大量资金撤离工业化国家，而后以再生石油美元的方式缓慢流回。6年以后，随着伊拉克-伊朗战争爆发，石油出口国收紧阀门，石油价格再次翻番，使全球经济坠入低谷。

星球经济学

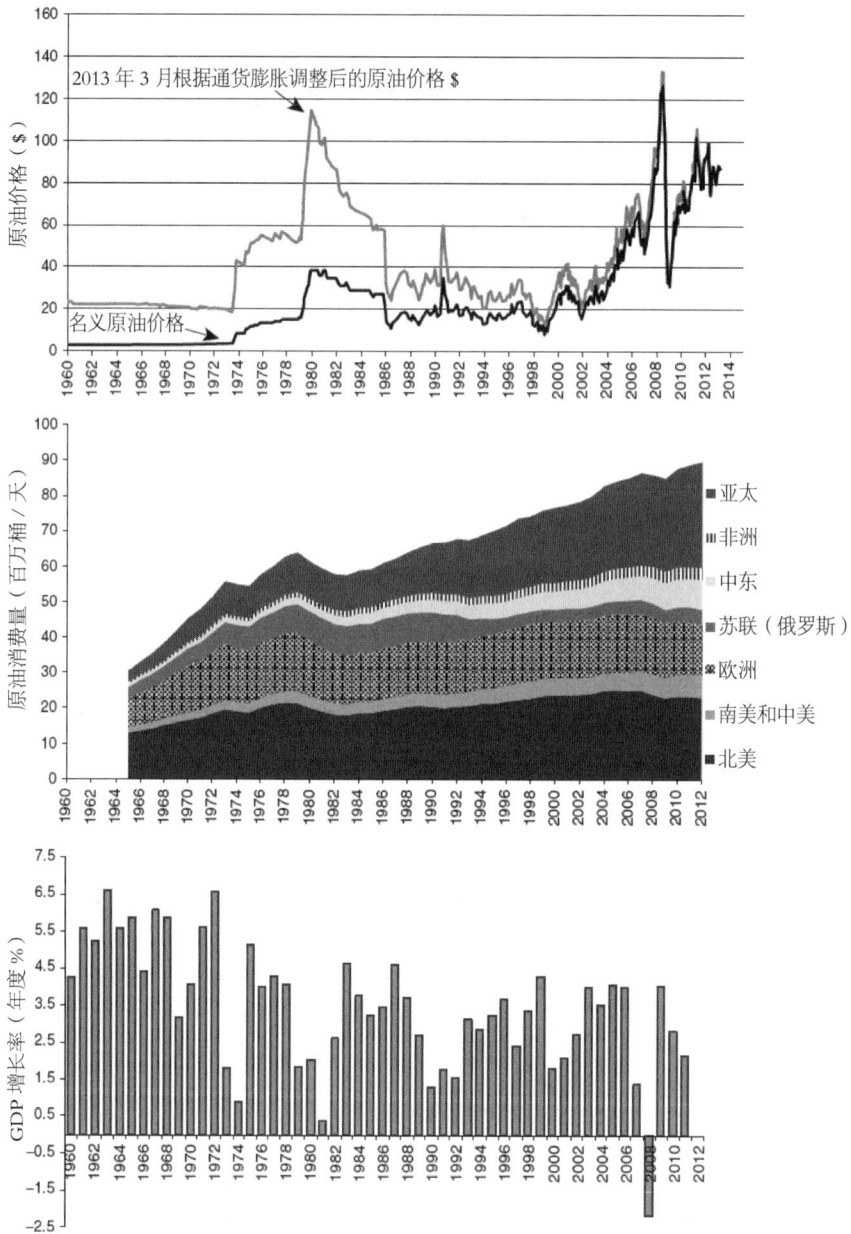

图1-2 原油历史价格、原油消费量及GDP增速，1960—2012

来源：西德州中级原油1945—2008年的实际月均原油价格（见Hamilton 2009a）；根据CPI调整的2008年美元计；2008—2012的数据来源于IEA（2013）。

在此时期全球石油需求是由工业化国家主导的。被高油价激怒且对石油失去控制权的工业化国家，转向采用其他燃料发电，消费者也用煤炭或天然气取代石油取暖，并购买更加节能的汽车。[5]富国政府也投入巨额资金开发新油田，建立战略储备，而美国在中东确立了牢固的军事力量。石油输出国组织（OPEC）不得不削减供应来维持价格，最终因为沙特阿拉伯拒绝继续削减产量"代人受过"而在1986年崩溃。在经历了动荡的15年后，实际石油价格几乎恢复到1973年的水平。

石油在巨大的全球市场上成为可贸易品。这原则上允许供给和需求发挥作用来管理全球石油，尽管也会受到一些补贴的支持，抑或是在中东介入军事保障。分析家认为经济力量会保证足够的石油供给，诸如通过投资新油田，不断发现新油田（迄今为止在一些帮助之下已经实现）以及平滑价格（未能实现）等措施。千禧年之前的一期《经济学人》的封面恰如其分地总结了这个时代："淹没在石油中"的著名论断预言了一个每桶石油5美元的持久世界。石油信心既与这个时代相呼应，也有助于阐释这个时代。[6]

同样著名的石油紧缩不久之后也发生了。短短几年之间，在没有任何异常冲击的情况下，石油价格自2004年开始上升到意想不到的水平，于2008年夏天达到峰值，每桶石油价格超过140美元，几乎是10年前的10倍，甚至比20世纪70年代峰值时期的真实价格还要高。投机泡沫破灭了，但对价格、信心和一些经济体的冲击仍然在持续。

经济后果

价格波动的成本是巨大的。虽然经济衰退或危机从来都不是仅由能源价格上涨造成的，但毫无疑问，20世纪70年代的石油危机一定程度上打击了全球经济增速，使其从每年4%~5%下跌到了1%左右。战前美国的11次危机中，有10次危机发生之前都出现了石油价格的急剧上升。[7]迄今为止最广泛的计量经济学研究发现，如同20世纪70年代的石油危机一样，第一次海湾战争（1990）和第二次海湾战争（2002—2003）对石油价格的影响导致了显著的经济衰退效应；2007年8月国际石油价格高企以后，全球经济衰退接踵而至。但这一次，石油价格上升得不那么急剧，而且大多数富裕国家未受太大影响（诸多因素，比如高国内石油税提供了一个缓冲，以及对制造业的依赖较低），经济衰退主要是由累积债务的信用紧缩引起的。然而，间接影响显著：石油美元的循环推动了宽松信贷和金融泡沫，油价攀升的通货膨胀效应迫使政府提高利率，进而暴露了债务的丑陋软肋。英国的一项研究表明，化石燃料价格波动在未来几十年的成本将是英国 GDP 的 0.5%——与控制 CO_2 的成本之间有共通之处。[8]

　　数十年的城市扩张已经使人们（特别是穷人）更直接地暴露于高油价对其福利和购买力造成的影响中。石油价格没必要引发衰退，进而肆虐于那些逐渐依赖进口石油的消费者。在富裕国家，比如已经习惯了廉价汽油的美国司机，都感受到了匮乏之苦。对石油进口的发展中国家的穷人而言，这种影响更为深远。对那些"最不发达的国家"——每年人均收入低于 300 美元的一组国家——而言，每桶石油价格增加 10 美元会减少其1.5% 的 GDP，对最低收入国家而言损失更大。[9]原因之一是，穷国的能源支出占其总进口额的相对比例较高，意味着任何价格波动带来的损失都更大。有 25 亿人口的 35 个国家其能源进口占出口收入的比例大于 20%，高于拥有 2 亿人口的 15 个国家 GDP 的 10%。例如，圭亚那将 2009 年 19% 的GDP 用于进口原油。[10]石油价格冲击连同全球衰退，给这些国家造成双重打击，不仅提高了进口成本，还导致出口下降。

　　对仍然依靠煤油来照明和烹饪的农村和城市中的穷人而言，油价上升的后果是毁灭性的，尽管他们已经在努力寻找燃料用于生产商品和工作。油价上升使发展中国家的农村地区和远郊地区的烹饪燃料与运输成本翻番。在许多非洲国家，石油价格上升抵消了西方援助和债务减免的预期收益。能源与发展交织在一起。[11]

　　具有讽刺意味的是，不仅仅是石油进口国遭受石油过山车的危害。围绕"资源诅咒"涌现出一大批文献，那些依靠单一资源财富的国家，表面上看起来被庇佑，最终却深陷其中：引发的高汇率挤出了其他经济活动，产生巨大的国内紧张局势（有时候导致国内战争），将经济严重暴露于大宗商品周期波动之下。[12]如果把"经济灾难"定义为损失国家或地区一半的 GDP，那么 20 世纪 80 年代的石油出口国遭受的灾难，与发展中国家遭受的一些大型自然灾难，可以相提并论。

各国管理矛盾的"资源诅咒"的能力有很大差异，并将其与极高的经济租金（价格远高于生产成本后的剩余）相关联。此类租金是政府（获取税收收益）、产业（对产业而言利润的利用包括进一步的开发成本，以及用于游说来保护其利益）和政府内外的利益集团之间无休无止斗争的源头之一，这进一步扭曲了任何一个理想的理性经济体系在国家（或全球）层面的利益。

不仅仅是石油

当然，石油不是唯一的化石燃料。煤炭依然是许多国家工业过程和发电的主要依靠。煤炭在地壳中的含量丰富。天然气探明储量在不断增长，随着新技术的发展，页岩气的发现特别激动人心，从岩层中用"水力压裂法"（该技术也有助于释放更多的石油储备）得到。然而这些燃料都要经历价格波动，如图1-3所示，事实上在过去10年中，天然气和煤炭所经历的国际价格波动不亚于（并跟随着）石油价格的波动。

不同化石燃料和新兴经济体的耗电型经济增长的通用驱动力之间存在紧密联系，新兴经济体的价格波动通常会从一个国家传播到所有国家。此外，此类大宗商品的周期呈现内生性，虽然无法做出详细预测，但可以确定的是，低价鼓励更多的消费并遏制投资，而高价引发保护和新一轮投资，来开发和开采先前所认为的太难开采或太昂贵的资源。

"孰进"还有其他影响。能源、水资源和食物之间存在密切联系；提取和转换化石燃料会用到大量的水资源，而化石燃料和水资源都是农业的重要投入要素。的确，全球食品价格与化石燃料价格的关联逐渐加强，部分原因是由于机械和肥料生产过程都越来越多地用到了能源。

当然，大多数价格波动是市场运行和反应稀缺性的真实和预期风险的信号。不幸的是，价格波动性也反映出我们在预测方面的无力，以及这些系统在面临错误和意外时有多么敏感。商业容易受周期影响，而短期金融市场放大了这些波动。

大多数关于化石燃料的文献关注焦点在于预测全球石油产量的枯竭，确切来说，是预测其"峰值"。持续不断发现的新油田以及提取工艺的新技术，都对上述预测提出了反驳。从更重要的程度上讲，这个旷日持久的争论没有什么意义。许多前沿领域的发展涉及更大规模和更广时间尺度的投资活动。近期对于页岩气（和页岩石油）的热情，与过去对于扩张化石燃料产量的热情相呼应。除了规模和成本方面不断增加的不确定性之外，页岩气的出现并没有改变一个基本事实，即需求、资源枯竭和资源发现之间的竞争既不可预测，也不稳定。资源的获取会越来越困难，人们还要下更大的赌注。

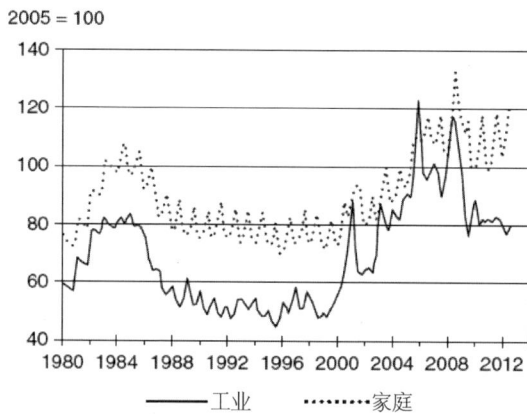

（a）煤炭终端用户价格

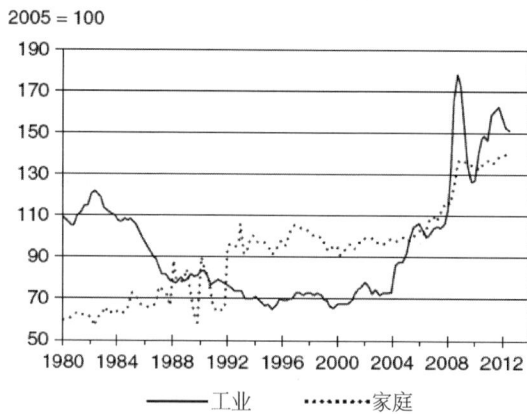

（b）天然气终端用户价格

图1-3　煤炭和天然气终端用户价格，1980—2012

注：该图显示（a）煤炭和（b）天然气1980—2012年的终端用户价格，是国际能源署（IEA）成员国的平均值。

来源：IEA（2012）：Energy Prices and Taxes，Quarterly Statistics，Fourth Quarter 2012.

孰出：污染和气候变化

这些挑战最终可能在"孰出"的影响下相形见绌。当然，"孰出"指一系列废弃物。与发展化石燃料工业的益处（取代传统肮脏燃料带来的益处）相伴而生的，是其对健康和环境的严重危害和威胁。

诚然，历史可以解释一个普遍而重要的模式。新资源为其所有者提供潜在财富，为其使用者提供好处。相应的，他们分别成为卖方和买方。然而，环境副作用主要影响该交易的"外部"其他团体。环境政策的发展很大程度上反映了这些团体认知环境问题、有所行动、并最终推动政策的过程。从经济学角度而言，这被称为"内生化外部性"。如第6章所阐述的，这一步对市场的假定收益至关重要：没有它，市场可能会放大损害他人的行为。

半个世纪以前，由污染引发的烟雾弥漫在工业化国家的城市中，从伦敦到洛杉矶到东京，成千上万的人因此丧生，空气污染成为城市的热门话题。由此产生的立法将大量燃煤行为驱逐出城市，并采取强制措施减少汽车碳排放。许多发展中国家的城市正在采用类似方式努力解决类似问题。20世纪70年代，经济合作与发展组织（OECD，富国的俱乐部），一致通过了"污染者支付"原则，即清理成本不应该由纳税人（通过政府）支付，而应该由排放者支付，特别是工业产业。随之而来的争论在于这些成本是否被股东吸收了，还是转嫁给了消费者。

由于环境管控成本在上升，因此人们将更多关注放在量化收益（以及制定能效政策）上。大量的工作产生了一些有趣的结论。地球科学、医学科学和经济科学都是非常复杂的，随着科学认知的发展，人们更多地关注经济问题，比如我们如何评估发病率（消耗性疾病）和死亡率（早逝）。然而，分析人士对大多数污染物已经达成共识。结论表明规制通常滞后于大规模的影响。

总的来说，工业化国家的"本地污染"造成的损失占GDP的相当比重，并且超过了控制成本，但近年来随着环境规制的强化和污染下降而有所下降。美国清洁空气法案（1970—1990）下的空气污染控制项目的成本-收益分析表明，其成本约为0.5万亿美元，而收益约为22万亿美元。[13]在许多发展中国家，污染控制仍然较弱，而污染损害较大。[14]

传统燃料——比如木柴和粪便——是穷国健康问题的主要源头，也造成了部分室内污染。它们也进一步推动了森林砍伐和土地退化。与化石燃料相关的主要环境破坏也会污染空气，但其规模更大。两个最大的事故是煤炭燃烧排放（主要是硫化物和颗粒物）引起的死亡，以及主要由机动车引发的城市空气污染（颗粒物、甲烷排放以及由此产生的臭氧）。

煤炭（以及基于石油的发电）在此类评估之下显得特别糟糕。美国的两个主要评论认为煤炭造成的环境破坏几乎在所有衡量方法下都超过了其商业价值，该研究相应出现在顶级科学杂志（《纽约国家科学》）和经济学杂志（《美国经济评论》）上。前者评估不同时期价格下的环境成本；后者认为环境成本是其对美国经济的直接"附加值"的一到五倍（主流结论为两倍）。[15]欧洲的研究得出了类似的结论。[16]总体而言，美国国家科学院的研究认为能源供给造成的未调整价格的影响为 1 200 亿美元，其中电力约占一半，运输占剩余部分的大部分——未包括气候变化成本或安全相关成本。

虽然有广泛的污染控制，美国的情况也如此糟糕。许多发展中国家仍然远远落在后面，而且正在为环境破坏买单。2012—2013 年冬季，北京和中国许多其他城市的数百万人都待在室内，以逃避严重损害身体的空气污染。对中国环境恶化的严谨的"货币化"评估覆盖了一个很大的范围——显然已经占中国 GDP 的好几个百分点——2013 年春季中国新一届政府宣布加速清洁能源系统的项目，耗资数千亿美元。[17]忽视外部性并不能解决问题，只会继续危害生命，以及给未来蓄积问题与成本。

当然目前为止最严重的后果并不是可过滤、可消除或中性的微量污染物，而是碳燃烧后的主要产物—— CO_2 ，其浓度在大气中稳步增加。与其他温室气体一道，包括水蒸气， CO_2 具有在低层大气中吸收热量的基本辐射性质，因而使地球表面温度升高。这是毋庸置疑的。[18]

工业革命前大气中的 CO_2 水平在诸多衡量标准下都低于 280ppm，然后缓慢增长，二战期间有短暂停顿，自1957年后直接测量水平快速上升，因为二战后化石燃料使用和相应的 CO_2 排放激增（图 1-4（a））。地球的自然系统可以吸收部分 CO_2 ，主要是海洋；自工业革命以来大气中累积的 CO_2 量只占我们排放量的一半。[19]即使如此，2013 年春季的浓度达到了季节周期的峰值，自上新世早期（300万~500万年以前）以来第一次达到了400ppm。[20]

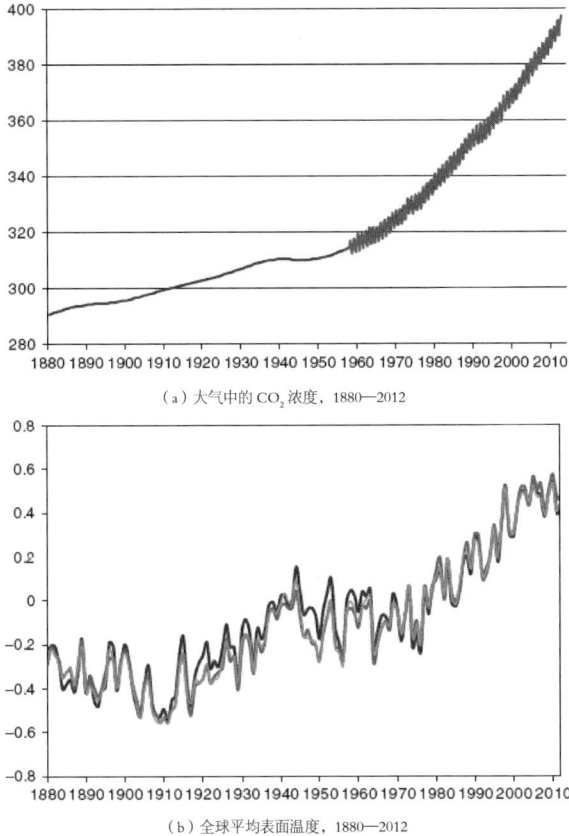

（a）大气中的 CO_2 浓度，1880—2012

（b）全球平均表面温度，1880—2012

（a）大气中的 CO_2 浓度，1880—2012

（b）全球平均表面温度，1880—2012

图1-4　（a）大气中 CO_2 浓度和（b）平均表面温度的全球趋势，1880—2012

注：（a）全球 CO_2 浓度根据容量的百万分之一计，1880—1957年是冰芯数据，1958年以后是包括季节波动的直接测量数据。(b) 1880年后的全球平均表面温度采用的是三个独立研究中心计算结果。

来源：美国国家海洋和大气管理局（NOAA）、美国国家航空航天局（NASA）和英国哈德利中心的相应数据库。这些数据库都是公开可获得的：CO_2 数据来自于NOAA-ESRL年度数据，见 http：//ftp.cmdl.noaa.gov/ccg/co2/trends/co2_annmean_mlo.txt；HadCRUT4 见 http：//ce.gov.uk/hadobs/hadcrut4/；NASA GISTEMP 见 http：//www.metof fi ce.gov.uk/hadobs/hadcrut4/；NASA GISTEMP 见 http：//data.giss.nasa.gov/gistemp/；NOAA NCDC 见 http：//www.ncdc.noaa.gov/cmb-faq/anomalies.html。

显著的自然变化和海洋吸收大量额外热量，使得潜在的温度趋势更加复杂，因此气温变化比浓度增加滞后几十年。此外，气温影响可以被我们排放的一些其他物质（比如硫）所抵消。随着 CO_2 水平的增加，以及主要的排放者在20世纪70年代和80年代清理了一些其他污染物（主要是硫化物气溶胶，它有冷却效应，但会制造酸雨），使得变暖效应愈加明显。图1-4（b）显示了三个独立科研中心的整理结果，大气变暖是跳跃式的而不是平滑趋势，也许这样一个复杂系统本来就应该预见到这一趋势。过去半个世纪中每十年都比上一个十年更暖和。在大部分数据库中，2010年是迄今为止最热的一年，紧随其后的是2005年，1998年发生了特殊的厄尔尼诺事件。过去15年中有13年达到了记录上的最高温度。[21]

测量气温上升的其他指标包括海洋表面温度，以及陆地和海洋上大范围消失的冰川。这种大面积水域的可测量的升温也许是衡量吸收的额外热量的最有效指标。另一个变暖趋势来自低层大气——对流层——可以直接通过无线电探空仪和基于卫星的测量获知。[22]

对于上层大气（平流层）的冷却效应也有一些测量。[23]这有助于牵制目前所观测到的趋势。CO_2 应该对全球变暖负责，挑战这一观点的看法主要集中在，认为其他因素——比如太阳变化——有可能正在驱动所观测到的全球变暖。但毕竟，造成全球温度大变化的显然还有其他原因，比如冰川时代。更何况，除了没有任何证据表明太阳变化在近年来有系统性的增加之外，太阳变化也不能解释平流层的降温。随着温室效应增强，更多热量被低层大气吸收，更少热量逃逸到上层大气中。平流层的冷却，及地表的升温，更加证实了一个结论，罪魁祸首是温室层的变厚。[24]

当然全球平均气温是涉及所有变化的一个粗略近似（内生变量）。科学家已经很好地构建出变化的气候模式、生态系统、冰盖和许多其他指标，以及变暖的影响。科学家将全球变暖（主要）归因于 CO_2 排放的论点，仍然受一小部分人质疑，但这一群体的范围也正在缩小；累积的证据是压倒性的。对气候会变成什么样的预测——加之海洋酸化的关联现象——将意味着在实践中会放大不确定性，并引发持续不断的争议。具体内容已经超出了本书的范围，但停留在一个基本命题上：CO_2 和其他吸收热量的气体在大气中加速累积，远远超出了数百万年来的累积的规模，造成了风险，规模之大难以数量化，甚至限制了通常的经济或其他决策过程。

尽管如此，公认的基本观点是：任何自然系统吸收废物而不构成破坏的容量是有限的。Nicholas Stern 教授认为（《斯特恩对时间的警告》，p25）高碳增长最终会扼杀自身：不断上涨的成本、不断升级的气候不稳定、海平面上升，以及对更困难和更遥远的碳氢化合物的艰苦卓绝的开发，会使高碳增长不可持续。问题在于，我们还有多少时间，还要走多远，以及在这个过程中可以避免多少破坏。

全球目标及与现代能源的失联

显然，全球共享目标应该是改进人类福利，但并不恶化本地或区域环境，或不对气候系统带来"危险的人为干预"的风险。[25] 由于仍有25亿人无法获得现代能源服务，因此能源获取具有明显且合理的优先权。联合国已经提出了在2030年使所有人都接入现代能源的目标。[26]

对那些已经在基本台阶之上的人们和地区而言，选择变得更为复杂。比如过度暴露于全球化石燃料市场——特别是且不仅仅是石油——已经被证明前所未有的昂贵。全球需要获取能源的人口将从目前的45亿人增加到未来几十年的70亿~80亿人，如果已经能够获取能源的人口的需求持续上升，那么在资源储备下降的情况下，化石燃料资源的压力将会更大；没有人真正知道可能的影响。[27]

不断上升的化石燃料消费伴随着环境影响。有证据表明，环境政策一直滞后于理想的环境保护水平，因而损害健康，并对后续发展造成了不必要的负担。这些主要是国内选择结果，或早或晚，国内受害人群主导的自发压力会清除这些影响。但是，全球气候挑战面临的是不同秩序：其范围是全球性的，其滞后性是代际之间的。

数量和比例

考虑到已有证据，许多科学家都认为政府应该致力于将全球变暖控制在最多比工业前温度高2℃的范围内，并确保全球温度再次显著上升的概率极低。这意味着未来几十年中将大幅削减排放。国际协议已达成"2℃目标"，最广为接受的目标是在世纪中期削减一半的全球排放；稳定大气最终要求净排放接近于零。[28]

2℃目标或世纪中减半温室气体排放是否是正确的目标，并不是本书要讨论的。本章关心是一个部分相关但不同的问题：为什么该目标引发了争议，特别是科学家和经济学家之间的争议，以及为什么累积的科学信心无法解决经济争论。[29]本书关注的是核心失联问题，即化石燃料储备与大气的有限性和全球化石燃料消费与排放增加之间的失联问题，这种增加显然是不可阻挡且有悖于目标的。为什么政府理论上已经签署了被科学界广为支持的目标，但显然不愿意或无法采取足够的步骤来向目标靠近？在探究经验的基础上，本书揭示了为何进展参差不齐，以及其含义是什么。本书的结论是，部分问题是由于潜在假设的不完全性和失联性造成的，更完整的理解是改变的关键。

经济指标通常采用比例来说明问题。我们注意到上述能源强度——能源与GDP的比率——全球范围内年均下降1.5个百分点（第4章中提及该指标根据时间和地区不同有显著差异）。换句话说，1980年世界每消耗一百万吨石油当量能源，产出的GDP是28亿美元；到2010年该指标上升到几乎50亿美元。但经济增长的步伐更快，因此全球能源消费仍在增加。

图1-5显示能效（图表向右）和脱碳（图表向下）的联合趋势。伴随着能源效率进展，实线（历史）表明无论是在核能、可再生能源上实施大型项目，还是转向更清洁的天然气，世界能源系统的碳强度——单位能源排放的碳——自20世纪90年代以来几乎没有变化。过去十年亚洲（特别是中国）大量兴建煤电厂，致使世界许多地方的化石燃料消费以及相应碳排放的增长甚至加速了。

能源资源和大气属于物理系统，只有谈及总量才有意义。地质学和物理学感兴趣的不是人均GDP的趋势，而是总量。如果人口增速超过人均能源增速，那么减少人均能源消费量并不能减少能源消费总量；如果排放强度下降的速度远低于GDP增速，那么减少排放强度的作用有限。能源系统整体上似乎在朝着错误的方向加快步伐。与减少化石燃料依赖度或迈

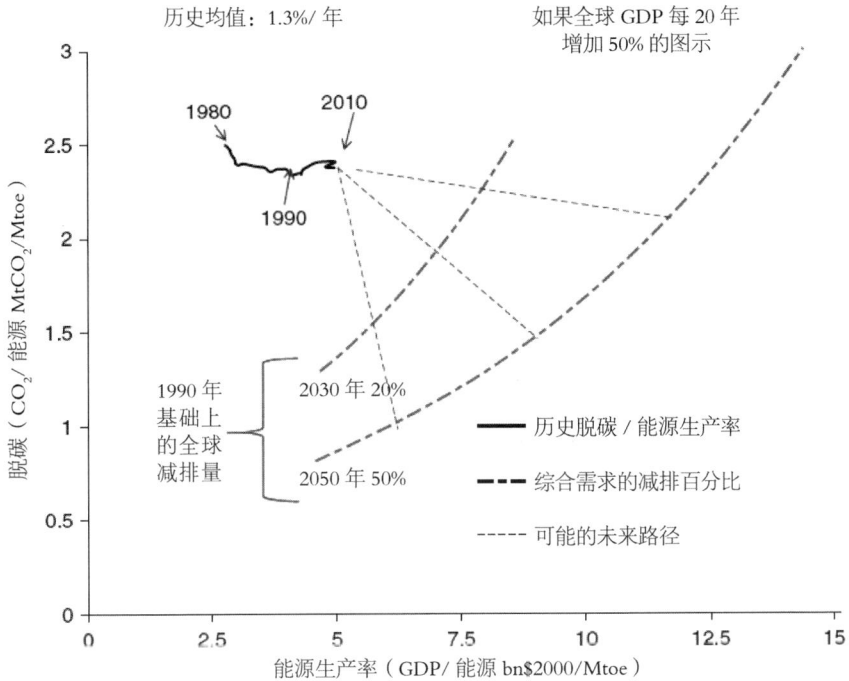

图1-5　能源生产率和脱碳的历史趋势图，以及2030—2050年的潜在需求趋势图

向稳定气候的挑战相比，历史进展显得极其微不足道。图1-5也提供了在世纪中期达到减半 CO_2 目标的可能含义。为简单起见，假设2050年全球GDP翻倍：

●使能源系统脱碳所涉及的一切行为包括对现有状态进行一个戏剧性的突然的转变，意味着未来20年中要使脱碳水平翻倍，并在接下来的20年中继续翻倍，通过置换绝大多数扩张的能源系统中的大量化石燃料来实现。

●提高能效所涉及的一切行为意味着要比石油危机以来的速度加快数倍：仅为了降低20%的排放，我们需要加快改进能源生产率的步伐，如果全球GDP到2050年翻番，那么就意味着全球能效翻番，全球持续了40年的改进比率显然高于主要欧洲经济体同期大约年均3%的水平。

在实际中，唯一明智的方法是将二者结合，至少可以使每种途径的目标不那么遥不可及。如图1-5所示，我们仍然可以通过翻倍能源生产率来减半全球排放，并减半能源供给的碳强度——所谓的"因子4"方案。

提高能效和脱碳是21世纪能源和气候变化领域关键性的全球挑战。可持续能源发展要求进程向更加高能效和较少依赖化石燃料的方向转变。虽然已经努力了20多年，但我们似乎做得并不好。我们需要认真反思原因。

1.3 证据和理论：能源与经济

构成趋势

只要快速回顾一下过去不同地区的趋势，就可以轻易击碎一些常见的关于能源的神话。在石油危机之前，通常认为财富、能源消费和排放不可避免地同步增长。之后观测到许多污染物实际上遵循"环境库兹涅茨曲线"——最初随着工业化进程增加，然后达到峰值并下降，因为国家变得更有能效，技术上更成熟，在相应的立法体系下对环境影响更敏感；在达到某一财富点之后排放开始下降。

然而，CO_2排放并不符合两者中的任何一个路径。增长和排放是分开的，但经济学家没有发现任何证据能证明CO_2可以达到库兹涅茨曲线的峰值。事实上证据要有趣得多。在多数情况下，国家发展得越晚，其能源强度的峰值越低，其排放强度也是如此。20世纪90年代的研究表明，有16个国家在20世纪70年代石油危机期间其人均排放达到了峰值。但随着价格下降绝不是所有其他国家的排放都继续下降，一些国家出现了反转。图1-6和1-7概括了重点趋势：

• 图1-6代表不同地区的（a）能源（b）碳-GDP强度（能源消费/GDP；CO_2/GDP）发展趋势。[30] 中国在20世纪90年代快速提高了效率，而俄罗斯仍停滞不前，但随后中国的能效改进被经济发展带来的碳强度变化所抵消。东欧国家加入欧盟后，采取了更市场化的政策，包括取消巨额能源补贴，所取得的快速的能源效率改善是令人瞩目的。印度的能源强度紧步美国后尘，两者都接近世界平均值。澳大利亚的能效超过了美国和

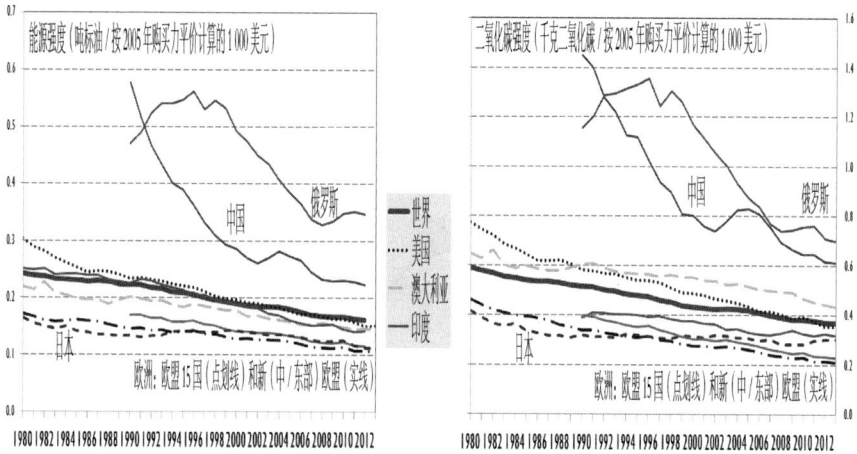

图1-6　区域和全球能源（a）和碳强度（b）变化趋势，1980—2012

来源：数据来自于IEA（2014）。

世界平均水平，但是碳强度的情况却较糟。与日本或欧盟（总量）相比，这些国家的单位GDP消耗的能源多出25%。欧盟还在进一步进行低碳化发展，而日本在福岛核泄漏事故之后增加了煤炭的消费，导致其碳强度水平接近"新世界"国家（美国和澳大利亚），超过欧洲水平50%~100%。

　　•图1-7通过显示人均排放量与人均财富（重点国家）之间的关系，为我们观察主要国家的情况提供了一个新视角。图中实线表示人均二氧化碳排放的变化，虚线表示人均GDP。经济发展的早期和中期阶段（人均10 000~20 000美元）排放明显上升。当财富积累水平达到人均20 000~25 000美元时，主要工业化地区的排放仍在继续上升，直到20世纪70年代。那以后——经历了10年的石油危机——美国和欧盟的人均排放保持了30年的稳定状态，而这期间他们的经济仍在持续扩张，直到2008年经济危机才发生了重大倒退。法国在20世纪80年代大力发展核电并鼓励能效提高，因而大幅度降低了排放，澳大利亚人均排放接近美国水平（日本接近欧洲水平），但他们的碳排放都随着经济危机而显著下降。俄罗斯和东欧国家（未显示）收入低很多，排放量却高很多，但这些国家的经济复苏并没有伴随着排放增加。中国目前碳强度的变化趋势与工

业化国家相似，更富裕的经济体，如墨西哥和巴西的人均排放分别是中国
的一半和接近1/4。

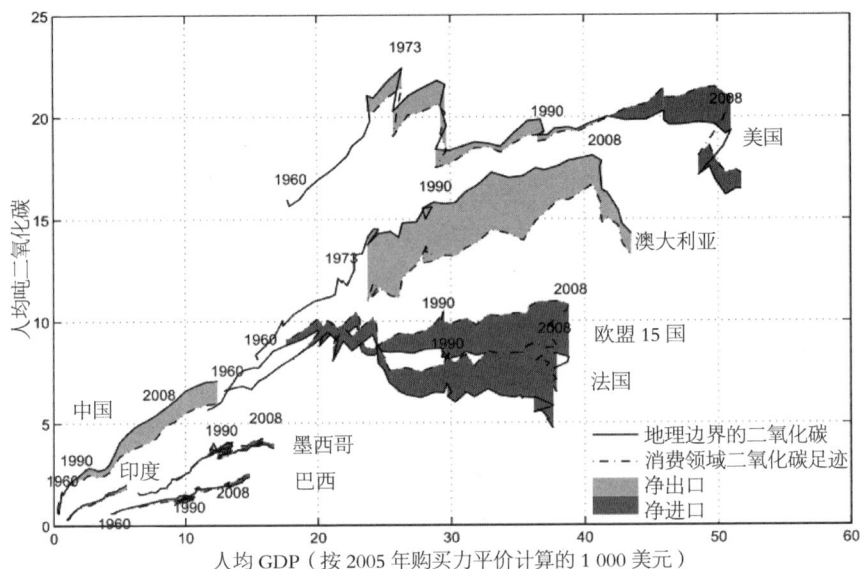

图1-7　主要国家人均CO_2排放和财富之间的趋势，1960—2014

注释：实线追踪了主要地区能源相关人均地理边界二氧化碳排放，虚线显示了这些地区二氧
化碳"消费足迹"的最佳估计结果，相关计算涵盖了产品的生产和国际贸易。两者之间的差距表
明了人均二氧化碳排放的净进口（深色阴影）或者净出口（浅色阴影）现状。日本（未显示）整
体上与欧洲重合，加拿大（未显示）与澳大利亚重合；由于其经济交易过程的复杂性，俄罗斯和
东欧的趋势可能会与中国重合并使中国的情况难以清晰展示，因此并未显示。印度在相同时间跨
度内出现在左侧底部角落，2014年人均排放超过$2tCO_2$，人均GDP低于6 000美元。所有数据
都按照购买力平价计算。

来源：数据来自四个全球数据库，经过碳审计和生产国际研究计划计算（Carbon Cap
(http：//www.carboncap.eu/)）。

因此一旦当国家达到工业化的基本阶段后，其经济增长并不必然伴随
着排放增加。在人均收入10 000~15 000美元的水平上，经济增长与排放
之间不存在一致性联系，而且许多工业化国家几十年来人均年排放已经趋
于稳定，最近在亚洲和拉丁美洲的一些最发达的发展中国家也发现了类似
结论。然而，一方面是北美和澳大利亚，一方面是日本和欧洲的主要工业

化经济体，这两个阵营之间的分歧是显而易见的：[31]

• 日本和欧洲（连同新西兰）在20世纪70年代石油危机后油价保持高位，在接受《京都议定书》的排放上限后，排放趋于稳定或下降，保持在人均10吨CO_2以下。

• 美国的人均CO_2排放保持在接近20吨的水平，澳大利亚也达到类似水平，加拿大的水平稍低，主要是因为其水电丰富。在后续章节中我们会讲到，随着经济危机、页岩气对煤的替代，以及能效和可再生能源政策的强力出台，美国的人均排放实现了大幅下降。

不同的地理位置，工业化特长以及贸易格局部分程度上缩小了差距，但只能解释小部分差异。[32]

碳强度的趋势发展格局在图1-6（b）中得以展示。第一组显然是更有能源效率和碳效率的，两组之间没有收敛的迹象：更有可能的是，有一些背离的迹象。日本和欧洲采用了强有力的改进能效的政策，将会在本书第5章详细说明，看起来的确产生了效果，欧洲是采取碳强度政策较多的地区，而美国和澳大利亚近些年在相关领域也有所跟进。[33]

在贸易和经济结构相互作用中，大多数发达国家（OECD）开始净进口碳强度更高的产品。图1-7中的虚线和阴影部分显示了上述情况。这些数据表明，通过进口碳强度高的产品，如钢铁和基础化学品，各国（主要是美国、欧洲和法国）将二氧化碳排放外部化的程度，以及中国、澳大利亚和俄罗斯等资源密集型生产国将多少二氧化碳排放留在了本国。

2008年之前，我们无法确定哪一个区域已经成功减少了其总体"碳足迹"。相反的，中国碳排放的爆炸式增长很大程度上是因为它已经逐渐成为世界制造业的中心。但毫无疑问，在人均收入高于10 000~15 000美元的国家，经济增长和排放已经越来越不挂钩。超级油轮可以改变足迹，尽管这个过程缓慢且充满艰辛。但假设收入增长高于基本水平后，排放和经济增长仍然紧密相连是非常错误的。现实要复杂得多，也重要得多。

因此未来趋势和可能性就变得更为有趣。世界上的大多数人口居住在新兴国家和发展中国家。人均收入高于10 000~15 000美元的不同人均排放水平的稳定化趋势和"中间缺口"十分明显。给定数十亿穷人的比重，全球平均收入水平大约在人均10 000美元。对亚洲国家和大部分拉丁美洲国家而言，平均收入约为6 000美元，但这一数据正在快速攀升。这些国家未来的排放轨迹是模仿美国和澳大利亚的人均20吨CO_2，还是欧洲和日本的人均10吨CO_2，抑或是法国的人均5~6吨CO_2，意义大有不同。

然而即使全球长期平均值保持不变，到21世纪中叶全球人口将达到90亿，意味着全球排放将增加50%。将排放减半意味着模仿目前巴西的能源部门排放水平，即人均排放2吨CO_2。[34]当然，有批评认为，任何一个工业化国家是否能够保持和加速能源强度和CO_2排放量的绝对下降，并将这种减排行动扩展到全部的碳足迹，从而提供一个更为通用的财富和低碳经济的"存在性证明"，是值得怀疑的。

不确定性以及缺乏远见

建立在"理性预期"基础之上的经济学理论和政策需要一些先见之明，至少在结果缺乏效率的情况下应该如此。之前所列举的波动性，以及令人遗憾的能源价格预测历史都表明，政府和市场之间似乎对等分担着一个大问题。

相关案例不胜枚举。来看看英国和其他国家如何耗尽北海油田（天然气）储备所代表的巨大财富。这些油田被大量开发，并以每桶低于20美元的价格出售——是之后一二十年的石油价格的1/5。当然，英国只是与其他国家一样，根据相同的规则和预期进行。如果该产业和政府都能有先见之明或有耐心的话，该油田应该开发得更为缓慢，大多数储备之后可以数倍于当时的价格出售，对目前衰退和债务的影响起到很大的缓冲作用。许多预测全球能源的模型都假设可以"完美地预见"到世纪中叶。

在能源价格预测方面存在明显的偏向，但既不上扬也不下行，这就是现状的力量。当能源便宜的时候，我们倾向于认为它会保持不变。当能源价格飙升时，我们倾向于认为那就是未来的趋势。我们过多依赖于自身当下的经验，而使预测本身受到目前情况的严重影响。[35]在低价时期，人们不愿意投资；他们更倾向于等待。在面对环境政策时，也存在相同的问题，即不愿意往前看，并且充满疑虑。

导致能源不稳定的因素之一有助于解释上述提到的长期波动。近年来对商品价格的投机行为毫无疑问放大了波动，并引发了羊群行为。所有这些，以及不断增加的复杂性和系统间的相互依存性，使得全球化石燃料系统在面临"黑天鹅"事件（看似不可能的事件，在其发生之前未能考虑，或者几乎完全忽视，但仍然发生了，而且影响重大）时更为脆弱。[36]

能源价格存在长期不确定性和波动性，因此预测能源的其他方面似乎存在更多的系统性偏差。第6章和第7章的证据表明，对经济增长、发达经济体的工业能源需求以及环境控制成本的预测历史，都是言过其实的。几乎没有任何例外，事实证明环境约束要比预期的便宜。毕竟，在我们尝试之前，我们不知道控制污染的所有办法，正如本书所阐述的，当我们尝试之后，我们才会知道。将这些因素汇总——对经济增长和（或）排放言过其实的预测倾向，以及无法预见应对刺激的所有可能的不同的路径——你会得到一个证实的图景：实现排放目标通常要比预期的便宜。欧洲排放交易机制规定了欧洲CO_2的排放上限，其历史就是一个有力的证明：第7章将会详细说明，起初因为过于昂贵而遭到反对，但它所面临的持续性问题恰恰证明了相反的一面——过低和不一致的碳价无法支持任何一项低碳投资。

简而言之，未来是不确定的，我们对未来的理解（以及对变化成本的预测）可能会低估风险和惊喜，并使我们对"现状"形成偏见。[37]

对能源价格的反应

市场对价格做出反应，价格调节供给和需求之间的平衡。然而一些关于能源预测的失误，来自于过分简化能源需求和价格之间的关系，也就是经济学家所测量的"需求弹性"——价格上升（或下降）一定的百分比，能源需求下降（或上升）的比例。如果这个关系是确定的话，分析就简单得多。但事实上远不是如此。

首先，能源需求上去之后就下不来；能源价格高企时期会带来能源效率的快速改善。当能源价格再次下跌之后能效改善会趋缓但不会发生逆转（第4章）。价格也可以引发许多其他间接行为（第5章）。显然对能源价格的反应也随着时间而累积；长期弹性要比短期反应大得多（第6章）。"价格"的新来源——比如要为之前免费的东西付费——也可能引来比价格本身更多的关注（见第7章例子）。

另一方面，价格倾向于影响每个人，但是影响程度不同；涉及到分配问题后，能源价格上升颇具政治性。政府已经在降低能源价格，虽然经济学理论表明污染定价将是减少排放的最有效方式，但政治反对派一直在阻挠这种做法。社会整体"最低成本"对那些受价格上升影响的人而言毫无意义（第8章）。对任何实践建议（但在许多经济学建议中被极大地忽略）而言，"政治经济"应该是考虑的中心。[38]

还有一个有趣的事实。本能地，我们希望能源价格可以决定能源账单：听起来是顺理成章的。但从更宽阔的视角来看这是不真实的。不管其能源价格有多么大的差异，不同国家花费在能源上的支出显然是稳定的（第6章）。此外，尽管随着时间推移能源价格出现了更大变化，但国家的能源支出所占的比重实际上保持惊人的稳定：俄罗斯能源科学家巴什马科夫（Bashmakov）收集的数据显示，富裕国家半个世纪以来其能源成本保持在一个"稳定"范围内，通常占国民收入的8%~10%，据估计事实上这种关系可能在许多国家维持了数个世纪。[39]对该范围的偏离似乎激发了一个不相称的反应（就字面意义而言），而后迅速回到平衡。这与固定的价格弹性相去甚远（第6章）。本书第4章（较低阈值下）和第8章（较高阈值下）分析了一些原因。该结论对政策制定有重大意义，但在西方他的研究在很大程度上被忽略了。

创新和适应性

解释上述现象的一个重要因素是，技术在发展，系统适应之。

如果能源是经济产出的一个固定的和不变的投入，那么就很难解释在相似的经济发展水平下，不同国家间的能源和CO_2的区别如此之大。单靠地理位置很难解释该差距，贸易和相关的经济结构差异（比如，专门从事高排放或低排放的经济活动）也无法解释，尽管它们都有所贡献。

创新是原因之一。新技术的发展和扩散既不是全球性的也不是稳定的。第3章展示了能源系统创新的巨大潜能，创新过程是贯穿本书的一个宏大主题。第4章和第5章解释了为何一些较好的技术可能会萎靡数十年，以及推动采纳这些技术的政策所带来的影响，特别是关于能源效率。创新领域更是如此（第9章和第10章）。第6章的反映价格影响的数据表明国家指标和国际指标之间存在明显差异。所有这些都表明，任何一个价格响应的简单模型都会漏掉重要因素，然而迄今为止，在缺乏替代指标的情况下，大多数经济分析仍然将价格作为经济成本和响应的重要指标。本书为思考价格、成本和改变之间的关系提供了一个更为宽阔的途径。

贯穿本书的一个结论性主题是人类系统的适应性。适应问题可以从多种途径，在多种层次上实现。人类系统也在不断发展。基础设施不断发展以支持不同的格局。人们已经习惯了这些。生活在欧洲和日本的人们消费的能源是新兴世界经济体的一半，他们不会受到此问题的困扰；同样，他们的排放也是相应的一半，但他们也不会去庆祝。他们更习惯于较高的汽油价格以及相应的公共交通系统。人们可以适应不同的环境，这一点是确凿无疑的，下一章会列举强大的理论认识，第10~12章会做出进一步解释。

所有这些表明我们的能源-经济系统在给定时间条件下，对未来宽广范围内可能的要求和约束有强大的适应能力。《星球经济学》追踪了许多证据线索和与能源利用相关的理论基础（第4章和第5章），详细比较了国家对能源价格的历史反应（第6章），部门趋势和可能性（第10章），以及创新在宏观经济增长中发挥的作用（第11章）。在总结章节中这些都被证明是有重要意义的，特别是当综合考虑附录中数量化表现的惯性和不可逆性时。

惯性和不可逆性

能源系统的适应能力具有惯性。在已经习惯于某种格局或系统后，人们不喜欢改变。的确，太多和太快的改变会产生巨大成本和社会压力，正如石油危机时期。改变会带来真实的成本。

当然这是一个非常基本的政治现象。历史上大多数重要的社会和经济改革都会遭遇那个时期的巨大阻力。废除奴隶制就遭遇过强烈反对，声称将会带来经济破产，但这只不过是一个例子。我们的社会和经济体系的诸多方面都存在类似情况。对新领域的风潮、时尚和技术的所有兴趣，人类都共同地是习惯的产物。

最后，许多发展几乎都是不可逆的。这当然包括利用有限的资源以及（出于最实用的目的）CO_2在大气中的累积。城市规划、交通基础设施和传输系通过也有较大的不可逆性，既包括物理基础设施，也包括土地利用决策，这些也并不是不可能逆转，但需要数十年的时间（第10章）。当问题出现的时候，我们不可能在一夜之间改变我们的系统。

这些特点使得单纯以"净成本"来有效总结许多能源部门决策的影响变得不可能。将使用（或替代）何种燃料？未来燃料价格如何设定？投资会持续多长时间？投资是否可以打开（或关闭）其他选择或技术？它是否会逆转，抑或持续？在实际的"成本－收益分析"中很难量化收益，因为采用的诸多方法都违背了背景假设，即某些估测要优于无。[40]然而，本书认为对能源和环境系统而言，困难是以独特的形式和规模表现出来的。能源系统本身的不确定性、适应性和惯性，包括成本和收益，是贯穿本书的重要概念性线索，在最后一章中我们返回来论述它们的意义。

目前，技术、系统和我们的习惯，通过全球经济趋势得以扩展和加速，正在将世界推向更高的化石燃料消费水平和排放水平。政府内和政府外的机构与人们，都在努力设计和理解可能的后果，并采取恰当的行动。这种不确定性将我们带入另一些复杂的问题和相关的证据：改变我们的行为可以为环境收益带来价值。

1.4　证据和理论：核算气候成本

针对气候变化有诸多不同态度。这些态度通常会受到与科学本身无关的事件的影响，但这反映了对科学家或政府信任与否、宗教信仰、环境观点和生态价值的基本态度，隐含着对复杂系统的稳定性或脆弱性的假设，以及人们对风险、对他人和未来负责任的态度。[41]

政府一直以来面临不同的观点，因此成本－收益评价作为一个中心工具，通常被用来寻找一个理性，或至少是合理的解决办法。该评价明确评估和衡量一个给定行为的成本与收益，通常将其货币化。诚然，大多数经济学家和许多政府都将其视为良好决策理论核心。就概念而言，它几乎是同义反复的：一个决策的收益应该超过成本。在实际应用中，它更富有争议，尤其是在环境政策中。数十年来的研究已经慢慢缩小了与化石燃料相关的本地环境与健康破坏之间的货币化估计（见注释16）。

为削减CO_2排放并最终稳定大气层的收益估值的努力，吸引了比其他任何事情更热烈的关注，并引发了经济学家之间的离奇争论（在外人看来）。不确定性存在于诸多领域，这没有什么新鲜的。经济学争论认为最好依赖收益的"最佳估计"，至少就决策的一致性而言。气候经济学的圣杯是估计"碳排放的社会成本"——即估计额外排放一吨CO_2所带来的总破坏。然而在回顾了相关的努力后，本章认为更根本的东西岌岌可危。[42]

试图将科学预测转化为"货币化"量化破坏引发了四大问题：估算何种影响（以及潜在适应）的成本？代表谁的关系（以及如何）？这些成本何时会发生（以及我们如何衡量）？我们如何应对风险，包括可能的星球风险？

对气候问题真正感兴趣的第一个大牌经济学家，比尔·诺德豪斯（Bill Nordhaus）教授，最初在20世纪90年代试图量化气候变化的成本。他估计了海平面上升的成本和对农作物的破坏等。他最初的结论是，不值得为避免气候变化支付过多，每吨区区几美元的CO_2，会使汽油的成本增加好几个百分点，对改变排放贡献甚微。[43]

没有什么较好的测量能解决科学家、环保主义者和经济学家在理解这个问题时的分歧。哈佛大学的罗布·斯塔文斯（Rob Stavins）教授，曾经评论说他从未遇到过任何一个问题，可以从根本上划分这些不同团队。本章剩余部分将解释原因，并阐述我们所学习到的。[44]

核算重要的成本

继诺德豪斯教授最初的工作之后，许多其他经济学家更加全面核算气候变化对其他部门造成的成本，诸如木材、能源、水供给等等。最杰出的学者们开展了大量的此类研究。[45]一种方法是比较不同温度和预测变暖情景下国家之间的生产力。这种"静态比较"方法表明对大多数部门而言存在最优温度，略高于典型中纬度地区的平均温度。该结论意味着，一个更为温暖的世界对中纬度地区的影响是适中的，但对热带地区而言极其糟糕。由于中纬度国家主导世界GDP，因此气候变化的净影响预计在本世纪都将是温和的，这部分程度上是因为本世界下半叶不断攀升的成本被大打折扣（见下述讨论）。

当然，此类分析引发了大量回应。这种"静态比较"研究假设可以平滑调整以适应变暖的世界，但忽略了可能的转换成本。从根本上而言，每个地区的人类文明都是在其当前的气候条件下产生的，这并不意味着该地区能够无缝切换到在不同气候条件下的不同地区的不同发展路径下。支持者反驳说这也许是真的，但如果假设人们坐以待毙也是不公平的：临海的人们会选择撤退，移动而不是失去宝贵的海岸线；农民会调整作物种类，发展更抗旱更抗热的农作物，而不是眼睁睁看着他们的作物枯萎。

换句话说，人们会适应，应该核算这种适应的成本。相应的一个回应是，没有人对必须要适应的未来气候有完美的预见，政治体系也不合理或不能理解他们的预见。所有这些情况引发了有趣的争论，即模型是否应该假设"愚蠢的农民"或"有远见"的农民、克努特式的国王，或者离开沿海胜地。[46]新奥尔良遭受的破坏是因为对已知的飓风风险未能充分准备，但这也证明了一点，即"有远见的适应"是不可能的。重新规划城市而不是抛弃的决定，也强调了人们不愿意为大自然的侵蚀让步，这符合经济学家主张的最为"成本有效"方法。

尽管有诸多细节，但该方法本质上是"还原论者"：根据影响的构成部分来减少环境问题，并评估每个构成部分的成本。单独来看，这很容易使减排看起来十分愚蠢。"持怀疑态度的环保主义者"比约恩·隆伯格（Bjorn Lomborg）认为，如果我们想拯救北极熊，首要的事情是停止猎杀；如果我们想减少高温死亡，应该使用空调；如果我们想阻止疟疾，应该排除沼泽和提供药物；甚至于如果我们想拯救马尔代夫，那么为大型海上防御工事提供资助也要比执行《京都议定书》成本低很多。[47]该观点辞藻华丽，但对于通过减排实现上述目标而言意义甚微，还可能会遗漏气候变化在世界范围内的其他影响。只有将这些成本与气候变化的影响成本与适应成本之和进行比较，才有意义。

这正是主流经济学家正努力做的事情。然而，尽管所有这些争论都围绕着如何计算大量潜在的可量化的构成部分，一个基本事实是，经济学对这种简化方法持怀疑态度：显然在现代经济中"气候脆弱"部门占GDP的比重不大。不管农业、林业、空调，甚至海岸线的适应成本有多高，这些成本无法近似于整个经济的价值。

然而这并不意味着争论的终结：事实上仅仅是照亮了一部分。分析问题所面临的挑战的真正规模在图1-8中得以显示。该图展示了问题的两个维度，既包括可能发生的气候变化类型（行），也包括可能的影响范围（列），同时配有一些例子。

			何种影响？
	市场	非市场	多重压力和会性偶然事件
预测（趋势）	海岸保护 旱地损失 能源（加热和制冷）	热压力 湿地损失 海洋酸化 生态系统迁移/终结	从沿海撤离 区域系统性影响
气候变化性和（边界）极端性	农业 水 暴风雨	丧生 生物多样性 环境服务	如瀑布般倾泻的社会影响 环境迁移
系统变化和意外	"临界点"对土地和资源的影响	更高次序的社会效应 不可逆的损失	区域性崩溃 饥荒 战争

何种气候变化？（为左侧行标题，涵盖"预测（趋势）""气候变化性和（边界）极端性""系统变化和意外"三行）

图1-8　风险矩阵：一个衡量气候变化的社会成本的评估框架

注："社会性偶然事件"成本可以理解为，由于社会无法有效应对影响所带来的放大效应，比如治理失败、无法采取集体行动，或迁移及深层次干扰带来的摩擦。

来源：作者根据 Watkiss 和 Downing（2008），Jones 和 Yohe（2008），Downing 和 Dyszynski（2010）整理得到。

若要全面解释所有因素会花费数页，但主要观点已经很清晰了。有一些措施我们可以尝试一下，但其他的看起来几乎不可能。

最底下一行是有可能发生的更糟糕的物理影响：显然，还原论研究没有核算地球系统的重大不稳定性的可能影响所带来的成本，正如下述要讨论的威茨曼失望定律。[48]最后一列是关于社会对等问题的——理论上的点滴研究和真实社会面临的多重压力之间的差距。有洞察力的规划者和强大的社会可以承受相当大的气候变化，但行动能力却受到诸多真实世界的约束。综观恢宏的关于自然灾害的经济学文献，可以发现有人已勇敢地采用模型，指出在下一次灾难袭击之前，更为贫穷的社会无法从前一个极端气候事件中恢复过来，从而使得这些国家陷入发展不足的困境——给他们的财富和福利带来了诸多影响。[49]

浮现在脑海中的，是一些小国和"失败的国家"的脆弱性，比如海地和撒哈拉以南非洲的一些国家。一个更令人不安的例子是2009年巴基斯坦的洪水使数千人丧生，其对内部稳定性的影响至今都没有完全消除。历史研究表明，温度波动与农业产量下降、战争频率和人口减少有关。[50]也要考虑比如干旱的热带雨林将不仅仅影响全球CO_2，而且会对当地社会产生重大影响；中东河流系统或印度次大陆的重大变化，会破坏这些地区脆弱的和平。显然，交付和实施充分的国际援助可以防止许多问题发生，但事实上，在国际层面适应、补偿和成本分担的机制较为脆弱。这还有可能增加反作用在地区间传播的概率（包括通过迁移），使"赢家"和"输家"之间的区别逐渐模糊。

关键不在于此类事件会发生，而是大多数声称要计算气候变化成本的还原论研究并没有评估相关成本，因为人们不知道如何量化它们。有人做出了一些尝试，但图1-8的作者注意到，试图给气候变化进行货币化估值的研究中，超过95%的都只关注了上述矩阵中9个方面的两个而已，即与平滑预测变化相关的市场成本与非市场成本（而且大多数忽视了系统从一种气候转换到另一种气候时的过渡成本，即静态气候变化）。诺德豪斯等人试图将大范围内的可测量的影响进行量化，但实现的仅仅是那些相对容易量化的构成部分。剩余部分要么被忽视，要么是脱离现实基础的粗略估计。

在令人不安的气候系统中潜伏的对"黑天鹅事件"的恐惧是无法消除的,即社会是否有能力在面临食物、能源和其他自然资源压力的同时应对气候变化。无论好坏,每个人对该问题都持有自己的观点,同时也使得问题更加复杂。

(不)愿意支付,(不)愿意接受?

认为核算气候破坏成本是科学家和经济学家之间关于风险的一个枯燥的、技术性争论的人,应该回顾1996年的政府间气候变化专门委员会(IPCC)的第二次评估报告:事实上这是唯一的一次,政府资助方要求IPCC评估气候变化破坏的整体经济性。这种尝试几乎要摧毁了IPCC这个机构,这也是唯一的一次,IPCC的作者可以在一个章节中正式对政治性谈判的结果提出异议。大多数问题归结为一个问题:谁?

为了评估无法用货币直接衡量的"非市场"影响,经济学发展出诸多方法,最经典的就是询问人们愿意为得到某种东西所支付的价格,或以多高代价失去某样东西。不幸的是,这些方法未能给出一致性答案。对不利影响"接受补偿的意愿"完全不同于阻止破坏发生的"支付意愿",但如何在这些方法之间选择并没有明确的根据。当然支付意愿受限于个人财富,但我们所拥有的某些东西是多少钱都买不来的。

当利益出现冲突时,在实践中社会不会主要依靠经济措施来决定结果。如果政府想拆掉房屋来修建新的马路,通常不会去咨询居民他们愿意支付多少以求继续居住,也不会征求他们愿意为拆迁得到多少补偿。我们有计划程序、法院和上诉程序来决定是否继续拆迁,以及决定对那些搬迁的人们补偿多少。[51]本书结尾我们在国家决策层面再讨论这个问题。

可以说目前在全球范围内我们还没有这些程序与机构,因此如何评估和汇总全球影响是一个深度政治化问题。[52]但可以预想到,在现有补偿水平下,小岛国或非洲干旱地区宁可选择忍受气候变化。他们不可能简单复述答案,也不可能因为其贫穷而被忽视或限制。

对该问题的国际评估引发的最突出的案例是在1995年将IPCC第二次评估带入水深火热之中。为了核算气候变化的成本,经济学家需要核算死亡的成本——"统计学生命价值",其具体定义为"在一个人群中人们给某一变化可能带来的死亡风险所赋予的价值"。不幸的是,他们无法就哪些"人们"来"分配价值"达成共识。标准经济学方法产生的"统计学生命价值"取决于人均国民财富,对印度而言,试图动用资源实现与美国一样的现代医疗服务,显然是十分荒谬的,印度人民目前面临的更多的是对生命和健康的一般性威胁。

只要国家间的相应决策仍然在本质上是分割的,那么不同地区的"统计学生命价值"不同就是一个现实;这是一个国家可以尝试掌握资源和保护公民的一种方法。然而,在国际层面应用诸如"支付意愿(和能力)"的做法,意味着穷国的生命要比富国的廉价。

相比之下,IPCC的发展中国家代表并不觉得有趣。气候变化并不是一个内部问题,某些国家需要考虑对另一些国家的影响,总体而言是富裕国家对贫穷国家的影响。最近的一项评估表明,非洲、印度次大陆、拉丁美洲和小岛国可能经受了本世纪75%的气候破坏,但在过去的50年中他们的总排放不超过1/3。[53]在评估破坏的时候应该采用谁的"统计学生命价值"?贫穷的受害者是否要(根据其贫困估值)支付富有的人所造成的破坏?谁来为一国给另一个国造成的破坏买单,谁有权利给其他社会中的其他人的生命估值,根据是什么?

理智而言,这些基本的道德问题打击了人们的信心,只留下对全球成本-收益分析的严重质疑。尘埃落定之后,IPCC的原作者悄悄修改了其初始定位,因为政府非理性地极力反对其成本-收益计算。但这些作者也观察到,缺乏全球一致决策权意味着,经济学无法就"气候变化成本"问题给出一个简单的全球适用的答案。[54]

斯特恩对时间的警告

在这些无休止的"生命价值"争论之后,政府基本上放弃了就全球气候变化成本达成任何协议的努力。经济学家仍然需要一个统一的方法,但不同的分析阵营各行其道,不同的政府听从于不同的阵营。即使在富裕国家的分析家中,也出现了重大分裂,一个后果就是《斯特恩报告》的出现。[55]

尼克·斯特恩（Nick Stern）教授当时是英国财政部首席经济学家和世界银行的前首席经济学家。2005年气候变化八国集团首脑会议不欢而散之后，英国政府要求他带头展开关于气候变化经济学的重要研究。接受任务之初，他对此项目的先验知识并不多，但他的发展经济学背景，使他比许多人更倾向于采用长期视角来观察问题，并对许多同行经济学家认为的理所当然的工具有一种敏锐的伦理基础的判断。这些工具的首要任务是根据现在来衡量未来的成本与收益：时间价值。

标准经济学将时间价值表示为贴现率——未来货币"折现"到当前价值的年度百分比。该常规实践意味着折现率非常重要，因为气候变化是一个长期性问题，其影响会累积几十年甚至数个世纪。以往试图计算气候变化成本的大多数经济学家都围绕着诺德豪斯教授的中心折现率，即每年约5%，但之后他自己采用了一个更为复杂的算法，即折现率逐年下降（如下）。[56]

以30年来算，5%的年折现率的实际价值超过1/5（0.215）。60年后，折现因子约为1/20（0.215×0.215）。本世纪末，影响是其实际价值的1/100（0.215^3）。两个世纪后折现因子为1/30 000。因此长期而言在计算中折现因子逐渐不相关。

有强大的理由支持对未来的成本和收益折现。在评估一个商业项目时折现是一个标准工具，部分程度上与风险相关。商业在承担风险的同时，期望得到更高的回报：成功的项目有助于创造财富；而坏的项目则面临破产的风险。政府吸收这些风险的能力更高，因而政府债券的相对利率较低（"项目"的社会成本-收益分析是由私人资助的，但公共收益需要结合私人融资成本和社会折现率）。[57]个体显然认为当下的货币要比未来的更有价值，但他们操作的方式并不是一致的（见第2章和第4章）。这些事实无可争议地引入一个怪现象：用来衡量问题严重性的"时间价值"很可能完全不同于其在成本核算方案中的概念。这也是本书提及该方法的另一个原因，这避免了寻找统一度量的努力，而是关注在不同的规模下运行的不同的程序。

尽管存在诸多困难，标准评估采用了一个描述性方法，即接受基于短期效益主义经济指标观察值，比如无风险利率——5%是被广为接受的标准（在信贷紧缩和几乎零利率债券时代，用这样一个利率来反映时代的信心多少有点怪异）。多位经济学家长期以来一直在争论该方法，但《斯特恩报告》重新勾画了争论的图景。[58]

斯特恩采用了一个完全不同的方法。气候变化涉及公共政策而不是私人利益。贴现包含两个要素：第一，对财富增长的预期，使一定量的金钱未来价值低于当前价值；第二，人类未来福利占多大比重涉及到一个伦理判断，用经济学来表示就是"时间偏好的纯粹利率"（拉姆齐法则）。[59]斯特恩认为政府以这种方式歧视子孙后代（斯特恩如此表述）是毫无伦理基础的。相应的，承认子孙后代比我们更富有，才是随着时间推移贴现成本和收益的唯一正当理由。斯特恩采用的贴现率为每年2%~3%，与未来全球经济增长率的预期相一致。突然的，未来破坏就比之前大多数经济学家所计算的要多出许多。

还有更多问题。在长时间维度下，关于气候变化的一个明确特征就是它的不确定性。这意味着你不可能取一个平均值或"最优估计"，而必须考虑可能后果的整体范围。图1-8"风险矩阵"中的最右边一列和最下面一行是极其糟糕的后果。最糟糕的情况是子孙后代的情况可能不会好转，现有的贴现基础崩溃。更具体而言，经济学不应该给未来贴现设定一个简单的贴现率，不管该贴现率如何反映好坏情况。在标准的贴现方法中，坏的后果本质上是看不见的，而这在斯特恩的计算中十分重要。人们计算"碳的社会成本"来量化每单位排放的成本，得到的结果是每吨CO_2是85美元，或每吨碳为300美元。一个世界顶级的应用经济学家，作为一份重要的政府评论的首席专家，认为气候变化是潜在威胁全球发展的重大事件：是"历史上最大的市场失灵"。

失败的重建

当然也有人批评斯特恩的方法。许多人关注斯特恩采用的贴现"规范"方法，即基于伦理推理来推断政府应该如何权衡未来。相反，已观测到的零风险市场利率（如政府债券）反映了人们在贴现时的偏好。这种描述性方法对（气候或其他）未来影响的贴现程度更大。[60]

剑桥教授帕萨·达斯古普塔（Partha Dasgupta）采用了不同方法，对斯特恩的一些内部推理提出挑战，特别是针对斯特恩权衡当前和未来代际之间的不平等福利的连贯性问题。这从根本上引发了关于经济学如何将财富与福利相关联的复杂而又长期性的争论，但其本身又容易受到不连贯的指控。[61]随后涌现出大量的其他争论，从多个角度超越了如何随时间加总及分配影响的理论考虑范畴。[62]

斯特恩采用的模型其设计代表了广泛的不确定性。它的设计者意识到关于"碳的社会成本"的估计范围事实上随着时间推移越来越广，特别是在上限边界，围绕着大气敏感性和贴现率有两个最大的假设因子。运行众多经济系数和科学系数后，以"90%的置信度"表明，排放一吨碳的破坏介于10~222美元，而采用斯特恩的贴现假设后，该指标达到了60~1 025美元每吨碳，表明唐宁（Downing）最初的挑衅言论是有远见的，即"碳排放的社会成本"无论如何都介于10~1 000美元/tCO_2。[63]

美国政府随后坚决解决关于贴现的分歧，将许多重要的关键领头人召集在一起，并点名让参与争论的许多最好的经济学家参与。最后他们关于基本问题达成一致，即认可拉姆齐法则，并同意贴现率随时间推移下降。但他们对于实践意义仍未能形成共识。[64]

从某些方面来看，情况变得更加扑朔迷离。达斯古普塔对斯特恩的批评坚持到底，他更为深入地探究经济学家如何变现当代和后代的福利，并将其与今天的富人和穷人的福利进行比较（"不平等厌恶"）。他指出，较高的不平等厌恶水平会显著恢复贴现率，减少了斯特恩"伦理"和"市场"贴现率之间的矛盾：我们对未来贴现较多并不是因为我们不关心后代，而是因为我们预期后代要比我们富有——所以我们认为消费是正当的，而不是为后代的福利储蓄或投资。不幸的是，达斯古普塔发现将较高的"不平等厌恶"应用到代际间时，整体估值对不确定性更为敏感。他推论道，在高度不确定性下，"不存在最优政策……无法定义消费贴现率，因而项目的社会成本-收益分析变得毫无意义"。[65]

总体而言，《斯特恩报告》提出的不确定性和贴现，引发了大量争论，但关于气候变化成本没有达成任何经济学共识。但还有另一头"房间中的大象"。

一个尾巴的故事：威茨曼（Weitzman）的失望定律

在经济学领域中比马丁·威茨曼教授更有名的人屈指可数，很自然美国经济学会通过《美国经济评论》的编辑之口，请求威茨曼写一篇批评《斯特恩报告》的文章。他的判断可能混淆了所有的预期：简言之，他认为就气候变化的严重性而言斯特恩是对的，但其原因是错误的。他不仅聚焦于所预测的平滑变化，而且关注未知严重灾难的重要中断的可能性。他警告经济学家，甚至斯特恩，没有在其成本-收益分析中真正抓住潜在灾难性后果的重要性。

第二年他发表了一篇论文，改变了这场争论的措辞。他的核心问题是科学家甚或是任何人从何处得到证据来支持灾难性影响的可能性。他提及了关于潜在气候不稳定性的科学文献，比如亚马逊雨林系统的崩溃，或印度季风在基本海洋环流模式中的转移，还有北极甲烷排放的失控反馈。他开发出了一个分配可能后果的数学理论，基于一个事实，那就是气候事件越极端，我们掌握的数据越少。当他将这种方法应用于气候变化的成本/收益分析时，他的最终方程"爆炸"了，没有得到任何合理有限的结果，原因隐藏在概率计算的普遍实践中。[66]

他强调重要的是我们所不知道的：何种程度上更为极端的气候破坏较为不可能，相对应的是其所造成的人类苦难的规模扩大。在他的分析中，后者主导方程，根据可能性加权后的平均预期成本可能是"无限"的。因而他将焦点聚集在唐宁"风险矩阵"（图1-8）的最底下一行，对部分地区而言，是最右边一列。这些风险可能位于可能后果范围的"尾部"，但这并不意味着可以忽视它们：它仅仅意味着，在福利损失主导"成本-收益"计算之前，我们无法收集到此类事件的可能性的足够数据。

威茨曼将这一结论命名为"失望定律"。经济学为问题提供量化答案，而成本/收益权衡是经济学方法的核心。无论他们花费了多大的精力来分析气候破坏的每个构成部分，他们仍然是在问题的"灯柱之下张望"，因为问题的关键——与灾难性破坏有关的风险和损害——在定义中就是未知的。

因此他认为核算气候变化成本的整体方法可以归结为两个猜想：人类是否能够以及如何应对极端气候破坏（如何评估）；此类事件的风险以"瘦尾"（风险下降速度高于成本上升速度）还是"肥尾"（风险下降速度不及成本上升速度）的形式下降。他认为即便是风险的属性也具有不确定性——"给定有限数据的情况下进行可能的分配"——意味着"肥尾"是最为合理的假设。

本质上，威茨曼以科学预防原则用数学形式发展出了经济学原理：不确定性不是不作为的理由，但当我们无法知道所有后果时，必须要谨慎干预复杂系统。对政府决策者而言，科学原则在成本–收益分析哲学的训练中有些遥不可及。威茨曼已经表明，将"理性权衡"方法持续应用到风险矩阵中的所有要素，会得出一个统一的基本结论：在面对我们拥有的唯一星球时，必须对改变大气热量平衡非常谨慎。

毫不奇怪，对于过去20多年来无数计算气候变化的潜在经济成本的努力，估计适应的不同"还原论"构成的大量论文文献，以及大量关于时间估值的经济学争论而言，威茨曼的观点对诸多同行而言毫无吸引力。然而关于"碳的社会成本"的文献已经产生了大量令人不安的答案——每吨CO_2的成本从几美元都几百美元不等。威茨曼的失望定律只不过是一种扩展，认为没有人能够实际确定其上限。[67]

1.5　陷入困境？

经济学成本–收益计算应用到气候变化的圣杯是建立起了"CO_2排放的社会成本"——每排放一吨所造成的破坏。正如前文所述，这种算法和其他所有事物一样不确定，事实上更是如此。它没有为充满冲突观点的世界提供一个客观的答案，但不可避免地反映出人们拿到桌面上的假设和价值。气候政策不得不面对"无法比较收益的估计"。[68]世界最顶级的经济学家都已经承认无法就如何解决该问题达成共识，即便是如何评估某一构成部分的影响都很难有一致意见，更别提其他维度了。

如果将问题定义为试图就问题的规模和紧迫性达成全球协议，那么要达成一个对理性量化答案的共识似乎是毫无希望的。在本书中我们认为向前推进需要更多关注减缓成本的结构以及行动的收益。在该逻辑下，结尾章节解释了为何应对气候变化的更强有力的经济学案例并不是相信灾难性后果的风险，也不是斯特恩所说的贴现率。

最终，心理学、行为学研究和政治经济学都参与到气候变化中来——因为我们所讨论的是人类决策行为。第2章会详细论述，大量研究表明个体对风险不会有连续的、"计算"的方法：个人认知很大程度上受社会背景、过往经验、既得利益、人们脑海中的联想（"联想过程"）和影响人们认知的事件（"情感"过程）等诸多因素的影响。人们可能认为专业型人才对这些因素免疫，但证据表明情况恰恰相反：对过往判断的回顾发现，只有那些评估的精确性能得到频繁和及时反馈的人们表现得较好，最突出的例子是天气预报员和桥牌玩家。[69]

斯塔文提出，为何在哈佛和MIT中气候变化问题比任何其他问题更为明显地将经济学家和科学家划分开来，上述这些也许提供了答案。深刻的不确定性提供了范围、问题属性和原因。经济学主要是关于稳定系统的边际变化，以及如何根据相对成本和价值做出最优权衡。科学家更多的是处理高度非线性行为的复杂系统，包括阶段转换（当温度平缓变化时从固体到液体到气体、"蝴蝶"效应、不同平衡状态之间的震荡，等等）。管理风险并从中获益是经济增长的本质，而科学家更乐于就应对灾难提供建议。这两个学科的训练思维不同，学科问题也会强化各自的信念。也许不同的学科也会吸引人们预先倾向于以相对应的方式思考。

总之，经过20多年的争论后，我们似乎就气候变化成本问题没有达成任何有用的解决方案。为政策制定者提供清晰和客观建议的努力——应对气候变化值得投入多少——已经引发了一系列深刻的伦理和其他问题、无休止的争论和深层次的无法估量的事物。为什么核算气候变化成本的努力会如此纠结，这又意味着什么？

如上所述，关于测量什么和如何测量的争论，仅仅是一个开始。经济学领域发现自身卷入了一场指责之中，指责其以一个地区的行为对别的地区造成的破坏为名，为本来站不住脚的论点辩论。一个看起来合理的衡量成本与收益的方法，似乎违背了其他人基本的伦理观和安全观，一些地区所愿意支付的和另一些地区所愿意接受的之间存在断层。

权衡未来显得更为深刻。子孙后代未能发声，虽然分析试图通过贴现方式来权衡他们的利益，但似乎也匆匆了结了，因为这意味着为后代侵蚀了当代人的利益。

挑战不仅是技术层面的，还包括伦理和判断。上述三个"分配"方面——非市场影响的估值、国家间的聚集效应以及对未来影响的权衡——对伦理问题表现出更为明确的关注，表明气候变化要比（大多数西方）经济学家早期的简单计算严重得多。因此毫不奇怪，一位著名的哲学家将气候变化描述为"完美的道德风暴"。[70]

更为糟糕的是，两位顶级经济学家认为从两个完全不同的角度出发，经济学已经完全不能面对面地给这个问题提供答案。达斯古普塔的结论是，如何加总不同人群在时间和空间跨度上的多元化和潜在极端影响存在不确定性，这种不确定性意味着"没有最优政策"。威茨曼的失望定律表明，按照定义我们永远无法获知长期性的星球风险，也无法为最重要的事情提供具体的数字。

本书（框架见下一章）给相应难题提供了部分路径。第6章说明了一点，也是被广为接受的，即长期目标最好基于对风险的科学评估以"安全"的排放水平来表示，而不是通过对成本–收益的大量虚拟计算。本书的其余大部分章节指出，尽管我们似乎无法就协商目标取得重大进展，但对"星球经济学"的全面理解，既可以减少理论张力，又可以缓解政策挑战。首先需要深刻解读隐藏在当前事物下的概念性问题。

透彻分析

"核算气候成本"的杂乱努力表明，有一些更为深刻的事物在发挥作用，的确是这样。经济学通常将气候变化理解为"外部性"——我们的排放施加给我们周围世界的一种外部成本，因而需要被恰当地成本化，正如早先列出的"CO_2的社会成本"一样。这是一种执着的努力，但注定最终以失败告终，因为它将两个根深蒂固的问题联系在一起了。

第一个问题是在缺乏任何协商性统一规则的情况下，试图找出一个

"统一"的答案。至今都没有一个全球决策者，更不要提覆盖现在和未来的体系。我们既没有一个客观理论，也没有公认的机构来指出如何加总不同群体、国家和代际的福利，而只是各个政府在自身管辖范围内一直在做的事情，如果大多数人不同意政府所为，那么就会采用表决权制衡。世界范围内随着时间的推移，能源政策和气候变化都有赢家和输家，更发自肺腑地说，是侵略者和受害者。在缺乏公认的政治权威的情况下，人类历史表明我们可以通过谈判或冲突的方式解决此类问题，但绝不是通过单纯的抽象分析。

另一个问题是彻底将气候变化定义为一种外部性。经济系统依赖于自然资源，并存在于一定的社会框架下，社会框架反过来又依赖于自然环境。显然，适度干扰自然环境——有限的破坏或我们可以清理——是很容易被接纳的。这就是经济学家考虑环境成本和政策的方式。

但如果框架本身受到威胁——指的是使社会结构得以持续的环境系统，无论单个地区或全球范围——试图给其附加一个简单的数据就变得毫无意义。[71]国家不会给其安全性赋予一个简单的值，也不会试图给其他国家的安全分配数值。然而，每个国家都达成了一个政治共识，那就是在公民安全性方面投入多少，以及有权保护自己免受安全威胁。超出一定临界值后，气候变化不再像一个"外部性"，更多的是像一种安全威胁。[72]

当然，气候变化不是具备此种属性的唯一可能事件。科学家探索自然"星球边界"的努力已经证明了有九种可能的全球环境压力，其中三项已经使得人类进入了危险区——生物多样性的丧失、干扰氮循环和气候变化。这些事件随着时间和地理大规模出现，意味着本书所开发和发展出的星球经济学的诸多原理，毫无疑问可以应用到其他大型、长期性、累积性和全球性的问题中。正是这些特点，将这些问题与"经典的"环境问题区分开来。[73]

从安全性和风险管理角度而言，接近星球边界问题并不意味着要毫无条件地将环境问题优先于其他事务：例如，一个国家在其军事、情报和外交服务上的支出，反映出在评估潜在威胁的前提下，该国所拥有和选择如何利用的资源。然而，下一个章节阐释如何更好地理解这些问题及其含义。但首先，我们需要就一些"更简单的答案"做一个简要回顾，来看看为什么它们不是真正意义上的简单答案。

盲目行驶

当然为了避免大规模减排带来的问题，已经有很多回应。其中之一是传统辩论的延伸，即"适应"气候变化的成本更低。适应当然是应对已经发生或不可避免的效应的一个重要途径。但是，适应的局限性也是显而易见的：影响越严重，适应的难度越大；气候变化越全球化，国际社会帮助每个地区适应的难度也越大。所有关于适应的研究都强调适应的范围被短视和机构限制所局限。风险矩阵（图1-8）的作者表明适应可能抵消中度气候影响成本的75%，而对于极端的全球影响成本而言，只能抵消10%。[74]

另一种说法是，如果出现了全球气候灾难的确要发生的征兆，那么人类可以减少排放。不幸的是，所有主要的相关系统（经济的和自然的）都有相当大的惯性，使得该做法成为不具备安全性甚至不具合理性的赌博。假设大气稳定在一个给定水平，气温仍然会持续上升数十年，而冰层有可能持续融化数千年。即使人类能够一夜之间停止排放，一个世纪后大气浓度仍将是工业前水平的1/3。[75]此外本书的核心强调扭转全球能源系统局面需要的时间和扭转自然系统的时间一样长。我们面临的是大量的相互关联的系统（大气、海洋、冰冻圈与我们的工业经济），每一个都有巨大的惯性。系统的"特征时间尺度"通常是典型的50~100年或更多；甚至在能源系统内减少排放的经济效应也要在数十年后显现出来。[76]

如果适应面临着气候不稳定性的威胁，通过减排为时已晚的话，最后的选择是"地球工程"：谨慎的抵消式干扰。皇家学会的一项调查表明，向平流层注入硫酸盐气溶胶可能是"最不坏"的选择，通过形成凝结核来反射太阳辐射，该选择在抵消全球气温上升方面具备显著的可支付性与有效性，但不幸的是，其安全性很低。虽然平均温度可能因此而显著降低，但对局部地区而言综合影响尚不明确，是否有其他副作用也无法预知。毫不奇怪，我们似乎只能通过创造另一种风险来解决这个全球风险。从诸多方面来看，地球工程，至少是通过工程来保持星球的热量平衡的方法，似乎是最后一根救命稻草。[77]

　　给定所有这些因素，"不作为"方法缺乏可信度。实际上这会大幅减弱伦理维度（气候变化的"中心"预测对穷人和后代的影响），忽略不可量化的风险（等同于假设它们不存在），然后当可怕的错误出现的时候提出不太令人信服的反应。这如同开车驶入浓雾之中，而司机的脚一直踩在油门上，在我们没有提前认清楚问题的情况下，希望当问题出现时我们能够刹车或及时调整。这很难成为一个引人注目的方法。

　　然而，有效的行动仍然是缓和的。

悲观的平方：集体行动的问题

　　所有这些强调都显示出一个额外而又重要的特点：没有全球决策者。世界上有将近200个主权国家，那些为全球能源消费和排放做出显著贡献的国家跨越各大洲和文化。

　　如果将该问题看作分担减少化石燃料消费和碳排放的负担，那么传统经济学显然带来了致命一击。国家成本收益评估的冷漠和僵硬的逻辑意味着，一个国家不会执行那些成本大于收益的措施。Scott Barrett（2005）的书中十分完整地列出了传统观点，其逻辑结论是生硬的：通过捆绑协议来分担责任是不可能的。即使可以达成一个协议，如何落实？它时刻面临着被非参与者"搭便车"削弱的可能。基于这种观点，经济学理论预测人类无法达成任何协议来解决该问题。[78]

　　实际情况要比这更为糟糕。心理学研究表明，我们所知均来自于共同经验：人们的信仰和观念受到自身利益的强烈影响。人类喜欢相信适合他们的东西。由于否定气候变化在世界大部分地区已经不再可信，因此反对的声音越来越多地依赖于争论别人应该承担更多。在这样的背景下，令人难以置信的是世界竟设法关于气候变化政策达成了一个协议，雄心壮志的《京都议定书》就是例证。事实上议定书的历史强调全球气候问题的规模问题：为了达成协议，美国政府陷入了其国内选民不支持的孤立无援的境地。取得显著国际胜利（《京都议定书》）的代价是国内失败（无法在国内推行，从而削弱了整个计划）。12年以后，在哥本哈根，美国选择了一条不同的路径。美国没有试图谈判得到《京都议定书》式的有约束力的国际协议，而是将国际气候伦理结构的法律约束力降到了最低，以便美国国会和其他国家更容易接受这种安排。然而美国仍然无法在国内推行相关行动，第6章和第7章会做出解释。

那么前景在哪里？传统经济学分析，在其冷酷的逻辑基础上得出的结论，似乎意味着人类不可能解决如此大规模的全球问题。迄今为止的艰难进展似乎确认了这一点。关于贴现率"规范的"和"描述的"之间无休止的争论映射出，人们认为我们应该如何行动和我们实际上如何做之间存在的巨大鸿沟。此外在许多"发达国家"，人们承受着继承债务的压力，需要照顾老去的父母，还需要为自身的养老做计划。不管伦理如何，或可能的风险如何，当提及对未来的不确定风险支付时，人们依然是犹豫不决的。

我们似乎陷入困境。鲜有迹象表明人类社会能够以客观和富有伦理的视角，前瞻性地指引他们恰当投资以避免不合理的成本和风险，对自己是如此，更不用提对那些大多数生活在其他国家的子孙后代了。即便人类能够做到这一点，各个国家似乎陷入了"集体行动"的困境——无法就"公平"分配努力达成一致，或不能确保足够的参与。在这个意义上，传统理论是自取灭亡，只会带来失望。

这就是为什么重新审视传统理论并将之与现实对比是十分重要的原因所在。该问题主要涉及谁承担行动的成本，而收益极其遥远、为众人所有且似乎不可能量化，这种问题几乎不可能得到解决。然而这种世界观预示着谈判代表和评论员在关于达成一个国际协议方面，都持有相同的令人沮丧的观点。假如果真如此，我们确实陷入困境了。

用爱因斯坦的一句名言来说，使我们陷入困境的思维方式，不可能让我们摆脱困境。

注释

1.全球能源评估报告（2012：113）。以10^{18}焦耳作为物理单位，全球一次能源消费量从1950年的100EJ增加到了1975年的300EJ。这些数据包括了生物质，而通常生物质被排除在能源统计之外；然而相应的化石燃料消费增长更快。

2.IEA 世界能源展望（2011）。

3.参见庇古对税收外部性的论述（Pigou，1920），科斯对可贸易许可证的发展（Coase，1960），以及霍特林著名的早期资源枯竭理论（Hotelling，1931）。经济学理论背后的成本－收益分析事实上可追溯到 19 世纪中期。

4.比如，Burke（2010）。

5.20 世纪 70 年代石油价格危机后全球石油需求稳定了一段时间——到 2000 年工业化国家的消费一直降低（包括前苏联经济转型过程中的消费急剧下降），但发展中国家的消费增加，自千禧年后全球需求显著增加。

6."淹没在石油中"，《经济学人》，1999 年 3 月 6 日，第 19 页。

7.包括 1973—1974，1978，1981—1982，1990—1998，2001 和 2007—2008 的危机，见 James Hamilton，圣地亚哥加利福尼亚大学的经济学教授（Hamilton 2009b）。同时参见注释 8。

8.关于石油-GDP 之间的因果联系仍有争论，因为直接成本影响不足以解释衰退效应；一种观点认为，石油价格上升带来的通货膨胀促使中央银行提高利率，是提高的利率降低经济增速并放大了债务问题（Segal，2011）。分析石油价格波动、金融投机和对 GDP 的历史影响的一系列最广泛论文被收集在《能源期刊》的特刊里（M.Manera（ed.），"石油市场的金融投机和石油价格的决定因素"，《能源期刊》，34（3），2013）。Morana（2013）做了关于 GDP 影响的关联分析。牛津经济研究院分析了能源价格波动对未来 GDP 的影响，作为英国能源与气候变化部关于英国能源市场改革的一部分，网址见 http：//www.decc.gov.uk。

9.世界银行（2005）世界发展指数。

10.全球能源评估报告（GEA，2012），第 5 章。

11.世界银行（1992）《发展与环境》。

12.见 Janus（2012）近期的研究。世界银行业发布了该领域的研究成果，比如 Djankov 和 Reynal-Querol（2007）"国内战争的原因"。世界银行已经通过一系列研究来讨论石油对非洲发展的双刃影响（比如加纳报告，PREM4 2009），以及后续对苏丹的研究。

13.美国环境保护署1997年对于清洁空气法案的成本收益分析，华盛顿，引自 Tietenberg（2006：67）。Tietenberg 的书里以广阔视角分析美国空气立法的成本收益。

14.Bollen 等人（2009）。

15.数量级不取决于假定的气候变化损失，因为在这些研究中假定气候损害远低于本地污染物损害。Epstein 等人（2011）关注煤炭的生命周期，估计出美国煤炭的总"外部"成本约为"'每年1万亿美元的1/3到一半。保守估计，环境破坏成本是煤炭产生的每瓦特电力价格的2~3倍'；在其中心评估中空气污染约占一半，关注的是阿巴拉契亚地区"。其他研究侧重于将环境效应纳入国民经济账户（Muller 等，2011）。在《美国经济的环境污染账户》中，研究者对气候变化的成本也提出了更为乐观的看法，Muller 等人估计美国煤电厂的空气污染的环境成本约为3ϕ/kWh，而且认为每单位硫化物排放所造成的环境破坏也远高于目前的硫排放许可证成本，比如美国的总量控制与交易机制下对限额的规定过于仁慈。根据美国国家科学院的研究，2005年能源的隐性成本（健康、环境和其他外部成本委员会，能源生产和消费的收益以及国家研究委员会2010）是1 200亿美元。

16.欧洲环境署总结了一系列与发电有关的外部成本的研究成本，认为硬煤的外部成本约为5~15 €c/kWh，最先进的"清洁煤"技术可以达到2 €c/kWh。褐煤要糟糕一些，石油基本类似，天然气联合循环最低（约为1~4 €c/kWh）。每种情况下的估计上限明显受到假定碳成本的影响（19（低）—80（高）€/tCO₂）。

17.根据官方测量，北京空气中的细颗粒物（<2.5微米）在2013年1月12日达到了993微克/立方米，而世界卫生组织的指导限额为不超过25。3月5日公布了加速清洁方案，旨在提高能效、改造升级、可再生能源和其他方面有所作为，估计到2015年将耗资2.57万亿元（3 800亿美元）（Bloomberg，2013年3月5日）。

18.这些辐射性质可以直接在实验室（两个世纪以前就可以）或空中进行测量。我们也知道火星缺少大气层，与地球相比它是冰冷的，而金星有一层厚厚的CO_2，是燥热的——与太阳距离的差异远不能解释上述任何一种情况。温室气体层使得地球适宜居住。地球的平均温度要比没有温室气体层时高33℃（Le Treut等，2007）。

19.目前认为生态系统吸收大约一半的人为CO_2排放量（海洋约24%，陆地约30%）（Munang等，2013）。

20.目前对上新世CO_2浓度的估计值为330~420ppm；见Bartoli等人（2011）；Pagani等人（2010）；Seki等人（2010）。

21.近年来的大多数年份的气温低于1998年。2011年全球平均表面温度是0.92℉（0.51℃），暖于20世纪中期的基准线，在2000年后现代气象记录中最热的十年中排第九名。

22.无线电探空仪是装在气象热气球上的一种设备，用于测量某些气象指数（温度、湿度、压强等），并将这些数据传递到固定接收器上。多年以来，科学家十分困惑于明显矛盾的数据，特别是后来的卫星数据，数百篇研究论文得以问世，并有两个深入的专家小组评估。最终该争论得以解决，部分程度上是因为发现了卫星移动所带来的误差。随着理解更加深入，近年来的结论是，没有证据表明数据库或建模与测量温度之间存在矛盾。美国气候变化科学计划声明："这种显著的矛盾不再存在，因为卫星和无线电探空仪的数据误差已经被识别和纠正"。更多信息请参考Thorne等人（2011）和McCarthy等人（2008）。

23.http：//ce.gov.uk/hadobs/hadat/msu/anomalies/hadat_msu_global_mean.txt, global ASCII series T4。在平流层下部的降温记录中，也可以识别大规模火山爆发的影响。

24.Hegerl和Zwiers（2007）；Ramaswamy等人（2001）；Karl等人（2006）。Richard Lindzen，也许是最有名的批评家，提出一个理论，认为水蒸气对大气层的效应至少是抵消了部分表面升温，而不是大多数科学家所认为的放大了升温效应。Lindzen等人（2001）；the IPCC AR4 WGI，章节8.6.3.2.1简要总结了相关的文献，包括大量关于Lindzen理论合理性的反对声音和"激烈争论"（Randall等人2007）。

25. 这些措辞构成了1992年《联合国气候变化框架公约》的主要目标，即"将大气中的温室气体浓度稳定在一定水平，防止人为干预对气候系统造成的危害。要达到这样的水平，必须在一个充分的时间尺度下允许生态系统自然适应气候变化，以保证食物生产不受到威胁，并允许经济发展以可持续的方式推进"（UNFCCC，第2条款，"目标"）。

26. 联合国秘书长能源与气候变化咨询组（AGECC 2010）。该目标引领联合国和世界银行（www.sustainableenergyforall.org）的"所有人的可持续能源"倡议，并宣布2014—2024年是"联合国可持续能源的十年"。Bazilian和Pielke（2013）强调该目标的宏大规模意味着，如果超过20亿人口能获得现代能源，这将与经济目标相称。详细技术评估见GEA（2012）。这些分析强调如果要实现能源可获性目标，在不争夺资源的情况下，既需要提高能效，也需要快速发展和散播低碳资源，否则气候变化会抵消预计的发展收益。

27. 本书刻意回避钻研关于"石油峰值"的多样化讨论以及预测全球化石燃料供给与枯竭。大多数预测被时间证明是错误的。更有意义的是研究创新和大规模的投资，以便开发新的、以前未开发的资源。见第10章。

28. 不仅仅是CO_2，温室气体扮演着重要角色，减排这些气体可以带来"速效"——某些国家已经实现了重要减排——但CO_2是问题的中心，因为它占工业化国家温室气体排放总量的80%。CO_2既存在于大气中，也在其他"碳汇"中（植物以及海洋表层），但一旦排放就会存在数个世纪。因此稳定大气要求净排放接近零水平。

29. 事实上，正如本书将要强调的，著名经济学家Tim Harford的网页上有一个题为"科学能解决，但经济学不能"的文章，哈佛大学Marty Weitzman点评认为气候变化是"是一个推动经济学边界的地狱般的问题"（http：//t.co/Jqk0CrPQil）。

30. CO_2与GDP的比值综合度量国家能源强度（E/GDP）和碳强度（C/E）。第11章图11-1显示了更长时间尺度内的人均能源消费与碳排放之间的关系，说明了印度和中国如今人均能源消费，较之工业化国家在相同收入水平之下更低。

31.亚洲国家中的新加坡、韩国和菲律宾的人均CO_2排放已经接近稳定水平。拉丁美洲排放量大体上保持在人均10吨CO_2以下，主要是由于巴西利用了大量的水力资源和生物质能项目，巴西是世界上碳效率最高的国家之一。

32.Bataille等人（2007）的研究寻求统计测量2002年"非弹性"因素（气候、地理）和"部分弹性"因素（化石燃料贸易，工业结构，获得低排放能源资源的渠道）对不同国家人均排放的影响。排放差距可以通过调整这些因素而得到显著缩小，最为显著的是美国的排放可以降低24%。然而，大部分程度上是因为基于一个假设，即美国没有相同的获得低碳电力的渠道，而该假设是富有争议的，特别是考虑到核能、风能或最近常提及的太阳能，以及从加拿大进口的水电。所观察到的大部分国际差距仍然主要归因于不同价格和政策。

33.详细研究数据后发现，欧洲和日本有非常类似的总能源强度，但欧洲近年来的去碳程度更强。

34.当然巴西也面临自身的排放问题，林业排放没有纳入到化石燃料的统计数据中。与水电相关的排放也存在激烈争论，相关数据没有纳入（见第3章，注释49）。

35.第2章和第4章列举出的心理学文献将会预言这一点：在行为经济学中被称为锚定。在市场上其效应会被放大，当前价格在很大程度上影响未来的集体预期。

36.Taleb（2007）列举了大量证据证明"黑天鹅"事件在现代社会中的重要性，认为逐渐复杂和相互联系的系统使得社会在"黑天鹅"事件发生时更为脆弱。当然，在发表了他的第1版后不久，发生了自9·11事件以来最大的"黑天鹅"事件，即金融危机，因此他又做出了重要更新。参考第2章的"X事件"。

37.金融家索罗斯在非理性的金融系统中赚了数十亿美元，随后建立了一个"新经济思想研究院"，认为主流经济学未能将真实经济行为的基本属性纳入考虑。

38."纯粹"经济学建议和政治经济学建议之间最大的鸿沟在于定价，本书"支柱二"会详细说明（第6-8章，包括第6章的题词）。最引人注目的是关于全球碳交易体系的持久性的建议分歧，极大忽视了国际金融转移政治性，抑或是全球碳税，要求一个重要区域放弃税收主权，让渡于全球决策，而不是进入国家预算程序。

39.Igor Bashmakov（Barker 等人 2007）。巴什科夫还发现最终消费者用于能源的费用支出（占总产出的比重）在美国是4%~5%，在OECD国家是4.5%~5.5%。这是他的三大法则中的第一条。第二条是能源质量改善，第三条是能源生产率不断提高。

40.见 Sunstein（2013/2014）对于美国规制的最新研究。

41.Hulme（2009）做了一个很好的概述。

42.事实上，英国不是唯一放弃基于"碳价"来作为成本收益评价的国家。取而代之的，是将碳价与达到某一科学目标联系起来，正如《英国气候变化法案》所规定的，到2050年前削减80%的排放。2030年前的数据与英国财政部早先所预测的大致相同。求助于"减缓成本"的方法事实上在环境政策领域已有诸多先例，而收益被证明是几乎不可能量化的。

43.Nordhaus 和 Boyer（2000）。类似的推理和计算也被欧洲的"经济怀疑论者"如理查德·托尔（Richard Tol）和比约恩·伦伯格（Bjorn Lomborg）所用，后者极度倚重托尔的论文，其最新出版的著作推广该思考方法（Lombog 2007）。近年来，诺德豪斯教授重点研究与气候变化相关的不确定性和风险，向上调整了他对于"最优控制成本"的估计，例如，下面所引用的"后斯特恩"（post-Stern）。

44.罗伯特·斯塔文斯（Robert Stavins），个人通信2005。如文中注释，对于科学家和经济学家显著的系统性的不同态度，一个可能的解释是，自然科学通常研究高度非线性事件和临界事件，比如研究从冰到水再到水蒸汽的阶段转换问题，而经济学是经典的衡量边际变化，以及一个事物替代另一个事物时的权衡研究。经济学教导人们纳入增量变化后的连续思考，而大多数科学家认为与气候变化相关的主要问题是气候系统的不连

续风险和未知因素，而这些影响（比如食物供给或极端风暴损失）不可能
被经济投入所替代。经济学家也习惯于依靠市场反应做出改变，而科学家
对诸如资源枯竭问题通常持错误观点，因为他们低估了当资源枯竭时价格
的上升会激发人们去开发或创新以发现一种或更多的替代品。然而，在气
候变化领域，任何一个反应回路既太慢（到不相关的点），也取决于政府
将影响与排放联系起来的政策（见"盲目驾驶"章节）。其他因素也可以
解释不同学科之间的不同态度。当然夸大讽刺学科之间的差异是有风险
的，但斯塔文斯的观察以前是，而且仍然是一个惊人的普遍现象，尽管对
其个人态度也存在很大分歧。

45.比如，Mendelsohn 和 Williams（2004）。

46.克努特国王是中世纪的一个英国国王，曾经坐在海边的一把椅子
上，命令潮水不得上涨（因而被潮水打湿）。善意的历史学家坚持说，克
努特国王这么做是为了向他的大臣证明，只有上帝可以主宰大自然。

47.《持怀疑态度的环保主义者》（Lomborg 2001）和随后的《应对气
候变化的智慧方案：比较成本和收益》（Lomborg 2010）。

48.气候系统的潜在"临界点"包括的可能不稳定因素有：北极海
冰、大冰盖（格陵兰岛和南极西部）、兴都库什山脉、喜马拉雅青藏高原
的冰川、多年冻土和碳存储、北方气候带森林、大西洋温盐环流、厄尔尼
诺/南方涛动（ENSO）、亚马逊热带雨林、西非季风和萨赫尔风、印度夏
季风和北美西南部的降雨模式。

49.Hallegatte 等人（2007）。

50.Zhang 等人（2007）。

51.家庭的情况其实相对简单，因为房屋经常会买入和卖出，计划程
序可能会根据市场价值进行一定补偿，而市场价值本身就是房地产市场在
"支付意愿"和"接受意愿"之间的交点。在此类情形下，社会发展出的
规则通常无视个体利益，而通常基于平均估算成本。但是，国家、生命和
生活都不是可贸易的物品。

52.这也涉及到关于"（阻止不利影响）的支付意愿"和"接受补偿
的意愿"之间分歧的长期经济性辩论。这通常有很明显的不同，相关文献

也是汗牛充栋。

53.Das 和 Srinivasan（2010）。

54.关于将"统计学生命价值"应用到气候变化中的政治争论出现在 IPCC 第二次评估报告，第三工作组（Bruce 等人 2006）。Grubb 等人就冲突和后续争论列出了一个清单（1999，附件Ⅱ）。

55.Stern（2006）。

56.折现经济学的一个重要的普遍进展是，发现不确定性意味着"有效"的折现率随着时间推移朝着更低的可能边界下降，仅仅是因为当衡量可能性边界时，这些价值会主导长期成本（Weitzman，在 Portney 和 Weyant 1999）。关于气候分析的折现率的具体进展见本章后面的注释。

57.对此类项目，理论上可以对项目的不同构成部分尝试和采用不同的折现率，基于对其系统性风险的评估。在实践中这不太有可操作性，因为评估成分构成对于系统性风险的贡献是极其困难的。经过相当充分的争论后，英国监管机构广泛采用的一种方法是以"资本的加权平均成本"来计算企业对金融成本的主要贡献，然后根据时间推移以"时间偏好的社会折现率"将总成本折现。（见 Joint Regulators Group，'Statement：Discounting for CBAs involving private investment but public benefit'，Ofcom，London，2012）

58.包括 Cline 和其他人早期对于诺德豪斯评估与贴现方法的评论：该辩论已经包含在 IPCC 第二次评估报告中（1996）。

59.这反映了经济学中的标准拉姆齐法则，折现率应该是时间偏好的纯粹利率、产品的预期经济增长和不平等厌恶之和。英国财政部对公共政策的官方指导评估是，项目的第一个 30 年内年贴现率为 3.5%，之后递减。这种方法试图在学术文献中得到推理，假设前提是人均经济增长率为 2%，在信贷紧缩之后的数年来看，至少可以说，这个数据是乐观的。

60.但是自信贷紧缩之后，零风险利率和市场利率都降到非常低的水平；这种度量的不稳定性产生了一个问题，即它是否适合权衡数个世纪的影响。诺德豪斯在他的《一个平衡问题》一书中提出了分析和对斯特恩的批判（Nordhaus 2008）。请参照之前章节关于核算气候影响成本的一般性讨论，以及后面章节中对技术细节的讨论，还有围绕贴现和其他集合技术的重要假设。作者认为，通过假设答案一定与观测的市场利率（机会成本）相同，来逆向推导出一个可以得到社会贴现率的可接受的公式，仍然是十分困难的。这意味着市场利率准确和合理反映出人们有意贬低子孙后代的福利的倾向，这当然是一个有争议的假设，不受本书支柱一中任何行为或心理研究的支持。

61.DeLong（2006）。从分析法角度而言，标准的集合经济学方法假设个体效用随着财富对数而增加：金钱对穷人比对富人更重要，任何一个个体的财富增加X%，就会带来相同的额外福利收益。这等同于GDP以某一百分比的速度增加，如果每个人的财富以相同比例增长，那么社会总福利增加的幅度相同。如达斯古普塔所说的，不同的假设极大复杂化了将财富和福利的变化等同化的挑战，使得争论更加明确地转向了国内和国际层面的再分配政策，而不是气候变化。

62.Weitzman（2007a）、Arrow（2007）、Yohe（2006）、Lomborg（2006）、Baer（2006）、Neumayer（2007）、Ackerman 和 Finlayson（2006）、Byatt等人（2006）以及Dietz等人（2007）。

63.Hope（2006），Watkins 和 Downing（2007）。请注意，唐宁的"10~1 000"是$/tCO_2，上限值基本上与之前的范围c.$250/tCO_2相对应，而不是很低贴现率下的最高水平。

64."我们都认为拉姆齐公式为测量代际间的贴现问题提供了一个有益的概念框架。问题的关键在于它是否能应用于实践……一个方法是观察系数……作为代表性的政策选择（贴现的'规范'方法）；另一个方法是基础测量……根据市场回报率（'描述性'方法）——Arrow等人1996。倾向于规范方法的人认为拉姆齐公式的系数可以基于伦理原则［……或从公共政策决策推断出来……］，根据叙述性偏好方法来引出社会偏好。其他偏爱描述性方法的人认为［系数］可以根据金融市场的决策推断出来，尽管金融市场的行为，即便是对30年债券的长期资产而言，很可能反映的是代内偏好而不是代际间偏好。"其他诸多观点表明，资料明确指出了不同的观点，而不是达成共识。作者是 Arrow，Cropper，Gollier，

Groom，Heal，Newell，Nordhaus，Pindyck，Pizer，Portney，Sterner，Tol，Weitzman（Arrow等，2012）。对长期公共政策贴现的其他近期贡献包括英国伦敦政经学院格兰瑟姆研究所的迈克尔·斯帕克曼，他清晰而有效地指出了这次辩论的不同观点；他最终的结论是经济学家必须找到一些其他方法，而不是采用贴现的方法来引导政策解决代际间问题，这与本书的一个重要结论不谋而合（第1、2和6章；同时参见注释57—63）。

65.Dasgupta（2008）。

66.威茨曼论点的实质是大多数概率/风险研究为了数学运算的方便，假设风险是正常（高斯）分布的，但他认为这在逻辑上不适合气候变化问题，因为极端风险的分布本质上是不可知的，也是不可观察的，直到其发生为止（Weitzman 2007b）。

67.由威茨曼的失望定律引发的大量文献包括Weitzman（2009a，2009b，2010，2011），Pindyck（2011）和Nordhaus（2011）。

68.Jacoby（2004）。

69.关于"专家"判断的精确性的经典研究是Murphy and Winkler（1984）和Keren（1987）。人们可能认为毒理学专家的判断要优于普通大众，但事实上他们也容易陷入偏见（Kraus等人1992）。

70.Gardiner（2011），in IPCC，AR5，第4章。

71.无法量化不稳定性，部分是由于金钱是度量标准，而金钱的价值链主要取决于社会稳定性，社会稳定性建立在尊重产权和实现按承诺支付的基础之上。

72.这不是一个新现象。诚然，近年来将气候变化看作一个安全问题的分析呈现爆炸式增加，从CIA到大多数的抽象学术型研究。一个近期出版的成果（Mabey 2011）总结道："……在安全领域逐渐达成共识，气候变化代表着在国家、地区和全球之间传递安全目标的风险。通过海平面上升、食物和水的短缺，以及极端天气事件，气候变化对所有国家都有显著影响，反过来会影响它们的社会稳定性和经济安全性。未来的几十年中这种影响会增加脆弱国家与地区之间冲突的可能性。即使是应对温和气候变化的和平管理，也需要投资于国家和国际安全性及治理体系，以增强它们的弹性……"同时参见查塔姆研究所的报告《资源的未来》（Lee 等，2012），特别是第4.4节。对该领域的持续评估请参考气候和安全中心网站信息http：//climateandsecurity.org.

73.关于"星球边界"的经典分析发表于2009年，由世界26位顶级环境科学家联合提出"人类的安全运转空间"（Rockstrom 等，2009）。氮气构成了部分"生物地球化学流动边界"，连同磷一起，该文指出人类"可能很快达到边界"。这个警告同样也适用于其他三个——淡水利用、土地利用和海洋酸化。目前平流层臭氧损耗稳定在一定水平（感谢有效的国际协议和相应的全球行动），该文没有量化其他两个（化学干扰和对流层气溶胶负荷）。有趣的是该分析明确考虑了物理系统的惯性，而忽视了社会-经济的惯性。因此它对气候变化的定位基于目前大气浓度的评估，已经危险地超过了数百万年来的水平，而且有可能导致冰层、海洋和气候模式的长期变化，有潜在的不可持续发展的后果，而不是基于排放和浓度有可能持续上升的预测。

74.Downing（2012）。

75.Solomon 等（2009）。

76.Hallegatte（2005）是少有的几个能综合考虑物理系统惯性、经济系统惯性和各种反馈过程的作者之一。结论是悲观的：无法"反应性地"有效管理该问题。能源系统（还有气候）的惯性意味着，执行任何一个决策后，需要数十年的时间来展开政策变化所带来的全部影响。

77.英国皇家学会（2009）。注意"地球工程"作为术语，有两种完全不同的定义。一个定义涉及刺激碳循环的措施，例如对海洋浮游生物进行富铁施肥来增加碳吸收。另一个定义指的是对星球的热平衡进行直接干预。

78.Barrett（2005），《环境和治国之道》。巴特雷的书在结语中表明，答案在于技术创新，而本书的支柱三将表明，这本身并不能提供一个可信的选择。巴特雷在他后来的《为何合作?》一书中对整体评估表达了不太悲观的看法。

参考文献

Ackerman, F.(2008)'The new climate economics: the Stern Review versus its critics, in J. M. Harris and N. R. Goodwin(eds), Twenty-First Century Macroeconomics: Responding to the Climate Challenge. Cheltenham, UK and Northampton, MA: Edward Elgar.

Ackerman, F. and Finlayson, I.(2006)'The economics of inaction on climate change: a sensitivity analysis', Climate Policy, 6(5).

AGECC(2010) Energy for a Sustainable Future. The UN Secretary-General's Advisory Group on Energy and Climate Change: Summary Report and Recommendations, 28 April. New York: UN, available from: http://www.un.org.

Anderson, D.(2007)'The Stern Review and the costs of climate change mitigation—a response to the "dual critique" and the misrepresentations of Tol and Yohe', World Economics, 8(1): 211-19.

Arrow, K. J.(2007)'Global climate change: a challenge to policy', Economists' Voice, June, pp. 1-5.

Arrow, K. J., Bolin, B., Constanza, R., Dasgupta, P., Folke, C., Holling, C. S. et al.(2006)'Economic growth, carrying capacity and the environment, Policy Forum', Science, 268: 520-1.

Arrow, K. J., Cropper, M. L., Gollier, C., Groom, B., Heal, G. M., Newell, R. G. et al.(2012) How Should Benefits and Costs Be Discounted in an Intergenerational Context? The Views of an Expert Panel, RFF DP 12-53. Washington, DC: Resources for the Future.

Arthur, B.(1988)'Competing technologies, increasing returns and lock-in by historical events', Economic Journal, 99: 116-31.

Arthur, B.(1994) Increasing Returns and Path Dependence in the Economy. Ann Arbor, MI: University of Michigan Press.

Baer, P.(2006)'Adaptation: how pays whom?', in W. N. Adger et al.(ed.), Fairness in Adaptation to Climate Change. Cambridge, MA: MIT Press.

Barker, T., Bashmakov, I., Bernstein, L. and Bogner, J.(2007) Climate Change 2007: Mitigation of Climate Change Summary for Policymakers, Cambridge, UK and New York: Cambridge University Press.

Barrett, S.(2005) Environment and Statecraft: The Strategy of Environmental Treaty-Making. Oxford: Oxford University Press.

Barrett, S.(2010) Why Cooperate? The Incentive to Supply Global Public Goods. Oxford: Oxford University Press.

Barrett, S. and Stavins, R.(2003)'Increasing participation and compliance in international climate change agreements', Politics, Law and Economics, 3: 349-76.

Bartoli, G., Honisch, B. and Zeebe, R. E.(2011)'Atmospheric CO_2 decline during the Pliocene intensification of Northern Hemisphere glaciations', Paleooceanography, 24(4).

Basalisco, B.(2012) Discounting for CBAs Involving Private Investment, but Public Benefi

t. London: Ofcom, Joint Regulators Group.

Bataille, C., Rivers, R., Mau, P., Joseph, C. and Tu, J.-J. (2007) 'How malleable are the greenhouse gas emission intensities of the G7 nations', Energy Journal, 28 (1):145-70.

Bazilian, M. and Pielke, R. (2013) 'Making energy access meaningful', Issues in Science and Technology, Summer 2013.

Beckerman, W. and Hepburn, C. J. (2007) 'Ethics of the discount rate in the Stern Review on the economics of climate change', World Economics, 8:187-208.

Bollen, J., Guay, B., Jamet, S. and Corfee-Merlot, J. (2009) Co-benefits of Climate Change Mitigation Policies: Literature Review and New Results. Paris: OECD.

Bruce, J., Lee, H. and Haites, E. (eds) (1996) Climate Change 1995: Economic and Social Dimensions of Climate Change, IPCC Report. Cambridge: Cambridge University Press.

Bürer, M. J. and Wüstenhagen, R. (2009) 'Which renewable energy policy is a venture capitalist's best friend? Empirical evidence from a survey of international cleantech investors', Energy Policy, 37(12):4997-5006.

Burke, P. J. (2010) 'The national level energy-ladder and its carbon implications', Environment and Development Economics, 18(4):484-503.

Byatt, I., Castles, I., Goklany, I.D., Henderson, D., Lawson, N., McKitrick, R. et al. (2006) 'The Stern Review: a dual critique-economic aspects', World Economics, 7 (4):199-229.

Carpenter, R. E. and Petersen, B. C. (2002) 'Capital market imperfections, high-tech investments, and new equity financing', Economic Journal, 112:477.

Carruth, A., Dickerson, A. and Henley, A. (2000) 'What do we know about investment under uncertainty?', Journal of Economic Surveys, 14(2).

Cline, W. R. (2004) 'Meeting the challenge of global warming', in B. Lomborg (ed.), Global Crises, Global Solutions. Cambridge: Cambridge University Press.

Coase, R. H. (1960) 'The problem of social cost', Journal of Law and Economics, 3: 1-44.

Cohen, L. and Noll, R. (1991) The Technology Pork Barrel. Washington, DC: Brookings Institution.

Committee on Health, Environmental, and Other External Costs and Benefits of Energy Production and Consumption and the National Research Council (2010) Hidden Costs of Energy: Unpriced Consequences of Energy Production and Use. US National Academy Press.

Crafts, N. (2012) 'Industrial policy: past, present and future', Competitive Advantage in the Global Economy (CAGE). Warwick University.

Das, D. and Srinivasan, R. (2010) Comparative Study of Carbon Dioxide Emission by Major Fuel Consuming Countries. International Seminar on 'India Emerging-Opportunities & Challenges', New Delhi.

Dasgupta, P. (2006) 'Comments on the Stern Review', Seminar on the Stern Review's Economics of Climate Change, Royal Society of London, 8 November.

Dasgupta, P. (2007) 'Commentary: the Stern Review's economics of climate change', National Institute Economic Review, 199:4-7.

Dasgupta, P. (2008) 'Discounting climate change', Journal of Risk Uncertainty, 37: 141-69.

DeLong, B. (2006) 'Partha Dasgupta makes a mistake in his critique of the Stern Review', 30 November, online at: http://delong.typepad.com/sdj/2006/11/partha_dasgaptu.html.

Dietz, S., Hope, C. W. and Patmore, N. (2007) 'Some economics of "dangerous" climate change: reflections on the Stern Review', Global Environmental Change, 17:311-25.

Dietz, S., Hope, C., Stern, N. and Zenghelis, D. (2007) 'Reflections on the Stern Review (1): a robust case for strong action to reduce the risks of climate change', World Economics, 8(1):121-68.

Djankov, S. and Reynal-Querol, M. (2007) The Causes of Civil War. World Bank, Financial and Private Sector Vice Presidency, Indicators Group.

Downing, T. E. (2012) 'Views of the frontiers in climate change adaptation economics', WIREs Climate Change, 3(2):115-212.

Downing, T. E. and Dyszynski, J. (2010) Frontiers in Adaptation Economics: Scaling from the Full Social Cost of Carbon to Adaptation Processes. Oxford: Global Climate Adaptation Partnership.

Economist, The (2009) 'Drowning in oil', 6 March, p. 19.

Epstein, P. R., Buonocore, J. J., Eckerle, K., Hendryx, M., Stout III, B. M., Heinberg, R. et al. (2011) 'Full cost accounting for the life cycle of coal', in R. Costanza, K. Limburg and I. Kubiszewski (eds), Ecological Economics Reviews, Annals of the New York Academy of Sciences, 1219:73-98.

Freeman, C. (1974) The Economics of Industrial Innovation. Harmondsworth: Penguin Books.

Gardiner, S. M. (2011) A Perfect Moral Storm: The Ethical Challenge of Climate Change. Oxford: Oxford University Press.

GEA (2012) Global Energy Assessment-Toward a Sustainable Future. Cambridge, UK and New York: Cambridge University Press, and the International Institute for Applied Systems Analysis, Laxenburg, Austria.

Gompers, P. and Lerner, J. (2001) 'The venture capital revolution', Journal of Economic Perspectives, 15(2).

Grubb, M. (2004) 'Technology innovation and climate change policy: an overview of issues and options', Keio Economic Studies, 41(2).

Grubb, M., Haj-Hasan, N. and Newbery, D. (2008) 'Accelerating innovation and strategic deployment in UK electricity: applications to renewable energy', in M. Grubb, T. Jamasb and M. Pollitt (eds), Delivering a Low-Carbon Electricity System: Technologies, Economics and Policy. Cambridge: Cambridge University Press.

Grubb, M., Vrolijk, C. and Brack, D. (1999) The Kyoto Protocol: A Guide and Assessment. London: Earthscan.

Hallegatte, S. (2005) 'The time scales of the climate-economy feedback and the climatic cost of growth', Environmental Modelling and Assessment, 10(4): 277-92.

Hallegatte, S., Hourcade, J.-C. and Dumas, P. (2007) 'Why economic dynamics matter in assessing climate change damages: illustration on extreme events', Ecological Economics, 62(2): 330-40.

Hamilton, J. D. (2009a) 'Oil prices and the economic recession of 2007-08', VOX, 16 June.

Hamilton, J. D. (2009b) Causes and Consequences of the Oil Shock of 2007-08, NBER Working Paper No. 150002.

Hegerl, C. H. and Zwiers, F. W. (2007) Understanding and Attributing Climate Change, Chapter 9, AR4, WG1, International Panel on Climate Change. Cambridge: Cambridge University Press.

Hope, C. (2005) Exchange Rates and the Social Cost of Carbon. Cambridge: Cambridge University Press.

Hope, C. (2006) The marginal impact of CO_2 from PAGE2002: an integrated assessment model incorporating the IPCC's five reasons for concern', Integrated Assessment Journal, 6(1): 19-56.

Hotelling, H. C. (1931) 'The economics of exhaustible resources', Journal of Political Economy, 39(2).

Hulme, M. (2009) Why We Disagree About Climate Change: Understanding Controversy, Inaction, and Opportunity. Cambridge: Cambridge University Press. International Energy Agency (2011) World Energy Outlook. Paris: IEA

IPCC (1996) Second Assessment Report. Cambridge: Cambridge University Press.

Jacoby, H. D. (2004) 'Informing climate policy given incommensurable benefits estimates', Global Environmental Change: Special Edition on the Benefits of Climate Policy, 14(3): 287-97.

Jamasb, T. and Köhler, J. (2008) 'Learning curves for energy technologies: a critical assessment', in M. Grubb, T. Jamasb and M. Pollitt (eds), Delivering a Low-Carbon Electricity System: Technolo-gies, Economics and Policy. Cambridge: Cambridge University Press.

Janus, T. (2012) 'Natural resource extraction and civil conflict', Journal of Development Economics, 97(1): 24-31.

Jones, R. and Yohe, G. (2008) 'Applying risk analytic techniques to the integrated assessment of climate policy benefits', Integrated Assessment Journal, 8: 123-49.

Karl, T. R., Hassol, S. J., Miller, C. D. and Murray, W. L. (eds) (2006) Temperature Trends in the Lower Atmosphere: Steps for Understanding and Reconciling Differences. Asheville, NC: National Oceanic and Atmospheric Administration, National Climatic Data Center.

Keren, G. (1987) 'Facing uncertainty in the game of bridge: a calibration study', Organization Behavior and Human Decision Processes,39:98-114.

Knight,F. H.(1921)Risk,Uncertainty and Profi t. New York:Houghton Mifflin.

Kraus,N.,Malmfors,T. and Slovic,P.(1992)'Intuitive toxicology expert and lay judge-
ments of chemical risks',Risk Analysis,12:215-32.

Le Treut, H., Somerville, R., Cubasch, U., Ding, Y., Mauritzen, C., Mokssit, A. et al.
(2007)'Historical overview of climate change science', in S. Solomon,D. Qin,
M. Manning, Z. Chen, M. Marquis, K. B. Averyt et al. (eds), Climate Change
2007:The Physical Science Basis,Contribution of Working Group I to the Fourth
Assessment Report of the Intergovernmental Panel on Climate Change. Cam-
bridge,UK and New York:Cambridge University Press.

Lee,B.,Preston,F.,Kooroshy,J.,Bailey,R. and Lahn,G.(2012)Resources Futures-A
Chatham House Report. London:Chatham House.

Lindzen,R. S.,Chou,M.-D. and Hou,A. Y.(2001)'Does the Earth have an adaptive in-
frared iris?',Bulletin of the American Meteorological Society,82(3):471-32.

Lomborg, B.(2001)The Skeptical Environmentalist. Cambridge: Cambridge Universi-
ty Press.

Lomborg, B.(2006)'Stern Review:the dodgy numbers behind the latest warming
scare',Wall Street Journal,2 November.

Lomborg,B.(2007)Cool It:The Skeptical Environmentalist's Guide to Global Warm-
ing. New York:Knopf.

Lomborg,B.(2010)Smart Solutions to Climate Change:Comparing Costs and Benefits.
Cambridge:Cambridge University Press.

Mabey,N.(2011)Degrees of Risk:Defi ning a Risk Management Framework for Cli-
mate Security Current Responses,E3G,February.

McCarthy, M. A., Thompson, C. J. and Garnett, S. T.(2008)'Optimal investment in
conservation of species',Journal of Applied Ecology,45:1428-35.

Martinot,E.(2001)'Renewable energy investment by the World Bank',Energy Poli-
cy,29(9):689-70.

Mendelsohn,R. and Williams,L.(2004)'Comparing forecasts of the global impacts
of climate change', Mitigation and Adaptation Strategies for Global Change,9:
315-33.

Mendelsohn,R.,Ariel,D. and Williams,L.(2006)'The distributional impact of climate
change on rich and poor countries',Environment and Development Economics,
11(2):159-78.

Morana,C.(2013)'The oil price-macroeconomy relationship since the mid 1980s:a
global perspective',Energy Journal,34(3):153-90.

Muller, N. Z., Mendelsohn, R. and Nordhaus, W.(2011)'Environmental accounting
for pollution in the United States economy',American Economic Review,101
(5):1649-75.

Mumtaz,A. and Amaratunga,G.(2006)'Solar energy:photovoltaic electricity genera-
tion',in T. Jamasb,W. J. Nuttall and M. G. Pollitt(eds),Future Electricity Tech-
nologies and Systems. Cambridge:Cambridge University Press.

Munang, R., Thiaw, I., Alverson, K., Mumba, M., Liu, J. and Rivington, M. (2013) 'Climate change and ecosystem-based adaptation: a new pragmatic approach to buffering climate change impacts', Current Opinion in Environmental Sustainability, 5(1):67–71.

Murphy, A. H. and Winkler, R. L. (1984) 'Probability forecasting in meteorology', Journal of the American Statistical Association, 79:489–500.

Murphy, L. M. and Edwards, P. L. (2003) Bridging the Valley Of Death-Transitioning from Public to Private Sector Financing, NREL/MP–720–34036. US Department of Energy.

Nemet, G. (2008) 'Demand-pull energy technology policies, diffusion and improvements in California wind power', in T. Foxon, J. Köhler and C. Oughton (eds), Innovation for a Low Carbon Economy: Economic, Institutional and Management Approaches. Cheltenham: Edward Elgar.

Neuhoff, K. (2004) Large Scale Deployment of Renewables for Electricity Generation, Cambridge Working Papers in Economics, No. 0460, available online at: http://www.econ.cam.ac.uk/electricity/publications/wp/ep59.pdf.

Neumayer, E. (2007) 'A missed opportunity: the Stern Review on climate change fails to tackle the issue of non-substitutable loss of natural capital', Global Environmental Change, 17:297–301.

Nordhaus, W. D. (2006) The 'Stern Review' on the Economics of Climate Change, NBER Working Papers 12741. National Bureau of Economic Research.

Nordhaus, W. D. (2007) 'A review of the Stern Review on the economics of climate change', Journal of Economic Literature, 45(3):686–702.

Nordhaus, W. D. (2008) A Question of Balance: Economic Modeling of Global Warming. New Haven, CT: Yale University Press.

Nordhaus, W. D. (2011) Estimates of the Social Cost of Carbon: Background and Results from the RICE-2011 Model, NBER Working Papers 17540. National Bureau of Economic Research.

Nordhaus, W. D. and Boyer, J. (2000) Warming the World: Economic Models of Global Warming. Boston: MIT Press.

Pagani, M., Liu, Z., LaRiviere, J. and Ravelo, A. C. (2010) 'High Earth-system climate sensitivity determined from Pliocene carbon dioxide concentrations', Nature Geoscience, 3:27–30.

Pielke, R. A. Jr (2007) 'Mistreatment of the economic impacts of extreme events in the Stern Review report on the economics of climate change', Global Environmental Change, 17:302–10.

Pigou, A. C. (1920) The Economics of Welfare. London: Macmillan.

Pindyck, R. S. (2011) 'Fat tails, thin tails, and climate change policy', Review of Environmental Economics and Policy, 5(2):258–74.

Portney, P. and Weyant, J. (1999) Discounting and Intergenerational Equity. Washington, DC: Resources for the Future.

Ramaswamy, V. et al. (2001) 'Radiative forcing of climate change', in J. T. Houghton et al.(eds),Climate Change 2001：The Scientifi c Basis,Contribution of Working Group I to the Third Assessment Report of the Intergovernmental Panel on Climate Change. Cambridge,UK and New York：Cambridge University Press.

Randall,D. A. et al.(2007)'Climate models and their evaluation', in S. Solomon et al. (eds),Climate Change 2007：The Physical Science Basis,Contribution of Working Group I to the Fourth Assessment Report of the Intergovernmental Panel on Climate Change. Cambridge,UK and New York：Cambridge University Press.

Raven, R.(2007)'Niche accumulation and hybridisation strategies in transition processes towards a sustainable energy system：an assessment of differences and pitfalls',Energy Policy,35(4)：2390–2400.

Read,P.(1994)Responding to Global Warming：The Technology,Economics and Politics of Sustainable Energy. London：Zed Books.

Rockström,J. W.,Steffen,K.,Noone,Å.,Persson,F. S.,Chapin,III,E. Lambin,T. M. et al.(2009)'Planetary boundaries：exploring the safe operating space for humanity',Ecology and Society,14(2)：32.

Schumpeter, J. A.(1939)Business Cycles：A Theoretical, Historical and Statistical Analysis of the Capitalist Process. New York and London：McGraw-Hill.

Segal,P.(2011)'Oil price shocks and the macroeconomy', Oxford Review of Economic Policy,27(1)：169–85.

Seki, O., Foster, G., Schmidt, D., Mackensen, A., Kawamura, K. and Pancost, R. (2010)'Alkenone and boron based Pliocene pCO_2 records', Earth Planetary Science Letters,292(1–2)：201–11.

Solomon, S., Plattner, G.-K., Knutti, R. and Friedlingstein, P. (2009)'Irreversible climate change due to carbon dioxide emissions',PNAS,28 January.

Stern, N.(2006)The Economics of Climate Change. Cambridge：Cambridge University Press.

Stiglitz,J. E. and Wallsten, S. J.(2000)'Public-private technology partnership', in P. V. Rosenau(ed.),Public-Private Policy Partnerships. Cambridge,MA：MIT Press.

Sunstein, C.(2013/14)'Unquantifi able', California Law Review, forthcoming, online at：http://papers.ssrn.com/sol3/papers.cfm? abstract_id=2259279.

Taleb, N. N.(2007)The Black Swan：The Impact of the Highly Improbable. Random House.

Thorne, P. W., Lanzante, J. R., Peterson, T. C., Seidel, D. J. and Shine, K. P.(2011) 'Tropospheric temperature trends：history of an ongoing controversy', WIREs Climate Change,2：66–88.

Tietenberg, T. H.(2006)Emissions Trading：Principles and Practice. Washington,DC：Resource for the Future Press.

Tol, R. S. J.(2006)'The Stern Review of the economics of climate change：a comment',Energy and Environment,17(6)：977–81.

Tol,R. S. J. and Yohe,G. W.(2006)'A review of the Stern Review ',World Economics,7(3)：233–50.

Tol,R. S. J. and Yohe,G. W.(2007)'A Stern reply to the reply of the review of the

Stern Review', World Economics, 8(2): 153-9.

UNDP(2005) International Human Development Indicators. New York: UN Publications.

US Environmental Protection Agency(1997) The Benefits and Costs of the Clean Air Act. Washington, DC.

Watkiss, P. (2011) 'Aggregate economic measures of climate change damages: explaining the differences and implications', Wiley Interdisciplinary Reviews - Climate Change, 2(3).

Watkiss, P. and Downing, T. (2008) 'The social cost of carbon: valuation estimates and their use in UK policy', Integrated Assessment Journal, 8(1): 85-105.

Watkiss, P., Anthoff, D., Downing, T., Hepburn, C., Hope, C., Hunt, A. and Tol, R. (2005) The Social Costs of Carbon (SCC) Review: Methodological Approaches for Using SCC Estimates in Policy Assessment, Final Report, Defra, UK.

Weitzman, M. L. (2007a) 'A review of the Stern Review on the economics of climate change', Journal of Economic Literature, 45(3): 703-24.

Weitzman, M. L. (2007b) Structural Uncertainty and the Value of Statistical Life in the Economics of Catastrophic Climate Change, NBER Working Papers 13490. National Bureau of Economic Research.

Weitzman, M. L. (2009a) 'On modeling and interpreting the economics of catastrophic climate change', Review of Economics and Statistics, 91(1): 1-19.

Weitzman, M. L. (2009b) Risk-Adjusted Gamma Discounting, NBER Working Papers 15588. National Bureau of Economic Research.

Weitzman, M. L. (2010) GHG Targets as Insurance Against Catastrophic Climate Damages, NBER Working Papers 16136. National Bureau of Economic Research.

Weitzman, M. L. (2011) 'Fat-tailed uncertainty in the economics of catastrophic climate change', Review of Environmental Economics and Policy, 5(2): 275-92.

Weitzman, M. L. (2012) 'The Ramsey discounting formula for a hidden-state stochastic growth process', Environmental and Resource Economics, 53(3): 309-21.

Wilkins, G. (2002) Technology Transfer for Renewable Energy: Overcoming Barriers in Developing Countries. London: Royal Institute of International Affairs.

World Bank(1992) Development and the Environment. Washington, DC: World Bank.

World Bank(2005) World Development Indicators. Washington, DC: World Bank.

World Bank(2009) Ghana Report, PREM4. Washington, DC: World Bank.

World Bank(2012) 'Analysis of Sudan post-oil shutdown economy', Sudan Tribune, 9 May, online at: http://www.sudantribune.com/DOCUMENT-World-Bank-Analysis-of, 42534.

Yergin, D. (1991) The Prize: The Epic Quest for Oil, Money and Power. New York: Pocket Books/London: Simon & Schuster.

Yohe, G. W. (2006) 'Some thoughts on the damage estimates presented in the Stern Review', Integrated Assessment Journal, 6(3): 65-72.

Yohe, G. W. and Tol, R. S. J. (2007)'The Stern Review: implications for climate change', Environment, 49(2):36-42.

Yohe, G. W., Tol, R. S. J. and Murphy, D. (2007)'On setting near-term climate policy while the dust begins to settle-the legacy of the Stern Review', Energy and Environment, 18(5):621-33.

Zhang, Y.-C., Rossow, W. B., Stackhouse, P. W., Romanou, A. and Wielicki, B. A. (2007)'Decadal variations of global energy and ocean heat budget and meridional energy transports inferred from recent global data sets', Journal of Geophysical Research, 112.

Zhengelis, D. (2007) What the Stern Review Really Said, Tyndall Briefing Note No. 22. London: Beyond Stern: Financing International Investment in Low Carbon Technologies and Projects, 19 February.

[第2章]

三大领域

"……人类的每一个问题都有一个简单的解决办法——简易、貌似可行但却是错误的。"

——亨利·路易斯·门肯（H.L.Mencken）（1949：443）

具有探索精神的人渴望得到一个通用的理论——一种理解世界的方式。诚然，大多数人通过一些理论的镜头来观察世界，而不管其是否有意义。经验和观察可以告知我们这些理论何时是错误的，或至少不适用于目前的情况。最常见的错误是假设适用于一种情况的理论可类似地应用到其他所有情况。

第1章表明能源和气候变化产生的问题是超范围和十分复杂的，目前的应对措施十分有限而富有争议，且与面临的挑战不对等。虽然经过了数十年的努力，但仍成效甚微。现代能源体系带来了巨大利益，但我们生产和消费能源的方式是不可持续的。世界依然像以前一样依赖化石燃料，大气中的CO_2浓度不断上升。数十亿人还没有享受到现代系统的益处。确保普及现代技术是当务之急，但碳密集型消费者要从70亿人增加到90亿人，将进一步加剧全球的资源和环境压力。

从理论上来讲，古典经济学最主要的"操作系统"建立在理性人假设基础之上，认为人们理性地交易和权衡成本与收益。这有助于解释现代能源系统的诸多益处和随之而来的相应问题。但是第1章列举的证据表明，没有一个简单的方法可以总结与变化的能源系统相关的成本：它们似乎依然象征无效率、破坏性的副作用，它们的进展包含一系列复杂的不确定性、创新、惯性和不可逆性，而且需要满足能源安全和能源可获得性等多重目标。量化削减排放的收益更加困难——这取决于社会能以何种成本处理多少气候变化问题，而且关于如何衡量不同地区人们以及子孙后代的福利还有无休止的争论。此外，威茨曼的失望定律扮演的角色有点像海森堡的不确定性原理——当我们知道确实存在灾难性风险的时候，要避免这种风险为时已晚。

我们的反应——无论个人还是政府——可以将这种不确定性作为一种重大风险加以管理，或者作为不行动的借口，对遥远的星球威胁无动于衷。我们陷入了一种困境，其中围绕"成本和收益"的不确定性与抗拒行动相互纠缠，连同该问题本身的诸多属性，导致了第1章提出的"悲观的平方"。

这从根本上指出我们需要对正在应对的现实有更深入的理解。世界远远要比某个单一理论所假设的复杂得多：这些正在发生的挑战是人类从未面对过的，甚至从未想过的。这是一个问题，但也是一个机遇。本书的核心论点认为囊括不同纬度地、更加深入地、更加综合地理解这一问题是有可能的，而且会带来更加有效的应对措施。

具体而言，本章认为要理解该问题，我们需要从三大不同领域来理解世界，这三大领域有不同的时间尺度、规模和相应不同的过程。这些领域适用于一系列相关主题，涉及从识别问题到提出实际政策方案等步骤。具体来说，本章的界定如下：

• 三种风险的概念，从覆盖不足为虑的小风险、遥远风险到决定集体安全的主要风险——不同的基本框架，也可以用来识别人们对机遇的态度；

• 三个领域的理论，从个人行为和组织行为的心理学研究，到复杂的、相互联系的技术系统、基础设施和机构在过去几十年中的进展；

• 三个经济过程，从简单地充分利用"双赢"机会而不涉及权衡，到扩大可能性范围的新技术与系统的发展；

• 三个领域的机遇，从既能大规模减少能源和排放又能显著节省金钱的方式，到需要大量创新的蓝天计划。

这些反过来强化三大支柱政策，以不同领域的特点为基础，所有这些都是潜在全面长期方案所必需的条件。本章最后指出了本书其余部分的核心结构。

2.1　三种概念的风险和机遇

70亿人（还在增加）成就了大量的决策者。他们每天在日常生活中所做的选择，几乎都对目前的问题有所贡献，只不过是以分散和不对等的方式实现的。其中许多人也投票或者对国家的立场与政策有所贡献。他们的态度事关重大。

70亿中的大多数人都不喜欢数学（这也是本书在正文中避免使用算式，而将其放在附录中的原因），甚至对用概率和不确定性来描述能源与环境的诸多问题都感到不太舒服。

一些人已经受到多变的能源价格或自然灾害的严重影响。除了能源价格本身的影响，第1章指出资源斗争和气候变化有时会威胁到一些国家的安全。最终整个国际安全都会受到威胁。如果这些问题会威胁到我们的集体安全，那么为什么不多采取一些行动呢？能源和气候变化作为潜在的安全问题，看起来似乎进一步扩大了潜在威胁和行动之间的差距，也扩大了警告和无动于衷之间的鸿沟。同时也产生了一个棘手的问题，即"安全性"如何与成本收益的要求挂钩并得到合理的关注。似乎解决一个悖论的代价是创造出另一个悖论。

诺奖得主 Daniel Kahnemann 在他的《思考，快与慢》（Thinking, Fast and Slow）一书中认为，各种各样看起来逻辑上不相关的因素（较之于统计学家试图采用的正式评估而言）影响人们对风险的认知。其根源在于人类思维在决策的时候有两种完全不同的体系：即兴的和慎重的。他的研究表明人类思维是如何扭曲我们看待事物的方式，以及为什么如此重要——如果我们必须就做的每一件事做出慎重的计算，那么我们将一事无成。[1]

　　这两种脑力决策的中心不是完全独立的，它们之间的关系非常复杂。在日常生活中我们处理大量事情都是习惯使然，因为我们没有特别的原因去思考或者是集中注意力。这种氛围有可能导致我们忽视风险——通常没有不良后果，但偶尔会将我们置于危险之中。然而，以往的经验或者大范围的其他因素有可能导致我们本能地信任或害怕某些事物（"情感"过程），或者是我们的感知取决于对其他经验的联想（"联想"过程），而不管这种联想是否在逻辑上相关。这些过程使我们有时候忽略某些风险，而有时候又过分夸大这些风险。

　　尽管相关的学术研究较少，但类似的过程可能影响我们如何感知和应对机遇。一些机遇可能会被忽视，直到我们得到相关的收益或看到别人获得收益时才会有所警醒。其他的一些机遇可能会限制我们的想象力，比如我们总认为技术可以使我们摆脱艰难劳作，其影响却往往使周遭发生骤变。

　　弄清楚这些不可估量的事情表明风险和机遇至少有三种不同的基本概念。诚然，人类（及其社会）倾向于三选一，如图2-1所示。

风险概念	基本理念	典型战略	社会过程	气候变化的时间尺度
无关紧要的或没有影响力的	未经证实或"你所不知道的不会伤害你"	"无知是福"	环境团体活动与反对游说并存	气候变化的前几十年
真实的归因成本	权衡成本和收益	行动成本的上限是"碳的社会成本"	技术专家评估和政治定价	接下来的几十年，气候变化的影响上升超过了争论声
破坏和证券化	个人或集体安全处于风险之中，气候变化成为"威胁乘数"	"遏制和防御"	实践中尽量减少，适应其余部分	最终，针对所有人(系统性和全球性风险)，最脆弱的，较快的，国际化蔓延

图2-1　三种风险的概念及其在气候变化中的应用

第一层级：在雷达下面——"无知是福？"

最常见的观念主导着我们大部分生活，因此我们认为这是理所当然的。我们不做决定，仅仅是以我们习惯的方式来处理事情，这些方式之所以看起来是充分的，是因为没有事情促使我们以其他方式思考或行动。

许多不同的情况会带来不同程度的风险。证据表明，如果一个风险太小——或被认为是不太可能或过于遥远——那么我们就会忽略它。有一个关注的阈值，在这个阈值下人们不会对风险甚至是可能的灾难性事件做出积极的反应。在火山附近居住就是一个明显的例子。人们知道海啸是太平洋地区的灾难，但政府甚至都没有建立预警系统，而人们在没有预警系统的情况下还快乐地在沿海工作与生活。

第一层级的风险认知表明在实践中人们对风险预警漠不关心。大多数人很难区分低概率之间的巨大差异：百分之一概率事件要比万分之一概率事件发生的可能性大100倍，但通常人们不以为然。这无益于对看似高度不可能实则有可能发生的风险做出客观反应。[2]当然这些都是气候变化的问题，其主要影响很可能是使得不太可能的各种极端事件随着时间推移逐渐发生。

从大多数人的经验和态度来看，事实上许多自然灾害的受害者都可能在其他国家或后代中，这种事实进一步放大了气候变化的"心理距离"。这些因素综合起来十分重要——如果被告知由于已知的机械故障，飞机失事的可能性是"百分之一"，那么人们很可能不会登上这趟飞机，而当告知星球被破坏的可能性是相同的时候，人们会觉得那过于遥远而不用担心。因此风险认知事关距离，经过一段时间后，也会跟地理和其他方面相关。从大多数指标来看气候变化还很遥远。[3]

因此第一层级代表大多数人在日常生活中的经验和态度，代表了他们如何认知能源和环境问题的维度，特别是气候变化。他们无法清楚识别和定位上述附加风险，自然界中本就存在很多天气变量，而且以往都被妥善应对。受到气候变化严重影响的人们并不多。这没有什么好吃惊的。在标准数学中，当两个变异的事物综合起来时，变率较大的一个会不成比例地淹没整体。除了一些最极端的情况，比如边缘冰层或北极冰盖——或者是严肃测量这些变化的人，比如科学家——其余情况都很难闯入我们的日常经验。[4]就像任何一个政客所声明的，激发人们对于从未亲身经历过的事情的热情并不容易。

此外，人们通常觉得面对此类问题自己所能做的非常少——他们感到"没有影响力"，无论是规模庞大的全球问题，还是不充分的当地选择（比如不得不使用糟糕的公共交通的人们）。相比之下，人们把任何公共政策，比如税收或标准看作真实的麻烦，认为是给他们的生活额外附加的成本。总体而言，从心理学和政治学的视角来看，气候变化作为一个遥远的威胁全球稳定性的事件，与我们的不作为之间并不矛盾。大多数人对于能够做什么，有更为急迫和更为实际的考虑。

漠不关心和感觉无力的结合造就了自满情绪。对貌似遥远的风险缺乏关注是我们所说的"第一领域"的行为。

下一个章节和支柱一（主要在第4章）中提及，第一领域的特征主要与个人决策的能源消费有关。缺乏关注、习惯的力量、社会规范、社会约束和其他因素可能会导致十分浪费的行为。日常生活中的决策所涉及的能源成本似乎太小或太不相关，以至于不值得有所烦扰。因而人们离开房间的时候不关灯，开着窗户开着空调，在隔热很差的建筑中生活或工作。重申一遍：大多数人在大多数时间，以"默认"的习惯操作，最后造成疏忽和浪费。

20世纪50年代，一些著名的经济学家发展出"有界"理性的概念，创造出术语"令人满意的行为"来解释人们满足于当前习惯的情况，人们是如此满意以至于不愿意费心劳神地去尝试做出改变。[5]心理学家更容易理解这种情况。改变需要付出努力，人们不喜欢付出努力，除非他们认为这是必需的。主流经济学已经认识到这种现象的本质，在实践中忽视这种现象是为了更好地聚焦于经济学科的核心焦点，也就是他们所命名的：最小化成本和最大化收益的最优方式。

第二层级：优化、补偿和成本-收益

当某些事情将我们的关注引向成本或风险的时候，我们会试图仔细评估它。清晰的证据和准确的数据可以帮助我们做出慎重的选择，并在量化成本与收益的基础上使之匹配。第二层级的风险认知包括以"理性"为特征的方法：衡量我们注意到的或者重视的成本或风险，以我们所计算的（广义）最大化净收益的方法来进行应对。这属于广义的市场行为、谨慎投资、对投保风险和费用的保险评估，以及公共成本收益评估的范畴。在这个领域下，所有的事物都可以权衡和平衡，目标在于最大化响应，尤其是通过货币评估的方式。其隐含的假设是，风险或破坏通常可以用货币来补偿。

第二层级的风险认知，连同成本收益评估，是行为的"第二领域"的主要特征，也是经济体系中大型企业主要发挥作用的领域。那些承受投资风险的人会得到更高的预期经济回报率的补偿。能源公司报出成本和能源价格来评估项目。他们可能会研究资产组合以及新技术，并评估未来的发展情况。如果他们的行为可能对本地人群带来风险，通常会要求他们调整；有时他们必须为破坏做出补偿。

个人消费者的行为有时也符合"第二领域"原则，但通常是以非常谨慎的方式——比如，被迫在不同成本的不同能源供给方之间做出明确选择时，或明确知道大物件比如汽车的运行成本，或急速上升的能源价格迫使其放弃"第一领域"的行为。如果不确定性较大，那么我们会诉诸保险来对冲不愉快的后果。

就气候变化而言，"第二领域"的特征是，经济学家试图评估潜在破坏，并将之与减排的潜在成本进行比较。然而，第1章说明这种努力引发的问题远多于答案：我们如何评估风险、时间、其他国家的人们以及我们的后代等一系列问题，深陷于不确定之中。

在一些社会中，极端事件迫使气候变化问题出现在公众监督之下，激发了对更严厉行动的渴求。出于第1章所列举的原因，试图以货币方式量化总的全球破坏，只不过是朝着不可能解决困难的方向前进。这种思路也不是大多数环保主义者和科学家所主张的。出于安全考量，以及对星球风险和威胁的顾虑，使我们将注意力转向构思风险的第三条路径。

第三层级：安全和战略

对风险的第三种理解将我们带入到安全与战略的层面，因为面临的是人类基本的需求受到公认（或已知）的威胁，抑或是社会系统的完整性受到威胁（通常是人类的基本需求受到威胁所引发的）。这是一个假想或真实风险能够被转化为战略机遇的平台。在这个范畴下，围绕着对战略性风险和目标的理解，可以展开国家安全规划并构建政治联盟。通常存在较大不确定性，也无法进行明确的计算——经济学家称之为"奈特式"不确定性（Knight，1921）。

困难都囊括在"黑天鹅"事件中——在事件发生之前其风险几乎不可能被感知，但事实上会产生重大影响。归纳推理有可能使我们朝着错误的方向考虑此类风险——最著名的是火鸡的例子。我们的心理过程和社会过程——以及正式评估——通常会模糊风险。因此态度还停留在第一层级，在雷达之下。

由于"黑天鹅"概念与著名学者 Nicholas Taleb 提出的随机案例本质上是相同的，越来越多的学术文献认为，人类系统不断增加的复杂性将会产生前所未有的极端事件，可能性越来越大，破坏性也越来越大。此类事件，伴随着不断增加的复杂性以及无法理解所有可能的相互作用，获得了一个新的名字——X事件。[7]

不管采用什么术语，此类事件的常见特征是无法预期并被严重忽略——除非它们发生或一些事情使它们突然受到关注。人们的态度也许翻转，也可能疯狂夸大风险并采取（或要求）仓促行动。"9·11"已经成为"黑天鹅"事件的一个象征性例子；金融危机是"X事件"的典型案例。

第三种风险指的是，有高度不确定性和高风险后果的事件——其假定的概率很低，但其后果完全不可接受。因此根本的解决之道不是成本-收益计算，而是一种战略，以避免或减缓不可接受的后果。为了理解这层含义，我们考虑一下关于国防预算的争论、关于外来入侵的资金成本的争论，或是关于部署军事力量的经济收益的争论，其中有多少是根据似然概率估计法。在个体层面，我们也许并不是基于成本-收益来购买保险，而是出于更安全的需要。[8]但是连保险公司都害怕触碰更为极端的问题——比如，如果他们不清楚概率，如果后果是灾难性的，抑或如果保费在政治上不具有可行性。在一些国家，关于洪水区的保护就属于此类型问题。[9]

不可接受的后果无法避免。对一些后果而言，保险可以减轻影响，但通常是不完全的。我们可以购买保险以保护失事的汽车，但政府通常将"第三方"强制险作为一个法律要求。如果你的价值造成了致命的事故，保险对于受害者而言没多大用处，但对存活的人而言，比什么都没有要强。保险是免受更大风险侵害的一种不完美的方案。

无论从能源自身而言，还是从社会的诸多层面而言，能源都有清晰的安全维度。从个人层面而言，已知的统计数据表明穷人无法在家中取暖，以至于出现了"冬季过度死亡"。从地缘政治角度而言，石油有特殊和明确的安全维度，特别是来自于中东的安全供给。事实上大多数孤立的能源资源会给"安全供给"带来风险。

就环境问题而言，风险认知的第二层级和第三层级之间的差异并不在于环境问题是否重要，而是分歧令人惊讶地尖锐。前者对应的是环境经济学，试图量化环境破坏，并设计出政策措施以优化我们的反应。然而，生态经济学更多地考虑生态系统的稳定性，更重要的是，我们的评估的价值在于，采用什么方法，以及什么应该得到保护。[10]与之密切相关的是，文献长期以来争论"弱的"和"强的"可持续性之间的区别——前者应用于最终可以被替代的环境和资源（比如更多的财富），后者考虑的是不能被替代的环境和资源。

用核算的术语来讲，这种逻辑体现在等值货币和实物量核算之间的差异上。经过若干年的争论，2012年2月联合国统计委员会同意将国民账户系统——自20世纪50年代以来作为衡量经济活动的国际标准——延伸演变为环境和经济账户系统（SEEA）。在这个框架下货币账户（允许存在合理的估值技术）平行于实物资产账户，以实物方式测量和跟踪环境资产的质量和数量。[11]

就气候变化而言，第三层级的风险认知反映了科学家的深度忧虑。关于第 1 章图 1–8 中的风险矩阵，自然科学家担心的是最下面一行——温室气体的累积最终会在地球的海洋或气候系统中触发全球不稳定性。在更广义的范围上，社会科学家也担心风险矩阵中的最右一列——地区气候变化的可能性会加剧食物供应或引发其他导致社会动荡的影响，特别是（而且主要是）针对脆弱社会。

然而，正如我们所看到的，在实际生活中大多数人和政治体系都有比气候变化更为紧迫的问题。超过 10 亿穷人还无法获取电力——这显然是一个更为紧迫的优先任务。石油危机对一些挣扎中的发展中国家（石油进口国）的影响，与健康和安全相比，是更为直接的威胁。在这些国家上述因素不可避免地削弱了人们对气候变化的模糊而又长期的威胁的担忧。

与一个全球性的、长期性的星球风险相比，担忧能源可获性和价格问题似乎是符合集体理性的——但这完全是就人类的角度而言。在人类思考系统性问题之前必须满足基本需求。对大多数人和个体决策者而言，优先考虑这些更为紧迫的问题是完全理性的，因为任何个人或国家，更多能做的是解决自身的能源贫困（比如通过连接项目和绝缘项目）和风险（比如多元化），而不是减少全球排放。减少 CO_2 排放的行为，如果加剧了极端的能源问题或恶化了供给安全，都将不会被人们所接受。如果解决气候变化问题的方案，同时也能解决这些切实问题，就会变得简单得多。这就涉及决策的"第三领域"，其重点是随着时间推移系统转型以实现多元化目标，包括安全目标。

这种潜在的要求有助于我们理解分别在三个层面布局方法的需要——在满足基本需求的当前优先事项、个人和国家的经济发展，以及能源和气候安全的战略性目标之间寻求协同。每个层面的方法都有重要作用，并包括不同的决策和决策者——这也是本书深入论述的。

风险概念：结论和含义

理解这三个层级的风险概念，给认知现实提供了一条路径：在经济系统不顾后果的发展中，社会如何集合科学家、环保主义者和一些政治家共同考虑可能处在风险之中的人类未来。相伴而生的是公众的漠不关心——

但在某些情况下也可能倒向另一个极端，那就是恐惧。

　　第一层级和第三层级之间的鲜明对比指出了一个真正的困境，这个困境来源于社会对风险的动态认知。这些极端事件受到"联想"和"情感"过程的强烈影响，因而具有潜在的不稳定性。考虑到"可行性"效应的影响之后，上述过程显得尤为真实——轻而易举地联想到或联系到相关的风险。人们在事件发生之前可能会忽视洪水或极端高温风险（比如，包括森林火灾）。然而，已经遭受过此类事件的社区更倾向于相信气候变化——即便如此，对科学家而言，这也不过是诸多证据的列表上的一个标记。[12]媒体介绍会吸引更多人的注意力，这也使得调节排放的政治态度在本质上是不稳定的。

　　经济学和成本收益算法的努力，是在两个极端之间寻求一种平衡，一方面是做得不够，另一方面可能是恐慌。然而，鉴于第1章所提到的量化成本与收益的基本方法，这是不切实际的。相反，第二层级和第三层级之间的平衡通常会激发设定一个临界值，来确保和维护安全——比如2℃目标，或如第1章所说，到本世纪中叶减排50%。

　　经济学认为设定这样一个临界值，也暗含成本概念，因此这两者在本质上是相同的——重点在于坚持表达我们愿意花费多少来减缓气候变化。潜在的含义是，不管不确定性范围有多宽泛，社会应该就"碳排放的社会成本"这一问题进行辩论和协商，来寻求最优方案。这是一个理性方法的本质，逻辑上符合碳价是最有效的方式这一理念。

　　本章的其余部分隐含着一个假设：名义上所有的响应都可以通过现行的成本等价方法（更确切地说，是折现为当前净价值）进行测量与比较。事实证明，"风险认知"不是诠释三个不同层面的唯一维度。[13]

2.2　三种理论

　　与风险的三个不同的基本概念相平行，我们的能源系统相关的决策过程和响应有不同的定性过程。这涉及不同的主体在不同的时间和空间尺度上做出不同的决策——因而为不同的定性响应提供了基础。

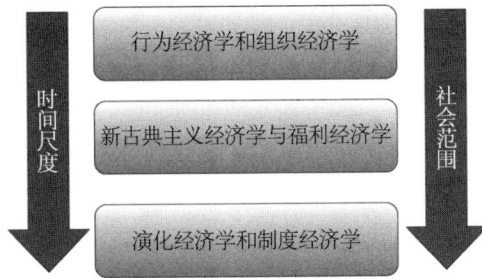

图 2-2　三种理论

注：中间的三大领域通常被认为是经济学的不同分支，是本书所采用的术语。

　　这个论点是基于主要在近年来发展起来的知识基础上的。本节列举了调查的主要路径，在后面章节将会进一步提及、检验和应用。

　　如图 2-2 所示，大量的研究和证据似乎自然形成了三个分组，可以根据时间尺度和其所属的范围轻而易举地进行分类。

　　• 行为经济学和组织经济学——兼具基本心理学和管理理论的模糊边界——深入挖掘现实中个体和组织的行为如何偏离传统的"理性人"假设（或完美的组织）。就能源领域而言，这些理论有助于解释人类在能源方面的明显浪费行为，以及削减能源消费和能源成本的持久潜力，将在支柱一下阐述（第 3~5 章）。

　　• 新古典主义经济学和福利经济学是大多数经济学分析的主要框架，是对市场和价格工具的基本原理的强化。它的发展远超出简单的起源，借由贸易和投资流动的格局帮助我们理解商业周期和金融危机中的种种现象。在能源领域，这些理论有助于阐明能源和碳价、投资和宏观政策之间的关系，支柱二将会进一步解释（第 6~8 章）。

　　• 演化经济学和制度经济学探讨经济系统的长期发展及其对一定的制度基础的依赖。它已经成为一个宽泛的学科，集合了技术变化、复杂系统演化、制度在经济增长中的作用和发展研究诸多领域的成果。在能源部门，演化和制度经济学有助于形成长期认识，包括能源及其相关系统进化的不同方式，以及在本世纪可能采取的做法等。我们所关注的一个特殊维度是创新和经济增长之间的关系，支柱三将进一步论述（第 9~11 章）。

一般而言，上述排序在事件、空间和决策实体的规模上都在逐渐增大。行为经济学与个人或分散的机构最相关，在本地层面，有时是国家层面，时间上从数月到数年。新古典主义和福利经济学更为关注的经济系统——个体和机构只是其构成部分——如何响应，时间尺度涉及数十年。演化经济学及制度发展研究致力于在更长的时间尺度下透视各种迅速浮现的现象。他们考虑的是发生了数十年以上的现象，现象之间的关系和思想与技术的扩散，不仅仅局限于一个社会中，而是在更广的区域内。

本书的相关章节会进一步阐述各个分类的主要特点和相关文献，特别是与能源系统有关的决策。本章的视角十分宽泛，同时介绍了与主题相关的一些核心文献。

行为经济学和制度经济学：人的本能[14]

在上述三个层级的理论发展中，第一层级可能在近年来获得的公众关注度最高。部分程度上是因为它立足于实验技术，而实验可以证明个体及其机构在多大程度上偏离"理性"决策。大多数此类研究关注对风险的认知和响应，正如之前章节所列举的一样。然而，它同时也包括更广范围的人类决策，包括能源选择。

大多数微观经济学理论最终立足于假设人类是经济理性的，也就是说他们采取的策略可以最大化他们的经济福利，在相对稳定的价值和偏好基础上有理性预期。当然我们自身的经验告诉我们这只是一种近似，对于系统说明人们和机构如何偏离理论假设，需要艰苦的行为研究。

对"行为经济学"的研究持续了数十年。Kahnemann 的《思考，快与慢》一书总结了许多重大发现，同时也跟踪了这两种决策系统的神经学根源：快速和本能的反应，以及算计和慎重的思维。[15]在其他几本书中，特别是 Nudge 的书中，这些见解及其影响得到了推广。[16]

行为经济学的结论已经应用到理解金融市场的决策行为，Diamond 和 Vartiainen（2013）的一本书列举了六个其他领域，在这些领域中行为经济学的结论被认为是有用的，但还没有完全纳入。[17]该书添加了另外一个领域：能源。

值得注意的是，主流经济学本身以"令人满意的理论"的形式，在半个世纪以前（注释5），就承认现实中存在非优化行为。然而，这些问题主要留给心理学家和其他人来做更加系统的研究，而经济学用行为经济学的工具和术语来收复失地。

在拥有70亿决策者的全球能源消费和排放系统中，最终的结论毫无疑问是十分重要的。远非"理性最大化者"，人们消费能源的方式更多的是由习惯、惯性、规避采用其他方式可能带来的风险以及其他诸多因素决定的。分析的主线及其与能源的关系——特别是能源效率——由第4章进行阐述，本书同时也纳入了近年来对行为经济学的批评，认为实际上他们倾向于支持本书的基础方法：重点在于搞清楚相对于主流经济力量的影响，行为学洞见何时以何种方式会变得显著。[18]

个人心理活动只不过是冰山一角。行为经济学的本质要素在组织机构中也有所体现。这造就了大量的不同领域的文献，自然就有不同的研究团体。经济学研究致力于研究组织内外介于"原则"和"代理人"之间的问题。经济学也已经扩展到包括网络和沟通的数学理论，以及二者如何约束组织学或市场效率的经典假设。管理学研究文献倾向于使用不同的语言，有一个更为面向行动的议程——如何更好地运营公司——其想法似乎是无限的。

然而所有这些对比归结到一个基本点：没有理论或证据支持，组织是没有灵魂的、高效的机器、只为实现单一目标（通常假设私人部门的组织以最低成本获得最大化收益）这一结论。它们是复杂而又不完美的结构。用行为经济学的现代眼光来看，如果能源消费被认为是值得管理的事物，那么将意味着更高效率的行为将大有潜力（见第4章）。

新古典和公共福利经济学：经济人

图2-2中间的新古典和福利经济学是大多数政策分析的主要框架。它的基本假设是稳定的偏好和技术，以及理性预期，这些假设在面临数学精确性和清晰性时是经得起考量的，使用最优化技术有助于形成政策。在理想的经济系统中的确存在一个理论上的"最优化平衡"状态，代表对一系列资源的最有效利用。为了达到"一般均衡"状态，价格扮演了关键角色，价格也可以平衡私人利益和社会利益，因为价格最终会平衡生产商的

成本与消费者的价值。

让我们再次清晰而又明确地申明，新古典经济学的观点并不完全将其核心假设"理性代理人"作为对现实的精确描述。其结论与该假设相关只是因为这个假设要优于其他假设（比如，假设完美政府）。这也适用于政策解读：一个"不完美的市场"本身并不能为干预做出辩护，如同不能将婴儿连同洗澡水一起倒掉。[19]

此外，若干年来，新古典经济学已经包含了大量的发展问题。这些扩展促进了人们对预期和经济与商业周期的理解——更普遍的是对当前价格和长期预期在驱动经济决策中的相互作用的理解。比如，关于商业和经济周期的研究帮助我们更好地理解为什么经济体不是简单、稳定的实体，而是受制于数年乃至数十年时间尺度下的各种各样的波动，现实世界中的行为包括不确定性条件下金融和投资的复杂决定因素。[20]

"公共福利经济学"这个专业术语，涵盖了经济政策如何最大化公共福利的一系列广泛研究。与致力于在核心假设下描述一个经济体系如何行动和反应的新古典经济学分支不同，福利经济学更为宽泛，也更加规范。更广义的解释是（狭义新古典框架将其作为可以输入的特殊函数），它是功利主义哲学的重要理论体现，认为政府的目标应该是寻求"大多数人的最大化利益"。在此基础上，古典主义经济学的目标是通过成本–收益分析来最大化效用。将此应用到能源和气候变化领域的挑战已经在本书的前言中列出，结论（第12章）重新审视了在三大领域下的"影响评估"问题。

福利经济学的核心假设比新古典经济学的"理性代理人"假设宽松，主要考虑的是测量和加总个体福利的能力，通常由个人效用表示，以便测量集体收益（以货币或货币等价物的形式计算）。

与能源和环境有关的研究关注资源经济学的发展，以及影响价格、预期和投资的工具选择。但是有时候在此标题下，越来越多的争论关注经济发展的分配特征和政治经济学对政策选择的影响。制度经济学的一些分支，特别是关于公司治理方面的分支，也属于这个宽泛的领域。

本书所讨论的"主流"经济学理论和其他领域的边界问题十分有趣，

而且具有潜在的争议。比如，经济学上最大的知识革命是凯恩斯的一般理论，与其他重大发展一样，它是时代的产物。20世纪30年代的理论认为经济代理人会迅速回归到完全就业的一般均衡状态，而一般均衡理论解释了为何在现实中世界深陷毁灭性的经济衰退。结合其他见解，凯恩斯将注意力转向了许多行为学因素：缺乏信心阻碍消费者消费和企业投资；许多经济行为具有黏性（不愿意在减少工资的情况下继续工作，进一步降低了购买力和消费者信心）。他展示了这些特点如何将系统锁定在恶性循环中，而政府干预和支出是主要的出路。

虽然没有采用相同的术语，但凯恩斯指出的部分特征在今天属于行为经济学的范畴，其影响已经被主流经济学所接受——包括商业行为可能通过信心波动和羊群效应来强化经济周期的事实。新古典主义增长理论的一些主要支持者认为凯恩斯的理论可以用来解释调整的短期过程（第11章）。

在时间尺度的另一端，新古典经济学的诸多公理长期而言面临的压力渐增。福利经济学假设人们知道在所有时间尺度下何种选择对自己最好——这种作为个人效用函数的偏好是固定的——并倾向于假设技术成本是给定的，独立于经济环境。它通常也假设由来已久的"博弈规则"相当安全和稳定。在供给与需求的良好的隐含特征基础上，所有这些意味着可以找到最优点或达到"最低成本"均衡的路径。[21] 不确定性会复杂化但不会削弱这个基本框架。

令人惊讶的是，鲜有分析在何种恰当尺度下此类假设是合理的或足够好的。行为经济学的实验有助于说明基于市场的理性和一致性崩塌的较低水平。在更高水平上，关于富有远见、时间一致性、稳定的偏好和制度结构以及静态或稳定的技术发展的诸多假设，随着时间尺度的拉长，其合理性越来越差。"增长理论"将经济学的时间尺度扩展到包括经济增长过程和知识累积。但正如支柱三将阐述的（特别是第11章），在谈及能源和气候变化问题的长时间尺度特征时，这些正统的增长理论仍然被束缚在约束假设下，而这些假设显然是与现实冲突的。

这将我们带到了第三层级。

演化经济学和制度经济学：进化人

探索这些边界之外的领域是演化经济学与制度经济学。[22]在此标题下的大量研究强调经济系统具有演化的特性，取决于过去的发展、创新的方向、继承的基础设施、社会规范和机构的属性。该领域的文献事实上广泛包括了技术、体系、经济历史和制度、法律及社会规范。演化的视角揭示出现代经济体是如何由技术、基础设施、制度和利益之间的相互作用形成的。

广义而言，技术和经济视角强调技术系统的作用，以及它们演化的方式具有"路径依赖"特征：先前的选择决定未来的可能性，发展和利用的技术类型对这些力量做出反应。从经济学角度而言，定义一个市场的供给曲线的生产可能性是否具有可延展性，取决于先前几十年所累积的经济环境和投资选择。

广为人知的新制度经济学认识到了制度在经济表现中发挥的中心作用，特别关注于制度环境如何定义"博弈规则"——尤其是法律规则（在经济环境中特指产权制度）。此类文献大量增加部分归因于痛苦的经历。

试图促进全球经济发展的半个多世纪的努力，不可避免地得出了制度是中心这样的结论。认为主要的发展需求是富国向穷国转移资金的观点，无法产生预想的结果。这导致世界银行和其他国际基金更多地关注政策环境，基金也越来越取决于政策的"结构性调整"——至今存在巨大争议，也仍然步履蹒跚。苏联的经验得出了类似结论，将大规模私有化（包括自然资源）作为解决一切问题的办法之前，西方的专家应该阅读关于制度环境重要性的文献。[23]

重大危机——比如战争——为这一层级的快速改革提供了难得（通常失败）的机会。否则，变化是极其缓慢的，建立产权制度的长期努力可以佐证。欧盟本身可以理解成这第三个领域：它已经发展了半个多世纪，欧元区危机表明其发展仍然处于初级阶段，其危机被认为是在缺乏公共财政机制的情况下采取单一货币所导致的制度性失败。

乍一看，研究长期现象的不同领域之间联系甚微，但这在很大程度上是虚假的。例如，诺贝尔经济学奖得主Kenneth Arrow指出"真正存在于人类创新中的，是其为达成目标所采用的组织，这既是人类最伟大之处，也是人类最早所利用的"，[24]制度经济学强化了这一观点：[25]

我们敬畏技术创新的伟大重要性。但由于技术创新和制度创新并驾齐驱，因此我们需要找到将二者结合起来的方式。

技术创新和制度创新交织在一起有深刻的影响。本书后面（支柱三）会对是否存在一个单一的"最低成本"的未来路径提出质疑，即是否能够计算任何一种偏离的成本。但是，我们为经济和社会系统选择演化路径时面临不同的选择——不断做出的选择会有持久的后果。第3章回顾了能源系统的技术，并与第10章（能源系统）和第11章（对经济增长的启示）的战略选择相关。本书的结论章节突出了第一领域和第三领域的路径，与制度创新和技术创新问题相关。[26]

本书的核心是三大政策支柱，本章结尾会列举出来。每个支柱试图将一定范围的发展与理论相联系。最根本、最重要的观点是，虽然传统经济学为限定范围（对现有系统的"边际"改变）特定时间段的单个国家提供了充分的工具，但这个工具箱在面临能源与气候挑战的范围和时间尺度问题时，显得力不从心。新古典经济学的作用很重要，但只是深入理解了部分经济问题：相关的研究前沿要更为有趣和令人鼓舞——与能源和环境相关。

2.3　三大经济过程

勾勒出这些主题后，反观一些经济原则是有用的，因为这可以映射出三大领域的经济过程之间的相互关联是何其简单。

根本而言，经济学是关于如何分配资源以满足人类需求的学科。资源——不管是人、资本、土地、矿产还是能源——都不是无限的。大部分经济学考虑的是固有的权衡问题，由此被称为"沉闷的科学"。

在许多人看来，古典经济学的强烈吸引力来自于它能够协调个人与集体的利益，通过"市场的魔力"来尽可能有效分配资源：一旦确定和执行产权，市场可以最优分配资源，进而提供私人利益和公共利益。其隐含的观点似乎独立于时间和领域。但正如我们之前所论述的，事实并非如此。[27]其他领域也很重要，一个关键的智力挑战，不仅要理解构成部分，还要明白三大领域是如何相互适应的。

图2-3提供了与能源和环境有关的"三大理论领域"的一个简单框架性说明。最上面一行代表了资源权衡的最简化的例子：一条确定的线决定了所谓的"最佳生产前沿"——利用给定的一种重要的物质资源（竖轴）最优生产经济产出或福利（横轴）。至少在短期内，减少使用此类资源的代价是经济产出降低，因为必须使用其他替代资源（比如更多的资本或劳动力或其他更昂贵的资源）。前沿是权衡的结果。显然，这个观点可以推广到任何尺度下的任何资源。将这种观点与本书的主题相联系的目的在于，将竖轴看作代表能源使用及其排放，将横轴看作其他所有要素。[28]

福利经济学的大部分是关于如何设计系统以便使权衡最大化的结果，这种权衡的结果由为数众多的可用资源构成的曲线所决定——主要是由相对价格、传递稀缺性信息的主要机制以及不同可用资源的价值决定的。

较为简单层面的分析是时间独立的——因而采用"均衡"经济学术语。实际中代入时间的方式有很多种。一个重要途径是通过现有投资的惯性，这种惯性使得在该曲线上从一个资源集快速转换到另一个资源集的成本高昂。支柱二（第6章）开头所讨论的数据表明能源系统适应价格变化的能力很强，但仅仅是在给定长时间尺度的条件下；支柱三的系统文献提供了额外的证据，表明能源和经济系统中的惯性是非常大的。如果化石燃料的成本突然上升，我们无法迅速或廉价地摆脱此类燃料。痛苦是当即发生的，冲击可能会导致一些短期响应，但更大的不那么痛苦的调整会在数年和数十年中累积。关于石油危机的宏观经济影响的争论也点明了与重要经济投入的波动价格相关的成本。这种惯性本身有重要的意义。

时间也通过曲线本身的移动被代入——比如，技术变化增加了给定资源利用下的产出。经典的简化假设是这种过程也是自主性的——就像是天降甘霖——或最理想的——经济代理人从创新中最大化其收益的产物。

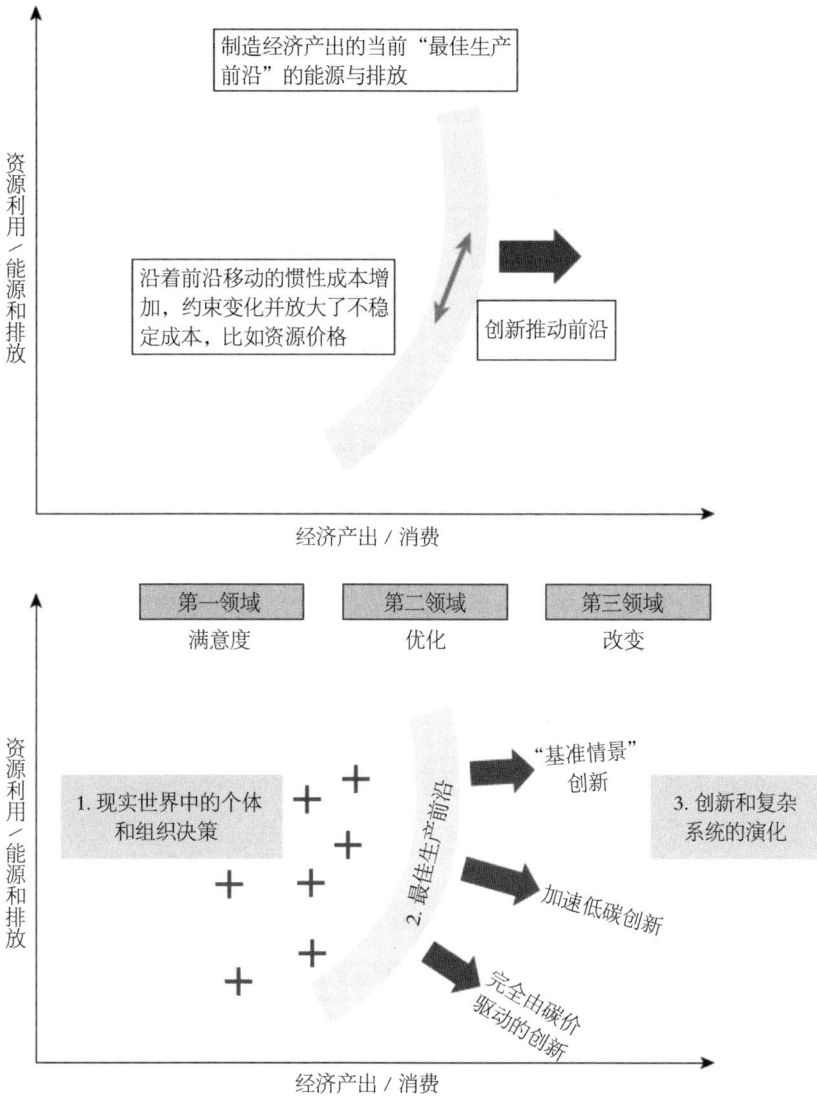

图 2-3　三大领域的资源和经济产出

（a）新古典条件下的资源权衡

（b）三大领域下的资源权衡与机遇

　　在这个例子中，其他两大领域以图 2-3（b）所示的方式进入。第一大领域由曲线左边代表，在使用相同的资源下，其产出要低于"最佳实践"。显然，这为没有任何权衡（经济学定义的"帕累托改进"——不损害任何人利益情况下的改进）下的改进提供了潜力。通用的假设是，以自身利益为出发点的个体或组织，给予足够的自由，都会自动达到"前沿"水平。

当现实不同于理想时，新古典经济学通常归因于各种形式的市场失灵和制度失灵，以及创新达到最佳生产前沿和实现目标之间存在的时滞。但是，正如我们之前章节所讨论的，第一领域的（或"令人满意的"）个体行为意味着，事实上大多数人缺乏这种意识。现实中的组织也是如此。实验证据主要支持行为经济学和管理经济学，因为它们揭示和解释的是人类心理学和组织的系统性特征，并不是人类或组织迅速及时处理的异常现象。但是，请注意这种行为和组织理论只是本书所讨论的第一大领域中的部分现实，包括导致社会运行远离"前沿"的所有因素。

在能源领域这种情况通常被称为"效率差距"。有大量文献讨论人们使用能源和浪费能源的路径，而且进一步提高能源效率有巨大潜力（第3章）。第4章表明这是由于一系列契约与市场失灵（比如房客和房东之间分裂的激励）、个人行为特征、委托—代理不对称以及组织内的相关问题造成的。特别是前者代表经济学中所定义的"丢失的契约"，会显著降低效率。其他因素也可以在第4章中获得更为详细的证据支持，解释了为何现实世界远远低于"最佳生产前沿"，特别是从社会最优的角度来理解这个问题的时候。[29]

在线的另一边，由可利用的技术和系统所定义的"最佳生产前沿"随着时间推移在移动：技术和组织结构的改进使更少资源投入可以产生相同的产出。正如第11章所讨论的，创新通常被认为是经济增长的主要推动力。第三领域并不是由曲线是否移动——是否存在创新——而是曲线如何移动——创新的步伐和类型来定义的。

最简单的主要假设是创新是"资源中性"的——创新公平地发生于每个投入要素。这显然是不现实的。如果不同资源的创新步伐（在该情况下是利用资源的效率）预计相去甚远，那么不会有任何根本性的变化。然而，当观察创新如何努力减少更昂贵投入要素时，创新经济学要更为有趣。值得注意的是，创新也应用于规则和组织的发展，这些规则和组织有助于确定人类是如何利用他们所拥有的资源的。

这些可能性有助于定义第三领域，其中技术和制度创新可以影响系统演化的整体方向。随着时间推移这完全有可能重塑"最佳实践"边界。与这个背景相对应，图 2-3 勾画了与能源和气候变化有关的三个原理性的抉择：

- "基准情景"创新，可能主要使曲线右移，尤其忽略了 CO_2 减排创新的价值（特别是如果未定价）；
- 完全由碳价上升驱动的创新，可能会使曲线下移；
- 在整个能源系统中的加速创新强调低碳技术。

事实证明与能源相关的系统没有以预期步伐进行创新（第 9 章），也没有朝碳约束的现实所需要的方向创新（第 10 章）。根据研发费用的强度来衡量，能源是我们经济系统中创新度最低的部门，容易陷入既定的模式和技术——这最终有可能对环境和经济体都无益。

2.4　三个领域的机会

既然以这种方式表达，那么就很难争辩三大领域的存在性问题。主流经济学研究和大多数政策的重点在第二领域，但是仍然存在一个关于规模的合理性问题：其他领域实际上发挥多大作用？

这是一个经验问题：需要洞悉数据，不仅仅是思想原则。本书提供了诸多线索证明，至少在能源和环境问题上，三大领域都很重要。数据表明，就 2050 年的能源和气候变化目标而言，每个领域的潜在重要程度是相同的。

证据来自于各种不同的形式，有微观的也有宏观的，既来自于技术研究也来自于制度研究。本书将各个领域的数据与经验详细分析，最终汇聚了最为综合全面的证据。一些重要的指标见专栏 2-1。

专栏 2-1　对三大领域的重要性的比较研究

一个人有可能承认三大领域的存在，但依然认为其中一个要比另外一个重要。事实上他们之间的相对重要性取决于即将要讨论的主题。我们的论点是，对于在未来数十年改变全球能源系统而言，这三大领域在重要性方面具有可比性。

最简单的指标来自于削减化石燃料使用和CO_2排放量的工程数据,第3章进行深入探讨并形成了一个全球成本曲线,如图2-4所示。这似乎表明前两大领域是最重要的,第一领域主导能源效率潜力(图4-2),而第二领域支配从高碳向低碳能源资源转换的可能性(图6-5)。然而,正如文中所解释的,这是最简单的情况。例如,将工程证据与能源效率相关的做法受到许多经济学家的激烈争论,第4章会详细阐述,而且将时间尺度扩展到2030年后显然增加了第三大领域(与创新相关)的潜在重要性(第10章)。多条证据线索表明这三大领域都很重要。

效率理论和实践。在第二大领域的假设基础上试图解释"负成本"潜力——人们和社会在市场经济中不会如此浪费——是没有什么吸引力的。除了工程证据外,大量文献列举了阻碍能源效率的诸多障碍,而行为学和组织学研究提供了进一步的引人注目的理论;工程学度量显然忽略了一些"隐藏成本",但同时也忽略了"隐藏收益"(第4章)。效率项目的影响已经初显,过去数十年中改进后的能源效率使得每单位GDP的能源使用量平均每年下降1%~2%,这无法完全用价格驱动的替代效应的直接影响(第二领域)来解释。一些国家采取了持续和关键的能源效率政策后,数十年来能效平均每年提高接近3%(第5章)。

价格反应。第6章(图6-1)强调能源价格尤其重要,但同时也注意到与能源强度相关的价格根据因子2-4的不同而有很大区别,取决于它是在国家之间还是在国家内部进行衡量:这涉及到价格变化与所有领域的更为持续的系统性变化所产生的纯粹市场反应之间的巨大差异。此外,国家对价格上升的反应要比对价格下降的逆向反应大得多——通常是好几倍——这是不能完全由经典的替代效应所解释的。跨国家测量与Bashmakov的能源支出常数是一致的(第1章):二者的分歧在于国内价格反应,此类反应的非对称性指明了所有领域的可比较的重要性。重大的价格冲击会引起结构、行为和政策改革,以及创新——提供了持久性的与第一和第三领域过程一致的调整。

创新和增长。第9章论证了能源系统的创新留给自身的弱点,从研发强度较低和促进发展的政策扮演的重要角色进行论证，通过在创新链上建立起从想法到广泛推行的更佳联系。第 10 章确认创新和基础设施随着时间推移会提供完全不同的系统的巨大潜力，同时也跟踪能源网络和基础设施的复杂性，因为这些复杂性有可能使我们锁定在当前的系统中。最后，倒数第二章我们说明了一个长期存在的经济争论——古典经济增长模型中的"索洛剩余"——只有当考虑了三大领域的力量时才得以解释：资源的简单堆积无法解释 20 世纪的增长。在所有经济体中，其他领域也很重要；在能源领域，我们认为它们也很重要，尽管比例可能不尽相同。

也许在这种情况下，说明三大领域当前和未来重要性的最简单的数据是关于减少 CO_2 排放的规模和机会成本的工程测量。在能源系统分析的背景下，大量研究已经进行了评估；下一章简要回顾了诸多技术可能性。总结结论的最简洁的方法是编制"减排成本曲线"。该曲线绘制了每个减排选择的潜在规模，不是根据成本收益，而是以减排每吨 CO_2 的成本来衡量。图 2-4 总结了国际范围内以这种方式操作的结果，一项由麦肯锡全球咨询公司开展的研究，衡量了 2030 年前 21 个不同的国家或地区用 161 个方法减排的潜力。由于本书是关于能源的，因此该图只关注与能源相关的构成部分。[30]

与"基准情景"所预测的排放急剧上升的情况相比，分析表明 2030 年的减排潜力为 250 亿吨 CO_2——大约是当前全球与能源相关的排放的 2/3，如果确实得以实施，这个规模将使得所预测的排放快速增长转变为在当前水平下的重大减排。[31]

与本讨论更为相关的，是一般模式包括曲线的三个不同部分——所谓一般模式是指适用于所有类似讨论的模式。

• 左边的选项在通用的经济学基础上衡量（比如折现率）时，似乎可以节省大量的金钱，也可以大幅削减排放，但目前还没有被采纳。虽然本书的支柱一列举了大量其他案例，但一个经典的案例是改善建筑保温。从最广义的角度而言，这表明智能选择有很大潜力，麦肯锡曲线表明到 2030 年全球排放可以每年减少将近 5 亿吨 CO_2（与"基准情景"相比），每吨 CO_2 节约的成本超过 20 美元；"负成本"选项的最大潜力是两倍。广泛地说，这样的选项可以占到全球减排潜力的 1/3。

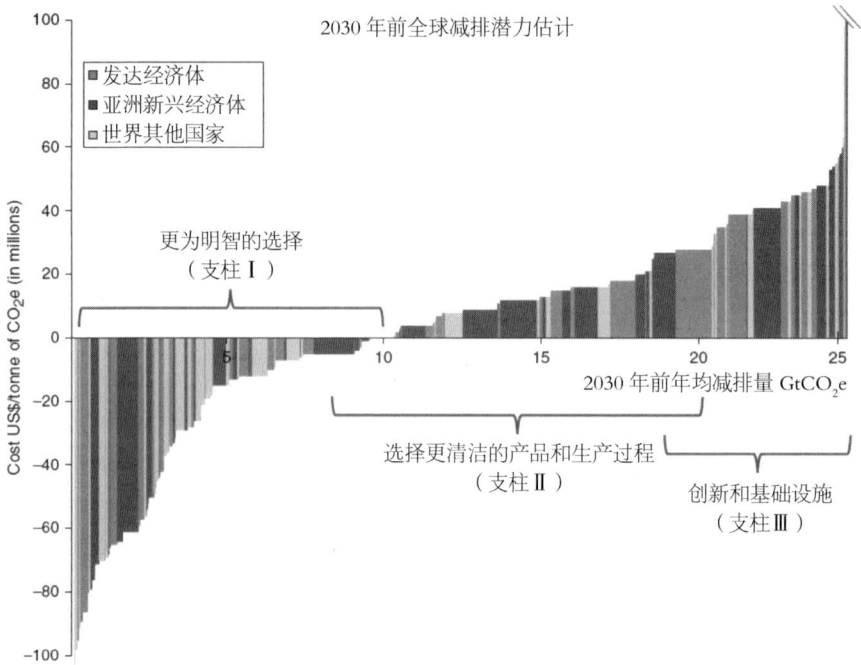

图 2-4　三大领域的机会

注：该图代表"麦肯锡曲线"对 2030 年前削减全球 CO_2 排放的潜力估计，从成本测量（竖轴）和规模测量（横轴）两个方向进行。图中只包括了与能源部门相关的测量。单个条状图所代表的各个选项的详细信息见第 4 章（负成本选项）和第 6 章（中央区域）。

来源：作者根据麦肯锡报告《迈向低碳经济》（2009）的源数据进行计算得到。

● 成本曲线的中段所代表的减排选项成本与当前的碳排放技术相比，成本持平或略高。这是一个低碳选项替代高碳选项的区域，（碳）价格要与之相匹配。这些替代选项——包括一些图表中的负成本，由于边界实际上模糊不清——被认为是提供了最大的单一减排领域，大约占总量的1/3到一半。[32]

● 右边的选项在目前看来是更为昂贵的，但具有长期潜力。碳捕获与封存——相关的构成技术已经被人们所掌握，但还没有大规模商业化的经验——是一个经典的例子。以目前的标准来看成本较高因而需要创新，同时也意味着较高的成本部分是由于技术不"适用"于现有的基础设施所造成的。在第二领域的机会（替代选项）中存在明显的灰色重叠区域。就创新的本质而言，很难对所有可能浮现的选项都充满信心；当然图表也就局限于一些已知的特定选项。

在全球卓越咨询公司的支持下，麦肯锡曲线在全球能源气候争论中广为人知。许多能源分析家讨厌它，但有趣的是有时候理由是自相矛盾的。能源效率专家数十年来致力于用负成本绘出技术成本曲线（将在第4章说明），认为麦肯锡低估了一些潜力。[33]相反，大多数能源经济学家认为左边的"负成本"很大程度上是虚拟的或不相关的，比如基于工程学的研究没有考虑能源效率的"隐藏成本"或"反弹效应"（见第4章和第5章，图4-2描绘了这种情况）。

曲线的中央部分，几乎包含了现存的所有技术。每一种都有其拥护者和反对者，反对者不喜欢给予特定技术（核能、大型水电、风能、生物质、CCS等）的角色，指出不同的假设可能产生不同的排序和规模，这有可能导致他们所喜欢的技术更加放大（或不必要地放弃他们的眼中钉）。大多数工程师认为技术应该在右边，如果只有某个人花钱适度发展它们的话——麦肯锡只是重点关注知名的技术，而不是基于更为激进的创新潜力来向右进一步延伸曲线，新的选项尚未证实。

图2-4根据三大区域集团对选项进行编码：发达经济体、亚洲新兴经济体[34]和世界其他国家的减排潜力。全球潜力基本上被OECD和亚洲新兴国家平分，其他地区的潜力要小得多。在这些地区中，不同领域的机遇划分也大致相同：所有地区的所有类型是显而易见的。如果有什么差别的话，那就是发达经济体的一些指标在成本曲线的两端都更为突出——最高和最低（大多数为负）成本选项。第4章和第6章触及这些问题的可能原因。[35]然而，最为根本的是，机遇不是主要集中在发达经济体、新兴国家或穷国，而且散布在所有区域。

关于麦肯锡曲线的大多数批评指出了其真正的弱点，但他们漏掉了成本曲线的三个部分所传递的一个重要信息。这三大机遇领域不仅跟不同的成本相关，而且直接与前几章提及的三大经济过程直接相关。它们实际上是对于这些过程在能源部门的潜在规模的估计（数十年），这反过来又涉及到三大理论发展。数据表明所有这三者都很重要。细节有待进一步争论，但关键在于对任何一个思想开放的人而言，这种数据清晰表明所有这三大领域都值得认真关注。

最密集的学术攻击是针对"负成本"结论的，因为在新古典假设下这似乎完全崩塌了：如果这些选项可以节省大量金钱，人们当然会去做。人们（或经济系统）果真如此浪费吗？关于"隐藏"成本的解释是假设的，更深层次的问题是，实践中政府是否能够（或应该）引进更明智的选择。假使政府可以有效实施，他们为什么不把这作为气候政策的一部分呢？本书的支柱一更为详细地考虑了所有这些异议——同时也包括经验数据——并寻找他们想要的。

虽然怒火主要是直接针对"第一领域"的机遇的，但类似的异议也出现在"第三领域"。没人质疑创新是重要的，但难道市场不应该将提供创新作为一个"自然"的过程吗？还是当然不应该，而是"等待"创新降低成本的其他政策？政府在培育创新方面是有效率的吗，这不会转移其他渠道的"创新资源"吗？这些问题将在本书的支柱三中进行讨论（第9~11章）。

此类问题是重要的，但也反映出意识形态的解释，而且争论也可以保持"第二领域"的领先地位；他们部分源自于不愿意承认其他领域的知识基础，试图将一切放在新古典框架之下。然而值得注意的是，几乎地球上的每一个人和每一个组织都对能源消费和排放有所贡献；毫不奇怪加总各种障碍和行为怪癖之后，减排潜力将是巨大的（第一领域）。由于这些问题横跨数十年——到本世纪中期及以后——关于 CO_2 排放的经济刺激才刚刚显现——创新和基础设施发展的规模与方向都存在可观的巨大潜力（第三领域）。

最重要的是，这些挑战包括一些问题，从这些问题中我们可以再次找到证据（虽然也有些政治哲学问题）。借鉴资料和经验是本书的任务。下一章概述了技术选择，随后章节进一步探讨了理论依据和经验。这些不同领域的机遇背后的实证证据是压倒性的，无法由数据忽略了"隐藏成本"或市场会产生"最优创新"等论断来解释。

每种情况下的数据都得出一个结论，即每个领域都不仅是真实的而且是非常重要的——考虑到未来数十年能源系统的反应，每个领域的重要性不相上下。总之，第一和第三领域不是"真实"经济的边际事件。他们是整个图景的内在和本质部分。因此数据——当与本章所涵盖的解释基本过程的所有证据结合起来时——表明三大领域的机会都有巨大潜力：

　　● 人和组织更为明智的选择，特别是涉及我们使用能源的方式；[36]

　　● 替代性的产品和工艺：其中价格经济学、市场结构和投资是核心，许多最大的机会在于改变转换系统（特别是电）；

　　● 创新和基础设施投资机会减少目前过于昂贵或不可行的选项的成本，包括大规模发展开发、转换、运输和主要使用不同能源资源的过程。

　　那么政策问题是在实践中可以采取何种措施来实现这三大领域的机遇？

2.5　三大支柱的回应

　　这将我们带入了最终的三合音：三大支柱的政策回应。关于能源和气候政策的争论在不同的首选方法之间逐渐转向：能源效率、碳价和技术政策。碳价是经济学家最青睐的方法，个中原因见第6章，但往往是政治家和公众最不喜欢的方法。

　　竞争性政策偏好之间的纠纷可以通过回顾减排选择的"成本曲线"得以缓解，我们认识到三大部分的每一个都对应着一种不同类型的变化，如果我们迈向更为安全、更为低碳的能源系统时，这些变化都是必需的。对于每一部分，都有一些主要的但不是唯一的政策路径：

　　● 可以通过恰当的法规和契约培育更明智的选择。"法规"是典型的标准，确保建筑有足够的保温层、从市场上移除无效的产品、或要求生产者向消费者提供清晰和明确的信息。建立在这种信息基础上的契约可以从许多方面提高重视、激励和促进更好的选择。这构成了本书支柱一的政策（第3~5章）。

　　● 关于清洁产品和工艺的大多数购买、出售或投资的经济决策取决于市场和价格。影响绝对和相对价格的措施——包括碳价——往往是经济系统中最强有力的、最有效的杠杆力量。实践中它们的影响也取决于市场结构——许多大型能源部门的投资在部门内部（比如电力），如果不是直接由国家主体执行，这些投资不会受到构成市场结构和相关投资的法规和规则的强烈影响。这构成了本书支柱二的政策（第6~8章）。对其他工艺也有强烈的溢出效应，本书的总结部分描述了诸多路径。

• 价格激励部分程度上可以加速和引导创新和基础设施的低碳发展方向，但支柱三分析了为何能源创新中的私人投资既在规模上不足，也不可能主要领导低碳方向，除非公众参与或其他影响战略预期的因素出现。基础设施也很重要。因此，关键的决定因素是战略投资——由于受公众支持或其他因素影响，这种投资超越了短期投资收益，支持能源系统向更高效和更低碳的方向转化。

这构成了三大支柱政策。如图2-5所示，它们旨在强调每个支柱主要关注相对应领域的经济过程和机遇的影响，但也会影响其他支柱。事实上这些相互作用是本书讨论的核心。每个支柱下的最后一章都列举了相互作用，最后一章深入研究这些政策支柱之间的关系，以及为何稳定而有效的响应需要这三大领域的共同努力。

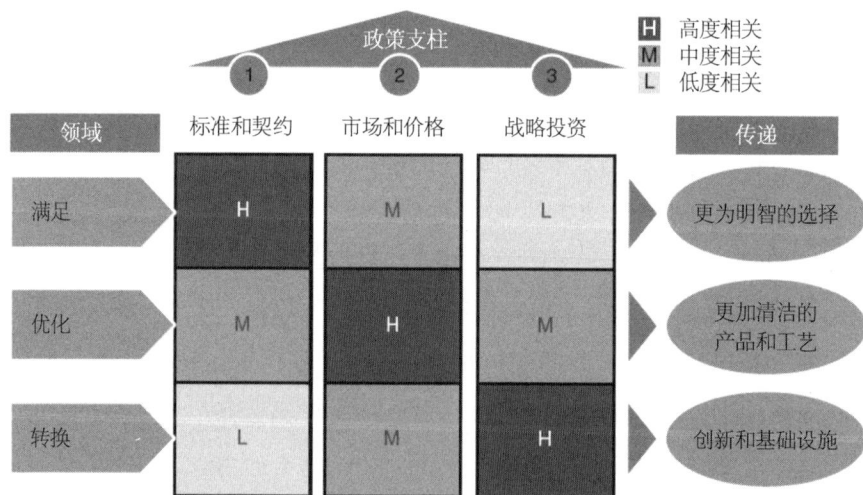

图2-5　三大政策支柱

注：行标题指的是机遇领域，而列标题指的是政策支柱。每个单元中的灰度的深浅代表了每个机遇与政策的相关程度。

来源：作者。

2.6 领域排列

这将我们带入了本章的最重要的论点和本书的核心观点。从理论上而言，在不同的风险概念和不同的响应支柱之间有重要的排列。因此对能源资源或气候风险漠不关心的个体或组织仍有可能被激励进而在第一领域采取行动，比如出于节省成本、协同收益或品牌吸引的原因。另一方面，政府和大型跨国公司已经展望到世纪中叶，可能意识到进一步减排、发展大型基础设施或战略定位以遏制气候风险的需要。一系列决策不可能从根本上依赖于一个统一的能源价格或碳价，它们之间也互不侵犯。它们涉及不同的行为主体、时间尺度、工艺和工具。风险或响应都不可能被简化为一个单一的货币指标进行比较。

第一领域：忽视/满足

在第一领域对风险的态度的特征是缺乏兴趣、怀疑或漠不关心，因而认为没有什么能做——倾向于在风险未知或遥远（地理上、时间或心理上）的时候忽略它们，除非是有形的（会导致过度反应）。这符合"令人满意"的行为，即习惯和现有行为、信念以及组织结构的惯性发挥主导作用："现状"的权重。但是，人们（或组织）的净收益可以更接近"最佳实践"边界，这与他们的能源考虑或气候变化理念无关。相应的机遇是政策可以引导更加明智的选择，既可以作为默认选项（比如标准），也可以作为主动选项（通过契约）。当然，扩大对全球挑战的认知是一个有用的激励方法，二者之间有重要联系的原因在最后一章中进行说明。通过改善效率，这也有助于为其他领域的必要政策做准备。

第二领域：补偿/优化

第二领域的特征是优化选择，采用的是新古典经济学的假设，同时还包括一个假设，那就是风险可以补偿，因此可以被纳入经济运算。两者都需要远见、计划和计算。挑战的概念关注量化的努力。如果市场是有效的，那么多大的"外部性"（对其他人施加的风险或成本）应该被纳入定价？对能源项目的投资者和大型消费者而言，能源价格和未来价格上升的风险（包括预见政府采取"内部化外部性"的措施）是什么？

由于整个能源系统与此相关，因此，那些能够切实付出艰苦努力的大型能源生产者和消费者基于价格预期来优化其响应便尤其重要。机遇在于产品和工艺清洁度的提高，最关键的机制便是定价。实践中几乎不太可能就"碳的社会成本"在分析上达成一致，但碳价能够也应该成为反映整体社会"支付意愿"的指标，有助于减少对化石燃料的依赖——争论认为这当然会影响消费者（选民）对清洁能源的需求。

第三领域：安全/转换

第三领域的特征是进行战略规划和投资以确保我们的能源、经济和环境系统的完整性，并使其保持在安全范围内。导致全球化石燃料市场重大不稳定的资源枯竭风险是什么？或使事物、水资源和其他重要系统不稳定、需要紧急应对的极端气候变化事件的风险是什么？能源系统如何随着时间推移进行转换以确保在安全范围内？重点往往是物理的，而不是货币的，因为所涉及的问题是系统性的，而不是边际性的——需要避免第1章结语中的"从内到外"的思想陷阱。

最明显的机遇是给政府的，但包括战略性考虑跨国公司所愿意准备投资的世界。本章第一部分列举的公共风险认知的不稳定本质，强调站在该事件错误一方的战略性风险，对大公司和政治参与方而言都是如此。

这些都是理性的计算，但它们并不是由成本收益计算驱动的，而且价格也不是主要工具。这些是战略决策反映了政府部门、部长和公司董事会的判断。结合本世纪中叶大幅减排的需要，我们应该支持何种能源研究？应该投资何种电力网络或城市运输系统？关于长期折现率或灾难性事件发生概率的表面上很复杂的争论（第1章）并不是本书的中心：重要的是在现有证据的基础上，定义一个尊重自然极限的战略性目标，并向之迈进。

第6章（图6-6）表明该全球定位方法是结合风险与不确定性后的一个完全理性的结果。在最后一章我们也展示了不同的支柱如何对应于不同类型的决策者——整个框架如何使分析在实践中更为有用而不是纯理论的——实际上具有误导性——聚合经济学分析的全球"代理人"。

因此每个领域的不同要素的排列特征的重要程度不同，见图2-6。

风险概念/领域	主导规模	决策框架	理论阵地	减缓的经济过程	机遇领域	政策支柱/响应
忽视/满足	短期/本地	漠不关心或没有信心	行为学和组织学	向"最佳生产前沿"贴近	"更加明智的选择"	标准和契约（支柱一）
补偿/优化	中期/区域	成本/影响是有形的或显著的	新古典和福利经济学	沿边界做出最好的权衡	替代为更加清洁的产品和工艺	市场和定价（支柱二）
安全/转换	长期/全球	转换风险和机遇	演化和制度经济学	沿边界进化	创新和基础设施	战略性投资（支柱三）

图2-6　每个领域的排列

　　这个排列放大了对不同领域的理解的价值。成本收益分析具有智力优势的一个强有力的原因是，所有决策都会带来些明确的或隐含的成本，而我们试图将这些成本与收益进行比较。因此，就气候变化而言，我们需要评估或谈判出一个"碳的社会成本"。事实上，如果成本是不明确的，就可以用所采纳的政策成本来显示。这似乎是政策连贯的核心，不同政策与这个成本的差距通常被用来衡量政策失灵。该方法确实是理性的支柱二政策的核心，如果所有的决策都包含类似的成本−收益权衡的话，该方法就是重中之重。但是不是所有的决策都采取成本−收益权衡，因为它们不在同一个领域。由于支柱二的政策容易招致最强烈的政治反对（支柱二会讨论），该方法也不例外。支柱三的案例指出政策成本之间的显著分歧有可能是完全合理的。

　　如果气候问题可以激励政策带来多重效益并节省成本，例如（支柱一），它们的意义与碳减排（或其信念）的社会价值无关。科学家"最佳猜测"构成"安全"的长期浓度水平，以及相应的可行的全球（累积）排放的上限，都表明我们需要什么样的创新和基础设施（支柱三）。投资大规模的煤制油技术的意义不大，在可控风险下将该技术作为应对石油短缺的方式，会瓦解全球气候稳定并侵犯每个人的安全。这是一个战略性判断的问题，不是基于贴现率和资产权重的成本收益计算。

　　就政策而言，可以解决我们的能源系统面临的巨大挑战，但只有在三大支柱政策下，理解它们之间如何相互联系，以及它们如何在更大的领域下相互作用时才可以。关键的政策挑战在于寻求一条可以使三大支柱相辅相成的路径。试图在一个单一分析框架下解决所有问题的方法存在明显的不可估量的困难，对领域排列的方法可以缓和这种局面。这是最后一章重点关注的问题。

　　进行这种探索也揭示了环境政策经济学领域的一个最具争议的观点，该观点是由哈佛商学院教授迈克尔·波特提出的。根据20世纪90年代日本汽车工业的成功案例和其他案例，他的波特假说推测环境规制将会提高经济收益，通过刺激更高效率和创新响应来实现。[37]自其产生之后就富有争议，而且未能就气候变化和随后的政策经验之间做更深一步的联系分析。现今相应的争论是关于绿色增长——强烈声称解决全球能源和环境问题可以促进经济增长。

　　我们的倒数第2章深入研究经济增长理论的结构，证明为什么在逻辑上永远不可能消除关于波特假说的争论，或是绿色增长会促进与环境收益无关的经济增长这样的论断。但这种可能性也不能完全排除。存在一些可能的其他情况：开发手头的多元机遇。在最后一章，我们讨论了可能的联合收益的本质，以及三大支柱内部及其之间合作的机制。只有这样，我们才能更好地看清楚不确定情况下什么才是好政策，以及第1章所列举的真实世界的特征。

2.7　结论

　　勇于探索的人可能会寻求一个通用的理论，但这种探索的结果很可能是令人沮丧的。能源和环境的挑战涉及地球上的每一个人，包括复杂的社会经济和技术系统、子孙后代和地球本身。将该问题放在行为学的不同领域下，以及本章所展开的分析似乎是一种更加富有成效的探索。在做了上述工作后，我们可以退一步看更大的图景。

图 2-2 所示的理论发展的主要领域可以用图 2-7 所示的三层次方法来展示。通过考察这些发展的本质，考虑它们如何体现在能源系统中，我们可以画出一些边界：

图 2-7 更广范围下的理论领域

* 第一领域的现象在若干年的时间尺度下来看显得尤为重要——正如第 4 章所证明的，它反映了在这样的时间尺度下可以收回多少能效投资。个人往往是最关键的决策者，不管是个人还是能源部门外的大多数机构，该领域的能源支出往往是最温和的，可移交的。
* 第二领域的现象涉及的时间尺度往往是数年到数十年——这期间投资者通常能获得回报。它们通常是能源部门和能源密集行业内部、政府、或政府代理人（比如监管机构）的组织做出的决策，在其司法管辖区内可以得到良好的执行。
* 第三领域的现象往往主要发生在更长的时间尺度下——数十年到一个世纪甚至更长。在这样的时间尺度下，工业创新往往得以成熟和扩散，教育和基础设施可以促进国家发展。决策者很可能是具有长远眼光的政府和组织（尤其是跨国公司），当然也就是创新者。

中央领域的两边是两个交叉区域：我们对风险和不确定性的理解，以及伦理和"集体行动"问题——协调不同群体（特别是国家）之间的反应。第 1 章和本章的第 1 节概述了风险挑战，均适用于三大领域。不确定性广泛存在于人类事物中，理性的反应既不是因为某事不确定而忽略它，也不是根据中心"最佳猜测"来制定政策；而是应该在不同的规模和时间尺度下适用不同的过程。伦理和国际协调所面临的挑战是不可避免的，但超出了本书的范围：一个核心论点是，在（还）没有解决全球协调的大问题时，我们依然可以取得很多进步，解决全球协调问题的方法也会阻碍对这三大领域更深入和更广泛的理解。

鉴于问题的复杂性，令人惊讶的是不同领域之间几乎没有重叠：它们关心的是不同的时间尺度、过程和决策者。因而它可以提供一个有助于避免不同的学科之间相互斗争的框架。大多数学科都会提供知识，但最有意义的争论并不是关于哪个是对的，而是如何促进互补性的贡献并指明边界所在。这需要通过经验和证据来划分，而不是思想上的猫打架。

接受这些不同领域的分析和决策也被证明是在实践中有用的。它提供了一个务实而又系统的方法来理解能源和环境面临的挑战与选择，并用来评估过去数十年的研究和决策基础上的经验。

本书的其余部分围绕三大领域及其相关的支柱政策展开。每个支柱包括三个章节，涵盖范围广泛：

- 挑战的本质、技术数据和所产生的机遇，以及学术争论；
- 经验证据和政策经验；
- 更佳政策的范围，基于对理论进展和实践经验的结合，以及不同领域和支柱之间如何建立联系。

最后一章整体回顾了所有的分析。它说明了一个获得简化观点的方法，即区分转型努力中的正在发生的成本。它重述了三大领域和理论阵地如何相互关联，并总结出三大政策支柱如何互为补充、互相加强。它说明基于任何一个单一支柱的政策为何是不可持续的，以及为何基于传统经济学理论的政策如此苦苦挣扎——那些依赖它的人又否定它。它验证了经验和整合的价值。只有理解了现实行为、市场和定价、创新和基础设施的综合力量，才能建立起连贯响应做出改变，最终使全人类受益。

注释

1.Kahneman（2011）。Kahneman，Tversky 及其同事用术语"体系 1"和"体系 2"来描述相应的思维过程。在本书中我避免采用这些术语，是因为担心读者将其与"三大领域"混淆。这两种思维体系也相应地被称为"经验的"（基于经验，不要与实验混淆！）和"深思熟虑的"。在许多情况下，经验的（体系 1）思维方式等同于第一领域，而深思熟虑的（体系 2）思维方式等同于第二领域，而第三领域不可避免地涉及两者的组合。然而，这种关系离题太远，至于脑力决策过程和本书的三大领域之间的关系如何，我还是将这个工作留给别人吧。

2.对灾难性事件的风险认知及理解相关概率的困难见 Camerer 和 Kunreuther（1989）及 Kunreuther 等人（2001）。IPCC 第五次评估报告，第三工作组，第 2 章可以看到更多的相关文献（2014 年出版）。

3.心理学家认为至少有四个维度的心理距离：时间、地理、社会和不确定性。用简单的语言来说，如果一个事件在时间上、地点上、社会群体或清晰度上距离我们更近的话，那么我们就更容易接受、理解或被感动。驱动大部分问题的是富裕消费者，从他们的立场来看，气候变化在这四个维度的得分都很低（Spence 等人 2012）。感谢 Sonia Klinsky 启发我将气候变化与登上飞机做一个类比。

4.具体而言，两个"随机变量"的总变异性等于每个变量的平方之和再取平方根。因此假设在一个稳定社会中自然气候变异性为 3，该社会实际上能应对的气候总变异性为 5。人类引发的额外变异性如果为 1，那么整体变异性只会增加 0.16，如果是 2，总体变异性增加 0.6。自此之后的上升速度就会快很多：如果气候变异性与自然水平（3）相同，那么总体变异性将达到 4.25。在达到社会应对能力（5）之前，人类引发的变异性需要达到（4）；在该点之前，人类引发的变化将成为主导因素，除非能尽早得到控制，否则将会进一步迅速升级。

5.Simon（1953；1997 年重印），同时见第 4 章，注释 29–33。

6.Taleb（2007）详细列举了与黑天鹅事件相关的大量逻辑错误，其中最常见的一个关键因素是归纳推理。最经典的案例是火鸡累积的经验证据表明，在感恩节或圣诞节之前它都是安全的，而且会被很好地饲养（火鸡每天都在重复加强这种信念），但前提是那天它碰巧还活着。

7.Casti（2012）。

8.在个人层面，有多少本书的读者是比较了保险的量化估计价值和相应成本之后做出投保决定的？如果每个人都这么做，那么世界上大多数保险行业都要破产。安全值得投入一个可观的保费，即使对个人和非生命威胁的风险而言，亦是如此。

9.关于"低概率高影响"事件和保险方法的局限有大量文献，但大多数细节超出了本书的范围。出于实用目的考虑减排方法面临的挑战，安全性的类比已足够。

10.关于理论和实践的杰出观点，请参见 Shmelev（2012）。

11.http：//unstats.un.org/unsd/publication/SeriesF/SeriesF_78E.pdf

12.参见 Michel-Kerjan and Kunreuther（2011）。

13.一些地方的重要研究人员也提出了相同的基本主张，这些人往往都有能源部门工作的实践经验。本人提出"政策的三大支柱"的宽广视角，部分源自于本人在英国碳信托工作了 5 年（2000—2005）的经验；2005 年在澳大利亚的一次演讲课程上我首次提出了该观点。《斯特恩报告》（Stern 2006）关于政策工具有三个章节，广义上而言与每个支柱相对应。国际能源署（Hood 2011）发表了关于"总结部分：最小成本减缓战略的综合政策工具"一个极好的案例综述。德国环保研究所（Matthes 2010）对这一相同的基本案例做了一个有趣的变异，认为"基础设施相关的潜力"是一个单独项目，横跨选项的成本曲线，而本书认为基础设施连同创新是长期受益的战略投资的一部分。

本书旨在几个方面建立起共同的见解。本章节认为三大支柱和三个层面的风险认知存在对应，表明每个支柱建立在不同的基本概念和理论基础上——形成了"三大领域"。其他消息来源指出"与碳价有关"的潜力是最大的，其他两个作为两翼；图 2-5 中的全球成本曲线数据暗示各个类别之间更为平衡。相应地，IEA的研究一直认为第一支柱和第三支柱是"对碳价的补充"；本书认为所有三者互相补充，最终是不可分割的，因而将任何一个支柱凌驾于另外两个之上是错误的。本书采用相同的方法以相同深度检验每一个支柱，并将分析延伸到更宽广的宏观经济现象中其所发挥的作用（第11章），然后跟踪它们的亲密互动和交叉影响（第12章）。

14. "instinctus"是拉丁语，源自"instigere"。

15. Kahneman（2011）。近期对于行为经济学的批判见Levine，实际上是关于边界和相对大小的讨论，见第4章，注释34。

16. Thaler和Sunstein（2008）。

17. Diamond and Vartiainen（2013）通过参考公共经济学、发展、法律和经济学、健康、工资决定和组织经济学来说明行为经济学的观点。直到2001年才实施了第一个关于能源使用的行为学实验（第4章，专栏4-2），未能纳入他们的视野。

18. 见第4章，注释34。

19. 显然，该论点建立在假设集很难完全满足的基础上，但一些关于"市场失灵"的敏感文献已经意识到"可纠正的"原则：市场失灵的存在并不足以为政策干预辩护，除非"可以在满足预期净收益的情况下描述和实施一个更好的可行的替代方案"（Williamson；2000：601）。在这部分内容下分配问题是非常重要的，并形成了关于公共政策的无休无止的争论，但这并不是目前的主题——除非在此范围下分配影响已经成为阻碍"经济工具"实用性的重要因素，支柱二将进行描述。

20. 为了扩展与商业周期和经济周期相关的文献，金融市场发挥的作用可追溯到18世纪和19世纪"经济泡沫"的著名例子，以及2008年9月的信贷紧缩及其对经济的持续影响，这些回顾激发出一系列经济学分析。无法对这些文献全部公平对待，但一些观点（和文献）可以在《不稳定的时代：全球金融危机及其发展》（Smith，2010）一书中查阅到。由国际货币基金组织的前首席经济学家撰写的《断层线》一书，解释了金融市场放大不稳定性的一些机制，并认为引起信贷紧缩的系统性原因还未能解决。

21. 也就是说，对任何市场而言，可以制定和设计供给和需求曲线

——一种商品的供给量和购买价格。

22.关于演化经济学的一般性文献见支柱三，第9~11章。新制度经济学将不同层次的学科分类，将"制度治理"作为"第三层级"，时间尺度为1~10年，不同于"制度环境"将其作为"第二层级"，而时间尺度是10~100年。在该方案中，第一层级由非正式的文化背景构成，"嵌入"了非正式的制度、习俗、传统、规范和宗教（Williamson 2000：595-613）。

23.Williamson（2000：609）。

24.Arrow（1970：224）。

25.Williamson（2000：600）。

26.本章节的许多注释深入挖掘了重要经济学家的详细观点，以及探讨现实和扩大理解边界的许多诺贝尔奖得主的观点。

27.这不同于Williamson（2000）的观点，他认为新古典经济学是时间独立的。这似乎与本书的数据或逻辑不相容。在一个更加抽象的层面，即适应性的"偏好元"演化而言，这可能是正确的（见第12章，注释14，见Christian von Weizsacker教授的近期研究）。

28.对权衡资源的精确描述是最底下一条轴线，是从其他资源而不是经济产出或福利的角度。否则该曲线将是另外一种形状，技术过程使其移向原点。如图所示的曲线意在提供一个与本书其他的图形相对应的一个简化的可视的连贯的图形，其中公共政策目标可以理解为向右移动（增加福利），而减少能源消费和排放（向下移动）。注意经济学的边界通常被称为"可能性边界"，考虑了创新之后会带来潜在的混乱。

同时，经济学教科书通常绘制的是一条直线，几乎没有展示其向后弯曲的部分。尽管如此，很明显过度的能源消费或排放水平会破坏经济产出——确实有大量证据表明这是很普遍的，部分是通过补贴实现的（见第6章）。

29.一个重要但不是唯一的维度是时间。关于能源消费和终端投资的个体决策和组织决策的时间维度较短：支柱一有大量的证据表明，削减能源消费的机会，如果投资回报只有一到两年，那么就不会被落实——不能在四到五年实现回报的投资都没有可行方案似乎已经是一个准则。与生产或供应能源的大多数决策的时间尺度相比，这是非常短视的，因而对产生额外水平的能源和排放就形成了一种系统性偏见。之前章节简述了基本理论，第4章会提供详细证据。

30. 就整体温室气体排放而言，农业和林业也有很重要的减排机会。麦肯锡评估了这些部门的巨大减排潜力，但一些土地利用专家提出了异议，由土地使用权和土地利用的竞争性所产生的复杂性是巨大的。农业和土地利用问题不是本书的重点，因而相关的评估并没有表现在图中。

31. 麦肯锡曲线是一个潜力图。该评估广受批评的原因在于，它意味着全球快速部署低碳电力部门资源，减排量将超过 $10MtCO_2$，且工业的储蓄增加；这两项指标都远高于 IPCC 第四次评估报告的评估（见注释 33）。另一方面，麦肯锡曲线也因为其关于建筑减排的悲观评估而广受诟病，它的评估结果是 $3.5GtCO_2$，而 IPCC 的评估结果是 $5.8GtCO_2$。麦肯锡将部分原因归结于"基准"的不同假设，声明他们所采用的基准的建筑能效改进率较高，因为这样的成本效率较高。

32. 第一和第二机会领域的边界——正成本和负成本——取决于假设的折现率的其他因素。麦肯锡采用的折现率是3.5%。这个比率在衡量公共无风险收益时是一个恰当的比率，但给市场经济下的不同选项提供了一个错误的印象，市场经济下的贴现率一般而言更高。这也会增加包括投资在内的大多数选项的相对成本，因为相对于化石燃料投资而言，低碳资源更多为资本密集型。

33. 更加值得注意的是IPCC第四次评估报告。政府间气候变化专门委员会，召集权威学者汇聚相关领域的知识进行类似分析，发现"负成本"存在更大潜力，特别是在改进建筑的能源效率的可能性分析中（IPCC 2007）。详情见第4章。

34. 来自于麦肯锡的源数据被分为三大全球区域，根据经济过程和增长来划分——OECD组（蓝色），中国、印度和中东等新兴经济体（橘色），世界其他国家（绿色）。重点在于解密能源、工业、建筑和交通中的行为的重点趋势和格局。关于土地覆盖和土地利用的数据没有用于分析。

35. 一个可能的原因是OECD经济体有更大的既定资本存量。低效率

——由于第4章提到的第一领域的特征，比如很差的建筑存量——存在的地方提供了大量的负成本机遇。然而，麦肯锡的分析似乎大量假设新兴经济体将会在"基线"建成大量有效的存量，给"负成本"减排的空间较小。然而恰恰相反的是，涉及提前退役存量的减排——比如通过使现有煤电厂提前退役或改造安装CCS来减排CO_2——在经济快速发展过程中可能要比安装清洁而不是肮脏存量的选择更为昂贵。

36.这些"帕累托改进"的选择——使一方获得改进的同时不损害任何其他方利益——在面对能效问题时并不自信，但特别是建筑领域的能源效率问题是最大的最有代表性的例子，具体原因见第4章。

37.波特假说的重要文献包括Ambec et al.（2013），Wagner（2004）和Xepapadeas and de Zeeuw（1999）。与能源和环境相关的讨论见第9章的9.10节（"波特的观点"）。

参考文献

注:关于三大领域更多的参考文件参见本书相关各章。

Ambec,S.,Cohen,M. A.,Elgie,S. and Lanoie,P.(2013)'The Porter hypothesis at 20:
can environmental regulation enhance innovation and competitiveness?', Re-
view of Environmental Economics and Policy,7(1):2−22.

Arrow,K. J.(1970)Essays in the Theory of Risk-Bearing. Amsterdam:North Holland.

Camerer, C. F. and Kunreuther, H. (1989) 'Decision processes for low probability
events:policy implications',Journal of Policy Analysis and Management,8:565−
92.

Casti, J.(2012)X-Events:The Collapse of Everything. William Morrow; reprint edi-
tion:HarperCollins.

Diamond, P. and Vartiainen, H. (2007) Behavioral Economics and Its Applications.
Princeton,NJ:Princeton University Press.

Hood,C.(2011)Summing Up the Parts:Combining Policy Instruments for Least-Cost
Mitigation Strategies. Paris:International Energy Agency.

IPCC (2007) Fourth Assessment Report - WG3. Cambridge: Cambridge University
Press.

Kahneman,D.(2011)Thinking,Fast and Slow. New York:Farrar,Straus,& Giroux.

Kunreuther,H. C.,Novemsky,D. and Kahneman,D.(2001)'Making low probabilities
useful',Journal of Risk Uncertainty,23(2):103 20.

Levittt,S. D. and Dubner,S. J.(2005)Freakonomics. New York:William Morrow.

McKinsey & Co.(2009)Pathways to Low Carbon Economy. New York:McKinsey.

Matthes, F. C.(2010)Greenhouse Gas Emissions Trading and Complementary Poli-
cies:Developing a Smart Mix for Ambitious Climate Policies. Frieberg:Öko-Insti-
tut e.v.(http://www.oeko.de).

Mencken,H. L.(1949)A Mencken Chrestomathy:His Own Selection of his Choicest
Writings. New York:Random House.

Michel-Kerjan, E. and Kunreuther, H. C.(2011)'Redesigning flood insurance', Sci-
ence,333(6041):408−9.

Rajan,R. G.(2010)Fault Lines. Princeton,NJ:Princeton University Press.

Shmelev, S. E.(2012)Ecological Economics:Sustainability in Practice. London and
New York:Springer.

Simon,H.(1953)Models of Bounded Rationality. MIT Press Classic(reprinted 1997).

Smith,D.(2010)The Age of Instability:The Global Financial Crisis and What Comes
Next. London:Profile Books.

Spence, A.,Poortinga,W. and Pidgeon,N.(2012)'The psychological distance of cli-
mate change',Risk Analysis,32:957−72.

Stern,N.(2006)The Economics of Climate Change. Cambridge:Cambridge Universi-
ty Press.

Taleb, N. N.(2007)The Black Swan:The Impact of the Highly Improbable. London
and New York:Random House.

Thaler, R. H. and Sunstein, C.R. (2008) Nudge. New Haven, CT: Yale University

Press.

von Weizsacker, C. C. (2011) 'Homo oeconomicus adaptivus', Journal of Comparative Research in Anthropology and Sociology, 2(2): 147-53.

Wagner, M. (2004) The Porter Hypothesis Revisited: A Literature Review of Theoretical Models and Empirical Tests, Public Economics 0407014. EconWPA.

Williamson, O. E. (2000) 'The New Institutional Economics: taking stock, looking ahead', Journal of Economic Literature, 38(3): 595-613.

Xepapadeas, A. and de Zeeuw, A. (1999) 'Environmental policy and competitiveness: the Porter hypothesis and the composition of capital', Journal of Environmental Economics and Management, 37(2): 165-82.

支柱一
更明智的选择

概述

全球的能源需求和温室气体排放主要受到我们各种需求的驱动，包括我们对室内温暖和舒适的需求、我们对工业产品和服务的需求，以及我们对交通的需求。有很多方法可以改进我们满足这些需求的方式，但是所有的方法都离不开对能源的依赖，没有任何一种单一的技术是一劳永逸的"灵丹妙药"。

最为廉价的也是最有竞争力的用能方案是提高能源的使用效率。抛开近几十年的主要进展不提，我们仍消费着超出必要水平10倍的能源。事实证明有大量的技术和措施可以颇具经济性地提高能效：在几年内，很多这类技术都能够获得节能收益（这些技术的投资收益率通常超过每年15%）。能够提供低碳能源的技术也有很多，虽然与化石能源的价格差距正在迅速减小，但目前仍很昂贵。我们所说的"更聪明的选择"不仅限于提高终端能效：打开眼界意味着给建立一整个"更聪明的体系"带来重要机遇（参见第3章）。

组织行为学的最新研究揭示了我们采取较为浪费的方式利用能源的原因。用能方式反映了个人在面对不同习惯、不同意愿和不同行为选择时的差异性，这受到其基础设施环境、制度环境和技术条件的制约。组织我们进行更有效选择的是很多结构性障碍。最具影响的是包含了能源属性的更广义的选择，这点个人往往无能为力。如财产占有者仅仅支付账单，而很少改变行为表现；而那些租赁者则完全没有改变行为的意愿。这些结构性障碍，往往被第一领域中那些关于重复性、突发性损失的决策所夸大了：习惯性、迟滞性，短视性，以及倾向于掌控全局的基本法则发挥了作用。

组织的决策模式与个人的决策方式惊人地相似，这导致组织的用能方式也一样低效。组织机构通常将用能成本看成不可避免的或突发式的，无需尝试通过管理实现优化。公共机构往往限制能效领域的投资；而很多公司无视能效问题所能带来的机遇，或者干脆将能效领域的收益率预期值放置在个人水平——远高于其核心业务的收益率（参见第4章）。

能效政策经历了40年的时间产生了很大的收益。如在富裕国家，能效政策将人均能源需求和排放基本稳定在了一定水平上，在一些地方甚至实现了人均用能和排放水平的下降。这类政策在全球范围内的推广，减少了能源进口国对全球能源价格上涨的暴露度。相关评估证实，与投资新能源相比，能效政策以更低的成本降低了能源需求，也避免了由于提供其他能源所带来的外部影响，因此兼具经济性和环境收益（参见第5章）。

尽管本书重点关注工业化国家的经验所产生的原则和教训，能源政策在其他国家和地区传播的经验也很引人关注，其产生的多重收益值得评估测试。经济发展过程本身是逐步趋近"最佳表现前沿"的。进一步强化机构建设和基础设施的完善就需要建立市场和相关的标准，并要求公众开始关注和讨论"共同话题"，如能源问题，这些拓展了"最佳表现前沿"也是发展的一部分。为了提高人类福祉，最大的"能效差距"正在与现代能源服务水平脱钩，全球超过20%的人口获得能源供给的过程将会产生持续的连带效应。

2012年发布的2项全球研究揭示了3个关于未来能效的核心观点。第一，能效提高还有很大的潜在空间。第二，发掘这个潜在空间对实现可持续未来能源至关重要。第三，占全球能源消费1/3强的建筑部门是最具潜力的部门。如果按照间接用能计算，将水泥、钢铁等建筑材料的用能都算在内，建筑部门的能耗还会更高。在未来的几十年间，快速的收入增长和建筑面积的增加，将使到本世纪中叶的建筑用能水平比原来的发展路径增加50%。在节能情景下，强有力的政策能够减少终端用能，使其低于当前全球水平，并从根本上减少用电量（参见第3、4、5章）。

除了传统观念中帮助促进产品技术能效提高外，支柱一的政策还能够在其他领域产生净收益。在未来，借助IT技术（如智能电表）来掌握用能习惯，便可将能效政策用于施工和消费等关键环节的能源和碳足迹管理领域（参见第5章）。

然而，历史上的能效提高情况并不如人所愿，即使那些颇具成本收益的措施也很难被快速实施。而且相关收益的很大一部分都被反弹效应和消费规模的整体增长所抵消。支柱一政策始终具有最直接、最具吸引力的潜力，但要使其充分发挥效力——在未来几十年间将全球能效提高水平保持在年均2%或以上——还需要与其他两大支柱政策相互配合（参见第5章）。

第 3 章

能源与排放：技术与系统

解决一个复杂的问题，首先要了解其组成要素。这是一项基本原则。然而，许多关于能源和环境问题的公开辩论似乎忽视了这一原则。在清洁科技这一问题上，如果不搞明白需要改变什么，有何种可能性，以及什么是重要的，那么一切关于清洁技术拯救人类的结论都是假大空。

本章将详述组成能源系统的关键要素，并分析各要素之间的关联以及进一步优化当下能源系统的可能性。从流程上来看，能源系统可分为三个层次：第一个层次，能源的最终用途；第二个层次，能源转换和分配的不同渠道；第三个层次，初级燃料以及萃取燃料的系统。从某种程度上来说，能源系统的这三个层次——用途、渠道、燃料——也映射了上一章所描述的三个主要领域。能源需求严重依赖于个体和能源消费机构的选择，第一领域的所有特征都应和了这一点。通过评估经济成本和效益（第二领域），大型投资控制着能源转换和分配渠道。主要能源的发展以及整个能源系统内部的关联都涉及格外长的时间尺度、创新、战略与安全选择等典型的第三领域特征。

能源系统与三个领域的映射还无法完全精确，本章将首先概括能源系统的三个层次的主要组成要素以及流程，然后围绕能源供需的三个主要模块（建筑、工业、交通），探讨每一阶段的关键技术。最后，本章将谈及整个能源资源和能源系统，并阐述"更明智的选择"这一宽泛的概念将如何演化以及如何整合能源系统的不同组成要素。

3.1　能源系统

用途、渠道、燃料

全球能源系统能够很容易地被分解为几个主要组成要素。三个主要的商业耗能活动分别占全球能源消费将近30%的份额；这些商业耗能活动主要依赖三种主要渠道为其提供能源支持；这些活动使用的能源主要来自三种化石燃料（煤、石油、天然气）的燃烧，同时以核能以及可再生能源作为补充（见图3-1）[1]。

建筑的能源消费占据了全球能源消费30%以上的份额。供暖、热水供应、做饭等活动愈发地依赖天然气。与此同时，家用电器、照明设备、电子产品的使用以及气候变暖带来的对空调需求的增加使得电力消费日益增长。对于尚未连接上能源网络的建筑，石油和生物能依然是它们主要的燃料。

工业耗能占据了和建筑耗能相当的份额。正如我们所见，主要以煤（碳强度最高的燃料）以及石油化工产品作为燃料的重工业生产过程与更加普遍存在的以天然气和电力作为主要能源的重工业生产过程之间存在着显著区别。工业生产中，燃烧化石燃料所产生的二氧化碳排放占全球二氧化碳排放的36%，而生产过程中产生的二氧化碳占据全球二氧化碳排放的4%，因此，整个工业部门二氧化碳的排放占据了全球二氧化碳排放40%左右的份额。

交通占据了全球能源消费和二氧化碳排放量超过15%的份额。交通主要依靠从石油中提取的汽油以及柴油等产品提供动力。其他占据全球能源消费份额较小的能源消费主要集中在同样严重依赖石油产品的农业。交通加上其他能源消费活动所产生的总的排放影响与上述两个耗能活动的影响旗鼓相当。

以上描述的仅仅是"商业"能源系统。预计全球约有25亿人口几乎没有参与到这一系统中来。他们主要依靠传统的生物能（比如：在当地收

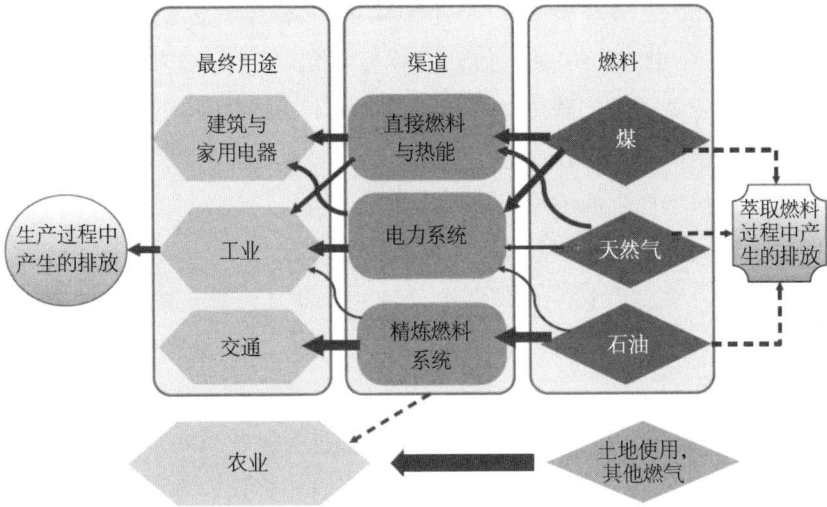

全球化石燃料燃烧产生的二氧化碳以及人类活动过程中产生的二氧化碳的排放

图 3-1　化石燃料系统中的能源与排放流程

注：下图中详细分解了上图中的每一个阶段。每一阶段数据（燃料、通道、最终用途），独立加总至 100 %。

来源：Author，with all data for the lower panel from the IEA，accessed through ESDS，at http：//esds.ac.uk.

集的木材）来取暖和做饭，而他们中的一半都不曾使用过电（GEA 2012，第5章，IEA（2012b）估计人数为26亿）。帮助这些人获得更好的生活意味着要帮助他们获得对商业能源的使用，这将进一步扩大全球能源系统的覆盖范围。如何在推进这一过程的同时保持能源使用的可持续性是全球能源系统所面临的不可避免的挑战。

大多数人会用另一种方式——遵循能源的物理流程——来描绘图3-1。然而，图3-1意在强调三种能源的最终用途及其利弊。能源的最终用途推动着整个能源系统的发展。而燃料和渠道仅仅是为这些活动提供能源。

在探讨能源系统以及改进该系统的可能性时，建筑和主要用于低级供热的直接供能之间的关系为研究第一领域的过程和第一支柱中的相关政策提供了一个范本。相反，工业和发电部门更多地被大型私人投资者或实体组织所控制。他们会认真评估，权衡具体投资的成本与收益，以此减少低效，扩大可替代性燃料——如能为电力系统供能的不同的燃料——的范围，这些都是第二领域的典型特征。

这些模块的共同之处在于它们都是固定的能源系统，都通过固定的基础设施（如电网和管道）供能，这也意味着它们会严重受制于直接燃料运输（尤其是天然气）和电力运输的能源供应渠道。在图3-1中，煤不仅是重工业生产过程中的关键燃料，也是发电厂主要的动力来源。每产生一单位的电，煤作为燃料将排放出两倍于天然气燃烧所排放的二氧化碳的量，占据了能源系统中温室气体排放40%左右的额度。天然气——主要用于建筑供暖以及持续满足居民不断增长的电力需求——占全球二氧化碳排放量将近1/5的份额。此外，还有5%与能源有关的全球最终用途排放来自石油与天然气的燃除，以及矿床甲烷泄漏和在天然气运输过程中的甲烷泄露。

与建筑和工业截然不同的是，交通行业所消耗的能源主要是石油。大部分用于交通的石油都经过精炼厂的提炼，精炼厂在提炼石油的同时，也生产一些更小的更专业的产品做工业或农业用途。通过这些以及其他的使用路径，石油燃烧所产生的二氧化碳占全球二氧化碳排放总量的40%左右[2]。交通技术与结构，尤其是替代模式、汽车与燃料等，呈现出第三领域广泛、复杂、历时长久的重要特征。

改进能源系统必须有大刀阔斧的气魄。物理学家所钟爱的能源单位是焦耳，而如今，我们的经济每年消耗 5 000 千万亿焦耳的能源，或者说 500 艾焦的能源。这相当于每年消耗超过 100 亿吨的石油当量。第一次石油危机距今已经 40 多年，人类努力对抗气候变化也已经有 20 多年了，而我们依然像原来一样依赖化石燃料，全球一次能源供应的 80% 依然是化石燃料。

本章对技术和改进能源系统的选项的简要探讨主要以三条主线为框架。当然，三条主线之间会有许多必要的联系。工业为建筑与交通提供所需的材料以及能源的萃取和转化。建筑和工厂的选址则影响着当地的交通需求。一部分石油依然被用于发电、生产化学制品以及供暖。尽管如此，图 3-1 依然是基本的结构图。通过概览能源系统主要的组成要素，本章以及随后的章节将探讨改进这一系统的可能选择以及相关政策。

3.2　智慧建筑：效能与供热

尽管第 1 章中提及了能源系统的改善，我们这个科技高度发达的社会在能源使用上依然保持令人难以置信的低效率。如何低效难以定义，但预估其物理限制还是十分有趣的。微妙的是，能源实际上并没有被"消耗了"，而是转化成其他形式，有些能源比起其他能源能做更多的有用功。我们可以通过"本能放射"效率来测量能源的有用功：比较一次燃料消耗与其所产生的有用功（如工业上的化学转换，相对于室外的室内温度、点亮的灯泡发散出的光量子，车辆以及车上物体的移动等）。

通过这种方式测算，我们会震惊地发现：这个社会的本能放射效率大概在 10% 左右，并且行业间的本能放射效率差别很大（见专栏 3-1）。这一测算方法并未考虑"服务能效"——能源所提供的服务是否确实是我们所需要的（如：为一栋建筑供暖和照明时，我们确实想要获得温暖和确实需要照明设备来照亮我们的书桌或者照亮四周）。据合理估计，理论上这个世界仅仅需要当下所消耗的用来为人类提供舒适生活的能源消费量的5%。

几乎没有争议的是，显然"不必要"的能源使用主要集中于建筑在供暖、制冷以及做饭上所需要的低级热力上。随之而来的问题是，实际解决方案能在多大程度上缩小这个理论差距。

建筑用能

建筑以及家用电器消耗了全球化石燃料的30%，占据了全球二氧化碳排放的30%。在发达国家，建筑用能使非商业燃料的使用量被低估，且这种用能形式主要是天然气和电。在发展中国家，使用范围更广的是煤、煤油、木材、动物粪便以及其他在当地收集的燃料。几乎所有的这些燃料对人体健康以及当地和地区的环境都有不利影响。总之，向清洁燃料的过渡——通过连接电网和城镇化——将成为经济发展的一个主要特征。我们这里主要聚焦于管理整体的能源需求。

北半球的主要需求在于供暖，而相对应的，位于更南的地带则有保持凉爽的需要。空间加热和制冷通常占商业建筑和民宅建筑能源消费的50%，其中民宅建筑对热水的需求量更大，而商业建筑在电力消耗上比民宅建筑大，例如，照明设备占民宅建筑10%的能耗，而商业楼宇的照明设备占据商业楼宇总能耗的20%（见图3-2）。

专栏3-1 能源单位和转换因子

在全球物理学家通用的国际单位制（SI）框架下，能源的基本单位是焦耳（J），功率——能量转换率——的基本单位是瓦特（W），一瓦特相当于每秒一焦耳。在能源计算上，焦耳和瓦特因为计量太小而很少被使用。更常使用的是：千焦耳（KJ，1焦耳×1 000）、兆焦（MJ，1焦耳×1 000 000）、十亿焦耳（GJ，1焦耳×1 000 000 000）、万亿焦耳（TJ，1焦耳×1 000 000 000 000）、艾焦（EJ，1焦耳×1 000 000 000 000 000 000）。全球每年一次能源消费大约为500艾焦。

丰富的使用历史造就了能源过多的计量单位，在能源工业和能源分析中，这些单位取代国际单位制被广泛使用。百万吨油当量（Mtoe）是最经常被使用的单位（令人困惑的是，石油行业并不使用这一单位，而是更多地使用桶作为计量单位，1吨的石油当量相当于7.33桶石油）。本书使用百万吨油当量作为计量一次能源的主要单位。标准的"1吨石油当量"相当于418.68亿焦耳，1百万吨石油当量等于0.0419艾焦。

然而，电力通常以千瓦时或与其相关的倍数作为计量单位，1GWh（100万千瓦时）相当于3 600GJ（1小时等于3 600秒），或3.6TJ。全国电力装机容量通常以10亿瓦特（GW）作为计量单位，而电力产出则以太瓦时（TWH）（即每年1万亿瓦特每小时）作为计量单位：10亿瓦特的发电设备，在不间断的全速运转的前提下，1年能产出8.76太瓦时的电（因为一年有8 760个小时）。

然而，发电机不可能以百分之百的高效率运转。在电力系统中占大多数的热电厂在发电过程中产生的多余的热能会浪费掉2/3的能源（最先进的联合循环燃气涡轮发动机能将该损耗降低至50%）。所以，能源在电力上的投入通常远远大于其在电力上的产出。当下存在许多将非热能电力来源转化为一次能源当量的惯例，这对于核能电力和可再生能源电力这些显然很重要的电力来源来说有很大的影响。本书使用这些数据的地方会依照惯例引用数据来源。

其他的能源计量单位包括：卡路里，英国热量单位（克卡，通常在天然气产业中使用：100万英国热量单位=1 055兆焦），千瓦年，吨煤当量，夸特（1夸特=1万亿英国热量单位）。

二氧化碳排放主要以吨（或百万吨）每年排放量来计算，其他辐射性活性气体则通常基于它们一世纪的等效辐射影响来计算其转化成的二氧化碳排放当量。每吨碳在氧化后会转化成3.7吨的二氧化碳。1.4吨的煤包含了1吨石油当量和稍微超过1吨的碳，因此，1吨的煤在充分燃烧后能够释放出将近4吨的二氧化碳（煤十分易变，所以以上数据并不精确，仅供参考）。粗略来讲，能源转化为二氧化碳的比率是20%，石油和天然气的比率会更低一些。天然气发电厂相较于热电厂的高能效解释了一个被多次引用的事实，那就是，使用天然气能比使用煤炭减少一倍的二氧化碳排放量。

专栏3-2　能源效率和供热原理[a]

根据热力学第一法则，能源不会被消耗，而是转换成了其他形式的能源。然而，能源类型呈现出一个从高级能源（比如电力和机械能，它们通常能够低损耗或者零损耗地转换成任何其他类型的能源）向低级能源（比如热能，热能转化为电力或运动时会受到物理限制）变化的"瀑布"。

能源效率（即能源有用产出与能源投入的比率）并不考虑能源的"质量"，以及能源执行"有用功"的不同的能力。科学家通过放射本能来测量能源的质量和能源产生有用功的潜力。放射本能效率能帮助我们认识我们在多大程度上利用了能源投入所产生的"功"。许多的研究分层次追踪能源消费流程，流程通常分为：一次能源、二次能源、最终能源和最终有用服务。能源最大的流失通常发生在最终能源转化成最终有用服务的环节上，比如，一盏灯所需要消耗的能源与灯所产生的流明数之间就能形成鲜明的对比。

普遍来说，消耗一次能源所获得可用功的总量仅仅有11%被人类使用。并且，这一效率在不同的行业各异：

供暖（主要用于建筑）通常只利用了理论上可获得的投入的10%；

整个工业在能源利用上效率高一些，通常为25%~30%；

照明、制冷以及许多电子设备仅仅使用能源总使用潜力的2%（照明所使用的能源大部分转换成了热能，而不是光）；

交通行业的情况高于平均水平，能够利用能源投入所产生的可用功的17%。

如果能够通过改进设备获取被浪费掉的"功"或者有成效地利用被浪费掉的热能，我们能够在保持当下所享受的服务的前提下，节约相当于当下全球能源消费量的80%~90%。

我们也可以尝试提高服务本身的效率。我们能否尝试减少能源密集型材料的使用？我们真的需要点亮整个大楼吗？还是点亮几个房间或者大楼表面就够了？鉴于人本身并不消耗暖气，而只是需要保持自身温暖，如果建筑的保温隔热效果很好，那么我们到底还需要多少暖气的供应呢？如果汽车加速所消耗的能源能够在刹车时被重新回收，那么汽车唯一的能源需求是否只是用来克服空气阻力和滚动阻力？

　　预估服务效率的潜力与其说是一门科学，不如说是一门艺术。国家学术委员会（2009）的一项评估表示：全球能源系统的使用效率在5%左右。因此，毫无疑问，能源效率有着巨大的提升空间。

注：

　　a 数据来源于 Cullen 和 Allwood 在 2010 年对能源与放射本能效率的一个系统性回顾；Ertesvåg 在 2001 年提供了工业能源的相关细节。在全球消费总水平为 500 艾焦的现实情况下，Cullen 和 Allwood 预估全球有 420 艾焦的理论节约潜力。美国 2009 年国家科学院报告也有相关数据。

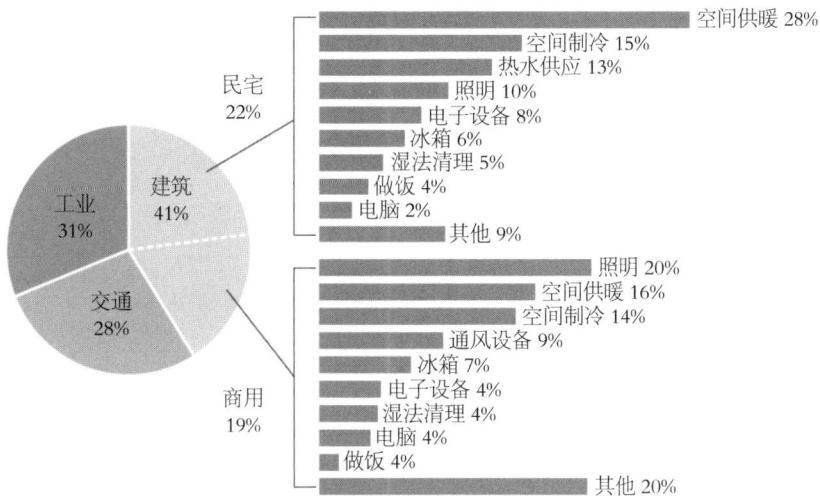

图 3-2　美国建筑的能源最终用途

来源：Adapted from Figure 10.6 in the Global Energy Assessment（2012）.The data are derived from the US Energy Information Administration.The chart shown is from the draft GEA；the final version is in a less convenient form and shows a greater proportion of energy use allocated to 'other' in both residential and commercial sectors.

　　建筑业在能源使用上令人震惊的低能效以及不同国家在建筑能效上的差异在业界已经众所周知。许多国家因为其如同筛子一般浪费能源的建筑而饱受诟病，³关于其令人震惊的能源绩效的原因将在第4章详述。令人遗憾的是，提升建筑能效的相关进展十分缓慢，在发展中国家，为了实现城镇化，许多错误屡禁不止，一再重复。因为不隔热的建筑和落后的设备，许多国家在制冷上的能源消费已经取代供暖成为最大的能源浪费源头。

幸运的是，除了"最佳实践"这一基本措施之外，我们可以采取很多其他的措施来控制建筑的能源损耗。虽然还未付诸实践，但在墙体和阁楼中安装保暖材料能够极大地减少北半球建筑供暖的能源需求。现代的气流控制系统能够减少建筑供暖和制冷的需求。双层玻璃的使用也有同样的效果，并且，"智能玻璃"能够恰当地调整室内的光线和温度。所有的这些措施都可以用来改造现有建筑。一些用来在有条件的地方限制家电废热的简单措施也能够减少制冷负荷。

而新的建筑、现代建筑则可设计有效的建筑围护并充分利用"被动"供暖和制冷。利用太阳的反射度和建筑的通风状况，使用蒸汽式冷却器或发散式冷冻天花板降温等措施都可以帮助减少建筑供暖和制冷所需消耗的能源。

在建筑照明上我们也有很多文章可做。传统灯泡所消耗的功率的10%转化成了光亮。而节能灯（CFLs）和发光二极管（LED）灯泡仅仅消耗极小部分的功率，并且其几年时间里节省下来的能源成本能够抵消掉较高的灯泡购买成本。第5章中将会讨论到，节能灯和二极管的使用量日益增长，一些国家正在逐渐淘汰传统灯泡。智慧建筑的设计可以最大化对自然光的利用。

上述措施的整体效果还是令人吃惊的：拥有建筑围护且采取相应节能措施的建筑能够在供暖上实现5%～30%的节能。[4]所以，不论是民宅还是商业建筑，在供暖和照明的能源与排放问题上，我们能做的还很多。好的实践和现代技术将影响最大的能源"免费午餐"的前景。

建筑节能所面临的最大的技术性挑战在于家用电器需求量的激增。除了电冰箱外，烹饪、器具、清洗设备、电信设备的使用、电脑以及娱乐设备等的数量都在激增，相应地，这些电器所带来的用电量也在激增。家电节能存在很大的改进空间。高能效的电器能比低能效的电器节约二至五倍的能源。减少家电工作或是待机状态所消耗的电力能够进一步促进效能节约。家用电器在能源的消耗上比供暖和照明少，但其提高能效的"成本效益潜力"到2020年仍然会保持在30%左右。[5] 长远来看，给传统家用电器（如洗衣机、冰箱等）安装智能信息系统能够实现家用电器智能选择更便宜更清洁的电力——智能电网的一部分，智能电网将在后文详述。

而在发展中国家，被人们广泛用于做饭的生物能炉灶在技术上来讲更容易改进；电磁炉甚至是太阳能灶等替代品不仅能实现高能效，还能减少相关的空气污染，给人们带来健康的协同效应。[6]

如果建筑的能源使用效率提高，使用当地可再生能源供应剩余能源需求就会变得更加可行，这一点也将在后文详述。

此外，若我们开拓视野，将城市地区视为一个系统，其他的能源系统改进措施依然可能存在。作为"热岛"的城市地区可以通过绿化、粉饰建筑来实现降温，城市的整合开发可使得集中供暖和集中制冷更容易实现，一体化开发也可能减少交通需求（这一点也将在后文详述）。

关键挑战

然而，未来美好的天空依然被几朵乌云覆盖着。我们为什么如此浪费？除非我们深刻地明白为何我们这个显然高度发展的现代社会浪费了这么多的能源，否则我们不可能改变现状。这将是第4章的重点。如何改变这种现状是第5章的主题。这两章将会为大家阐述改变现状所要面临的挑战，同时，这两章也将会讨论：如果我们直面实现高成本效益的改进并不容易实现这一事实，那么，我们在改进能源系统上到底可以走多远呢？

另一特征是改进能源系统所涉及的绝对时间尺度。很多建筑持续了十几年甚至几个世纪。[7] 并不是所有的建筑都适合改造，即使能够改造，也可能需花费较大的经济成本，并且可能造成使用的不便。这也意味着，改造旧建筑可能会面临被低能效建筑锁定的风险。中国目前每年约建设将近20亿平方米的新建筑，相当于建设英国2 500万个平均面积的住宅，远远超过了同期美国的水平。印度计划在2008年至2020年期间建设超过2007年建筑总量的建筑。这一状况尤其取决于亚洲在处理这一问题上是否比发达国家明智得多，第10章将阐述这一转型挑战。[8]

最后，建筑是某些碳强度最高的工业产品——钢铁和水泥——的主要消费者。建筑建造在2007年消耗了当年将近50%的钢铁产量。[9]这一数据与英国居所平均隐含碳超过30吨二氧化碳这一预估相一致。30吨二氧化碳相当于建筑几十年能源消费所产生的排放总量，这也表明，单单是英国住宅的建造就会排放将近十亿吨二氧化碳。[10]随着建筑在能源使用上越来越高效，这些在房屋和办公室建造上的"间接"排放将会变得越来越重要，这在第5章的结论部分将会阐述。真正"零排放"的建筑的确是一个巨大的挑战。

低位供热和制冷所需要的能源

建筑节能最大的挑战来源于供暖和制冷，同时，居民做饭和工业加热占全球直接燃烧化石燃料（如：不是使用化石燃料发电，没有将化石燃料转化为精炼石油产品）所产生的能源与排放消费的1/4。除了节能建筑和节能锅炉（节能锅炉能够节约大量的能源），我们还需要多样化热源。[11]

实际上，许多热量也直接来源于非化石燃料，但我们通常不会将其计算在内。太阳为地球上的所有建筑提供热量，风则能够让建筑降温。如上文所提及，使用"被动"供暖和制冷能够减少建筑的能源消费和排放，实现对我们身边的自然资源更高效的利用。可是，除了自然采光和通风，建筑的大部分区域仍然需要额外的能源投入。[12]

在有天然气运输管道等基础设施的地方，用天然气取代煤炭，能够实现更加高效的供热以及更少的排放。在无法获取燃气和电力的地方，使用效率更高的燃木（生物质能）锅炉代替燃煤能够实现更加高效的低碳加热。当然，历史上生物质能——来源于木头和其他植物的能源——曾是提供热量的主要方式，而如今在很多发展中国家，生物质能依然是供热的主要方式。随着经济的发展，生物质能的使用正在减少，而在工业化国家，现代生物质能锅炉和加工处理过的生物质能（如球丸燃料）的使用方兴未艾。[13]先进的生物质能转换技术，如厌氧分解，气化，高温分解等也可以作为供热策略的一部分。[14]

　　通过集中供暖可以直接提供热量。热力管道（或者更大的燃烧设备）能够实现对余热的使用，包括对地铁运输系统和热电联供（CHP）电厂的余热的使用，同时，热力管道也让使用生物质能供热变得更加容易。[15]热电联供电厂的城市安装规模大小不一，上至国家规模，如瑞典和许多东欧国家，下至家庭级别的燃气热力发电，甚至包括燃料电池（微型热电联供电厂）。[16]前者所要求的不仅仅是一个电厂，而是一个能够实现热量从来源到使用转移的完整的基础设施，包括付费取暖和供资所需要的测量与市场营销体系。尽管热量分配系统已经得到了极大的改善，热量需求的密度依然是能效和成本的一个决定性因素：更加分散的住房或改良过的建筑隔热层会缩小集中供暖的实际作用范围。

　　除了改良建筑和管道系统，太阳能可以通过加热水来为人们提供热水和暖气（通过使用热交换器来实现），能满足将近70%的家用热水需求。在瑞典和丹麦，低成本的太阳能与直接供热系统相结合，展示了它在高纬度地区的潜力——在低纬度地区，太阳能越来越多地被用于空间制冷。[17]因此，太阳能可以代替化石燃料，在不同的纬度和一年中不同的时段实现供热或制冷。

　　因为家庭生活所需的热量通常是低位的，所以也可以通过热泵实现"升级"。热泵能够将热量从一个地方（如室外的空气、地下）输送到另一个地方（如建筑待加热的室内），热泵的制冷原理同冰箱和空调的工作原理相似，而它用于供暖时则与冰箱和空调的工作原理相反。热泵在斯堪的纳维亚已经得到推广，而在美国，热泵的数量也在日益增长。热泵能够轻松地输送自身所需能量的3到4倍的热量。此外，热泵消耗电力，因此它可以使用去碳化建筑的低碳电力来完成该建筑内的大部分工作。在城市人口稠密区域，热泵有被广泛使用的潜在能力。[18]

　　当然，每个选项都有一定的约束条件。废弃物中可获得的能源显然受废物流的限制，废弃物中可获得的能源大概只占城市热量需求的几个百分点。生物质能供应的压力将会在本章的后面展开阐述，但对于人口密度低，或者土壤肥沃，或者拥有大片森林的国家来说，生物质能还是能发挥关键作用的。一些国家有条件利用地热资源，但全球大部分地区地热能的使用有可能受到自然资源或其他限制条件的阻碍。[19]

通过利用一系列旨在提高能效以及利用当地非化石燃料满足剩余需求的技术，低碳供热有实现的可能。与建筑隔热层这种简单的措施不同的是，更宏伟的去碳化供热任务开始更加明确地涉及对不同选项的相对费用问题和关于输送热量的系统复杂度的问题——基础设施方面、合同方面以及其他方面。在本书的框架中，建筑用能在第一领域特征中占了很大的比重，但这部分更宏伟的目标明确而有力地激发了认真处理其他领域相对价格、创新和基础设施等问题的需求。

3.3　更清洁的生产：制造业与材料

从全球范围来看，工业主导了煤炭的使用（包括工业用电的生产所消耗的煤炭）以及相关的二氧化碳的排放。此外，与建筑用能形成鲜明对比的是，我们有充分的理由对改善工业用能持悲观态度。

工业用能的一半（和超过一半的排放）来自于四大部门，如图3-3所示：钢铁、水泥、有色金属（主要是氧化铝）和化学制品（含石油化工）。如果你想估测这一规模的大小，考虑下飞行带来的环境影响所引起的所有担忧，仅水泥和钢材生产就能共同排放出近5倍于国际航空所能排放的二氧化碳的总量。在飞速发展的经济下，发达国家工业排放暂时性的下降在新兴经济体如中国、印度和巴西的扩大排放面前，不值一提。[20]许多新设备都应用了最先进的技术——虽然亚洲也不乏肮脏落后的钢厂，但改进技术所能提供的减排空间多存在于发达经济体的现存工厂中。

在这些以及其他高耗能的行业中，能源在成本中占据很大比重，所以，以低成本的方式减少能源的使用若有可能，恐怕早已经实现了。同时，这些行业的排放量中惊人的排放份额与转化过程中的化学作用直接相关，而不是由能源燃烧或电力消耗所导致：这在能源统计中常常被忽略，转化过程的排放占据了行业能源相关排放将近30%的比重，占行业总排放1/8的比重。[21]许多公司声称无法采取太多物理措施来控制过程排放，而对于它们的能源消费，它们也无法找到更多的举措来应对——这种说法得到放射本能分析（见专栏3-2）的部分支持。
此外，高能耗商品的交易范围十分广泛——导致人们担心：若一个地区
对这一行业征收碳税，这一行业可能只能迁移到另一地区来规避相关控
制（见第8章）。因为建筑无法迁移，有着巨大节能减排潜力的建筑与工
业在节能减排上形成了鲜明的对比——工业节能减排的前景惨淡。

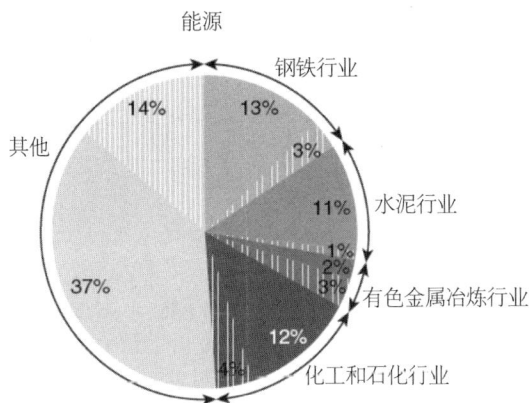

全球工业能源使用：2 098 百万吨油当量

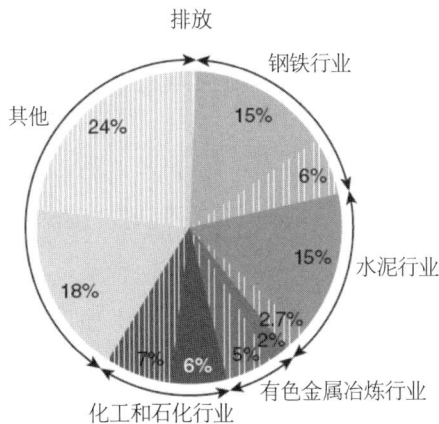

全球工业二氧化碳排放：10 196 百万吨

图3-3　全球工业能源使用与二氧化碳排放

注：阴影部分代表行业电力消耗带来的间接排放。

来源：Data from IEA（2010）。

　　不完全确定的是，未来我们也许可以通过明智的政策来应对工业能源消费和碳排放。本章概述了技术方案，但本书三大支柱的真正的挑战在于政策。

　　首先，虽然行业十分关注它们最耗能的工业生产过程，横向选项的潜力通常有待开发。请记住，将近一半的工业能源消费和碳排放并非来自高耗能行业。这些能源消费不太密集的活动通常具有行为上以及其他方面的特征，这将在下一章中讨论。技术证据能够支持这一点。马达系统消耗的电力占工业电力使用约60%，但通常超过一半的电力都在到达最终用途之前流失。马达系统技术节能潜力估计为15%～25%——这表明，通过改进制造业的电力马达系统能够为欧盟和美国每年各自减少将近100百万吨二氧化碳的排放量，而全球范围内实现的减排量将更大。[22]

　　与建筑相比，工业设施往往能够更好地利用废能，至少在私人工厂和企业中是如此；特定行业的热电联供能够为行业提供所需要的高位热能以及满足其电力需求。[23]放射本能效率，如上文所述，也会相对应地更高。不过，通过某些生产过程的余热回收并供给到其他过程（通常以水蒸气的形式）和更加先进的热存储和转换技术，工业部门依然可能实现大幅度节能。目前，关键的障碍在于为余热创造市场存在一定难度。

　　天然气的广泛可用性能够帮助实现工业部门煤炭使用向天然气使用的转变，这能减少工业部门10%～20%的二氧化碳排放。[24]更多地开发利用垃圾填埋场的甲烷、废弃材料或生物质能能够进一步地扩大节能成果。一些行业已经建立了相关系统——例如，斯堪的纳维亚纸浆和造纸工业利用木材废料作为能源。在巴西，制糖行业榨干甘蔗的汁后，甘蔗渣则被用于生产电力和热量，这已经成为巴西乙醇行业的惯例。

　　而那些能源密集型的大行业与其生产流程的情况又是如何呢？本节的其余部分将聚焦两大排放行业——钢铁和水泥制造行业，展开阐述更为广泛的工业节能减排原则。

钢铁行业

钢铁生产是最大的能源消费和排放行业，钢铁生产工艺主要有以下三种方式：

• 高炉使用焦炭与煤，将铁矿石炼成生铁，然后再将其加工成钢。这个过程生产出超过全球 2/3 的钢产量以及钢铁行业最大份额的碳排放。[25]

• 电炉熔化废钢产生粗钢，然后再将其改造成不同的产品。这一过程仅需要使用 30%~40% 的高炉炼钢所需能源（排放大小取决于电力的来源），当然这也取决于回收的废钢的可用性。[26]

• 直接还原铁（DRI）技术，如果燃烧天然气，该技术能够使得生产过程减少相对于高炉炼钢一半的排放量，但生产出的粗铁必须随后被送入电炉进行处理——这一技术对减排的影响具有可变性。[27]

技术设备精密程度、废料可用程度以及燃料的不同造成了国际上每吨钢铁碳排放总量的巨大差异。许多潜在的改进仍然有实现的可能。[28]即使是高炉这种改进潜力已经远远耗尽的生产方式，目前高炉炼钢的最优做法也高出全球水平的 20%，并且依然能够被显著改善。图 3-4 展示了这一点，并展示了一系列的进一步改进选项。

高炉的大幅度节能将依赖于激进式的创新。安装碳捕获（专栏 3-3）到高炉或直接还原铁工厂可以使生产过程低碳化，预计到 2030 年能减少一亿吨左右的二氧化碳排放量。使用来自于生物质能的焦炭代替化石燃料或使用电解（其排放依然取决于电力来源）提供了进一步深化钢铁行业减排的其他方式。[29]

然而，节能并不一定依赖于大规模投资新的炼钢方式或剥离和埋藏二氧化碳。例如，我们可以重复使用钢铁，而不是循环利用，这可以削减重铸钢的热量需求。如果钢材能够不受损害地从建筑物中提取出来，那它们就能够被新建筑再次使用。但也许最根本的问题是，能源分析师们已经习惯了单纯从能源的角度考虑能效。当我们使用材料时开始考虑能效，可能会发现更大的减排潜力。这种情况并不少见，例如，钢或铝的 50% 都变成边角料被浪费掉。[30]

并且，如后文所述，我们可用木头建造房屋，实际上，世界上的很多地区依然用木头建造房屋。即使对于这种最传统的技术，创新依然可能发挥重要的作用：预应力层压木质横梁为许多房屋施工应用提供了一个重要的潜在选项，这确实可能是利用生物质能减少工业排放的最经济有效的方式。[31]

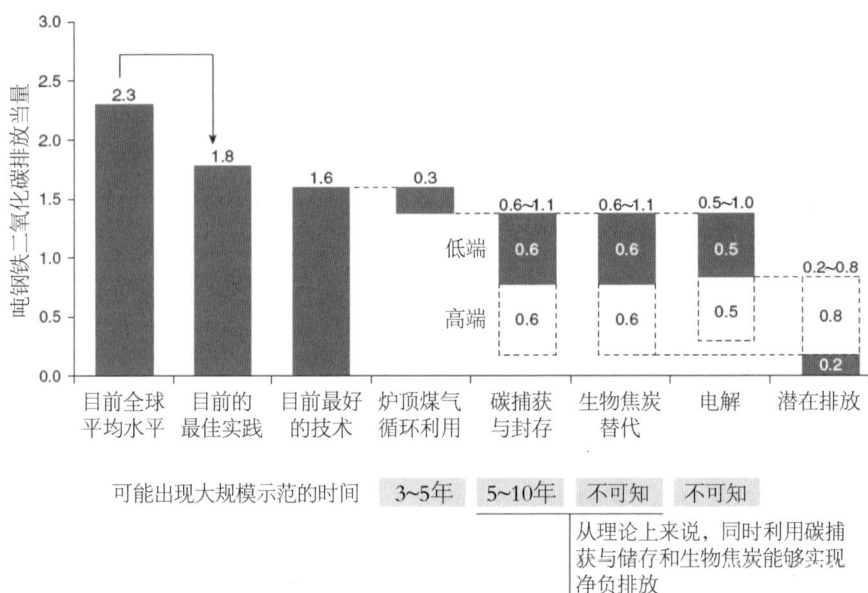

图 3-4 高炉减少二氧化碳排放的潜力和技术

注：只有近似数据，目前最有效的技术包括基于减排的熔炉技术（目前还处于示范阶段）。电解相关的排放以去碳化的电力来源作为假设前提。

来源：Carbon Trust（2011）：International Carbon Flows-Steel；see：http：//www.carbontrust.co.uk/Publications.

专栏 3-3 碳捕获与封存及其使用

使用煤炭的工厂和发电厂最适合利用碳捕获技术来剥离出二氧化碳，从原则上来说，剥离出的二氧化碳可以被存储（例如，在枯竭的天然气田）。因为一些化学过程和工业生产过程消耗二氧化碳（包括提高石油采收率的过程，二氧化碳会被注入油井以压出更多的石油），二氧化碳流（CCU）的碳捕获和利用也有用武之地。

CCS技术大部分应用于发电行业，但其原理同样适用于任何集中的二氧化碳来源，例如，化学制品行业、钢铁和水泥行业。将二氧化碳从燃烧的化石燃料中提取出来需要做大量的分离工作。新型发电厂的一些工业生产程序和"富氧燃烧"技术能够产生高纯度的二氧化碳——这样的二氧化碳更容易被捕获。

虽然CCS技术的大部分组件都已经通过了验证，但鉴于该技术需要使用大量的管道并且在二氧化碳的运输和储存上存在已知风险，大规模的应用该集成技术依然面临着许多的不确定性，例如，成本上的和政治接受度上的不确定性。最乐观的研究表明，到2030年，CCS技术能够捕获将近70亿吨二氧化碳，相当于全球排放总量的1/4，当然，前提是那时已经将CCS配备到几乎所有的电力设施和工业设备上了，而这似乎不太可能实现。实际上，目前CCS的进展也十分缓慢——成本依然具有不确定性——而行业趋势和接受度也同样的不确定。

不同于其他选项的是，CCS是一个额外的针对二氧化碳去除这一目的的独立投资，它几乎没有相关的"协同效益"或其他的复杂因素，因此CCS的成本可以通过成本/吨二氧化碳来表示。如图3-5所示，近期的预测显示，应用CCS技术的成本在不同行业和工业程序上是不同的。在气体处理和化学过程中，抽离二氧化碳的成本低于30美元/吨二氧化碳，但这样的机会比较少。在燃煤电厂，抽离二氧化碳的成本在60美元/吨二氧化碳，这几乎是发电成本的两倍以上（见第6章）。CCS在钢铁和水泥行业的应用成本可能和燃煤电厂一样高或者更高（虽然有消息表明，新的工业方法有降低成本的潜力），而大多数其他的程序上的应用成本会更高。

利用捕获的二氧化碳开展有价值的工作——如提高石油采收率或各种各样的工业程序——能够避免储存的复杂性，并且获得潜在的二氧化碳废气经济收益。二氧化碳的实际用途范围目前还不明确，因为这依赖于其他类型的工业创新。

　　总之，这些因素决定了碳捕集规模化可能是一个长期的而不是短期的选择，但它仍然是"全球组合"中一个重要的部分。

来源：详见 Global Energy Assessment 报告中"化石燃料的协同使用与 CCS"部分（第12、13章）；以及 IEA Energy Technology Perspective（2012a），第10章。

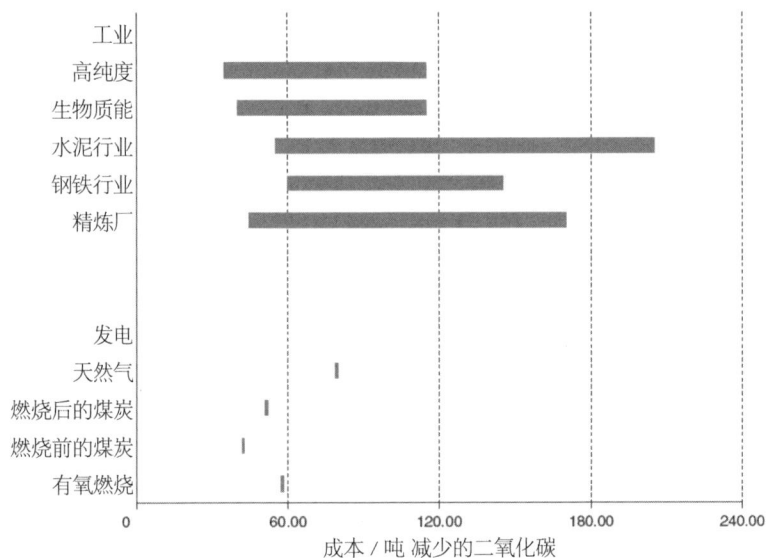

图 3-5　碳捕获与封存在不同行业的应用预估成本

注：

　　工业数据来源于 IEA（2012）ETP，图 10-8，第 350 页，该图给出了各行业应用CCS 技术（包括捕获和运输）的地区平均成本的典型范围，但该图不包含可能产生收益的碳利用选项。

　　发电数据来源于 IEA（2012）ETP，表 10-2，第 345 页，其中关于 CCS 发电的成本为何不加乘一定比例的不确定性未作说明，该表仅给出了估计值，而未给出一个估计区间。作为参考，50 美元/吨二氧化碳的价格将会导致火力发电成本增加 4 美分/千瓦时，而天然气发电成本增加将超过 2 美分/千瓦时。

水泥行业

　　水泥生产是全球所有主要行业中碳排放最高的，它是全球第三大能源消费者和第二大二氧化碳排放者。在标准的水泥生产过程中，在窑内加热

石灰石（能源排放）将更大量的二氧化碳（过程排放）从熟料中分离出来
——生料颗粒随后和石膏一起研磨制成硅酸盐水泥，并与其他材料混合成
混凝土。

从过去的湿法水泥窑向干法水泥窑的转变能够减少能源消费，并且通
过高效研磨技术、低温废热回收、利用预分解炉和预热器系统，可能实现
其他的效率改进。通过这些措施，现代回转炉能够接近物理极限——虽然
大部分还没有实现。[32]

有很多措施能够"超越效率"。在大多数地区，煤炭提供了几乎所有
的热量需求，熟料很少被从水泥中分离出来，因为它之后就会被研磨到水
泥中。但生产水泥可以使用各种燃料，在欧洲的激励政策下（第7章），
水泥厂已开始燃烧轮胎、其他废弃物或生物质能以削减二氧化碳排放。此
外，一些公司已经开始减少熟料的使用量，它们使用其他废弃物代替，如
钢铁厂的炉渣或煤电厂粉煤灰等。正如第7章中将会讨论到的，这些措施
已经显著地削减了水泥的碳排放量，并且取得更高的成效。[33]

更激进的发展也是可能的：[34]

● 碳捕获与封存（专栏3-3）可应用于水泥窑。

● 地质聚合物水泥，利用来自于制造钢铁、火药、混凝土的重点废弃
产物（如炉渣、粉灰等），减少甚至避免了熟料相关的排放，并开始在细
分市场上崭露头角。比起传统水泥，现代技术产生的水泥使用范围更加
广泛。

● 以氧化镁为基础的水泥也是可能实现的，这种水泥在使用的第一年
里实际上是需要从环境中吸收二氧化碳的。

最近的一份报告从不同的发展阶段总结了19种用于生产低碳水泥的
技术。[35]其中最激进的一种技术提供了一幅诱人的愿景，它能够使最大的
排放部门之一（建筑）转变为二氧化碳的吸收者，能从大气中吸收二氧化
碳并将二氧化碳锁在建筑中。这给我们提供了两种方式——采用先进的木
材技术和先进的水泥技术——将我们的建筑从排放源转变为碳汇。随着大
规模的城市扩张，当大气中的二氧化碳浓度已经成为一个问题时，还有更
好的地方能够用来储存碳吗？

启示

两个明显"无望的"工业排放案例说明了采取过于狭隘的观点会存在一定风险。钢铁和水泥行业中的一些典型的模式可能在其他工业部门中也很常见。但我们依然能够提高能源使用效率。我们可以使用一些不同的能源（生物质能或天然气），或使用一些其他的材料（如炉渣和粉煤灰）。我们也可以使用碳捕获技术或者零碳源的电气化技术。

上述的措施都是针对生产过程的，此外，我们也可以提高产品的使用效率，增加产品回收率，或者使用排放更少的产品作为替代（如在建筑中用预应力层压板代替混凝土）。最后，可能还有一些十分激进的选择，我们甚至可以将原本是二氧化碳最大来源之一的建筑转变为吸收储存二氧化碳的碳汇。

这些积极的可能性并不会只限制于这两个部门。实际上，造纸业是另一个主要的重工业部门。欧洲造纸工业联盟发布了"展望未来——2050低碳生物经济路线图"的报告，该报告强调了使用可再生资源（如树木）作为原生材料的行业在未来的低碳经济中发挥更加重要作用的潜力。[36]拿生铝来说，激进式创新选项也可以考虑，如，消除过程排放的铝的惰性阳极，或者上面提出的进行水泥行业的变革。[37]氢气是炼油厂、氨和化工生产中重要的输入——目前氢气主要来自化石燃料，但氢气可以通过生物质能或使用可再生能源电解水获得，这样还能增加电力系统的灵活性和隐形储存容量。情况类似的其他部门还有很多。

此外，工业更大的节能潜力可能通过提高材料使用效率得到实现。"减少、再利用、循环利用"的口号在废弃物管理上已经喊了很多年。我们可以减少原始碳密集型产品以及其他材料在建造房屋、汽车上的使用——能减少多少不得而知。重复使用现有的产品，如钢材，这是十分重要的。增加循环利用能够帮助减少能源消费和排放——其中一个极端的例子就是铝的循环利用，只需要相对于原来5%的能源就能将回收的铝转变为全新的铝。很多人已经习惯了回收易拉罐、纸和玻璃，这些都能对节能减排产生一定作用。而且，可能还能找到类似于用高炉矿渣代替熟料这样的令人惊讶的联系。

为解决工业排放问题，我们需要开始考虑系统的整体供应链效率和不同部门之间的关系，如图3-6所示。在学术文献中，这被称为理解并充分利用"工业生态学"。

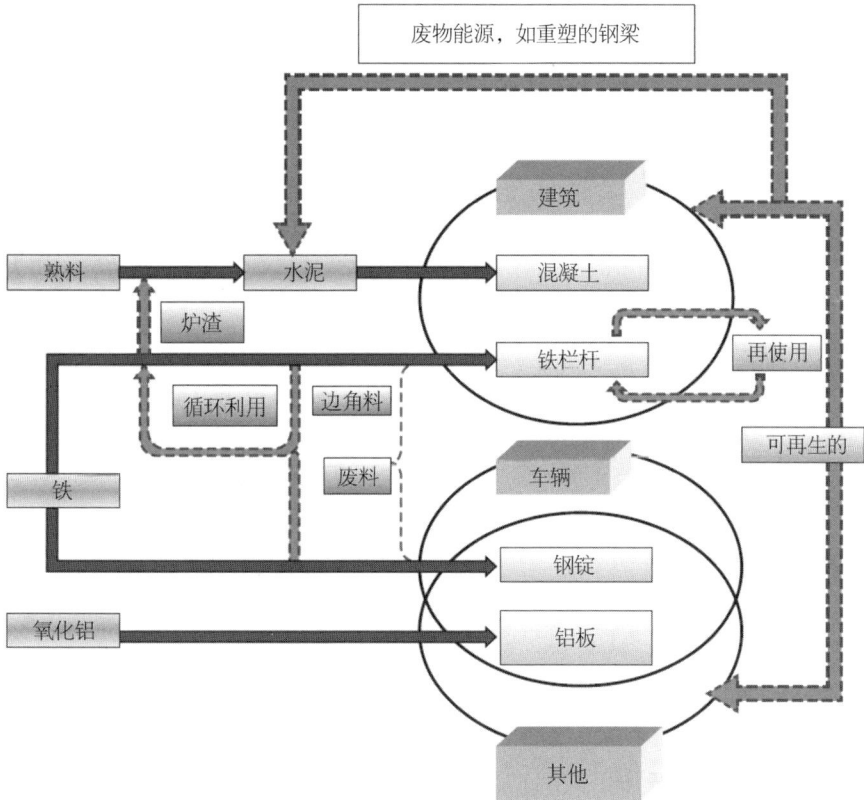

图3-6　能源密集型供应链中的机会：从原材料到产品
来源：作者。

发挥这种潜力的关键是有好的政策来促进材料使用效率的提高和创新，并确保整个供应链能够反映出整个成本并且对新的和创新性的企业开放。事实上，许多关于材料效率的文献与能源效率相呼应，表明了第一领域作用的重要性，第一领域的作用在于阐释了当下损耗的程度和重大改进的理论性范畴。尽管价格至关重要，但这也表明了其与其他领域的相关性。

3.4 更清洁的能源：无碳电力

电力提供了许多选择。各种使用电力的活动的增加导致了全球电力需求呈现不可逆转的增长态势。除此之外，还有较多额外的电力应用，比如电热泵和电动车。

发电的方式也有很多，其中一种快速发展的方式是天然气发电。燃烧天然气发电产生的碳排放量差不多是煤电的碳排放量的一半。最近较热的"页岩气"引发了"天然气的黄金时代"的说法，因为更多地利用天然气发电也对短期内替代煤炭燃烧以减少碳排放量有贡献。但是，随之而来的风险是未来几十年里都将长期被天然气套牢，尽管其碳排放的影响相较当下亚洲大量燃烧煤炭产生的影响而言是适中的。

很显然，世界需要其他零碳化的选择，而这的确也已经存在。它们大致可以分为三类：适用于煤炭和天然气的碳捕获和封存、核能源、各种可再生能源。

碳捕获与封存

碳捕获与封存的发展潜能和困难已在前文中说明（见专栏3-3）。

广泛而言，对于工业发电来说，这种方法表现得比最初人们所希望的要更慢、更难、更贵。

然而，全面的示范装置正不断出现，设想中的二氧化碳储蓄池已经得到很好的筹划，增加了人们对电力存储在规模和完整性上的信心。前文（见图3-5）中提及的碳捕获与封存的成本估算显示，在众多发电应用中，这一方法会提高发电成本到10美分/千瓦时以上。

且不说这成本，随着技术的成熟，限制了碳捕获与封存这一技术发展的速度和规模的两个基本因素已经显露出来。一个是现行系统中科技和政治的复杂度，碳捕获与封存技术的应用需要对二氧化碳的运输管道和处理装置的长期投资和规划许可。公众对二氧化碳的运输处理（无论是否合理）的焦虑感日渐加深（至少欧洲是这样）。德国曾经有望成为这一领域的领头国家，公众的焦虑导致德国叫停了全部重点示范项目。[38]

　　另一个因素涉及投资风险。因为碳捕获与封存牵涉到应用大量的其他技术来清洁排放气体——需要一个典型的末端装置，但规模并不大——这不可避免地提高了成本。因此，除非碳排放的价格（或有其他政策机制）足够偿还这些成本，碳捕获与封存才可能成为一个经济学上的命题。欧洲碳排放价格的不确定（见第7章）和政治上应对其他方案的困难，至少延迟了碳捕获与封存项目有可能提供经济投资回报的时间。支持大规模部署规划的可代替的筹资机制（类似于把可再生能源纳入税收）尚未建立。如果其他机制并未建立，而碳排放价格过低，碳捕获与封存就不具备任何战略上的实施优势。目前碳排放价格的制定毫无进展，因而可能导致碳捕获与封存这一技术仅仅作为示范项目，得不到广泛实施。

核能

　　核能源提供了全世界14%的电力，在一些国家中核电更是占据了总电力的很大一部分比重，尤其在法国最为显著（大约占了80%）。从核能发电站的建设历史来看，核电站曾蓬勃发展、遍地开花，然后昙花一现，纷纷关闭，很大程度上是受到政治因素和安全性考虑的影响。因2011年3月日本福岛核电站泄漏事故而导致的切尔诺贝利综合征再次唤起人们对核能安全性的关注。由于这一事件造成的死伤，日本放弃了核电站，德国决定在2022年之前关闭所有核反应堆，还有其他一些欧洲国家纷纷跟风。[39]而放射性废弃物质的长期处理仍然是备受争议的话题。

　　抛开这些担忧，核能是一种成熟的技术，能够提供低碳的、几乎持续不断的能源，并被许多国家视为多样化能源供应和提高低碳发电比例的重要选择。在亚洲（不包括日本）尤其是在中国，核电产能的快速膨胀表明许多新兴经济体并不像日本和一些欧洲国家那样担忧核能安全，至少没有严重到放慢这些能拉动经济增长的核电站的快速发展。[40]

　　除了担心安全问题和放射性废弃物可能造成的遗留后果之外，核能发展的另一个阻碍是成本。20世纪60年代起人们对于核能发电物美价廉的想法持续了几十年随后破灭。事实上，世界继承的不单是一个充满争议的选项，还是一个悖论，一个教训。在欧洲，法国的核电站如今生产着一些最便宜的电能，然而建立新核电站的成本让人望而却步，若没有政府在背后支持根本无法实现。

这一教训涉及资金、复杂性和承诺。核电站建设需要大额的前期投资，同时也需要建立一个复杂的产业网络。通过扩大规模和协同操作可以削减一些成本，但只有大型项目才值得一试。早先关于核电站无法通过市场测试的警告已被法国的案例证实。[41]法国在1973年启动的项目得益于国家政治舆论的长期一致，提供了远超一亿欧元的资本投资，此举改变了法国的整个能源体系。[42]得益于早期的公共补贴和隐形成本，法国核电站最终的确提供了便宜的电能。正如法国所计划的，并且15年来法国一直坚信的一个事实是：核电厂可以通过很低的融资成本吸引到大额的投资（包括外国资本）。

这样的发展条件本质上是制度支持，如今要重新获得并不容易。在20世纪70年代石油危机时，关于石油将会贵得买不起的认知进一步强化了法国对建设核电站项目的一致舆论支持。但80年代石油价格的猛跌颠覆了这种观点，大部分现存的在这一时期修建的核电设备都将退役。假如核能要保持它的现有地位，且不谈扩大其使用范围，大量新核电站的建设也势在必行。然而，过去10年间欧洲仅有的2个核电站的建设都遭遇了时间和金钱成本的透支，加上反福岛核电站运动的冲击，西方世界对"核能复兴"的美好预期被严重削弱了，期望成本也增加了。反而在韩国和中国，施工计划显得更加重要。

有一些激进的选项可以替代核能。大约十几个新的反应堆设计（"第三代"）正处在不同发展阶段。[43]钍（tu）反应堆技术引起了个别的学术热议，（至少部分地）引起了数个领域的关注。[44]理论上说，"第四代"反应堆可能会因这些潜在收益或其他因素而建立，但这样的反应堆可能需要很多年的发展才能进行商业运用。核聚变（零废渣、无限能源优势）看上去仍需很长时间才会实现，即便到2050年也不大可能成为现实。[45]

随着科技的持续发展和能源价格的不断走高，核能可能再次成为一个充满吸引力的选项（至少对一些地区是这样）。何时、如何利用核能等问题大部分都还不甚清晰，仍需讨论；建设（5年以上）和规划（15年以上）所需的资金强度和时间尺度必须确定。对低碳能源重视程度的不断提高有助于核能的发展，但若没有中心的指导、财政支持和长期的信心，核能的开发和利用依然困难重重。[46]

第 7 章将讨论到，接下来几年内，可靠的长期的碳价格依然很难形成。如果这些困难都得以克服，最乐观的估计是，到 2050 年核能将会占据总发电容量的 25%。已知的那些约束条件使得这一比例不可能更高。[47]

主要的可再生能源

可再生能源的理论潜力和核能一样是巨大的。到达地球表面的太阳辐射能量的总和是全球能源总需求的几千倍。被太阳能装置吸收的那很小一部分能源仍然是全球能源需求的几倍。每个星期地球表面消散的风包含的能量和全球一年消耗的能量一样多。山区的降雨、海洋的潮汐、地热都提供了许许多多各式各样的能源。我们需要研究的是如何可靠有效地、低成本地利用这些资源。[48]

水电代表了一种成熟的、相对便宜的科技，占据了全球发电量的15%。一些地区（如中亚）仍有大量未开发的资源，而小型河床式水电站在全球范围内的使用正在增加。[49]但是，一些地区最好河段的水电已经得到开发利用，而另一些大的河段的水电开发则面临巨大反对。有关预测认为水电站的扩张速度不应当超过电力需求增长的速度，所以水电站比例可能一直保持接近当下的水平。[50]

自1990年以来非水电可再生能源产量增加了3倍，尽管仍然只接近总能源产量的3%。[51]许多能源项目正在快速地发展，尤其是风能和太阳能。

风能在过去的20年内发展速度令人瞩目，尤其在欧洲、美国和亚洲等风能丰富的地区。风能的前景目前无法确定，但有预测表明2030年风电将占据全球发电量的10%。这还远远没有发掘出风能的全球潜力，风能所占比例在本世纪中叶可能翻一番，甚至更多。[52]

自从20年前风能开始大规模开发使用以来，风能的成本减少了一半以上，即使在20世纪50年代由于涡轮供不应求、钢铁和其他商品价格上涨导致的风能的成本增加。前期资本占据主要成本的大部分（通常超过80%），而且风能与风速密切相关，因此不同地点的风能价格也会不同。在合适的地区风能成为最便宜的可再生能源，低于10美分/千瓦时。[53]可以预见其成本还能进一步降低。[54]

在近海地带可以接触到更为强劲、稳定的海风，但同样大大增加了技术和维护的复杂度，提高了传输成本。比起内陆风能，利用海风的资金成本要增加一倍，使用和维护费用同样增加。[55]海洋风能利用仍是一个较新的产业，其报道的成本和相关预测都还有较大变数，十分依赖于电力传输网络的发展和先进的运输技术来降低成本。目前海风利用的成本为15至25美分/千瓦时。经验和规模经济，高压直流系统使用的并网连线，创新的"浮式地基"和新的施工方法如一体化设备等，都为有效地减少成本提供了可能。[56]尽管可以利用已经建立的陆上风电产业和海岸石油天然气利用的专业技术，但若想充分挖掘海洋风能的潜力，其利用的规模和复杂性使得我们必须付出等同于法国1970—1980年间建设核电站项目的努力。

太阳能发电的巨大潜力一直被吹捧。主要有两种途径利用太阳能发电：光伏（PV）电池，它能直接将日光转化为电流；聚焦式太阳能发电（CSP），它使用反射镜聚焦日光来加热水或其他液体，然后通过蒸汽来驱动传统的涡轮机。

可模块化是光伏发电的一大优势——几乎适用于任何规模，它通过小的专业应用逐渐地演变。不久之前，它批量生产的成本似乎太高，并且所占比例很小。但它在过去的几年中显著发展（见专栏3-4）动摇了所有人的预期。作为对激励政策的回应，个人和零售企业对太阳能光伏发电的装载率亦出乎决策者的意料，能够从自家屋顶获得清洁能源对于个人还是有吸引力的。

专栏3-4　来自太阳能的惊喜

太阳能电池因其为航天器提供动力而引起公众的注意，随后，它们慢慢地扩展到专业应用领域，如快艇、远程通信、移动应用等——在全球能源使用中占据着微小但有价值的比例。晶硅（或结晶硅）和光伏电池如今已经十分常见了。

远程应用程序在过去几十年中不断增长，全球装机容量超过1 000MW（这样的量对全球能源而言微不足道）后其成本得以下降。自2 000年以来，政府开始对光伏并网实行固定价格政策。随之而来的光伏使用暴增，导致了全球关键材料供应市场的紧张。"薄膜"组件由于比起晶硅组件所需要的材料更少，并且能够成片地大量生产，也开始进入规模生产[a]。

21世纪初期，太阳能组件的成本还固守在5美元/峰瓦左右。随着供应链迎头赶上，中国也开始投入巨资大规模生产，从2009年开始这两类组件的成本开始下降。在2012年初，晶硅组件已接近长期不变的"魔力"成本壁垒——2美元/峰瓦（见图3-7（a））。

在过去的几年中，全球太阳能市场以每年增长40%的速率在扩大——对于新技术来说，这一增长率是前所未有的——到2011年，全球太阳能装机容量已经到达6 000兆瓦。各国政府都系统地低估了商业部门和个人对上网电价的认可度。平均而言，在过去的几十年中，光伏组件生产每增加一倍，价格就下降22%，伴随着价格的持续下跌，全球太阳能市场一直在扩张（见图3-7（b））[b]。

其余的资金成本是"系统平衡"（BOS）成本，包含维持光伏系统运行的其他所有项目的成本[c]。光伏系统一个生命周期的平均能源成本包括所有的资金和运营成本。在2012年，结晶硅系统的平均能源成本为16美分/千瓦时，薄膜组件的成本稍微低一些，而在2009年，二者的能源成本分别是30美分/千瓦时和24美分/千瓦时——成本在以闪电般的速度下降（尽管不同估计值之间的差距差距依然很大）[d]。

市场的快速扩张、成本降低和金融危机等因素导致了许多的上网电价被匆匆修订。"来自太阳的惊喜"的长期趋势和影响还有待观察。单晶硅组件和薄膜组件的效率预计将提高约1/3——通过增加能源生产和降低能源成本。新的、更先进的"第三代"光伏技术（如集中式光伏）将进一步解决效率问题。"系统平衡"的技术层面（如将微型逆变器集成到光伏组件中）的创新，跨系统、跨制造商的组件生产标准化以及市场竞争都将降低安装成本。如果这些创新出现，光伏能源成本应当接近甚至低于北欧2020年和2040年的成本，见图3-8[e]。

注：

[a] 最常见的（和实惠的）薄膜技术是碲化镉（CdTe）。薄膜技术通常被称为"第二代"光伏技术，其消耗的峰瓦数较少，但这种优势也被其较低的转换效率所抵消。

ᵇ 国际可再生能源署（2012c）。

ᶜ 系统平衡的主要组成部分包括反相器（将直流电转换成可用的交流电）、安装结构（通常约占每一个光伏系统总成本的5%）和"软成本"，如管理、行政和规划，其比例高达50%（国际可再生能源署，2012）。其他成本包括预备场地，装配电线，数据监测系统和安装系统所需的人力。在离网系统中，储能（电池）显著增加了额外成本（美国市场研究机构GTM，2011）。

ᵈ 高端预估保持在30美分/千瓦时（如，Bazilian等，2012）。

ᵉ 如，国际可再生能源署（2012）。

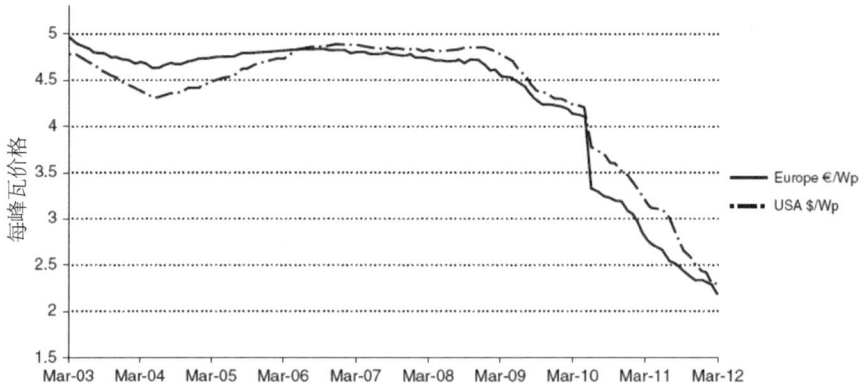

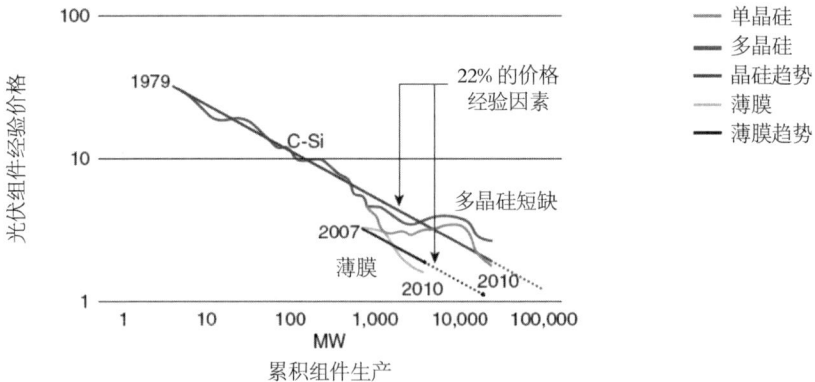

图3-7　太阳能光伏组件成本下降

来源：Adapted from EPIA（2011）Solar Photovoltaics：On the Road to Competitiveness，September，Figure 4.

在温带地区，季节性和日常的太阳能和能源需求之间比例失调使得太阳能光伏的使用受到限制，而在炎热地区，情况正好相反，特别是在那些能源需求受到空调使用驱动的地区。这一切都使得太阳能的快速扩张貌似合理可信，尤其是在太阳能资源丰富的地区（尽管其成本仍然比传统能源高）。

聚焦式太阳能发电的有效运行需要丰富和直接的太阳辐射。[57]这种发电方式结合土地利用，适合于接近沙漠的环境。聚焦式太阳能发电相较于光伏发电的潜在优势在于，其现代化的发电系统包含了地下热能的储备，这意味着它可以提供连续的（"基本负荷"）的功率。聚焦式太阳能发电的抛物线热槽正变得越来越受欢迎，西班牙和美国南部正在部署聚焦式太阳能发电，太阳能丰富的北非地区，聚焦式太阳能发电厂被认为可能能够将电力传送到欧洲。

聚焦式太阳能发电的成本受资本投资控制。每千瓦所需投资至少为4 000美元，预估总成本的范围在10美分/千瓦时以上，成本大小在很大程度上取决于发电厂的地域位置。[58]其经济规模很重要，大型发电厂能够以较小的额外成本收集更多的能源。生产标准化，不断改进和行业竞争也可能会降低成本和提供更多的特定机会。根据大多数研究的预测，大规模的利用聚焦式太阳能发电的平均成本为10美分/千瓦时，大约相当于目前的最低价格。[59]

另一个快速增长的可再生电力来源是生物质能。木材易进行造粒和交易，因此，和液体生物燃料不同的是，人们对木材的间接排放或其与粮食作物竞争并不太担心。最低成本的生物质能应用是通过混合（"混烧"），或转变现有的燃煤发电站实现的。专用的发电站可以专注于电力或一系列更复杂的应用，从热电联产到全面的"生物炼制"，可以产生的热、电、液体燃料的灵活组合。[60]目前主要的争议在于森林（或林地）在何种程度上才应该被砍伐做能源使用。

雨水、太阳能、风能和生物质能是主要的全球性可再生资源，除此之外，还有其他的可再生资源，在某些地区上述资源甚至不是当地最重要的可再生资源。太平洋火山带上的一些国家（如印度尼西亚）在开发地热能方面有巨大的潜力。沿海地域可能聚集有潮汐能，当地可以利用传统的大坝技术建造潮汐堰坝。[61]全球的海浪和潮汐资源是有限的，但岛屿和群岛尤其有条件开发当地或全国的聚集的潮汐能，设计和涡轮技术上的创新可以降低开发使用的成本并扩大规模。[62]

水能、生物质能和地热能源伴有内置能量储存，而其他可再生能源随支撑它们的自然能量流而波动。但它们匹配需求的程度和电力系统的吸收以及提供其他备用能源的能力将影响其开发和利用。这将在本章的最后一节阐述，但并不影响可再生能源可能的巨大潜力。

其他问题，如"间接"排放，在很大程度上其实是杞人忧天。[63]对于某些技术，随着建筑规模的扩大，可能存在材料可用性方面的限制。值得注意的是，许多先进技术使用"稀土"材料，在风能和太阳能技术的使用中，至少五种类似材料的供给已经被约束了（但在技术的历史上，随着时间的流逝和创新，这样的约束通常都可以被绕过）。[64]

目前可再生能源使用所面临的主要约束在于，可再生能源的使用可能会对环境造成影响，因而其象征着"保护环境"和"可持续发展"之间的紧张关系。可再生能源开发计划可能会面临来自邻避主义者的反对，这个问题在英国开发风能时很突出，反对派推迟了可再生能源的开发并推高了成本。

这使得对可再生能源的可能贡献的评价变得更加复杂，但当下的很多情况表明，可再生能源在本世纪第二个十五年间将成为电力的主要来源，起先是区域性的，而到了本世纪中叶，这将变成一个全球性的事实。[65]

结论

低碳电力的三大类——CCS、核能和可再生能源——都各有优点和缺点、支持者和反对者。而国家的战略和政治偏好对它们的发展将起到重要的作用。

低碳电力发展的一个关键因素是成本。在实践中，所有选项的费用因地区而异。[66]在炎热地区，可再生能源的相对贡献可能特别依赖于太阳能的进一步发展。在温带气候地区，更广泛的可再生能源种类以及其他选项

之间可能构成竞争。预测2020年和2040年的北欧的可再生能源使用成本
如图3-8所示。更多的信息如下所示：

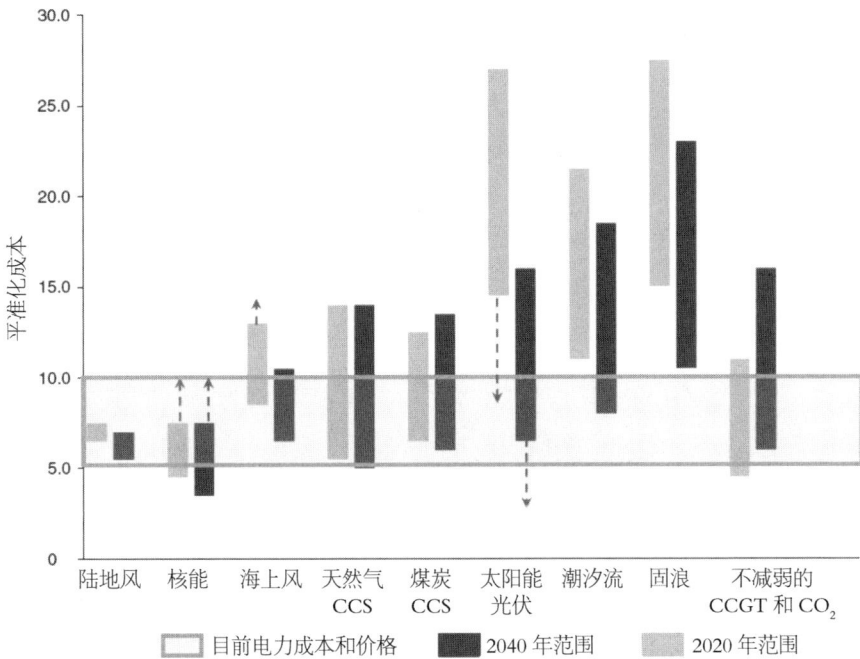

图3-8　预测的北欧低碳电力的价格

注：该柱状图显示了不同的低碳电力的预估成本范围，浅颜色的柱条为预估的2020年的成本范围，深颜色的柱形为预估的2040年的成本范围。中间横穿而过的长条区间（5~10p/kwh）表示的是通过投资传统发电厂（主要是天然气和煤，不考虑未来能源价格的不稳定性）而得到的当期成本。单位为英制p/kWh：1p/kWh=1.2€¢/kwh=1.5US¢/kWh。红色虚线所表示的是，在这个图形制作之际，英国核电的预估成本急剧上升（增长超过了一倍，这与为新的核电站融资的国际谈判背景息息相关）；也有一些证据表明，海上风电的成本比预估的高——英国至2018/2019年的15年间，"罢工价格"都保持在13.5p/kWh（参见注释67）。最近预估的CCS发电成本也正在走向柱形图所示的最大值。相比之下，光伏发电成本已经下跌（见专栏3-4），因此，2012年已经存在的一些价格已经比之前预估的2020年光伏发电成本范围（15~25p/千瓦时）低了。

来源：英国气候变化委员会（Climate Change Committee）根据 Mott Macdonald（2012）计算。

● 在短期内（至2020年），陆地风能将是最明显的、最便宜以及最大型的低碳电力来源。CCS技术依然未被验证并且在短时间内无法大规模使用，大部分其他的低碳电力成本都在10p/kWh以上，明显高于使用新化石燃料的电力成本。

● 除此之外，低碳电力的成本明显低于封顶的15p/kWh，并且可能低很多，大部分低碳电力的预测成本中心值在10p/kWh左右或者更低。再加上低碳电力来源可供选择的范围很广，限制了深度去碳化发电的合理费用。

相较于图3-8的右侧——化石（天然气）燃烧发电的成本——低碳电力所面临的挑战是前期投资，以确保未来能够降低成本，并确保一个更稳定、更安全的动力系统以应对可能的化石燃料市场和气候风险。去碳化发电经济实惠可负担，但在短期内确实会有前期成本。

虽然，大部分的发电选项似乎是"第二领域"的过程——基于发电成本的合理投资规划和优化——但低碳方案显得更为复杂。诸多原因下，电力市场的设计通常偏向于低资金成本的发电厂，对低碳能源抱有一些固有的偏见。前不久，作为英国能源市场化改革的一部分的"执行价格"确定了15年合同期内的可再生能源价格以支持其在英国的快速增长。[67]CCS和间歇性可再生能源的创新和系统发展的中心（网格网络、系统备份容量，规划和管道线建设）表明了第三领域过程的强有力的作用——这对核能也十分重要，鉴于其供货周期长、资本密集度高、燃料和处置问题，以及规划和公众接受的问题。[68]最大的例外是光伏发电——由于其潜在的家庭规模，也有证据表明其具有强烈的，积极的第一领域特征，这也能解释"来自太阳的惊喜"。

3.5　应对交通问题：改变车辆和燃料

除了保暖，使用小工具和消耗材料，人类移动人与货物的欲望也在继续膨胀。全球交通能源需求以及相关的排放相比于20世纪70年代几乎翻了一倍；交通占据了超过全球2/3的石油消费量和全球1/4的二氧化碳排放量。[69]70年代的石油危机影响了很多行业对石油的使用，但它对交通行业几乎没有持续的影响，石油作为交通燃料的极度便利阻碍了人们寻找替代品的尝试。

公路运输约占所有运输能源使用的3/4，航空、航运分别占10%左右。铁路和其他交通工具消耗的能源更少（见图3-9）。大约有2/3的公路运输是运送乘客，其余为运送商品。[70]

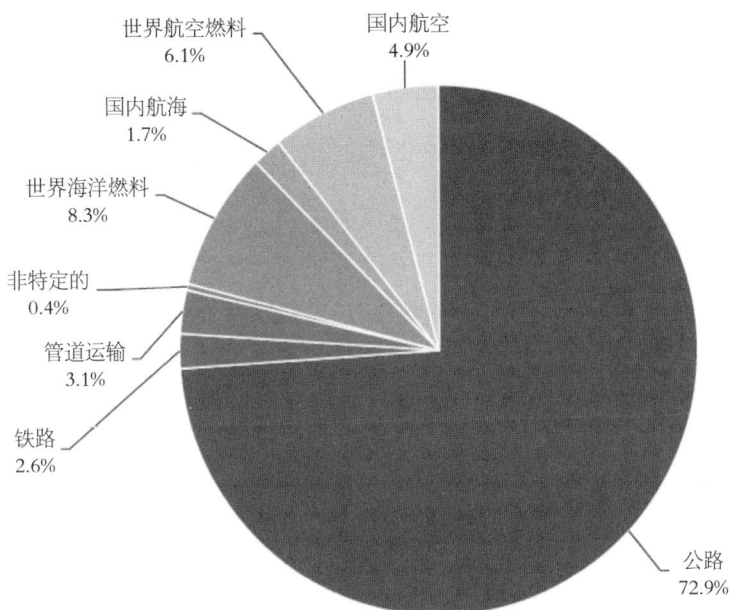

图3-9　全球交通能源使用

来源：IEA（2012）.

其他交通方式的数据依然缺失，如：我们通过步行或骑自行车进行的旅行。而在许多发展中国家畜力运输仍然十分重要。由于亚洲可能采用西方的交通方式，其使用商业能源的交通预计将迅速增长，这可能抵消任何能效提高的成果或任何其他的替代性燃料。

车辆可能只能使用一二十年（虽然很多能维持更长的时间），基础设施能维持几十年，甚至几个世纪。正如前文所述，作为大萧条之后美国经济复苏的一部分，20世纪中期的州际高速公路建设使美国变得不同寻常地依赖石油。亚洲新兴经济体目前的选择很可能会导致类似的持久后果。

　　就像房屋一样，交通可以成为一个非常私人的问题，而经济和基础设施对个人的选择影响非常大。一个明显的区别是，北美以外大多数消费者已经为交通付出了高昂的代价，包括高税收，以试图遏制本国对石油的依赖（见第6章）。这一点，再加上如公路通行费或汽车购置税等财政措施，已累计为降低石油需求和排放做了很多贡献。

　　进一步来说，未来的道路取决于我们如何旅行（以及旅行频率的高低），我们使用车辆的能效以及车辆消耗燃料的能效。

专栏3-5　航空与水运

　　虽然仅占了交通二氧化碳排放量的1/10，但航空排放吸引了大量的关注，因为飞机航行会释放大量的氮氧化物——这是一组强效的温室气体。在高海拔地区，飞机排放的水蒸气也可能成为潜在的温室气体。航空排放的气候影响评估通常是二氧化碳排放影响的两倍[a]。但其真正的问题在于减缓选项的相对缺乏以及预计的增长率。

　　减少航空的能源消费和排放十分困难。航空业比起大多数其他行业更接近能效的物理极限。飞机保持在空中大约需要用掉一半的能源，另一半的能源则用来驱动飞机前进。即使减速，其排放量也不会降低很多。即使未来飞机能效会进一步提高，但鉴于航空业还会进一步发展壮大，预计在2000年和2050年之间航空业的二氧化碳排放量可能会增加四倍[b]。

　　飞机使用低（净）碳液体燃料来代替石油的可能性是存在的；也有人提议让飞机使用生物质能和氢气作为长期的能源，但这可能会面临能源存储和安全的大问题，并且也会增加水蒸气的排放量。对于航空业来说，因为其设计周期和飞机的寿命都很长，任何改变都将十分缓慢。

　　短途飞行需求的增长可能会因为高速铁路网络的扩散而得到缓解（见正文）。航空减排最终也最具争议性的地方在于如何缩减长途航行的总需求：例如，进行视频会议、共同努力使附近的度假胜地更具吸引力。在一些工业化国家，保持目前的航空排放水平被认为是可能实现的，比这更宏大的减排目标似乎就很难想象了[c]。

　　水运行业的排放占全球排放量的比例虽然和航空业相似，但一般来说，民众对其排放的关注远远低于航空业。通过可操作的措施，如减速和负载优化，水运业减排的空间很大；另外，通过设计上的改进也能进一步地减少能源使用；大型帆船和高空轻帆也提供了一些理论上的减排可能性[d]。由于船舶的面积更大，负重对于其并不是很大的问题，因此船舶比飞机更容易使用从天然气到生物燃料的替代燃料。

注：

[a]IPCC（1999）特殊报告：航空业与全球大气；其主要观点在在随后的IPCC第三次评估报告（2001）和第四次评估报告（2007）中得到更新。

[b]IEA（2008）.

[c]Ceron and Dubois（2005）and Wilbanks et al.（2007：380）.英国希思罗机场第三条飞机跑道的建设最初是在确保英国航空业2050年的二氧化碳排放量减少到1990年的水平为前提条件下进行的，英国气候变化委员会（UK CCC 2009）的一份报告发现，这一目标通过组合乐观的假设情境是有可能实现的。这个计划的跑道作为一个政策选择，至今悬而未决。

[d]Marintek（2 000）.The Global Energy Assessment（2012：51），第9章的细节将会提到，通过技术性措施，旧式船舶能够节能（或减排）4%~20%，新型船舶能够节能（或减排）5%~30%。此外，将船舶航行的速度从26海里减速到23海里能够节约30%的燃料。

出行方式的选择

人们的出行方式的选择取决于他们的经济状况、基础设施、出行的选项和个人偏好。对于短途旅行，人们可以选择步行或更可能选择自行车——这样更健康，对于减少当地排放和缓解当地交通拥堵也有益处，当然，它对于日渐肥胖的人们来说更是一项锻炼。距离两公里以内的旅行占英国旅行大约1/4，但其中城市规划对人们出行方式的选择有着更大的长期影响力（见第10章）。

电动自行车扩大了人们出行的范围，使"骑自行车"有更大的吸引力，尤其是在拥挤的城市。这在中国已经成为一个引人注目的现象，每年有数以千万计的自行车售出。除了技术提高（主要是电池）这一显著原因，越来越多拥堵的道路，以及人们的经济承受能力也是很重要的因素——穷人的收入增长，同时汽油价格也上涨，电动自行车成为最便宜的机动车辆。当地的污染是另一个因素，中国的一些城市（如苏州）已禁止燃烧化石燃料的摩托车或三轮车上路。[71]

在交通领域的另一方面，随着高铁的到来，无论是几十还是几百公里，旅游出行方式在欧洲的长期趋势已经从汽车转向了铁路。高铁的发展来源于环境和商业的刺激，缩短主要中心城市之间的交通时间能够帮助建立欧洲的政治中心，建立伦敦–巴黎–布鲁塞尔–阿姆斯特丹–科隆的网络，如今，这些城市只需用两个小时左右的时间就能到达布鲁塞尔旅游枢纽。这是至今为止唯一的能够使短途航空相形见绌的发展，对于距离远达数百公里的出行，高铁成为人们偏爱的出行方式。[72]

在行为和高效技术之间的边界处，驾驶习惯能产生的影响十分令人惊讶。减速能够降低能源消费，平缓的加速和刹车也可以降低能源消费，保持正常的轮胎压力或在怠速时关闭发动机等均能降低能耗。高效驾驶——辅以更好的加速极限——可以为车辆减少20%的燃料消耗。[73]

高能效汽车

越好的车能带来越大的能效收益。只是将重量从一个地方移动到另一个地方，这真的不应该消耗那么多的能量。尽管有所改进，大多数汽车仍非常低效，见图3-10。

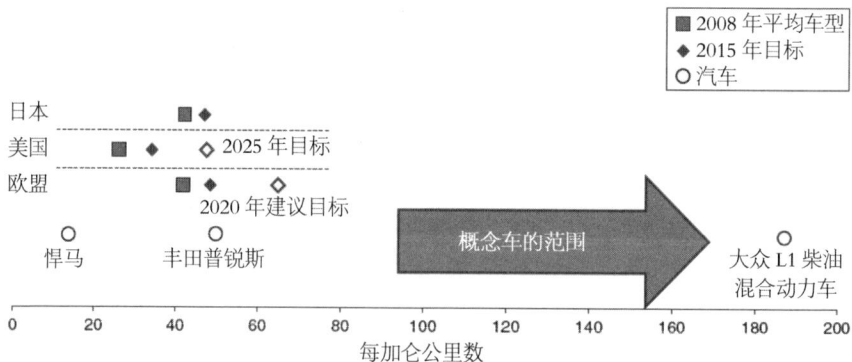

图3-10 不同国家的标准和模型下的汽车能效

来源：作者依据US DOE（2012）和ICCT（2011）等文献绘制；关于机动车未来发展情景详见第5章。

车型的不同反映了文化的差异、不同的燃料价格和汽车行业的政策。然而，来自油价和环境的压力促成了很多创新。标志性的丰田普锐斯混合动力车引发了众多竞争者的创新，小型高效柴油汽车如大众的蓝驱系列能与之匹敌，而欧盟提出的汽车效率2020年目标将会进一步地探索如何提高汽车的能效。事实上，如第5章所述，汽车能效标准只是零星地提高；美国最近采用的一个汽车能效标准发展到2025年才能和现今世界上许多其他国家（包括发展中国家）所采用的标准持平。所有这些依然比不上现有的电动车能效高，如日产聆风，或其他轻型和迎风面积小的汽车，它们可以两倍或三倍地提高能效。在写这篇文章的时候，特斯拉广泛地宣传其引领这类汽车的商业上的可用性和在功率和性能上的吸引力，其他的"概念车"正在走向生产。[74]

总体而言，改善汽车能效所节约的能源量可能是巨大的。[75]可能存在的限制长期节能的原因来自车辆能效措施的"反弹"效应，因为高能效将降低驾驶成本（这在第5章将会讨论到），但这也会阻碍汽车改革超越纯粹的提高能效，进行燃料和系统的革新。

新燃料交通

私家车辆的使用十分便利，而仅仅依靠提高汽车能效具有局限性，因此，任何关于石油的转型最终都意味着使用新的交通燃料。

有些选择几乎不需要改变车辆。植物物质并不需要积累数百万年才能变成液体燃料，乙醇是能够直接从糖或谷物中获得的良好的燃料。石油危机后，巴西大力推进从甘蔗中提炼乙醇，不断地增加其产量，减少生产成本，同时关于"灵活燃料"汽车的技术和政策也发展到顶峰，"灵活燃料"汽车可以使用任何混合的汽油和乙醇（见第10章）。在无任何补贴或政府的支持下，巴西乙醇与化石燃料相比更具有成本竞争力。[76]

美国支持利用玉米生产乙醇，这主要归因于其支持农民的政策，相比之下其改善环境的目的显得很模糊。欧洲已经推广从小麦和甜菜中提炼乙醇，从油菜籽中提炼生物柴油。美国和欧洲的生物燃料的生产成本远远高于乙醇在巴西的生产成本，在没有政府补贴或政府保护的情况下，它们无法与化石燃料竞争。[77]

本质上许多这些"第一代"的生物燃料——大体上定义为从常规的作物中提炼出来的燃料——存在开发作物做其他用途的潜在限制，因此它们可能会面临其他用途（如食品生产）的竞争。燃料能效在本质上受到限制，而且作物产量提高可能需要大量化肥、灌溉等投入。[78]

"第二代"生物燃料涉及利用更先进的技术来转换其他的生物材料。这些包括改进技术，由目前的从粮食作物中提取燃料转换到从废弃生物材料（如秸秆或稻壳等）中提取燃料。芒草或其他能够快速生长的草这种仅仅用于生产能源的作物大大地扩展了供热资源，最小化与人类食物链的竞争；"第二代"生物燃料似乎在很大程度上依赖于木质纤维素。而木质纤维素能够从木材（如杨树和柳树），以及从城市、农业和林业生物质废弃物中得到。[79]

在传统汽车和基础设施行业，一些国家通过法规限制乙醇的混合比例；然而，纤维素丁醇由于其十分适用于基础设施而日益受到青睐。[80]

更多的探索还在继续，"第三代"的液体燃料可通过加工藻类直接获得，这可以完全摆脱土地和水资源竞争的制约。一些藻类燃料具有很高的能源密度，甚至可以取代柴油和航空燃料。[81]

当前，人类主要通过天然光合作用从空气中获得液态碳氢化合物——相当于可再生石油。碳氢化合物有非常高的能源密度和产生极大功率输出的潜力；因此，在依赖功率密度的行业，如短程旅行或航空，碳氢化合物具有天然的优势。[82]

实际上，交通燃料可选择的范围十分广泛。天然气可以不同的方式为燃油汽车提供燃料，这取决于燃料或车辆被改造的程度——如压缩用于机载坦克或转化为合成燃料使用于当下的舰队。无论哪种途径都能减少油耗和当地的排放，但其二氧化碳减排量是微小的。

完全放弃碳氢化合物，将燃料驱动转换为电力驱动的根本性改造有两种选择：

- 使用电池的电动汽车；
- 储存氢并转化为电力的燃料电池汽车，转换过程仅仅产生水蒸气。

一直以来总有一些热心人士预测，在未来，氢将是主要能源载体。人们希望燃料电池汽车能克服充电慢和有限的电池型号等问题。汽车制造商建造出燃料电池汽车的样车，但与燃料储存相关的技术难题（氢必须在高压下保存）以及燃料补给时间都被证明难以解决。[83]更多对系统的关注也提出了质疑，如果电解氢的过程需要电力，直接使用电力似乎更为简单。

电动汽车的使用范围有限，并且缺乏燃料补给的基础设施，而新的混合动力电动汽车作为一种迂回的选项出现，如丰田的普锐斯和本田因赛特，这种汽车同时利用传统的内燃机和一个通过电池供电的电动马达。更先进的插电式混合动力汽车已经出现，其本质上是插电式电动汽车，内燃机仅仅作为备用。混合动力汽车没有电动车的"行程焦虑"。成本是一个障碍，混合动力汽车的第一个十年的成本通常为 30 000~40 000 美元，但成本正在下降。大致来说，在几千元的额外成本费用下，新一代的这种先进的汽车能够提高大约 50% 的能源效率。当然，如何迅速地返利给买家，取决于燃料价格和车辆的行驶里程。[84]

燃料电池汽车和电池电动汽车的倡导者进行着各种炒作和斗争，但这两种汽车都有电动车的潜在优势——能够增加效率和再生制动（能量制动的存储和再利用），使交通业能使用的能源范围更广。除了某些氢需要直接由生物质产生的转换过程，清洁电力要么用于电解以产生氢气，要么直接给电池充电。其主要决定因素是更大的氢储存能力和潜在的安全问题以及"氢经济"所需要的基础设施之间的权衡。各种各样的其他选项也可以考虑，包括将氢储存在氢气站为燃料电池汽车提供能源。[85]

氢气和电动汽车之间的较量没有规定只能有一个赢家：运输需求多种多样，汽车配置也各异，所以最好的选择可能随着环境变化。一个不断发展的适用于不同的交通需求的电动和燃料电池驱动的混合局面是完全合理的。迈向"交通转换"路径变得更加清晰，如第10章所述，无论是通过混合驱动还是纯电动，或者用完全相反的方式，电动自行车目前正在席卷亚洲，其外型看起来越来越像机动车。

3.6　自然资源

如图3-1所示，本章"从后到前"地回顾了能源技术和系统——首先是我们如何使用能源，然后分析了能源技术和系统的重要转变。现在我们需要解释能源技术和系统与物理资源基础是怎样联系起来的，这是更加自然的一个起点。

总的来说，这个世界并不缺乏能源资源，无论是清洁还是污染性的资源，但很多资源的使用面临重要的制约因素。可获资源储备的分布，开发的成本，对环境的影响，资源在提取、转换、匹配市场需求上所需要的时间等等都是资源利用的限制性因素。许多这样的限制最终还是依赖于能源技术和系统的改进来解决。

因此，若地下的"煤"涵盖了整个地壳的固体化石碳，其总量本质上是无限的。同理，如果天然气涵盖了所有的甲烷来源，天然气也是使用不尽的。石油是比较复杂且不确定的，便宜且可获得的石油储量正在逐步减少，但在地下更深处，或挤压于岩石中的石油储量依然是丰富的。非化石燃料铀和钍的储量很大，但集中的储量很有限。地球放射性衰变也能构建热量的基础，因为大量的地热也是使用不尽的——当然，实际上地热只能在靠近地表的有限的"热点"区域才能进行开发。[86]

真正意义上的可再生资源基本上都来源于太阳，人类所利用的太阳能只有阳光辐射到地球上的能量的八千分之一。人类所利用的风能也只有地球风能总量的两百分之一。风能和生物能源的利用主要受到能源转化技术和可转化能源的地表区域面积的限制，而不是完全取决于物理流量。使用限制最多的可再生能源是水，包括水流、波浪和潮汐。虽然争议不断，但水流中的能量可以以较低的成本获得，凭这一点，水能在可再生能源中占据了主要地位。[87]

全球能源利用主要的限制来自科技、系统和公众可接受度。几千年来，人类社会的发展取决于人类如何利用传统技术获取可再生能源，例如船的风帆和古老的风车，这些利用都十分有限。随着蒸汽时代的到来，蒸汽机作为集中开采煤炭资源的一种工具，取代了大量传统的能源利用方式，满足了工业革命时期激增的能源需求。1977 年，一本《能源或是消亡》的小册子宣称可再生能源储量十分有限，不足以对全球能源供应做出相应的贡献，但这一论断是建立在两个假设之上的，一是能源需求仍持续增长，二是科技还停留在上个世纪的水平。[88]如果有什么是我们能从能源的历史中学到的，那应该是谦逊。

事实上，以下例子可以说明在这个富饶的世界里，人均能源需求已经比较稳定：基于古老的风车磨坊技术，人类应用机翼动力学原理发明了现代风力涡轮机，太阳能装置的转换效率大幅提升且成本骤降，能源体系之间的相互链接日益紧密，使得人类有能力勘探更远处的资源。

同理，如果我们还用诸如发酵谷物来获得酒精这样的古老技术来衡量全球的生物能资源，那么全球潜在的生物能源也会少得可怜。而显著的事实是，以获取能源为目的而开展的藻类燃料的研究进展十分顺利，将能够为人类打开一个巨大的海洋资源宝库，也有利于今后封存发电站排放的二氧化碳。从很大程度上来说，正是由于科技和系统的进步，才让越来越多的潜在能源变得实际可用。

因此，我们需要重新定义挑战的本质。比如英国曾经被视为"身处一片充满石油和天然气的海洋中的煤炭岛国"，似乎不太可能去尝试和引领低碳发展。但是，这些能源易于开采的储量已经几乎耗尽，低碳发展已被提上议程，英国加快了风能和水能这些相对而言比较丰富的能源的开发，但这些能源的开发也需要面对公众接受程度、成本和集约度等其他方面的约束。类似地，人们总是说中国和印度必然会使用它们的巨大煤炭储量，但它们也同样拥有巨大的潜在的太阳能和风能。科技、系统、成本和政治选择能决定哪些资源可以被利用，哪些资源会被保留开采权。

当然，很多资源储量都是有限度的，大卫·麦凯（David Mckay）曾在他的书中以地图的方式漂亮地标记出各地的能源储量，并且将英国的能源需求和潜在可利用的资源进行了对比。[89]在地方和区域层面，城市能源需求的密度显著地大幅超过了可再生资源（不包括直接的太阳辐射）的密度；从外界获取能源的网络是必需的。在国家层面，许多国家都趋向于先把自己国家的能源燃料储备耗尽，因此剩余的能源储量可能变得更加集中，这种状况将会一直维持至少到主要能源的价格冲击引发新一轮的能源勘探和投资浪潮。能源的国际贸易体系早已很好地建立。

从全球层面来说，关键性的约束在于液态燃料。交通工具的显著发展有目共睹，但其依然难以摆脱液态燃料，有以下两个方面原因：液态燃料提供了一种最为方便、密度最大的燃料储存方式；现有的运输系统，通过全球贸易体系的改善和分配，已逐渐演变到与液态燃料密不可分。即使研发出了电动车或燃料电池汽车，其在进度和规模上的限制也预示着在接下来的几十年里，仍需要大量的液态燃料来支撑交通运输。

前文曾提到，常规石油储量是有限的。大部分证据都表明全球石油产量在这一个十年内达到最高峰；乐观派则将这个最高峰的期限往后延迟10年，或往后推20年。现存的油田正在不断衰竭，大部分的新油田则开采更加困难或地处偏远，而且在许多政府的考虑中，开采新油田在地缘政治上的风险日益凸显。

对企业来说默认的做法是扩展其已有的商业模式和利润，然后继续进行对非常规石油的大量投资，比如加拿大的焦油砂和委内瑞拉的重油，同时进行更多的远洋深海石油钻探。尽管投资的成本正在下降，投资开发非常规石油的成本依然要比生产常规石油贵得多，非常规石油同常规石油一样，资源十分有限，而且地理上较为集中。通过液体压裂法从页岩中萃取页岩油正在快速发展，但其也面临高成本和能源投入的问题。即便液态燃料的需求恒定不变，如此的方式也会增加二氧化碳以及许多其他污染物的排放。将非常规石油转化为可利用的桶装油过程中的二氧化碳排放量比起生产一个标准的桶装油排放量要增加10%～25%，当然了，同其他许多事物一样，随着科技的进步这一排放量也会减少。[90]尽管如此，一份最近的研究认为开发非常规石油的关键挑战并不在于资源和成本，而是在于提取一桶边境石油或页岩油的过程中快速增加的能源投入。[91]

液态燃料的低碳路线将会大量增加对生物燃料的使用，但生物燃料也面临着较多的社会、环境和系统的挑战。现有的"第一代生物燃料"储备受到了效率和效益方面的限制，尤其是有些地区仅仅将生物能作为一种农业支持政策。更为先进的生物燃料可能会缓解这些方面的阻力，但其发展还十分缓慢。

实际上，我们正接触且将会见识到更多这类事物：重油、非传统石油、从传统的地表农作物中提炼出的生物燃料。相对于常规石油，这些油所占比重很小，但在高昂的、不确定的且周期性动荡的石油价格驱使下，它们都在快速发展。如图 3-11 所示，非常规石油和生物燃料所占比重在 2 000 年微乎其微，但到 2012 年已经发展为每天大约 500万桶，其中生物燃料占据了非常规能源的 1/4，而且其发展更为迅速。颇具讽刺意味的是，以加拿大人的焦油砂和巴西的乙醇为代表，发达国家中的污染性燃料和发展中国家研发的清洁燃料之间的竞争似乎正在显现。但共同的事实是，双方都没有为全球的交通需求提供一个全球性的、持久的解决方案。

图 3-11 主要阐释了相关战略制定，反映了国际能源署的最新预测（2012 年版）。[92]它表明，现有油田产量正在减少，而尚未开采的已知的油田的产量仅仅能在一定程度上进行弥补。油田产量的减少和日益增加的液态燃料需求之间形成的能源缺口正在不断扩大，这一缺口只能通过非常规储量、新油田的开发和生物能来填补。在现有科技和能源储备估计的基础上，若想主要依靠生物燃料来"填补缺口"，至少仍需要 20 年的时间才能充分开发其潜能，随后全球将不得不转而依赖非传统化石燃料，即便如此，到本世纪中叶之前，燃料需求依然不能被满足。以上因素的综合意味着未来的交通部门将同现在一样高碳，使用的燃料 50% 将更加高碳，50%（这一比例或更大）将更加清洁。

高碳燃料的发展路线可以突破非常规石油的各种限制，发展煤制油技术，如此能为全球的交通部门打开全球煤炭资源的大门。这种煤制油技术广为人知，但其投资规模和对当地以及全球环境的伤害也是令人震惊的。其碳排放的负面影响可以通过碳捕获与封存技术减缓，或者以气制油技术代替来缓解，但气制油技术相对于其他天然气利用方式而言同样会增加成本和排放，还面临被基于燃气的基础设施套牢的风险。

　　最终至关重要的是，组合一些先进的生物燃料（第二代和第三代）以形成规模，并发展完全零碳的电能驱动的车辆。如果能源需求增长如图3-11所预测，对交通业燃料进行集中的脱碳处理（避免过于依赖更多的高碳燃料）将要求生物燃料等在21世纪30年代开始扮演一个全球范围内的主要角色。提高能源使用效率以减少居民燃料需求能将这一时间延后10年左右。

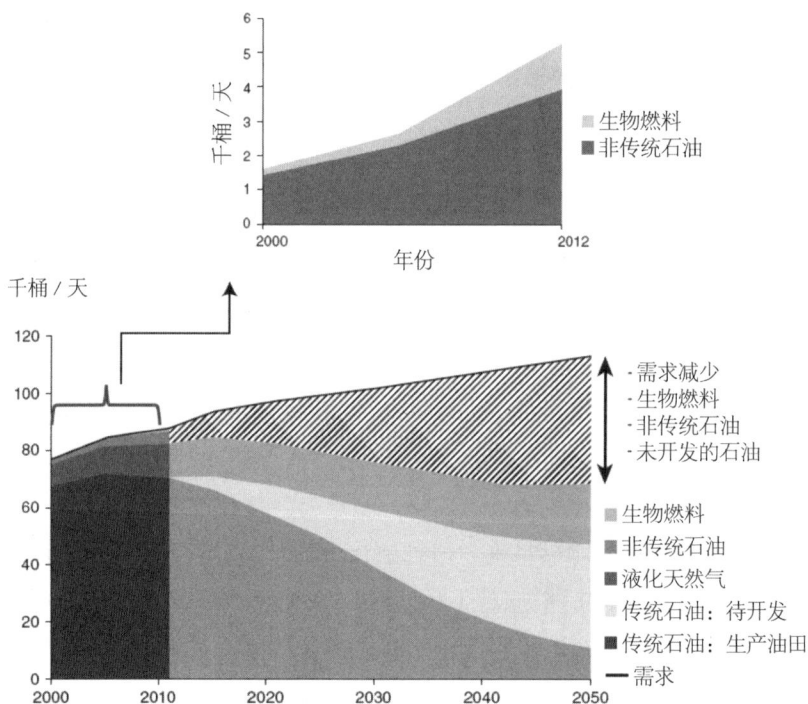

图3-11　液体燃料的供给与需求预期

来源：作者根据IEA（2012）报告绘制。

3.7　更加智能的系统与情景

　　液体燃料有固定的储量，汽车也一样。可再生能源的应用，除了交通领域，在各地因其禀赋不同而各异。在寒冷的气候条件下，能源的最大需求来自于冬季夜晚取暖，太阳能在这时发挥不了多大作用。形成鲜明对比的是，在炎热地区，主要的能源需求增长来自于空调的使用，在这样的地区，太阳能光伏发电就能起到很好的作用，这就是为什么降低太阳能光伏发电成本是如此的重要。在亚热带地区，太阳能光热发电的储量具有决定性的优势。而温带气候风能的季节性模式可很好地匹配当地的能源需求，但风能短期的波动仍然存在。因此，实际的资源也依赖于能源系统，能源系统可以帮助混搭和匹配能源需求和来源，此外，能源系统还具有储存能力，必要时可以提供后援支持。总之，充分利用物理资源有赖于技术的改进和更智能的系统相结合。

能源和需求之间的匹配挑战在于能源，能源（风能和太阳能）发电具有波动性，且难以储存。对于小系统而言，如岛屿或偏远的村庄，这可能是一个主要的制约因素。没有地理分散的优势，时而间断的能源十分需要一个精密复杂的存储和负载管理系统。[93]

对于将可再生能源应用到更大的电力系统中，实际上，当变动的可再生能源在系统中所占比例小于20%时（20%通常被视为一个标杆），这样的波动无伤大雅。若高于20%，系统用于"后援储备"（如，当风量很少或者没有风的时候）和"平衡"（用于应对波动）的成本将开始上升。可再生能源在系统中的主要作用更多的是替代燃料减少排放，而不是生产。

然而，许多因素可以帮助缓解这些限制。更广泛的装置地理分布或可再生能源的多样化能解决更多的问题。更广泛的传输网络，包括与周边系统联接，有助于双方系统的发展。最明显的是，如果可再生能源系统和水电系统联接，这还能解决储存的问题，以及带来其他众多的潜在好处。当下，输配电技术水平都已经有了很大的提高。例如，印度通过投资高低压配电系统消除庞大的输配电过程中的电力损耗，这是一个短期内比较实际的选择。[94]在大部分的大洲，洲际电网正在讨论或者发展当中。

存储的能量不见得规模庞大且距离遥远：事实上，能源存储往往与需求并存，例如，热量往往储存在那些供热和制冷的建筑中，甚至储存在冰箱和洗衣机里。这就使能源储备为固定期限内的"净需求"提供服务变得可能。

"智能电表"技术为消费者提供了更好的选择，能够实时反映他们的电力需求，并将这些信息反馈给供应商，节省了大家读表数的时间和麻烦。双向智能电表还可使分散式发电机——例如，太阳能光伏发电，小型风力发电，来自小工厂或大型卖场的废气循环发电——将能量反馈回主要的发电系统。现在许多国家正在推出智能电表。在配电系统下，联合智能电表、先进的输电系统和动力电子设备能够巩固未来"智能电网"的基础。[95]

最大的收获可能在于交通运输将开启其电力时代。汽车可以在前一天晚上通宵充电——或者在公司的停车场充电——这时电价最便宜，若价格合适，汽车也可回输一些电到电网。有些人担忧这对当前电池的寿命会有影响，但电力和交通运输之间的联系也可能更简单：汽车对电池高性能的要求意味着，当电池被更换后，其实际上还能在其他简易一些的设备上提供多年的储存服务——无论是应用于建筑，还是用于当地变电站进行稳定电流。相关可能性似乎无穷无尽。

"智能系统"也适用于单个设备。《全球能源评估》的多个章节都在讨论化石燃料转化为"煤炭-生物质同步处理系统，该系统结合碳捕获与封存技术，能够同时提供液体燃料和电力"，表明了这种集合系统的理论优势——包括灵活性，以及改进现有的煤炭发电站，重新为其提供动力。[96]卡塔尔的"撒哈拉森林"项目以完全不同的方式来考虑集合式系统的好处。该沙漠地区有太多的阳光，而没有足够的水或土壤，目前该地区已开发海水淡化、太阳能制冷以及可以同时产生电力和实验性藻类燃料的农业。[97]

总之，我们并不确定这些"智能系统"发展所有的可能性，若能源系统之间的联系变得更加紧密，"智能系统"所面临的机会也不可尽知。我们只是知道"智能系统"拥有巨大的潜力，可进一步提高能源效率，并扩大获得清洁能源的范围。

　　所有的这些观察和发展基本上进一步地扩展了未来的可能性，最新的全球能源情景以史无前例的细节描述表明了这一点。国际能源署的《能源技术展望》（2012）在基于全球温升2摄氏度、4摄氏度、6摄氏度的假设下，创造出对应的全球能源情景，所有情景都可能发生。《全球能源评估》（GEA）对应双重目标（2030年所有人都能获得能源的目标和温升2摄氏度的目标）探索了三组主要的情景，该三组情景差异主要在于能源效率。上述内容在图3-12中加以阐释。全球能源需求的范围如图所示，值得注意的是，2050年全球能源需求增速将在当前的水平上翻倍，由30%增至60%。差距相当于目前超过半数的全球能源储量，并且对于新能源基础设施的需求也显而易见。

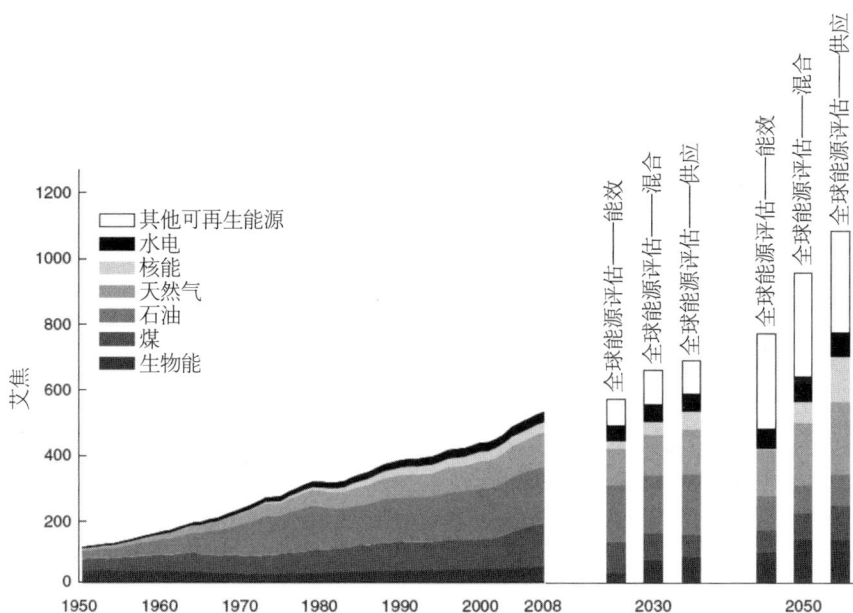

图3-12　2030—2050年全球能源评估路径

来源：GEA（2012）。

　　此外，图3-12中所有的GEA情景都显示未来可再生能源的大量增长。将近90亿人纳入现代能源体系的同时，减少50%的全球二氧化碳排放量，这一宏伟目标的实现若无可再生能源的参与，恐怕难以想象——但如第9章所述，可再生能源的未来情景也千差万别。

只有一种方式可以用来诠释如此广泛的范围。我们未来的能源系统由我们的选择决定，而不会受限于技术或资源的可获得性。各种情景在很大程度上反映出的是政策选择。完全不同的全球能源需求结果将在很重要的程度上取决于支柱一的政策（接下来两章将会讨论到）。价格和市场结构（支柱二）对全球能源需求结果以及低碳物资的扩张也至关重要。然而，最终的应对措施将取决于创新和基础设施的规模和本质，这与支柱三中促进工业发展的政策相关联。

3.8　结论

能源系统十分复杂，本章能源使用和技术的内容概述了能源系统的基本结构，并强调了几大主题。

没有"灵丹妙药"：能源使用、转换系统和主要资源多种多样。创新是至关重要的，但若政策将希望寄托于"突破性"技术，则背离了对能源系统作用和性质的基本理解，也误解了创新的多样性和动态发展属性。

巨大的改进潜力存在于无数个方面。一个令人吃惊的统计数据显示，我们消耗了约10倍于我们实际所需的能源，并且我们还能够以更少的代价满足需求（见专栏4-2）。建筑行业和其他加热设备中有众多的实用技术用来提高能效，但多数颇具成本有效性。为什么这些技术没有被更广泛地采用，如何改变这一现状将是支柱一接下来的讨论焦点。

改变能源供给的需要并未被消除。在这方面，资源并不是起决定性作用的因素：世界上存在着大量的化石燃料和非化石资源。技术上的限制来自于其获得、转换和连接这些资源以满足能源需求时所面临的自身局限性和成本。其他的限制来自于环境影响的压力和公众对不同选择的认可度。

这些因素主要通过两大系统产生影响：

低碳电力的技术和系统（尤其是众多的可再生能源）的发展已经十分

迅速，但比起价格低廉的火力发电，其成本依然很高（这取决于煤炭自然属性和环境限制）。对于脱碳化电源，如何在可再生能源发电、核电、碳捕获与封存技术，以及天然气发电之间选择，在物理因素、社会和政治选择的综合影响下，不同的地区有不同的权衡。在这三类选项中，若能将成本控制在10p/kWh（15¢/kWh），深度脱碳则有可能实现。[98]

由廉价石油主导的交通时代即将结束。在中期和长期的替代选项上，竞争存在于更高碳和更低碳的选择之间，中期替代选项的竞争存在于第一代生物燃油和非传统石油储备之间，长期的替代选项的竞争存在于重碳储备和煤制油技术，同先进的燃油或基于电力和燃料电池汽车的替代性交通系统之间。

为了实现对现有的技术和资源的最佳利用，能源系统正在变得愈发集成。系统性技术，包括先进的传输和智能电网，将随着时间的推移而不断革新。

这一章强调了众多的选项，未来是开放的。"更明智的选择"的可能性不局限于提高能源效率，若政策能够支持使用更加清洁的产品和采用更加清洁的工艺过程以及发展适当的基础设施，并促进持续创新，减少对化石燃料的依赖，那么，整个能源系统就有可能实现"更明智的选择"。问题在于，如何实现。

注释

1.非商业性能源的来源包括发展中国家为家庭取暖和做饭所收集的薪材以及被动式太阳辐射获得的热量。这主要涉及建筑的能源使用，并且，相对于商业能源，其对能源和气候变化方面的影响更难以估算（参见本章的建筑部分）。联合国秘书长能源和气候变化咨询小组（AGECC 2010）提出在2030年实现全球人口的能源获取，1990—2008年间全球20亿人口实现了通电，这一成就表明，联合国2030年的能源目标是有可能实现的。许多发展中国家的政府将维持基础生存水平的"能源权益"生命线的范围定在 20～50 千瓦时的电力，以及每户每月 6～15 千克用于做饭的液态石油气当量。全球能源面临的挑战的总体规模数据请见"全球能源评估"的第 19 章（GEA2012）。

2.因为石油易于储存和运输，它能够为偏远地区提供能源，例如，用煤油照明和供热，用柴油发电等。

3.这一点在比较数据（例如，每平方米用能，校正温差）和普通的观察上都很明显。斯堪的纳维亚半岛几十年前就开始采用高强度的建筑能效标准，当斯堪的纳维亚半岛或者其他采取了强效的建筑隔热措施来对抗冬天的寒冷地区的居民来到英国时，他们通常会被震惊到。一位从加拿大威斯康星州搬到伦敦的朋友简直不敢相信自己的公寓外面竟然安装了没有采取任何隔热措施的热水管道——这难道是用来给街道供暖吗？

4.IPCC（2007）。

5.更多内容请见 IPCC（2007）第 6 章，以及全球能源评估（2012）第 10 章。

6.细节性的分析请见 GEA（2012）中关于能源贫困、能源获取、环境、健康的章节。

7.例如，每年有少于 1% 的建筑存量被替换掉（Roberts，2008）。

8.IEA（2009）。尽管不具有直接可比性，美国在 2009 年建造了大约 800 000 栋房屋（美国人口统计局，2010）。

9.世界钢铁协会（2008）。

10.Hammond 和 Jones（2008）引用了一个 800 百万吨二氧化碳的估计值。Vaze 表明，"在英国，建造一个房屋的间接排放占建筑总排放的 25% 左右，建筑总排放包括建造、供暖和提供热水所排放的总量（2008：155）。全球能源评估（第 10 章，第 664 页）也认为"……建造建筑使用的能源占建筑总间接用能的 25%，对于高能效建筑，这一比例会更高"。

11.英国节能信托基金估计，在家庭中安装能效最好的锅炉比起安装能效最差的锅炉能够为一个家庭节约四分之一的能源开销，每年每户能削减约一吨二氧化碳的排放量。

12.关于建筑能效潜力、成本、限制性因素和城市系统潜力的调查，请见GEA（2012）第10章（建筑）和第18章（城市化）。

13.在英国，"生物能资金补助计划"和"可再生供热激励机制"促进了生物质能在供热上的使用（DECC，2012a）。

14.厌氧消化采用天然过程，微生物在缺氧的情况下分解成有机物质，并产生沼气（约60%的甲烷，40%的二氧化碳），沼气可代替天然气用于燃烧锅炉或热电联产发电厂。气化是一个热化学的过程，材料在一定数量的氧气环境中被加热至高温，并产生类似于沼气的可燃性混合气体（"合成气"）。热解是一个类似的过程，但其发生在完全缺氧的情况下（DECC，2012b）。

15.比起需要消耗更多能源的家用级设备，通过热电联供集中供暖在今天比较常见。英国的一项研究表明，热电联供方式的集中供热预计可能产生净成本节约，而微型热电联供的现场试验表明，其成本至少为270英镑/吨二氧化碳，可见微型热电联供需要降低成本才具有高性价比（AEA，2008）。

16.微型热电联供中的斯特林发动机和燃料电池可以为建筑（包括民宅）提供电力和热能，但该技术十分昂贵。虽然随着技术的进一步发展和应用，价格可能会降低。包括英国和德国在内的许多国家的现场试验都在这条道路上初试牛刀。

17.或被称为"热驱动冷却机"，通过太阳能加热液体，再将热能传输给吸收式冷却机的发动机（IEA，2011）。

18.热泵的工作是将热量从一个地方转移到另一个地方，令一个地方转暖，而另一个地方冷却。在寒冷的日子里人口密集的地区会通过热泵从室外的空中或地下转移大量的热量到室内，但在这样的地区，空气和地下是否有能力提供足够的热能（或在制冷时能否吸收足够多的热气）尚存疑问。

19.IPCC（2011）。到2030年，经济合作与发展组织内的生物能发电预计仅占总发电量的5%，在更容易找到合适的自然资源的非经合组织地区这一比例稍微高一些，占10%。地热发电到2030年预计仅占总发电量的2%。见注释86和注释87。

20. IEA（2009）。一些预测表明，到2020年发达国家的工业排放将下降10%，但部分的下降可能来源于将生产转移到发展中国家或用进口代替生产。

21. 最大的过程排放来源于生产钢的过程中将铁矿石精炼为生铁而排放的二氧化碳，以及将碳酸钙转化为水泥熟料的过程中排放的二氧化碳：这两个过程都涉及使用化石燃料的碳将氧从原生矿物剥离（然后释放二氧化碳）。其他类型的过程排放包括铝冶炼的过程以及各种化学转化工艺过程中排放的二氧化碳。

22. IEA（2008）预计通过改进引擎能够节能20%～25%。引擎消耗的工业用电在欧盟25国中占总的工业用电的65%（de Keulanaer et al.2004），在美国这一比例是63%（Xenergy，1998）。

23. "有效能"的概念在此十分重要——指能源的有效性或"质量"，将更多的能源用于最适合的用途，捕捉我们浪费掉的任何能源，并把它用于生产，这意味着我们首先需要减少生产，提高资源利用效率。真正的挑战在于实施和使我们所有人更懂得如何使用能源——第三支柱的话题。

24. IPCC（2007）。

25. 钢铁产业——分析与数据（OECD，2009）。

26. 同上。

27. IEA（2006）。小型的，基于煤炭的低效能的直接还原炼铁厂占印度钢铁产业很大的比重，同时，印度电力产业由煤炭发电主导（Sreenivasamurthy 2009）。

28. 例如，见Worrell et al.（2010）。

29. IEA（2006）。生物焦炭和碳捕获与封存技术的结合被认为是通向"负排放"的途径，生产生物质能，并通过燃烧而固定其二氧化碳可以被认为是"负排放"的，无论该生物质能是用于钢铁生产还是发电。

30. 这将需要开发出这种钢铁的供应链，同时也需要创建建筑解构计划以便将来把钢从旧建筑中分离出来。有关概述请见来自WellMet2050项

目的报告：Allwood et al.（2011）。更多信息请见 Allwood and Cullen
（2009）。

31.UK Committee on Climate Change（2011）。http：//www.theccc.
org.uk/reports/ bioenergy-review.

32.更多关于更具能效的水泥技术的评估报告，请见 Hasanbeigi et al.
（2012）。

33.IPCC 第四次评估报告（2007）预测，水泥减排潜力为 30%。

34. 良好的水泥技术概述请见 IEA（2009b），Kitson and Wooders
（2012），和国际能源署能源技术系统分析方案（ETSAP）技术简介 103
（2010b）。每个都在不同程度上强调和支持（或否定）更为激进的水泥
"低排放或负排放"技术。国际能源署能源技术系统分析方案研究总结这
些"新的低排放或负排放水泥"如下：

这些新型水泥的机械性能与常规波特兰水泥相似。水泥生产原料所必
须的地质资源各大洲均能提供。Novacem 水泥是基于氧化镁和特殊的矿物
添加剂生产的。通过采用各种不以碳酸盐为基础的原料来创新生产过程，
以及创新水泥组成，使所制造的水泥建筑产品能够加速从环境中吸收二氧
化碳，低碳水泥还是具有一定前景的。CALERA 水泥是钙与碳酸镁和钙
与氢氧化镁的混合物，它的生产过程是利用发电厂废气的余热来处理海
水、盐水或卤水。CALIX'S 水泥由快速煅烧白云石而产生……通过一个
单独的二氧化碳洗涤系统，煅烧炉产生的二氧化碳能够被捕获……富含二
氧化碳的吸附材料随后回到第一步骤循环利用，再次被分解，释放的二氧
化碳被捕获并被隔离了。

35.Hasanbeigi et al.（2012）。

36.CFPI（2012）。

37.但这目前仍然处于研究阶段，预计 2020 年前不会有商业可行性；
见美国铝业协会（2003）。

38. 一个学术性的政策报告（Reichardt et al.2012，网址：http：//
www.responsesproject.eu）。

然而，近期在政策组合中的一些障碍阻碍了 CCS 的创新活动，对

CCS对欧盟低碳电力系统的贡献预期值提出了质疑。在欧盟层面，主要的障碍在于欧盟排放配额价格低廉，并且未来价格并不确定，欧盟在未来的国际气候协议中的减排目标也不确定。此外，由于国家层面的行政程序，一些国家不能按期完成由欧盟EEPR和NER 300项目所确立的应用和实施计划。针对这些因素，一些企业大幅度地减少了其CCS技术示范活动。

在德国，不能实施欧盟CCS指令被认为是CCS技术主要的障碍。由于德国还未确立管理二氧化碳储存的法律，目前二氧化碳储存在德国并无法律依据。监管真空和社会接受度不高导致德国无法进行大范围的CCS创新活动，包括示范项目。因此，Vattenfall电力公司计划在Jaenschwalde开展的第一个全面的德国二氧化碳捕获项目被终止了。

39.该计划预期快速关闭八个反应堆（已经下线的），随后，到2022年为止关闭剩余的九个反应堆（Heinen-Esser，2011）。

40.在中国，26个反应堆正在建设中，世界核能协会评估预计还会计划修建51个核反应堆。

41.Flavin（1983）。

42.法国在1980—1990年十年间建造了50GW核电站，核能提供了大约80%的法国电力。经过多年的宣传，该计划的成本在2000年的数据已经比较透明。见Grubler（2010）。

43.包括加速器驱动的次临界反应堆和钍反应堆，前者生产的放射性废料要少得多（世界核协会，2012）。

44.钍的好处十分明显，它比铀的储量多3倍，且更"肥沃"。反应产生的废料少得多，放射性也小得多（半衰期为几十年，而非上千年），且不能直接武器化使用。与铀相比，钍氧化废物的存储也更安全。见（IAEA，2005）。

45.GEA（2012）第11章对核能技术和问题进行了详细的概述。

46.法国的预测请见Finon和Staropoli（2001）以及Finon（2013）。Brinkerhoff（2011）预测，在英国，核电站基本建设成本至少为5p/kWh；基本建设成本占核电站的整个使用寿命期间的发电成本的70%，英国正在为一项新的核条款进行谈判，基本建设的成本可能还会增加。Helm（2011）等强调目前的总量控制和排放交易/碳价格系统不足以支持核能的发展。在本书印刷前夕，英国政府完成了一座新的核电站的谈判，最终的成交价为9.25p/kWh，并且该价格需持续35年。

47. IEA（2010）。

48.IPCC（2007）。Hermann（2006）估计隐含在风力中的动能为每秒870万亿焦耳。对比每年500艾焦的能源消费量，GEA（2012：47）总结道：

到达地球表面的太阳能辐射总量达3 900 000艾焦/年；考虑到云层覆盖和实证辐照度……地区可获得的太阳能辐射总量约为633 000艾焦/年。风中所携带的能量大约为110 000艾焦。全球水循环中所隐含的能源超过500 000艾焦，而其中有200艾焦/年的能源在理论上能够被利用。主要生物质能净产量大约为2 400艾焦/年，除去人类的食物需求和动物饲料所消耗的部分，理论上还剩余1 300艾焦/年可用于满足能源服务需求……地热脉动式喷流所携带的能量约为1500艾焦/年……海洋平均吸收了大约1 000 000艾焦/年的能量。

49.第1章承认巴西是最能源效率的经济体之一，部分原因是由于其水利发电，有证据表明，温带地区的水电比热带地区的水电更加低碳。当水坝后面修建起水库，被淹没的泥土中所含的生物质和植被会腐烂并释放出甲烷气体，甲烷通过水面排放到大气中。热带地区的生物质密度通常比其他地区高得多，因此该影响会更严重。一些研究表明，在热带地区的一个典型的水力发电站的排放量是温带地区水力发电站排放量的20倍左右——在最坏的情况下高达3 000kgCO₂e/MWh（Steinhurst等，2012）。

50.IPCC（2007），IEA/OECD（2009）.

51.IEA（2010）.

52.截至2012年年中，全世界共有1 503台风机，分布于10个欧洲国家的56处风电场中（EWEA，2012）。/EA/OECD（2009）预计到本世纪中叶全球发电的约17%将来源于风力；一些风电行业的预测更乐观，认为到2050年这一比例将高达近30%（GWEC 2008）。

53.IRENA（2012c）。这其中大部分是风机本身的成本，其余成本来自地基、电网连接、电力设备和建造成本。

54. 进一步降低成本的选项包括轻质碳纤维桨叶的开发，集成轻质材料进入涡轮机塔架（降低对钢的依赖及其价格波动带来的影响），增加直接驱动发电机。促进标准化、规模化、市场竞争也能对降低成本起到显著的作用。见 IRENA（2012c）。

55.其他影响成本的因素包括海床上的地基，从地面到电网的连接距离，所需水下连接电缆长度等。此外，近海维护费用一般占总成本的25%左右，总成本主要用于风机本身直接维护、备用配件、人力、日常管理费用和保险（EWEA 2009）。

56.目前浮式地基比固定的地基更加昂贵，但一系列的创新正在探索，以大幅降低成本（IRENA，2012c）。这些措施包括整装过程，其中涡轮机在岸上完全组装再转运出海，固定到预先建立的地基上。

57.目前超过 2 000kWb/m²/年。

58.IRENA（2012b）提出，基本成本预估在 4 200 美元/千瓦至 8 400 美元/千瓦之间，使用寿命为 30 年以上。初始投资的主要用于"太阳能电场"，即数组太阳能集热器组成的系统，由金属支撑结构、光板和热传递系统以及土地、劳动力等构成。能源储存系统成本占10%左右，或者更多，但提高利用率能够减少生命周期成本。剩余20%的成本来自于日常运营和维护，大部分用于替换破裂的光板和接收器以及保险。Lazard（2008）预测成熟的系统成本将在0.11美元/千瓦时至0.36美元/千瓦时之间，该预测和IRENA的预测结果一致。

59.光板材料可以使用更轻的前表面反射镜而非较重的银背玻璃。自动化和增量的技术改进也降低了运营成本。对于成本预测的综述见IRENA（2012b）。

60.见 GEA（2012年）中关于生物炼制的阐述。

61. 第一个大型潮汐能电厂于 1966 年开始在法国运作，见 Calamia（2011）。

62.粗略地说，超过 4 000tWh/年的全球潮汐资源仍然十倍于英国的电力消费，大西洋携带了不成比例的能量到达英国海岸。全球大约有 200 种不同的海浪能源设备正处于不同的发展阶段，见（CSIRO 2011；IEA 2011）。

63.当其完整的"碳足迹"被考虑进去，没有能源是完全零碳排放的。虽然将可再生能源转化为电力的过程无直接排放，但转换设备（风力涡轮机，太阳能电池板等）需要能量（和排放）来制造和运行。碳足迹包括来自于制造业的能源和排放、原料的开采、基础施工和非直接的发电厂的运行—— 诸如工人开车进出风电场。但这些排放并未涉及与化石燃料有关的排放。煤（通过合适的"选洗"技术）预估的生命周期排放为 $960gCO_2/kWh$，天然气估计约为其一半。风力（陆地和海上）和太阳热能都小于 $15gCO_2/kWh$。太阳能光伏略高，约为 $32gCO_2/kWh$，核能大约为 $66gCO_2/kWh$。见 Sovacool（2008）。水电的排放各不相同，水库中被淹的植被能够产生甲烷，这种温室气体的温升潜势是二氧化碳的 25 倍。

64.Moss 等（2011）。

65.水电、风能、太阳能、生物质能和地热能的组合能够在 2030 年前电力行业的脱碳中发挥巨大的作用，长期来看，此后潮汐、波浪和其他方式如洋流，发电将进一步补充该组合。国际能源署估计，到 2030 年可再生能源可以提供全球发电总量的 37%，这大概是欧盟预计的在 2020 年左右的水平。

66.碳捕获与封存技术的成本会随电源来源（来自煤或天然气）、燃料成本、计划的复杂性、到达处理池所需管道长度以及处理池的规模和属性等因素变化。核电成本似乎特别敏感，受规划过程的差异、劳动力成本和其他"社会偶然"因素的影响；可再生能源的成本取决于当地的资源（决定因素）以及电力系统的吸收能力。

67.https://www.gov.uk/government/news/new-energy-infrastructure-investment-to-fuel-recovery.初步达成的成交价见下表：

超过 1 千兆瓦潜在的部署的成交价

可再生能源技术	初步的成交价（英镑/兆瓦时）（2012年价格）					潜在的 2020 年部署敏感度（受制于技术和成本）（十亿瓦特）[1]
	2014/15	2015/16	2016/17	2017/18	2018/19	
生物质能转换	105	105	105	105	105	1.2~4
水电	95	95	95	95	95	c.1.7
海上风	155	155	150	140	135	8~16
陆上风	100	100	100	95	95	9~12
大型太阳能光伏	125	125	120	115	110	2.4~3.2

磋商过后，最终的决议削减了陆上风和太阳能光伏的成交价 5 英镑/千瓦时，并增加了一些其他的技术的成交价（DECC 2013），同时确定合同的有效期为 15 年。见第 10 章注释 52 关于巴西电价的拍卖，其 20 年的合同有效期为风能显著地降低了价格。

68.陆上风能（和在某些地区的生物质能和地热能）似乎是第二领域中唯一的竞争性低碳能源，即便如此，在电力市场的竞争中，电价总是由化石燃料决定，而低碳能源，即便拥有非常低的运营成本，依然只能是"电价的接受者"，因此，电力市场的结构决定了低碳能源在本质上面临更高的经济风险。

69.IEA（2010a）。

70.Departmat of Trade and Industry（2008）。

71.Weinert 等（2007）。更多解释请见 Ramzy（2009）"中国的街道，电动自行车的海洋"。广州已通过街道基础设施建设逐步禁止了传统的摩托车上路，但允许脚踏车通过，电动自行车可能面临的结果目前尚不明确。网址：http：//www.itdp.org/documents/Guangzhou%20Case%20Studies%20-%20Motorcycles%2015-Sep-08.pdf。

72.Park 和 Ha（2006）；UK CCC（2009）。

73.UKCCC（2009）。

74.例如，大众的 L1 系列通过使用碳纤维来减少其重量和减小迎风面积。它的能效可超过 200 英里/加仑，相当于悍马约 20 倍的性能。

75.每公里 95 克二氧化碳的标准，只比欧盟目前的 120 克/千米的目标略有收紧，至 2020 年能减少 110Mt 二氧化碳的排放。更多的讨论参见第 5 章。

76.Goldemberg 等在 2004 表明，规模效应和技术进步导致了巴西乙醇对传统化石燃料的竞争力不断提高，同时 Van den Wall Bake 等在 2009 年明确，甘蔗产量的增加是乙醇的生产成本下降的主要原因。

77.尤其是，间接的土地利用变化会导致显著的二氧化碳排放量变化：林地或草地被转换成农田，以取代生物燃料生产（Searchinger 等，2008）。在欧洲生产的生物燃料中，生物柴油占据最大百分比（UNEP 2011），该燃料从农作物中产生，适用于柴油发动机。近期的经济评估请见 IEA（2012）《能源技术展望》。

78.生物乙醇是通过糖的发酵生产的，糖可来源于各种原料。所有植物都含有糖，原则上都可以用于生产生物乙醇。第一代和第二代乙醇的生产过程中从作物中提取糖的方式不同。对于第一代乙醇，在发酵前对糖料作物（如蔗糖）进行处理（例如，通过粉碎、浸泡或化学处理）来提取出糖，而谷类作物（例如玉米）则需要先研磨，然后通过高温酶处理转换成糖（IEA 2008）。

79.第二代乙醇来自于纤维素材料（如木材），其通过酸或酶的水解作用能够被分解成糖（IEA 2004）。

80.混合比例限值指的是乙醇可以与汽油混合的上限的量。在美国，清洁空气法案规定，乙醇可混合在汽油中的上限不能超过 10%。这一上限具有双重的技术原理。首先，汽车制造商并不确定超过这一上限后，他们的车辆在操作上是否安全可靠（灵活的燃料车辆除外）。其次，目前还不清楚现有的燃料分配的基础设施是否能耐受住超过这一上限的乙醇混合燃料。然而，汽车能够使用混合了高达 85% 丁醇的混合燃料，（IEA 2011）。丁醇类似于汽油，并且可以在现有的基础设施进行分配和运输。

81.藻类可以用于生产各种燃料，包括乙醇、丁醇、柴油和碳氢化合物。到目前为止，藻类主要用于生产生物柴油（Darzins 等，2010）。

82.藻类能源能够为二者提供更为合适的替换物（IEA 2011）。

83.Edwards，Kuznetsov 等（2006）；Jamasb 和 Pollitt（2011）。

84.更全面的数据请见 GEA（2012）第 9 章。通过结合不同的来源，图 9.32（GEA 2012：609）表明，基于目前的标准技术，汽车能效提高 50%将增加 4 000 美元（或者更多）的汽车前期成本。若以美国的油价计算，需要 12 年才能回本，若以日本的油价计算，大概需要 6 年时间回本。

85.Bossel（2006）；又见 The Economist（2008）。美国 2010 年撤销氢气项目的研究经费体现了目前对氢气的疑虑，也降低了技术性突破的可能性。大量运输氢气并非易事，建立设备进行生产、灌输和分配氢气也十分不容易。

86.能源详细数据请见 GEA（2012）第 7 章。最近另一项来自 Mercure 和 Salas（2012）的评估显示，全球有成千上万 EJ 的石油和天然气（包括常规和非常规的），煤的储量甚至更多。他们怀疑，铀资源的使用可能会面临更多的限制，可能在本世纪会制约核电的发展。关于地热能，他们的报告称，地热能有 315EJ/年的补给量，和大约 1/10 于补给量的技术潜力（Pollack 等，1993）。

87.除了太阳能电池（>3 000EJ/年）以外，与当前 500EJ/年的可再生能源消费总量（估计风电和生物质能为几百 EJ/年）相比，其他可再生能源的发展相对受限，尽管它们较之电力消费更优。Mercure 和 Salas（2012）也强调水电、波浪和潮汐资源的量分别为 66、19 和 4EJ/年。在一个尽量使用可再生能源的长期情境下，风能、太阳能和生物质能将生产 500～1 000EJ/年的能量，用地约占全球陆地面积的 12%，如不考虑使用海洋能源（如海上风电或蓝藻发电），不同的可再生能源之间将针对土地利用开始相互竞争。GEA（2012：47）也给出了丰富的可再生资源的数据表。

88.Hoyle（1977）。

89.能源的需求和供给量数据，请见 David McKay《可持续能源——没有热风》（2008），该书可以免费从网站 http：//www.withouthotair.com 获得，他确实提出了可再生能源面临的一些实际限制和它们对社会接受度的依赖。

90.全球能源评估援引美国国家能源技术实验室的估计数值，生产非常规的石油会额外释放出 9.5kg ~ 14kgCO$_2$/GJ（NETL 2009）。而生产常规石油时，燃烧环节释放 72.6kgCO$_2$/GJ，总体排放 91kgCO$_2$/GJ（Mejean 和 Hope 2010）。

91.Morgan（2012）；参见前注释。

92.World Energy Outlook（2012）。

93.事实上，由于其独特的限制——例如对化石燃料的依赖、高发电成本、更小的容量、需要先进的负载管理——小岛屿和偏远地区往往成为先进的可再生能源电网管理的试验台（IEA-REDT 2012）。作为太平洋岛屿链上最偏远的岛屿之一，夏威夷的政府正与美国联邦和区域合作伙伴合作，尝试可再生能源和提高能源效率的技术融合，旨在到2030年实现70%清洁能源的使用。（见夏威夷清洁能源倡议（HCEI）网站：http：//www.hawaiicleanenergyinitiative. org/）

94.更多的讨论见 Singh（2008）。

95.对智能电网概念的解释见 Ipakchi 和 Albuyeh（2009）。

96.GEA（2012）第12章。

在这些系统中，共同处理生物质和碳需要一半或更少的生物质来为低碳交通提供燃料，根据要求，先进的燃料应当仅仅由生物质制成，如纤维素乙醇。合作生产也为碳捕获与封存技术获得早期的市场经验提供了一个很有前景的途径，但二氧化碳的捕获在合作生产中比独立发电厂更容易实现……这些系统的经济性取决于温室气体的排放价格和石油价格（GEA 2012：904-5）。

97."撒哈拉森林项目——卡塔尔试验发电厂"，在 UNFCCC COP18 曾被公开展示，见：http//www.saharaforestproject.com.

98.全球能源技术战略项目（全球多个研究机构之间的合作）在2007年公布了其9年的研究报告成果——低碳世界的技术转型。他们认为这一问题并没有一劳永逸的解决办法，并且未来本身具有不确定性，在他们定义的六个关键能源技术体系上，我们应该把我们的重点放在碳捕获与封存、生物技术和生物能、氢能系统、核能、风能、太阳能，以及终端能源技术上（Edmonds，Wise et al.2007）。

参考文献

AEA(2008)Review and Update of UK Abatement Cost Curves for the Industrial, Domestic and Non-Domestic Sector, Final Report to the Committee on Climate Change, UK.

AGECC(2010)Energy for a Sustainable Future-Report and Recommendations. New York: UN Secretary-General's Advisory Group on Energy and Climate Change.

Allwood, J.and Cullen, J.(2009)Steel, Aluminium and Carbon: Alternative Strategies for Meeting the 2050 Carbon Emission Targets, R'09 Conference, Davos.

Allwood, J.et al.(2011)Going on a Metal Diet-Using Less Liquid Metal to Deliver the Same Services and Prolonging Our Metal Life.University of Cambridge, online at: http://www.wellmet2050.com

Aluminum Association(2003)Aluminum Industry Technology Roadmap.Washington, DC.

Bazilian, M.et al.(2012)'Energy access scenarios to 2030 for the power sector in sub-Saharan Africa', Utilities Policy, 20: 1-16.

Bossel, U.(2006)'Does a hydrogen economy make sense?', Proceedings of the IEEE, 94(10): 1826-37.

Brinckerhoff, P.(2011)Electricity Generation Cost Model-2011 Update, Report prepared for the Department of Energy and Climate Change, UK.

Calamia, J.(2011)'Tide turns for turbines', IEEE Spectrum, 28 February; online at: http://spectrum.ieee.org/energy/renewables/tide-turns-for-turbines

CEPI(2011)Unfold the Future-2050 Roadmap to a Low-Carbon Bioeconomy. Confederation of European Paper Industry.

Ceron, J.P.and Dubois, G.(2005)'More mobility means more impact on climate change: prospects for household leisure mobility in France', Belgeo, 1-2: 103-20.

Cullen, J.and Allwood, J.(2010)'Theoretical efficiency limits for energy conversion devices', Energy, 35(5): 2059-69.

Darzins, A., Pienkos, P.and Edye, L.(2010)Current Status and Potential for Algal Biofuels Production, Report to IEA Bioenergy Task 39, pp.43-4.

de Keulenaer H.(2009)'Energy efficient motor driven system', Energy and Environment, 15(5): 873-905.

DECC (2012a) Bioenergy Capital Grant Scheme and Renewable Heat Incentive Scheme-1st Phase, Department of Energy and Climate Change, UK.

DECC (2012b)'Advanced Conversion Technologies—What Is Pyrolysis', Department of Energy and Climate Change, UK; online at: http://chp.decc.gov.uk/cms/advanced-conversion-technologies/

DECC(2013), 'UK Energy Market Reform-Delivery Plan', Department of Energy and Climate Change, UK; online at https://www.gov.uk/government/ publications/electricity-market-reform-delivery-plan

DTI(2008)Energy Consumption in the UK, Department of Trade and Industry, UK.

Economist, The(2008)'The car of the perpetual future', September, p.81.

Edmonds, J.A., Calvin, K. V., Clarke, L.E., Kyle, G.P.and Wise, M.A. (2012) 'Energy and technology lessons since Rio', Energy Economics,34, Suppl.1:S7–S14.

Edmonds, J.A., Wise, M.A., Dooley, J.J., Kim, S.H., Smith, S.J., Runci, P.J.et al. (2007)Global Energy Technology Strategy-Addressing Climate Change:Phase 2 Findings from an International Public-Private Sponsored Research Program.College Park,MD:Joint Global Change Research Institute.

Edwards, P.P., Kuznetsov, V.L.et al. (2006) 'Sustainable hydrogen energy', in T.Jamasb,W.J.Nuttall and M.G.Pollitt(eds), Future Electricity Technologies and Systems.Cambridge:Cambridge University Press.

Ertesvåg, I.(2001)'Society exergy analysis:a comparison of different societies', Energy,26:253–70.

EWEA(2009)Wind in Power.European Wind Energy Association.

Finon, D.(2013)'The transition of the electricity system towards decarbonization: the need for change in the market regime', Climate Policy,13(Suppl.01):130–45.

Finon, D.and Staropoli C.(2001) 'Institutional and technological coevolution in the French electronuclear industry', Industry and Innovation,8(2):179–99.

Flavin, M.(1983)'Excess volatility in the financial markets:a reassessment of the empirical evidence', Journal of Political Economy,91(6):929–56.

GEA(2012)Global Energy Assessment-Towards a Sustainable Future.Cambridge and New York:Cambridge University Press and Laxenburg,Austria:IIASA.

Goldemberg, J.et al.(2004)'Ethanol learning curve-the Brazilian experience', Biomass and Bioenergy,26:301–4.

Grubler,A.(2010)'The cost of the French nuclear scale up:a case of negative learning-by-doing', Energy Policy,38(9):5174–88.

GTM (2011) Technologies, Market Forecast and Leading Players, Smart Grid HAN Strategy Report 2011,GreenTech Media,25 January.

GWEC(2008)Global Wind Energy Outlook.Brussels and Amsterdam:Global Wind Energy Council and Greenpeace.

Hammond, G.and Jones, C.(2008)'Embodied energy and carbon in construction materials', Proceedings of the ICE-Energy,161(2):87–98.

Hasanbeigi, A., Price, L.and Lin, E.(2012)Emerging Energy-Efficiency and CO2 Emission-Reduction Technologies for Cement and Concrete Production, Berkeley National Laboratory,LBNL-5434E.

Hayward,J.A.and Osman,P.(2011)The Potential of Wave Energy,CSIRO,March.

Hayward, J.A., Graham, P.W.and Campbell , P.K. (2011) Projections for the Future Cost of Electricity Generation Technologies,CSIRO EP104982,February.

Heinen-Esser,U.(2011)Germany's Statement in the Plenary Session,IAEA Ministerial Conference on Nuclear Safety,Vienna.

Helm,D.(2011)Presentation to the Nuclear Industry Forum,UK.

Hermann, W.(2006)'Quantifying global exergy resources', Energy,31(12):1685–702.

Hoyle, F.(1977) Energy or Extinction? The Case for Nuclear Energy.London：Heine-
    mann Educational(Open University set book).

IAEA(2005) Thorium Fuel Cycle-Potential Benefits and Challenges.Vienna：IAEA.

ICCT(2011) Global Comparison of Light-Duty Vehicle Fuel Economy/GHG Emissions
    Standards, Update：August.Washington, DC：International Council on Clean
    Transportation.Online at：http://www.theicct.org/sites/default/fi les/ICCT_PVStd_
    Aug2011_web.pdf

IEA(2006) Energy Technology Perspectives 2006：Scenarios and Strategies to 2050.
    Paris：OECD/IEA.

IEA(2008) Energy Technology Perspectives 2008：Scenarios and Strategies to 2050.
    Paris：OECD/IEA.

IEA(2009a) World Energy Outlook.Paris：OECD/IEA.

IEA(2009b) Cement Technology Roadmap 2009：Carbon Emissions Reductions up to
    2050.Paris：OECD/IEA.

IEA(2010a) World Energy Balances.Manchester：ESDS International, University of
    Manchester.

IEA(2010b) Cement Production, Energy Technology Systems Analysis Programme
    (ETSAP), Technology Brief 103.Paris：OECD/IEA.

IEA(2011) Energy Efficient Buildings：Heating and Cooling Equipment.Paris：OECD/
    IFA.

IEA(2012a) Energy Technology Perspectives 2012：Pathways to a Clean Energy Sys-
    tem.Paris：IEA/OECD.

IEA(2012b) World Energy Outlook.Paris：OECD/IEA.

IEA(2012c) Technology Roadmaps for Bioenergy for Heat and Power, Solar Heating
    and Cooling, and Hydro-Power.Paris：OECD/IEA Renewable Energy Division.

Ipakchi, A.and Albuyeh, F.(2009) 'Grid of the future', Power and Energy Markets
    (IEEE), 7(2)：52-62.

IPCC(1999) Special Report：Aviation and the Global Atmosphere.Cambridge：Cam-
    bridge University Press.

IPCC(2004) Climate Change 2007：Mitigation of Climate Change：Working Group III
    Contribution to the Third Assessment Report.Cambridge：Cambridge University
    Press.

IPCC(2007) Climate Change 2007：Mitigation of Climate Change：Working Group III
    Contribution to the Fourth Assessment Report.Cambridge：Cambridge Universi-
    ty Press.

IPCC(2011) Special Report on Renewable Energy.Cambridge：Cambridge University
    Press, Chapter 2-'Biomass'.

IRENA(2012a) Solar Photovoltaics, International Renewable Energy Agency Working
    Paper, Renewable Energy：Cost Analysis Series.

IRENA(2012b) Renewable Power Generation Costs-Summary for Policymakers. Abu
    Dhabi：IRENA.

IRENA(2012c) Renewable Power Generation Costs in 2012：An Overview.Abu Dhabi：IRENA.

Jamasb,T.and Pollitt,M.G(2011)The Future of Electricity Demand：Customers,Citizens and Loads.Cambridge：Cambridge University Press.

Jamasb, T.W.J., Nuttall and Pollitt, M.G. (2006) Future Electricity Technologies and Systems.Cambridge：Cambridge University Press.

Kitson,L.and Wooders,P.(2012)Energy Intensive Industries：Decision–Making for a Low-Carbon Future：The Case of Cement.Winnipeg：International Institute for Sustainable Development.

Lazard(2008)Levelized Cost of Energy Analysis-Version 2.0.New York：Lazard Ltd.

McKay,D.(2008)Sustainable Energy-Without the Hot Air.Cambridge：UIT Cambridge.

Marintek (2 000) Study of Greenhouse Gas Emissions from Ships, Final Report to IMO.Trondheim：Marintek.

Mejean, A.and Hope, C. (2010) Supplying Synthetic Crude Oil from Canadian Oil Sands：A Comparative Study of the Costs and CO2 Emissions of Mining and In-Situ Recovery, Electricity Policy Research Group Working Papers, No.EPRG 1005.Cambridge：University of Cambridge.

Mercure, J.-F.and Salas, P.(2012)'On the global economic potentials and marginal costs of non-renewable resources and the price dynamics of energy commodities',Papers 1209.0708,arXiv.org

Morgan, T.(2012)The Perfect Storm：Energy,Finance and the End of Growth.London：Tullett Prebon.

Moss,T.,Guy,S.,Marvin,S.and Medd,W.(2011)Shaping Urban Infrastructures：Intermediaries and the Governance of Socio-technical Networks. London：Earthscan.

National Academies (2009) America's Energy Future, US National Academies' Report.

National Energy Technology Laboratory (2009) Consideration of crude oil source in evaluating transportation fuel GHG emissions,Report No：DOE/NETL 2009/1360.

OECD(2009)Iron and Steel Industry 2009-Analysis and Data.Paris：IEA/OECD.

Park,Y.and Ha,H.-K.(2006)'Analysis of the impact of high-speed railroad service on air transport demand',Transportation Research Part E：Logistics and Transportation Review,42(2)：95-104.

Pollack,H.N.,Hurter,S.J.and Johnson,J.R.(1993)'Heat flow from the Earth's interior：analysis of the global data set',Reviews of Geophysics,31(3)：267-80.

Ramzy,A.(2009)'On the streets of China electric bikes are swarming',Time Magazine,14 June.

Reichardt,K.,Pfluger,B.,Schleich,J.and Marth,H.(2012)'With or without CCS? Decarbonising the EU power sector', Responses Policy Update No.3, available from：http://www.responsesproject.eu

Roberts,S.(2008)'Altering existing buildings in the UK',Energy Policy,36：4482-6.

Searchinger,T.et al.(2008)'Use of U.S.croplands for biofuels increases greenhouse gases through emissions from land use change',Science,319(5867)：1238-40.

Singh, A. (2008) Climate Co-Benefit Policies in India: Domestic Drivers and North-South Cooperation.London: Climate Strategies.

Sovacool, B. (2008) Valuing the Greenhouse Gas Emissions from Nuclear Power, Energy Policy, 36: 2940-53.

Sreenivasamurthy, U. (2009) 'Domestic climate policy for the steel sector, India', Climate Policy, 9(5): 517-28.

Steinhurst, W., Knight, P.and Schultz, M. (2012) Hydropower Greenhouse Gas Emissions.Cambridge, MA: MIT Press.

Transportation, T.I.C.o.C. (2007) Passenger Vehicle Greenhouse Gas and Fuel Economy Standards: A Global Update.

UK CCC (2009) Meeting the UK Aviation Target-Options for Reducing Emissions to 2050.UK Committee on Climate Change.

UK CCC (2011) Bioenergy Review.UK Committee on Climate Change, 7 December.

UNEP (2011) The Green Economy Report.UNEP.

UNFCCC COP18 (2012) The Sahara Forest Project-Qatar Pilot Plant.Doha: UNFCCC COP18 conference, online at: http://www.saharaforestproject.com

US Census Bureau (2010) New Residential Construction.Washington, DC.

US Department of Energy (DoE) (2011, 2012) Online at: http://www.fueleconomy. gov

Van den Wall Bake, J.D., Junginger, M., Faaij, A., Poot, T.and Walter, A. (2009) 'Explaining the experience curve: cost reductions of Brazilian ethanol from sugarcane', Biomass and Bioenergy, 33( ): 644-58.

Vaze, P. (2008) The Economical Environmentalist: My Attempt to Live a Low-Carbon Life and What It Cost.London: Earthscan.

Weinert, J.et al. (2007) 'The transition to electric bikes in China: history and key reasons for rapid growth', Transportation, 34(3): 301-18.

Wilbanks, T.J.et al. (eds) (2007) 'Industry, settlement and society', in M.L.Parry et al. (eds), Climate Change 2007: Impacts, Adaptation and Vulnerability.Contribution of Working Group II to the Fourth Assessment Report of the Intergovernmental Panel on Climate Change.Cambridge and New York: Cambridge University Press, pp.357-90.

World Nuclear Association (2012) The World Nuclear Industry Status Report.World Nuclear Association.

World Steel Association (2008) Sustainability Report of the World Steel Industry. World Steel Association.

Worrell, E.et al. (2010) Energy Efficiency Improvement and Cost Saving Opportunities for the U.S.Iron and Steel Industry—An ENERGY STAR® Guide for Energy and Plant Managers, Lawrence Berkeley Labs, LBNL-4779E.

Xenergy Inc. (1998) United States Industrial Electric Motor Systems Market Opportunities Assessment, Final Report prepared for Oak Ridge National Laboratory, TN, pp.E9-E11.

[第4章]

为何如此浪费

"我们最差产品的能源效率要比最好产品的能源效率低 1 300%。"

——主要的英国零售商称。

"你们应该高兴，还有检测系统来知道这一点。"

——另一家零售公司回应道。

以上评论均来自 2005 年英国工业联合会举办的一次研讨会，参见碳信托（2005）报告中的引用。

4.1　简介

能源效率是无聊的

当然，对于许多在这领域工作的人来说并非如此。工程师对研究出更多的节能技术乐在其中；企业的能源管理人员也着迷于展示他们如何通过高效的管理减少能源消费和排放；环境研究人员和环保人士热衷于提高能源效率，以节约能源、减少排放、缩减支出，正如这一章所阐述的那样。经济学家则不时质疑能效提高的成本有效性，并警示道，提高能源利用效率可能只会导致人们消耗更多的能源。[1]但是，对于全世界消耗能源的绝大部分群体和组织来说，能源效率并没有什么吸引力。

以上种种夹杂在一起，使节能问题令人着迷。

第一领域的人类行为中众多令人震惊的例子展示了我们是如何使用

（或者说浪费）能源的，人类使用能源的方式也构成了第一支柱政策的基础。如果关于成本效益权衡的传统假设构成了经济理论中的牛顿力学，而进化的经济学提供了类似于相对论的理论来解释巨大体系的长期演化，那么能源效率则阐明了相当于量子力学的内容：正确理解个人和组织决策制定的现实具有很高重要性和价值，尽管它们各自有着诸多借口。毕竟，这就是70亿决策制定者的全球影响力所在。

能源效率直接对经济和环境目标做出贡献的可能性使其根植于第一领域。当然并不仅仅是这一例子。全球福利和环境状况改善的最大潜力来自"清洁烹饪"，因为全球有25亿人仍然使用传统的炉灶和燃料，而且在电力使用方面，有13亿人的生活没有连接输电网。他们的困境反映出极度的贫穷、滞后的发展和不完善的体系，这导致他们远离了"最佳生产前沿"（第2章）。然而，其解决方案更多的是在发展政策和财政政策领域，这并非是这本书的主题。到2030年（见第1章，注释26和第3章，注释1）实现能源普及作为一个重大的能源发展目标正在被广泛推广，《全球能源评估》（2012）认为，这一目标和全球环境目标并不矛盾——因为导致全球过度排放的主要原因是过高的能源消费，而不是满足基本需求。

然而，这一章所关注的能源使用效率问题，才是调节国家发展和全球环境矛盾的关键组成部分，且的确可以解决众多问题。多次被提及的反弹作用并不影响这一点，尽管能源使用效率的确影响和反映出主要利益聚积所在。[2] 第3章指出，整个的能源体系及其附生的各种问题，主要由几类需求所驱动，比如在家里和在办公室，在生产和在运输中；而且在每一个类别中，都有许多的科技选项可以以更少的能源做更多的事情。减少能源需求可以解决能源安全和能源危机，同时促进经济增长，以更小的相关成本和风险来减少碳排放。如此看来，提高能源使用效率是一件三赢的事。既然如此，谁还会反对提高能源使用效率呢？

看似没有人会反对，然而实际上所有人都在反对。消费者的决策是能源和排放的最终驱动力。正如在第3章中简述的那样，提升能源使用效率的潜力是巨大的，但是这一观察结论的中心却存在着一个悖论，一个关于我们自身行为和根深蒂固的经济体系假设的悖论。的确，能源效率可以在最大程度上减少能源消费、降低排放、缩减成本。然而，当工程师们倾向于开发一长串更先进的科技时，经济学家们却趋向于争论这些科技是否真的"更好"，以及人们是否真的会购买并使用这些科技。政策的制定者则试图理解并消除这种分歧。

最经典的争论是如果这些选项真的很好，那么无论如何它们也会成功。从政策的角度来看，工程师们对高效的科技所唱的赞歌在一定程度上砸了他们自己的脚，别人会因此认为能源效率的提高会自然出现，而政府和个人无需经历由此带来的任何困难。

事实上，我们发现，可利用的技术和个人或组织确定会购买、使用该技术之间还有巨大差距，更别提那些仅仅是存在可能性的技术了。这说明提升能源效率并不是件容易的事。这一章概括了能源效率的整体进度，以及我们能从问题的本质中学到什么。第5章将进一步观察那些具体的政策经验和选项。

4.2　证据：趋势和潜能

正如第1章所述，应对20世纪70年代的石油危机的一个最为显著的现象就是大范围的能效提高，这差不多成为了全球性行为。在下一章中将简要介绍一些起到了促进作用的政策措施。这些对策的动机很简单：在石油价格暴涨时多节约能源。这并不意外，但有意思的是自此之后的趋势和国家之间的不同。

与一些期望相反的是，在能源价格暴跌之后能效提高的现象也并没有逆转，俄罗斯是唯一一个（暂时的）例外。[3]这本身就是一个重要的证据。如果科技是停滞的，而能源仅仅是一个生产要素，那么我们就会看到在能源价格上升时能源用得少些，价格下降时则用得多些。出人意料的是，这一假设并没有发生。提升能效的趋势并没有扭转。在2006年，大部分能源价格上涨之前，全世界每一单位GDP产值需要消耗的能源量比20年前的减少了25%。

一些以传统经济方法建立的全球能源模型通过引入一种无所不在的"AEEI"——自主能效提高——来研究这一现象。这种方法一般设定每年的技术进步率为1%，可称之为上天赐予的科技进步，即能源消费的"索洛剩余"（见第11章）。但这也只是对能效提高的一种粗略估计。进一步分析清晰地指向了一个不对称的结果：能效在高价格面前不断增加，且没有随着价格降低而逆转，相反，无论价格如何变化，已提高的能效已经成为系统的一部分。能效上升之后就很少降下来。用经济学语言来说，价格弹性（见第6章）是不对称的。这些现象反映了第一领域和第三领域发展的核心事实：科技的发展和传播受到价格的强烈影响，然后被纳入长期活跃的资本、基础设施和体系中。[4]一些重要的含义会在最后的章节中集中说明。

石油价格危机从某种程度上来说是一个平衡器：能源强度的改进模式自此非常类似于碳强度的改变模式（参见第1章，图1-5），这意味着技术进步与融合的高速发展。20世纪70年代，美国每单位GDP的能源消费量大约是西欧的两倍。当所有地区都在加速提高能效来应对能源价格危机时，美国的改变更为迅速：1980—1986年间其能源强度降低了20%，超过日本的速度，是东欧速度的两倍多。然而，在这之后美国每单位GDP能耗仍比西欧高出1/3，这个差距至今存在，因为在那之后美国和西欧国家每年的技术进步率都低于1%。

从全世界范围看，自1990年能效提高后所节约的能源满足了一半以上的新增的能源相关产品和服务需求。在美国，自1970年后能效提高所节约的能源满足了大约75%的新增需求。[5]所有领域都在节约能源，包括制造业。产业结构的改变（向能源强度更低，附加值更高的方向转变）在一定程度上促进了能源的节约。[6]从效率的角度看，无法判断随之而来的如下改变是好是坏：经济活动转移到价值链上端，重工业产业迁移到海外，能源密集型产品进口增加。以英国为例，国内的二氧化碳排放量自1990年开始下降了12%，但是，若将其进口商品包括的碳排放计算在内的话，英国碳排放总量至少增长了12%。[7]

关于新兴经济体和之前的中央计划经济体的例子也同样令人震惊，尽管由于数据缺失，该问题难以精确表述（详见注释3）。但毫无疑问俄罗斯和中国都曾经在能源使用问题上徘徊于低效利用。俄罗斯试图利用中央计划体制以保护其民众不受能源价格上涨影响，但结果国家经济萧条甚至崩溃，俄罗斯的能源强度实际上增加了。中国却相反，取得了令人瞩目的成就，在过去的25年里，其能源强度减少了一半以上。可能最令人惊讶的例子来自中欧和东欧的十国，这些国家开始和西欧的经济政策接触，并加入欧盟。这些国家自1990年起经历了10年的国家能源强度的徘徊不前，苏联解体后，它们的能源消费降低，国家经济复苏，在随后的15年内国家能源强度降低了一半。

这些成就并不是免费的：事实上，过程极其痛苦。1970年石油价格急剧上涨时美国消费者的暴怒情绪在很大程度上导致了总统吉米·卡特政绩的失败。由于苏联能源补贴，东欧市民所遭受的痛苦来得迟些，程度上却更加糟糕：他们习惯了几乎免费的能源（因此将大量的能源耗费在不保温、低效的房屋上）；他们的收入只有当时西欧市民的一小部分，却不得不开始付出同样代价购买能源，这一过程无疑十分痛苦。

真的，这并不是一个简单的消费者通过节约能源来应对高昂价格的故事。事实上，正如在下一章中所列出的那样，1970年的能源价格冲击调动了民众节约能源的积极性，其中的一些努力保持下来了，但也有一些努力随着能源价格的再次下降而松懈了。

这样的复杂性在更微观的角度同样可见。如今英国进行房屋供暖时需要的能源大约只是1970年的一半，这根本上得益于更高效的供热系统和隔离保温措施（详见图4-1）。正如下一章将指出的那样，这实质上是由政策驱动的。但是这还远远没充分达到其潜能，仅仅只有约一半的房屋采取了基本的措施。[8]德国、荷兰和北欧国家普遍引领了能源效率提升，包括采用能效更高的冷凝水锅炉技术；英国和其他国家在十年或十多年后才跟上这一进度，在一定程度上是对欧盟立法的回应。[9]

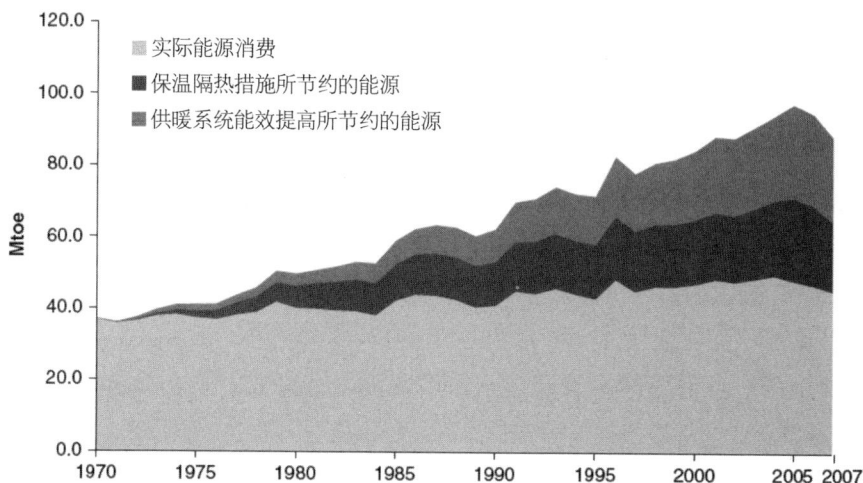

图4-1 1970—2007年间英国住宅通过保温隔热和供暖效率提升所获得的能效收益

注：这一节能数据是建立在如果不采取保温隔热和提高供暖效率的措施将需要多少额外的能源的基础上来计算的。图表显示，英国房屋供暖的能源需求基本上是恒定的，尽管新增了面积更大、温度更高的房屋；而且隔热保温和加热系统效率提高所节约的能源大致相当。

来源：DECC（2009）。

准确地理解，这些数据是能效政策成为第一领域决策的证据之一。战后的大量廉价能源衍生出一种轻率的态度；我们无论是作为个体，还是整个社会，都满足于当前的能源使用状态，大部分人都忘了能效，尽自己方便地大量使用能源，不考虑能源成本和收益。石油危机带给所有人一次剧烈的震动。改变要求付出努力，而社会抗拒这一点，有些改变所要求的时间会很长。20世纪80年代中期石油价格再次下降之后，我们中一些人，包括个体、企业和国家，又一次失去了对能效的兴趣。我们继承了改善了的基础设施和技术，却退回到老的习惯中去，好像能源都是免费的一样。持续的低价是使人重蹈覆辙的重要原因，例如不引进燃油税，也实际上导致了低能效，这已远远超过价格机制的古典理论可以解释的范围了，正如第6章所说明的那样。

4.3　还要增加多少？

我们在能源使用上保持的低效令人吃惊，这既是第一领域采取行动的机遇也是其正当性的进一步的证据。如第3章所概述，能够提高能源使用效率的技术储备十分丰富。全球对这些技术潜能的评价各有不同，但都一致认为这些技术数量众多，而且成本有效。

第2章展示了一项涉及范围最广的二氧化碳全球减排潜力及成本评估结果——即"麦肯锡成本曲线"（详见第2章，图2-4）。该评估涵盖了21个国家和地区的150个技术。在图表的左边显示的是成本为"负值"的部分：如果通过麦肯锡研究的长期的折现率来评估，利用这些选项减排能够获得净收益。这部分技术的行业细节在图4-2中加以展示。该图显示，相对于基线而言（该基线已假设了大量常规能效提高技术带来的收益），到2030年这些技术能节约大量能源，同时减少100亿吨二氧化碳排放量。

该图覆盖了大约1/3的全球化石燃料消费和二氧化碳排放。在这样的趋势预计下，通过实施这些措施极有可能在接下来的20年里将全球能源消费和排放的增长趋势扭转为下降趋势。这些还只是在研究中已经展现出来了的具有成本效益的技术选项。麦肯锡的分析虽然本质上和许多能源研究者数十年来一直所说的内容没有什么区别，但由于其来自于最有影响力的全球研究机构，因此有助于唤起全球对能效这一"免费午餐"的巨大兴趣。

不出意外，"麦肯锡曲线"遭遇了来自不同的甚至对立的观点的批评。首先，它引发了那些拒绝相信现代市场经济竟然如此低效（详见第2章，图2-3）的经济学家的强烈抵制。而且这些数据动摇了一直以来流行的关于低效大部分发生在发展中国家的观点。[10]当经济学家们分析这些数据时，他们解释称麦肯锡一定是忽视了各方面的隐藏成本或者其他导致实际成本增加的因素（如图4-2中的A部分）。这些考虑确实有一定道理，但是运用第二领域的假设来分析这些证据却得不到预期的结果。[11]人们

2030 年年度减排量（单位：十亿吨二氧化碳）

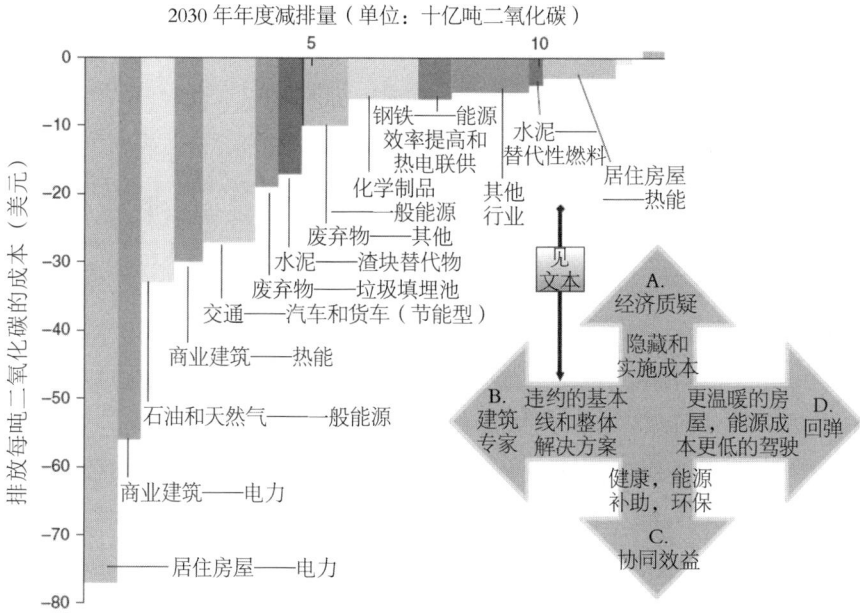

图 4-2 到 2030 年明显的负成本减排的全球潜能

来源：作者，根据 2009 年麦肯锡公司研究数据整理。

似乎在抵制从经济的能效缺口中获得"免费午餐"。原因在于这些分析家将负成本等同于没有痛苦，然而负成本实际上意味着大量政策和制度上的改变，包括能力建设和市场结构的改革。

从另一个角度来看，一些研究能效的尤其是研究建筑热能效率（以减少供暖和制冷的能源需求）的专家提出，麦肯锡对技术潜力的估计仍然过于保守。麦肯锡估计在 20 年内，通过建筑物相关措施可以节约大量能源和资金（平均节约成本超过 30 美元/吨二氧化碳），全球每年能够减少 35 亿吨二氧化碳排放量。在政府间气候变化专门委员会第四次评估报告中，这一学术组织也进行了一次类似评估，并估算出了一个更大的建筑物节能减排的负成本潜力值，预计到 2030 年每年约减排 50 亿吨二氧化碳（图 2-4 的 B 部分）。房屋的热性能差异尤其明显。麦肯锡分析预计亚洲将不惜代价保证所有新建建筑的高能效（必要时将采用高成本的措施），并且该分析包括了富裕国家中将现有的房屋改造成更高能效标准所需的高成本。

东欧的专家们也反对麦肯锡报告中对于东欧地区能效水平过低的判断。[12]学术专家指出麦肯锡逐个评估节能技术的做法忽略了整体建筑能效提升的空间。评估能源体系的整体节能潜力则更为复杂。[13]

还有一些针对其他问题的批评。麦肯锡公司评估经济时是以当地能源价格为基础的（因此俄罗斯能效提升空间在假设中被定得很低）。然而，这些价格通常是经过补贴的，或者没有包括其他环境影响（外部性）的成本。这在第1章的1.3节中提到过，在第6章中有进一步讨论。对能源效率的整体社会效益进行全面的经济评估需要包括这些成本，这样做可以增强经济成效（如图2-4中的C部分）。建筑专家也倾向于确定能源效率提高后带来的额外协同效益，比如工作和生活环境的改善。

最后，一个更为普遍的对能效的批评是能效收益可能会遭遇反弹效应，因为能效提高降低了人们做某一件事的成本，那么人们做这件事的次数就会增多，这抵消了能源和环境效益（如图2-4中的D部分），最终抵消了经济收益（见第5章）。

这些观点各有优劣，但都没有否认我们需要更好地理解能效提高的潜力有多大，以及应在何种条件下以何种速度来实现这种能效改进。

初级技术行业十分有趣。建筑物中电能表现突出，因为它提供了最大的经济收益（超过50美元/吨二氧化碳），而且减少了10亿吨二氧化碳的排放。商业大厦和轻型汽车估计能减少20亿吨二氧化碳排放，每吨的经济收益约为30美元。有意思的是，评估认为，石油和天然气行业中非能源效率的提高也能够节约相当的成本。工业过程和废弃物处理领域能效的提高所节约的成本约为每吨二氧化碳20美元。住宅房屋隔热层提供了最大的"负成本"的二氧化碳减排，但麦肯锡公司评估认为其经济收益微不足道，这一结论引起建筑专家们的强烈反对（见注释12）。

尽管第一支柱的分析主要集中在建筑业，但能效问题同样存在于其他领域。在提升轻型汽车和工业部门的能效方面还有相当大的潜力，这在政府间气候变化专门委员会第四次评估报告中并没有得以量化，但在国际能源署的分析中得到重点突出。在麦肯锡研究报告中，能源效率正是"负成本"节能的大部分潜力所在；到 2030 年可以减少 65 亿～80 亿吨二氧化碳的排放，平均投资回报率为 17%。[14]

进一步分析英国的数据，我们发现工业节能的潜力与其实际表现有所出入，我们将在本章后面分析组织决策时详细讨论其原因。

所有这些高水平的评估报告都暗示着从投资能源效率中获得的经济收益将是巨大的，事实上的确如此。有一些改进措施在几个月之后就能看到能源成本的节约，大部分措施（例如改进阁楼和夹心墙保温措施）要在几年后才能看到回报。有一些措施可能需要更长时间，但其回报依然要比一般的消费者利率高很多。在商业领域，尽管有着较长的投资期，但对热电联产（CHP）或智能建筑管理体系的投资都有很大回报潜力。[15]

国家机构和国际性评估报告中充斥着这样的证据，证实了能效潜能并非只狭隘地存在于建筑业或个体的能源使用方面。在英国商业部门，碳信托基金通过目标能源审计指出，如果企业和组织都以他们最高的能源效率运转，平均每年可以节约 36 亿英镑的成本和减少 2 900 万吨二氧化碳排放量。在住宅领域提供类似服务的节能信托基金预估，住宅房屋的节能减排潜力平均为每户家庭每年节约能源成本 300 英镑，相当于 1.5 吨二氧化碳排放，全英国 2 600 万户家庭加起来的二氧化碳减排潜力等同于企业的减排潜力，且其每年节约的能源成本将是企业的两倍。[16]

由于科技、经济、制度和文化等因素的影响，需要多长时间、在何种程度上实现能效提高都还是不确定的。然而，目前的实现程度显然还远远未充分发挥其潜力。落后的科技伴随着完全不必要的成本和能源投入的模式似乎一直贯穿于对建筑业、交通业和工业的投资中。在最具经济收益的措施和消费者的实际选择之间的差距被称为"能效鸿沟"。

对于那些相信人们和经济体系是理性的，且现代市场经济有效运转的人来说，需要进一步解释能效鸿沟的存在。对政策也是如此：除非我们可以确定究竟是什么导致了这种差距，否则我们不可能消除它。

4.4　解释：改变的障碍和动力

　　面对能效鸿沟，许多经济学家和政策制定者过去的第一直接反应通常是否认其存在。我的一个剑桥大学经济学院毕业的同事称，他简直无法相信存在如此多的具有成本效益的节能减排的机会，若真如此，现实情况则背离了理性经济行为的基本原则。

　　除了否认，第二个反应是探寻原因，提高能源使用效率显然具有经济和其他方面利益，那么是什么阻碍了人们对这一明显事实视而不见呢？目前有大量的文献在举证提高能效的众多障碍。[17]大约确定或提出了一百多种障碍，可以有效地归纳为四个主要类别，正如图4-3中左边部分所示例的（包括关键例子），具体如下：

- 财政成本——能效投资的真正障碍；
- 隐藏成本——实际支出了但无法在资金流向中直接反映的成本；
- 市场失灵——当需要为改进措施买单的主体（如房东）可能并非受益人（如租客）时产生的明显的激励错位；
- 行为性因素。

　　对可能促进个人和组织提高能效的驱动力的研究较少，可能因为能效提高的动力被广泛地认为仅仅是为了节约成本和减少能源使用，而我们所需要做的仅仅是移除障碍。正如任何市场学、社会学和管理学的专家都会指出的那样，事实上能效提高的动力被过于简单化了。如图4-3右边部分显示了大量的潜在的驱动力，同样被分成几类。但如图所示，天平似乎倾斜向障碍的那一边。

资金、资本限制和折现金字塔

　　第一类是直接的资金计算，所需的额外投资（若存在）是主要障碍，而减少能源消费的资金价值是主要驱动。这十分简单，听上去一点也不像一个阻碍：这是现代经济行为的中心。

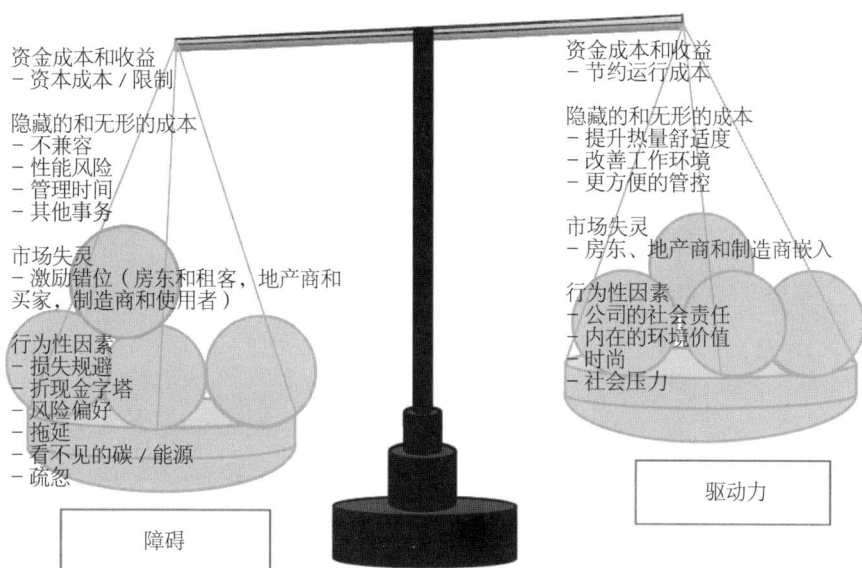

图4-3 能效的障碍和驱动

注：图中展示了能效提高的四类障碍和可以抵消障碍的驱动力，并都配有一些文献中最为常见的例子。如图所示，障碍和驱动力的天平并不平衡，这就解释了为什么具备成本效益的能效措施在其潜能和实践之间一直存在明显的差距。能够增加应对这些障碍或者增加能效动力的事物也有机会获得很好的经济收益。

来源：摘自CarbonTrust（2005）和UNEP（2009），《建筑和气候变化》，联合国环境规划署可持续建筑促进会，巴黎（表1），亦见Ryan（2011）和注释。[17]

但不幸的是，这实际上并没那么简单，尤其是当我们关注于是否达到了能效的最佳效果时。首当其冲的要求是价格要合适，包括额外成本支出，而第二支柱（第6~8章）中所展示的实例往往并非如此：能源往往有补助，而额外的成本很少被全部纳入，能源的实际节约的成本由此减少。

从更根本的角度看，大部分的能源效率投资都是由个体做出的小决定，不管是在家里还是在工作场所。而他们经常面对真正的或者他们假想的对开支的约束，这与更大的决策制定（包括在能源供应方面）的方式是不一样的。对观察到的大部分消费者的短视目光，一些文献表示焦虑，例如，消费者的折现率要比一个大型合作投资的折现率要高得多。他们所掌握的资本规模是不同的，消费者经常面对更高的收益率，而且当他们认为某项成本会增加风险时，他们就会犹豫不前。

许多组织的基层能源管理和设备购买决策也同样如此。例如，能源管理者常常被预算所约束，预算仅允许他们投资一两年就能看到回报的项目。而且相比购买一件产品而言，能效投资可能还伴随着花费了资金却不一定有能源节约收益的风险。

机构中的行动迟缓和极短的回报周期要求证实了这一点。具有一年回报周期的措施具有明显吸引力，这些措施无须追加投资，并在1年之后通过节能产生净收益。英国碳信托基金的一份调查显示，大约有一半的通过节能审核的具有一年投资回报期的措施得到实施，而需要2～3年投资回报期的措施只有1/4得到实行（见图4-4）。

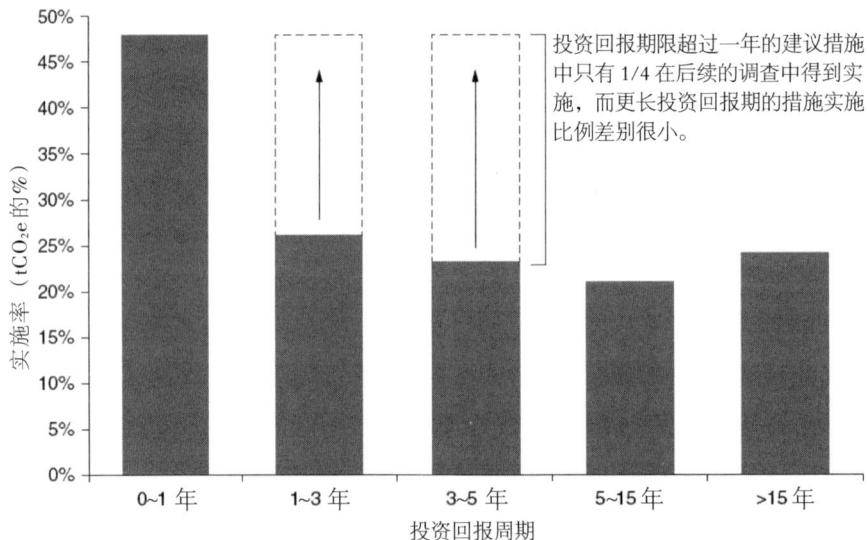

图4-4 英国企业实施碳信托基金建议措施的比例：取决于投资回报周期

注：这一柱状图显示了2006—2007年公众、服务业、零售业和化学行业对碳信托基金建议措施的反应。

来源：碳信托基金，基于碳管理/能源效率建议数据库（作者通过私人渠道获得）。

实际上，这里存在着一个广义的"折现金字塔"，在金字塔中，越是小的实体或者是组织中等级较低的部分，其未来收益越低。然而大部分的有关能效的决策都是小规模的。[18]

科技的日新月异使技术的适用期变短，反而增加了投资技术的风险：今天最好的投资可能并不会一直最好。我们可以等更好的，但这些都会导致未来能源节约所获的收益现值大大缩水。

隐藏的成本

第二类障碍来自实际发生却隐藏不见的成本。若一项新的节能装置难以使用或者根本不适合现有的基础设施，例如一种新的节能灯泡不适合现有的灯座，那么就会增加一项额外的成本，而该成本在评估时可能被忽略掉。获取信息和评估新措施同样需要时间和精力，实际的成本有：弄清哪一种产品最好，学会安装过程，新技术的应用和保养维护。许多文献和经济学领域还涉及交易成本。[19]

隐藏成本是可以估计的。在21世纪初，英国政府试图大力提升能源效率，于是发起了一项预估隐藏成本的研究。在研究了一些家庭的和商业的措施之后，调查结果显示，1/6~1/3的"能效鸿沟"可能是由隐藏成本所导致的。人们对这一结论的反应很有趣。能源效率的拥护者们关注这一结论的隐含意义：能效潜能可能只有他们之前宣称的2/3；许多经济学家感到困惑，他们曾深信隐藏成本是造成"能效鸿沟"的最主要原因。[20]然而事实却不是这样的。

消费者购买任何新产品，无论是否关注能效，都会涉及一些搜寻成本，一些想象的"隐藏成本"可能会消失。有些隐藏成本可能是假想中的，比如若对新科技不熟悉，那么消费者可能不愿意冒险尝试。此外，一些隐藏成本会随着时间发展而减少，比如人们获得越来越多新的信息，新的产品在一个组织或一户家庭中变得更常见，比如基础设施和技术变得匹配（以灯罩和灯座为例）。大部分的隐藏成本因而变成了改变的障碍：但它们不会一直都是障碍。在许多案例中，潜在的障碍通常被认为是财务或者隐藏的成本，但实际上其本质可能更多的和消费行为有关。

隐藏成本同样也可通过政策减少：通过有公信力的机构提供服务和技

术支持，还有的通过政策措施——例如规定产品的最低能效标准和取缔能效低的产品。这样大众消费者便无须挖掘那些企业选择归避的产品信息；清晰的标签也能带来类似的好处，这在第5章中有详细说明。

并非只有成本被隐藏，在天平"驱动力"一侧，隐藏的利益同样存在——通常在能效投资中出现。一个设计优良的、高能效的建筑物，除了能降低能源支出之外，往往还具有更好的供暖和视听效果。这些改变可以增加家庭的舒适度；而在工作场所，这些改变则能提高工作效率——一份研究表明工作效率可以提高16%，这样的好处显然能抵消任何前期的成本。[21]

用能效投资来换取能源节约的前提假设是，能源的构成成分是可以被分开且各部分的成本独立。然而从制造业的经验来看（如第5章所述），情况远非如此：通常，越是节能的设备越是能从方方面面体现现代化，更好的设计，系统更优的控制，往往能带来一系列的无法单独计算的隐藏收益。提升的能效能带来一揽子收益，覆盖现代化的全过程——这与经典理论中关于提高能效的成本收益假设是完全不同的。

激励错位：租客与房东以及其他分歧

第三类障碍与市场失灵相关，典型案例是"激励错位"——买单的人却没有消费产品。最好的例子是房东和租客在租赁房屋节能改造上的分歧。大部分的商业地产是租出去的。房屋租赁的模式在全球各有不同，但即便在英国这样花了30年时间鼓励私有住房的国家仍有1/3人选择租住他人住房。

业主或房东一直是改善房屋的能效并为之买单的人。他们很少支付能源账单。租客通常不被允许进行房屋基本建设投资，当然也没有激励因素能让他们这样做；下一位租客会收到更低的能源账单，而房东的房产会升值。更进一步，如果一栋房屋是由几户人家合租，能源费用一般会由他们平摊，这也就意味着其中一户租客节约能源产生的效益也会被平分。

理论上，一栋更节能的建筑可能会带来其他利益。如，美国商业办公楼的"环保标签"不仅提高了入住率，还额外地提高了租赁和销售的价格。在欧洲，早期的研究得出了不一样的结论，且相互之间无法达成共识。这些影响是否足够大，或者是否已被充分认知、接受，并广泛传播，以克服"房东–租客"利益激励错位，这些似乎还不能确定。

房东–租客激励错位是最典型的、普遍存在的案例，但还存在着更多其他的激励错位案例。一般的分类包括：内置硬件（与主机的错位）、供应链的激励错位，以及（建筑的）视觉和非视觉的属性带来的激励错位。

电动机是内置硬件的一个不错的例子。极少有人真正去单独买个电动机：电动机安装在洗衣机和其他许多家用电器中，以及其他各种生产设备中。其能源节约的潜力非常巨大，在第3章中已经说明（详见第22条注释）。但是，购买者对马达的能效无可选择，销售者也不会因为安装一个不节能的马达而造成额外的能源支出。毫无疑问，在制造业中，使用能效更高的电动机是其提升能效潜力的最大领域。

工业供应链的契约结构也会很容易导致能源方面的激励错位，有时甚至还产生明显的对立。在供应链中一个更有趣的例子是制作薯片，全生命周期的碳核算使得生产者可以明确二氧化碳排放量和成本支出，并实现巨额节约。[23]

住宅改造也可能影响房屋视觉美观和非视觉的其他体验，因而降低了改造的吸引力。例如在英国的文化保护区或具有历史意义的保护建筑上安装双层玻璃。这通常需要获得特别批准和专业的定做设计。增建外墙也很麻烦，可能造成破坏，成本还很高。这些难以定量的影响形成了提升现有建筑隔热保温性能的顽固障碍。

信息与制度失灵，以及能源服务公司的角色

上文已阐述了三种最广泛的提升能效的障碍，在开始第四类障碍——行为因素的分析之前，我们首先来思考下信息的角色。从事这一领域研究的一位同事进行了一个有趣的实验，询问他的目标受众们认为在家中修建保温的空心墙需要花费多少钱、可能会节约多少能源。他们通常对此没有任何概念，实在必须回答，他们则倾向于高估隔热的费用而低估能节省的能源价值。好笑的是这一实验受众中有一些经济学家，这些经济学家一直宣称"能效鸿沟"并不存在，因为人们已经采取了理性的、精明的决策。[24]

　　信息不充分本身就常常被看作一个主要障碍。但实际上，正如图4-5所示，信息匮乏的阻力还要更大：不对称的信息实际上存在于所有障碍中，并能扩大障碍的影响。如上面的例子所证明的，它会阻碍具有成本效益的决策并使人们轻易产生偏见。获取信息的成本就是一项典型的"隐藏成本"。而激励错位也很容易被根本不了解其他选项的任何一方放大。

　　这点尤其是在交易双方——委托人和代理人——获得的信息不同时最为明显。所有的经济理论都指出可能产生的问题包括"道德风险"和"逆向选择"，从而导致更糟的产品占领市场——这一系列远见使得三个经济学家在2001年赢得了"经济学领域的诺贝尔奖"。[25]尽管这在当时并没有被广泛接受，但一些在电器应用方面的经验数据却清晰指向了这一现象。这一信息推进了欧盟强制使用能效标签，并获得令人激动的成果，第5章将对此进行说明。[26]

　　当然，对任何市场而言信息都是中心因素，而且不能够免费获得。大部分信息是由制造商来买单的，他们想要卖给你一样产品，那么，就会想要告诉你这产品有多么好。这也是市场营销的一部分。有时中立的组织便由此建立，政府和私人机构都能保护消费者。

　　在能源方面，业界人士自然会期望能源服务公司（ESCOs）的出现，来推销能效。事实上，对能源服务公司潜力的宣传会每隔一段时间定期爆发。能源服务公司可以为不知如何提高能效的顾客提供信息——一般会提供有价值的成本和机会评估。能源服务公司能针对不同的顾客做出提高能源效率的许诺和节约能源的保证。他们还能设计和开发能效项目，在某些情况下还能负责设备的安装和维护，从而减少交易成本。

　　能源服务公司开始引人注目是在20世纪70年代美国遭遇第一次石油危机后。这一概念迅速传播到欧洲的许多国家，并得到了许多政府的大力支持。鉴于能源服务公司巨大的潜力，人们都希望能源服务公司能够繁荣发展。但是，即便是在能源成本高昂、提高能效的国家驱动力强劲的德国，当能源服务公司被寄予厚望时，能效的提高仍然面临重重制约。这被归因于高额的交易成本使人们面对大型项目举步不前，而且缺乏消费者需求。[27]

一个核心的问题在于最初的资金，无论从何处筹集，都必须由节能产生的资金流偿还，这被称为"合同能源管理"。它要求合同的一方能够在合同规定的时间内测量、监控、核查能源节约状况。这需要一个合理节约预测使双方都能相信最终结果，并提前约定收益如何分配。

普遍看来，这并不容易。整个过程首先需要从能源审计开始，依此能源服务公司才能确认节能的潜力。然而，在做好了能源审计之后，企业可能决定自行提升性能，或者寻找另一家能源服务公司来实行。有一些障碍并非信息流通便能够克服，比如小型节能收益较大的折现率和房东与租客的激励错位。残酷的事实是，卖出一件实物设备比起未来的能源成本降低产生的细水长流的收益（通常由能源服务公司估测）容易得多，后者还伴随着许多怀疑和不确定性。信任在这样的一个交易中是至关重要的，但却普遍缺失。

事实是，除了在那些能源成本急剧上升的时期，消费者的需求还不足以克服这些根深蒂固的交易障碍。为了启动并加快进程，一些国家开展了对工业、建筑和交通的强制性能源审计，但相对而言，这是最近才出现的，因此造成的影响还知之甚少。[28]受政府资金支持的提供此类服务机构发展良好，这在下一章中将会讨论到。

我们可以选择就分析到这里。然而，承认政府的作用之一是提供集中的信息，但是如果能效市场不能自我维持，这难道不是正好说明能效的改进并不像看起来那么便宜吗？"能效鸿沟"的真正含义在于提高能效过程的隐藏成本。政府并没有义务对其进行补贴或加以特别的推动。我们也没有理由假设政府能够完成那些市场无力完成的事情。"市场失灵"并不意味着"政府失灵"的情况会更少一些。

这个问题正是为什么观察经验证据十分重要的原因之一，也正是第5章的目的之所在。对反常现象的分析和理解有助于为政府施加干预促进节能降耗划出一条清晰的路径。在下一章的调查案例中，累积的经验将证明政策同时降低了能源消费和成本。然而，正如所解释的那样，问题仍然存在，而且在一些国家中能效仍然有可能成为使国家与个体之间对立的政治难题；或者，在某种意义上来说，这些需要政府投入的项目正在逐渐成为公共基础开支缩减的牺牲品。

这就是为什么进一步挖掘第四类也是最后一类"障碍与驱动力"显得十分重要。

4.5　行为现实：个体

第四类障碍与驱动力在很大程度上为能效的提高和政策的制定提供了新的视角和机遇。前三类传统上的障碍类型在分析时仍然先假设个体和组织在经济上基本是理性的：即他们会被金钱激发积极性，阻碍变化的是对未来成本和收益的不确定性、隐藏成本或者诸如激励错位这样的特定市场失灵的理性推测。现在可以明确的是这样的假设过于简单化——这真的很重要。

听起来很奇怪，我们对"实际行为"的理解在过去的数十年里得到了极大提高，所传递的信息十分明确。衡量购买价格和未来的长期收益是理性经济人活动的一种假设模式，但在实际的消费者选择中这却很少成为最重要因素。这种行为的异常，隐晦且复杂，通常要重要得多。这些行为可能受到各方面的影响如社会规范、经验法则、拖延习惯和其他类别广泛的从时尚到潜在价值的考虑因素。

这些内容在很早以前就为公众所知，或者说似乎已经变成了常识。在20世纪50年代，经济学自身衍化出"满意理论"的一些原理来说明一项观察结果：即人们似乎通常会对那些实际上并没有那么好的决定感到满足。由于"经济理性"选择的概念是大部分经济理论的核心基础，"有限理性"概念的提出解释了这一难题，"有限理性"概念假设消费者做出的决定在他们所拥有的注意力和信息的范围内是理性的。[29]

然而，对于将"行为经济学"设立为一门专门的学科的赞誉通常要追溯到上世纪70年代的一些工作，尤其是丹尼尔·卡内曼（Daniel Kahn-eman）和弗农·史密斯（Vernon Smith），他们二人因其开创性的成就而获得了2002年的诺贝尔经济学奖。弗农·史密斯创造了一套实验方法来测试关于经济行为的设想，而丹尼尔·卡内曼将这一基本理念应用到对人类在不确定情况下做出判断和决策行为的系统研究中。从这之后，这一领域充满了各种极具吸引力的见解，如今新兴的神经行为学研究扩大了这一领域的研究范围，从研究人类行为发展到了研究人类大脑如何思考。[30]

相关观点论述数量极多，本书无法全部概括，但有一些观点对能效领域问题的研究似乎尤为重要。[31]以下两条表述的交叉部分正好以它们的方式解释了一些关于能效鸿沟的问题。

我们更多地考虑损失，而不是等值的收益：损失会引起一定程度的情绪反应，这是等值的收益带来的愉悦感无法弥补的；我们天生不愿意看到损失，没有把潜在的损失和收益放在一起衡量。

我们在对时间的态度上是前后不一致的：个体会对当下的事情更为重视，而未来的事情的价值则被大打折扣，这种对时间态度的完全不一致即被称为"双曲线贴现率"。[32]

因此，如果把"损失"比作使用资金，而"收益"比作接下来一些年内节省下来的资金，那么这个天平已经是严重倾斜了。在涉及能源效率的投资时，这是危险的，这意味着当下投入资金的损失将会不成比例地使长期收益黯然失色。此外，这种现象还可能会因为投资回收的风险和不确定性而被极力扩大：行为经济学的第三个重要发现是人们与生俱来地对风险持有偏见。

拖延是另一种常见的人类性格特征：把决定推迟到第二天。

如果我们仔细反思一下，会发现我们都有一些拖延的实际经历。比如我自己，15年前我在伦敦买下的小房子，即一套复式住宅，以它自己的方式成为了一个彰显我学到的关于能源和行为等内容的个人标志（见专栏4-1）。这栋房屋曾严重浪费能源，现在仍然如此，只不过浪费的能源要少多了。房屋的一些改进措施由我自己快速地完成，其他一些改进则一直等到我被高涨的能源价格所驱使才完成。一些改进措施是源于地方政府施加给我压力让我处理一下房产，其他则是被相关补助或者被其他小政策所推动。在我将房子出租出去之后，我发现自己在一定程度上反过来又试图调动租客们的积极性，推动他们节能。在大部分情况下这是非常有益的，然而我们还能做得更好。

专栏4-1　一个普通房屋的崇高故事

为了把能效成本、收益、障碍和驱动力等抽象概念联系到实际中来，我想到了我在伦敦的一间小屋子：两层的复式住宅，在撒切尔夫人的产权改革政策下买到的。它有着老式的木窗户、白炽灯和中央供暖系统，供暖系统通过一个老式的燃气锅炉把水灌入热水箱中来工作。

我检查后发现在楼体和水箱间有一些隔热保温措施。我很快换上了更简洁的荧光灯（一项在几年后就被新设计淘汰的"隐藏成本"），最后（惯性——一种行为性特征）我还到附近买了一台新的"A级"节能的电冰箱和单独的冷冻箱。那时这些物品是有着清晰的标签的（可减少寻找最节能的产品而产生的隐藏成本，而且也有补偿给我"隐藏利益"的驱动力，即这些标签清晰地显示我买的是最好的产品）。无论如何，那时节能冰箱受到了许多人的青睐，因为节能冰箱几乎和其他冰箱的价格一样（"规模经济"）。

很长一段时间里我都没能抽出时间来考虑房子的其他部分（又是惯性——并非对成本和收益的合理考虑）。然而，有一天地方政府宣布要做一项大型窗户改建工作。于是工人们进来了，一通破坏（隐藏成本）之后，很快我有了新的闪闪发亮的、双层而且节能的窗户，同时也一起收到一份需要在未来几年内偿还的高额账单。就我自己而言，我绝对不会花钱换窗户（前期成本障碍），也不会计划改建（交易成本），而且节能带来的收益可能还不够支付改建的账单。但是房子变得没那么透风了，能更安全地抵御非法闯入，而且从街上传来的噪音也变小了（全都是隐形收益）。可是，到那时候，我已经把房子出租了，而享受到这些好处的人则是我的租客们（激励错位）。

两年之后我收到一封信：除非我拒绝，否则9月16日工人们会抵达我家，在阁楼上安装更好的保温隔热设备。原因是我的隔热设备只有2英寸厚，但按照要求至少需要有6英寸厚才行。议会会为此买单，而我只需要负责清理阁楼。作为一项行为改进政策，给点补贴就这样发号施令，这显然有点专横。为了摆脱这个，我只能拒绝。（但我怎么可能那么做？）能源价格提高也促使租客们同意对房屋进行改建。我花了两天时间打扫阁楼，然后把物品清理整齐（一项相当大的隐藏成本），但是我也发现一些有价值的东西，包括一套全新的音响系统！而后阁楼上所有物品都整齐有序地分类摆放好，便于以后寻找，有一些保存良好的旧物则被送到慈善机构（广泛分享的隐藏收益），随后还得到了明显降低的能源账单——这是最传统意义上的收益，但几乎与实际的决定完全无关。

几年后，我毫不犹豫地宣布节能收益抵销支出后结余是正数，但如果不是当地政府的干涉，我可能永远都不会对我的房屋进行改进。在最后，我换掉了那个老旧的锅炉，购买了一个稍小的、好看的联合冷凝式锅炉（在一点小补助的帮助下购买），这也意味着我可以换掉那个旧水箱——一些笨重的金属板可以回收，同时也给自己空出一个新橱柜大小的空间（这次是从科技进展方面得到的更多的隐藏收益）。

能源消费（以及能源成本、碳排放量）在不断下降。这难道是因为在制定决策时我自身的理性思维对成本收益进行了研究吗？别开玩笑了——我竟然还是碳信托的首席经济学家。最终让人困惑的一项观点是，一些简化了的经济模型不仅仅假设自由的市场经济能够达到一种最佳的效率，还假设已做出的改进也有可能倒退：比如一项提高能效的措施可能在能源价格飙升时变得具有成本效益，而一旦能源价格下跌，情况就会反转。更复杂精细的经济模型则需要考虑到资本的有效期限，普遍是一二十年。我满怀期待我的新窗户能使用数十年，而且不会被质量差的替换。至于阁楼，我希望房子能存在多久，保温隔热板就能用多久（可能会一百年甚至更多）。即便某天能源变得免费，我也不可能将它们移除。

有些行为因素会被不确定性驱动。在能源和环境领域，浮动的能源价格和不断演变的能源和气候立法过程等不确定因素都会放大这些行为。结合其他已知的行为特征，不确定性往往会导致拖延和阻止改变。

原因有很多方面。现状就如我们所知，因此人们会选择风险最小的选项。所谓"禀赋效应"是指对同样的物品，当人们已经拥有时，相对于还没有拥有时而言，人们对这物品的价值衡量会不成比例地偏高。这种效应增强了一种趋势，即等待别人先尝试新事物，通过别人来检验新产品是否真的能带来所宣传的利益效果，以此获得替代性的经验。[33]集体反应要对改变更加抗拒，而且单单靠信息本身没有影响力，但是邻居良好的实践体验则会产生强大有效的影响——这一观察形成了一个成功的能效公司的基础（见专栏4-2）。

专栏4-2　行为经济学和能源使用——"世界上最大的社会科学实验"

缺乏消费者的参与会导致能源浪费，也往往意味着针对家庭的能效政策比预期的作用小。大部分关于行为经济学的研究都并没有关注能源，但在2001年加利福尼亚州为了对抗能源短缺问题，进行了一项社会科学实验，研究出了许多不同方法以刺激消费者更多地使用电风扇来代替空调。

相对而言，关于减少开支、环境效益、节约电能以避免电力管制等信息被证明不具影响力。但是，当我们得知他们的邻居正在采取这些措施时，能源消费立刻下降了6%。如果采取节能措施会造成一些不便，那么不管是适度的经济收益吸引还是道德的劝告可能都无法促使我们行动，即便我们明白这是应该做的正确的事。但是来自社会的压力和公共规范被正确利用后会成为强有力的驱动因素[a]。

2007年两个哈佛毕业生着手成立了一家公司，以行为学研究为基础来节约能源。Opower与想要或者有义务帮助客户节约能源的机构合作。它传递的是个人化的信息，将一户家庭的能源消费情况和他们的邻居的能源消费进行对比，还提供一些帮助顾客采取措施的小窍门。宣传范围从报纸扩展到网络、邮件、移动电话，甚至控温器。Opower的平台极大地依赖于行为科学的观点，以及数据分析和消费者友好型设计，比如：

●邻居间的比较不仅利用了社会标准，还暗含着"替代性经验"（人们倾向于做一些他们认为别人也做的事情）；

●传递给客户的信息强调了可避免的损失，而非能获得的收益（利用客户对损失的厌恶——"你比你的节能的邻居多使用了X%的电能，多花费了Y美元。"）；

● 承诺设定一个节能的目标（承诺可以引起注意、测量进展并提供成就感——就如同那些减肥者广泛采取的方式一样）。

在短短6年内，Opower的合作对象增至85家，为1 500万户家庭提供纸质报告，其客户绝大部分在美国国内，但也在向国外拓展。报告的项目（目前为止超过80个）使用随机控制实验，并接受至少20个独立的评估。麻省理工学院的Hunt Allcott是这样描述的：它是"史上最大的随机领域实验之一"，并给出这样的结论，行为能效项目平均节约了总电耗的2%，"其影响相当于短期内电能价格上涨11%~20%，而经济收益相比于传统能源节约项目要更胜一筹。"[b]

Opower的项目总的来说已经节约了相当于一个中型城市的年度能耗量。主要的经验包括：如果没有主动的、个性化的、相关的信息沟通，行为的改变可能会随着时间流逝而消失；消费者们需要的是观点，而不是数据；消费者们必须要能看到他们的节约成效（通过记录过程和与他人进行比较）。有了这些经验，节约会继续，并且可能会随着时间累积缓慢增长，因为更多的使用者们会采取更雄心勃勃的措施，而这也会促进公众更广泛的参与[c]。

注释

[a] Cialdini 和 Schultz（2004）《通过社会规范来理解和刺激能源节约》，最终报告。网址请见：http://opower.com/uploads/library/file/2/understanding_and_motivating_ energy_conservation_via_social_norms.pdf. 第四条信息直接传递了以下信息："当接受调研时，你的邻居中有77%的人称他们关掉了空调，使用电风扇。请加入他们，关掉空调并打开电风扇。"

[b] Allcott（2011）评估了17个运行时间最长的能源使用项目，涵盖60万户家庭的两千两百万个物业账单。

[c] 参考Laskey和Kavazovic（2011）和Opower（2013）。Opower平台设计的四个关键沟通原则：简单、相关、可执行、具有激励性。

当面对不确定的事物时，我们倾向于依据社会规范来做决定。当接触到一项新的、陌生的科技时，我们会从周围的人群里寻找该如何应对的答案，而面对不确定时最为普遍的群体反应就是拒绝改变。

尽管收益十分明显，我们也可能不会去做，因为我们的行为并非总是紧跟着思想。比如，最简单的出门之前关灯的行为就很容易被忘掉；你可以有很多很好的设想，但旧习惯很难根除。所谓的"促成因素"在将意愿、习惯和我们的行为联系起来的过程中是很重要的。例如，现代的传感器可以自动关灯，这就可极大地缩小意愿和结果之间的差距。同样的，当一个地方的城市规划负责任地为行人和骑自行车的人考虑了，就会有更多的人选择步行和骑单车。正如图4-5所显示的那样，第二、第三支柱的一些干预措施可以促进更好的选择。

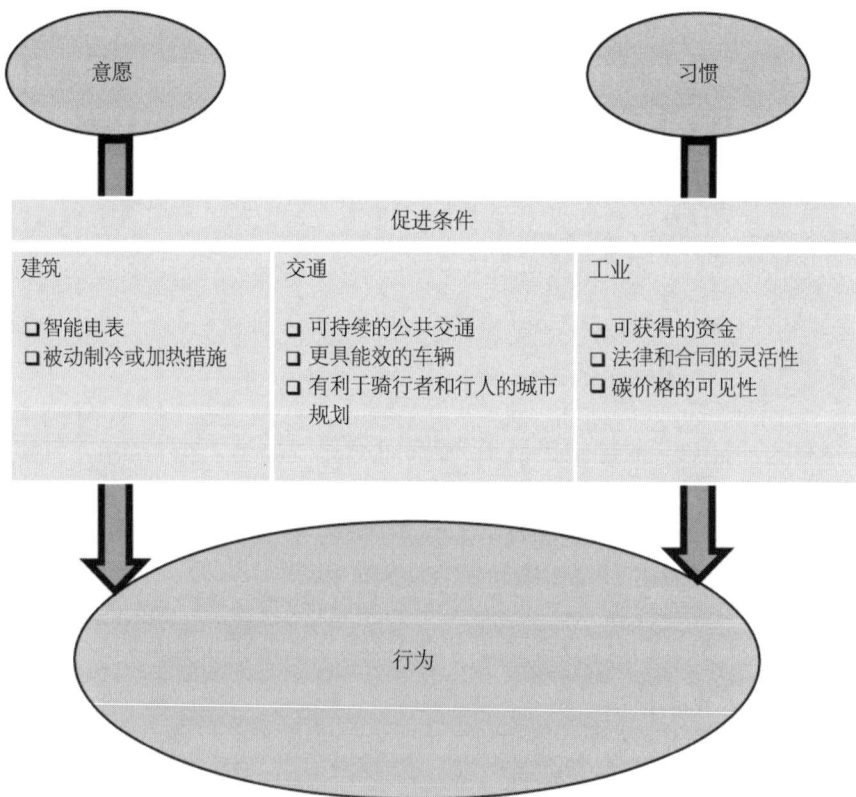

图4-5 对意愿、习惯和促进条件的行为依赖

来源：DECC（2011）.

通过描绘出抵制改变的各种偏见，行为经济学更深刻地解释了为什么更有效的措施和"新"技术（对那些还没有接触的人而言是新的）的实施如此缓慢。

不确定性并不能仅仅靠提供更多信息来解决。人们可能意识不到已提供的信息、不信任信息，或者难以辨别大量来源不同的信息。大量信息的轰炸可能只会起到反效果，使得人们又回到原有的规范中。

地球上有70亿人，人类的行为标准是至关重要的，第一领域的核心涉及以下三个基本观点：

- 行为现实进一步解释并放大了对能效的经济最优化水平的偏见，且阻碍了更好的技术发展。
- 人类对进步的渴望和集体对改变的抗拒之间持续地保持着紧张关系。
- 人类的动机是复杂的，也依靠于社会环境：金钱仅仅是众多激励因素中的一个。

行为经济学有它的局限，具体来说，关于新古典主义设想和期望的具体界定还有很大的讨论空间。[34]它也不意味着免费获得收益，事实上，行为经济学的一些特征放大了挑战。但是它指明了一些心理学观点可以用来刺激进步。集体意志可能存在相当大的惰性，但是一旦有了改进，其进程在绝大多数情况下不会倒退。在本书的结论部分（见第12章第4节）表明这是全球挑战中一个重要的、却被忽视的方面。

4.6　行为现实：组织

我们可能都已经接受了个体决策在经济上可能是非理性的，但我们通常假设集体组织的决策要理性一些。毕竟，私人企业的生存取决于其是否是"最好的"，所谓"最好"，毫无疑问，是就其赚钱能力而言。个体也许各有各的怪癖，但主流经济学一般会假定企业会理性地让成本最优化。[35]

然而这种情况几乎没有出现。管理科学的迅速发展反映出组织决策行为的复杂性，与此同时，行为经济学的发展也衍生出了相当多的关于集体组织理论的重要文献。DeCanio等人给出了第二领域代表性企业的四个普遍性的关键假设，在将企业和其他组织的实际结构和行为加以解析的专业文献中，这些假设引起了激烈的争论。[36]事实上他们代表了企业无效的主要类型，第2章（图2-3（b））中用于解释三大领域的曲线很好地反映了这些内容。关于能源利用的很多具体的发现也印证了行为经济学中关于个人行为的论述。[37]：

• 如同个体一样，企业通常使用简单的"经验法则"和行为规范，这些都来源于企业习惯和文化中的错误经验或者传统设想，在专业文献中被称为"认知偏差"。组织的网络理论解释了为什么企业会采用简单的原则来处理复杂事件，而这可能导致它们错过偏离核心业务的机会。

• 个体存在对规避损失的偏见，类似地，当他们处于一个组织严密的等级制度中时，他们会偏向于保守：以传统方式做一件事时你不大可能受到指责，但是如果用新的方式做一件事就可能要冒着一旦做错事就会被指责的高风险。

• 员工们处理事件（如能源使用）的动机也是至关重要的，且极大地依靠来自上层的示范和指挥，但也受到自下而上的内部文化——主要是情感进程的影响。

• 无论是企业和其顾客之间还是企业和其投资者之间的信息流都是至关重要的，但也显然不够完美。信息的呈现方式、可比性和可靠性都十分关键。因此，市场营销和品牌推广是对外（和对内）树立简单形象的关键所在。

尽管这一文献没有太多关注能源的内容，但它很好地阐释了关键点。有大量清晰的证据表明，集体组织和个体一样浪费能源——从这一章开头的引用内容中即可见。在美国，经观测得知，企业选择忽视平均投资回报率达到45%的照明项目，直到针对性的干预政策推动它们利用这样的机会。[38]英国碳信托基金在常年和企业打交道累积的经验中发现了类似的潜力，并确认了大量这样的节能且省钱的潜在机会（参见图4-4）。

麦肯锡的全球曲线也有类似的发现。麦肯锡的研究发现有趣的现象，即尽管保温隔热措施在住宅领域的潜力是最大的，但在商业建筑中才是最有成本效益的（参见图4-1）。除了处理小型房产会导致的巨额交易成本这个原因之外，还有一个貌似合理的理由，即在大部分的国家，大部分的组织会租用房产而非拥有自己的房产（然而，家用住宅的拥有程度在各个国家各有不同）。因此，"房东-租客"之间的激励错位要更加普遍，还可能因为频繁地更换办公室租客而扩大，这使得能源使用的责任分担变得几乎不可能。

理解集体组织中的能源决策

对大部分的组织而言，能源并非其最大的支出。与个体决策一样，能源并未触及高级决策的"雷达网"。在一些案例中情况甚至更糟，因为浪费的并不是个人的金钱。这在一些大型的服务型企业中最为典型，比如，能源成本被看作是不可避免的成本——并非是考核经理们的可控成本的一部分。此外，由于它们对现状的偏爱，组织很难摆脱那些低效的行为——就如同那个啤酒厂工人使用水泵的案例所演示的那样。[39]

组织决策制定的关键特征是：决策都是关于管理、激励和动机。个人可能知道节能措施，但并不意味着组织就会实施它。组织经济学（换言之，管理科学）长期存在"委托人-代理人"这一中心矛盾：在组织等级中的产权所有者和经理、老板和员工之间总会出现关系失灵和激励失灵的情况。高层的理念可能无法往下渗透，底层的信息可能永远无法向上反映，结果就可能导致一系列的"内部激励错位"。

在理论上，能效投资可以与同一经济范围的任一投资项目抗衡。而在实际上，能效项目往往输给更简单的投资回报模式或更低的初始成本。[40] 事实上在大部分组织中，系统较低层的人员是比较少接触到资本的；当董事会正在考虑一项二十年的投资时，经理人可能更加关注一个一两年就能看到回报的项目。[41]"次要"的成本，包括能源，常常会被忽视，即便管理好能源之后将会获得比一个大项目更高的回报率，但大项目能够获得更多的管理关注和专项预算。[42]

　　当然，对于高级管理人员来说不在次要成本上花时间可能是相当理性的行为，但如此偏见就很容易产生。坚持按照企业一直以来的方式做事，或者不随便花钱，就不大可能被老板批评；在新事物上花钱是有风险的（在经济学语境中，代理人理论强调"代理人是不愿意承担风险的"）。对新设备节能效果的不信任，或者因无法测量而无力检测新设备运行等，都会放大这一影响。此外，相关决策者可能对产品的能耗并不感兴趣，比如负责引擎升级与更新的工程师，或者信息技术设备的经理等。而设备可能是由那些缺乏知识、信息和有着尽力减少生产成本的动机的人来指定、采购并维修。办公室工作人员、工作设备的操作者和设计者的情况也是一样的。只要成本不是特别地高昂，组织就很少有动力去研究解决这样的低效现象。当然，在理论上优秀的管理会组织解决方案，但在实际上这很难，而且这种情况很少出现。[43]

　　因此，组织会出人意料地和个体一样浪费能源，即便是大的能源公司。关于节能机会被忽视的一个惊人案例发生在上世纪90年代的英国石油公司，在决定通过减少内部能源损耗来处理公司的二氧化碳排放问题之后，英国石油公司预计最终每年能节省下6亿英镑的能源开支，同时减少公司约10%的二氧化碳排放。[44]测量、管理和动力三者的联合是关键。麦肯锡公司的数据（参见图4-2）显示，石油和天然气产业中存在着巨大的、持续的高成本收益的节能潜力。任何事情都是相对的；油气的大规模开发价值数十亿美元，相比之下，几百万美元的项目收益显得微不足道。很少有企业会在这样小的规模上运营，但它们的原理是一样的。

合同约束和公共部门

　　这样的能源浪费并非仅仅发生在企业之中；公共部门的低效也已经臭名昭著，机构之间的合约也放大了这一问题。一位管理人员抱怨道，英国将民间资本带入公共项目的机制从各方面采取措施（例如花钱提高能效）来防止项目中途流产。[45]而一个组织的管理层、分包商（和潜在的能源服务公司）都有各自的态度、利益和行动方案——而且各自的行为和意图都受到复杂的合作环境的制约，容易发生各方之间的意见不合、沟通不畅和互不信任。[46]

同样常见的是缺乏能效的预算限制，尤其是在公共部门。没有此类安排，工作人员可能就无法进行哪怕一个简单的几个月之后即可见回报的改进。英国有许多这样的案例，这些案例表明有四个具体的障碍妨碍了公共部门能效提升。[47]

最后还有一部分内容对组织来说是大不一样的。优秀的管理者一直在研究如何激发员工的积极性，以及如何吸引到顾客。他们比其他任何人都要了解这两项工作要比简单的赚钱重要得多；他们潜心于创造一个能吸引一系列价值的品牌。除了所有的障碍，这也能提供机会。以上所述的内容意味着，如果对环境的关注能激发对能源使用的注意力，那么成本自然而然会降低。

4.7 更好的建筑：长期潜能的动态视图

正如4.3节所指明的那样，在能源系统数不胜数的浪费案例中，最大的节能潜力似乎是与建筑有关。鉴于本章中已给出了对障碍和行为的初步认识，现在已经非常好理解为何最大的节能潜力在建筑。能源消费成本在能源密集型产业甚至交通运输业的总成本中所占的比例要比在建筑业中所占的比例大得多。在这些领域，过于激烈的竞争压力可能来自于对手更高的能源使用效率或营销更节能产品——确实，在油价高涨的时候，汽车制造商们可能在能效和驾驶成本方面展开竞争。

形成鲜明对比的是，建筑中的能源成本差不多一直是相对于主要活动的附属部分，我们也不会因为能源成本而搬进或是轻易地换到另一栋建筑：竞争的压力几乎根本不存在。所有这些因素都暗示着建筑的能源使用有可能被第一领域决策过程所控制，无论是对于个体还是集体的居住者而言都是如此。这是一个合理的假设，既有建筑中能源损耗的证据支持，也有关于个体和集体决策的强有力的理论支撑。没有任何其他领域能如此大范围地进行能源效率改进，且又能得到如此切实可见的多重收益。麦肯锡公司和政府间气候变化专门委员会的专家之间所争论的内容，从来都不否认建筑能效的提高能够实现大规模的、具有成本收益的减排；他们也不否认能效提高能够带来巨大的降低成本的机遇。

展望全球，改变需求的范围和模式已经清晰可见（见图4-6）。建筑业如今已经占据了全球能源使用的40%和二氧化碳排放的1/3，其减排前景相当可观。北美家庭的人均能源消费超过了8 000千瓦时/年——相当于每人每小时消耗1千瓦能源——欧洲和俄罗斯的数据并没有低多少。显然，寒冷区域的能源消费有理由多一些，但这在一定程度上会被更高的建筑节能水平抵消，而在炎热区域空调的使用也会增加。在许多发展中国家，能源消费水平仍然是上述水平的1/5，但会急剧增加。

另一个令人震惊的案例是商业建筑能耗占比的巨大区别。在日本，商业建筑能耗实际上已经超过了日本家庭的能源消费（相对较小）。在大部分发达国家中商业建筑能耗占据了庞大的且不断增长的份额，但在大部分的发展中国家中，其依然只扮演很小的角色，这暗示了一个信息——商业建筑领域的能源需求大量增长似乎只有通过政策来中和。改变需要覆盖到民用住宅和商业建筑两个领域：同时理解民宅和商业建筑中的能效是至关重要的。

然而技术手段早已可获，正如GEA（2012）所总结的：

材料技术的进展和专业知识能够使全世界所有气候带的房屋具有良好的成本收益，但这些房屋目前只使用了传统的新建建筑最终供暖和制冷能耗的10% ~ 40%。对现有房屋建筑的整体改建也能使热能使用节省50%~90%，这显然是一项有良好收益的投资。

提升热力性能的创收潜力是最大的，照明和部分电器的电力使用效率的提升也是主要的节能途径之一。

因此，全球能源评估情境显示了建筑业有着最大的节能潜力，到本世纪中叶全球能源消费和碳排放可能增长50%，但如果在全球范围内实施最好的节能措施，全球能源消费和碳排放则可能减少43%。通过总结政策经验，第5章（见图5-7）说明了这一点及其实际可能产生的影响。这意味着我们正面临一个高度融合的动态挑战：几乎全世界的所有建筑——大约10亿民用住宅和数以万亿计的办公楼或其他商业建筑——都在消耗能源并排放二氧化碳。建筑业有着最大的节能潜力，但主要原则和观点也适用于其他领域。

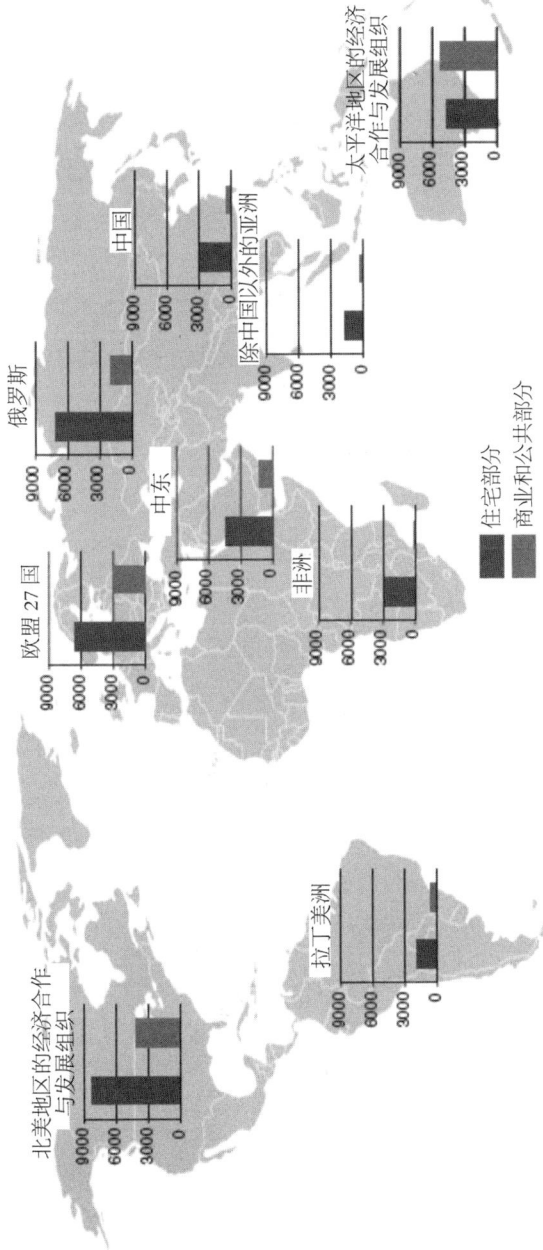

图 4-6　不同地区的人均建筑物能源消费

来源：GEA（2012），第 10 章，图 10-4。

更广泛地来看，一份针对美、英、法、德、意、加、日、俄等八国集团和中、印、南非、墨西哥、巴西等五国的主要工业化国家和新兴经济体（"G8+5"）的报告分析了节能潜力和政策，并介绍称全球能效提升的速度可以达到且应该达到每年2.5%。这应该由工业化国家的性能改进充当先锋。[48]专家们预计，用这种方法使能效提升速率翻倍也许差不多能使全球能源消费趋稳，到2030年能避免3万亿美元的新能源开发投资，每年能为消费者节省5 000亿美元，并使得全球大气中的二氧化碳浓度低于550ppm。政府间气候变化专门委员会对此进行了评估和文献补充，得出了类似的数据，虽然国际能源署的数据要更谨慎一些。[49]如果我们能提升平均能效收益至每年2%（甚至更多），我们将需要变得更聪明。我们需要更好地理解是什么因素造成了阻碍，以及如何改变这些因素。

4.8 结论

第一领域的人类活动具有地方特色，与对能效的理解尤其相关。对于大部分的个人和组织来说，大多数情况下能源、排放和气候变化都是无形的，问题在于：更好的投资或行为改变可能带来的节能潜力也是无形的。在这些案例中，起到约束作用的因素既不是成本，也不是科技；阻碍来自于建筑业利益刺激的错位和人类个体与组织行为根深蒂固的旧有模式。类似的特征也使得其他领域的浪费行为屡见不鲜，尽管规模不一。

关于能源效率方面的长期研究如今得到了行为科学的更全面的支撑，行为科学针对为什么大部分人类的能源决策并不积极，反而是消极的、短视的、规避风险的这一问题提供了一个更深入的解释：因为人类行为很大程度上是由习惯、情感和相关过程以及禀赋效应驱动的。如果忽略了这些因素，就将付出不必要的昂贵代价，并可能最终失败。

这些潜在的特征为削减能源消费和排放并同时获得净利润勾画了清晰的蓝图。说起来简单，就其自身而言，至少从20世纪70年代的石油危机开始就已经提出了广泛的要求。同样地，怀疑也无处不在。通过分析可知，关键是对称地改变图4-3中所显示的障碍和驱动的天平，从前者到后者。要实现这一点，需要建立在对现有政策的辨识和经验上。因此，现在我们需要转而考虑我们已经实现了什么，以及可以从中学到什么。

注释

1. 对能源效率的真实潜力有两个基本疑虑，Helm（2011）对此有着清晰表述。他警告称："能源效率在气候变化政策中的角色是基于两个不完善的论点的：一是能源效率将会大幅减少能源的总体需求，二是存在着大量的可获得积极收益的项目。前一个论点很难得到证实，而后一个则面临严重质疑，而且取决于能源价格的变化。"当这些怀疑在经济学家们中得到普遍响应时，从经济学角度对实际数据进行调查的学术批评文献却不那么常见；其中最为详尽、引证最为广泛的讨论，可参考注释。"这一章和下一章的目的在于检验类似的以详实的证据和第一领域理论为基础的观点。

2. 在使某些能源消费的活动变得更有效率的过程中，由于降低了活动中与能源相关的成本，结果导致能源使用不减反增。大力的反弹会抵消能源–环境收益，但这也预示着生产活动被高能源成本所抑制，因此主要的收益通过经济收益和福利来实现。轻微的反弹则意味着，要么能源成本不重要，要么该能源的使用已经近乎饱和（例如一栋建筑物中的供暖已经达到了舒适的水平）。第5章（5.6节）对其内涵进行了预判和讨论。

3. 国家能源强度是描述国内生产总值所消耗能源总量的术语。它与能源效率成反比，但能源效率有着更为丰富的含义，国家能源强度这一术语只在国家相关统计中使用。这一时期的俄罗斯和苏联国家的数据并不是特别可靠，而且在它们经济变革前和变革中购买力平价汇率的不确定性也导致情况更加复杂。汇率使对这一时期许多发展中国家的评估变得复杂，在一些更为贫困的发展中国家（包括像印度一样较大的国家），数据要更复杂难懂，因为它们的大部分能源消费都是传统的、非商业的燃料，甚至不在能源统计的范围内。

4. 参考 Grubb 等（1995）的一份早期的研究总结和评论。

5. Ehrhardt-Martinez 和 Laitner（2008）。

6.在石油危机之后的数十年里，工业化国家的制造业能源强度大约降低了1/3，原因在于国际能源署评估的主要经济体的结构性调整（IEA，2004；GEA，2012）。

7.Willis 和 Eyre（2011）。

8.DECC（2009）报告称，只有40%的英国房屋建有夹心墙，50%的房屋装上了双层玻璃，57%的房屋有最厚的顶楼隔热措施。在 CERT 和 CESP 项目的推动下，这些数据得到了显著的增长（详见第5章，专栏5-3和注释43）。

9.冷凝水锅炉从燃烧排放的蒸汽中获得能源，能提升10%~15%的能效。许多年以来，英国政府（和工程师们）始终认为这一技术并不可靠，会被市场自然淘汰。欧洲率先使用这一技术的国家领先了其他欧洲国家10年，相关的政府和行业激励不断介入（包括工程师培训），直到这些国家尝试推动欧盟立法，却因技术的实际应用所反映的低效受限时，这项技术的发展才告一段落。

10.许多经济学家建议称，发展中国家可能会出现重大的低效率现象，因为他们没有建立有竞争力的能源市场。然而，麦肯锡曲线显示发展中国家能源效率的潜力大致和 OECD 国家以及其他地区的潜力相同（详见第2章，图2-4）。

11.古典经济学最近一次聚焦批判麦肯锡曲线的讨论来自 Allcott 和 Greenstone（2012）。他们的文章介绍了一些实际上只与他们的研究相关的数学方法，定义"投资效率"为参数 g，当 $g=1$ 时是最理想的投资。该分析基于 $g=1$ 的假设，将证明的重点放在了推翻理性最优化个人行为假设上，社会最优化相关的问题与此类似。文章称该假设未被推翻。比如，他们指出在现实生活中15%~25%的消费者贴现率和信用卡的实际利率并没有多大区别，并认为这表明消费者在能效方面的投资充分接近于最优行为。实际上，这恰恰证实了此书中关于第一领域存在高回报节能潜力的观点。令人无奈的是，消费者在购买耗能的耐用品时似乎对能效兴趣不大。第5章注释43也有相关论述，企业也不太关注能效，尽管确认这些项目能带给消费者隐藏的（不定量的）成本和收益。公共政策也聚焦于相对短期的回报，无视建筑能效投资的长期性和第三领域影响的整体性，比如在讨论汽车能效标准时（见第9章），没有考虑管理对创新的影响以及不同领域的互动（见第12章）。通过数学方法将投资失灵和价格外部效应失灵区别开来有利于分析的清晰化，但也排除了一种可能性，即能源效率投资不仅仅能减少无法估量的外部效应，也使得引进合适的价格更具政治可行性（较低的能源需求也能降低能源价格，但这是完全不同的）。潜在的挑战仍然存在：针对麦肯锡曲线和能效潜力的许多批评都是合理的，而且认为潜力不如预期也是完全合理的（正如这本书所认为的），但除非通过更加合理可信的预测和证据，没有人能理直气壮地宣布能效的成本收益潜力微不足道。

12. 如图2-4显示的那样，麦肯锡公司预计住宅的减排总潜力超过了20亿吨CO_2，但节约的成本微乎其微。这一预测结果被建筑专家们谴责为在规模和成本的预测上过于保守。政府间气候变化委员会第三工作组（2007）评估认为，建筑物减排55亿吨时可能出现"负成本"，其核心案例的净收益将超过20美元/每吨二氧化碳。这包括了在亚洲、苏联和其他新兴经济体国家中的大型住宅节能项目。这一结果的前提是麦肯锡假设这些国家会确保其国内新建建筑的能效超过能效基准线。麦肯锡预测的住宅总热量减少潜力差不多有1/4是和高成本的措施联系在一起的——亚洲超过$250MtCO_2$的减排潜力是和严格的重建标准相联系的（成本为30美元～40美元/每吨二氧化碳），超过1亿吨二氧化碳的减排与经济合作与发展组织成员国的改建有关，其成本约为前者的两倍（约为60美元/每吨二氧化碳）。显然这在总量上有重合；其他措施的平均成本为25美元～30美元/每吨二氧化碳。俄罗斯的专家也曾争论称麦肯锡极大地低估了提升俄罗斯建筑存量能效的成本收益潜力（Bashmakov，2011），巨额负成本之外的区域费用曲线通常能被确定。

13. 对麦肯锡曲线的另一个批评是它将效率潜能视为个体测量的总和。这就无法反映整个行业的系统节能潜力。一项基于性能分析的方法采取了全局的视角，将高能效的建筑设计所能产生的收益集中起来（Ürge-

Vorsatz 等人，2012）。弥补这一不足，全球能效潜力需要通过模型来评估，该模型必须能够反映整个能源体系的一致性以避免重复计算且能证实效率收益并非能源转化链上的附属物；如此一来，高效率的建筑会降低电力系统或供热网络提升效率带来的净收益。不管是麦肯锡还是政府间气候变化专门委员会的评估都声明了这一点；现在仍不能确定的是重叠部分的潜能如何被完全排除。

14.Mc Kinsey & Co.（2008）。IPCC WG Ⅲ（2007）对其他领域的负成本潜力的评估要低于麦肯锡公司的评估，但其对交通能源效率的评估更加局限，而且完全没有区分工业和发电的"负成本"潜力，基于经典经济学理论，如果以上内容成立，那么工业则无论如何都会抓住机会。

15.更多内容参见 IPCC（2007），以及本章中关于建筑能源效率机遇的众多参考文献。

16.数据分别来自 Carbon Trust（2011）和 Energy Saving Trust（2011）。

17.GEA（2012）报告中有几章内容包含了能效文献的综述——潜力、障碍、政策，其覆盖面要比 IPCC Forrh Assess-ment（2007）更加全面广泛。思维上的挑战在于如何从可接触到的大量详细分析中得到一个清晰、全面的理解。IEA（Ryan，2011；Hood，2011）给出了文献的精彩导读。国际能源署的分类相当接近地反映了这本书的内容，即委托-代理人问题（信息不对称和激励错位）和行为失灵；其他方面可以总结为信息问题。隐藏成本是否应该被当作"障碍"是语义上的问题（观察到的行为最佳选择在一定范围内可以由隐藏成本概念来解释），它们独特的经济意义是以下列事实为基础的：一是一些隐藏成本可能已经被政策给移除了（例如由行业标准和标签降低了获取信息的成本）；二是它们往往是过渡性的，而非长久不变的，这在最后结论章节有高度概括。

18.鉴于已有大量的文献讨论贴现问题，"折现金字塔"的这一特点受到的关注似乎很少，而且在应用到组织行为中时并没有被注意到。考虑个体消费者的高贴现率问题的经济学文献已经从其高风险的特征（资本约束、规避风险和基本建设的相关成本）角度解释了这一问题，同时，也有一些文献称这是消费者完美的理性反应，而那些引导消费者从长远角度购物的政策导致了福利的减少。这种观点仅仅在有限的模型假设中成立。本书中的研究并没有排除任何讨论共同行为中的"折现金字塔"的文献。对个体和集体行为的最合理的解释来自于下一节将会讨论到的行为特征，它清晰地解释了为什么更重视未来收益（贴现较少）的政策更能够在最后获益。见第12章中关于其内涵的解释。

19. 更多对能源效率的交易成本的讨论参见Sorrell等人（2004）。

20. 这份报告是德国恩泰克集团提交给环境、食品和农村事务部的，大约在2004年5月左右，就像世界上所有的数不胜数的咨询公司的报告一样，他已经湮没在时间里了。但公众对这份报告的两极化的反应还历历在目。敏锐的读者们总是会做出自己的预测尝试。

21. Lovins 和 Lovins（1997）。一般而言工作场合的劳务成本是能源成本的25倍，这些隐藏的收益可能要比更明显地提升能效带来的收益重要得多。同样可参考GEA2012年报告，第8章。

22. 详见第5章，注释46。

23. 这个案例涉及沃克斯薯片——一个英国的知名品牌。该企业与碳信托基金合作研究制作薯片过程中的碳足迹，结果发现"全生命周期"的排放主要来自炸薯片时所使用的能源；而油炸薯片所用能源在很大程度上由马铃薯的含水量决定。沃克斯按马铃薯称重的公斤数来结算，发现有些供应商会将马铃薯放在加湿器中来增加销售时的重量——这同时造成了能源浪费和额外的碳排放。通过改进和指定马铃薯供应商之间的合同，使用干重当量作为结算依据，沃克斯既削减了成本，也减少了排放——而且通过薯片包装上的碳足迹标签很好地给它自己打了广告。

24. Nick Eyre，英国牛津大学，个人通信。

25. 当一个"委托人"无法核实一个"代理人"的真实表现时，"道德危机"就会产生。因为当委托人不清楚他们所接受的服务是怎样的水平时，他们就不会购买更好的服务。这导致了逆向选择。例如，当购买者无法检验商品质量时，那么低效的和高效的商品都以同样价格售出，而消费者很可能一直坚持购买他们所知道的品牌。这样一来，新科技的传播就受到了阻碍——事实上差一些的产品可能也会畅销。诺贝尔他本人没有为经济学设立奖项，但是作为替代，瑞典中央银行为纪念阿尔弗雷德·诺贝尔而设立的经济学奖项，建立了一种奖励模式，每年嘉奖特定研究领域的关键性突破。为了肯定非对称信息研究的重要性，2001年这一奖项颁给了George Akerlof（因为他对逆向选择分析的贡献）、Michael Spence（因为他展示了在这一情况下信息传输质量的极高价值）和Josephe Stiglitz（因为他演示了非对称信息是理解包括失业和信贷配给在内的许多现象的关键）。详见Bleischwitz和Andersen（2009）。

26.1990年左右欧盟的研究清晰地演示了冰箱的成本与其效率没有可识别的关系；见Herring（1992）。大约在这本书出版时，我和一位经济学家有过一次谈话，他坚持认为能源效率标准本质上是无效的，而且会导致成本增加，因为它们妨碍了市场。当我解释在研究冰箱的成本中发现的证据时，他回答道："哦，经验学派！我说的是理论！"——这显然会成为他在争论中的王牌说法。20年过去了，第5章（参见图4-5）的结论证实了在这个案例中完美市场的理论错得有多离谱。

27.Bleyl-Androschin等人（2009）。

28.WEC（2008）。一份欧盟的针对能源最终使用效率和能源服务的指令要求欧盟成员国提供"充足的利益刺激"，使得能源咨询公司和顾问们能够发展和传播给消费者关于能源效率、能源审计和财务建议的信息（Uihlein和Eder，2009）。

29.经典的参考文献来自Simon（1955）。

30.根源来自于那篇著名的介绍"预期理论"的文章，作者是Kahneman和Tversky（1979）。了解此后快速发展的海量文献最简单的方法是参考Khaneman最近的一本书——《思考，快与慢》（2011）。

31.可参考Pollitt和Shaorshadze（2011）中一个有用的概述。它将行为从古典经济学中分离出来，并定义了四个主要领域。一是随时间改变的贴现率（包括拖延）；二是预期理论和参考点（包括风险规避、禀赋效应和现状偏见）；三是有限的理性（包括选择过多、启发法和饱和效应）；四是亲社会行为和对公平的认知。

32.一个经典的例子是，当人们面临这样一个选择：要么等10天给一个奖励，要么等11天给两个奖励，几乎所有人都会选择后面的那个；但是如果同样的选择，只是时间改成了今天和明天，有一部分人会选择今天。

33.对禀赋效应的研究包括Brown和Hagen（2010）以及Knetsch（2010）。Baddeley（2012）的第6、7章讨论了这些影响是如何与应用到环境中的行为经济学的其他部分联系起来的。

34.最近的一个类似挑战来自David Levine（2012）的一本小书。难点在于他对新古典主义经济学的反对和对行为经济学的批评往往有一部分要归结于什么是真正的"理性"的学术辩论。什么是"理性"？答案显然是不确定的，可以随着所给出的限定范围、信息水平和可能需要考虑的各层次意义而变化。事实是这些意义的许多内容并非与关于新古典主义行为的意义或大量模型的基础的传统假设相关。而且，Levine明确地承认了核心要素的相对意义："当经济动力的刺激效果很小时，理解起主导作用的心理因素将会给经济增加巨大价值"——他把这定义为常数3（epsilons）（见该文献的第77页）。当联系能源规模和获取、气候挑战等问题时，第三领域的重要性可以被理解为非古典领域的作用至关重要，包括第一领域能源使用行为中的epsilons作用。Levine还以物理学的类似现象作为解释："你会因为量子力学无法同时预测到亚原子粒子的位置和速度而认为量子力学无用吗？"当然不会——而且Levine继续争论称人们对新古典主义经济学能预测的内容抱有不切实际的期望。这与本书核心结论是完全一致的，尤其是第一领域现象对第10、11章中第三产业现象的影响：没有理论可以预测到主要的变化前景或长期经济增长态势，（因此）也无法预见在面对和处理环境约束条件时的长期经济成本影响。

35.Sutherland（1994，1996）。

36.DeCanio等人（2 000）所调查的内容，存在以下假设：第一，企业对利益最大化有着单一的、独立的目标，然而事实上众所周知的是管理层往往寻求规模的最大化，而不是利益；第二，管理层聚焦于"生产要素"，然而事实上这仅仅占据他们的时间和注意力的一小部分；第三，科技是外因，且企业无法改变它；第四，企业一直在做最优决策，然而实际上企业由于环境过于复杂而达不到最优，而且管理层很可能优先考虑规避责任。

37.显然整个管理学的内容十分庞杂。笔者在此感谢剑桥大学贾吉商学院的 Aoife Brophy-Haney，他对很关键案例给出了建议：如 Baddeley（2006）对企业决策行为中的认知偏见的相关证据和文献的综述；如 Hamilton（1995，2005）对企业、消费者和投资者之间的信息流的关联的见解；又如动机的意义，详见 Howarth 等人（2 000）和 Siero 等人（1996）的分析；对应用于能源管理的网状模型的早期解释详见 DeCanio（1993）。

38.案例可参考 DeCanio（1994）；产业照明案例来自于 Howarth 等人（2 000：483）。

39.Fawkes 和 Jacques（1987）发现啤酒厂的工人固执地坚持使用一种传统的泵，仅仅因为他们认为这种泵比较方便清洗；而另一种现代化的泵，尽管更加节能（或者实际上需要清洗的次数更少），但并不会被工人认真考虑。参见 UNIDO（2011）。文献中关于创新扩散的内容充斥着类似的案例。

40.Sorrell 等人（2004）。

41.这一意见也在英国产业联盟主持召开的关于碳信托基金的讨论会上被提出。关于预算如何分配的文献参见 Stiglitz 和 Weiss（1981）。

42.Ross（1986）。

43.如果各个部门要对它们自己产生的能源成本负责，那么它们可能会立即从投资项目或家政管理措施产生的盈余中获益；如果利益是从别的地方获得的补偿，那么这一激励效果就要弱得多。为了引进这样的责任制，就必须要分别计量，并以他们使用的能源为核心单独列账单——这可能又要涉及投资、员工和经营成本。所产生的激励与能源成本对部门的重要性成正比，而且只在部门有能力确认并发起能源效率提升活动时才会起作用。在许多情况下，更好的选择是将能源成本的责任交给能源管理员工，或者单独设立能源管理岗位，且这一岗位的员工要能从能效提升中让自己受益。

44.Lord Browne，英国石油集团首席执行官，2005年在贸易工业部和英国食品与农村事务部会议上的发言，网址：http：//www.wbcsd.org/。

45.例如，私人主动融资模式（PFI）合同已存在了15~25年，并特别规定了如何管理能源使用。一旦签署，这些合同就将极难更改，因为任何损害或性能降低都会带来法律风险。在这样严格僵硬的限制条件下，任何能源服务提供商都必须付出很大努力才能说服工厂管理者来进行改变（Newey，2011：52）。

46.出处同45。

47.这些特性包括：（1）资金的缺乏限制了那些没有明确预算的重要投资；（2）政府各部门之间存在着会计障碍、组织分散等问题，以及缺乏技能和资源基础。英国碳信托基金和英国政府成立了一个特殊的资金来支持公共部门的能源效率项目，发现即便资金充足，非经济性的障碍和缺乏动机刺激仍然阻挠进程的发展（详见Peter Mallaburn的备忘录，2006）。

48.Expert Group on Energy Efficiency（2007）。

49.IPCC（2007）预测，到2030年，如果能源效率提高两倍将使全球大气中二氧化碳的浓度保持在550ppm以下，同时避免价值3万亿美元的新增排放，且每年为消费者节约5 000亿美元。这一愿景要比IEA（2010）公布的最强方案还要雄心勃勃，IEA只提出要在2035年时使全球年均效率提升1.9%。

参考文献

Allcott, H. (2011) 'Social norms and energy conservation', *Journal of Public Economics*, 95(9–10): 1082–95.

Allcott, H. and Greenstone, M. (2012) 'Is there an energy efficiency gap?', *Journal of Economic Perspectives*, 26(1): 3–28.

Baddeley, M. (2006) 'Behind the black box: a survey of real-world investment appraisal approaches', *Empirica*, 33(5): 329–50.

Baddeley, M. (2012) *Behavioural Economics and Finance*. Abbingdon: Routledge.

Bleischwitz, R. and Andersen, L.-M. (2009) *Informational Barriers to Energy Efficiency-Theory and European Policies*, MPRA Paper 19937, University Library of Munich, Germany.

Bleyl-Androschin, J.W., Seefeldt, F. and Eikmeier, B. (2009) *Energy Contracting: How Much Can It Contribute to Energy Efficiency in the Residential Sector? Transaction and Life Cycle Cost Analyses, Market Survey and Statistical Potential.*

Tagungsbeitrag zur 10th IAEE European Conference 'Energy, Policies and Technologies for Sustainable Economies', 7–10 September.

Brown, G. and Hagen, D.A. (2010) 'Behavioral economics and the environment', *Environmental Resource Economics*, 46(2): 139–46.

Carbon Trust (2005) *The UK Climate Change Programme: Potential Evolution for Business and the Public Sector*. London: Carbon Trust. Online at: http://www.carbontrust.com/media/84912/ctc518-uk-climate-change-programme-potential-evolution.pdf

Carbon Trust (2011) *International Carbon Flows*. London: Carbon Trust.

Cialdini, R. and Schultz, W. (2004) *Understanding and Motivating Energy Conservation via Social Norms, Final Report*. Available online at: http://opower.com/uploads/library/file/2/understanding_and_motivating_energy_conservation_via_social_norms.pdf; also at: http://smartenergyefficiency.eu/how-behavioural-science-can-lower-your-energy-bill

DeCanio, S. (1993) 'Barriers within firms to energy-efficient investments', *Energy Policy*, 21(9): 906–14.

DeCanio, S. (1994) 'Agency and control problems in US corporations: the case of energy-efficient investment projects', *International Journal of the Economics of Business*, 1(1): 105–24.

DeCanio, S. et al. (2 000) *New Directions in the Economics and Integrated Assessment of Global Climate Change*. Washington, DC: Pew Center on Global Climate Change.

DECC (2009) *Energy Consumption in the United Kingdom*. London: Department of Energy and Cli-mate Change.

DECC (2011) *An Introduction to Thinking About 'Energy Behaviour': A Multi-Mod-*

el Approach.London: UK Department of Energy and Climate Change.Online at: https://www.gov.uk/government/uploads/system/uploads/attachment_data/file/48256/3887-intro-thinking-energy-behaviours.pdf

DEFRA(2005)Lord Browne,BP Group Chief Executive,speaking at DTI/DEFRA Conference,on-line at:http://www.wbcsd.org/

Ehrhardt-Martinez,K.and Laitner,J.A.'Skip'(2008)*The Size of the US Energy Efficiency Market: Generating a More Complete Picture*, Report No.E083.Washington,DC:American Council for an Energy-Efficient Economy.

Energy Savings Trust(2011)*Energy Statistics*, online at: http://www.energysavingtrust.org.uk/Easy-ways-to-stop-wasting-energy/Stop-wasting-energy-and-cut-your-bills/Tips-to-help-you-stop-wast-ing-energy/Energy-saving-tips

Expert Group on Energy Efficiency(2007)*Realising the Potential for Energy Efficiency: Targets, Policies and Measures for G8 Countries*.UN Foundation.

Fawkes,S.D.and Jacques,J.K.(1987)'Approaches to energy conservation management in beverage related industries and their effectiveness',*Energy Policy*, December.

GEA(2012)*Global Energy Assessment-Towards a Sustainable Future*.Cambridge and New York:Cambridge University Press and Laxenburg,Austria:IIASA.

Grubb,M.,Ha Duong,M.and Chapuis,T.(1995)'The economics of changing course: implications of adaptability and inertia for optimal climate policy',*Energy Policy*, 23(4):1-14.

Hamilton,J.(1995)'Pollution as news:media and stock market reactions to the toxics release inven-tory data',*Journal of Environmental Economics and Management*,28:98-113.

Hamilton,J.(2005)*Regulation Through Revelation: The Origin, Politics, and Impacts of the Toxics Release Inventory Program*.New York:Cambridge University Press.

Herring,H.(1992)'Energy savings in domestic electrical appliances', in M.Grubb *Emerging Energy Technologies: Impacts and Policy Implications*.Aldershot: Dartmouth,pp.69-85.

Howarth,R.B.,Haddad,B.M.and Paton,B.(2 000)'The economics of energy efficiency:insights from voluntary participation programs',*Energy Policy*, 28:477-86.

IEA(2004)*World Energy Outlook*.Paris:OECD/IEA.

IEA(2010)*World Energy Outlook*.Paris:OECD/IEA.

IPCC (2007) *Fourth Assessment Report-Working Group III*.Cambridge: Cambridge University Press.

Kahneman,D.(2011)*Thinking, Fast and Slow*.New York:Farrar,Straus & Giroux.

Kahneman,D.and Tversky,R.(1979)'Prospect theory:an analysis of decision under risk',*Econometrica*, 47:263-91.

Knetsch,J.L.(2010)'Values of gains and losses:reference states and choice of measure',*Environmental Resource Economics*, 46(2):179-88.

Laskey, A.and Kavazovic, O. (2011) 'Energy efficiency through behavioral science and technology', XRDS, 17 (4) , online at: http://www.opower.com/uploads/library/file/15/xrds_opower.pdf.

Levine, D. (2012) Is Behavioral Economics Doomed? The Ordinary versus the Extraordinary.Cam-bridge: Open Book Publishers.

Lovins, A.and Lovins, L.H. (1997) Climate: Making Sense and Making Money, Report C97-13.Boulder, CO: Rocky Mountain Institute.

McKinsey & Co. (2009) Pathways to Low Carbon Economy.New York: McKinsey & Co.

Mallaburn, P. (2006) Memorandum from Peter Mallaburn to 'Greening Government'-Report by UK Environmental Audit Committee, House of Commons, UK.

Newey, G. (2011) Boosting Energy IQ: UK Energy Efficiency Policy for the Workplace, ed.S.Less.London: Policy Exchange.

Opower (2013) Fitting a Square Peg into a Round Hole: Behavioral Energy Efficiency at Scale, White Paper 04.Arlington, VA: Opower.

Ozkan, F.G.and Sutherland, A. (1994) A Model of the ERM Crisis, CEPR Discussion Papers 879.London: CEPR.

Pollitt, M.G.and Shaorshadze, I. (2011) The Role of Behavioural Economics in Energy and Climate Policy, Energy Policy Research Group Working Paper WP1130, University of Cambridge; also forthcoming as a chapter in R.Fouquet (ed.) (2013) Handbook on Energy and Climate Change.Cheltenham: Edward Elgar.

Ross, M. (1986) 'The capital budgeting practices of 12 large manufacturing firms', Financial Management, 15 (4) : 15-22.

Siero, F.W., Bakker, A.B., Dekker, G.B.and van den Burg, M.T.C. (1996) 'Changing organizational energy consumption behaviour through comparative feedback', Journal of Environmental Psychology, 16: 235-46.

Simon, H.A. (1955) 'A behavioural model of rational choice', Quarterly Journal of Economics, 69 (1) : 99-118.

Sorrell, E., O'Malley, E., Schleich, J.and Scott, S. (2004) The Economics of Energy Efficiency: Barriers to Cost-Effective Investment.Cheltenham: Edward Elgar.

Stiglitz, J.E.and Weiss, A. (1981) 'Credit rationing in markets with imperfect information', American Economic Review, 71 (3) : 393-410.

Sutherland, R.J. (1994) 'Energy efficiency or the efficient use of energy resources?', Energy Sources, 16: 257-68.

Sutherland, R.J. (1996) 'The economics of energy conservation policy', Energy Policy, 24: 361-70.

Uihlein, A.and Eder, P. (2009) Towards Additional Policies to Improve the Environmental Performance of Buildings Part II : Quantitative Assessment, JRC Scientific and Technical Reports.EC Joint Research Centre, IPTS.

UNEP (2009) Buildings and Climate Change: Summary for Decision-Makers.Paris:

UNEP DTIE Sustainable Consumption & Production Branch.Online at: http://www.unep.org/sbci/pdfs/SBCI BCCSummary.pdf.

UNIDO(2011)*Industrial Development Report*.UNIDO.

Ürge-Vorsatz, D.et al. (2012)'Towards sustainable energy enduse: buildings', in GEA, *Global Energy Assessment-Towards a Sustainable Future*.Cambridge and New York: Cambridge University Press and Laxenburg, Austria: IIASA, Chapter 10.

WEC(2008)*Energy Efficiency Policies Around the World: Review and Evaluation*. London: World Energy Council.

Willis, R.and Eyre, N.(2011)*Demanding Less: Why We Need a New Politics of Energy?* London: Green Alliance.

第 5 章

久经考验——能效政策的四十年

"哦，经验！"[1]

5.1 引言

长期以来，能效改善的巨大潜力已经被意识到并且发挥作用。在 20世纪 70 年代的石油危机波动中，大多数政府机构都继续预测能源需求将紧随经济增长的步伐而增长。在日本，他们把能源需求作为国家安全问题来讨论相关决策。很快，"日本株式会社"凭借其世界领先的高能效生产实现了蓬勃发展。在美国，能效"权威"Amory Lovins 将官方的"用核能与煤来拯救"的观点与他的"软能源路径"对比，认为能效的提高才是能源部门发展的康庄大道。他们发起了一个历时持久的争论，讨论政府是否以及应该如何推动这样的路径发展。[2]

欧洲为多种途径实现能效提高提供了一个微观视角。强有力的能效政策已经在北欧民族中体现出来，比如为了应对寒冬的严格的建筑能效标准。丹麦进一步发展电热联产（CHP），几乎将所有地热发电站与地区供暖网络连接起来。[3]德国和法国加强了它们的中央政策来促进能效。南欧的措施也是如此。

英国发现自己对这个问题陷入了很深的困惑。当官员们正在推动大量新的电力投资时，英国贸易和工业部购买了 100 册有关能源需求的书。该书得出了一个有悖常识的结论，认为由于能效提高具有更大的、更具成本收益的潜力，因此能源需求不会增长。'这种观点随后基本上被"撒切尔革命"束之高阁。"撒切尔革命"是要将能源系统私有化，并使英国成为世界上首批具有有竞争力的电力和能源市场的国家之一。有人认为，这将会带来最好的结果，并且将会使政府从平衡供需的责任中解脱出来。

全球范围内，无论能源系统被如何规划，分析家们仍然不断地提出能效提高的巨大潜力。许多以市场为主导的政府起初并不愿意致力于提高能效。但是，随着对气候变化问题的深入了解和关切，许多政府开始挖掘能效的潜力。经过政治的起起伏伏，英国已经发起了一系列的倡议，来弥补私有化能源模式限制能效提高带来的损失。

现在，40年过去了，已经做了什么？我们学到了什么？表面上，能效措施似乎作为一种强有力的手段解决了能源安全和能源匮乏等问题，同时又在几乎不制造相关成本和风险的情况下促进经济增长和降低碳排放。政府已经通过不同方式加快提高能效技术的应用水平。这些努力造就了许多技术产品。但是，这里也有一个重要的事实：能效技术没有它看起来的那样简单。技术发展就像一个复杂的、交错的、难以驾驭的峡谷，它有时会陷入低谷的状态，无法实现能效的最佳值。当低效的技术与活动依然存在的时候，政策的变化就只能致力于改进技术和弥补已知差距。

本章将阐明政策实施的路径。能源市场产生最佳结果的观点推动了许多缜密的政策措施的实施。相关机构已经建立起来，监督着不断增长的诸多项目，这些项目遍及市场的每一个角落，也应对着各种各样的障碍，包括资金的、行为的、组织的和市场的障碍。立法的优先性已经广泛地转移并且拓展到多个目标当中。随着财政激励、能源供应商的义务以及其他措施的实施，政策也逐渐演变成相关法规和标准。

经验是最好和最值得信任的老师。尽管本章使用了大量的文献资料，但是主要的内容还是来自于本书第一作者的经验，该作者也是英国碳信托的首席经济学家。

5.2　从规劝到制度

在面对 20 世纪 70 年代的能源价格冲击时，大多数政府的最初反应都回应了时任美国总统 Jimmy Carter 的规劝，他在 1979 年石油危机高峰的时候指出节能已经成为"道义上的战争"。这很容易地登上了报纸头条，但也带着些许嘲弄走入了历史。如果节约能源的历史被断定为一场 30 年的战争，我们很难说谁赢得了这场战争的胜利。

在面对一个容貌模糊、隐于无形、身份不定的"敌人"时，如此激烈的措辞是不合适的。在某些方面，这样的措辞并没有激发个人采取行动，反而招致了公众的明哲保身。"就事论事的政策已经减少了能源使用，但是那些想要改变人类行为的政策却没有起作用"，这是人们讨论 20 世纪 70 年代和 80 年代初的石油危机是否会尾随又一次油价下跌时的判断。[5]随着社会发展出更多谨慎的措施，这样的判断是清醒的但是却不成熟。大多数能效项目都是"自下而上"的。当地发起的能效倡议主要是在镇和区的层面上发展、补充，同时反应或受驱动于国际条约和国家政策。

在国家层面，大多数国家目前都已经建立了能源机构或者加强了相关部门的责任，发展有关节能和技术创新的项目。[6]该类机构专门促进节能项目的发展，并鼓励技术创新。机构的目标和制度安排会因地制宜：伦敦和巴黎就很好地呈现出鲜明对比的例子（参见专栏 5-1）。

在欧洲，欧盟的政策已经在很大程度上补充、促进和加强了国家层面的措施。20 世纪 90 年代的 SAVE 项目包含本章所示的一些能效措施。终端能效和能源服务的政策指令提出了一个目标，该目标要求从 2008 年到 2016 年每年提高 1% 的能效水平，到 2020 年能效水平的提高要达到 20%。[7]与此同时，政策关注的焦点和标签也已经发生变化和发展；起初的节能政策变成了包含经济效益的能效政策。随着可持续发展和"绿色增长"的广义哲学观念的确立，欧盟在 2003 年设立了智能能源管理机构（IEEA）。[8]欧盟无法实现 20% 能效目标的担忧引发了广泛关注，这导致了 2012 年的欧盟能效指令采取了更激进的措施。

专栏 5-1 能源机构：双城记

狄更斯著名的《双城记》中的两个城市——巴黎和伦敦——体现了改善能效的不同制度。每个城市都有一系列的能效项目，但是本书关注国家（和国际）层面的制度。

在 1973 年石油危机首次冲击全球经济以后，经合组织国家（OECD）创立了国际能源署（IEA），该机构原则上是独立于经合组织的，但是实际上它们是隶属关系。该机构旨在帮助富裕国家管理石油依赖度（最初任何其他能源都被划分为"替代能源"）。随着国际能源署发展成为国际能源领域最权威的分析机构与数据来源，它开始关心环境问题，并且格外强调了能效对于解决其他能源问题的重要性。

通过复制经合组织的模式，国际能源署也展开了对其成员国能源政策的国家评估，出版了著名的年度报告《世界能源展望》和半年刊《能源技术展望》，后者阐述了更长时间尺度内世界应对能源挑战的观点。国际能源署的角色总是局限于数据分析与举行会议方面：能源问题的国家敏感性意味着政府从不会把规划和运行项目的权力交给国际能源署。或许，国际能源署最能发挥实权的国际项目就是气候技术倡议。

法国政府启动了推动能效的工作，在接下来的 20 年里可能要建成最大的、最有影响力的发展清洁能源的国家机构。最初创立于 1974 年的节约能源局在 1982 年进行了改组，包括了更广泛的能源管理（比如可再生能源项目）内容。十年之后，在为 1992 年里约地球峰会做准备的阶段，该机构以环境能源监控署（ADEME）的形式再次扩大管理范畴，纳入了环境目标（垃圾管理，空气质量）。

由于权力从中央向地方下放，ADEME 为适合当地条件的能效计划和项目提供了专业意见，将资金支持集中于产业链上游和能力建设。该署也通过与企业和当地政府合作共同资助研发项目和试点计划。另外，该署通过资助研究项目产生了重要的影响力，提升了投资经验，促进了商业发展，增强了能效创造社会效益和经济机会的公众意识。ADEME 以此为契机创立和引领了许多欧洲层面的倡议，这些倡议包括本章所述的能效项目和各种能源技术发展与促进项目。[a]

　　ADEME作为公共机构工作通常要受到限制。该署主要通过污染活动税、政府津贴、合约性活动的收益来获得资金。尽管在能源价格较低的时期该署的作用会被削弱，但是它还是在几次政治变动中被保留下来——即使与过剩的核能共同存在——该署的重要性不再受到质疑。

　　穿过"拉芒什海峡"——英吉利海峡，对岸的英国走上了一条非常不同的道路。英国的能源研发能力主要来自两个机构：英国原子能局（AEA）和英国中央电力局（CEGB）。在第一次石油价格震荡之后，英国政府推迟了英国原子能局"能源技术支持部"的建立——该部因为其支持核能的出身和立场受到反复的（不公平）攻击——作为补贴，政府不时依托该部门推出促进能效的项目。撒切尔夫人的私有化革命支持有竞争力的电力市场，将英国中央电力局甩在一边，并且令"能源技术支持部"私有化，使之从根本上变成了一个咨询公司。

　　英国中央电力局的始终致力于建立更大、更好的燃煤电站和核电站。而当时的英国政府认为私有化将纠正政策偏差并实现以市场为基础的最佳能效水平，且竞争将推动能源创新的新范式。相互竞争的公司有着清晰的商业利益，实现销售最大化（几乎没有对改善终端能效起到激励作用），努力削减成本。早期明显的受害者就是遭到关闭的前英国中央电力局的研发机构。

　　作为一个声称是消费者利益守护者并且最近又自夸其绿色背景的政府，这是相当令人尴尬的事情。在1992年，由于公众对于里约地球峰会进程的广泛关注，英国政府建立了英国节能信托基金会（EST），授权其"帮助人们节约能源和降低碳排放"。在接下来的15年间，英国节能信托基金会通过相关项目已经帮助人们节省了1亿英镑的燃油费，并且减少了1.4亿吨二氧化碳的排放。[b]

　　在英国节能信托基金会建立五年后，Tony Blair领导的新一届工党政府面临了一个难题。它的工党政府承诺引进碳价（已经体现在了气候变化税里，参见第6章）。这激怒了产业界，他们认为如果环境议题抬高了能源价格，政府应该帮助企业应对能源成本的提高，并实现低碳转型。产业界既不信任一个致力于消费者需求的机构——英国节能信托基金会，也不信任项目背后的政府。因此，在 2001 年，英国碳信托作为一个独立的非营利公司被建立起来。该机构迅速成长为独一无二的以商业为导向的实体，致力于帮助英国多元的商业机构和公共部门降低能源消费，加强技术发展与商业化、市场发展以及投资合作。五年后，碳信托独立的核算显示了它的运行使 2006 年和 2007 年的燃料支出分别降低了 1.14 亿和 1.71 亿英镑，至今为止减少了 1 000 万吨二氧化碳排放。[c] 2009—2010 年，能源和碳排放的削减量增加了 3 倍；碳信托项目已经帮助英国商业界在能源开支上每天节省 100 万英镑，累计超过了 10 亿英镑，这无疑有助于推动未来的低碳产业。

　　英国节能信托基金会和英国碳信托都是独立机构，但是它们却由政府资助，这种情况会导致利益和风险同时存在。法国环境能源监控署（ADEME）的官员对于英国碳信托所享受的独立性感到惊讶，它能够更加自由地发展和创造符合市场需求的项目。法国环境能源监控署这类政府机构不可能拥有这样的独立性。然而，英国节能信托基金会和英国碳信托都要面对一个基本矛盾：它们期待使用不断增长的私有部门资金补充它们的政府资金，但是国家援助限制措施禁止它们从事最大潜力的盈利活动，这是（从可以理解的角度看）基于国有企业不应该在私有市场参与竞争。独立性与政府资助相结合的相关风险更容易出现在信贷危机、经济衰退和经济转型中。一个新的政府也会带来这样的风险，目前，英国碳信托向以依靠私有资本为主运行的方向进行转型，而英国节能信托基金会正在被引导成为一个"社会企业"。[d]

注释：

[a] 法国经济能源开发署（AEE）建立于 1974 年，在 1982 年变为法国能源监控开发署（AFME），最终在 1992 年成为法国环境能源监控署（ADEME）。

[b] 根据英国节能信托基金会（EST）的网站："通过提供节能的专家视角和知识，支持人们采取行动，帮助当地政府和社区节能，以及为产品、服务和安装人员提供质量保证书。"起初，英国节能信托基金会是要通过天然气和电力向消费者征税，但是征税的想法遭到了强烈反对，因此英国节能信托基金会的资金预算从最初设想的 2 亿英镑大幅缩小到 2 千万英镑。1.4 亿吨二氧化碳基本上是准确的（Eyre et al., 2010）。

令人困惑的事情是所谓的"重复计算问题"。1.4亿吨二氧化碳看起来很多，因为它不仅是英国节能信托基金会运行以来所有年份加总在一起的二氧化碳量，也是所有项目节约的总和，这些主要隔温项目可以使用40年。在相同基础上，节约的资金相当于70亿到140亿英镑（以每吨二氧化碳50至100英镑来计算）。1亿英镑的数字很可能是年度数据（Eyre，2012）。

　　ᶜ 2007年英国下议院环境审计委员会的一次质询检查了英国碳信托的运行情况，基本认可了项目交付以及成本效益的评估，也提出了许多改善建议。

　　ᵈ 在2008年，英国碳信托突然被要求加强对小型产业项目的支持，幅度高达四倍，被视为"经济刺激方案"的一部分。英国碳信托与英国节能信托基金会同时面对因经济衰退而实施的财政削减措施。新政府将英国碳信托看作是前任（工党）政府的产物，它认为该机构是想留在中央政府里的政策"外包"机构，但是这个机构是不可接受的。在2011年，英国节能信托基金会注册成为一个具有慈善性质的"社会企业"；英国碳信托则被分解成一系列自行筹资的公司，只有很小一部分活动受到政府资助。因此，从2012年4月起，英国实际上已经不再有实施能效政策的公共机构，这可能在欧盟国家中是独一无二的。

　　由政府和相关机构设立的能效量化目标的功能是复杂的。能效目标可能是长期的，但是大体上相关指标和监测的要求都是中、短期的。制定目标需要大量的政治资本，相关政策的现状和需要投入的要素也千差万别。能效目标包含整体目标和行动框架，围绕这些目标提供的观念可以推动立法；反之，这些目标可能很快会被忘记、被修改，或者被重新定义，这取决于目标推进的实际和政治意愿的改变。目标、制度和协议都是好东西，但是不能确保它们是否真正有用。

5.3　终端工具箱

　　实践中，政府很快会意识到它们需要开发一系列政策工具去实现关于能效的承诺。本章着眼于三种类型的工具：

　　• 提供信息旨在提升节能机遇的可见度、通过降低交易成本提高净效益、开展能力建设、确保更容易地接触到可靠信息。

● 制定标准规定了生产者提供新产品的最低能效水平。标准并不直接影响到消费者的价值观和行为，而是"绕过"一般障碍摒弃次优选择。

● 资金激励旨在解决资金获取难题和相关障碍，相关的政策包括优惠贷款、税负减免和投资补贴等。

这一部分简要说明了以上每种类型工具对应的政策和经验，首先是消费者和产品政策，其次是商业和公共政策。本章进一步考察了包括"能源供应商义务"在内的建筑部门的新政策。最后，本章总结了相关政策的成果和经验。

终端工具箱：消费者和产品

为了避免市场失灵，应努力向消费者提供充分的信息，提供信息形式包括：提供基本知识以建立认知、提供能效标签以反映产品性能，以及提供专门信息以提高消费者信心。

信息竞赛

早期的许多尝试都把重点放在提供信息上，相信知识能够帮助理性的消费者做出"最好的选择"。消费者培育和节能项目的目标在于行为改变，这些项目已经涉及了很多环境问题：从废弃物管理到节能措施，这些项目通过牺牲一些舒适度，帮助一些国家度过经济困难时期。对能效问题的认知从某种程度上讲是一种"公共"产品，缺少它将会导致巨大的问题。基于此，各国政府致力于确保消费者对能效问题形成充分的认知，这也是市场并不热衷于此的原因。[9]

在危机时期，比如能源价格上涨或者电力短缺时，这些项目确实取得了一些成功。[10]即时信息是否具有持续的影响力是一个具有争议的话题。信息能够被轻易地忘记，信息也可能太复杂或太难以理解。此外，即使有些信息显示了消费者可能会受益于低耗能消费，但是消费者通常不会重视这类信息：几乎没有人在购买电视或者看电视时会考虑到每小时电耗（即使在"待机"模式下也很少有人考虑到这一点）。购房者或者租房客几乎不会询问有关房屋能耗费用的问题。除非强制要求节能改造——就像瑞典的例子——房主通常不大可能在买卖或者出租房子之前去展示房屋能效的改善状况。

　　尽管前面所述的障碍远不止信息方面的问题，但是信息的缺乏会令许多事情难以完成。私人企业很熟悉信息和意识竞争，称它们为市场营销。加尔布雷斯（Galbraith）提出了市场营销概念之后的数十年内，富裕国家的市场营销仅仅是告知消费者如何获取他们想要的东西，无外乎制造欲望。[11]意识到许多早期节能推广项目的局限性，政府最终开始资助节能推广项目。

　　比如，爱尔兰的"个体的力量（Power of One）"项目提出了三个主要目标：（1）提高有关资源、相关费用和能源影响的意识；（2）向消费者提供充足的信息，让他们了解到他们的决定对于费用支出和环境的影响；以及（3）在公众间创造个体责任的使命感，尝试推动行为的改变。"个体的力量"项目被规划成多个目标的活动。其中，"一条街的力量"以家庭为目标，动员来自不同地方的参与者，设定以月为基础的能效目标，然后将结果公布给媒体。"一个学校的力量"以升学学生为目标，教育学生识别和提高本地能效水平。"一个工作场所的力量"的目标是企业老板、经理和员工。事实上，对于商业界来说，能效和市场营销都与消费者息息相关，这是本章在"企业能效"中阐述的重要内容。

　　英国的制度建立过程（参见专栏5-1）也认识到了市场营销的重要性，地方与区域发展相结合的过程中市场营销尤为重要。英国节能信托基金会建立了全国性的资讯中心网络，提供了地方补贴项目和本地建筑商名录等一系列信息。英国碳信托通过与区域发展署合作将业务拓展到全国各地，继承和发扬了政府发起的能效最佳实践项目。市场营销的影响力始终是明显的，这些机构和电话热线收到了大量的咨询请求。英国碳信托也发现了气候变化可能是影响大型公司利益的一个重要因素。[12]

标识

　　如果说改变"事物"比改变行为更容易的话，提供标识就是一种明显的改变方式，它可以提供能源使用信息，它也能够帮助消费者提高相关意识。[13]能效标识展示了相关的能效性能；标识信息不仅有益于市场，标识的体系和意识也有助于促进标准的制定和资金激励的实施。

　　提供信息听起来是好事，但它也存在一些问题。最初的方案就富有争议；英国一直坚决反对能效标识，直到1990年才调整了相关立场。[14]相关产品的制造商争辩说政府不应该"干涉"商业，并认为测量和监管的成本会很高。他们的另一条主张就是标识应该是纯粹自愿性的。在这样的背景下，一些国家实施了自愿性计划，另一些国家则坚定地实施了强制性方案。

在美国，自愿性的能源之星标识起初是作为一种身份标签来发展的，该标识是为前25%最具能效的家用电子产品准备的。美国环保局负责项目管理，媒体辅助宣传能源之星，并唤醒公众意识。环保局会表彰那些能效表现好的公司，并向公众公布产业界的合作节能成果。如同一个产品标签，能源之星实际上已经成为家用电子产品的国际标准。在该项目大获成功之后，能源之星扩大到家用电器、商业楼宇和住宅等领域，成为这些领域的能效标识。自从2000年以来，公众对这一能效"品牌"的兴趣已经帮助美国能源之星的产品销售额实现每年十倍的增长幅度。[15]

然而，该项目也表现出了一定程度的局限性。住宅能源之星的品牌标识原本是为了吸引更富有的客户，这些客户需要更大的住宅和更好的能效标准。尽管能源之星的住宅能效比国际住宅标准（IRC）的房屋能效至少高出15%，但是能源之星的住宅面积较大，抵消了其能效优势。美国亚利桑那州的一项研究发现标识为能源之星的住宅要比未被标识的住宅在用电总量上高出12%。因此，能效的定义与能源的使用量和使用范围密切相关。[16]

自愿性标识在政治上比较容易被接受，但是它的作用可能是有限的，因为它没有改变任何事物。它的影响可能取决于通过广告普及标识的效果，就像推广一个新品牌那样，因为标识的普及必须依赖于市场需求和利益。

强制性标识有利于平等地覆盖所有制造商，因此使他们之间可以进行比较。他们可能没有提高"品牌"吸引力的动力，但正因如此，标识的信息会更具可靠性和可信度。

强制性标识的第一个目标是制冷行业，该领域的能源浪费规模是最惊人的。在欧洲，经过很长时期的斗争，1992年欧洲能源标识指令建立了能效标识的法律基础，实施了覆盖整个欧洲的家用电器统一标识和产品信息计划。[17]《金融时报》讽刺地说，制冷行业坚持认为它们需要更多的时间去改变"已经使用了持续15年的观点"。但是制冷行业还是没能抢先一步阻止欧盟实施该强制性计划，该计划使用了一种等级排序，从A级到G级反映产品的能效水平（图5-1）。[18] 在欧洲和其他地方，能效等级也逐步推广到一系列"白色产品"——洗衣机、烘干机、洗碗机——及其他产品中，包括空调、电灯和热水器等。

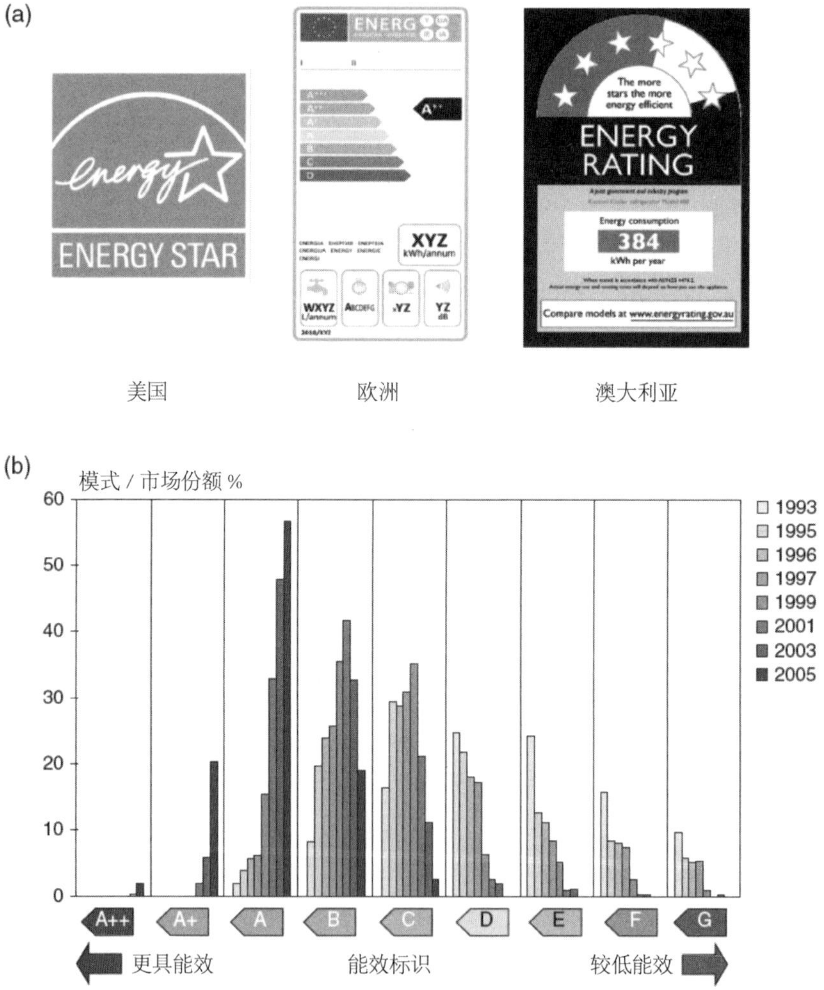

图5-1　（a）美国、欧洲和澳大利亚的能效标识

（b）自从引进标识以来欧洲电器的市场份额

来源：IPCC（2007）和 Energy Commission（2010）。

　　这个欧盟项目实现了最高能效电器市场份额的快速增长；在1995年（标识首次被用于冰箱上）后的10年里，A级冰箱的销售量增长了超过10倍，市场份额从5%上升到接近60%。其他电器的销售情况也出现了类似的格局。在许多案例中，消费者和生产者之间，通过经济回报和致力于"市场转型"的信息项目，得以良性互动，进而实现了更高的能效水平。相似的措施推广到了世界各地，特别是许多亚洲、南美洲和非洲国家（参见专栏5-3）。澳大利亚的能效标识项目也取得了相似的成功，它的分级体系已经在泰国和韩国得以实施，该标识使用最多6颗星来表现能效水平。

　　随着一系列保守性的假设提出，前述欧盟计划表现出了其最大的局限性。因为A级冰箱在计划开始的初期仅完成了2%的销售，这很难令人预见到10年内他们将主导市场；欧盟不得不引进A+、A++，甚至A+++的级别。这个"谁更成功"的问题给消费者制造了不必要的困惑：消费者可能购买一个"A"级的冰箱，认为这个就是最好的，然而伴随着B级或者更低级别的冰箱整体淡出市场，"A"级反而变成了很一般水平的了。

　　事实是强制性标识要比自愿性标识更能够提高最佳能效产品的市场份额/销售数量：不仅是能效产品需要被标识，所有产品都应该进行标识。这样的话，产品比较的范畴会更广，消费者的意识会更强，继续使用旧生产线的风险会更高，推动改进的力量也就会更大。然而，强制性项目在政治上会开展得很慢，也难以强制要求义务标识，相反自愿性项目则能够开始得更快也更容易。

　　基于"白色货物"强制性标识项目的无可非议的成功，欧盟的政策转向了汽车行业和更具挑战性的建筑行业（参见5.6）。

　　标识计划大规模地降低了消费者获取信息的成本（图4-5中的一种隐性成本），并且抓住机会稍微解决了一些行为层面的问题。电器行业摆脱了"逆向选择"的窘境和第4章提到的其他行为异常。然而，用信息来对抗在图4-5中的障碍突出了一个问题：这无助于经济困难的家庭选择节能产品，也几乎或者完全不能解决"激励错位"的问题。因此，有必要寻求其他手段。

标准

　　政府可以通过制定最低能效标准，避免数以百万计的消费者搜寻、获取和理解产品信息，再决定购买最好的能源产品，从而削减大量交易成本。能效标准实际上禁止了低能效产品进入市场。

具有讽刺意义的是，美国虽然拥有自由市场的美誉，却率先引入了能效标准。每个州政府都认为他们有权制定自己的标准，加利福尼亚州就在20世纪80年代率先制定了强有力的冰箱标准，力图缩小逐渐扩大的能源供需差距。[19] 随着越来越多的州制定了各自不同的标准，产业界开始游说政府制定一个联邦标准。其影响在图5-2中予以阐明：因为受到电力价格上涨的影响，冰箱的能源强度从1970年到1985年降低了一半，其后即使在能源价格下降的时候，能源强度仍然持续大规模降低。欧盟也在其产品标识的基础上，于1999年引进了补充标准，比如禁止"C"级以下的冰箱进入市场。

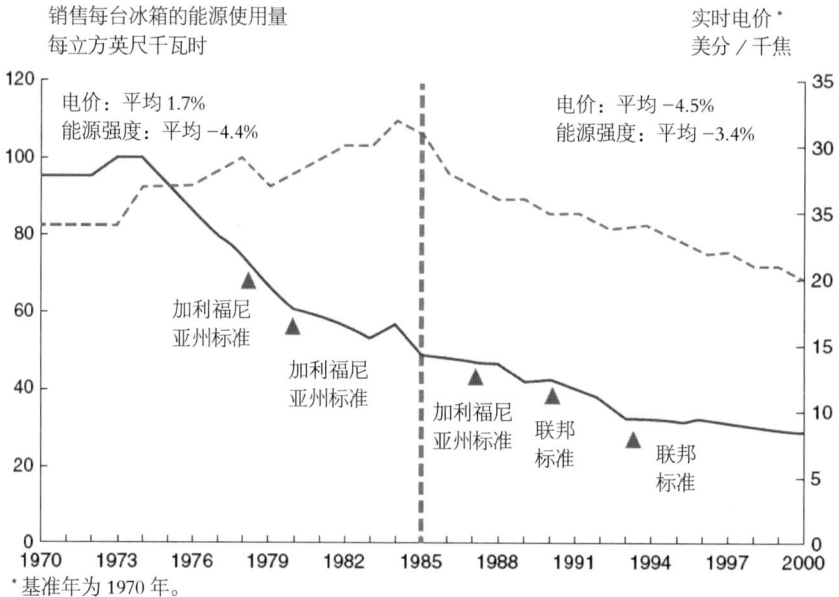

图5-2　电价和能效改善的趋势（美国冰箱）

注：实线表明销售每台冰箱的能源使用趋势，虚线表明实时电价的趋势。

来源：McKinsey & Co. (2007)。

　　节能灯案例能够充分说明信息和标准之间的区别和联系。不同厂商所使用的技术不同，这导致不同日光灯的能效水平存在很大差异。在更好的技术已经被广泛运用于美国和欧洲以后，能效水平较低的"镇流器"依然继续被使用了许多年。在美国，"电灯贸易协会"表示他们不能理解为什么消费者不选择高能效产品，他们也表示节能技术的使用符合州立法中关于淘汰低能效产品的要求。

　　1988 年，关于降低消费者交易成本的全国性标准开始实施。一项针对 5 000 个商业大厦的成本效益分析显示了标准实施具有"100%"的回报率——这已经扣除了一年内的追加成本费用。[20]20 年后，随着适合家用的"节能灯泡"技术的改进，许多政府才开始鼓起勇气去批准强有力的家用照明立法。继澳大利亚禁用白炽灯后，欧盟也在 2010 年实施了该项禁令。全球范围内，电器、照明，以及家居用品的标准和标识已经证明了尽管制造商和建筑商担心成本上涨，但是他们没有遭受到利润损失，也不必为符合规定而降低服务水准。[21]

　　对于像汽车这样更复杂的案例，标准的制定可能要依据生产线的最低能效水平或者一个企业的平均能效水平。在第一次石油价格波动后，1975 年的美国企业平均燃料经济性（CAFE）标准要求平均燃料能效实现翻倍，达到每辆轿车每加仑跑 27.5 公里，低于 1985 年轻型卡车的水平。[22]比起 18% 的预估能效改善率，该标准明显降低了燃料使用量。但是该标准随后在政治层面陷入了僵局，产业界的反对使得该标准的实施搁置了将近 30 年（图 5-3a）。[23]

　　在随后的几年里，许多地区都引进了汽车能效标准，美国标准久而久之被其他国家所超越（图 5-3b）。如今，全球超过 70% 的轻型汽车都要求符合强制性燃料或者排放标准。[24]2005 年，北美国家标准显著地逊色于包括主要新兴经济体在内的其他国家的标准。制造商因此钻了一个标准上的漏洞，他们开发运动型汽车（SUVs），这是一种被划归为"轻型卡车"的燃油汽车，但是这种汽车不用受到严格的燃料经济性标准的制约。

　　2009 年，美国出台了经济刺激计划，拯救了次贷危机后的大型美国

(a) 燃料经济性
每加仑公里数

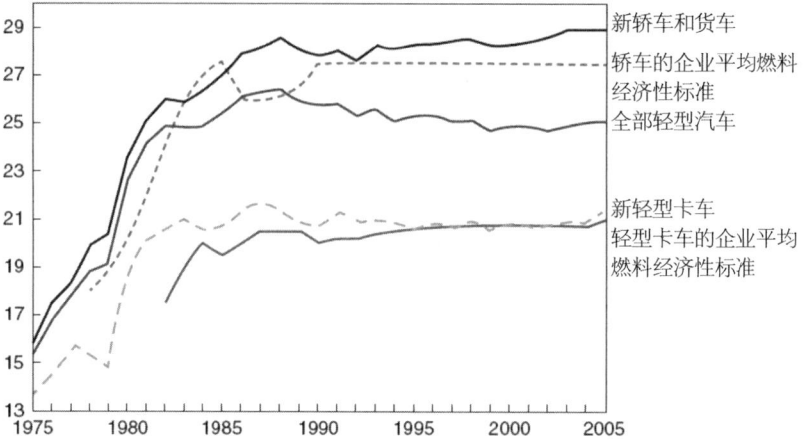

新轿车和货车

轿车的企业平均燃料
经济性标准

全部轻型汽车

新轻型卡车
轻型卡车的企业平均
燃料经济性标准

(b)

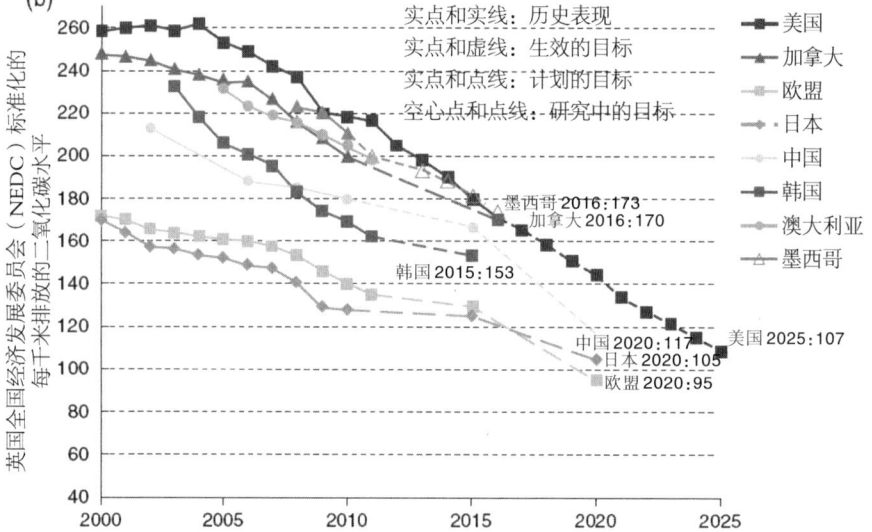

实点和实线：历史表现
实点和虚线：生效的目标
实点和点线：计划的目标
空心点和点线：研究中的目标

美国
加拿大
欧盟
日本
中国
韩国
澳大利亚
墨西哥

墨西哥 2016：173
加拿大 2016：170
韩国 2015：153
中国 2020：117
日本 2020：105
欧盟 2020：95
美国 2025：107

[1] 中国的目标仅反映了燃油汽车，新能源汽车被考虑之后，这个目标可能会下降。

[2] 美国、加拿大和墨西哥的轻型汽车包括轻型商务车。

图5-3　（a）1975年至2005年美国轻型汽车燃料经济性趋势

（b）不同国家标准的演变——汽车拥有量与人均GDP的历史关系

来源：（a）McKinsey & Co.（2007）；（b）GEA（2012）。

汽车公司，美国政府借此契机大幅提高了美国汽车标准。[25] 救市计划明确规定了通用汽车和克莱斯勒必须大力投资燃料能效技术，并要恢复其国际竞争力。[26] 随着华而不实的汽车越来越不受欢迎，这些汽车产业领导者除了接受这项规定之外别无他选。奥巴马政府很快在2010年5月宣布了第一轮新美国企业平均燃料经济性（CAFE）标准，要求到2016年实现每加仑35.5公里的燃料经济性水平。[27] 在2012年发布的第二轮标准中设定了到2025年实现每加仑54.5公里的更高目标。这些新的规定也包括了促进生产和销售"清洁能源"技术的激励措施——电力的、插电式混合动力车，以及燃料电池汽车——这种措施使得新一代汽车总是在不断进步。以10%的反弹率估计（参见5.6），美国新车的全部节能量在2017年到2025年期间将累计达到40亿桶燃料以及20亿立方吨的二氧化碳排放当量。这说明了政府对标准的净成本效益的评估结果是非常乐观的。[28]

美国企业平均燃料经济性标准的发展历程既有优点，也有缺陷。当产品达到最低能效水平的时候，美国政府并没有顺势提高整个部门的标准。他们有时也会陷入政治的困境，在许多案例中政治因素会阻止产业界进行尖端技术的改进，尽管这些技术可能有利于鼓励法规制定者提高标准。在美国的案例中，由于企业急于摆脱经济危机，新一届政府得以充分利用美国对于石油依赖性和环境问题的担忧，一举打破胶着30年的政策僵局。

日本"领跑者"项目提出了一种聪明的解决方案：标准可以随时根据最具能效产品的市场进行调整。这减少了谈判和执行新目标的繁杂过程。政府引导和产业合作确保了能效的进步不会停滞。反映市场最佳能效的强制性标准鼓励产品设计者去采用那些理论可行，但有待商业化的最新技术。这加快了能效改善的步伐。[29] 日本的这项标识计划仍包括强制和自愿两部分：所有电器必须标识它们的绝对能效，但是其与"领跑者"能效的差距可做选择性标识。

领跑者项目起初覆盖了11种高能源强度的产品，继而扩大到其他产品。2002年，该项目覆盖了18个产品，在2005年达到21个，在2009年达到23个，这些产品类别包括家电和汽车等。辅助性政策工具，比如税收抵免和绿色公共采购计划也都适用于领跑者认可的产品，同时"点名批评"的惩罚措施淘汰了那些不符合标准的产品。事实证明，该计划是非常有效的：在领跑者项目实施后的六年间（1997—2003 年），日本的空调能效提高了 68%，冰箱能效提高了 55%，电视能效提高了 25%，全部超额完成了最初的目标。[30]

这个经验说明了政策的另一个重要特征：政策并不是只需要考虑能源成本的。政策也需要考虑能源安全与备受关注的环境问题——1997 年日本主办了京都会议。能源和环境问题汇聚成一种意识，它被看作是商业机会，推动了宏观政策的实施，这被证明非常有效且经济可行。

财政措施

"金钱万能"：很不幸，这句话通常不起作用——对于家用能效措施的前期成本来说，这句话就更不起作用。信息和标准对于购买产品和购置新的房屋是有帮助的——高能效水平的房屋意味着不会增加使用支出。但是，信息和标准无法解决资金障碍，也不能改变第 4 章中提到的行为习惯。当考虑建造更有效的保温层、新的热水器或者供暖控制系统的时候，前期成本仍是一个巨大的障碍。

财政措施比如直接的补贴、低息贷款以及税收抵免能够帮助人们克服那些障碍。这些措施针对特定收入阶层（目标为较低收入群体），特定的技术（关注新的和已证实有效的技术），或者具有成本效益的措施（必须每年实现相当的节能水平），这些有的放矢的激励措施能够使政策更加行之有效。[31]

投资补贴是指通过降低预付金和缩短回报期来鼓励高能效产品和技术的购买和投资。[32]补贴可能是固定的，按照投资比例或者节能比率来支付，补贴政策在 70 年代和 80 年代资助房屋改建期间开始受到欢迎。通常，申请政府的项目需要付出更高的成本，这些项目也都更倾向于"搭便车"，与其他已经投资的能效改善项目相结合，这很显然可以获得更多针对性的支持。

针对较低收入家庭的财政激励措施已经促进了家用能效的改善，同时也解决了燃料匮乏问题。贫穷家庭通常生活在能效水平较低的房屋里，这类房屋的基础部分比如阁楼和空心墙的保温层都需要大规模的改建才能使该房屋变得更加舒适和节能。1991 年，英国启动了家庭能效计划

（HEES），该计划向脆弱的家庭提供资金，250万户——相当于10%的英国家庭因此实现了房屋保暖。[33] 家庭保暖激励机制对中等收入和富裕家庭给予的支持较小。

任何消费者补贴项目都会面临一个基本的分配抉择。如果项目没有明确的目标群体，原本有能力购买高能效产品的消费者将会"搭便车"，试图获得相关的消费补助，这将会大幅增加该项目的成本。如果项目确定了目标群体，较贫困的家庭将更可能会受益，但是这样的项目太官僚，目标群体也太小，还会增加交易成本，影响项目的整体效果。

税收减免也可以作为一种财政激励措施。比如，美国能源之星项目提供了高达500美元的联邦税收抵免额度，或者为购买高能效产品或者可再生能源发电机的家庭支付其中10%的费用。在税收收入和税率都较高时，这些措施运行良好。但是这些措施也受到了批评，因为它们没有弹性、范围较窄，并且缺乏透明度。[34] 这些措施本质上更适合于支持商业能效项目，它们有时会带来意料之外的结果，这将在下一节详细说明。

税收系统更容易进行调整，增加低能效产品的成本，这对于汽车产业来说特别重要。美国燃油汽车税对没有达到燃料经济性标准的汽车征收重税。[35] 英国逐步提高了汽车消费税，最低能效汽车的初始成本上涨了大约1000英镑，并且该税逐年上调50%，最具能效（A级）汽车则完全不用缴付该税；毫不意外，该措施产生了强大的影响力，更多人选择高能效汽车。[36] 其他欧洲国家包括德国、法国、意大利和西班牙将二氧化碳排放量纳入汽车税的计算当中，同时越来越多的国家开始实施有关替代能源汽车的减税计划。明确地对环境"公害"征税也促进了清洁汽车的发展：比如在伦敦中心地区，豁免拥堵费是推动电动汽车和混合型汽车的关键因素。

终端工具箱：组织的能效

低效能源使用并不仅限于个体的问题。就像第4章解释的那样，由于各种结构性壁垒所生成的综合障碍，商业团体和其他组织通常也没有实现更高的能效水平。原则上，一个组织的优势来源于理性选择的强大能力，但是这样的优势通常被其他问题给抵消了。如果组织中的个体缺乏清晰的责任分配，大家就会认为事不关己，任由能源被浪费。即使有人肩负责任，这个人仍然会面临预算或激励错位等问题，特别是在节能水平不能够被量化或者节能效果无法使个体获利的时候。从经济学的角度来看，组织充满了节能失败的可能性，一定程度上这是因为将组织的整体"节能原则"与组织下的"代理人"划上了等号——折现金字塔说明了这一点（第4章）。当人们意识到此类问题时，就会开始改善管理能效。

专栏5-2　能效政策的全球拓展

世界能源理事会是一个包含各国政府和能源专家的国际组织，会开展定期调查，对执行能效政策的国家进行评估。2009年的一项调查覆盖了从欧洲、美洲、亚太到非洲的88个国家，它们占全球能源消费的90%。主要发现如下：

● 能效政策被越来越多的国家作为优先政策。在所有被调查的国家当中，大约有2/3的国家建立了负责实施能效政策的机构。这些机构中超过90%是作为国家的部级机构或者其中的一个部分运行的，能效被这些国家作为重要议程优先考虑。这些机构的资金通常是来自国家级预算和不断上涨的燃料税（比如西班牙、挪威、瑞典、泰国）。海外发展资金通常也支持发展中国家的能效项目。

● 量化目标越来越多地被视为政策实施的关键指标。以量的节约（比如百万吨油当量）为形式，量化目标、能源强度改善以及能效改善率被广泛采纳为能效政策目标的一部分。调查显示，将近70%的国家现在都有量化目标，这一数字是2006年的两倍。大约2/3的目标都建立在全部能源消费基础上（终端能源消费或者一次能源消费），其他则采用了部门/行业目标。

● 能效标识正在成为消费性电器的统一特征，标准的接纳度没有这么高，特别是在非经合组织国家。根据调查，88个国家中有60个实施了能效标识措施，另外10个国家将在近期实施。这些标识措施的绝大多数（90%）是强制性的。最低能效标准在经合组织国家受到广泛欢迎，但是在发展中国家却不太受欢迎。

● 新建筑的能效标准在经合组织国家中被广泛采纳，但发展中国家却很少采用。绝大多数经合组织国家现在都有商用和民用的建筑标准。许多非经合组织国家也采纳了相似的措施（比如新加坡、菲律宾、阿尔及利亚、突尼斯、埃及等），但是在实施方面依然还有很大的差距。从欧盟2006／2007建筑指令来看，近些年来针对现有房屋的能效认证措施也得到了推广。

● 新汽车的二氧化碳排放标识计划正在酝酿当中。新汽车的二氧化碳排放和燃料能效标识已经在所有欧盟国家开始实施。大约十个其他国家包括澳大利亚、巴西、中国、日本、印度、新西兰、韩国和美国也已经有了相似的计划。从一些欧盟国家来看，二氧化碳排放标识与更绿色的税收相结合时会更有成效。

● 能源审核、能源报告和能源管理不太普遍，但是它们有利于促进能效。大约1/4的国家有强制性能源消费报告计划，1/5的国家有能源经理的强制性任务。这些措施在经合组织国家中更加普遍，特别适用于工业产业和正在增长的服务业的大型能源消费者。

● 金融激励措施广泛地运用于经合组织国家，也越来越多地运用在非经合组织国家。金融和财政激励在经合组织国家非常普遍，超过80%的成员国执行这类政策。大体上讲，比起财政激励，金融激励被更广泛地使用并且更受欢迎；投资和审计补贴各占了所有措施的1/3。当前，全球大约1/3的补贴被用于太阳能热水器，1/4的补贴被用于节能灯。

信息

就像对待个体消费者一样，许多广告试图吸引企业的注意力。负责英国商业能效转型的英国碳信托很快得出了结论：在没有更强大动力的情况下，试图逐一联系数以千计的企业是行不通的。高频度的广告宣传被证明是有效的，但也备受争议。随着风险和机遇的意识不断提升，许多公司敲响了碳信托的大门，要求提供相关服务；在每次宣传活动后，咨询量都大幅提升。

碳信托要想把这些企业的咨询货币化，就需要为其提供定制服务。提供信息的方式正在发生转变，它从最初的提供一般性信息（比如高能效的机器和办公设备）转向了定制信息（比如能源审计）和改变管理模式的方案，新的管理方案推翻了"你无法管理未经测量的能源"的老观念。

能源管理首先在大型能源消费公司中推行，这些公司的能源成本通常很高。随着经验的积累，加之轻工业和服务业的快速增长，能源管理者的注意力开始转移到较低能源消费强度的主体上——商业部门受到的关注最多。

对于家用产品的消费者来说，一般性能效信息的影响效果有限。影响他们最有效的方式是与其他工具相结合：具体案例信息、能效改善补贴、其他财政政策（比如减免税款、低息或者无息贷款、能效改善的资助或者信贷）以及/或者提高企业的绿色认同感。这些工具是促进能效提高的有力措施。

能源报告、批露和管理

"有衡量才有提高"的商业原则已经被证明是正确的，特别是通过使用正确的激励措施。能源报告方案要求大型能源消费者监控能源使用，重视能源报告。强制性方案已经扩展到各大洲的许多国家和部门（参见图5-4）。[37]下一步就是执行能源审计，检查特定组织的能源使用情况，并开发节能潜力。随着意识的提高，组织通常会任命一个能源经理，负责持续地降低能源支出。[38] 在许多国家——丹麦、日本、罗马尼亚、葡萄牙，以及最近在新加坡和印度——具有一定规模以上的公司被强制要求任命能源经理。

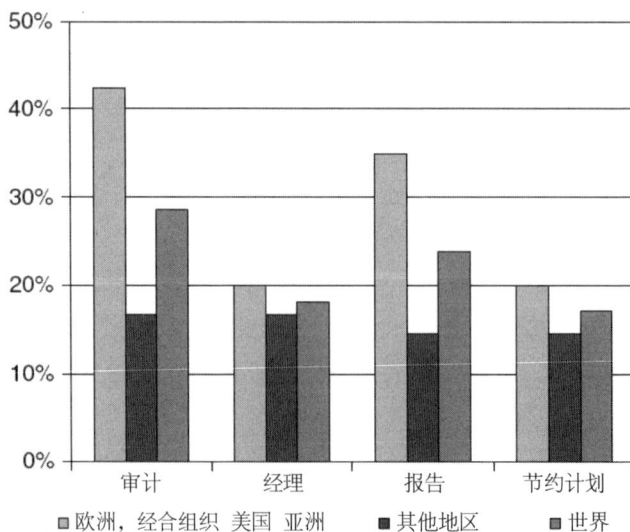

■欧洲，经合组织 美国 亚洲 ■其他地区 ■世界

续图

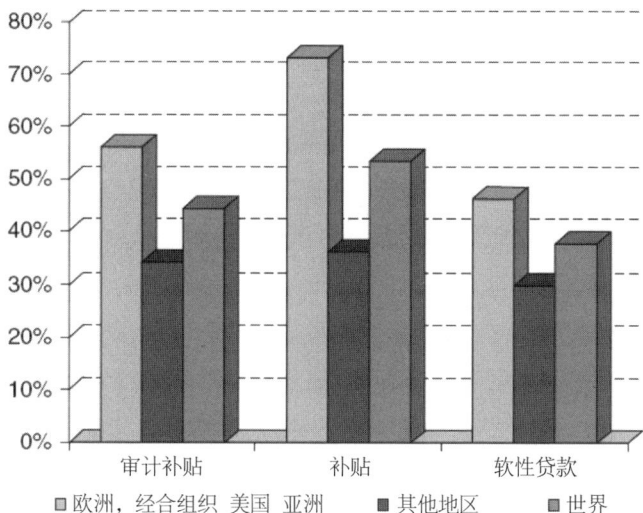

图5-4 企业能效管制和激励的国际采纳度

注：上图反映各地区对公司采取能源管制的情况，下图反映各地区对公司给予金融激励的情况。

　　有些方案是自愿性的，可以使执行者获益。碳信托制定的英国标准要求参与者（超过900个商业团体）去测量他们企业的碳足迹，建立积极的碳管理方案，实现绝对的年同比减排量（或者相关能效改进）。[39] 证书由独立机构颁发，获得者可以将该证书标识展示在宣传材料上，这有助于提高消费者、雇员和股东获取荣誉的意识。证书标识也可以促进企业关注它们自己和供应链的能源成本。

　　如果不仅仅是追踪能源使用行为，而是要对能源浪费的行为加以制裁，就需要购买更好的设备。第4章概述了个人和组织是如何基于经验快速作出决定的。预算是企业的核心功能，公共组织通常受制于预算，限制了它们"投资"节能产品的能力。小公司容易出现资金紧张的情况。因此，公共资金的支持至关重要（参见下面的内容）。

　　企业能源管理不只考虑能源消费和能源成本。任命能源经理或者建立能源审计制度无法保证企业一定能够实现能效改善——即使那些没有资金问题的大企业也无法保证。这的确是真实情况，能源常被看作不可避免的成本，没有列入核心业务加以"积极的管理"。[40] 特别是对于较大的组织，能效改善最多的企业往往把能源与企业品牌战略、利益攸关方的参与、新的商业机会以及"货物管理"的整体评估结合在一起。

因此，重点是如何利用知识推动企业文化的改变，让企业认识到我们身处于一个资源和碳排放空间受限的世界。比如，最近澳大利亚发起了一个项目（能效机遇项目），将能源审计作为一个"文化工艺"来加强组织的领导力、管理强度、沟通能力、数据精确度和分析能力。虽然该项目是强制性的，它也要求企业尽可能做到具体问题具体分析，让能源管理成为日常商业决策的一部分。

几年里，随着许多项目和经验不断积累，国际标准化组织设立了新的全球"能源管理标准"（ISO50001）。ISO 标准整体来说是自愿性的，但是作为一个优质运作的标志，它通常能够产生重要影响，并且 ISO50001 为产品能源管理设计了一套标准流程。[41]

财政措施

为了帮助组织机构解决资金困难问题，政府出台了种种财政支持措施，包括研发与示范项目资助、投资资助、能源审核补贴、优惠贷款和税收，以及其他鼓励能效投资的激励措施。

资助和补贴属于 20 世纪 70 年代所采取的第一批措施。就像第 11 章所述，能效研发的进展通常不快。这是因为生产者往往缺乏技术改进的兴趣，而且技术转型与新技术在本质上就很困难。投资补助帮助企业实现能效升级，但是许多政府已经将这些补助锁定在一些有盈利前景的技术上，一般性的补助往往耗资巨大难以承受。搭便车、认知不充分和繁琐的程序通常被认为是这些投资补助的缺陷。

审计补贴、优惠贷款和税收激励等措施在许多国家受到欢迎。经常与自愿性工业协议捆绑（比如在丹麦、荷兰和瑞典）的审计补贴额度通常低于其他财政工具的成本——审计补贴有助于数据分析而不是执行。上文中已经提到这些激励措施的效果是有限的。它们的效果很大程度上取决于接受度，接受度则取决于辅助性政策包括低息贷款、投资补贴和更重要的能源价格。

优惠贷款是非常受欢迎的，它主要指针对特定投资的零息或者低息贷款，借贷机构能够很容易地提供这类贷款。一些政府为了降低风险和鼓励借贷建立了信用担保计划。然而，单独的优惠贷款在低利率时不可能产生足够的激励效果。最终，税收激励措施比如加速折旧、退税和免税被普遍用于刺激能效投资。家用电器计划就处于目标复杂性和"搭便车"风险之间的紧张关系中。[42]

当成本过高但是潜存着大量社会收益时，还可以采取国家直接拨款的手段进行政策干预，其挑战在于如何使政府通过拨款项目审核，以及如何通过合适的方式加以落实。在专栏5-1中解释到，碳信托不受国家资助，它像一个私人企业那样运行，帮助英国商界提高能效。避免了接受国家资助的（通常是冗长的）限制性要求，碳信托完全自由地以市场反馈为基础调整相关项目。这里有两个方面的经验值得关注，即发展商界能够信任的品牌，并理解谁需要和谁不需要财政支持。

随着时间推移，资金问题本身对于较大公司来说并不是一个障碍——关键的挑战是如何引起他们的兴趣，一旦这些大公司意识到与碳信托一起合作的重要性，这种价值观就可以使这些企业向碳信托支付服务费用。然而，政府资助是中小型企业的主要关切。低息贷款机构为本行业的能效投资提供四年期周转贷款，这被证明是受欢迎的。随后，这项政策融入鼓励小企业成长的全国性政策，2009年英国刺激计划中安排政府增加1亿英镑大规模发展小企业贷款项目。

这说明资金仅是众多因素之一，"财政"政策往往能够产生许多意想不到的影响。典型的案例是英国实行了提高资本免税额计划，该计划使企业在购买政府认定的能效技术时实现100%的退税。结果是许多公司购买了列表上的技术，但是其中的一些公司从未要求过退税。反而，市场将政府认定的技术列表视作先进能效技术的指标。购买者将其视为购买产品的一种参考；制造商能够确保新产品是合格的。在这个案例中，免减税本身可能是次要的。

能效资助的另一个方法是对能源供给施加能效义务。比较有名的

"能效资源标准"已经在美国的一些州和欧盟的一些成员国中流行起来（Bertoldi，Rezessy et al.，2010）。在意大利和法国，政府强制要求电力分销商和电力供应商承担能效义务，并规定了可交易的能源认证，如白色证书。在比利时（法兰德斯地区）、丹麦、法国、爱尔兰、意大利、荷兰、波兰、葡萄牙和英国，能源公司已经被强制要求承担能效义务。[43]

5.4　建筑行业的政策整合和应用

　　动机是复杂的。金钱能够发挥很大作用，但是它要与其他行为动机相匹配。能效领域的经验给出的关键结论是我们需要各种方法的结合。

　　任何市场营销经理都知道，人群是多样化的，市场是动态的。图5-5说明了信息、标准和财政支持这三个不同的工具如何共同推动了能效产品的市场"转型"。信息总是将曲线向右推动，特别是"引领者"这类项目所提供的信息。大多数人可能对多种形式的财政激励会产生更加强烈的反应。落后者可能什么都不关注，落后的旧生产线正在服务那些"落伍"的消费者。但是一旦大多数产品开始转型，更好的替代产品不断涌现，有效标准就会变得更加可行——在一些案例中禁止一整类的高能耗技术产品（就像白炽灯泡）。2000年以来，欧洲实现了能效的飞跃（参见图5-1），这要归功于之前几年禁止低于"C"级的产品销售，这间接扩大了能效的市场范畴。自此以后，欧盟的许多问题都变成了成功的案例，现在"A"类水平在现实中已经成为了门槛式的规范。技术和市场两者都实现了转型。

　　因为不同的工具解决不同的问题，所以"一揽子政策"的需求不断提高。表5-1说明了三种类型的多项建筑能效政策是如何与四类障碍-动力相关联的。矩形表格还提到了供应商的能效义务，这成了财政资金的来源，但却很难影响终端使用者的决策（参见专栏5-3）。单个工具不能解决两种类型以上的问题。因此，政策组合是必要的，不考虑能效领导者和落后者之间的差距也要进行政策组合。

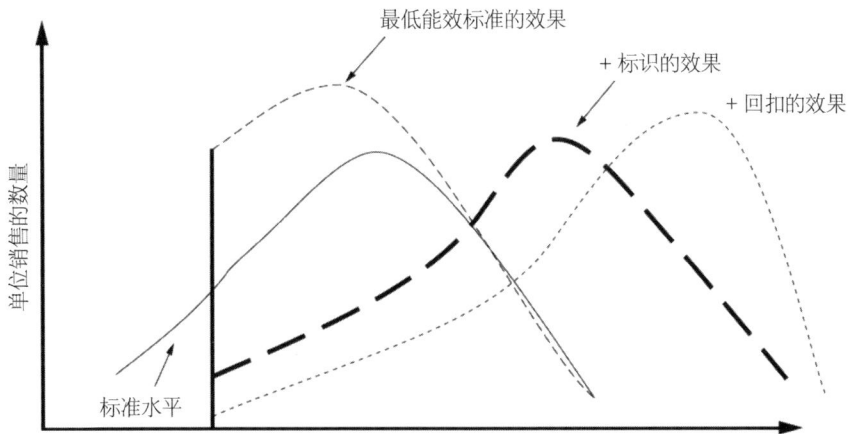

图 5-5　不同能效政策的组合效果

来源：Jamasb and Pollitt（2011），第 14 章，图 14.4。

表 5-1　　　　　　　　　　　　建筑行业能效政策表格

	信息工具			法规机制			财政手段		
	Mnd. Label	Voln. Label	Mnd. Audit	App. Stand.	Bld. Codes	EE. Olig.	CO₂/E Tax	Tax Exp.	Cap. Sup.
财政成本和效益	×	×	×	×	×	√	√	√	√
隐藏成本	×	×	×	√	×	×	×	×	×
分化激励	√	√	√	√	√	√	×	×	×
行为因素	√	√	√	×	×	×	×	×	×
整体效果	高	中/高	高	高	高	中*	低	高	中/高
成本效果	高	中	中	高	中	高	中	高	中/高

注：Mnd.Label（强制性标识和认证）；Voln.Label（自愿性标识和认证）；Mnd.Audit（强制性审计和能源管理）；App.Stand.（应用标准）；Bld.Codes（建筑法规）；EE.Olig.（能效义务和配额）；CO₂/E Tax（二氧化碳或者燃料税）；Tax Exp.（税收豁免／减免）；Cap.Sup.（资金补贴和补助）

*针对转型要求的整体效果。

来源：Ürge-Vorsatz et al.（2007）和 Ryan et al.（2011）。

　　建筑和其他领域的安全问题需要法律规制，最常被采纳的方法就是在新建筑标准中加入能效有关的规定。几乎每个国家都有不同的能效政策体系。能源管理的形式既包括某个零件的热值标准，也有更加复杂的"能效标准"，不同国家在不同时期也有着不同的规则。比如，2005年，英国大幅提高了建筑法规（"L部分"）中的能效标准，之后又要求所有英国的新房屋到2016年实现零碳化，进一步提高了标准（Defra，2007）。如此全面的措施在美国加利福尼亚州、德国和法国也受到欢迎，该方法为欧盟2005年"生态设计"指令的能效标准奠定了基础，预计到2020年将降低相当于欧盟范围内能源消费量的12%。[44]

　　建筑的多样性使标准设置和评估变得复杂，实施也很困难。因为使用的多样性和所有权及出租结构的复杂性，对占工业化国家建筑能源使用量大约1/3的商业楼盘进行节能改造极具困难和挑战（见第4章，图4-6）。

存量建筑

　　在工业化国家，更头疼的问题是如何处理存量建筑的能源使用问题。从技术上来讲，最大的节能机遇出现在大翻修的时候，商业建筑的机遇要比普通住宅更大。包括德国和瑞典在内的一些国家已经将能效标准适用于房屋翻修，欧盟建筑性能指令（EPBD）也建立了同样的原则。当然，将其定义和政策化依然是复杂的。

　　最容易处理的是自住型房屋，虽然长期来看政策的有效性依然受到搬家预期的限制，但不存在"租户和房东"的激励错位问题。包括英国在内的几个国家还规定了某种类型的能源性能认证，无论房子是售卖还是出租，提供的信息都要包含该认证。解决租户和房东的激励错位问题需要更强有力的手段。欧盟建筑性能指令（EPBD）强制要求所有占地面积超过1000平米的公共建筑展示其能源认证——这其中包括部分商业楼盘。当你在欧洲步入任何一座这样的建筑时，你就有机会马上了解到该建筑是否具备良好的建筑能效。[45]

专栏5-3　供应商管理和能效义务

　　提高现有建筑的能效需要关注向它们供应能源的公司。加入（供应天然气或者电力的）网络意味着这些供应商受到法律约束。当企业直接受控于直接价格管控，政策制定者需要知道应该在价格中计入和整合什么成本。如果将能效措施纳入"计税基础"，企业就有动力去为它们的消费者考虑，从而执行适当的能效措施——特别是当执行能效措施的成本低于新建建筑或者新建能源基础设施的成本时，企业的动力更大。这已经成为美国能效政策的主要支柱。另外，美国的许多州通过收取"系统收益费"来资助能效、可再生能源和燃料匮乏项目（Rader and Wiser，1999）。美国区域温室气体减排行动（RGGI）也在很大程度上被导入这些项目（第7章）。

电力市场"被解放"，能源供应公司相互竞争客户，价格不再直接受到法规的限制，但是政府依然能够通过征收费用资助有关能效项目，或者要求电力和天然气的使用者或供应商履行节能义务。节能目标的建立依据是它们在能源市场的份额（年份额，%），或者消费者的数量，节能目标还衍生了"白色认证"——它是公认的节能认证，相当于可再生能源产品的"绿色认证"。

两种方式的使用已经在美国各州、欧洲国家和更多地区得到快速推广。这些政策针对不同的市场以许多不同的形式开展和实施。

在实践中，政策的成败取决于实施细节。最初，能效目标通常会被超额完成，但是能效政策的影响范围有限。无法回避的是，私人供应商寻求以最廉价的方式履行他们的义务，这意味着他们青睐于实施更简单的措施，比如照明措施，他们不愿意承担热力改善这类深度的和成本高的挑战。经过几个回合之后，目标和影响范畴能够到达一个更高的水平，并且能够有效应对现有问题；2012年，英国CERT项目的建立使超过390万座阁楼和250万堵空心墙实现能效改造，该项目也实施了许多其他措施，有些措施致力于帮助没有能力应对能效问题的群体。该措施预估可以降低超过3亿吨二氧化碳排放量——相当于所有英国私家车5年的排放量。

丹麦能效义务的评估（是"产业界最强的措施"，并不约束低燃料使用者）通常以欧盟的经验为基础，引用许多经济影响的有效评估数据，并且包容了政策设计的多种可能性（Bundgaard et al.，2013）。

对美国政策的评估出现了许多不同的结果，但是整体上都显示了积极的总体收益（存在隐藏成本或隐藏收益——参见第 4 章，注释 54，专栏 4-2）。但是，许多问题依然争论不休，悬而未决。

建筑所有者、使用者和维护者都不喜欢不良评级。因此，即使是在租户和房东存在激励错位的情况下，房东也有提高房屋能效的压力。如果建筑所有者改善了建筑能效，他们就能够看到一个可观的效益。建筑能效的成本包含在房产价值中，"绿色建筑"出租和售卖的价格因此上涨，这种情况出现在了美国和荷兰，但是（到目前为止）还没在英国出现。[46]

全球范围内最大的能效改进机遇是在发展过程中提高能效。尽管大多数政策由各国政府制定，但是许多国际资金依然被用于帮助发展中国家制定政策和资助关键的能效项目。虽然这类国际资金的规模比起较大的并有争议的项目投资（像大坝和电站）要小得多，但是世界银行的资金支持已经帮助许多主要新兴经济体建立了能效资金窗口，推动能效项目和服务类公司的发展。[47]国际公共资金支持的项目所受到的挑战和质疑在于，有些项目颇具经济收益，这些项目完全可以由各国自主运行而不必使用国际资金；而实践经验表明，国际资金和专业技术的介入，能有效提高能效意识，并且加速国内能效项目的发展。[48]

5.5　可测量（但尚未充分测量）的成功

能效政策已经成功了吗？

在石油危机将能效问题引入政策框架的 40 年后，答案是明确的。从能源节约总量及其经济价值的角度来看，答案是非常肯定的"是"。但是相关措施还没有实现支持者所希望的收益规模，能效政策也没有像预期的那样特别必要。尽管我们已经付出了所有的努力，但是评估显示了节能的市场潜力与实际效果之间的鸿沟不断增大。[49]尽管清晰的标识出现在了产品上，但是一些顾客依然继续购买低能效的产品。许多基础设施本身就无法解决低能效和能源浪费的问题，因此，无论消费者的能效偏好如何，他们的选择余地是有限的（如图 4-4）。

测量能效收益并不简单。如第 1 章所述，大多数国家已经稳定地降低了单位 GDP 的能源使用量——经合组织国家从 1973 年到 2005 年降低了超过 1/3 的能源强度。这种用"能源强度"作为衡量能效的标准，受到太多因素的影响（比如工业化与制造业结构和平均房屋面积等等）。排除这些因素的影响，一项研究显示，11 个经合组织国家的能效措施对能源强度削减量的贡献占 2/3。然而，就像在图 5-6 中所示，在 20 世纪 80 年代，能效改善并没能平抑由于能源价格下跌导致的能源使用量增加。[50]

这些结果反映出国家间存在显著差异。比如，德国、瑞典和丹麦已经降低了全国的能源强度，在 40 年里平均每年下降将近 3%——GDP 在能源消费总量不增加的情况下增长了两倍，国民经济实现了去碳化发展。[51]

专栏 5-4 分析能效差距及其"动力-障碍"的新方法：英国碳减排承诺（CRC）能效计划

随着经验的积累，能效政策工具的选择不断增多，特别是有些政策工具彼此结合，作用于某些特定和新增的动力与障碍。2005 年，英国气候变化项目的五年评估强有力地说明了适用于大型低能源强度主体（主要是商业和公共部门）的主要政策工具——气候变化税（CCL）——产生的影响是有限的。气候变化税最初产生了"注意力"影响，但是通常来说这些公司并没有安排相关人员负责能源管理，因为气候变化税被视为普遍适用于全国所有店铺、办公室和设备的增量成本；对于许多公司来说，气候变化税的额度太小，没有必要为此而进行企业的机构改革。

碳减排承诺计划（CRC，the Carbon Reduction Commitment）应运而生，致力于解决这类问题。该计划要求母公司监督和报告所有工作场所的能源使用和二氧化碳排放情况，并且推动母公司购买相应的排放配额。报告的相关结果将会被公布——这令公司不得不考虑名誉问题。各种因素的结合旨在帮助公司整合"品牌"和"资金"利益(以及企业相应的发展方向),这种结合具有实质性的影响。监管的积极性和政治氛围的转变产生了积极的变化,参与者的排放量在该计划实施的第一年就下降了将近10%。

注释:

ᵃ 英国环境部(UK Environment Agency,2012)报告的排放结果。碳减排承诺(CRC)覆盖了英国数千个大型机构。最初的提议认为政策工具应该是"收益中性"的,购买碳减排承诺(CRC)配额的费用可以用来抵消部分气候变化税。然而,该提议被英国财政部否决了。取而代之,财政部制定了一个复杂的机制,将收益根据"积分表"退还给企业。该积分表不可避免地变得复杂和有争议。虽然企业渴望获得名誉上的激励,但是积分表制度变成了碳减排承诺(CRC)的阿喀琉斯之踵,因为无法合理地获得各行业间的可比性(如何将一个食杂店与学校或者汽车修理厂相比较?)。该措施让企业非常在意名誉上的比较,但是它也引起了很强烈的反对并且抵消了此前大量的努力。其中的一些反对是无法避免的,推动组织改革总会触发不可避免的阻力;积分表制度和相关费用支出大幅增加了该计划的复杂性(和阻力)(参见 Grubb et al., 2007 和 Grubb and Brophy-Haney, 2009)。然而,就在即将实施该机制的时候,新的政府因为财政困难取消了收益循环(或者中性)的全部规划,这种做法激怒了监管部门。积分表的制度依然存在,但是它没有任何直接的财政激励措施。紧接着,财政部几乎取消了整个碳减排承诺(CRC)计划,尽管它幸存下来并且在2011年开始生效。该计划的管理影响促使部分企业开始监督自身的能源和排放情况,并且分配相应的责任。

由下至上的案例说明了能效政策的影响效果。图5-6显示了标识在欧盟的显著影响力,市场相当程度地向高能效电器和电子产品的方向转型。日本领跑者项目产生了持久性影响,它的标准明确地提高了生产线的平均能效。财政措施(比如投资补贴或者减税)通过资金支持刺激了能效投资,推动了创新。许多具体产品和项目的能效收益都是在能源价格较低的时期实现的。尽管能源价格的骤降减缓了能效改善的步伐,但是能效改善的努力并没有(像古典经济学理论预测那样)后退,甚至都没有停滞下来(如果把所有节省下来的能源都归功于"锁定"效应)。

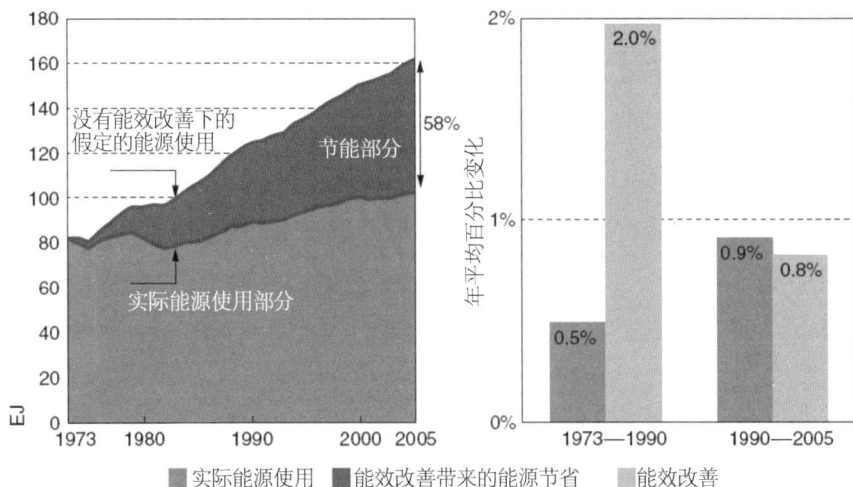

图5-6 所有部门中来自能效改善的长期能源节省

注：该估算是基于来自11个国际能源署成员国（澳大利亚、丹麦、芬兰、法国、德国、意大利、日本、挪威、瑞典、英国以及美国）的数据。

来源：IEA（2008）© OECD/IEA，2008，图2.7，第73页。

整体来讲，国家间的宏观发展趋势数据和微观政策数据之间的差距，强有力地说明了价格与能效政策都非常重要。

国际能源署有关强制标识和标准的分析报告不仅量化了许多家用电器的能效收益，这些家用电器包括冰箱、洗衣机和空调，该分析报告也发现了大部分能效收益是在没有损害服务质量或者产品价格的情况下实现的。比如，从1980年到2001年，大多数电器的价格持续下降，冰箱和冰柜的实际均价下滑了超过40%，但是平均耗电量下降了高达60%。因此，促进能效改善的政策被证明是划算的。

对于终端使用者来说，能效改进带来了实惠。现在，大多数消费者已经拥有了更具能效的产品，较低的使用费用，初始资金的投入完全可以接受。对于大多数产品来说，制造商学会了在没有巨大的额外成本的情况下如何制造更具能效的设备。[52]

当然，政府承担了运行这些政策的费用。一项研究评估了不同国家、不同层面的八个项目，该评估结果显示了政策运行的结果是好的。[53]

评估政府政策的数据仍是不完整的。在美国，评估政策的项目要多于其他地方，但是结果依据政策的不同和开展评估的政策倾向不同而差别很大。然而，大部分评估都发现了单位节能量的实际净收益大约是同一时期平均电价的一半，美国家用电器标准政策的总体费用也下降了大约一半。[54]

在英国，英国节能信托基金会和英国碳信托的项目都有着明显的正收益。碳信托估计其全部项目共节约价值16亿英镑的能源，这导致英国消费者的能源支出在2010年和2011年间低于5亿英镑。[55]

对节能量和能源成本进行测量和归类是极其复杂的。毋庸置疑，一些项目没能实现能源节约或者这些项目不合理地产生了非常高的成本。尽管大多数国家都有审计机构或者批评者去揭露这些问题，但是相关的机构并不乐意公布这些失败的案例。然而，这些不确定性和例外的情况并不能否定一个基本的事实：能效政策总体上已经降低了我们的能源消费、排放和费用。[56]

嘲笑者已经被证明是错的，但是这并不意味着能效政策的成功是不可量化的。首先，这并不是件容易的事。有观点认为提高能效这么实惠必然会得到快速发展，但事实上，为了减少能源的巨额浪费，人类社会不断尝试各种政策与努力，历经很长时间来识别和克服广泛存在且错综复杂的障碍。

自从20世纪80年代末以来，当能源价格下降时，人们对环境的担忧在很大程度上推动了能效政策的发展——在结论的章节里我们会用一个更宏观的视角来审视这些政策。对于坚持实施这些政策的国家来说，2005年能源价格的上涨已经回报了相关努力。然而，复杂性却在不断增长。

针对能效政策的一种批评是，它实际上并没能减少能效差距；提高能效的巨大潜力依然存在。这些问题都在现实中出现在发达国家和发展中国家，发展中国家的问题更大。整个体系的能效改善带来了非常高的盈利水平，两年内就可以实现回本，但是由于许多因素，盈利的速度变得非常慢。[57]没有一项政策能够独自克服所有障碍，政策通常是以碎片化的方式进行设计的，前面分析的建筑政策说明了这个问题。能效产品的市场扩大促进了技术创新，但是市场有无法避免的惯性和滞后性。能效就像化石能源储备：随着新技术的研发，潜力不断增大。

然而，当我们认为能效就是解决能源问题的方法时，这样的想法遭遇了现实的打击，能效政策并不能够提供能源。即使英国碳信托实现了无可置疑的成功，并占有了相当可观的市场份额，但是它依然发现碳管理执行率低于 50%。从 1990 年到 2005 年，工业化国家再次经历了低价能源的时期，这些国家的能效改进率平均每年低于 1 个百分点，它们的整体能源消费量不断上涨。这低于我们的预期，前面有关潜力和需求的章节预测了能效改进率每年至少要达到 2 个百分点，因此想法与现实出现了强烈反差。仅有几个国家超过了预测的水平。因此，总体效果是积极的，但是还不够好。

出现这种情况的一种解释是，图 5-6 的结果没有涵盖近些年来的能效提高项目，它也没有考虑 2005 年以后能源价格上涨的影响。这的确是事实，许多更强的能效措施仅仅是最近才开始实施的。这些能效政策包括了更广泛的建筑措施和整体性的新政策工具，像英国的碳减排承诺计划。在一定程度上，它们的作用是明显的，但是却几乎没有呈现出根本性加速的标识。这显示了一个问题，并且需要深度的思考：什么因素限制了能效收益？我们还能做些什么？

5.6 控制反弹

当人们总结认为能效政策取得了巨大成功时所遭遇的另一大挑战在于，有观点认为能效政策并上不节能——原因是经济学家们所说的"反弹"效应。引用最多的是照明领域的案例，新的照明技术要比蜡烛的能效高数千倍。然而，从蜡烛到煤气，然后是更具能效的油灯，再然后是电灯泡，照明的能源需求实际上增加了。如今人们照明用能与几个世纪前一样，因为随着科技的进步，人们可以在更多的地方实现更加明亮的照明体验。[58]因此，能效并不是较低能源使用水平的同义词。

反弹是重要的和复杂的，但是研究反弹的领域是混乱的。[59]一些错误源自新古典经济学的观点，它假设市场的运行是良好的，但是大多数能效政策的主要动力并不是来自正常运作的市场。这很容易混淆原因和结果的相互联系。人们大规模地从蜡烛转而使用更多和更好的照明技术，因为他们想要更多和更好的照明效果；而能源成本是所有成本中最主要的部分：在这种情况下改善照明能效不可避免地导致能源使用的增加。但是，你买哪辆车并不仅仅由汽车的燃油费用决定，人们不会因为他们想要更频繁地驾驶而去买更具能效的汽车。政府也不会因为人们想洗桑拿浴又负担不了用热成本而提高建筑能效标准。从这个角度讲，照明的例子具有严重的误导性。

　　同时，拒绝承认任何可能的反弹效应并加以嘲弄（一旦被看作"热死富人"理论）也不对；反弹效应的确值得我们重视。[60] 幸运的是，过去几年的相关研究在很大程度上提高了我们的认知水平。这些研究致力于细致地量化反弹效应能够在多大程度上抵消不同领域的能效收益。量化反弹效应就像测量节能量那样困难。表5-2说明了工业化国家"直接"反弹效应的范围和最佳估值。[61]

表5-2　　　　　　　　发达国家中不同终端使用的直接能源反弹

能源服务	文献中估计的所用范围	最佳猜测
汽车	5%~87%	10%~30%
空间供热	1.4%~60%	10%~30%
空间制冷	0~50%	1%~26%
热水供应	10%~40%	—
电灯	—	5%~20%
其他能源服务	0~49%	< 20%

来源：引自 Sorrell et al.（2009）；Greening et al.（2000）。

　　粗略地估算，汽车和家庭（电器和供暖）能效改善可以节约能源使用量，但是大约1/5（20%）的节能量被直接的反弹效应所抵消——因为更加便宜，所以使用量更大。这是一项粗略的统计，所以它并不能充分地说明问题。

首先，现实影响可能有很大的不同，就像表5-2中所显示的。那些负担不起家庭采暖系统的人们很可能通过提高室内温度来抵消无法达到更高能效带来的失落情绪。当然超过一定水平，人们对热量的需求就饱和了。类似的，贫穷的人们会通过减少出行控制燃油支出，但如果高能效汽车能够帮助他们平衡燃料支出，他们也愿意多出去走走。富裕的人们则根本不去想这些问题。这反映了一个一般性特征：当更多的人达到了相对富裕和舒适的水平，饱和效应就会降低反弹效应带来的影响。同理，反弹效应会在发展中国家更加明显。一方面发达国家可能已经接近了基本能源服务的饱和状态，另一方面发展中国家依然有将近16亿人在没有电的情况下生活。

反弹效应也取决于科技的种类。反弹效应更广泛地出现在"通用技术"（比如蒸汽机和个人计算机）中，能效政策推动的"专用能源节约技术"则较少出现反弹效应。[62] 除此之外，这里需要提到两个间接的反弹效应：

• 能效的提高帮助人们节省了费用，但是这些费用可能被用在了其他能源消费活动中。这种再消费效应会产生影响，类似于富裕群体增长产生的总体影响（"能源消费的收入弹性"）；反弹的净效应大体上是适度的，但总量也不小（除非人们将所有节省下来的钱都花在驾驶和飞行当中！）。

• 全球能效的提高意味着化石能源使用量下降，这可能会降低能源价格，因此也可能部分地抵消最初的节能量。

能效政策综合效应的总体规模是难以估计的。相关研究已经提高了综合反弹效应的影响因子，这些效应直接地和间接地来自能效政策，它们的影响力是巨大的；一项估计显示当前能效政策的总体反弹效应到2020年可能抵消30%的节能量，并且到2030年抵消50%的节能量，如果在这之前没有实施任何其他配套政策，反弹效应必将出现。[63]

反弹通常被看作负面的，并且从环保的角度看，反弹效应削弱了能效政策的积极影响。但是从更宏观的角度来讲，反弹效应还是积极的。首先，第一领域效应的证据：如果能效标准导致了产品的购买量和使用量不断增长，它便证明了该标准实际上降低了消费者的支出成本。反弹效应是一种利益的获得，也一种环境的损失——它使服务更加便宜（直接效应），节省费用（再消费效应），以及潜在地降低了国际能源供应的压力（能源市场）。反弹效应并不能否定大多数能效政策的好处，但是能源和排放的影响效果却低于最初的期待值，这正所谓有回报就要有付出。

发展中国家的反弹效应更大，这一事实说明他们很可能从能效政策中获得了更多的收益——反弹效应的存在证明贫困压抑了欲望，能效政策有助于缓解这些制约因素。根本上来说，"反弹"说明了第11章中所观察到的第一领域的效应——支柱一政策——反弹效应有利于经济增长。

这已经导致一些学者走向了另一个极端：能效是适得其反的，并且将事情变得更糟。最近的一本书以此为契机抨击了能效改进，并且得出结论认为，我们基本上注定要看到这个星球的过度开采以及事实上的文明崩溃。[64] 但是我们没有理由用如此悲观的视角来看待反弹效应。只有现实渴望（像一个温暖的房间）被满足，能效才能不断地实现真正的能源节约。反弹效应有助于解释为什么富裕国家的能效改进在过去几十年内没有预期的那样快。但是，能效政策与其他政策支柱相结合的国家都很显著地实现了持续性的能效改进（参见注释51）。政策起到了相当大的作用。这些国家的显著特征是它们在三个领域里展开了一致行动——不仅是能效——并且突出说明了为什么星球经济学强调三大政策支柱相结合的核心重要性。

在能源价格偏低或者正在下降的时期，大多数设备的成本大规模下降。尽管许多产品的能效可能已经实现大幅改进，但是人们的消费行为变得更加浪费。因此，图5-6和本书支柱二的讨论显示了能效政策与价格上涨的因素相结合才能产生最持久的影响。

5.7　更好的建筑：前景和取舍

第3章和第4章显示了建筑蕴含着热力能效改善的巨大潜力和其他相

关特点。第4章（图4-6）用数据阐明了当前建筑存量情况和2050年巨大的增长前景，全球的建筑房屋面积到2050年预期将增加超过两倍，这也意味着建筑业具有降低能源消耗的巨大潜力。图5-7使用全球能源评估（2012）的详细研究总结了全球建筑业的能源和排放前景。常规情景的结果是严酷的，建筑行业的全球能源消费和排放量可能增加至少50%。根据模拟的"高能效"情景，这样消费和排放水平将在2005年的基础上降低46%。

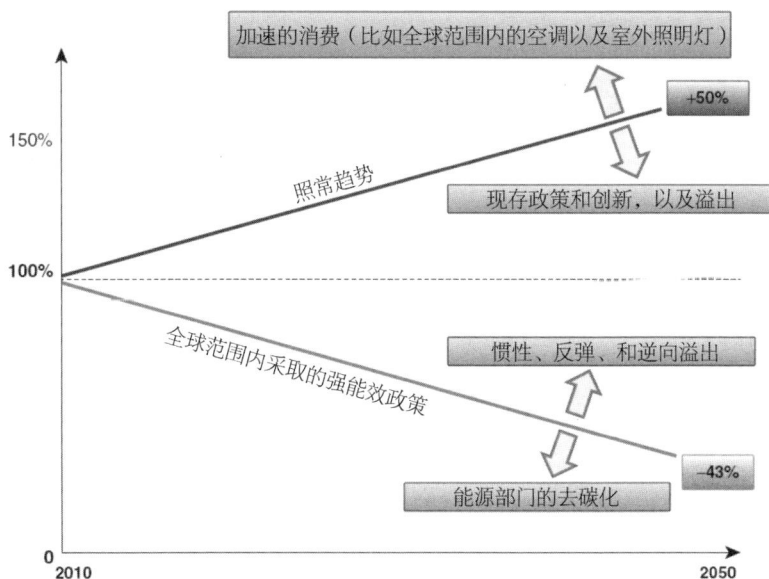

图5-7 不同政策影响下建筑能源使用的全球情景

对于当前占了全球能源和排放将近1/3的建筑业，这个情景模型给出了截然不同的发展路径，建筑业既可以加剧也可以缓解全球压力——政策将会起到关键作用。

对于建筑正在快速扩张的发展中国家来说，唯一重要的因素可能是新建建筑能效标准的范围、深度和执行力。麦肯锡曲线的争论（参见第4章）显示了发展中国家的建筑能效"底线"是一个关键因素。即使直接能源消费达到了最具"成本收益性"的程度——也就是麦肯锡假设——它依然产生了一个逻辑上的挑战。快速发展的经济体不得不面对迅速扩张的基础设施建设,因此建筑能效政策的执行是十分复杂的。

还有一个问题是纯粹的经济难题。一个常见的误解是目前建筑节能的一切措施都是经济划算的。这是错误的理解:一些措施实际上很昂贵。数据表明,相较于建成后进行节能改造,施工时采取更高的热能效标准更容易且更便宜。麦肯锡的数据显示了"减排成本",新建筑达到最高级别的热力性能可能会花费30欧元每吨二氧化碳,但是在改造过程中的费用将会是这个数字的两倍。在很多发展中国家,现在未能采纳最强标准的建筑可能因此会陷入强大的能效锁定效应,并且在接下来几十年里将支付两倍或者更多的减排成本。

发达国家大多都没有那种优质的选项。它们的主要问题是如何改造存量建筑,住宅的自主改造率每年稍高于1个百分点(商业建筑更高些)。然而,它们都面临改造程度"深""浅"不一的问题。深入改造在短期内花费较高。小规模的零碎改善并不是最划算的方案,但是这类改善却深受许多政策工具的青睐(特别是针对供应商和私人企业的改造:参见专栏5-4)。然而,如果全球能源和气候问题敲响了紧要关头的警钟,就有必要重新审视这些建筑,这会带来改造中断和其他额外的成本。因此,房屋改造面临一个尖锐的"更好建筑的困境":深度改造还是廉价改造,如图5-8所示。另外,如果达到图5-7中所示的低排放目标,发达国家需要使改造率提高到每年2%。

最后,如图5-7所示,其他因素也影响了结果。如果人们找到了新的耗费能源的方式,建筑能效"底线"可能会更高,比如,"超凉"空调在发展中国家快速发展,以及人们对于公园的照明设施习以为常。如果耗费能源变成一种文化,超强标准和深度改造也只会产生有限的影响。强大的反弹效应终究会抵消那些大量节省的能源,甚至波及相关行业。反之,如果相关行业开始使用高能效的电热泵,这就可以实现电力生产的深度去碳化,并且可能降低建筑部门的碳足迹,使其排放路径优于全球能源评估情境。总之,能效可以改变一切。

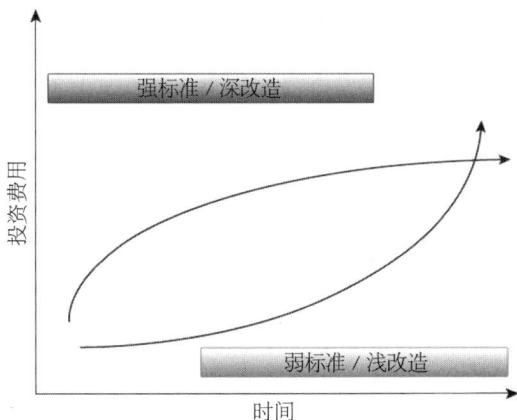

图 5-8　更好建筑的困境：（现在）廉价改造或者深改造？

5.8　忽视的部分

深入挖掘能效的潜力仍然需要从消费这一最终驱动力的角度重新审视能效政策的覆盖范围。能源和排放水平取决于产品和服务的效率，它们如何被使用，以及能源和排放是如何隐含在生产过程中的，如图5-9所示：

• 建筑的能耗不仅取决于建筑能效，也取决于使用者的行为（比如，将暖气片上方的窗户敞开着）以及建造过程中使用的能源，其中建造能耗相当于数年使用能耗。商业建筑的关键问题是缺乏实施能效措施的需求、存在激励错位的供应链,以及理论上和实际上能源使用之间的不一致。[65]

• 工业能耗不仅取决于设备，也取决于运行和保养的能效、原材料和物流的方式、以及进入到供应链所有活动中的能源消费。

• 交通能耗不是通过购买更多的能效汽车能够降低的：这还关乎于人们如何驾驶以及出行频率，汽车的保养方式，人们是否选择汽车、火车、飞机、自行车或者走路（方式）出行，以及他们渴望出游的愿望的强度。

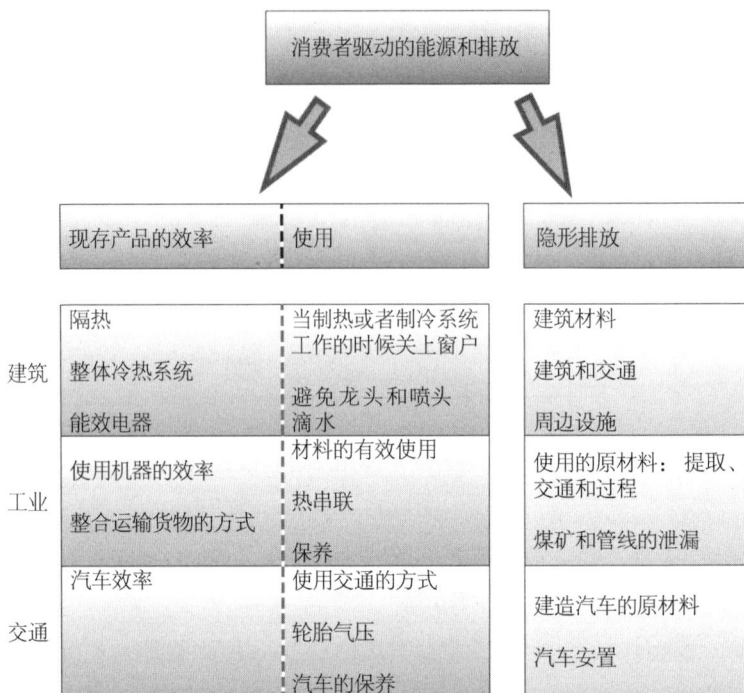

图 5-9　消费者驱动的排放范围

注：消费者部分的这些分类并不是完全独立于其他类别。比如，工业过程的排放也组成了消费者产品和服务的隐含排放。

　　正如本章所述，大多数政策都将能效目标设定在产品或者看得见摸得着的"东西"上。这些政策对于使用方式的关注很大程度上停留在广告上，这些广告对于活生生的"人"的影响是有限的。图 5-9 中的最右一栏是隐性排放，政策很难关注到这点。为了更好、更快地提高能效，隐性排放必须得到重视。

　　改善能效没能大幅减少能源消费的一个原因就是反弹效应。如果人们没有实现目标，这并不意外：能效改善，费用降低，人们会很自然地使用更多的能源，如果能源费用变得太低而无需在意，这可能会扩大"满足"（第一支柱）行为。许多被审视的政策——特别是能效标准和供应者义务——很大程度上忽视了消费者的力量，使他们在能源耗费和造成后果的时候体验不到任何责任或者参与感。

再者，随着产品能效的提高，"隐性"能源消费的相对重要性就提高了。数据显示，包括进口产品在内的此类隐性能源消费量呈现整体性增长态势。相关预测显示尽管实现了经济去碳化，隐性能源消费使得工业排放量增加而不是降低。[66]高能效产品的制造有时需要更多的能源消费——电力汽车就是一个恰当的例子，它需要加入电池和发动机，这导致隐性排放量增加了 50%。[67]同样的道理也适用于建筑行业（图 5-10）。

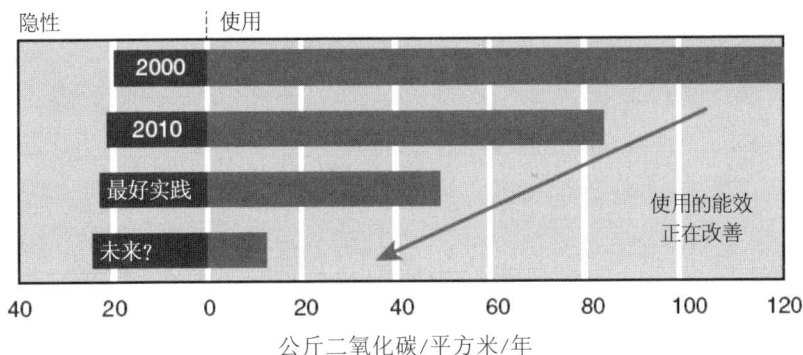

图 5-10 建筑中的隐性能源

来源：Allwood and Cullen（2012）的估计来自于 Ramesh et al.（2010）。

因此，如果不关注在用品能耗或者隐性能耗，能效努力将快速地失去平衡，甚至在一些案例中会出现相反的结果。因此，能效的改进需要更多地关注消费者以及隐性能源。

5.9 结论：解开能效难题

补充第 3 章的技术调查和第 4 章的理论分析，本章通过回顾能效政策的案例，进一步证实了现实中存在大量提高能效的机遇。这表明降低能源使用量、排放和成本，并从中获得多元收益的行动是可行的。最初来自工业领域以及观念上的反对意见所引发的恐惧——比如反对使用电器和汽车的能效标识——基本上被证明是没有道理的。能效政策已经在全球范围内广泛传播，几乎没有走过回头路。所有这些证据都证实了能源使用的第一领域现象的现实性和相关性。

然而，依然存在很多问题。尽管近几十年来能效政策的力度不断加强，但是许多发达经济体（不是所有）的能效改善率实际上是缓慢的。要想保持和加速能效提高的进程，需要从多个角度超越能效政策的传统边界。各方证据表明，在这一过程中有两个特别突出的挑战。一个是实践性的：支柱一政策的延伸。另一个是深入性的：理解支柱一政策的局限性。

对于扩展支柱一政策，能效领域的研究文献不断指出政策整合的重要性。Brophy-Haney 等人的评论意见指出"提高政策互动的意识，认识到能效目标需要协调无数小型的社会行动"，这很自然地指出重点在于出台"一体化政策战略"，即使在传统居民能效领域也有潜力可挖。[68]

这样做最大的好处就是能够扩展能效政策的影响范围。改进能效的政策一般会被认为是关于产品（住宅、电器、汽车）性能的政策，但是支柱一的 3 个章节都已经说明了潜在的能效改进范围是更加宽泛的。前面的章节指出大多数政策关注存量产品的能效，而不关注产品如何被使用，以及产品的能源消耗和排放是如何隐含于制造过程的。对能源密集型材料的浪费是一个明显但间接的能源浪费方式。第 3 章也指出能源体系有时候是低效的。尽管能效对第一领域的原则和有待发掘的实践经验进行了很好的说明，但第一领域的现象——低效行为和其改进潜力——的范畴更广。迄今为止，政策仅仅表面性地触及了这些不太直接的能效问题。

此外，更多相关活动仍然处于起步阶段。到目前为止，大多数的能效参与活动致力于帮助人们了解如何有效使用能源。社会科学家们认为潜力——以及需求——可以借此契机实现更好的拓展。提升意识和促进自觉的政策制定是另一种降低反弹效应的方式，由此而建立的价值观——包括关注隐含在商品中的能源和排放，有助于资源和环境管理。为保障其长期有效，能效政策应鼓励人们成为积极的消费者和公民，融入追求可持续发展的社会进程。

第 2 章表明，我们社会的发展水平远未达到"最佳生产前沿"，其差距比我们设想的还大，同时也有更多的方式来缩小差距。许多经济增长的研究文献都回应了这些可能性，强调了持续的结构性低效率是抑制经济增长的重要因素（第11章）。能效政策影响的深度和范围不断扩展，这印证了我们的观点，支柱一政策与其他两个支柱政策具有同样的重要性——特别是当三大支柱政策同时推进时，支柱一政策更加不可或缺。价格与市场结构、基础设施和创新，能够不断催生新的、高性价比的能效改进方式。

事实是所有能效政策的整体影响到目前为止还是低于预期的。除非破解背后的原因，否则同样的情况还会出现在未来的政策实践中。经验证据在微观和宏观层面所反映的事实相互矛盾。

微观证据看起来无懈可击。物理、科技和工程等学科都发现了能效改进的巨大潜力，改进能效的性价比高，并且覆盖所有能源系统（参见第3章）。第一领域的理论，包括第4章提到的四个障碍与动力，为"行为经济学"提供了充分和有力的证据链，进而为解释能效差距奠定了很强的理论基础。本章能效政策的实证证据表明，能效改进的缓慢进程并不是因为经济系统没能通过"校正"检验而产生的市场失灵（第2章，注释19）：无数政策的收益已经被测量（尽管并不完美），被追踪，并且被证明是正向的。能效政策已经推动了个人、组织和整个国家向实现"最佳生产前沿"更进一步。

再看宏观的观点，能效问题仍然是一个用古典经济学无法应对的挑战。宏观的能效问题结合了反弹效应、全球能源消费的持续增长，以及石油价格大幅波动后的能效加速——如图5-8的挑战——这些因素的结合说明了能效政策的好处被夸大了。纵观经济系统和总量数据的宏观趋势，能效政策的效果并不乐观。第二领域的假设认为除了价格影响，其他因素都毫无价值。极端的观点指出，第二领域的理论家讨论了全球趋势，他们就像误用莎士比亚那样摒弃了"微观"能效政策的整个过程，认为它"充满了噪声和愤怒，不具任何意义"（参见第4章的注释1）。

谁是对的呢？事实上，应对这个挑战需要我们将视野扩展到其他领域。我们将在下面几章详细地解释这个矛盾的答案。

注释

1.参见第 4 章的注释 26 的挑战。

2.Lovins（1977）。Lovins 关注能效领域的技术潜力，指出能效技术的成本相较于改变能源供给的主流"硬"技术模式更为低廉。

3.Tindale（2010）。

4.参考作者与官方关于 Leach（1979）的交流。十年后，我回顾了英国气候变化政策，很高兴用标题"大不列颠将放弃法规吗？"来反映当时意识形态上的困惑（Grubb 1991）。事实上，假想了"自由市场"的大不列颠确实搁置了法规并逐步加强了能效政策。

5.Schipper（1987）。见第 6 章中的第 6.1 节有关不对称价格的部分。

6.WEC（2008）。

7.European Parliament（2006）。

8.用有吸引力的名字来使能效获得多方关注已经变成了规范：相应机构变成了竞争和创新执行机构（EACI）实施智能能源欧洲项目（2007—2013）。

9.信息在服务于个人需要时，是一应俱全的以及直接相关的——通常是一个生产者劝说一个消费者去买东西。但是，许多能效所需要的信息也具有"公共物品"的特性。在经济学词汇中，它的利益是非排他性的，一个人在不影响其他人获取的情况下可以使用它。当然，能效信息也具有"私人"产品的特性。结果是，生产者可能乐于告诉你他们想卖的汽车特定型号是如何地节能，但是，所有产品的清晰、可靠、可比的信息需要公共机构提供。讨论部分见 Ryan et al.（2011）。

10.Calwell（2010）。

11.Galbraith（1958）。

12.在 2005 年至 2008 年间，围绕气候变化的一些强势宣传活动提升了英国商业界的相关意识，从大约 35% 提升至 65%（意识到碳信托有助于商业部门降低碳排放）。能效的财政节约通常没有大到获得大型公司高管的关注。当结合有关气候变化风险的讯息时——如更高排放被贴标签的风险，来自新规定的风险，以及能源费用将提高到反映环境影响的可能性的风险——一旦得知这些风险可能被降低，同时还能省钱，就会产生强大影响。然而，对于较小的公司来说，资金因素起主要作用。尽管它们有获利动机，但是把想法转化为行动依然是一个挑战（见第4章中的图4-4）。

13.Bleischwitz and Andersen（2009）。

14.英国电器标识政策简史，参见 Herring（1992）。直到1989年，时任部长还形容能效标识为"不必要的官僚系统，这将会被证明是乏味的，并使人们对能效产生反感"。随后的一年里，环境白皮书最终扭转了标识政策的命运，并推动了欧洲普遍标识计划和能效标准。

15.2011年能源之星成就简要，参见 http：//www.energystar.gov/ia/partners/publications/pubdocs/2011_4-Pager_508c_060812.pdf？e785-c5fc。

16.Ryan et al.（2011）。

17.Uihlein and Eder（2009）。

18.See Herring（1992：note 19）。

19.美国联邦政府没有干涉州级标准的管辖权，里根政府实施联邦"零级标准"的努力受到挫败。

20.Koomey et al.（1996）。

21.WEC（2008）。

22.Calwell（2010）。这些CAFE标准分别相当于轿车的53.16千米/克二氧化碳以及轻型卡车的45.42千米/克二氧化碳。

23.Pew Environment Group（2011）。

24.International Council on Clean Transportation（ICCT）（2012）。

25.尽管欧洲汽车工业成功地对抗了燃油标准许多年，但是随着压力的不断增大，它们最终还是接受了燃油标准。这带来了一系列强效的"自愿性协议"，同时随着人们对环境关注度的提升和石油价格的上涨，强制性标准也随之出现。这些标准都是以二氧化碳来计算。欧洲新轿车和货车的燃油效率标准要求到2015年平均每车要达到每公里130克二氧化碳排放量；这很可能到2020年要收紧到100克排放量。

26.Weiss and Weidman（2012）。

27.US Department of Transportation（2010）。

28.关于燃料和二氧化碳节约，参见 US Department of Transportation（2012）。这里有一个关于美国汽车反弹效应假设的有趣讨论：http：//blogs.wsj.com/numbersguy/kicking-the-tires-on-the-rebound-effect-698/。他们的最初估计使用了较高的数值（15%~20%），但是这个数值具有争议，现在美国运输部使用的数值是10%。Yacobucci et al.（2012）讨论了CA-FE标准的成本收益，"美国环保署（EPA）预估汽车制造商和汽车消费者项目的总成本在1 480亿到1 560亿美元之间，整个汽车寿命期间的总收益则在5 100亿到6 390亿美元之间，收益取决于不同因素特别是折现率"。

29.Swedish Environmental Protection Agency（2004）。

30.METI（2010）。

31.Fenna（2006）。

32.WEC（2008）。

33.脆弱家庭被定义为那些有孕妇或者有低于16岁孩子的家庭、单亲且有低于16岁孩子的家庭、有超过60岁人口、残疾人口或慢性病患者的家庭。

34.IEA/OECD and AFD（2008）。

35.税率的增长依据汽车未符合燃油经济标准的程度。

36.VED是针对汽车拥有者的年收费。对于M类的汽车——最低能效——新车第一年的征收费用是950英镑，之后每年430英镑（Ryan et al.2011）。

37.从宏观的角度看，能源管理和报告也积极推动了减碳策略。欧盟的碳交易指令推动该项监控和报告措施同样适用于二氧化碳的排放。在2009年10月，美国环保局发布了强制性报告温室气体规定，要求主要排放体递交年度报告通报未来减排策略。在某些情况下，自愿性节能目标（例如，以政府和行业协议的形式）提高了能源消费报告水平，这有助于在整个经济范围内推广节能报告的做法。能源管理和报告在许多国家开始流行，如法国、荷兰、丹麦和日本，中国也在2006年4月发布了千家耗能企业计划，要求占全国总能源需求量33%的大型企业报告其能源使用情况和实施节能措施的进展。在许多国家，包括澳大利亚，加拿大、印度、日本、墨西哥和土耳其也建立了能源消费报告制度。

38.保养是能源管理的一个重要领域，这确保了最初能效水平的保持，设备受到持续性的保养而不会出现长期性损坏。因此，建筑供热系统的维修条款已被纳入欧盟指令。意大利和罗马尼亚的运输部门也建立了类似的监管制度。技术保养对于节能与发挥能效的作用起到至关重要的作用。因此，操作人员和维修人员的教育和培训是十分重要的，它的潜在收益可能会超过投资的收益。

39.Carbon Trust（2012）。

40.Jollands et al.（2010）。

41.详细部分参见第8章中的ISO50001和全球能源评估（GEA 2012）。

42.尽管技术的资金支持被广泛采用，但是它可能会产生搭便车的问题。例如，荷兰能源投资成本扣除计划（EIA）允许高达40%的成本可以获得返还。一项评估显示，只有33%的私人企业和65%的非营利机构的投资行为不受该计划影响（Price et al.2005）。

43.英国的经验是有益的。英国能效承诺（EEC）通过两轮方式赋予供应商相关义务。能源节约目标在这两轮中被超额完成，但是某些措施的效果依然值得担忧。第一年节能认证的31%来自于节能灯的使用，但是到底用了多少灯泡却无法证实（CCC，2009）。此外，一些设施的隔温效果也被重复计算了。为了应对此类批评，英国能效承诺（EEC）被碳减排目标（CERT）所取代，该目标强制要求所有能源供应商为超过50 000个顾客实现节能效果；个体目标的计算以他们服务的客户数量为基础，到2012年整体减排目标为1.85亿吨二氧化碳。从2010年1月起，碳减排目标不再包括节能灯的使用，节能效果的计算只考虑这些产品是否超过了市场平均节能水平。该目标并没有指定交易认证，但是能源供应商可以将受到认证的能源节约额度进行交易（到目前为止，这种措施还不流行，参见WEC，2008）。CERT的目标也包括了"脆弱顾客"的具体义务。该目标的遵守度超过99%，是由英国天然气电力市场办公室（Ofgem）实施。在英国大部分地区，企业能够完成CERT目标，但是有些公司不愿意对脆弱客户实施该措施。超过150 000个家庭已经落实了至少一项能效措施，包括75 000个外墙隔温层以及将近43 000个老旧低效的锅炉（Ofgem，2013）。CERT的成功依赖于"能源企业义务"体系，该体系旨在促进以盈利为目的的"绿色事业（Green Deal）"。随着早期能源系统问题的解决，政策在不断变化着；使以盈利为目的的企业为公共利益买单依然是极大的挑战。

评估需求端成本收益的研究文献大多来自美国。证据看起来非常清晰，需求端设备的能效成本低于新一代设备的成本。Allcott and Greenstone（2012）对能效提出了怀疑（参见第4章的注释10），指出"研究文献中最好的估计值"是由Arimura et al.（2011）提出的，以分别按5%和7%的折现率计算，项目成本分别是5和6.1¢/kWh。Allcott and Greenstone尝试将此估算与第二领域相结合，并给消费者分配了70%的额外成本，但是他们也说明了需求端在成本和收益方面很难量化。

供应商义务已经出现了许多明显的设计问题（WEC 2008）。第一，是有效强制供应商履行义务还是分销商履行义务：因为供应商更加接近消费者，他们有更强大的市场能力，但是分销商可以建立一个更加稳定的机构去履行义务，因为分销商通常是地区性的、产业管理性的机构。第二，多重政策下的节能计量方法（比如，企业需要获得实施标准的相应积分，否则他们就会失去达标的动力）。第三，如何刺激创新，因为供应商义务并不能提供市场信息或者提高市场需求。第四，如何培养"综合"方法，因为供应商的责任聚焦在个体改造项目，这些项目可能已经相互重叠。第五，消费者对于能源公司的不信任可能会削弱供应商的义务；在这种情况下，当地政府或者其他公共组织就需要承担改进能效的责任。促使私人企业履行义务不可避免地导致这些企业关注最低成本的措施，这也是包括建筑业在内的综合转型的机遇与代价。

44.Tindale（2011）。

45.英国的能源性能认证的级别从"A"排列到"G"，这提供了成本的信息和改进建筑能效的路径（Defra 2007）。这些措施，比如能源节约基金会提供的相关服务，有助于提高改进能效的需求。

EPBD 设置了高级别的要求，却把许多细节解释权留给了成员国，这在欧洲立法中经常出现。英国把该要求解释为标识能源认证，该认证适用于所有一层超过 1 000 平方米的建筑，因为"公共机构整体或者部分地使用这些建筑，这些机构提供公共服务，许多人访问此类建筑"。然而，这种措施没有说明一些商业场所如超市是否也属于此类建筑。基于标准电网平均值，英国使用二氧化碳作为通用指标测算集中供暖和供电的消耗值。建筑节能质量的资产评级——比如英国能源性能认证——是整体能效措施的一部分。

46.美国能源之星和 LEED 评级的商业和公共建筑被评为"绿色建筑"，这些建筑的单位面积租金增加了 3%，它们的交易价格则高出 16%（Eichholtz et al.，2009；有关绿色建筑和能效建筑商业价值的研究，参见 Fuerst and McAllister，2011）。Mallaburn and Eyre（2013）也发现了荷兰家用和商用标识建筑的市场溢价现象。

47.Painuly（2009）。

48.更加全面地回顾国际经验，参见 Global Energy Assessment（2012），特别是第 23 章到第 25 章。

49.Bleischwitz and Andersen（2009）。

50.IEA（2009b）。

51.PWC（2013）。该分析覆盖了从 1970 年到 2011 年的 41 年，单位国内生产总值能源消费在此期间平均每年下降 2.7%（瑞典）、3.1%（德国）和 3.4%（丹麦）。以这个衡量标准，英国远超过其他国家（接近每年 4%），但是这也主要是依赖于去工业化，以及金融部门的发展和高能源强度产品的进口。然而，德国和瑞典依然拥有较强的制造业部门。荷兰的能效改进水平（也包括在该研究中）比较低，达到年平均 1.9%。值得注意的是，法国由于其核能项目，在同一时期出现最人规模的去碳化。

52.IEA（2009a）。

53.IEA（2009a）平均来说，每个节能项目的带来 0.6 美元/Gj 的净收益。大体来说，较大项目要比较小项目更加划算，主要是因为较大项目具有较低的目标。这些项目包括荷兰电器标识计划、德国 KFW 软贷款、英国能效承诺（AID－EE）、纽约能源之星市场支持项目、纽约授权项目（EmPower）、泰国细管（Thin Tube）CFL 项目、丹麦厨具能效项目，以及加利福尼亚家庭退税项目。项目金额从 500 万美金（丹麦厨具能效项目）到 42.55 亿美金（德国 KFW 软贷款）不等。

54.Palmer et al.（2004）估计每千瓦时用电量节省 3.8¢ 的成本。能源经济学家国际联合会的能源期刊以及美国能效经济理事会的许多出版物都已经发布了各种评估结果和建议。

55.Carbon Trust（2011）。

56.它需要仔细选择合适的指标和使用创造性的方法，这些方法包括能源消费"前后"的比较，市场趋势调研，个人访谈和水电费的统计分析。虽然客观的底线是难以估计的，但是，能源节约措施必须避免可能发生的"自治收益"和"搭便车"等问题，该措施也要充分考虑可能影响未来能源需求的其他因素（比如，建筑物的使用和气候条件的改变等），并且适当考虑政策干预的绝对影响。参见 Geller and Attali（2005）的一些讨论。

57.Alcorta et al.（2012）。

58.Tierney（2011）。关于不同经济发展阶段的照明市场及其反弹效应的分析，参见 Fouquet and Pearson（2012）。

59.Turner（2013）通过分析和量化"反弹"效应化解了许多困惑。

60.有关驳斥反弹效应的"煮富人"漫画来源于假设人们希望通过改善隔热设施和/或者提高能效不断提高家里的温度：它说明理解饱和效应的重要性，但是它本身并不能一概而论，比如电灯的例子。更多的研究和评论，见 Sorrel（2007，2009），Herring and Sorrel（2008）and Breakthrough Institute（2011）。

61.实证性估计要想更加可靠和有效，它就需要采纳一个适当的时间尺度、系统边界（例如，部门与国家能源利用）和能源消费的指标；然而，可用数据的缺乏通常阻碍了可靠的测量。

62.Sorrell（2009）。

63.Barker et al.（2009）。

64.Hallett（2013）。

65.Carbon Trust（2009）。

66.参见 Climate Change Committee（2010）。

67.Carbon Trust（2011）。

68.Brophy-Haney et al.（2011）。

参考文献

Alcorta,L.,Bazilian,M.,De Simone,G.and Pedersen,A.(2012)Return on Investment from Industrial Energy Efficiency: Evidence from Developing Countries, Nota di Lavoro 35.2012,Findazione Eni Enrico Mattei.Vienna: UNIDO.

Allcott,H.and Greenstone,M.(2012)'Is there an energy efficiency gap?', Journal of Economic Perspectives,26(1):3-28.

Allwood,J.M.and Cullen,J.M.(2012) Sustainable Materials: With Both Eyes Open. Cambridge: UIT Cambridge.

Arimura,T.H.,Li,S.,Newell,R.G.and Palmer,K.(2011)Cost Effectiveness of Electricity Efficiency Programmes,RFF DP 09-48-REV.Washington,DC: Resources for the Future.

Barker,T.,Dagoumass,A.and Rubin,J.(2009)'The macroeconomic rebound effect and the world economy',Energy Efficiency,2:411-27.

Bertoldi,P.,Rezessy,S.,Lees,E.,Baudry,P.,Jeandel,A.and Labanca,N.(2010)'Energy supplier obligations and white certificate schemes: comparative analysis of experiences in the European Union',Energy Policy,38(3):1455-69.

Bleischwitz,R.and Andersen,L.-M.(2009)Informational Barriers to Energy Efficiency-Theory and European Policies,MPRA Paper 19937,University Library of Munich,Germany.

Breakthrough Institute(2011)Energy Emergence: Rebound and Backfire as Emergent Phenomena.Oakland,CA: Breakthrough Institute.Online at: http://thebreakthrough.org/blog/Energy_Emergence.pdf

Brophy-Haney,A.,Jamasb,T.,Platchkov,L.M.and Pollitt,M.G.(2011)'Demand-side management strategies and the residential sector: lessons from the international experience',in T.Jamasb and M.G.Pollitt,The Future of Electricity Demand: Customers,Citizens and Loads.Cambridge: Cambridge University Press.

Calwell,C.(2010)Is Efficient Sufficient: The Case for Shifting Our Emphasis in Energy Specifications to Progressive Efficiency and Sufficiency.Stockholm: European Council for an Energy Efficient Economy.

Carbon Trust(2009)Global Carbon Mechanisms: Emerging Lessons and Implications. London: Carbon Trust.

Carbon Trust(2011)International Carbon Flows: Automotive, Report CTC-792.London: Carbon Trust.

Carbon Trust(2012)Brazil: The $200 Billion Low Carbon Opportunity.London: Carbon Trust.

CCC(2009)Letter from Lord Krebs to Hillary Benn,'Advice on evolving methodology for the Climate Change Risk Assessment and Adaptation Economic Assessment'.

CCC(2010)The Fourth Carbon Budget Report,Committee on Climate Change,UK Government.

Commonwealth Bank Group(2010)Energy Efficiency Opportunities Report 2010.Australia.

DECC (2011) Carbon Emissions Reduction Target (CERT) - Paving the Way for the Green Deal.Department of Energy and Climate Change,UK Government.

Defra (2007) The Building Regulations and the Building (Approved Inspectors etc.) Regulations 2000,Circular 06/2007.UK Government.

Eicholtz, P., Kok, N.and Quigley, J.M.(2009) Doing Well by Doing Good? Green Office Buildings, Center for the Study of Energy Markets (CSEM) Working Paper No.192,University of California Energy Institute.

Energy Commission(2010)'Energy Labelling:Commission Sets Up New Energy Labels'.Online at: http://ec.europa.eu/energy/ef fi ciency/labelling/energy_labelling_en.htm

Energy Star (2011) Energy Star Overview of 2011 Achievements, Illinois: Energy Star; online at: http://www.energystar.gov/ia/partners/publications/pubdocs/2011_4-Pager_508c_060812.pdf? e785-c5fc

European Environment Agency(2005)Climate Change and a European Low-Carbon Energy System,EEA Report No 1/2005.

European Environment Agency (2012) 2011/12 Compliance in the CRC Energy Ef fi ciency Scheme and Publication of the 2012 Performance League Table.EEA.

European Parliament(2006)Directive 2006/32/EC of the European Parliament and of the Council of 5 April 2006 on energy end-use ef ficiency and energy services and repealing Council Directive 93/76/EEC.Brussels:EU.

Eyre, N., Flanagan, B.and Double, K.(2010)'Engaging people in saving energy on a large scale: lessons from the programmes of the Energy Saving Trust in the UK', in L.Whitmarsh, S.O'Neill and I.Lorenzoni(eds), Engaging the Public with Climate Change:Communication and Behaviour Change.London:Earthscan.

Fenna, A.(2006)'Tax Policy', in A.Parkin, J.Summers and D.Woodward(eds), Government, Politics, Power and Policy in Australia, 8th edn.Frenchs Forest, NSW: Pearson Education Australia,pp.448-72.

Fouquet, R.and Pearson, P.(2012)'The long run demand for lighting:elasticities and rebound effects in different phases of economic development', Economics of Energy and Environmental Policy,(1):83-100.

Fuerst, F.and McAllister, P.(2011)'Green noise or green value? Measuring the effects of environmental certification on office values', Real Estate Economics,39(1):45-69.

Galbraith,J.K.(1958)The Affl uent Society,US:Penguin.

GEA(2012)Global Energy Assessment-Towards a Sustainable Future.Cambridge and New York:Cambridge University Press and Laxenburg,Austria:IIASA.

Geller, H.and Attali, S.(2005) The Experience with Energy Ef fi ciency Policies and Programmes in IEA Countries:Learning from the Critics, IEA Information Paper.Paris:IEA.

Greening, L., Greene, D.and Difi glio, C.(2000)'Energy efficiency and consumption-the rebound effect-a survey', Energy Policy,28(6-7):389-401.

Grubb, M.(1991)'Will Britannia waive the rules?', in M.Grubb et al.(eds), Energy Policies and the Greenhouse Effect.Aldershot:RIIA/Dartmouth.

Grubb, M.and Brophy-Haney, A.(2009)'Plugging the gap in energy ef fi ciency poli-

cies: the emergence of the UK carbon reduction commitment', European Re-
    view of Energy Markets,3(2):33-62.
Grubb, M., Wilde, J.and Sorrell, S. (2007) 'Enhancing efficient use of electricity in
    the business and public sectors', in M.Grubb, T.Jamasb, and M.Pollitt(eds), A
    Low Carbon Electricity System for the UK: Technology, Economics, and Policy.
    Cambridge: Cambridge University Press.
Hallet, S. (2013) The Efficiency Trap: Finding a Better Way to Achieve a Sustainable
    Energy Future.New York: Prometheus Books.
Herring, H. (1992) 'Energy savings in domestic electrical appliances', in M.Grubb
    and J.Walker(eds), Emerging Energy Technologies: Impacts and Policy Implica-
    tions.London: Royal Institute of International Affairs.
Herring, H. (1996) 'Is energy efficiency good for the environment? Some conflicts
    and confusions!', in G.MacKerron and P.Pearson(eds), The UK Energy Experi-
    ence: A Model or a Warning.London: Imperial College Press, pp.327-38.
Herring, H.and Sorrell, S. (eds) (2008) Energy Efficiency and Sustainable Consump-
    tion: Dealing with the Rebound Effect.Basingstoke: Palgrave Macmillan.
ICCT(2012)Global Passenger Vehicle Standards.International Council on Clean Trans-
    portation; online at: http://www.theicct.org/info-tools/global-passenger-vehicle-
    standards#.Uf7Zhqw9VE0
IEA(2004)Energy Policies of IEA Countries-2004 Review.Paris: OECD/IEA.
IEA(2008)Energy Technology Perspectives 2008: Scenarios and Strategies to 2050.
    Paris: OECD/IEA.
IEA(2009a)World Energy Outlook.Paris: OECD/IEA.
IEA(2009b)Cement Technology Roadmap 2009: Carbon Emissions Reductions up to
    2050.Paris: OECD/IEA.
IEA/OECD and AFD(2008)Promoting Energy Efficiency Investments-Case Studies in
    the Residential Sector.Paris: IEA/OECD and AFD.
IPPC (2007) Climate Change 2007: Mitigation of Climate Change, Working Group III
    Contribution to the Fourth Assessment Report, Intergovernmental Panel on Cli-
    mate Change.Cambridge: Cambridge University Press.
Jamasb, T.and Pollitt, M.G. (2011) The Future of Electricity Demand: Customers, Citi-
    zens, and Loads.Cambridge: Cambridge University Press.
Jenkins, J., Nordhaus, T.and Shellenberger, M. (2011) Energy Emergence: Rebound
    and Backfire as Emergent Phenomena.Oakland, CA: Breakthrough Institute.
Jollands, N., Waide, P., Ellis, M., Onoda, T., Laustsen, J., Tanaka, K.et al. (2010) 'The
    25 IEA energy efficiency policy recommendations to the G8 Gleneagles plan of
    action', Energy Policy,38(11):6409-18.
Kimura, O. (2010) Japanese Top-Runner Approach for Energy Efficiency Standards,
    SERC Discussion Paper: SERC09035.CRIEPI.
Koomey, J.G., Sanstad, A.H.and Shown, L.J. (1996) 'Energy-efficient lighting: market
    data, market imperfections, and policy success', Contemporary Economic Poli-
    cy,14(3):98-111.

Leach,G.(1979)A Low Energy Strategy for the UK.London:Science Reviews Ltd.

Lovins,A.(1977)Soft Energy Paths.San Francisco:Friends of the Earth International.

McKinsey & Co.(2007)Curbing global energy-demand growth:the energy productivity opportunity.Online at: http://www.mckinsey.com/insights/energy_resources_materials/curbing_global_energy_demand_growth

Mallaburn, P.and Eyre, N. (2013)'Lessons from energy efficiency policy and programmes in the UK from 1973 to 2013',in Energy Efficiency.Springer.

METI(2010)Top Runner Program:Developing the World's Best Energy-Efficient Appliances, Japanese Ministry of Economy, Trade and Industry.Online at: http://www.enecho.meti.go.jp/policy/saveenergy/toprunner2010.03en.pdf

OECD(2008)Annual Report.Paris:OECD/IEA.

Ofgem(2013)'Enforcement Announcement and Press Release,UK Office of Gas and Electricity Markets(Ofgem),1 May.

Painuly,J.P.(2009)'Financing energy efficiency:lessons from experiences in India and China',International Journal of Energy Sector Management,3(3):293-307.

Palmer, K., Newell, R.and Gillingham, K. (2004) Retrospective Examination of Demand-side Energy-efficiency Policies,Discussion Papers dp-04-19.Resources for the Future.

Pew Environment Group(2011)Who's Winning the Clean Energy Race?(2011 edn). Washington,DC:PEI.

Price,L.(2005)Voluntary Agreements for Energy Efficiency or Greenhouse Gas Emissions Reduction in Industry:An Assessment of Programs Around the World,Proceedings of the 2005 ACEEE Summer Study on Energy Efficiency in Industry. Washington,DC:American Council for an Energy-Efficient Economy,online at: http://ies.lbl.gov/iespubs/58138.pdf

Price,L.,Galitsky,C.and Worrell,E.(2005)xEnd-Use Technologies,Main Drivers,and Patterns of Future Demand:Industry,x Future Technologies for a Sustainable Electricity System.Cambridge:Cambridge University Press.

PWC(2013)Decarbonisation and the Economy:An Empirical Analysis of the Economic Impact of Energy and Climate Change Policies in Denmark,Sweden,Germany,UK and The Netherlands.Available at:http://www.pwc.nl/nl/publicaties/decarbonisation-and-the-economy.jhtml

Rader,N.and Ryan,W.(1999)Strategies for Supporting Wind Energy:A Review and Analysis of State Policy Options.National Wind Coordinating Committee,July.

Ramesh,T.,Prakash,R.and Shukla,K.K.(2010)'Life cycle energy analysis of buildings:an overview',Energy and Buildings,42(10):1592-600.

Ryan,L.,Moarif,S.,Levina,E.and Baron,R.(2011)Energy Efficiency Policy and Carbon Pricing,IEA Information Paper.Paris:OECD/IEA.

Schipper,L.(1987)'Energy conservation policies in the OECD-did they make a difference?',Energy Policy,15(6):538-48.

Sorrell,S.(2007)The Rebound Effect:An Assessment of the Evidence for Economy-wide Energy Savings from Improved Energy Efficiency.London:UK Energy Research Centre.

Sorrell, S. (2009) 'Jevons´ paradox revisited: the evidence for backfire from improved energy efficiency', Energy Policy, 37 (4): 1456-69.

Sorrel, S., Dimitropoulos, J. and Sommerville, M. (2009) 'Empirical estimates of the direct rebound effect: a review', Energy Policy, 37 (4): 1356-71.

Sorrell, S., Harrison, D., Radov, D., Kelvnasand, P. and Foss, A. (2009) 'White certificate schemes: economic analysis and interactions with the EU ETS', Energy Policy, 37 (1): 29-42.

Swedish Environmental Protection Agency (2004) The Top Runner Program in Japan- Its Effectiveness and Implications for the EU. Stockholm: Swedish Environmental Protection Agency.

Tierney, J. (2011) 'When energy efficiency sullies the environment', New York Times, 7 March.

Tindale, S. (2010) Re-powering Global Communities: Local Solutions to a Global Problem, online at: http://climateanswers.info/2010/11/repowering-communities-local-solutions-to-a-global-problem/

Tindale, S. (2011) EU Energy Summit, 9 February, online at: http://climateanswers.info/2011/02/9-february-2011-eu-energy-summit/

Turner, K. (2013) ' "Rebound" effects from increased energy efficiency: a time to pause and reflect', Energy Journal, 34 (4): 25-42.

Uihlein, A. and Eder, P. (2009) Towards Additional Policies to Improve the Environmental Performance of Buildings Part II: Quantitative Assessment, JRC Scientific and Technical Report.

Luxembourg: Office for Official Publications of the European Communities.

UK Environment Agency (2012) 2011/12 Compliance in the CRC Energy Efficiency Scheme and Publication of the 2012 Performance League Table. Online at: http:// crc.environment- agency.gov.uk/pplt/web/plt/public/2011- 12/CRCPerformance-LeagueTable20112012

Ürge- Vorsatz, D., Koeppel, S. and Mirasgedis, S. (2007) 'Appraisal of policy instruments for reducing buildings' CO_2 emissions', Building Research and Information, 35 (4): 458-77.

US Department of Transportation (2010) Lead Agency Annual Report. US Government.

WEC (2008) Energy Efficiency Policies Around the World: Review and Evaluation. London: World Energy Council.

Weiss, D.J. and Weidman, J. (2012) 'How big oil spent part of its $90 billion in profits so far in 2012', Issue: Energy and Environment, Center for American Progress, 5 November.

Yacobucci, B.D., Canis, B. and Lattanzio, R.K. (2012) Automobile and Truck Fuel Economy (CAFE) and Greenhouse Gas Standards, CRS Report for Congress 7-5700. Washington, DC: Congressional Research Service.

支柱二
清洁产品和生产过程的市场和价格

概述

通过市场来调节供需，发挥价格的指导作用。这两条原则概括了现代经济中市场的基本职能。尽管能源市场本质上来说是"不完全市场"，但是该市场的运行还是能够为消费者提供能源产品以及为能源供应商提供所需的资金。从原则上讲，能源的价格应该传递关于能源生产和消费的真实成本以及与之伴随的环境损害的信息。很多强有力的证据已经揭示较高的能源价格最终都会导致更高的能效水平（降低经济中的能源使用强度），因此价格影响会得以部分抵消，那些能源价格较高的国家并不会产生更高的能源支出。然而，能源价格从低到高的调整过程可能非常缓慢、艰辛和复杂，而且将同时涉及本书前面章节所提及的三个重要领域。

在实践中，存在很多不同的能源补贴形式。许多发展中国家都向能源消费者提供各种补贴，但是这些补贴的成本非常高，而且这种政策所产生的收益通常都流向中产阶层消费者。而许多工业化国家则是为化石能源的生产端提供补贴，通过此举试图消除其经济对于能源进口的依赖性。如果取消这些补贴通常对于经济和环境都是大有裨益的，但是却需要面临很大的政治阻力和挑战（参见第6章）。

能源的价格也具有政治意义，因此价格中应该考虑与能源安全和环境影响相关的成本。在价格中纳入这些成本将有助于提高能源利用效率，对损害环境的能源利用活动产生威慑作用，还能够为清洁能源投资和技术创新提供必要的回报。20世纪70年代的石油危机事件推动一些国家开始对石油进行征税，从而降低了这些国家对于石油使用的依赖性。然而，由于环境问题是逐步积累的，而通过价格手段来改善环境所获取的收益有可能无法立时见效，因此要采取价格手段来实施环境改善目的的政治决定将面临重重阻力，其进展也非常缓慢。

价格具有重要的政治意义还因为价格并不仅仅只反映了生产过程中的实际成本，还会改变实际货币的流向。尽管（价格水平提高所导致的）收益增加意味着机会，但由此产生的净经济影响还由收益的分配方式所决定，对这些收益合理的使用将在很大程度上抵消一些由此产生的经济负面影响。CO_2 价格机制很明显能够有效实现减排，除了产生经济收益之外，还能带来显著的其他协同效益，如降低其他的环境影响以及对国际燃料市场的依赖性等（参见第 6 章）。

可以用两种方式来确定 CO_2 排放的价格，包括征税或限制排放总量并允许对排放配额进行交易，这两种方式各有其优点和问题。20 世纪 90 年代时，尽管在欧洲一些国家中，以税收机制来确定碳价的尝试取得了一定的进展，但美国希望建立一个具有广泛基础的能源税体系以及欧盟希望建立碳税机制的提议都相继以失败告终。而"总量管制和排放交易"机制所取得的进展更为显著，因为这种机制能够直接实现环境目标（对总量进行控制），同时也能提供一个更加简单的方法来将价格的作用和（交易）收益的影响独立开来；相关的目标也能有助于确定战略性的预期。美国已经在对二氧化硫（和一些其他污染物）的"总量管制和排放交易"机制的开展上取得了成功，其经验也验证了本节一开始提到的关于市场和价格的基本原则。

随后，欧盟也开始推行碳排放交易体系（EU ETS）对 30 多个欧盟国家的电力生产和重工业部门的排放总量进行控制。从 2005 年开始实施该机制以来，欧洲已经削减了 2 亿到 5 亿吨的 CO_2 排放总量——这是迄今为止，从全球范围来看，在所有的气候政策中减排成效最为显著的——此外，还通过《京都议定书》下的"抵消"性机制在其他地区也实现了一定的减排。这种交易体系强调了通过合作来考虑和解决与气候变化相关的风险。然而，在该交易体系下所确定的 CO_2 价格对于一些无法预计的发展和变化非常敏感，而所制定的排放控制总量在执行中来看仍有过于宽松之嫌，因此该体系激励并推动低碳发展的价值有限。从 2013 年开始的第三阶段已经充分考虑了前两阶段的实施过程中积累的一些重要的经验，同时大规模开展对排放配额的拍卖活动。但是从碳排放交易体系第二阶段（2008—2012）过渡到为期 8 年的第三阶段（到 2020年）的过程中，希望改进价格稳定性的努力却未获成功。很多因素的共同作用造成了这种不理想的局面，包括严重的经济衰退，这导致了所分配的排放配额大量过剩，致使欧盟碳排放交易体系在第三阶段运行乏力。

而尽管美国继续推行总量管制和排放交易机制的目标雄心勃勃，但这些举措在2010 年时也变得徒劳无功。然而，一些其他的交易机制（以及一些碳税机制的实施碳税）还是在不断的稳步发展，实施这些机制的范围也在不断扩大，特别是在亚洲地区，各国对实施和推广碳税机制的兴趣与日俱增。2013 年世界银行的一项调查表明（在欧盟的碳排放交易体系之外）有 10 个其他国家和 20 个部门机构都已经开始实施或者正在认真考虑以各种形式确定 CO_2 的价格（参见第 6 和 7 章）。

　　1997年的《京都议定书》还建立了清洁发展机制（CDM），这种灵活履约机制可以从发展中国家的减排项目中产生"排放抵免额"。对于其中一些具体项目的类型和决策尽管存在很多批评意见，但CDM的实施成功地实现了重要的减排目标，并促进清洁能源产业（尤其是在亚洲范围内）快速地发展和扩张。用CDM项目产生的排放抵免额在欧盟碳排放交易体系中进行"抵消"交易成为促进CDM发展的重要因素，但是由于没有预料到CDM的发展速度如此之迅猛，使得这也成为导致欧盟碳排放配额出现供过于求的情况并致使欧盟碳价崩溃的重要原因之一。更广泛的经验表明这种"抵消"机制对于建立完善的市场体系、合理考虑成本以及扩大参与程度非常重要，但是它却并非永久性解决途径的核心要素。

　　在欧盟之外，一些基于《京都议定书》所建立的直接排放交易的体系都与"绿色投资计划"（Green Investment Scheme）有着千丝万缕的关系，尤其是东欧国家所开展的许多旨在提高能效的项目。但是这些机制也同样受累于排放配额供过于求的整体形势而进展缓慢。目前，非常具有讽刺意义的一点是对于欧盟碳排放交易体系——以及《京都议定书》所确定的目标，大家原以为最大的挑战在于难以完成所确定的排放控制总量，但是实际上最主要的问题却恰好与之相反：由于控制排放取得超出预期的进展，却致使设计这些机制所希望实现的激励作用不复存在。这就证实确定固定的排放总量的方式存在固有的不确定性以及与现实发展情况出现偏差的风险，而结果会导致这些机制的实施没有办法促使实现更深层次的创新和转型。合理设计碳市场机制，使其更为稳健有效地支持促进相关投资，就要求要考虑多种基于价格的要素，但这些还有待在未来的实施中得到进一步的改进（参见第7章）。

　　碳价机制将会使货币流向发生变化，实际上，所有人都会因碳价机制的实施受到影响，但是影响的方式和程度却各不一样。其中碳价对电力价格的影响范围最广，欧盟的碳排放交易体系使得欧洲整体电价水平提高了一些。能源价格的提高将对不同收入阶层群体产生不均衡的影响，贫困阶层人群因此受到的影响尤甚；一些国家会通过打折或其他的支持手段来减轻这种影响，但是效果最为持久的解决方法是加强促进能效提升的政策，通过这种方式来抵消价格提高对居民实际支出的影响。由于各国内实施碳价机制都面临着非常复杂的政治压力而这些机制对不同人群所产生的影响也是不均衡的，这就意味着在世界范围内应该采取广泛多样的执行方式和机制体系来妥善处理碳价机制所造成的问题和产生的影响（参见第7和8章）。

　　少数重工业商品的生产过程中所产生的排放在工业总排放中占据了较大的比重（参见第3章），因此如果对碳排放定价，将可能使这些商品的生产面临巨大的收益或损失，而具体影响还取决于定价和执行的方式。碳价机制可能产生的新成本将引起一些关于"碳泄露"问题——为了逃避为污染行为支付相应的成本将生产过程转移到国外——的担忧和相应的风险。要解决这种泄露的问题只有三种选择，具体包括：通过免税措施或免费分配排放配额来降低（实施碳价机制地区的）碳价；在全球范围内对生产建立相同的价格体系来提高（未实施碳价机制地区商品的）价格；或者调平边境交易（进口或出口）的价格。很明显，第一种选择不是持久的解决途径，而第二种选择显然很难实现。对于第三种选择，各地区也因担心这么做的技术复杂性以及相应的政治后果而不会愿意去考虑尝试调节商品的边境交易价格。因此，不断发展的碳泄露问题至今仍未寻到很好的解决方法，并成为制约碳价机制实施进展的一个重要因素。

总体来说，无论是对碳排放征税还是采取"总量管制和排放交易"机制都必须要解决以下四个主要的挑战：

● 要使人们由这种机制实施所获得的收益比他们作为消费者所承担的成本更为现实和确定——还应该通过各种资金项目来帮助那些"难以获得燃料的贫困群体"；

● 要在"总量管制和排放交易"机制的政治和战略优势与现实中关于能源预测以及投资者需求的不确定性之间取得折中的平衡；

● 要能继续维持对大部分高碳排放源头行业的减排激励作用，同时还能避免产生"碳泄露"的问题；

● 要能将碳价机制和其他的政策支柱联系在一起，并保障这些不同举措的实施效果能够相互促进。

从政治的角度来看，合理的定价在三个支柱中是最难实现的一个，但是却同时也发挥着非常重要的作用，尤其是在以市场为基础的经济中：能够为"坏的"定价就是好的。在现实中，就像经济发展本身，这种合理定价很可能是一个渐进发展的过程。在不同的地区和压力下，根据偶尔出现的各种突破性进展，对碳排放的定价也会存在很多差异性。关键就是要建立国际间各种定价机制之间的联系以及和碳价机制与其他政策工具间的联系，并据此来确定碳价机制的有效性和政治可行性。

第6章

污染定价机制：事实与税收手段

"政策分析者声称最具前景和政治可行性的那些政策之间，似乎是完全背道而驰的。"

——Rabe（2008：106）

6.1 引言

如果要总结经济发展的完整历程给我们带来的启示，可以将其归纳为一句话，即"价格是真正的重要因素"。如果所有的"经济主体"——描述参与商品交易的各种主体的专业术语，这些主体具体包括像你和我这样的个体单位、企业以及政府等机构——都具有很好的预知能力，而且是经济理性的个体（以及一些其他的关键假设），那么相比较于所有其他因素，价格应该是对能源消费及其对环境影响产生决定作用的最重要因素。因此，至少从表面上看，政策制定的过程就会变得比较简单。

这完全是第二领域的问题，因此由于不需要涉及第一领域和第三领域产生的其他问题，会减少分析的复杂性。政策的支柱二的确主要是利用价格手段，这些手段和措施的效果和很多的问题都是源自如何将（对大部分经济学家而言）很明确的政策意图转变为实际的具体政策。

价格手段能够发挥效果还隐含着另一个假设，即某些形式的市场在能源的生产、传输交易和消费过程中发挥着关键性的作用。在现实中，市场的形式可能会存在巨大的差异。原油和石油产品主要是通过竞争性市场进行交易，但是政府会（但不仅仅是）通过价格手段——例如补贴和税收等方式——对能源的生产和消费侧产生巨大影响。而天然气的问题要更复杂一些，因为里面涉及分配和传输所需的管道建设等问题，因此天然气作为一种垄断性资产需要通过各种政策的组合对其进行监管。发电行业——最主要的煤炭消费产业——也存在类似的问题，因为这种能源形式也需要通过输电线路连接起来并进入市场。因此发电厂商的竞争和通过输电线向消费者供电的方式和具体条款必须由监管者进行明确地定义和管理。

　　本章将主要考察第二领域涉及的经济学理论对能源和环境问题分析的应用，还将简要介绍环境政策中使用价格手段的一些历史经验。下一章将关注通过总量管制和排放交易方式这种价格手段控制 CO_2 排放的具体经验。支柱二部分的最后一章将重点探究价格手段产生的分配影响——分析采取这些政策手段导致的获益方和利益受损方、由此产生的一些问题以及一些可能的解决途径。

6.2　为何价格如此重要

　　没有人喜欢高价。那么为什么经济学家总是鼓吹要用提高价格为手段来解决问题呢？

　　答案是"信息"：因为价格应该传递关于商品和服务供给实际成本的信息。只要消费者觉得商品和服务对他们具有足够的价值，他们就会为之付费。如果消费者愿意购买更多（或者支付更多），就会有更多的商品被生产。但如果通过某种方式对商品提供补贴，那么消费者就没有支付商品的实际成本，因此额外的消费就会将这些成本转移到其他地方去。

　　尽管在很多领域市场的作用是毋庸置疑的，但是对于能源这样的基础性商品，完全由市场（和市场价格）来发挥作用的观点一直是具有高度争议的。这是因为能源通常被视为一种基本需求，必须通过补贴等手段来确保低收入家庭也能负担能源的基本消费。

　　而且，基于能源的必要性，很多怀疑者质疑价格是否能（或应该）真正地对能源使用产生影响。毕竟每个家庭都需要供暖和照明设备，也需要为他们的电视和私人汽车的使用提供能源供给。公司也需要电力来发动各种机器设备并维持工业生产的运转。而一直以来各地区都是通过化石能源来为这些需求提供基本的供给。能源价格的提高是否会导致明显的变化？令人好奇的是，该问题的答案却并不确定"（是否会明显变化）取决于价格需要调整多长时间"——这就又落脚在能源经济学最大的悖论之一之上了。

图6-1展示了平均能源价格较高的那些国家会以较少的能源消费方式来创造国家财富。根据这样的跨国比较分析可以发现令人吃惊的结论是：对于这些国家，能源价格如果提高10个百分点会伴随着能源效率也提高大约10个百分点。这意味着"价格弹性"（度量各国最终消费水平变动相对于价格变化的指标）大约为-1。日本的能源价格大约为美国的两倍，而它每单位产出所使用的能源量却比美国少一半。而与此相反的极端情况是，直到20世纪90年代中期，很多东欧国家的能源价格一直都非常便宜，但其单位产出的能源使用量却是美国的两倍多。而俄罗斯等国家的能源使用效率还要更低一些（我们在这张图中并未列上这些国家以及发展中国家，因为对于这些国家来说有很多其他因素会使这种很有意义的比较变得更为复杂）。[1]

如果我们注意这样的事实，即价格翻倍伴随着使用量减半，因此能源消费支出基本保持不变，那么会发现这种"单位"（-1）价格弹性的含义非常令人吃惊：较高的能源价格会因能源消费水平降低得以抵消。图6-1直观地展示了这种固定的能源支出线。很多能源价格较高的国家最后并未为能源消费总量花费更多金额，而是采用能效更高的方式来使用能源。这与第1章（1.3节，注释39）中介绍过的巴什马科夫（Bashmakov）提出的能源支出常数假说是相一致的。在该线左边的国家能源消费总支出较低，而该线右边的国家则花费较多。尽管日本的能源价格为美国的两倍多，但是日本每单位GDP生产需要的能源消费水平非常低；德国和法国的情况也与之类似，尽管一直以来这两个国家的能源价格比较高，但是单位能源消费（单位GDP的能消费或人均能源消费）水平都很低。

　　而令人困惑的是，为什么会出现这种情况呢？直觉告诉我们，情况应该正好与之相反——因为要削减能源消费并非易事；而在对各国国内能源价格变动产生的影响的研究和测度结果也验证了这一点。尽管测算的结果之间存在差异，但按照该弹性的定义所进行的估算结果表明此弹性似乎（比国际比较中显示的水平）要小很多，通常是在 −0.2 到 −0.5 之间（具体结果还取决于所考察的时间范围），这意味着能源价格每提高 10 个百分点，将使能源使用量仅降低 2 到 5 个百分点。也就是说，对一些国家能源价格提高后国内的能源消费水平发生的变化进行测度，结果却看上去似乎比国家间的比较研究所揭示的结果要小不少。

　　很多因素导致国际间和国家内的测算研究结果出现这种差异性。其中一点就是（能源消费的）短期调整能力受到更多的限制。例如，如果有很多现行的消费习惯和资本存量（汽车、住房、机器设备）约束了个体的行为，那么（相应的能源消费水平）就需要一段时间才能逐渐调整。而如果能源价格水平提高，由此产生的对更清洁的产品和设施进行新投资的需求要付诸实践也需要时间——当然，前提是大家都认为这种价格提高效应将会长期持续下去。因此，在短期内，能源价格的变动对调整能源消费水平所起到的作用相当有限。[2]而能源价格的变动传导到所有中间商品和最终商品，并通过供应链促进消费者和生产者选择低耗能产品的过程也需要时间。[3]能源价格的变化也会促使各种创新者积极采取行动，创造和引入能效水平更高的产品进入市场。因此能源价格提高将会对长期经济走势以及经济中的生产行为产生影响。[4]

　　在更长的时间范围内，家庭和企业都有更多的选择来提高能效并购买更加清洁的产品。经济学家通过对长期数据的测量研究，发现如果时间更长，通过这些渠道和途径，能源价格提高将使经济整体的能效水平明显提升。[5]

　　在 20 世纪 70 年代和 80 年代的石油价格发生大幅波动之后，经济学家还测算了一种影响，即齿轮效应。他们发现能源价格提高所产生的影响是高度不对称的。有人（Gately，1993）将这种效应归纳为"20 世纪 80 年代时能源价格降低产生的影响可能仅为 70 年代时能源价格提高带来影响的

1/5"；另外有人（Dargay，1993）则试图对产生这种情况的原因进行解释，"较高的能源价格会促使经济中的所有部门都应用能效水平更高的技术，而即使能源价格降低之后，很多技术仍然能够保持其经济最优性。"

然而，从所有的社会主义国家的发展历程来看却发现能源价格提高将仍然伴随着更高的能源强度，反而导致这些国家的国民收入中用于能源消费的比例不断提高，具体的情况如图6-1所示。

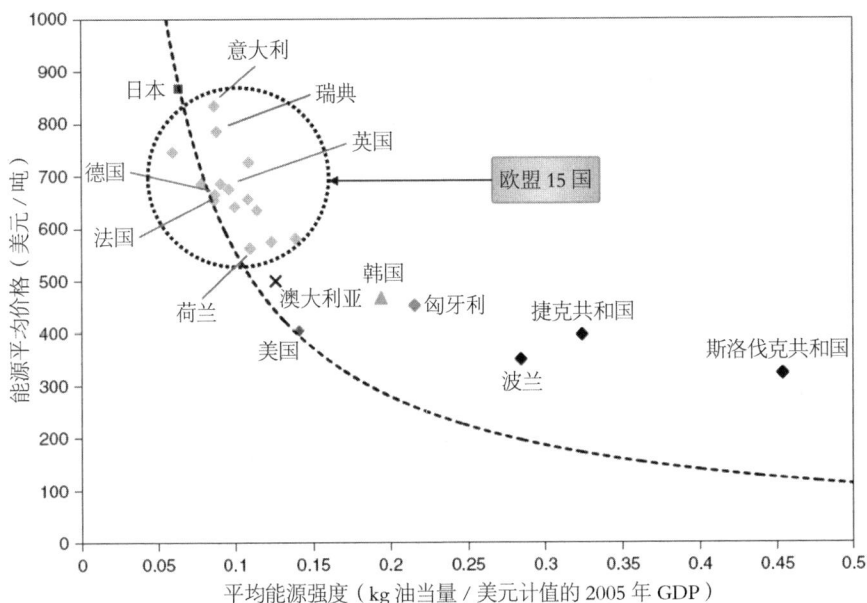

图6-1 能源经济学中最重要的一个图示

注：平均能源强度与能源平均价格的比较（1990—2005）。虚线表示的是6%的GDP水平用于能源消费支出，美国、日本以及欧盟中主要的经济体，如法国和德国等都差不多是这一水平上下，尽管这些国家的能源价格之间存在着一定的差异。数据所考察的是这些国家GDP快速发展而国际能源价格非常低的时期，而高增长和低能源价格都被证实是无法长期持续的。在长期内，国家能源支出比例的基准水平是在8%到10%的范围内（参见第1章，p.19）。

来源：以Newbery（2003）为基础，IEA和EUKLEMS更新了数据。

尽管研究发现"从1986年（在这一年全球石油价格出现暴跌）开始，能源需求的变化情况似乎与收入与价格固定弹性的假说并不一致"，但随后关于该现象的经济研究却非常有限。研究揭示了长期持续进行的能效提高进程，展示了价格和技术在此进程中各自发挥的复杂作用及其之间的相互关系。[6]然而，分析所使用的大部分经济模型都一直假设价格变动产生的影响具有对称性以及技术的发展不受能源价格的影响。

如果只是考虑单个国家的情况，在 10 到 20 年的时期内，能源价格的变动对最后的消费水平所产生的影响可能并不是特别明显。但是从星球经济学的角度看——所考察的是在长达几十年时期内，全球范围内的变化情况——却具有非常重要的影响和意义，在本书的结尾章节中将会对此进行总结。跨国研究中测算出的弹性似乎比各国国内数据算出的弹性要大不少，价格变动导致的能源需求调整具有不对称性并涉及许多其他的外部因素，这些事实都是相互联系的。这都是因为能源强度的变化进程所涉及范围非常广，所需时间非常久，而且在这个过程中还涉及很多与价格和其他政策相关的影响效应。这其实与第 5 章中所总结的各种证据是完全相一致的。

价格还能产生其他的影响。如果某种燃料的价格相对于其他燃料上调了，那么使用这种燃料的人们（企业经营者和消费者）就会试图去转为使用其他一些能源类型。这种结构调整的影响可能远胜于对能源消费总量的影响。例如，任何燃料都能发电，而在 20 世纪 60 年代，最常用的是石油发电。但 70 年代的石油价格冲击有效地促使很多国家不再使用石油来发电，并逐步开始转为煤炭发电和核能发电相结合的发电结构；伴随着对天然气发电的限制条件逐步瓦解，也开始逐步出现了一些天然气联合循环发电厂。

因此，如果提高传统能源或具有污染性的能源技术的价格将会驱使人们转而使用新能源或更清洁的能源技术。这样，不用政府指导，市场机制就会促使最好的替代能源出现并逐渐发挥更大的作用。所以，长期以来经济学家都一直支持用"环境定价"（下面将详述）的方法来解决相关问题。而当面临气候变化带来的各种挑战时，经济学家往往倾向于支持对碳排放进行定价的方式。

此外，我们还应注意到价格手段可能会在技术创新以及其他相关方面产生影响。因此如果提高化石能源的价格，将会：

• 降低阻碍新的低碳技术发展的各种经济障碍（economic hurdle）的规模（以及所需私人和公共创新资金的规模）；

• 使新的技术能够更早地登上舞台与现有的技术开展竞争——这样将降低公共资金补贴创新企业等政策所存在和面临的不确定性；

• 提高新的低碳技术应用带来的公共收益和私人回报规模——因此能够提高鼓励创新性投资计划的政治吸引力并提升私人部门参与到这些领域并做出贡献的意愿。

在本书后面的支柱三部分章节中还将详细介绍这些影响（参见第9章，图9-1），但是这里还是应该强调环境定价对于鼓励创新的重要性，因为通常都将创新视作是对 CO_2 定价的替代手段。这种假设是完全错误的！合理的定价机制将会刺激和鼓励创新。还有些经济学家假设价格手段是（除了一些公共 R&D 投入外）唯一所需要的重要机制。支柱三部分（参见第9章）也会解释为何这种观点也是错误的。但即便如此，定价机制的系统性价值——包括为对更清洁产品和生产过程的创新提供回报以及鼓励消费者去购买这些产品——仍然是毫无疑义的。

最后，图6-1中展示的（能源价格和支出水平之间的）关系和形态还可以反映一些更深层次的变化。当面临更高的能源价格时，政府自身也会有动力去寻求能够降低能源消费的政策组合（例如建立更严格的建筑标准、建设高速公路网络或者致力于其他的基础设施建设工作）。而由于价格的提高传递了一个信息——能源是非常具有价值的东西——消费者也会更加愿意支持这些政策。

因此，"短期"弹性和根据跨国比较获得的"超长期"弹性之间的差距测度的其实就是个人、经济和社会针对能源价格提高的积累反应。这就产生了一个挑战：如果能源价格提高，那么在短期内，个人必须要为能源消费支付更多，而这些是人们所不愿接受的；但从长期来看，社会整体的能效水平将会趋于提高。这恰恰是最后一章将详述的"改变过程的经济学"中另一个非常重要的方面。

6.3　要务优先：对能源补贴机制进行改革

政府所实施的很多政策都希望能够使消费者免于承担部分能源的真实成本（尽管其中一些政策反而加重了消费者的经济负担），因此针对化石燃料的生产、发电和能源使用的各种补贴形式广泛存在。经济学家们相信大部分的补贴最终都会损害本国的经济发展。然而，即便如此，要取消这些补贴却并非易事。

化石燃料补贴

补贴有很多不同的形式。有的补贴形式非常直接、透明，但更多的补贴形式却比较间接和隐蔽。因此，要确定和量化补贴是一项非常困难的任务。有很多不同的补贴形式，包括在一些产油国——如伊朗和委内瑞拉——对石油燃料的价格进行控制，或在一些欧洲国家对煤炭开采业提供国家补助以及美国针对石油和天然气生产行业所提供的税收优惠政策等。[7]

多年来，取消针对化石燃料的补贴成为国际经济讨论中老生常谈的议题之一（在全球最大的20个经济体之间举办的G20会议的声明中也多次被提到）。[8]然而，要解决这种反复讨论的问题，必须要理解这些补贴发挥作用的基础、结构和机制。补贴政策的一个显著特点是发展中国家的大部分补贴都是提供给消费者的，因此就能够帮助个人和行业免于承担能源消费的部分真实成本——或者至少能够使本国能源价格低于国际水平（这是比较常见的补贴定义）；而工业化国家与之相反，大部分的补贴都提供给了生产者——这样当面临成本更低的其他选择（如商品进口或其他替代品）时，能够使国家的生产活动得以维持。

据估计，在2010年，根据国内价格和国际价格之间的差异估算出的发展中国家和转型国家针对消费者提供的能源补贴总规模大约为4 000亿美元。[9]像伊朗、沙特阿拉伯和俄罗斯这些化石燃料主产国所提供的补贴规模最大。这些国家能够为其国民提供低于世界平均价格水平的便宜能源（参见图6-2）。中国和印度为消费者所提供的补贴规模也非常大。

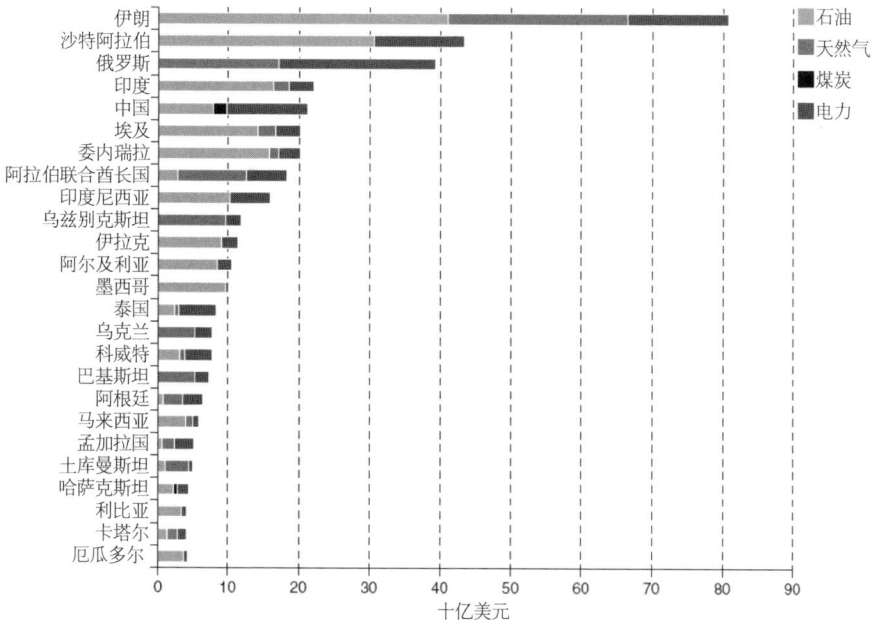

图6-2 2010年非OECD国家不同类型燃料的能源补贴规模

资料来源：IEA（2011），OECD/IEA，2011，图14.3，p.515。

而估计每年全球为能源部门中的化石燃料所提供的生产性补贴大约为1 000亿美元。[10]此外，近年来，随着新技术的运用范围不断扩大，针对可再生能源所提供的补贴规模也在不断增大。

其他一些间接的补贴手段就更难去被估算追踪了。政府可以通过为化石燃料密集型技术提供便宜的基础设施和便利条件来为这些技术的使用提供补贴。例如，用公共资金来建设公路和机场其实也提供了一些补贴，因为这种建设会鼓励汽车和飞机的使用，因此隐藏了一些相关的成本，为了抵消该影响，可以对交通燃料的使用征税，这也是支持征收交通燃料税的理据之一。

能源补贴的利弊

为"好商品"和"坏商品"所提供的补贴当然存在着明显的区别。最为普遍的补贴形式是为研发所提供的补贴，根据一些行业（包括能源部门）的性质和根本性的利益，为这些新兴行业提供各种支持对于哺育行业的发展是非常基础和重要的（可参见第9章的相关内容）。可再生能源的发展就是一个很明显的例子，随着行业的扩张，为其提供的补贴规模也会随之扩大。但与之相反，对化石燃料所提供的补贴将无法削减化石燃料的使用量以及降低 CO_2 的排放水平。

　　补贴问题需要在一个更为广阔的政治和社会背景下来进行考虑。在发展中国家，针对消费者的补贴是最为普遍的补贴形式，这将能让最贫困的群体获得基本的能源供给（如供热、照明和烹饪食物等）。在一些国家中（例如印度）这种能源补贴形式其实起到了一定的社会保障作用，政府采用这种方式可以对社会中最为脆弱的群体提供基本性的援助，否则这些群体将无法获得基础性的能源供给。也正因如此，印度很多邦直到目前还在为小农户提供免费电力供给或为他们所需支付的电价打折。然而，由于富有人群消费者所使用的能源总量更多，因此他们实际上也能从这种能源补贴政策中获得（不同程度的）收益。一项估计显示，在这种能源补贴政策所产生的总收益中，约有80%实际由总人口中最富有的40%的群体所获得。[11]

　　降低能源价格的补贴形式能够改善消费者的生活水平——但是，总体而言，消费者其实还是以其他方式承担了提供这种补贴所产生的成本，例如通过缴税或者为一些较差的服务所进行的支付等。有大量证据显示对消费者提供能源补贴会阻碍能效水平的提高。例如苏联为了满足本国人民的基本能源需求，都对居民和工业能源价格提供了总额庞大的补贴。俄罗斯为东欧提供廉价的能源，其实也是该国发挥政策控制力的一种工具。这些因素导致了苏联几乎是全世界能源使用最为浪费的国家之一——其能效水平低到都无法在图6-1中被显示出来。随着苏联解体后的经济转型，大部分东欧国家都逐步取消了能源补贴政策，尤其是在希望加入欧盟的压力之下。但在俄罗斯，政府目前仍然提供大规模的能源补贴，该国能源效率低下的状况也继续存在。[12]

　　而对当前生产者提供能源补贴的方式又会削弱其投资于新的、更具有效率的设备以及对替代性技术进行创新的动力。然而，也可以以促进创新和鼓励采用低碳技术为目标来设计补贴方式，在第9章还会对此进行解释介绍。

在补贴政策背后，还有一些政治因素。生产制造商是强有力的政治力量，而且在一些欠发达的农村地区，生产者是创造就业的主要基础。因此，针对生产端提供补贴的政策有助于政党获得选票。化石燃料产业是全球最富有的产业之一；这个产业会竭尽所能去维持自己的盈利能力，因此长久以来，在推行能源补贴政策和推动为碳排放定价这两股力量之间一直在进行着斗争和博弈，本文后面的内容也会对此进行讨论。

要取消过去所实行的补贴政策通常来说既非易事，也并非解决问题的灵丹妙药，但是这还是一个非常重要的问题。继续对化石燃料生产端提供补贴将不利于能效提高，并使新能源应用很难与这些传统的化石燃料进行竞争。如果取消对化石燃料消费端所提供的补贴，那么以2010年为例，将能使全球温室气体排放削减5.8%。[13]对化石燃料生产端所提供的补贴将不可避免地无法使能源价格体现所有的相关成本。要对补贴政策进行改革很可能是一个长期渐进的过程，如果有其他的因素与之相关，例如在一些面临财政困境的国家，或者在一些试图采取综合手段来解决补贴政策实施所产生的分配问题的国家，将更有可能会促使这项改革取得成功。首先明确补贴政策实施所希望实现的目标，保证补贴政策具有合理的基础，易于操作且比较透明，至少能部分减少这种政策手段对经济的损害并可能探索一条清晰的逐步取消补贴政策的路径。[14]

很多经济学家认为，还可以进一步对支持取消补贴的基本原则进行延伸：如果现行的价格体系中无法体现环境因素和其他一些外部成本，就相当于变相地提供了一种补贴。实际上，这就是另外一个问题了，从政治角度来看，要解决这个问题将会更加困难一些。

6.4 能源安全定价机制：燃油税

能源的间接成本涉及很多方面，包括维持能源安全的成本、对价格波动性的影响以及环境影响等。很多欧洲国家，如法国、德国和意大利等，在"苏伊士运河危机"之后，从20世纪50年代开始，就开始采取征收燃油税的方式来缓冲石油价格冲击对本国经济的影响。

60年代期间，全球石油价格经历了一段相对平稳的时期，随后，1973年的石油价格冲击又再次敲响了警钟。随着工业化国家对石油进口的依存度不断增强，它们已经无力控制全球石油市场，因此这些国家的经济对于石油价格的波动非常敏感，并容易因此受到损害。针对这种情况，经济学家提出通过提高对石油征税的力度来解决的方案似乎并不合常理。学者们则辩驳，这是唯一能够使比较富裕的经济体逐步摆脱危险的高石油依存度的手段。通过此举也能开始获取到"经济租金"——即开采石油的成本价格和消费者最终为之支付的价格之间的差额。当然，还有一些其他因素也促使一些国家选择采取石油税手段，包括筹集资金来修建道路等。[15]

不同国家所征收的能源税率之间存在很大的差异，这也有助于我们理解在图6-1中为何不同国家的能源终端使用价格相差很大。刚才介绍过，很多发展中国家还在为能源提供各种不同形式的补贴，这也会增加对石油燃料征税的税率。如图6-3所示，在工业化国家中，西欧和日本所征收的能源税率比北美更高一些。

由于能源价格是一个具有高度政治敏感性的问题，能源价格的变动和调整也是引起社会抗议的常见诱因，有时甚至会导致政府的更迭。欧洲的经验能够展示一些教训。在20世纪80年代末期，由于所拥有的北海油田能够提供一些石油供给来缓解外部冲击可能造成的影响，英国国内所征收的燃油税的税率相当低。保守党执政时期，开始实施一种"阶梯价格"（price escalator）政策。根据该政策，为了保障国家的能源安全以及保护环境，规定每年都要将燃油税率提高3%，并在随后把该年增幅度进一步加大到每年5%。在该政策的影响下，英国的燃油价格逐步从欧洲较低水平增至较高水平。然后，由于1999年原油价格高企（事实上，与10年后的水平相比，当时的价格水平还是比较低的），英国的司机们（既有商业公司的司机也有私车司机）为表达对高昂的石油价格和燃油税负的不满，发起街垒抗议活动。在此之后，"阶梯价格"政策就被取消了。[16]这个例子清楚地昭示，尽管政府能够基于环境保护的目的引入一些新的税收手段，

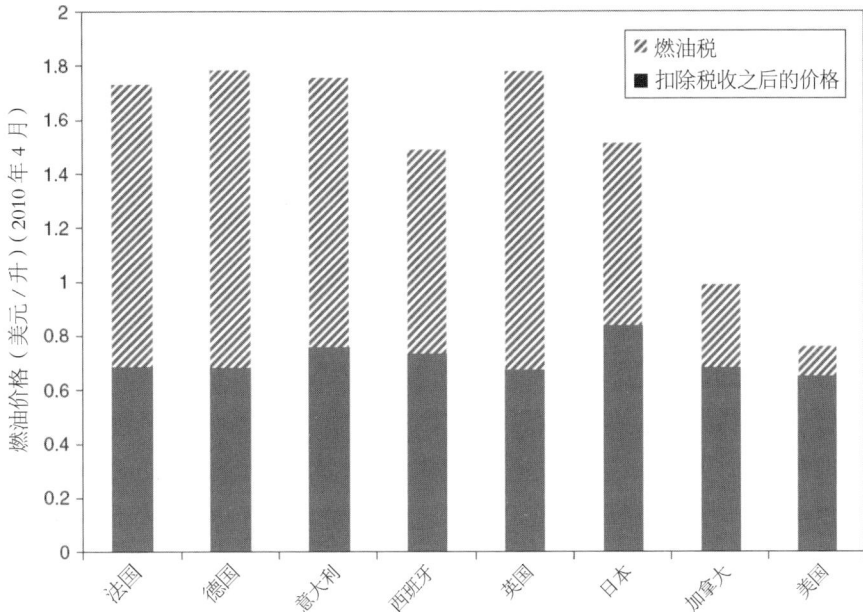

图6-3　汽车燃油价格和税率

来源：作者根据IEA（2011）的数据整理得到。

并获得一些其他收益，但是如果政策的影响过大，就可能超过政治可以接受的边界。

虽然能源价格具有高度的政治敏感性，但是政府仍希望通过征税这种手段来获得税收收入，因此政府仍然非常维护其征税（或不征税）的权力。欧盟一直致力于协调其成员国所征收的能源税水平，这种努力终于在2003年取得突破性进展，并出台了一份关于征收能源税的指导文件。该指导文件旨在消除不同成员国对不同燃料所征收的税率的差异所导致的价格扭曲，并鼓励全体成员国实现更高的能源效率。在奋斗10多年之后，欧洲才开始集体推行碳价机制。

6.5　污染定价机制：基本原则

从各国实际经验可以发现，提高能源价格能提升能源使用效率，而对石油征税有助于降低能源进口依存度，因此借助这些措施手段，对解决相关挑战（包括环境影响）能发挥一定的作用。当然，价格绝非唯一的杠杆手段。从传统来看，通常都是直接采用监管手段来解决环境问题，例如禁止危险污染物排放、要求安装污染处理设备、制定最严格的排放标准等。这些政策在经济学的范畴内被称为"命令与控制"（command & control）措施，通常这些手段能够很有效地解决环境问题。但是这些政策也存在着一些很明显的弊端，问题主要源自于确定各种标准和技术时所经历的官僚程序，这种繁琐冗长的过程会导致技术创新失去动力从而变得僵化。

随着污染排放规模的逐步扩大，这种"命令与管制"手段的成本问题和局限性也渐渐浮现出来，于是越来越多的关注转到解决问题的"经济手段"上来，例如通过污染定价机制，让排污行为自发地被市场摈弃。在美国和欧洲，学者都在强调经济手段的潜在收益——尤其是在石油危机、酸雨规模的不断扩大和20世纪80年代臭氧层被严重破坏等环境事件连续出现之后，随后政府也开始对这些经济手段有所关注。[17]

实际上，这种观念和政策方面的调整是以更久以前的经济思想为基础的。早在1920年，经济学家亚瑟·庇古（Arthur Pigou）就首次提出了"外部性"的概念，用来指经济活动所造成的无法天然被定价的那些影响，其中就包括环境损害影响（能源不安全造成的风险也是另一种外部性）。[18]如今，外部性被视为市场失灵最主要的形式——如果存在外部性，市场体系就无法体现所应具有的福利效应。更糟的是，如果经济活动的外部成本无法得到体现和计量，那么市场的动态发展会促进这些活动继续扩张，因此会使各种损害规模进一步扩大。

庇古还从根本上指出一个事实，即未经定价的环境损害实际上就成了一种隐匿的经济补贴。那么要从这个角度来纠正和解决问题，就必须通过提高价格来使（造成环境损害的活动的）"外部成本内生化"。在此之后，威廉·鲍莫尔（William Baumol）和许多其他经济学家提出了"庇古税"的概念，通过征收该税将能迫使企业和个人在制定决策时认真考虑所产生的相关损害的成本。[19]

在庇古开创性地提出该思想一段时间后，另外一种旨在实现同样目标的方式也被一些学者提出，即政府可以控制排放上限，并非直接去干预企业和个人的行为，而是通过确定一定数量可以交易的排放配额来对排放总量加以控制。一旦确定了固定数量的排放上限，企业之间就能对排放配额进行交易，直到最后达到一个能够反映实现这种排放约束最低成本的均衡价格。实际上，通过确定允许排放的配额就能为削减那些原来没有加以限制（因此是免费的）的排放创造一定的价值。允许这些排放配额进行交易就能建立一个市场，因此同简单的"命令和管制"手段和方法相比，这种市场性的机制具有一定的理论有效性基础。

通过价格机制来控制各种外部性（例如污染等问题）的确具有很明显的潜在优势。这种方案能够让市场可以自由选择最为合适地解决外部性的途径，也能使市场能够灵活地寻找成本最低的治污方法。当这些排放具有相应的价格之后，企业就会选择去减排。在给定的价格水平上，成本最低的减排方法就能够削减更多的排放，而如果减排面临困难过大，企业就会偏好于直接为这些污染行为支付相应的成本。这些理论在经济中也确实找到了明显的佐证，并促进了经济转型。一本关于排放交易的著作中，通过研究了14个案例发现这种经济手段所产生的成本节约影响通常都可以超过50%。[20]

通过这种方式来对环境外部性进行定价可以产生三种灵活性，具体包括"对象灵活性"（what）、"方式灵活性"（where）和"时间灵活性"（when）。

• "对象灵活性"允许通过任何可获得以及成本最低的有效技术手段来实现目标（削减排放水平）。而价格就能为清洁的生产过程、产品和服务创造出发展空间、价值和市场机会。

• "方式灵活性"允许那些掌握最低减排成本的企业去实现减排，而那些减排成本比较高的企业也可以选择为排放支付相应的成本。与之相反，采用强制性的监管措施如果对所有企业都制定相同的减排标准，也会对不同企业造成不同程度的影响；但是如果为每个企业都制定各自的减排目标，会让监管工作变得比较复杂，也容易引起争议。"方式灵活性"能够让企业在掌握成本信息之后自己去做决定，也能确保污染制造者要为此造成的成本付费。

- "时间灵活性"允许可以在一定的时限内完成减排。应该注意到，减排成本很可能会随时间推移而发生变化，因为随着资本周转，不同的技术将可能向着不同的方向发展，而且未来的各种发展趋势也比较难以预计。"时间灵活性"则能够允许企业在即时减排还是继续为排放付费之间灵活选择，而且还能对更早的减排行动提供回报和补偿。

尽管价格机制具有很多优点，经济学家也多倾向于支持采用这种手段，但是不应回避的是，在这种机制下也容易滋生广泛的道德问题和实际操作问题。如征税还是允许污染者继续排放，只要他们为此支付一个相应的价格。关于"总量管制和排放交易"方法的争议则更大，因为这种方案相当于允许"有权排污"到一定水平。"排污权"的形式类似于中世纪时的"赎罪券"（教徒在经告解获得罪罚之后，可以向教廷支付一定费用来赦罪拯救良知，或者减少涤罪的时间）。实际上，美国的"总量管制和排放交易"法案中明确提出排放许可并不意味着排放权的合理性，而只是确定了一个目前认为可以接受的排放水平。毕竟，在现实中，较低的污染排放水平所产生的影响是比较有限（而且是无法避免）的，而且减少和禁止CO_2的排放也不可能一蹴而就。如果关注的焦点只是控制排放的程度而不是要求完全禁排，那么从伦理的角度来质疑价格或交易机制的论点就站不住脚了，因为采用经济工具来增加成本或产生排放量的约束可能具有比较明显的优势。

采取价格手段确实存在一些伦理上的问题，但是这些问题主要源自措施实施所产生的分配影响，因为经济中存在不同阶层和经济水平的群体，因此经济工具在实际中可能被滥用或者让"富人阶层"以不公平的方式免于受到约束。也有一些合理的经济原因要求限制市场工具的使用范围，我们会在后面的章节对此详细加以介绍。但是，从实际操作的角度考虑，到20世纪90年代时，对污染采取定价的方式已经逐渐成为了解决污染问题的主流。

而如何用定价机制来解决碳排放的问题则尤为引人注目，因为碳排放源自经济中的各种活动，而产生的影响又独立于排放的时间和地点，波及范围广泛，历时长久。直觉告诉我们，如果政府只是对各种减排活动进行微观调控，但却不使用价格机制，这无疑是不现实的而且效果也不会理想。由于碳排放产生的源头多样，控制手段繁多，而产生的影响又非常深远，因此要找到一种机制能够广泛适用于各重点部门和经济各领域，能够激励减排行动持续进行下去是非常重要和有价值的。碳排放的定价机制能够促进和激励更多地使用碳强度较低的产品、生产过程和技术。提高低碳方式生产、经营的获利能力应该能够促进对这些领域的投资和创新。正因为碳排放具有以上这些特点，因此对碳排放这种污染源的管理范式可以证实污染定价机制不但合理有效，而且是非常基础且重要的。

以上分析并非表明只要给予CO_2一个价格就能解决所有问题——本书所构建的三大领域框架有助于我们理解其原因。在降低碳排放的很多途径中，除了价格，还有很多因素都对减排效果和各种减排方法的用途有着影响（可参见第3章），而并非所有第一领域涉及的要素（第4章和第5章）都由价格决定，因此，单独依靠价格机制并无法有效地实现减排。与之类似，很多技术的有效利用需要以合适的基础设施为基础，而创新和转型的过程也都是很复杂的——因此第三领域的各要素也不能完全由价格所决定（参见第9章和第10章）。即便是在第二领域中，价格工具同样会给支柱二的其他一些方面带来各种各样的限制。然而，经济工具的减排作用有着非常严密的逻辑和理论基础，如果不能在价格中合理反映化石燃料和相应的碳排放的实际成本（因此就提高了相应的价格），在一个市场经济体系中是无法控制化石燃料的使用和解决减排问题的。

6.6　碳成本，"协同收益"和"双重红利"

尽管从经典经济学的角度来看采取碳价机制是最为有效的减排方法，但是该观点却无法消除部分人认为这会给经济带来新增成本的忧虑。在第1章中我们就已经介绍过从历史发展进程来看，廉价的化石燃料对于过去经济发展的重要意义。石油价格冲击对经济发展的影响也被视作是碳价机制实施可能产生的风险之一，尽管实际上这种观点是具有误导性的。[21]

　　要评估对化石燃料征税或者其他的碳价机制手段给经济整体造成的影响是一项非常复杂的工作。在第1章中（1.2节）指出了一个基本的结论：不去解决经济中的外部性影响肯定是错误的：因为这种外部性成本会被其他人所承担或者最后会以各种形式影响经济的每个方面，这样所造成的成本总是比一开始就解决该问题产生的成本要高。本章以经济理论分析框架为基础得到一个基本的结论，并在观察事实中得到佐证，即：如果无法使经济活动所产生的外部性内生化将会有利于污染者，而如果让污染者为污染付费最终会对经济整体有益。而在解决污染问题时倡导使用经济手段的原因也正是基于这个结论。

　　然而，全球性的资源枯竭和气候变化所造成的挑战完全不同，因为该问题波及范围非常广，影响时间也非常长远，因此尝试解决该问题的国家并不会给本国目前这代人带来直接的收益。这就是为何气候变化问题被称为"完美道德风暴"（the perfect moral storm）的原因之一：该问题的内在不公平性被当代人可以免费排放而不用接受惩罚的事实进一步放大。[22]因此，该问题的争议和关切点在于一些国家采取行动去阻止气候变化产生的危害会给自己带来相应的经济成本，但是气候损害的发生却是所有国家的整体行为在长期内的体现。

　　幸运的是，即使不需要复杂计算的简单推理也能证明很多这样的担忧实属自扰。能源相关的经济活动通常在GDP总额中仅占大约5%。即使以欧盟碳排放交易体系中最高的CO_2价格来计值，得到的结果也能证明碳排放定价机制的实施使最终能源成本所增加的比重比较有限。根据基本的经济模型模拟结果发现由于给CO_2排放定价所产生的成本还不到GDP的1%。我们在第8章中还将介绍，一些能源密集型的部门可能会承担更多的成本，但是即便如此，该成本在部门经济产出中所占的比重也是比较有限的。而且，也没有具体的证据能够证明对能源或者碳排放征税将会总体上使工作岗位减少：根据一阶近似模拟的结果发现，这将会导致工作结构的调整：一些低碳部门的新工作岗位将取代原来的碳密集型工作机会。有人提出目前的CO_2定价水平将会导致几十年内的经济增长水平大概（至多）减缓几个月，但这只是一些研究者的个人观点，而且完全没有研究证据的实质性支持。

当然，碳价机制的具体实施也比较复杂，可能会对不同方面产生积极或负面影响。其中一个重要的相关问题就是削减化石燃料使用所产生的"环境协同收益"。在第1章（注释15）中提及，现在已经形成了基本共识，即煤炭燃烧将造成局地性的环境损害，这种损害的规模至少与其在大部分经济中所创造的价值是相当的，有时造成的损失甚至比其经济价值还要更大。因此，通过对CO_2进行定价收费来减少煤炭使用还将减少由此产生的其他环境影响。事实上，现在很多研究都证实如果对CO_2排放进行控制将会产生伴随的环境协同收益。图6-4展示了一项OECD研究的结论，该研究绘制了对CO_2进行定价导致的空气污染物减排所产生收益的散点图。从该图可以看出，一大半的估计点都在图中直线的上方——这表明由此产生的空气污染减排收益将会超过其自身的减排成本。有两项关于中国的研究发现，这种协同收益规模非常之大——大概相当于CO_2价格的10倍之多，这也反映了中国空气污染问题的规模和严重程度。

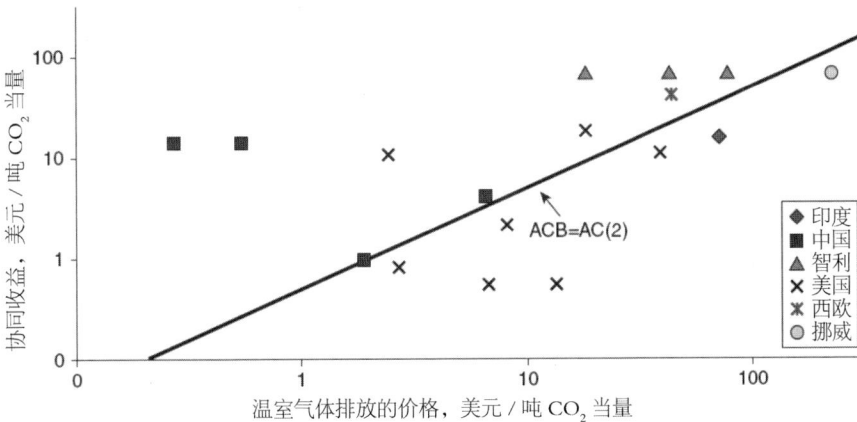

图6-4 不同国家局地环境协同收益的估计结果

1.对每个国家，不同的观测点表示不同研究以及／或者碳价格下进行估计获得的结果。估计时所选取的基年为1996年或者可获得数据最新一年。

2."ACB＝AC"线表明沿该线平均协同收益等于平均减排成本。它假设减排成本是减排水平的平方函数；因此平均成本等于边际成本（也就是碳价）的一半。在该线之上的点表示平均协同收益要大于平均成本。

一项关于墨西哥的研究估计出该国所实现的CO_2减排通过同时实现的空气污染物减排影响，将能每年挽救接近3 000个生命，还能防止将近50万例的非致命疾病病例的发生，因此在医疗成本方面将能节约约10亿美元。[23]很多关于控制CO_2排放所产生的环境协同收益的研究也得到了类似的结论。[24]

这样的收益规模是很可观的。然而，这些研究本身并非建议各国出台削减化石燃料使用或者减少CO_2排放的政策。这些研究最重要的政策含义就是各国应该采取更多的举措来控制局地空气污染问题。而且研究结论也证实了通过对碳排放定价将会产生非常明确的环境协同效益。但这也提出了一个问题，即是否在一个更加综合性和有预见性的分析和解决框架下，整体考虑化石燃料相关的各种挑战会更加合理一些呢？在最后的第12章将会再次讨论和思考这个问题。

此外，碳价机制带来的其他重要的潜在协同收益包括与此相关的能源安全问题——或者更加具体地说，就是可以降低对具有高波动性的国际化石燃料市场的依存度，而化石燃料的买方往往根本无法控制这些燃料价格的大幅波动。通常来说，国际化石燃料的贸易活动能够提高交易双方的福利：通过这种途径我们能够获得比国内更为廉价的能源供给。然而，前文已经介绍过（参见第1章，第1.2节），波动性自身会产生一种成本，但是却无法完全体现在传统的贸易理论中；国内的能源税收体系有助于保护经济免于受到外部价格冲击的直接影响，还能够降低本国对于相关商品进口的依赖性和依存度。

也许在估计使用经济手段来实现碳减排所产生的成本时，所面临的最大的复杂性就是碳价不仅仅是纠正了化石燃料价格中无法反映真实外部成本的问题，还提高了高碳商品的生产成本，并（通常）由此将成本提高效应传导到经济整体中。采取这些手段获得的收入本来可能流入经济的其他部门。因此在考虑实施这些经济手段时，需要考虑用这样的一般均衡机制（general equilibrium mechanism）来分析采取这些方式对经济整体中各部门的影响。

如果能源密集型商品的成本提高，将会通过对消费者能源消费支出的直接影响导致消费者所承担的总成本也相应提高；这种累积效应会降低经济中家庭收入的购买力。如果不考虑其他因素，这会给经济带来一种抑制效应，并使碳减排的宏观经济成本超过了其技术成本，产生一种扩大效应。而且，因为更高的能源相对价格将会扭曲生产链中的经济选择，因此会进一步放大这种扩大效应。[25]

第二个不利因素源自当 CO_2 排放具有一个价格后所收取的资金收入。为了简化分析，我们这里将只考虑碳价机制，因此所讨论的是碳价机制的收入。如果为 CO_2 排放所支付的价格足够对减排产生影响——即大约等于气候变化所造成经济损失的估计值——那么就意味着有大量的资金会在不同部门间转手流动。在最近这次经济萧条之前，欧洲碳交易体系中排放配额货币价值约为每年500亿英镑（参见第7章）。如果免费向各行业分配排放配额，那么具体的影响效应将非常复杂，第7章将介绍该机制可能给部分产业带来意外的收益，尽管这种结果会支持对这些行业的继续投资和促进创新，但是这些收入更有可能被相关公司的股东所享有，却没法产生更为广泛的积极影响。然而，如果排放者需要为全部或大部分排放进行支付——无论是通过税收手段还是拍卖排放配额的方式——所产生的资金收入将为政府所有。因此这些市场经济机制实施所产生的社会成本取决于对这些资金收入的使用方式。

因为我们需要为公共品（例如国防、教育、医疗以及科研等）提供资金，这并不能通过空头支票得以实现。政府可以使用所获得的资金来削减其他的税赋，例如可以通过削减收入税来恢复消费者的购买力，或通过削减公司所得税来激励公司扩大投资，又或者通过削减工资税或其他能够为劳动力的社会保障和保险提供资金的税种来降低生产成本。碳价机制的收入可以使这些税种的税赋降低。而最终的净影响效应取决于是否其他的这些税种在有效经济活动中更加扭曲一些或不那么扭曲，而这又由一个国家的现行税收体系所决定。碳价机制的收入再使用的一个用途可以是通过降低各种最终落到生产成本上的税种来使经济部门间彼此传递的乘数影响效应最小化。这也就解释了为何在欧洲的情况中，大部分一般均衡分析采取的假定都是使用碳税机制的收入来降低与劳动力有关的税种，因为这样最后得到的净成本估计结果一般都非常小或者根本就没有影响。[26]

　　而环境定价机制中可能产生的"双重红利"（第一种红利无疑是环境收益）进一步促使近几十年来，经济学家一直孜孜不倦地对该问题展开激烈的讨论。[27]关于该问题的争议不在于这种双重红利是否存在：毋庸置疑，如果将碳价机制获得的收入用于其他用途将比不使用这些收入（或直接将这些收入返还给消费者）更加能降低机制实施产生的经济影响。[28]实际上，对于此问题争论的两极化主要集中于双重红利的积极影响效应究竟是比较弱还是比较强：即是否使用碳价机制产生的收入只能降低影响还是会给国家带来净的经济收益。[29]

　　然而，从根本上来说，引起争议的这个问题其实从本质上来看是非常理想化的，但是相关的假设却都是基于当前世界的实际状态。那些不认为会产生"较强"双重红利的观点所持的最优论据在于经济学家应该将其关于碳成本的分析与一个假定按照"最佳实际生产前沿"（参见第2章，图2-3）——包括使用最有效率的税收机制和其他政策组合——去运行的经济体系联系起来。或者，至少碳价机制获得的收入不应该与改进现行的税收结构直接联系起来：这两者应该是互相独立的。从这种角度去看，几乎从概念上没法在现实中为环境成本定价却不降低经济产出水平，因为经济理论上假设任何可以改善经济表现的手段和选择都可以且应该彼此独立地被实施。我们在本章结束节中将继续讨论与我们所提出的这些观点相关的假设基础。

　　从根本上讲，双重红利的影响效果究竟是强还是弱并不是最重要的问题——目前对于这个问题的各种经济细节纠结太多，但是却忽视了更重要的信息。事实上，如果将碳价机制获得的收入返还到生产体系中去可以在很大程度上抵消碳价机制实施所造成的直接经济影响——该结论已经在经济学界形成了广泛的共识。[30]原则上讲，如果我们不考虑政治可行性，在一个国家征收高达200美元/tCO$_2$的碳税，但是却可以将由此获得的碳税收入重新返还到经济体系中降低公司所得税或劳动力相关税种的税率，那么可以最终实现净的平均生产成本不会发生任何增加。[31]

　　实际上，这正是管制手段和定价机制之间最为重要的一点区别。在现实中，管制手段被运用得更多，这是因为采取这种手段所产生的成本要更加隐蔽一些。但是管制手段仍然会扭曲或增加成本（具体的影响如前面支柱一部分所介绍的，取决于这些手段能否合理处理好所面临的契约性的或者行为性的障碍），但是却不会创造出新的公共收入可用于抵消所产生的这些成本。因此双重红利的积极影响效果只会更加微弱，但是即便如此，这仍是考虑碳价机制非常重要的因素之一。

要精确地估算出碳价机制产生的真实宏观经济影响的净效应非常之困难——要完成这样的估算必须要评估对经济整体的影响，而这涉及无数的部门间的相互影响。但是看起来，这种影响规模的大小还是比较清楚的。麻省理工学院所发起的一项关于欧盟排放交易机制第一阶段的实证评估结果估算出该机制运行所产生的宏观成本是"极小的"——仅相当于欧盟GDP的万分之一。[32]大多数的研究在对未来的影响进行预测时都假设未来会面临更加严格的碳排放约束或者通过价格手段得以体现。而无论是总量控制还是价格机制，大部分（尽管不是所有）研究估算出的总成本结果都非常的小，在未来几十年内，这种总成本都比GDP或福利总水平的1%还小。[33]因此，由此导致的GDP损失并不是一个很显著的问题。

同样，就业也不是一个大问题。减排会要求部分就业从高碳生产活动转移到清洁生产和改进能源利用效率的相关部门，例如对现有建筑的能效改进工程等。关于就业结构的这种调整一直存在着争议，有的认为在正确的条件下，征收资源税或者污染税可能会促进就业总水平适度增加，因为这会导致过去用于化石燃料进口的资金投资于国内的能效改进和新能源开发活动中。

6.7 第二领域中各种技术选择的反应

现在可以回忆一下图6-1中反映的信息；如果时间区间足够长，就有足够的空间来应对能源价格的提高，并使全社会的能源利用效率得以提高，因此可以使国内能源消费支出的总额基本保持不变。然而，这是一个长期的调整过程，并横跨三大领域，而该过程的重点还是集中于能效水平的提高。在图1-5中已经指出，要应对气候变化以及显著降低对化石燃料市场的依存度最重要的一点就是要使能源结构低碳化。而通过碳价机制给碳排放一个价格是促进向低碳产品和生产过程转型的重要工具——碳价机制在麦肯锡减排成本曲线（McKinsey curve）中间部分是占据绝对优势的选择。关于这点的详细信息可以在图6-5中得以展示。

通常的规律在这里也适用。该曲线在相同且较低的3.5%的年贴现率水平上——同理论评估气候灾害货币价值分析和目前政府债券的贴现水平相比，该贴现水平还是比较高的；但是却几乎低于所有的私人市场中的贴现和回报率水平。因此，在图6-5中，还有部分的减排选择甚至是"负成本"（低至-10美元/tCO$_2$），这意味着这些减排措施可以在减排的同时降低成本。然而，在私人投资者的眼中，很多这种措施都会被忽略掉，或者并不认为这些举措是"成本有效"的（或仅认为这些措施只是很勉强能算得上成本有效）。[34]很有趣的是，在麦肯锡的成本曲线中，"成本略微节约"的这部分基本都是提高工业能效的各种技术手段和选择。该现象也有助于解释欧盟排放交易机制对该领域产业反应的影响（参见第7章）——产业会更加关注这些机会，提高这些措施的经济吸引力，而且还会在产业间扩散一种担忧碳价继续提高的气氛，这样就能促使采取减排行动所带来的收益进一步扩大。

然而，在麦肯锡减排成本曲线中的一大部分——能实现的CO$_2$减排规模高达10Gt，约占目前全球总排放的1/3——减排成本很明显都在5到40欧元/tCO$_2$之间。同样，通常的规律在这里也适用。正如第3章介绍过的，相比较于该研究发布的时代，目前很多的减排成本都发生了很大的变化，最为显著的就是"来自太阳的惊喜"（参见专栏3-4）所推动的相关的减排成本大幅削减，而其他一些技术的减排成本也都发生了程度不一的变化（核电、海上风电和CCS技术等）。而且，数据（当然）比较的是货币化的成本和收益，但还有很多其他因素都会对各种减排选择被采用的吸引力产生影响，可以参见第3章对技术的综述部分中的介绍，这在某种程度上也反映了"隐藏成本"的观点。[35]

不同技术选择的时间尺度也存在着差异——尤其是在图中靠近右侧的这些技术——这种时间尺度包括技术学习的时间尺度、成本降低的时间尺度以及新产业发展和产生经济规模效应的时间尺度。培育新的产业需要时

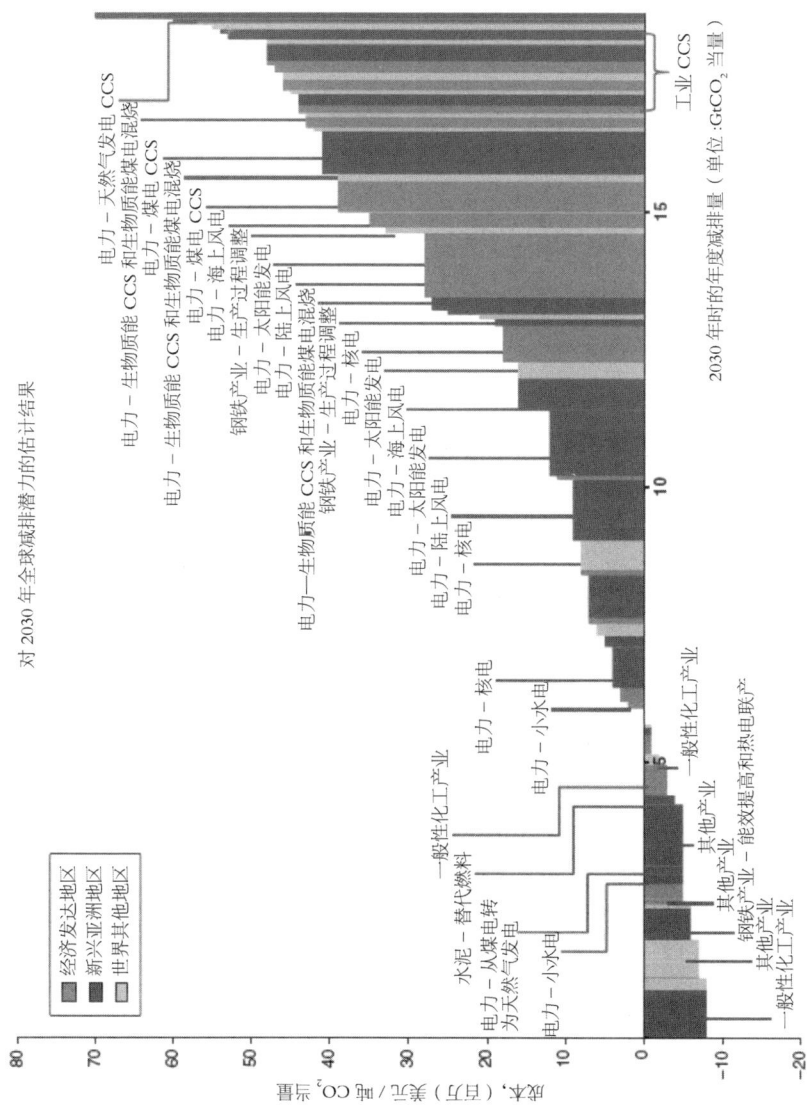

图6-5　第二领域中的减排选择

来源：McKinsey & Co.（2009）发布报告中的原始数据。

间和投资，包括基础设施建设和创新驱动力；有些技术选择尽管现在成本
非常高，但是可能到2050年时，这些技术就变得非常重要了——针对这
种情况，世界银行开展了一项名为《何时采用成本最高的技术才合理》
（*When Starting with the Most Expensive Option Makes Sense*，Vogt-Schilb 和
Hallegatte，2011）的研究。

　　正是因为上述原因，减排成本曲线显示出的排序并不一定反映了每种
技术选择的受欢迎程度或者是优先顺序。但该曲线的排序反映了各种技术
选择的规模、性质和成本的发展潜力，因此，这种排序也反映了各种技术
选择对于实施碳价的可能反应。从这个角度看，在第二领域中，占据绝对
优势的技术选择多为工业部门和发电部门的一些减排技术，正如第3章中
提出的假设那样：理性的产业会根据对生产成本和收益的计算来审慎地做
出充分反映全面信息的技术选择。

　　但是，对于发电的各种技术选择，还有另一条重要的注意事项。电力
市场的结构和其他产业是不同的：不同的技术选择生产出的产品是完全一
样的（电流），这些完全同质的产品都通过传输和分配系统提供给使用者
——这是一种必须加以管制的自然垄断。在发电部门中（有时是在输电资
产中）还是可能存在竞争，但是必须要根据一个明确的"市场设计"准则
来建立竞争并对竞争行为进行管制，而"市场设计"准则需要清楚界定发
电厂商能够通接入输电网络的基本条件，供电厂商能够为消费者供电和
（在竞争性的市场上）销售电力的基本条件。而且，大部分的发电技术选
择都需要金额巨大和长期的投资。而这些投资是否会在未来发生则取决于
对未来发展的预期、当前的碳价水平以及投资信心。实际的成本也取决于
对投资风险的判断及其对资金成本的影响。因此，正如后面的各章节的讨
论所揭示的那样：细节决定一切！

　　麦肯锡减排成本曲线可以向人们展示各种技术的性质和规模，还能反
映各种技术选择对于碳价机制真正实施可能出现的反应——同时这种反应
也受到很多其他因素的影响。该图可以揭示如果其他的所有因素保持不变
（当然，这只是一种简化的情景），在未来几十年内需要实现给定水平的减
排目标时，需要设定的 CO_2 价格究竟是多少。无论如何，该图还是展现了

在第二领域中各种技术选择对于实施碳价可能出现的反应规模非常巨大，尤其是在工业和电力部门，对于这些部门来说，对产生的碳排放给予一个合理的价格是非常重要的减排步骤之一。而问题在于，如何去实施碳价机制才是最好的方式。

6.8 碳税还是总量管制和排放交易：哪种方式更加有效？

碳价机制有两种最基本的形式，具体包括征税或者是通过发放固定数量可以用于交易的排放配额来确定一个排放总量。碳税的方式要么直接对燃料中所含的碳或对生产过程中产生的碳排放，又或是对最终产品中隐含的碳征收一定的价格；由政府来确定税率并获得由此产生的税收收入。而总量管制和排放交易的方式则是由政府根据控制排放水平的目标发放一定数量的排放配额，分配排放配额的方式可以是免费提供或通过拍卖。然而，企业需要确定在一定的时期内所获得的排放配额足以负担实际产生的排放水平。如果企业需要更多的排放配额来负担实际产生的排放，它们可以通过市场从其他不需要那么多排放配额的企业手中购买；通过这种交易，碳排放的市场价格就会形成。

如果是在完全市场中进行交易，不存在任何不确定性并具有完全的信息，那么两种方式会产生同样的污染水平。但是，真实世界当然不是这样的。

关于如何设定碳价或排放总量的水平还是有很多不同的声音。根据经典经济学理论，价格应该反映所造成灾害的货币价值——或者更为准确的说，碳价就是排放更多所产生的灾害边际价值。碳价或排放总量的设定将能降低排放水平，防止出现灾害成本（灾害成本的特点可以在图6-6中得以反映，该成本存在各种不确定性而且斜率是上升的）。

控制碳排放的成本通常会随着减排幅度的扩大而提高——因此在下面的图中，减排成本曲线的斜率是下降的。在均衡理论中，这两条成本曲线的加总就能获得关于气候灾害和减排控制的总成本，而政策的制定应该旨在使这两种成本之和最小化。这就能决定哪种是最优的控制手段：究竟是通过税收手段（纵轴）还是通过总量手段（横轴）。究竟选择哪种工具几乎是完全不相关的。两者都可以被固定。[36]

　　与能源和环境相关的实际情况当然都涉及不完全的市场，高度的不确定性和不完全信息。第1章的内容中已经强调了气候灾害问题的复杂程度之高，为了说明这点，我们在图6-6中列出了很多种对可能出现的灾害进行估计的方法。由于存在很多市场和技术不确定性（可以参见第3章内容）以及不能准确预知采取这些减排技术的进展速度，因此对于减排真实成本的估计也存在很多的不确定性。当然，有很多其他的相关因素也导致了在估算气候灾害时面临的复杂性，但是在对该问题的争议中，最为重要的因素还是源自各种不确定性。[37]

　　这意味着我们如果希望正确评估碳减排的成本，所面临的挑战完全不同于直接根据成本曲线中各种成本的总和得到总成本或根据成本曲线和收益曲线的交点确定出最优控制点的成本。真实减排成本更接近于图6-6中描述的情况，会随时间的推移发生变化。这些曲线都是非线性且存在不确定性的曲线。实现小规模的减排，成本可能会比较低；但是随着减排规模逐步变大，减排成本也会迅速提高，尤其是在需要快速实现减排的时候。所以，要想合理计算出所需征收的碳税税率或所应设定的排放总量控制上限，即便可能，也会是一项非常困难的任务。

　　在这些情况中，碳税与总量管制和排放交易的实施机制并不一样。碳税机制会产生某个具体的碳价，但是该机制对于排放的影响并不确定。而设定出一个排放总量能够确保目标排放水平不被超过，但是通过排放交易所产生的碳价水平却存在高度的不确定性。因此，究竟是碳税机制还是总量管制和排放交易机制更加有效将取决于很多因素，具体包括：我们对于设定碳价所希望实现的各种目标之间是如何排序的。自从哈佛经济学家马丁·威茨曼（Martin Weitzman）在1974年开创性地发表了一篇相关论文之后，[38]在存在不确定性和不对称信息的条件下，关于如何在这两种实现减排的市场经济手段中间进行选择的争议就一直延续至今。他证明了减排曲线或灾害成本曲线是否会变得越来越陡峭将是一个非常重要的因素。对于像CO_2这样的温室气体：

●由于排放短期调整会受到一些限制，这就意味着如果排放总量被设定得过于严苛，减排成本将会大幅提高。与此同时，短期内减排行动所带来的直接气候收益又非常之小。因此，在短期内，最好是采取碳税手段来实现减排（在图6-6（a）中，用设定一条水平价格线来表示）。

●随着时间的推移，排放调整的灵活性将会逐步变大，因此可以创造出更多的减排方法，因此减排成本曲线要更加平坦一些，而排放水平不断提高将导致累积灾害成本显著提高。因此，在长期内，最好是确定一个可允许的长期排放水平（参见图6-6（b））。

上述分析表明：在短期内，碳税机制更加有效；但是为了实现长期减排目标，采取设定排放总量或以减排目标为基础的控制手段要更优一些。因此，基本经济结构特点决定了碳价在长期内需要不断提高，直至最终实现长期排放控制目标。

关于两种工具的比较，还可以（并应该）考虑更多的因素。碳价——以及相应的税收收益——对于经济体系所产生的影响已在前面的章节中被讨论。其他重要的因素包括每种工具（不管是碳税机制还是交易机制）将如何影响各行业对未来的预期，尤其是与投资相关的决策——我们将在后面第7章对欧洲体系的介绍中对该因素展开讨论。

也可以在实施过程中不断对"单纯"的碳税或总量管制和排放交易机制进行修正。在欧洲，最初（试验性的）确定了为期3年期间的排放总量的上限；然后又确定了接下来5年（2008—2012）期间的排放总量上限和随后8年（2013—2020）期间的排放总量上限（后者在2008年时已经确定）。提前12年就制定一个准确的排放总量上限看起来是比较合理的，而且在制定该上限时已经考虑了配合和满足产业长期确定的发展需求；然而，在后面的章节也将介绍，这样做所提前的时间太长，容易产生太多的不确定性（参见第7章）。如果长期时限内并未对排放总量设定一个上限而是采取碳税机制，那么如果减排效果不及预期或者各界都越来越认同气候灾害的严重性，就必须不断提高碳税的税率水平。但是，提前宣布未来税率会不断提高会面临一些挑战，例如投资者对这种制度安排是否认同——可以回忆一下英国的"燃料价格定期比例调整"政策。投资者会根据

短期概况

碳减排

成本

减排成本存在不确定
性而且会随时间推移
变得平坦

短期内：约束价格

灾害成本具有很大的不
确定性，但是对于短期的
排放水平变动不敏感

CO_2 排放

长期概况

成本

CO_2 减排

灾害成本具有很大的不确定性，
但是随着累积排放水平上升，
灾害风险会显著加大

减排成本存在不确定性，
但是长期内能够大幅减
排（更加平坦一些）

CO_2 排放

长期：安全目标排放水平

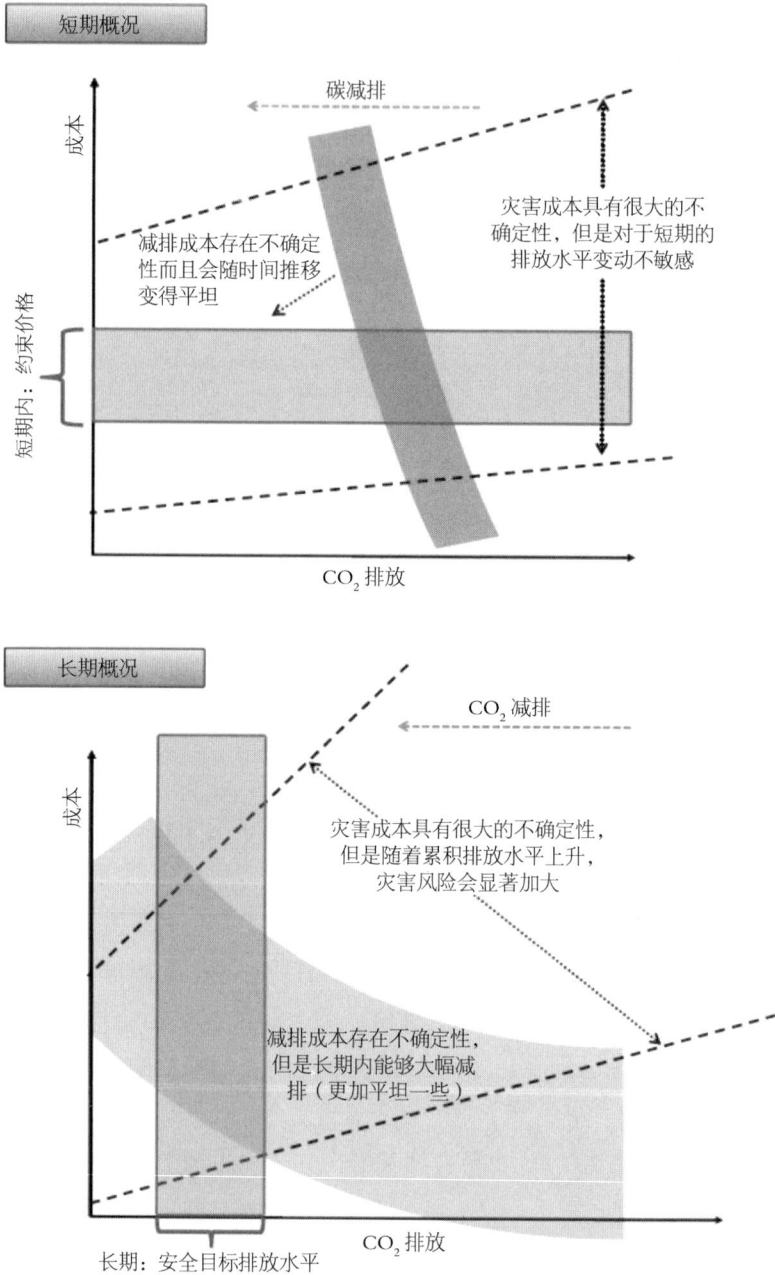

图6-6　减排收益和成本在不同期限内的特点：对"碳税还是总量控制？"问题的解释

来源：作者制作。

当前的政策和价格水平来进行投资决策，因此频繁的显著调整政策和价格水平会遇到很多政治阻力。

也有一些国家和地区采取的是混合手段组合的机制，这就可以将碳税和总量管制以及排放交易机制的要素结合在一起，例如设定对排放交易机制中的价格设定上下限，下一章将会对此进行讨论。英国还明确地制定了一种碳税作为排放交易机制的补充，如果在交易市场中形成的煤电厂和天然气电厂的排放交易价格过低，就可以采取碳税手段来进行调整。"混合手段"有可能可以提供一种最好的方式来实现前文介绍过的多重目标。[39]

为了促使减排效果在长期时限内发生显著的改变，必须考虑一个重要的因素：两种手段为长期投资行为发出的信号。前文已经多次介绍过，要使能源体系实现低碳化需要在很长的时期内一直维持对于相关技术和领域的巨大投资。因此，如果能够为投资者提供一个明确的信号，即低碳投资肯定会得到回报就变得尤为重要。但是，从两种工具为长期投资发出的信号来看，仍然无法明确得出究竟哪种方法更好一些。

还有另外一种值得关注的因素就是（如果消费者确实对两种工具存在不同的偏好，那么）消费者是如何看待这两种不同的减排手段的。由于总量管制和排放交易机制会比较有效地设定一个排放的上限，这就会使普通的消费者产生一种感觉，即自己所做的减排行为都是毫无意义的，因为已经有排放上限控制了最后的结果。如果自己实现了更多的减排，只会使减排体系中其他人有机会去实现更多的排放。在实际执行中，如果成功实现了减排水平不断加大，则会促使未来制定更加严格的国内或区域减排目标，因此对于消费者而言，无论是在总量管制和排放交易机制下还是碳税机制下，消费者的态度对于减排的最终影响应该是比较相似的。但是这种影响是非常复杂的，而且难以简单地加以解释。在一些国家中，这也是极具争议的讨论焦点之一，尤其是在对于澳大利亚碳污染减排机制（Australian Carbon Pollution Scheme）的讨论中。在后面的第7章中将会详细讨论不同机制对于当前和未来排放总量控制上限下额外减排的影响。

最后，碳税机制与总量管制和排放交易机制对于宏观经济形势的反应也存在着差异。在经济繁荣期，生产水平的不断提高会推动排放水平也相应增大，因此可以在经济形势向好的背景下提高 CO_2 价格；与之相反，当经济步入萧条期时，制造业和交通活动都会有所减少，因此会导致 CO_2 的价格降低。总量管制和排放交易机制下的这种反经济周期特点可以帮助维持宏观经济的稳定性，因此比碳税机制更受欢迎——尽管这种受欢迎程度是比较有限的 ——并更易于获得政治上的支持和接受。

6.9   在实践中执行污染定价机制

尽管对于"庇古税"的讨论已经有数十年之久，但是真正执行庇古税的实例（至少是最严格形式的庇古税）也是相当有限的。已经有一些种类的环境税种开始在世界范围内慢慢被一些国家的预算和税收体系所开始采纳，即使目前有些税率水平还是非常地低。总量管制和排放交易机制最著名的实例是在美国用于解决"酸雨问题"以及在欧洲用于实现碳减排。

在20世纪90年代中期，美国开始引入排放交易机制，这是一种独特的政策工具，美国希望用此来实现二氧化硫减排目标。[40]二氧化硫主要源自煤炭燃烧，并会在与水蒸气结合后形成酸雨，而酸雨问题是在20世纪80年代和90年代时，美国及邻国加拿大所面临的主要环境问题（在欧洲也存在该问题）。1990年美国的《清洁空气法案》提出的减排目标为相比较于1980年水平，每年实现 SO_2 减排1 000万吨。[41]根据各个游说集团和组织——包括美国环保协会（Environmental Defense Fund，一家美国环境游说集团）的意见，《清洁空气法案》修正案引入了总量管制和排放交易机制。

美国的 SO_2 交易体系在始于1995年的第一阶段覆盖了大约500个排放点（installation），而从2000年开始，在第二阶段中覆盖的范围进一步扩大到超过2000个排放点。对于公用事业公司，可以根据每种燃料的排放折算率和公司具体的燃料历史消费水平免费获得可用于交易的排放配额。还可以通过拍卖交易获得年度排放配额，但是这些额外的排放配额却是需要购买获得的。这种交易机制取得了明显的成功：目标实现率达到了100%。事实上，在第一阶段，排放水平比规定的水平降低了22%，因为当企业发现减排比预期更加便宜之后，就努力实现减排并节约下可供未来几年使用的排放配额。最重要的是，减排成本远比预期要低。市场价格大部分都处于每吨100美元到200美元的范围内，而当机制实施之初所预计的价格区间则为每吨650美元到850美元之间。因此，和最初所估计的大约每年100亿美元的企业总成本不同，最后仅以约占该预测水平1/10的总成本就实现了所设定的减排目标。

对于这种成本低于预期的原因，各界提出了很多不同的解释。各种可供采取的减排手段与排放交易机制之间的竞争推动了减排成本的大幅削减。例如，早在1997年，天然气脱硫（一种主要的SO_2减排技术）的成本就比1990年时降低了40%。[42]以煤炭为燃料的交通方式的成本也在下降，因此可以推动在更广泛的范围内使用含硫量较低的煤种。重要的在于，实现减排目标的真实成本可以在市场中被确定和发现。

事实上，SO_2交易体系是揭示实现环境规制目标的单位成本通常在机制实施之前——而不管用于减排的政策工具是哪种——都会被高估的实例之一。[43]企业总有高估减排行动初始成本的动机，而同时市场有能力去发现被隐藏的低成本减排技术或选择，并会对创新的减排方案给予回报。根据预测得到"基准"排放水平通常最后都会被证实比实际水平高出太多，完全是不现实的。在后面的第7章中将会讨论，在随后的欧盟碳排放交易体系实践中也出现了类似的情况。

美国SO_2交易机制的大获成功也吸引了各界考虑采用总量管制和排放交易机制来控制温室气体排放，而美国也在1997年将该机制引入了《京都议定书》的框架中。

在当时，欧盟更偏好采取温和碳税和政府主导的各种推动低碳技术措施相结合的政策组合来实现碳减排。在1990年日内瓦召开第二次世界气候会议之前，当时的欧洲共同市场首次承诺要稳定温室气体排放水平。随后，在1992年，欧共体逐步推出了一系列的减排指令和提案，包括在欧共体范围内实施碳和能源税结合机制的指令。该指令提出要从1993年开始实施该机制，提案中所设定的初始的税率水平非常之低，但也提出税率水平会逐渐提高至2000年。该提案受到来自行业层面以及一些成员国的

强烈反对。为了解决这些不满，欧共体又进一步提出要对一些能源密集型
的行业提供影响显著的免除执行政策，而且将对燃料征税的方式调整为对
电力产出征税的方式。而其他 OECD 国家开始引入类似的税收手段后，
也都对征税方式做了一些条件性的调整。尽管为了推动碳税机制的实际执
行做了这些让步和妥协，这无疑显著降低了该手段所能实现减排的空间和
潜力，但最后欧盟理事会仍然没有支持该议案被付诸实践。

　　在 1994 年，该提案的发起者又进行了一次努力，这一次在原来方案
的基础上做了更大的让步，包括对能源密集型产业和低排放水平国家更大
程度的免除执行优待，而且提出先尝试执行 3 年低税率水平，然后进行一
个综合评估以确定后续细节。但这样的让步和妥协进一步削弱了机制本身
实现减排的影响和能力，即便如此，修改后的方案仍然无法获得足够支持
推动其通过。在 1994 年末，试图在欧盟范围内推行碳税的提议被放弃，
转而开始尝试支持一种在欧共体范围内实施能源税的新方案。

　　由于无法推动碳税机制付诸实施，加上美国 SO_2 交易体系的大获成功
以及在美国主导下将排放交易机制纳入《京都议定书》的框架，欧洲只能
顺势转为引入交易机制并建立欧盟碳排放交易体系（将在第 7 章中详细讨
论）。当制度建立的目标从税收机制转为排放交易机制时，在面对欧盟的
决策制定过程时，便产生了一个非常明显的优势：要在欧盟范围内执行统
一的税收机制需要征得所有成员国的一致同意，每个国家都具有一票否决
权。考虑到税收机制的推行所面临的各种政治阻力，很难最终达成一致的
支持意见。而另一方面，排放交易机制属于环境政策而非税收制度的范
畴。因此，排放交易机制要被通过仅需要获符合资格的大多数支持即可，
这意味着除非一些人口较多的国家共同提出反对意见才有可能否决的该机
制最终被欧盟通过，这一优势无疑为该机制的通过和执行清除了政治上的
障碍。

　　尽管政治上的阻碍致使在欧盟范围内建立一个统一碳税机制的努力落
空，但是一些国家还是成功地在国内推动了该机制的实施。芬兰在 1990
年就开始引入碳税机制，对除了交通燃料之外的所有能源产品征收碳税；
四个斯堪的纳维亚国家（以及荷兰）也都开始实施碳税。即使是在这几个

对环境问题异常重视并得到大量支持的国家，要征收碳税也同样面临一些巨大的困难。在所有的这四个国家中，碳税机制都因对一些行业实行免除执行优待政策和不同的税率而扭曲，这意味着碳税的实际执行情况与理论上要求的经济系统内统一的税收标准相去甚远。碳税的税率无论是在国家内部的不同部门还是在国家之间都存在着明显的差异，而具体的税率和执行差异可以参见下面的表6-1中的内容。在大多数情况中，能源密集型产业和电力生产商可获得大规模的免除执行待遇，因此会引起一些关于竞争性影响的担忧。

表6-1　　　　　　　　　　　一些目前的碳税机制实例

国家	起始年份	税率水平	免除执行情况
芬兰	1990	30美元/tCO$_2$	商业航运和空运部门，发电使用的燃料
挪威	1991	15.93美元/tCO$_2$到61.76美元/tCO$_2$之间	大部分行业都只需要支付减免税率；渔业和对外航运和空运部门可以免除执行
瑞典	1991	标准税率为104.83美元/tCO$_2$，工业税率约为23.04美元/tCO$_2$	工业税率约为家庭税率的1/4
丹麦	1992	16.41美元/tCO$_2$	能源密集型行业如果签署节能协议可以获得税率减免优惠
英属哥伦比亚（加拿大）	2008	税率为10美元/tCO$_2$开始，每年增加5美元/tCO$_2$，直至最后在2012年提高为30美元/tCO$_2$	对燃烧造成的排放不提供免除执行优待；不包括过程中产生的排放；提供总额庞大的公司和个人所得税返还优惠

注：tCO$_2$=吨二氧化碳

来源：Summer等（2009），其中英属哥伦比亚地区的资料是作者根据Rhodes和Jaccard（2013）的研究整理得到。

例如，挪威对于海上石油和天然气开采征收的税率是最高的，而对于大部分工业部门都予以免除执行，这意味着挪威的税收机制仅仅覆盖了约占该国 CO$_2$ 排放 60% 的排放源。[44]瑞典最开始在其所进行的综合税收改革之后对工业和家庭都征收税率相同的碳税，但是在面临国内对碳税机制影响了相关产业竞争力的担忧，进而滋生的强烈反对意见之后，不得不在1993 年将工业碳税的税率降至家庭税率的 25%。[45]随后，又将该税率逐渐提高到家庭税率的 50%，然后到了 2004 年，又降至家庭税率的 21%。丹麦对产业征收碳税的机制是一种三层次方案，包括一个标准税率以及三种对能源密集型生产过程的税收返还处理。如果碳税负担在行业利润中所占比重过高，就可以申请要求税收返还。这种免除执行的情况极大地削弱了碳税机制所能实现的减排效果，即使碳税标准被定得非常高，例如在瑞典的情况中。当然，在欧洲范围内，针对石油的各种税种（或者英国实施的公路行驶收费定期调整政策）还是控制温室气体排放的主要手段。

要实施能保证效果的碳税机制，其他国家也遇到了与欧洲类似的挑战。其中最有名的就是时任美国总统的克林顿在 20 世纪 90 年代中期提出的针对化石燃料热量消耗的能源税（BTU 税，British Thermal Unit）。在当时财政刺激计划和削减赤字措施的大背景下，克林顿总统在其 1993 年的国情咨文中提出：

广泛征收能源税是最好的（为我们）提供收入弥补赤字的方法，因为（该税）还可以解决污染问题、促进能效水平提高以及巩固国家的经济独立性，还能有助于削减债务。[46]

但是问题源自关于应该采取什么形式来"广泛征收能源税"的激烈讨论。首先被否定的就是单纯的碳税机制，因为该机制遭到来自煤炭储备比较丰富的州参议员的反对。而气候税也已经在总统竞选时就被他抨击，认为这种制度过于"艰苦繁琐"（back-breaking）。[47]现在就只剩下两个选择：一种是根据化石燃料热量消耗所征收的 BTU 税，另一种是根据燃料销售价格征收的能源从价税。由于一些环境运动领导人物都反对征收从价税种，因此最后就促成了 BTU 税提案的出台。随着 BTU 税机制设计的提案在不同的委员会之间轮流评审，各种游说集团对其施加的压力也不断加强：一些行业和部分州都施加压力，希望为一些产业和具体的燃料提供广泛的免除执行对待。最后出台了一项针对这些免除执行条件的法案，而这就使得提出该税制的初始目的——削减赤字和环境保护——的实施效果大打折扣。因此，这导致了最开始支持该机制的一些支持者也反戈，而BTU 税制提案最后也宣告失败。在随后的15年里，再也没有任何希望建立广泛能源税制的努力尝试。[48]然而，在克林顿总统的咨文中传递的很多信号在15年后奥巴马总统关于美国碳排放总量管制和排放交易的计划中又再次重现。

在欧洲，碳税议题最近也有再次重启的苗头，尽管该问题并不在欧盟排放交易机制的覆盖范围之内。时任法国总统的尼古拉·萨科齐在2007年提出一个关于碳税的议案。该议案提出要从34欧元/tCO$_2$的水平开始征收碳税，但是最后逐渐削减至17欧元/tCO$_2$，覆盖的范围包括商业和家庭对石油、天然气以及煤炭的消费，但是对于 EU ETS 范围内的行业和电力部门可以予以免除征收。在该税制提案中，对于执行该机制的初期制度设计融合了很多税收回收的要素，包括对家庭提供税收优惠，但是为什么要这么去做，却没有进行很好的解释，因此不免让人感觉征收这种税种不过是为了提高政府收入，因此无法获得普通公众的支持。最后，对于一些行业免除征收这种碳税的做法被法国最高法院认定为一种对普通公众的歧视，因此该税在2010年初被撤销。[49]

而在大西洋的彼端，加拿大西海岸的英属哥伦比亚地区的执政者推动了一个在该省实施的碳税制度，从2008年开始，碳税的税率逐步从10美元/tCO$_2$提高到30美元/tCO$_2$。为了使选民能够愿意接受和支持这项制度，在设计碳税机制细节时就考虑加入了一些减轻影响的机制，例如高度透明的税收收入返还机制。该机制与另外一项针对能源密集型行业的总量管制和排放交易机制地区性提案（"西部气候计划"）一起共同发展，这也有助于缓解该地区相关行业对推行该机制的担忧。尽管在该省2010年的选举中，该机制并不是太受欢迎，但支持该机制的政党以"建立广泛的经济竞争力"为竞选纲领又重新获选，而碳税则被视作是提高这种综合经济实力的必要要素之一。全世界见证了最早的新型碳税制度运行了接近

20年。然而，当加拿大自由党的党魁、前环境部长斯蒂芬·迪翁试图将这种模式移植到全国层面时，却遭遇了极大的失败。在2010年的选举活动中，其所在阵营以"绿色转型"（green shift）为竞选纲领，很快被对手取笑为"绿色欺骗"（green shaft），而且将其碳税作为主要的攻击点。在当时，加拿大正处于经济萧条期，因此传递出的"欺骗纳税者"信号给迪翁的竞选造成了巨大的杀伤力，致使迪翁在竞选中惨败，并在后来将竞选中纳入这种碳税议案的举动形容为"政治自杀"。澳大利亚的情况也与之类似，当碳价以"征税"形式被提出时，并不被大部分人所接受。从政治的角度看，碳税机制不能仅仅依靠其环境收益就获得完全的支持：要推动该机制被接受还需要很清楚的经济理论和收益信息以说服普通大众。

6.10　定价机制的政治学

无论是实施碳税机制还是采取总量管制和排放交易机制都会面临非常巨大的政治障碍，历史确实也反复验证了这点。然而，在不考虑经济优势的情况下，两者之间必然有一个从政治的角度来看更受欢迎。在很多（有人认为是所有）情况中，政治经济学因素甚至要比纯经济因素更为重要。在这些情况中，非常重要的一点在于必须要理解决定某种机制是否能落实的因素并非该政策工具是否在理论上看起来最完美，而在于哪种政策工具在政策决定进程中被认为真正能在实践中被实施，而不太会因被认定效果较差而在决策过程中被搁置。事实上，"征税"这个词的涵义在北美和欧洲存在非常大的差异。在美国，"征税"完全语含贬义和危险，因此足以推动政府去寻求其他的替代工具手段。美国一名著名的经济学家罗伯特·司达文斯（Robert Stavins）一直积极地使用总量管制和排放交易并非税收手段的论据来支持采用碳排放交易机制。[50]后面一章也会介绍，奥巴马政府也曾尝试过推动碳排放交易机制前进，尽管在他的努力下，排放交易议案已经很接近于被国会通过，但最终还是以失败告终。虽然政府努力避免出现类似关于税收手段的争议，但是有评论者提出当反对排放交易机制的人创造出"总量管制和税收"这个词将交易机制和税收联系起来时，已经宣告了交易机制在美国失败的最终命运——尽管真正起到决定作用的因素是人们对金融危机后信贷紧缩背景下成功执行这种交易机制缺乏足够的信心。[51]

对于很多国家来说，推动它们支持和选择总量管制和排放交易的另一个因素是该机制能够推广到国际层面，只要将不同地区所执行的不同机制对接起来即可。事实上，《京都议定书》所建立的基础就是希望能够将碳排放交易机制和其他相关的政策工具在全球范围内联系起来（第8章将对此进行介绍）。而如果执行的是碳税机制，就很难将各国间价格不一的碳价（有的国家甚至没有碳价）统一起来。前面已经介绍过，欧盟曾经在1992年时努力试图在欧共体范围内执行碳-能源税制度，但是却因一些成员国的否决而失败。而国际社会整体缺乏欧盟这种超越国家主权的执行力，就更难取得更大的突破了。

无论是税收机制还是引入拍卖机制的总量管制和排放交易体系都能产生新的收入。尽管大部分收入都是归政府所有，但是如果试图用这些收入同时改变市场中商品的相对价格或者重新调整社会中不同阶层的收入分配方式都会面临很多的政治阻碍。如果采取免费发放排放配额的方式来进行碳排放交易可以改变商品的相对价格，同时可以极大地保护相关产业免于面临收入转移，因此会减弱来自产业层面的反对意见。事实上，如第7章中将介绍的那样，这种初始的免费分配排放配额的方式帮助EU ETS获得了足够的支持以推动其付诸实践。从理论上讲，也可以通过设定"起征税率"（tax thresholds）来帮助税收制度获得一些支持，然而在实践中很少有这么去尝试的。而真正被付诸实践的碳税机制往往只是简单地对一些部门实行免除征税或税收减免优待，因此这些部门并未出现收入转移，而其对自身竞争力降低的忧虑最后也被证明是不存在的。[52]

在美国立法程序中，对总量管制和排放交易方案的讨论开启了另外一条截然不同的路径。欧盟的经验已经暴露出一些市场的扭曲问题以及向排放者免费发放排放配额的方式反而会给部分产业带来一些意外的收益。因此美国的法案计划大规模地向各参与主体发放免费排放配额来解决机制执行对国内消费者的分配影响并为改善全社会能效水平提供资金。如果假设这些服务本来是需要通过公共预算来提供资金的话，那么在该机制下为其提供资金就可以实现"双重红利"收益。但是，最后的结果证明这样的解释也不足以帮助该机制获得足够的支持。

在企业层面也会对这两种不同的政策工具有着不同的偏好。税收手段对价格的影响具有更大的确定性（尽管历史经验表明政府会调整税率）；而总量管制和排放交易机制能够提供不同的可能性。有一些企业发现在EU ETS下有机会通过交易获利。由于企业认为在排放交易机制下，它们可以通过以优于平均水平的减排表现获取额外收益，因此相比较于碳税机制，企业更加支持总量管制和排放交易机制。在一些更加非正统的排放交易机制下，例如英国的碳减排承诺（Carbon Reduction Commitment）机制中，商业和公共部门都被覆盖，企业不仅可以对排放配额进行交易，还会根据不同企业的环境表现对它们进行排序，通过鼓励树立企业形象以及建立"企业社会责任"为引导，使更多企业向低碳和低能源密集型的方向调整（参见第5章，专栏5-4）。

从根本上讲，在"税收"机制和"总量管制"机制之间进行选择时，一个至关重要的因素就是哪种机制更加具有现实可操作性以及能够被不断修正以解决执行初期所面临的实际问题，还有就是哪种政策工具能够在复杂的政策决策进程中被有效通过和采纳。如果碳税机制的设计精致准确，无疑比任何的总量管制和排放交易机制都要更好一些，也更加适合在实际中执行采纳；反之，如果交易机制的实施方案设计全面而完善，也就优于普通的碳税机制。因此，问题实际就变成了总量管制和排放交易机制如何能够处理好免除执行的操作细节和制度细节以保证其获得政治支持，以及碳税机制应该设定一个怎样的税率水平和免除执行和区别税率的细节处理以解决政治障碍。[53]对于碳价机制这个问题而言，正如一句老话所述，完美是优秀的敌人。

6.11　小结

很多强有力的证据都支持一个简单的原理：即能源价格和所采用的经济手段对反映"外部"成本具有非常重要的意义。国际历史数据表明能源价格对于提高能源利用效率有着较大影响，因此能够令人吃惊地使能源消费支出总额保持不变——也就是我们前面介绍的巴什马科夫常数（参见第 1 章）。本章还清楚地介绍了为能源消费提供补贴所引致的经济成本，包括补贴所鼓励产生的能源浪费情况。因此，使用经济激励手段来实现减排正在被越来越多人所接受。

从理论上来看，采取经济手段来解决全球性的长期问题——例如气候变化问题——所产生的效率和收益非常之大，因此推动了这些手段运用范围的扩散；而价格工具看起来就是解决这种与化石燃料及其排放相关的大问题天然的手段之一。碳价可以支持能效水平提高，也能促使相关行业有动力去使用成本最小的低碳技术组合。这也表明随着时间的推移，经济手段在解决气候变化问题中的使用范围及其强度（即价格）都会提高。

这些因素表明存在一种非常具有吸引力的可能：即如果碳价提高的幅度能够与由此对能源消费产生的调整影响效应（可参见本章开头诸节所介绍的内容）相配合，就应该可以大体使能源消费支出总额保持不变，至少能够使能源消费在收入中所占的比重大致保持稳定。而如何采用综合性的方法来实现该结果将成为后面一些章节的重要的讨论主题。

除了可以传递与化石燃料以及气候变化相关的真实成本之外，这些经济措施和手段将不可避免地改变经济中的资金流动方式。这有可能会导致一些产业的成本增加或产生新的收益，具体影响取决于所采取的这些经济手段开始被执行的方式以及将如何去运用由此产生的收入。为了评估这些经济手段对经济的净影响，一个重要的因素就是开始执行时的经济情况。碳价机制并非只是为了实现减排这个单纯的目的，而对"最优"经济的财政需求不产生影响；实际上，这种机制将会改变过去的财政结构。将能源价格和碳价纳入到广泛的经济战略中不仅在政治上有重要的意义，这也是对现实情况的简单回应。

　　然而，由于这些经济手段对经济中的资金流产生了影响，这就成为一个难以回避的主要政治问题。在20世纪70年代的石油冲击之后，很多国家开始征收税率不一的石油税，这些案例都验证了这些手段的可行性（给经济产生了足够的冲击影响）以及多种作用（可以加强能源安全，防止经济在未来再次受到石油冲击的影响，为维护修筑道路以及其他公共交通基础设施提供资金以及弥合财政缺口）。然而，与之相比，要对工业排放所产生的 CO_2 定价则要难得多，部分是因为对影响产业竞争力的担忧以及面临的更加激烈的反对意见。碳税机制已经被证明很难真正被付诸实践，即便在一些国家中被采用，最后也因为各种免除执行的实际操作使得该机制的作用大打折扣。而总量管制和排放交易则被证明更适合于这些在碳税机制下可以被免除执行的部门，但我们会在随后的第7章中集中探讨这种机制所存在的其他问题。但总量管制和排放交易机制无法永远回避一个关键的问题，就是要去让公众真正理解和接受给予"不好的事物"一个价格其实是一件好事。

　　要推动价格机制政策获得突破非常困难，但是价格机制是应对能源和环境挑战的政策组合中不可获缺的一部分。正因如此，可持续的碳价必然应该体现在经济和政治体系中。下一章我们即将探讨的问题是目前在实际中被采用的主要碳价机制是如何执行和推进的。

注释

　　1.能源的价格弹性测度的是当能源价格发生变化时，能源强度的变化规模。过去有些研究，例如Newbery（2003）的估算并未考虑转型经济体，估计结果显示在1993—1999年间，该弹性为−1。如果在分析中纳入转型经济体，采用相同的估算方法，结果显示在1990—2005年之间，所有经济体的整体能源价格弹性为−1.7；而不考虑转型经济体，同期弹性估算结果约为−1.2。

　　2.可参见Pindyck（1979）采用理论和实证方法对该效应所进行的

研究。

3.可参见 Ang 和 Zhang（2000）对这种传导机制研究所进行的文献综述。

4.可参见 Newell 等（1999）对该效应的研究。

5.可参见 Atkeson 和 Kehoe（1994）；Steinbuks 和 Neuhoff（2010）的研究。

6.引自 Walker 和 Wiri（1993）的文章。在此之后，大概过了将近 10 年，才出现 Gately 和 Huntington（2002）关于能源不对称性弹性的重要文献。随后的一些分析通过引入了时变能源需求趋势（time‐varying underlying energy demand trend，UEDT）验证能源替代导致的价格影响效应是对称的，这些研究"不仅仅考虑了外生的技术进步（或者节能技术变化），还考虑了其他重要的社会经济效应"。较新的一些研究总结出在很多情况下，需要 UEDT 和对称的价格弹性的假设才能解释实际中观察到的能源需求趋势特征，"在估计能源或燃料需求函数时，需要首先估计出对称性的价格反应和 UEDT，只有这些假设得到数据支持时，才可以考虑设立更加复杂的能源需求函数形式作为首选形式（Adeyemi 等，2010）。但要注意在分析中还需要做的一个工作就是测试当价格上涨幅度超过过去最高水平时是否具有"门槛效应"。

7.可以从美国的情况了解到废除能源补贴政策所面临的政治困难，最近一次希望废除石油和天燃气行业总计 350 亿美元税收的尝试最终在参议院未经通过（Smith，2010）。

8.在 2009 年 9 月发布的《匹兹堡 G20 峰会首脑宣言》中提出"逐步取消化石燃料补贴，并使中期化石燃料补贴手段的使用更加具有理性，同时为最贫困的人群提供具有针对性的帮助。"

9.IEA（2010）。

10.GSI（2009）。

11.IMF（2010）。

12.可以参见 Ürge-Vorsatz and Miladinova（2006）的研究中对该问题的详细讨论。

13.IEA（2010）。

14.UNEP（2008）。

15.Newbery 和 Santos（1999）。

16.Pearce（2006）。

17.在英国，在 David Pearce 和其同僚所著的《绿色经济蓝图》以及该系列后续各卷（Pearce，2006）发布之后，Pearce 教授被任命为英国环境部顾问，这也反映了政府对经济手段逐渐重视的转变过程。在美国，反映这种转变的标志性事件就是该国一个重要的环境游说集团——美国环保协会（Environmental Defense Fund）——发起的一个支持使用碳排放交易机制来实现 SO_2 减排以及减轻由此造成的酸雨和其他相关问题的对话，该事件对社会和政府部门产生了广泛的影响。

18.Pigou（1920）。

19.Baumol（1972）。

20.Tietenberg（2005），第3章。

21.例如可以参见第1章，第6页的内容。然而，有两个因素可以解释石油冲击产生的经济影响：波动性（价格相对于当前经济结构的快速变化所产生的冲击）的影响以及石油交易的涉及范围之广因此石油价格提高会使石油净进口国（主要是 OECD 国家）的资金流出更多产生的影响。但是，这两个因素和合理设定碳价以及碳价机制的运行没有任何联系。因此，这种类推的结论是错误且具有误导性的。实际上，正如本书提到过，石油税可以帮助 OECD 国家来防御和应对可能出现的石油冲击。

22.Gardiner（2011）。

23.Grawford-Brown 等（2012）。

24.例如，可以参见 Environmental Science and Policy 期刊上的一些其他文章，包括一期关于欧洲气候政策和空气污染的特刊。

25.这是一种生产体系中的"传播效应"：能源价格提高将会使经济中能源密集型产业（钢铁、水泥、玻璃、有色金属材料、化学物质以及交通部门）的生产成本也相应提高，这种成本增加效应还会传递到所有的产业（建筑、农业、基础设施建设和制造业）中。可以通过经济学家常用的投入产出矩阵来考察这种传播效应，并能清楚了解在每个生产阶段给各种成本带来的价格提高影响。因此能源成本增加10英镑，最后可能使消费者的最终消费总支出提高15到20英镑。还应该注意，如果突然引入较为显著的碳价机制，或者碳价的波动性较大，还可能因为资本错配产生一些其他的动态成本。

26.很明显，这种结论只是在平均意义上成立。能源密集型部门在这种替代影响下会成为受损的行业，而劳动密集型部门都会因此获益。可以阅读 IPCC（2002）报告中的第8章，了解在对碳税机制激烈讨论时期，对欧洲情况的全面分析。

27.该想法源自 Tullock（1967），但是后来被广泛讨论并被质疑，发起质疑的先驱就是 Sandmo（1975）。可以参见 Schöb（2003）的文章中对这些文献进行的综述。

28.将碳价机制获得的收入直接返还给消费者将降低机制实施对消费者购买力所产生的影响，但是却无法抵消对生产过程产生的扭曲影响效应。

29.认为双重红利的积极影响较强的观点——即认为碳价机制将会给实施国家带来净的经济收益——所面临的争议更大，并常常被质疑。一篇重要的、非常有影响的论文根据所提出的一系列细致的经济理论论据提出这种情况是不可能出现的（Bovenberg and de Mooij，1994）。在实践中，这反而推动关于其他可能产生"较强"的双重红利影响的机制更为热烈的讨论，所讨论的机制包括减少能源进口、财政手段的多样化、将更多的税收负担转移为经济租金和劳动力市场效应（Goulder，1995）。很自然，即便如此该问题仍然没有得到彻底的解决，在学术文献中不断被提及和讨论。

30.Goulder（1995）。

31.来自法国的 Rocard 的一项提案也证明了这一点：如果法国在1985年开始征收碳税，并计划在2010年将碳税水平提高到400美元/tCO_2，这将会使平均生产成本变动的范围在-1%到+2%之间，具体的影响幅度取决于关于技术进步和整体经济政策所给出的具体假设，而这又会导致在整个

25年的时期内，GDP的总体变化范围在−1%到+0.8%之间。而这样的变动幅度对于经济增长率的影响几乎可以忽略不计了（参见 Rocard，2009；还可以参见 Combet 等，2010）。

32. 参见 Ellerman 等（2010：58）。根据他们所做的估算，宏观成本大约为 EU ETS 排放配额整体价值的 1/40。对于所使用的各种模型的完整综述可以参见（Dannenberg 等，2007）。在欧盟提出的排放相对于1990年水平削减30%的目标下，ETS 的总量控制上限应该从相对于2005年水平提高21%调整为降低36%。为了实现这样的减排规模，欧盟委员会（2010）提出需要将碳价设定为每吨 CO_2 约30欧元。

33. 可以参见后面第11章中关于全球建模研究的讨论和总结。一个比较详细的关于区域分析的例子就是对欧盟目前提出的到2020年实现减排20%目标的官方估算结果，该研究在2008/2009年的经济危机之后（但却是在欧元区遭遇危机之前）于2010年发布，研究指出实现该目标的政策组合所带来的成本仅为 GDP 的 0.32%。对 GDP 不到1%的影响意味着欧盟要等到2020年4月才能达到所预测的未实施这些政策情况下2020年1月时的 GDP 水平。

34. 那是因为根据（较高的）私人部门贴现率，通过提高能源利用效率的投资来实现的节能价值会被大幅贴现，这样就使得这些成本更加接近或者成为第二领域中的"正成本"。

35. 因此，举例来说，核电会涉及放射性废物问题，而一些国家无法接受这种风险因此选择不去发展核电；还有一些关于大规模风电机组视觉影响的反对意见、对生物质能是否产生了净的环境收益的质疑或反对 CCS 技术的声音。能源技术离不开社会选择，而各自发电技术选择之间又是可以彼此替代的。

36. 经济教科书通常都用边际（增量）成本和收益来表示。当两者相交时——即边际收益横切了边际成本——就确定出最优点。通常在分析中都用直线来表示这些边际成本，这与图6-6中斜率上升的总成本曲线也是基本一致的。

37. 参见 Harrington 等（2000）。企业和政府遭受气候灾害的不对称性

——谁会受到损害以及所受损害的估值非对称——与信息的不对称性也使问题的复杂性进一步增强，也使得减排的真实成本很难估计。对其他环境问题的管制历史就清楚地昭示了对污染控制成本的高估。

38.Weitzman（1974）。此外，还有一些学者也对 Weitzman 的研究进行了进一步的延伸，例如 Stavins（1996），Hoel 和 Karp（2001）以及 Newell 和 Pizer（2003）等。

39.Pizer（2002）；Newbery（2013）。

40.可以参见 Ellerman 等（2000）的文章对于美国二氧化硫排放交易机制的全面分析。

41.MacKenzie（2007）。每年1 000万吨的减排目标并非源自充满矛盾性的成本收益分析结果，而是根据其科学价值所确定的（该数字是结合了各种概率后算出的结果）。

42.McLean（2003）。

43.Harrington 等（2000）。同样可以参见 Tietenberg（2005）对14个案例研究的综述。

44.Andersen（2005）。

45.Hammar 等（2013）。

46.Clinton（1993）。

47.引自 Erlandson（1994）。

48.可以参见 Lazzari（2007）的文章中关于美国能源税政策的详细讨论。

49.可以参见 Combet 等（2010）的文章中对法国这种税收回收机制所造成的影响的详细讨论。

50.Stavins（2008）。

51.有很多反对总量管制和排放交易机制的人都用"总量管制和税收"一词来对此进行攻击，其中包括《华盛顿邮报》的记者 Robert J. Samuelson，政界代表人物前副总统候选人 Sarah Palin 以及右翼智库繁荣美国人协会（Americans for Prosperity）等。

52.Pezzey 和 Jotzo（2013）。很有可能一个制约使用起征税率的因素就是这种做法被认为是为税收体系开启了一个危险的先例，而且这种做法也会滋生出很多与排放交易机制中关于免费发放排放配额谈判困扰等相同的复杂问题。

53.Pezzey 和 Jotzo（2012）。

参考文献

Adeyemi, O. I., Broadstock, D. C., Chitnis, M., Hunt, L. C. and Judge, G. (2010) Asymmetric price responses and the underlying energy demand trend: are they substitutes or complements? Evidence from modelling OECD aggregate energy demand', Energy Economics, 32: 1157-64.

Andersen, M. S. (2005) 'Vikings and virtue: a decade of CO 2 taxation', Climate Policy, 4(1): 13-24.

Ang, B. W. and Zhang, F. (2000) 'A survey of index decomposition analysis in energy and environmental studies', Energy, 25(12): 1149-76.

Atkeson, A. and Kehoe, P. J. (1994) Models of Energy Use: Putty-Putty versus Putty-Clay, NBER Working Papers 4833. National Bureau of Economic Research.

Baumol, W. (1972) 'On taxation and the control of externalities', American Economic Review, 62(3): 307-22.

Bovenberg, L. and de Mooij, R. A. (1994) 'Environmental taxes and labor-market distortions', European Journal of Political Economy, 10(4): 655-83.

Clinton, W. J. (1993) State of the Union Presidential Address. USA.

Combet, E., Ghersi, F., Hourcade, J.-C. and Thery, D. (2010) Carbon tax and equity-the importance of policy design', Critical Issues in Environmental Taxation, VIII: 277-95.

Crawford-Brown, D., Barker, T., Anger, A and Dessens, O. (2012) 'Ozone and PM related health co-benefits of climate change policies in Mexico', Environmental Science and Policy, 17: 33-40.

Dannenberg, A., Mennel, T., Osberghaus, D. and Sturm, B. (2007) The Economics of Adaptation to Climate Change-The Case of Germany, Discussion Paper No. 09-057. Centre for European Economic Research.

Dargay, J. (1993) Are Price and Income Elasticities of Demand Constant? The UK Experience. Oxford: Oxford Institute for Energy Studies.

de Mooij, R. and Bovenberg, A. (1998) 'Environmental taxes, international capital mobility and inefficient tax systems: tax burden vs. tax shifting', International Tax and Public Finance, 5(1): 7-39.

DECC (2011) Fossil Fuel Price Shocks and a Low Carbon Economy. Department of Energy and Climate Change.

Ellerman, A. D., Convery, F. J. and de Perthius, C. (2010) Pricing Carbon: The European Emissions Trading Scheme. Cambridge: Cambridge University Press.

Ellerman, A. D., Joskow, P., Schmalensee, R., Montero, J. and Bailey, E. (2000) Markets for Clean Air: The U.S. Acid Rain Program. New York: Cambridge University Press.

Erlandson, D. (1994) 'The BTU tax experience: what happened and why it happened', Pace Environmental Law Review, 12(1): 173-84.

European Commission (2009) Leaders' Statement: The G-20 Pittsburgh Summit. September.

Gardiner, S. M. (2011) A Perfect Moral Storm: The Ethical Tragedy of Climate

Change. Oxford: Oxford University Press.

Gately, D. and Huntington, H. G. (2002) 'The asymmetric effects of changes in price and income on energy and oil demand', Energy Journal, 23: 19-55.

Goulder, L. (1995) 'Environmental taxation and the double dividend: a reader's guide', International Tax and Public Finance, 2(2): 157-83.

GSI (2009) The Politics of Fossil-Fuel Subsidies, Global Subsidies Initiative Report. International Institute for Sustainable Development.

Hallegatte, S. (2007) 'Do current assessments underestimate future damages from climate change?', World Economics, 8: 131-46.

Hammar, H., Sterner, T. and Åkerfeldt, S. (2013) 'Sweden's CO$_2$ tax and taxation reform experiences', in R. Genevey, R. Pachauri and L. Tubiana (eds), Reducing Inequalities: A Sustainable Development Challenge New Dehli: TERI Press.

Harrington, W., Morgenstern, R. and Nelson, P. (2000) 'On the accuracy of regulatory cost estimates', Journal of Policy Analysis and Management, 19(2): 297-322.

Hoel, M. and Karp, L. (2001) 'Taxes and quotas for a stock pollutant with multiplicative uncertainty', Journal of Public Economics, 82: 91-114.

IEA (2010) World Energy Outlook. Paris: OECD/IEA.

IEA (2011) World Energy Outlook. Paris: OECD/IEA.

IMF (2010) World Economic Outlook. Washington, DC: International Monetary Fund.

IPCC (2002) Climate Change 2001: Mitigation, Contribution of Working Group III to the Third Assessment Report of the Intergovernmental Panel on Climate Change, UNEP, WMO. Cambridge: Cambridge University Press.

Lazzari, S. (2007) Energy Tax Policy: History and Current Issues, Order code RL33578. Congressional Research Service.

MacKenzie, D. (2007) 'Making things the same: gases, emission rights and the politics of carbon markets', Accounting, Organizations and Society, 34 (3-4): 440-55.

McKinsey & Co. (2009) Pathways to Low Carbon Economy. New York: McKinsey.

McLean, B. (2003) Ex-post Evaluation in the United States. Intervention at the OECD Workshop on the 'Ex-post Evaluation of Tradable Permits', OECD, 21-22 January.

Maten, L. (1999) 'Energy taxation- a historical overview', International Journal of Global Energy Issues, 12(7/8): 304-14.

Newbery, D. M. (2003) 'Sectoral dimensions of sustainable development: energy and transport', Economic Survey of Europe, 2: 73-93.

Newbery, D. M. (2013) 'Evolution of the British electricity market and the role of policy for the low carbon future', in Fereidoon P. Sioshansi (ed.), Evolution of Global Electricity Markets: New Paradigms, New Challenges, New Approaches. London: Elsevier.

Newbery, D. M. and Santos, G. (1999) 'Road taxes, road user charges and earmarking', Fiscal Studies, 20(2): 103-32.

Newell, R. G. and Pizer, W. A. (2003) 'Regulating stock externalities under uncertainty', Journal of Environmental Economics and Management, 45: 416–32.

Newell, R., Jaffe, A. B. and Stavins, R. (1999) Energy-Efficient Technologies and Climate Change Policies: Issues and Evidence, Resources for the Future Climate Issue Brief No. 19.

OECD (2013) Climate and corban: aligning prices and policies, Environment Policy Paper no.1 Paris: Organisation for Economic Cooperation and Development.

Pearce, D. (2006) 'The political economy of an energy tax: the United Kingdom's Climate Change Levy', Energy Economics, 28(2): 149–58.

Pezzey, J. C. V. and Jotzo, F. (2012) 'Tax-versus-trading and efficient revenue recycling as issues for greenhouse gas abatement', Journal of Environmental Economics and Management, 64(2): 230–6.

Pezzey, J. C. V. and Jotzo, F. (2013) 'Carbon tax needs thresholds to reach its full potential', Nature Climate Change, December.

Pigou, A. C. (1920) The Economics of Welfare. London: Macmillan.

Pindyck, R. S. (1979) The Structure of World Energy Demand, MIT Press Books, Vol. 1. Cambridge, MA: MIT Press.

Pizer, W. (2002) 'Combining price and quantity controls to mitigate global climate change', Journal of Public Economics, 85(3): 409–34.

Rabe, B. (2008) 'States on steroids: the intergovernmental odyssey of American climate policy', Review of Policy Research, 25(2): 105–28.

Rhodes, E. and Jaccard, M. (2013) 'A tale of two climate policies: political economy of British Columbia's Carbon Tax and Clean Electricity Standard', Canadian Public Policy-Analyse de politiques, XXXIX, supplement 2.

Rocard, M. (2009) Rapport de la conférence des experts et de la table ronde sur la contribution Climat et Energie. Paris: Ministre de Developpement Durable. Available at: http://www.developpement-durable.gouv.fr/IMG/pdf/01–18.pdf.

Royal Society (2009) Geoengineering the Climate: Science, Governance and Uncertainty. London: Royal Society.

Sandmo, A. (1975) 'Optimal taxation in the presence of externalities', Swedish Journal of Economics, 77: 86–98.

Schöb, R. (2003) The Double Dividend Hypothesis of Environmental Taxes: A Survey, Working Papers 2003.60, Fondazione Eni Enrico Mattei. Vienna: UNIDO.

Smith, D. (2010) 'Effort to repeal oil tax breaks fails in Senate', reported by Reuters, 15 June.

Stavins, R. N. (1996) 'Correlated uncertainty and policy instrument choice', Journal of Environmental Economics and Management, 30(2): 218–32.

Stavins, R. N. (2008) 'A meaningful U.S. cap-and-trade system to address climate change', Harvard Environmental Law Review, 32: 293–371.

Steinbuks, J. and Neuhoff, K. (2010) Operational and Investment Response to Energy Prices in the OECD Manufacturing Sector, Cambridge EPRG Working Paper 03/10. University of Cambridge.

Sumner, J., Bird, L. and Smith, H. (2009) Carbon Taxes: A Review of Experience and Policy Design Considerations, Technical Report NREL/TP-6A2-47312. National Renewable Energy Laboratory.

Tietenberg, T. H. (2005) Emissions Trading-Principles and Practice. Washington, DC: Resources for the Future Second Edition.

Tullock, G. (1967) 'The welfare costs of tariffs, monopolies, and theft', Western Economic Journal, 5(3): 224–33.

UNEP (2008) UNEP Climate Change Strategy. United Nations Environment Programme.

Ürge-Vorsatz, D. and Miladinova, G. (2006) 'Energy effi ciency policy in an enlarged European Union: the Eastern perspective', in S. Attali and K. Tillerson (eds) ECEEE 2005 Summer Study. Energy Savings: What Works and Who Delivers? France: Mandelieu la Napoule, Vol. 1, pp. 253–67.

Vogt-Schilb, A. and Hallegatte, S. (2011) When Starting with the Most Expensive Option Makes Sense: Use and Misuse of Marginal Abatement Cost Curves, Policy Research Working Paper Series 5803. World Bank.

Walker, I. O. and Wirl, F. (1993) 'Irreversible price induced efficiency improvements: theory and empirical application to road transportation', Energy Journal, 14(4): 183–205.

Weitzman M. (1974) 'Prices vs. quantities', Review of Economic Studies, 41(4): 477–91.

第7章

总量管制和排放交易以及抵消机制：从概念到实践

"到目前为止，往往是当其他一些大家更加熟悉的政策和手段经过尝试且失败以后，人们才会考虑去推动排放交易机制发挥作用。"

——Tietenberg（2006：60）

"能源预测的出现使得经济预测结果看起来可靠多了。"

——Anon

7.1 引言：慢车到站

合理定价，让污染者为相应的成本进行支付，这从本质上来看正是经济体系运行一个世纪以来的实际经验（包括其环境影响结果）所传递的主要信息。前一章已经解释了支持该结论成立的主要原因，包括为何我们认为二氧化碳减排问题应该是可以采用该原则加以解决的理想案例。碳价机制可以为很多（生产和消费）活动提供有效且持久的激励来推动实现减排。在市场经济体系中，这种机制似乎是相关政策的基础要素之一。然而，第6章也介绍过，各国应用该原则的道路并非坦途，碳税机制的推行更是面临很多障碍。在大部分的情况中，总量管制和排放交易机制似乎是所有试图让CO_2排放者为其引起的后果进行支付的经济手段中面临责难和阻碍最小的一种。然而，即便是这种机制的执行细节也存在很多经常引起争议的地方。本章的主要目的就是根据交易机制从概念到实践的实际经验总结出一些有价值的教训和收获。

正如第6章中已经介绍的那样，尽管美国被视作排放交易机制真正被投入实践的初始之地，但是在2010年美国希望在全国层面推行碳交易机制的努力也终告失败：标志性的重要法案《韦克斯曼－马基法案》（Waxman-Markey Bill）虽然在众议院通过，但是却无法获得超过60%的支持率被参议院否决。欧盟的碳排放交易体系是最早将交易机制运用于碳减排领域的实例，也是欧盟的"旗帜性"政策，但是现在也处于困境。一部分人认为这种碳交易机制——以及相关的一些其他机制——并未发挥预期的作用。

因此，当人们又开始重新讨论碳税，认为这才是更好的取代方案时也就不那么令人惊奇了。但是仍要回忆一下在20世纪90年代时，各界推动碳税机制的努力都因各种政治争议和阻力宣告失败，所以现在又试图用碳税取代交易机制，仿佛是对这些机制的政治风险争议的重新循环。我们从碳价机制的演进历史中认识到最重要的一点就是，要用价格机制（无论是哪种机制）来实现减排是非常困难的。

然而，即便面临很多问题和反对意见，碳价机制仍在缓慢前进。新的机制和体系有机会从过去的实践中吸取经验，不管是教训还是收获。

这些碳价机制所面临的主要问题已经不再是对允许企业对排放配额进行交易的伦理基础的质疑，这些在第6章已经有所讨论，现在最主要的担忧是人们对自身设计完善的复杂机制及其管理的能力缺乏信心和信任。第6章还介绍过，美国的二氧化硫排放交易体系看起来非常的直接简单，因此取得了成功，但是这种成功背后的机制设计更多的也只是后见之明。而碳排放的问题却要复杂很多。

尽管有一些新的相关机制已经被先后执行（美国加利福尼亚州、世界上一些城市层面的排放交易机制、中国的地区试点等），还有的已经得到法律认可（韩国），但是碳排放交易机制的执行经验还是源自于两个主要且相互联系的体系：欧盟碳排放交易体系和《京都议定书》中建立的国际减排机制，尤其是以项目为基础的"抵消"机制。本章将主要介绍这些机制的进展、经验、发展趋势，以及最重要的，我们该如何在此基础上继续前进。

7.2　排放交易机制的适用范围和覆盖范围

在过去10年内，设计出的不同总量管制和排放交易机制总会被激烈讨论，而这些机制之间的适用和覆盖范围也存在着很大的差异。欧盟碳排放交易体系的重点就是要控制电力和重工业部门生产过程所产生的二氧化碳排放总量，其覆盖范围包括全欧洲超过11 500个排放点。正如图7-1所示，绝大多数被覆盖的碳排放都来自于发电和其他的化石燃料燃烧过程，后者主要源自工业中的水泥、钢铁、炼油和化工生产部门。由于欧盟的机制只关注工业生产过程中的碳排放，因此各国的消费者、交通部门和农业部门都被该体系排除在外。

而这些不被纳入交易体系的部门正是对欧盟体系的主要批评和责难之源，尤其是当美国、澳大利亚和新西兰等国提出了一些更加积极和雄心勃勃的交易机制的方案之后。然而，欧盟碳排放交易体系只覆盖了为数不多的这几个关键部门，正是其能够最后得以执行的关键原因所在。通过将交通、农业这些比较难以实施排放交易的部门排除在体系覆盖范围之外，欧盟这套碳价机制体系得以简化并易于操作。而美国东北部7个州所建立的"地区温室气体计划"（Regional Greenhouse Gas Initiative）只覆盖了发电部门，该计划的运行更好地验证了越简单的机制越易于操作。

针对上游部门

美国所提出的《韦克斯曼-马基法案》中希望建立全国层面的排放交易体系的设想和欧洲的排放机制相比要更加雄心勃勃一些；该法案所设计的排放交易机制会覆盖美国大部分的排放源，包括交通部门。这种机制实际是运用碳排放总量管制生产"上游"部门，如让石油生产商对其销售出的燃料中产生的碳排放负责。最后被众议院所通过的议案案文长达1 500页，详细介绍了不同部门的具体执行方案以及对一些选区的补偿方案。而最初的"澳大利亚碳污染减排体系"（Australian Carbon Pollution Reduction System）（最初于2007年被讨论，后来在2010年被搁置）和美国

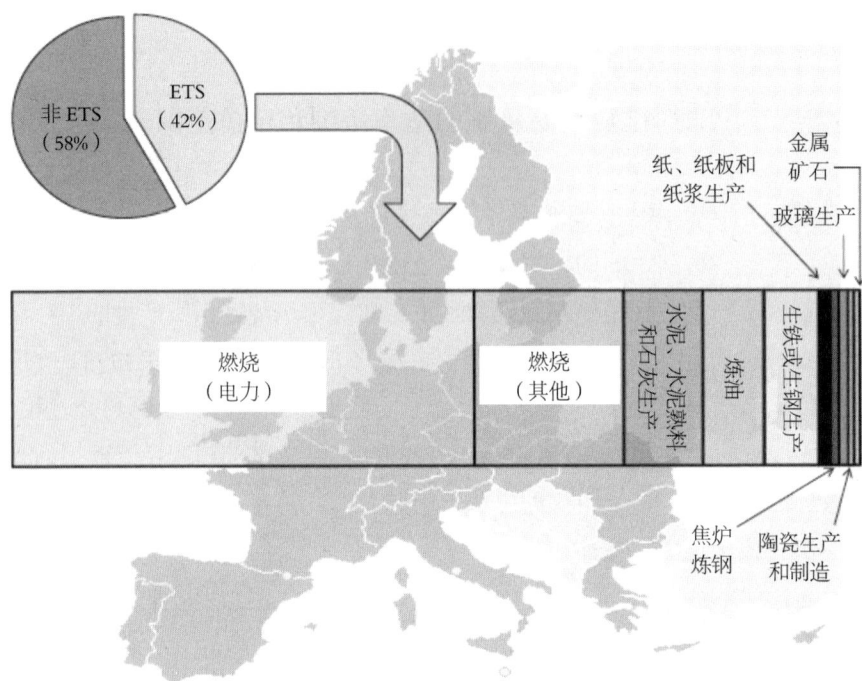

图 7-1　EU ETS 的覆盖范围

注：阴影较深的国家都是参与 EU ETS 的国家。柱状图显示了 2005—2008 年期间在 EU ETS 下经核实的排放的部门分布情况。

原始数据来源：欧洲环境署（2013）和 Ecofys 等（2009）。

类似，也希望建立同样积极的减排体系，并计划在 2015 年将农业排放纳入该体系中。

针对上游的碳价机制在很大程度上需要依赖于运作良好的市场将价格信号传递到经济体系中去。对于化石燃料生产下游的所有个体和部门，如果假定没有任何操纵行为，这种机制产生的价格相当于是一种等价税。针对上游的碳价机制——无论是总量控制和排放交易还是根据燃料的碳含量所征收的碳税——都是根据第二领域的假设条件得到的基本结果。支持这种机制实施效率的基础在于：无论现行的税收和其他经济结构如何，对所有的燃料都征收单一碳价是有效的；如果没有任何操纵市场、投机或者寻租的情况出现，那么经济体系就能有效地传递价格信息；而下游的消费者会以单纯的市场个体身份应对市场中价格水平的变化。

当然，在实践中，这样的机制设计也有一些缺点。如果机制涉及的范围过广，会加大所面临的政治阻碍，因为如果机制过于复杂就必然会引致更多选区或选民受到游说影响反对这种机制。如果在执行中，对上游的排放源进行控制，例如将汽车产生的排放放到炼油部门来处理，会使人们更加感觉到总量管制和排放交易机制本质上是一种伪装的税收手段——实际上，各种化石燃料的消费者并没有参与这种机制，对他们来说，唯一的影响就是所承担的价格变高了。而对批评者和选民来说，他们担心这种机制会以摊薄消费者利益为代价来帮助相关行业创造利润。[1]到目前为止，唯一按照这种思路建立的交易体系是对增量进行交易，是在美国加利福利亚州，该州计划在 2015 年将交通上游部门的 CO_2 排放纳入体系框架中。

……还是针对下游部门

而另一种选择，假设采取针对"下游"碳价机制，将导致消费者不仅仅需要对自己产生的碳排放负责，还需要对所消费的电力（在有的提案中还考虑了其他一些商品生产过程中产生的碳排放）生产所造成的 CO_2 排放负责。关于"个人碳排放交易"（personal carbon trading）机制的具体执行方式至少已经有 6 种不同的形式和相应的具体方案设计提案[2]。

现在已有一些国家和地区按照这种下游碳价机制的思路制定出一些具体的细则和执行办法，其中最有名的当属"东京城市碳排放交易机制"（Tokyo municipal emissions trading scheme），其他一些国家也在推动"下游"碳税机制方面取得了一些进展，包括英国对商业能源消费征收的"气候变化税"（climate change levy）。稍后，我们还将分别对这些机制的具体内容进行介绍。

然而，总量管制和排放交易机制的适用范围和覆盖范围核心在于碳排放，而机制的重点则在于那些价格手段能够确实对决策制定产生重要影响的经济实体——只有如此，使用碳价机制所产生的收获才最有可能超过其产生的问题。

例如，支柱一部分内容清楚地介绍了建筑中的各种能源使用方式（尤其是供热）实际上是由很多其他因素决定的，而最为显著的事实则是这些生活在家中的人们经常无法感知和获知外界的能效改进机会，因此几乎无法去控制自己的能源消费行为。因此，在碳排放交易机制中纳入天然气运输或者分配公司并不能真正让最终排放水平降低多少，但是却会导致条件较差的住所或建筑以及收入较低的人群面临巨大的挑战——在后面的第8章中还将继续对这个问题展开更深入的讨论。

此外，因为在欧洲和日本，交通用途中的汽油消费已经被课以重税（参见第6章图6-3），碳价机制在目前这种税收结构基础上新增的经济负担应该比较有限，因此实际影响也比较小。如果没有新的技术和基础设施可供选择，消费者应对这种机制的方式也比较有限——采用价格工具来影响第三领域中的各要素其实效果一般。正因如此，加上一些管理上面临的复杂性导致了道路交通部门并未被纳入EU ETS系统。

因此，那些对碳价机制最为敏感而且最能合理应对总量管制和排放交易机制的部门，往往能源是其生产和商业决策过程中最主要的成本考量因素。一般来说，在全世界范围内，重工业行业都属于该范畴，而竞争性的电力市场——理论上，发电厂商可以通过使用低碳能源发电来减少该机制对其产生的影响——如果能够囊括所有的低碳燃料发电方式，就能很好地解决机制产生的成本变化影响。而EU ETS只覆盖这几个重要的部门也能帮助它们限制在具体管理过程中可能面临的复杂问题。只对12 000个排放点产生的排放进行监测和核实要远比对几百万甚至上亿个家庭（或司机）进行同样的监管核查工作要容易得多。从这个角度来看，EU ETS机制设计所确定的适用范围和覆盖范围是完全合适的。然而，该机制还是存在一些其他的问题。

7.3 欧盟碳排放交易体系：控制排放总量和价格

背景

EU ETS绝非一个小规模的碳价机制实例。最开始设计时，该机制主要希望针对欧盟中15个西欧成员国，随后该机制又自发地延伸到2005—2007年期间加入欧盟的12个东欧国家。此外，欧盟的3个邻国（挪威、列支敦士登和冰岛）也在后来加入该交易体系。因此，目前欧盟碳排放交易体系的覆盖范围扩大为30个国家。该机制能够限制欧洲大陆绝大部分领域中超过40%的碳排放，也是迄今为止全世界范围内解决碳排放问题最为积极的市场机制实例。

该机制执行一段时间后，人们才直观地感受到它的经济影响：通过这种市场机制对以往一直是免费的一种主要活动（CO_2排放）收费，每年创造出数以百亿计欧元的资产价值（比自认成功的美国二氧化硫排放交易体系的体量大10倍以上）。该机制是欧洲应对气候变化的旗帜性举措，如果你在这30个国家中的任意一国生活，那么你所需支付的电价很有可能会因此受到影响。从全球范围来看，欧盟的碳排放交易机制是《京都议定书》所提出的国际减排制度体系建设中非常重要的支点之一。该机制执行过程中发现的经验和教训非常值得认真学习和总结。

正如第6章中所介绍的那样，EU ETS是在欧盟试图在所有成员国范围内建立统一的碳税机制的努力无功而返的背景下应运而生的产物。而与此同时，1997年签署通过的《京都议定书》也把碳排放交易纳入到所希望构建的重点减排机制范围内。

在经过了数年的深思熟虑之后，一份关于欧盟碳排放交易机制的提案于2001年正式被提出；随后，在2003年10月，以此为基础完成的《排放交易指令》（Emissions Trade Directive）文件正式被发布，指令规定欧盟碳排放交易体系将从2005年开始其第1阶段（为期3年，2005—2007年间）执行阶段。[3]

EU ETS所覆盖的排放点可以获得欧盟排放配额（European Union Allowances，或EUAs），这些排放点每年所能排放的总规模应该与这些排放配额相一致。这些排放配额可以自由被交易，不仅仅可以与其他的排放点交易，还可以与金融中介机构甚至是经登记有资格交易的个人进行交易。[4]最开始，几乎所有的排放配额都是以免费发放的方式提供给各排放点（后面将对此进行讨论）。因此，如果一个企业能够以成本较低的方式削减其排放水平，使排放水平低于所获得的免费排放配额，就能够通过将多余的排放配额出售给其他觉得自行减排成本较高的企业来获利。通过这种方式，就能达到总量管制和排放交易机制的基本经济目的：从交易市场中获得一个碳价，并以最低的成本来实现排放总量控制目标。

　　EU ETS的具体机制设计是为了与《京都议定书》的内容相适应。在第1阶段（2005—2007年）试运行之后，第2阶段的时间范围正好与《京都议定书》的第1承诺期（2008—2012年）完全一致。实际上，EU ETS在法律上与《京都议定书》是联系在一起的，跨国的欧盟排放配额交易正好与《京都议定书》下的国家"分配数量单位"（assigned amount units）转移相匹配。因此，EU ETS其实是将美国提出的国际碳排放交易机制概念具体化的范例，根据这种概念，私人部门有动机打破国家疆界去积极寻找成本最低的方式实现碳减排。

　　EU ETS与《京都议定书》的联系还可以通过将欧盟碳排放交易机制与"排放抵消"机制链接起来得以进一步延伸，而最为著名的抵消机制当属"清洁发展机制"（clean development mechanism），在本章稍后会对此进行讨论。《ETS连接指令》（ETS Linking Directive）[5]中允许通过外部机制产生的排放配额被欧盟排放点购买并用于抵消其自身的排放总量要求。这就引发了一场关于欧盟应该在多大程度上依赖于这些国际性的排放配额这个充满争议的问题的激烈讨论。最后得出的结论是，通过外部抵消机制实现的减排应该只能作为欧盟成员国通过采取行动降低本国排放水平这项义务的一种"补充方式"（supplementary）。但是这种结论并没法解决该问题，我们后面将对此进行讨论。

　　除了这些，这个指令还提出要将ETS建成为一个持久性的机制，要基于早前各阶段机制执行中积累的经验来设计后续各期的具体方案，以确保持续实现减排。这也有助于构建一个"未来"市场，可以反映关于未来成本和排放配额价值的预期。

第1阶段　2005—2007年

　　EU ETS的第一阶段从2005—2007年，对于该阶段，一直被认为是一个学习阶段，主要的任务在于为后面能够与《京都议定书》规定的第1承诺期相协调的EU ETS第2阶段（2008—2012年）积累经验。该阶段将根据欧盟委员会、相关产业和各成员国的实际情况和要求去建立交易体系的基本原则，并确定最开始的碳价。

每个国家根据国家分配计划（National Allocation Plans，NAPs）进程来确定通过该机制实现的控制总量和分配给各产业的排放配额。对这种排放配额的发放实际上就是分配交易价值，而欧盟各成员国对这种分配非常关注，都坚守自己的利益底线不肯放松。因此，该机制孕育出一种模式，即整个欧洲的交易系统都相互协调——关于该机制的定义、覆盖范围、监测规定、执行和交易机制都保持一致，并确保这些排放配额能够在欧洲大陆各个国家间自由地交易——但是，初始配额分配还是以国家为单位进行的。然而，占据主导地位的经济理论认为分配方式对碳排放交易体系的实际运行影响不大——这意味着不管这些排放配额怎样被分配，都可以有效控制排放总量。在实践中，每个国家都根据历史排放水平将差不多所有的排放配额免费发放给企业。

由于缺乏准确的历史数据，因此在第1阶段对各成员国确定国家分配计划（NAPs）时，如何合理进行分配一直受到困扰。在此之前，几乎没有任何国家尝试去搜集（或者根本没有这种需求）这些排放点的排放数据。这意味着很多的国家分配计划都是根据极为有限的信息来制订的，而且还受到各种游说力量的影响，尤其是那些大型企业。[6]而与之伴随的还有非常严苛的截止期规定，以及在欧盟委员会的严格核查下反复提出的方案修改要求。[7]

在该机制实施的第1阶段只允许拍卖形式发挥很小的作用——不得超过总排放水平的5%。实际上，只有丹麦提出应该允许对该比例的数量进行拍卖，还有少数一些国家提出可以[8]将规模更小的排放量拿出来拍卖。

在解决了这些细节之后，欧盟碳排放交易体系于2005年1月1日开始投入运作。欧洲对工业CO_2排放设定了一个总量上限——而且，如所期望的那样，由此产生了一个价格（参见图7-2中的纵轴）。事实上，随着该交易体系在第一年逐步实现完全运行，同时伴随天然气价格的上升，由此产生的碳价也逐步提高。[9]碳价在第一年里，维持在20欧元/tCO_2~30欧元/tCO_2的范围内，这导致人们产生一种强烈的感觉，即EU ETS是按照计划在运作的，尽管有些行业也对碳价随着天然气价格一起上升的趋势提出了警告。在实践中，公共事业部门寻找到其他一些方式来实现减排，包括转换煤种——生产工厂所使用的煤炭从低效的褐煤转为效率非常高的无烟煤。第一份关于该机制的学术研究是由美国的 MIT 发布的，该研究认为 EU ETS 当年帮助欧洲实现 CO_2 减排的规模大约为 9 000 万吨——对欧洲碳减排的贡献是所有方式和机制中最大的，或者实际上是当时全球所有地区减排效果最为显著的。[10]

然而，随着机制实施第一年关于排放水平信息的逐步披露，一些问题开始暴露。[11]因为很多产业和国家都知道各自的排放水平显著低于所获得的排放配额，很快它们就发现其他的产业和国家也是如此。数据显示该体系出现了整体性的排放盈余。这给市场价格带来了戏剧性的影响并导致价格暴跌。然后，到 2006 年年末，随着第 1 阶段所分配的整体排放配额超过可能的排放水平这样一个事实变得非常明显，碳价跌至接近 0 的水平。到 2007 年第 1 阶段接近结束时，排放交易体系中整体出现了约为 200MtCO₂ 的排放配额盈余，这大约为总排放规模的 3%。

由于所确定的第 1 阶段的排放配额 "禁止跨阶段存储"（ban banking）的规定导致了第 1 阶段出现的排放盈余无法传递到第 2 阶段，欧盟委员会的这项决定受到了极大的批评。[12]因为如果可以存入第 2 阶段就能够避免所出现的价格暴跌的情况，盈余的排放配额还能有价值。制定这项禁令是为了保护当第 1 阶段出现任何错误和问题时，能够保护下一个阶段机制实施的完整性，也能够保证欧盟碳排放交易体系的第 2 阶段与《京都议定书》所确定的目标相一致。由于缺乏配额存储延续的功能，该体系的第 1 阶段被称为一个独立的交易体系，在 3 年后就宣告彻底结束——这一阶段任何的排放配额盈余都毫无价值。

在实践中，该 "市场" 本身没有任何问题："参与者"的注意力很快就转到随后的下一个阶段，从 2005 年开始，市场已经开始基于对第 2 阶段排放配额价值的预期进行 "未来" 交易。然而，欧盟碳排放交易体系在第 2 阶段的走势却使得所有的这些预期都落空了。

第 2 阶段　2008—2012 年

EU ETS 的第 2 阶段从 2008 年开始直至 2012 年结束，与《京都议定书》规定的第1承诺期时间区间保持一致。第2阶段希望从第1阶段的实际运行中总结经验，而根据第1阶段监测和报告的结果，第2阶段的NAPs可以根据排放点前一阶段的实际数据来制定。[13]

排放配额的分配流程与第1阶段类似，由各国提出NAPs，然后交由欧盟委员会批准。然而，此时各国和其产业已经更加意识到这些排放配额的价值，而且各界的游说力量也变得更强。由于排放交易体系的第2阶段与《京都议定书》下所确定的欧洲减排承诺要关联起来，因此对于设定和实现合理的减排目标会有更加清楚的指导意见——而这也给予了欧盟委员会更多的支持和法律效力来实施排放配额分配政策。而在此阶段的实施过程中出现了各种情节曲折的争议和对抗。

如果不对CO_2排放水平进行控制，所有的预测研究结果都显示欧洲的排放水平还将略有上升，而这与《京都议定书》所确定的欧盟15国减排目标是相悖的。每个国家最开始提出的针对第2阶段的NAPs大部分都只相对于大幅增加的排放预测结果实现了适度减排——但是将这些国家提出的排放配额分配要求进行加总后却发现，该总额却反而比2005年的水平提高了约5个百分点。这不但与《京都议定书》所确定的欧洲整体减排目标不一致，而且相比"基准排放"预测结果所降低的幅度也非常有限，这种危险的排放配额分配水平有可能导致再次出现碳价崩溃的风险。而欧盟委员会在行使其监管职能时，以确定的规模不合理为由拒绝了大部分国家提出的排放配额分配方案，这也预示着欧盟委员会将面临来自大部分成员国非常激烈的政治反对意见。最后，以德国为首的一些西欧国家相继撤回了其对欧盟委员会法律权威性的挑战，欧盟委员会建立了一般性的排放配额总量分配原则。该原则规定，根据《京都议定书》中确定的欧盟减排承诺的法律效力，应该将排放总量削减10%。[14]这最终导致第2阶段的整体排放控制总量相对于（目前已核准的）2005年水平降低了大约6%（即便这样的减排规模也被认为还是不够的）。[15]

然而，该机制还触发了另一场政治抗争，使欧盟内部产生不祥的阵营分化。在ETS发展的同时，约有12个东欧的"新成员国"正处于申请加入欧盟的进程中；它们也需要面对这种新的监管体系，但它们以前从未涉

(a)

(b)

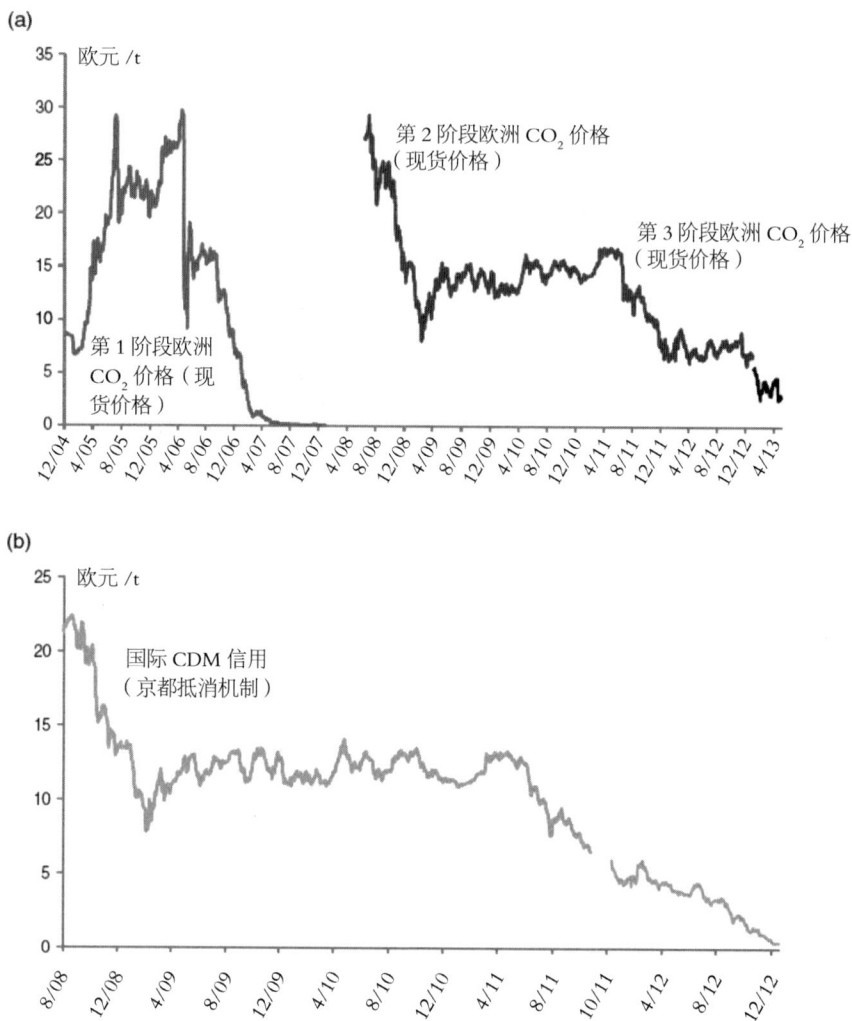

图7-2　EU ETS和碳排放核证减排量（CER）价格的变化趋势

来源：欧洲气候交易所、Bluenext交易所。

足其中，而且这种碳排放交易机制也没有被完全建立成为进入欧盟的必要性门槛之一。这些东欧国家觉得被迫加入该机制会使得它们的利益和观点被占据绝对优势的西欧国家阵营所碾压和忽视，这就产生了相应的政治裂痕。在欧盟碳排放交易体系执行的第2阶段，东欧成员国对欧盟委员会所主导的减排进程的法律基础提出了全方位的挑战，尽管同第 2 阶段所引致的整体政治抗争相比，来自东欧的反对意见所涉及的规模较小，但是这种争执还是延续了一段时间。[16]

　　随着欧盟委员会成功地实现将各国所建立的排放上限进一步降低，第 2 阶段的碳价远期交易价格开始逐步提高到高达 25 欧元 /tCO$_2$ 的水平。随着第 2 阶段从 2008 年开始启动，碳价即期价格还在逐步提高，反映了不断上升的燃料价格和对未来气候政策所获得的公众支持不断增强以及政策力度逐渐趋紧的预期。到 2008 年年中时，碳价已经触及每吨 30 欧元的水平。尽管当时经济危机的规模和影响已经在不断扩大，但随后的一些研究和分析都强有力地揭示出 EU ETS 对于确保当年的排放水平低于所设定的第 2 阶段（年度）排放上限是最为重要的影响因素（参见图 7-3）。

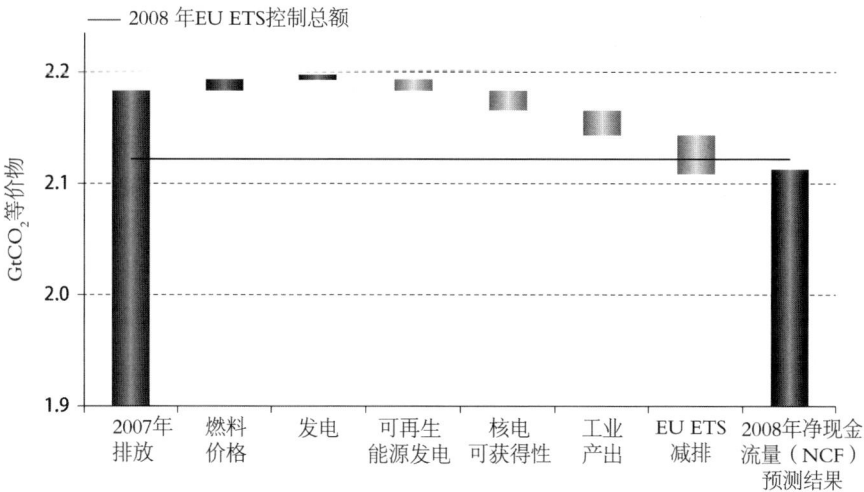

图 7-3　影响 2008 年排放水平的因素（GtCO$_2$ 等价物）

来源：新碳金融（New Carbon Finance，2009）。

　　所建立的碳排放交易体系第 2 阶段基本制度框架可以允许各国将所获排放配额最多不超过 10% 的部分拿出来用于拍卖，但是最开始的提案中所允许的比例要低于 10%。最初，唯一具有影响力的要求交易体系中纳入拍卖机制的提案来自于英国，该国打算将所获排放配额的7%用于拍卖。随后，德国议会马上声称要重新修改德国提出的提案，要求把本国用于拍卖的比重提高到9%。EU ETS机制也因此被视作是可以帮助政府获得收入的一个重要来源。

最后，还有一个结果就是要求各成员国制定出各国认可的CDM/JI（清洁发展机制/联合履约）信用额度购买上限。所有欧盟成员国所确定的第2阶段CDM/JI额度上限总计约为1 680MtCO$_2$。所有的外部机制产生的排放额度和欧盟的排放配额如果在第2阶段没有被使用完，都能够存入下一个阶段供以后使用。因为在此时，这么做似乎已经很安全了。

对第3阶段进行制度设计，2013—2020年

随着欧盟碳排放交易的第2阶段开始步入执行期，欧洲已经开始展望未来，考虑下一个阶段。各方都认可欧盟不应该等到全球气候谈判确定出《京都议定书》第1承诺期之后的目标和内容时才来采取行动，因为相关行业都非常希望对未来有些明确的预期。欧盟希望将EU ETS设计成为一项具有持久性的欧洲气候政策，而不管国际气候谈判进展如何。因此很早就开始认真考虑设计机制运行第3阶段的具体问题。由于第2期的运行时间有5年，因此最起码有足够的时间去总结经验并着手进行设计和调整。

从政治的角度来看，围绕第2阶段排放配额分配产生的各种争端和战斗跌宕起伏：各成员国都被这个确定排放额度的进程弄得精疲力尽，而欧盟委员会也被迫介入来确定出一个通用规则，并明确每个国家所获排放配额的加总上限。欧盟委员会根据合理的总结再次直接提出要复制这种模式，要求在第3阶段分配规则还应该是采取集中制定的方式，然后再将其应用于所有的成员国。因此"国家分配计划"的确定方式直接成为历史。

欧盟成员国曾在5年前的分配争端中强有力地为维护自身的权利对委员会提出各自挑战和质疑，但是这一次，基本都默许了以这样的方式继续进行，虽偶有反对意见但是并不激烈。实际上，所有的成员国都在国内面临来自各行业的反对和指责意见，这些行业都声称其他欧盟国家的执行尺度比本国更加宽松一些，因此导致自己的国外竞争者能获得更多的排放配额。最终，集中式的分配方式战胜了各参与国之间这种令人疲惫却毫无意

义的竞争，摆脱了这种"竞次"（race to bottom）的压力。然而，这又使来自东欧国家的不满进一步升温——这些国家在谈判中立场坚定，最后也因此获得了一些损害整体机制的特别处理和对待。

在 2008 年 3 月，欧洲部长理事会一致同意欧洲确定将无条件实现 2020 年的排放水平（相比较于 1990 年水平）削减 20%；一旦达成有效的全球性气候协议，欧洲愿意进一步将削减幅度扩大到 30%。至此，欧洲充满雄心的减排目标已经确定。

而且，正如下一节将介绍的那样，经济学家已经提出警告在免费分配排放配额制度下，发电行业将会获得意外的"暴利"，而事实也验证了该判断无比正确；因此从政治角度考量，将推动在下一阶段（使发电部门）转为比较符合经济规律的全面（除了对东欧地区的特别处理之外）拍卖排放配额的方式。[17] 重工业部门还能获得免费的排放配额，但是由于完全无法实现在 27 国范围内全面启动"设施对设施"（facility-to-facility）的谈判方式，因此推动建立了一个基本性的原则，即分配排放配额应该采取根据最优经验来确定"基准"的方式——这也进一步排除了市场扭曲的情况，也巩固了促进减排的激励力度，下面也会对此进行讨论。因此在欧盟碳排放交易体系实施的第 3 阶段，是按照尊重最优经济学理论的方式设计出逻辑基础合理、具有一致性的制度细节。

由于对 EU ETS 的继续运行充满信心，各界都一致同意在第 3 阶段将其执行期时间范围延长到 8 年，到 2020 年截止，而在该阶段排放配额的总量与欧盟理事会所确定的整体目标也相应保持一致。在图 7-4 中展示了由此确定的排放总额和第 3 阶段转为拍卖排放配额形式的具体情况。

在第 3 阶段将执行时间范围延长为 8 年的调整反映了对该体系的信心以及行业需要对未来更多确定性的预期以安排经营方针。不幸的是，较长的执行时间以及相对较弱的"无条件"减排 20% 的目标一起证明该阶段的后果是灾难性的：欧洲内部和全球发展情况一起验证了"墨菲定律"（Murphy's Law）——事情如果有变坏的可能，它总会发生。

清洁发展机制（CDM）在启动之初的缓慢前行后，显著加快了发展的步伐。在发展中国家实施的减排项目顺利开始之后，发展速度非常快，

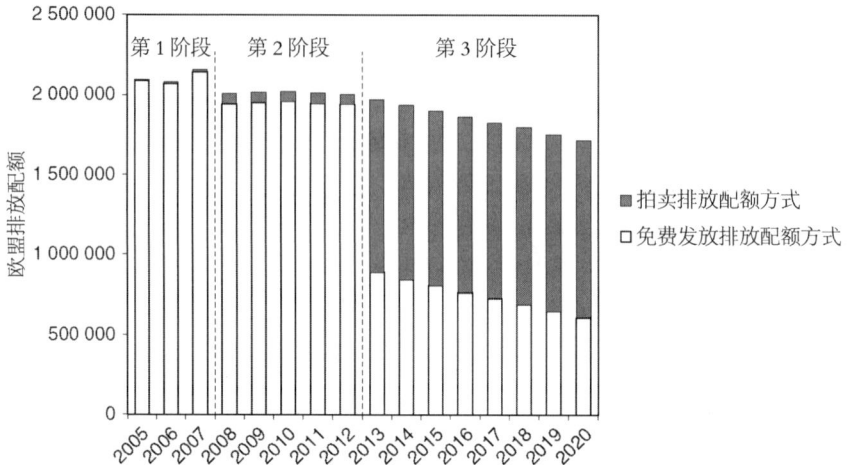

图7-4 EU ETS中的免费发放和拍卖排放配额方式，第1、2、3阶段

注：EU ETS的第3阶段允许欧盟的新成员国在对其电力部分免费发放排放配额时有一些灵活性（主要是东欧国家）。对于EU ETS的第3阶段，该图采取的假设条件是指令中所规定的免费发放排放配额的最大规模，并表明了免费配额总水平的上限。

来源：根据Grubb等（2009）书中第7章的数据加总获得。

而规模也大幅超过了最初的预期；形成这种局面的部分原因是减排方获得承诺能够将排放信用额度作为一种商品出售给欧洲，这种可以获利的预期激励它们积极实现减排。到2012年年底，CDM机制下已经产生了超过20亿的碳排放核证减排量（Certified Emission Reductions）。这种规模远远超过了早期的预期，因此意味着欧洲可以使用最大额度的进口配额。[18]

随着第2阶段的开始，欧洲经济发展速度开始放缓，因此工业中产生的碳排放相较预期水平大幅降低——当然部分原因也是削减排放取得的成功，但是更重要的原因还是经济危机产生的影响。全球能源价格的逐步上升和2008年秋天爆发的金融信贷紧缩危机，以及随后危机在欧元区的蔓延等因素共同作用导致EU ETS系统下的排放水平急剧地降低。[19]相应的，本来预计碳价水平将稳步从20~30欧元/tCO_2的价格区间提高为40欧元/tCO_2左右，也在这些因素的影响下呈现出迅速下跌的趋势。在此期间，在哥本哈根举行的气候大会（2009年12月）也未能达成令人满意的全球性协议，因此欧盟的减排目标只能保持在20%的水平上——而该减排力度并不足以去吸收市场上不断积累的排放盈余。

尽管这些糟糕的情况很明显全赶一块了，但在随后两年内，这些因素似乎大体上只是对原来所假设的碳价在第3阶段将会提高的情况有所中和平衡，这也形成了对未来碳排放价值的重新预估；企业继续持有它们不再需要的排放配额，碳价令人吃惊地暂时稳定在15欧元/tCO$_2$的水平上。

因此，到2012年欧盟碳排放交易体系第2阶段执行期末时，整个体系积累了将近20亿吨的碳排放额度盈余，尽管所有满溢的政治热情还要求继续加强这种减排机制。

在欧洲经济复苏力度微弱而又零星的大背景下，目前看起来，市场上的这些排放额度盈余已经足以覆盖所预期的直到2020年第3阶段结束时可能出现的排放额度不足的全部规模。原则上讲，欧洲的工业排放不能超过所设定的2020年排放总量目标——但是，在实际操作中，可以将第2阶段产生的排放盈余跨期存到下一阶段，因此这个总量目标也就不太重要了。

欧盟委员会提出的到2020年单边实现减排30%的目标，产生了一种关于未来总量控制的预期，因此在2010—2011年间的大部分时间内，使CO$_2$的价格一直稳定在10~15欧元/tCO$_2$的范围间。但是这种情况从政治的角度来看是站不住脚的，随着欧洲经济危机的持续以及在2015年以前难以达成重要的全球性气候协议的趋势日渐明确（而且关于对未来气候协议中内容的期望也在减弱），即便是预计未来价格还会提高也没法继续为市场提供支持了。在2011年秋天，碳价开始降低，在该年年末时价格曾一度跌至每吨7欧元左右，随后价格出现小幅反弹。

发展趋势不断确定到2020年时碳排放交易体系会处于排放配额量整体盈余的状态，但关于未来会出台一些干预措施来再次稳固交易体系的预期成为阻止碳价持续下跌的主要因素。然而，一些呼吁欧洲巩固减排目标的声音在对欧元区经济危机进一步蔓延担心的背景下被置若罔闻，其中波兰对加强减排的反对意见尤其突出，而且该国的这种不满还在不断升温。随后，欧盟也在考虑采取更多相对温和的措施来稳定市场，每当出现采取新行动的希望时，市场价格就会提高一点；但是每次当政治困难阻碍行动取得突破性进展之后，碳价反而会下降得更多。最后到 2013 年 2 月时，碳价已经跌至 3 欧元/tCO₂ 的水平。

作为建立碳价的一种具体机制，欧洲的碳排放交易体系被证明确实比在欧洲推行注定无法获得成功的碳税机制要容易得多——但是，如果不是经过了极为艰苦的奋斗，排放交易机制也难以付诸实践。要让排放交易机制正确且合理地发挥作用，是更为困难的任务。

7.4　欧盟碳排放交易体系：十大经验

欧洲是世界范围内尝试通过总量管制和排放交易机制确定碳价的试验先驱。根据该体系 8 年来的运行历程，本节将对由此产生的十大关键性经验进行总结。

基本原理

（1）碳排放交易能够发挥作用——但是却并不完全

我们的总结从这条经验开始似乎有点令人吃惊，因为 EU ETS 的整个运行历程如过山车般反复起伏，而目前也面临着一些问题。然而（该经验）是正确的，而且也是很关键的。ETS 取得了其他气候治理机制都未曾收获的关注，同试图推行欧洲碳税所引致长达十年的争议，而且最后以失败告终的结果相比较，碳排放交易机制很快被正式引入并发挥了重要的影响。碳排放交易机制使欧洲能够对电力和其他工业部门制定一个排放总量控制上限，并能确保这些部门遵守总量控制规定。由此产生出相应的碳价，激励欧洲的相关行业以成本最低的方式来实现减排。

尽管在运行历史中曾出现排放配额发放过多的情况，但 EU ETS 确实实现了减排的目的。从很多不同部门获得的有力证据都证实了这一点。在该体系运行期间，碳价能够反映出煤炭价格和天然气价格的区别，而这又指引公共事业部门使用天然气去取代煤炭以削减部门整体的排放水平。在交易体系的引导下，水泥生产企业提高了低碳燃料的使用水平，有一些企业削减了在生产过程中对高碳熟料的使用。碳价的出现还引发了很多与这些类似的生产变化。一项对 ETS 参与者的调查发现，在第 2 阶段初期，约有60%的企业都报告实现了减排或者计划将实现减排。[20]

　　要确定究竟有多少减排是源自EU ETS的贡献是非常复杂的，因为这需要估算出如果没有实施碳排放交易会出现什么情况。前文已述，MIT的一项研究估计出ETS在其执行的第一年就使欧盟的排放水平削减了 $90MtCO_2$。而随后的研究估计出，如果没有碳价所传递的信号，电力部门2005年的排放水平将提高 $90MtCO_2$，而2006年还将提高 $60MtCO_2$。[21]很明显，低价时期会降低减排动机。一项根据6个不同来源的研究总结出在所研究的时间区间内，机制运行导致每年所实现的平均减排规模为30~$70MtCO_2$——相当于其排放控制总量的2%~5%。[22]总体来看，MIT估计在欧盟碳排放交易体系实施的第1阶段，总共实现的减排规模大约为120~300 $MtCO_2$；第2阶段的整体减排规模也大致与其相当，但是伴随着金融危机的蔓延，在这个时期所存在的不确定性要更大一些。到目前为止，从总量上来看，研究结果表明ETS的运行使欧洲至少实现减排2~5亿吨 CO_2——能有这样的成绩，对于一个有时被嘲笑为一无是处的机制可真不赖！

　　然而，ETS的运行只能说取得了部分成功，因为曾出现的排放配额发放过多的情况和周期性的碳价不稳都削弱了该机制的有效性，因为这就表明可能有些时期内该机制所提供的减排激励会比较弱——而且最重要的是，这还会使刺激低碳投资的效果减弱。而最后所实现的减排几乎全是依靠使用已有的存量资本所得。工业企业也在不断强调，它们无法根据这种价格总是大幅上下波动的市场，去真正严肃考虑将资金投入于低碳领域。

　　这种实际情况与最开始基于经济学理论所提出的碳价将会推动支持低碳投资的假设相去甚远。在本章稍后部分将论述，EU ETS需要对一些细节进行彻底的修正才能真正成为鼓励低碳投资的重要工具。因此，我们的结论就是：就目前的机制设计来看，碳排放交易体系能够发挥一定的作用，但是并不完全。

　　（2）每个人都将由此获得经验——而且必须总结经验

　　碳减排是一项复杂的任务，而一开始所给出的所有机制设计选择并不一定全部正确——尤其是考虑到在这个过程中会出现巨大的不确定性以及来自各种游说力量的反复干涉。政府、产业和其他的参与者都应该从机制运行中吸取经验，这样才能使该体系变得越来越有效。尽管存在争议，但是EU ETS最精妙的设计在于它对执行期进行了划分；因此，该体系的三个阶段在执行时都能根据前一期的实施结果进行改善和修正。同样存在争议的是该机制最大的问题应该是在经过第1阶段和第2阶段的前一两年之后，EU认为已经获得了足够的经验，而将第3阶段的实施时间范围延长为8年。

这种分阶段依次实施的方式同以前美国为了控制污染物SO_2和NO_x的总量所采取的管制和排放交易机制存在着很大的差异。因此，可以在较长的时间区间内去协调对排放水平的控制和对排放配额的分配。然而，考虑到SO_2和NO_x相对较低的排放水平以及实现污染控制所需的投入力度相对较小，因此，污染控制的排放交易所涉及的经济风险因素要少的多。即便如此，很多在污染物控制的排放交易中所遇到的挑战也在CO_2排放交易机制中出现。例如，在两种机制执行初期所设定的减排目标的严格程度在后来都被发现不足以避免后期出现的价格暴跌。[23]批评EU ETS的第2和第3阶段所确定的减排力度不足无疑是完美的事后诸葛亮，然而如果没有第1阶段实施经验所传递出的还能以比人们所期待的成本更低的方式来实现更多的减排目的这样的信息，后面各阶段所设定的排放控制总量目标无疑还会更弱一些。

（3）价格会（而且将）受到很多无法预知的因素影响，这一般会让最后的价格低于预期水平

从价格历史数据变动的记录里面已经能够看到这一点，但是还是必须强调目前的各种困难并不是完全源自经济衰退，而认识这点是非常重要的。正如标题所总结的，有很多不同的因素——包括国际和国内发展情况等——会导致最后的实际碳排放一直低于EU ETS和其他一些排放总量控制系统所预期的水平。在第1阶段末，由于信贷紧缩危机的爆发导致了碳价暴跌；即使在此期间，不断提高的天然气价格致使一些发电、供热等公共事业部门又开始向使用煤炭的方向倒退。而在第2阶段，尽管欧盟委员会为了履行《京都议定书》确定的减排承诺，设定了强有力的干预目

标：将排放配额削减了10%，最后还是出现了交易体系整体排放配额盈余的状况。到目前为止，所有其他对排放总量进行控制的交易系统都出现了类似的排放额度盈余和碳价暴跌问题（例如RGGGI、先驱性的UK ETS以及UK气候变化协议等）。我们可以从四个主要的根源来追溯这种系统性问题出现的原因。

首先，这可能部分归因于这是一种非常经典的"乐观偏差"情况，尤其是（但不仅仅是）在欧盟的排放交易体系下，排放配额分配方案是以一种"自下而上"的方式，根据对各部门工业排放的预测结果所制定出来的。没有一个产业给出的未来规划会计划产量降低，或者声明未来会面临发展困难而提高股份资本。也没有政府会给出一个极度悲观的未来经济发展预测前景（因为这样会"动摇国家发展的信心"）。市场机制下，不是所有参与者都能实现其对经济发展的希望和预期，总有部分参与者会在竞争中败下阵来。因此，经济的总体增长率一定会低于每个部门或者每个市场参与者对各自部分给出的增长率预期之和。实际上，关于情景分析和预测的历史验证了对工业能源和排放的预测结果都呈现出系统性的"高估性偏差"，这种高估的规模约为每年1%。[24]

其次，在产业和政府的谈判博弈过程中，这种内在固有的"乐观高估增长率"趋势还会被放大。因为它们对未来增长率的预期越高，就能获得更多的排放配额。这种"自下而上"的排放配额分配方式导致对未来排放水平高估的偏差程度进一步提高。

再次，将经济预测结果作为制定排放控制总量重要考虑因素实际上完全是第二领域中的问题，因此具体操作应该基于第二领域的各种假设条件。这就容易产生一种趋势，忽略或低估第一领域甚至第三领域中各种过程的影响。由于欧洲的工业对EU ETS非常关注，因此在该体系实施的最初几年内，减排规模要超过各界的预期，忽视了"减排成本曲线"（即便有些减排手段是具有成本有效性的）。关于这点，一个重要的相关案例就是CDM机制，在该机制下产生的排放额度非常巨大，远远超过了所有人的预期；而且，在碳价开始出现下跌趋势后，来自CDM机制的排放额度还在不断扩大。造成这种局面的部分原因在于CDM是一个全球性的减排机制，因此能够吸引全球各地对减排的关注——而在这些减排项目中，总有一些（也许很多）还是采取成本有效的手段实现的。总体来说，这属于第一领域的影响，虽然具体来看是源自一种新的第二领域工具。

最后，造成价格敏感性的一个重要因素就是排放交易机制和大部分的其他市场机制之间存在一个非常显著的区别：在该体系下供给是固定的，而在短期内需求又是相对"无弹性"的——这意味着排放所驱动的需求可能对价格水平非常不敏感。由此产生的需求曲线非常得"陡峭"，而伴随着固定的供给，就很有可能导致具有高度不确定性的价格，具体如图 7-5 所示。

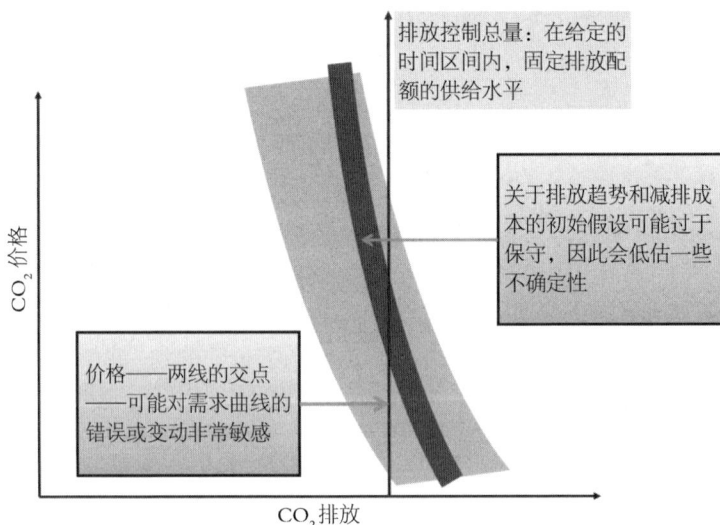

图 7-5　碳排放交易体系中价格不稳定的来源

由于供给固定而需求又不敏感，因此不太会产生对排放水平错误或没有预计的冲击，但价格会大幅波动。阶段 1 最后面临的碳价暴跌主要是因为"需求"曲线大幅左移，而最后需求曲线和供给曲线没法相交，而且对"跨阶段存储排放额度"的禁令意味着这些排放额度在 2007 年之后就没有任何价值了。在下一节，我们还将介绍为何"禁止跨阶段存储"的规定会有助于该机制，以及是如何发挥作用的——当然，这种规定的作用其实非常有限。

（4）需要辅以稳健的监管

在EU ETS体系下，还建立了非常强有力的排放监测、报告和核查机制，对于不遵守规定的情况将处以重罚。这些监管配套机制增强了整个体系运作的可靠性。然而，即便如此，随着该体系的价值逐渐吸引到更多的关注，开始慢慢出现一些欺诈和盗窃排放配额等问题，这曾一度引致欧盟一些成员国暂停注册程序。关键性的问题在于：

• 成员国间不同的排放配额征税（VAT）方式以及对国际间排放配额转移的税收处理差异产生了一种"循环骗税"（carousel fraud）的方式——通过成立虚假的公司从一个成员国买入排放配额，然后转移到另一个国家，交易过程中产生的VAT税款作为收益之后就消失，最后只剩政府来对这些税负责。[25]

• 在欧洲范围内，广泛存在交易商"网络仿冒"问题，这种情况和银行诈骗中所采用的手段类似，即要求排放交易商提供它们的注册密码。事实上，确实有一家公司因为这种诈骗方式而遭受高达150万美元的损失。[26]

• 匈牙利政府向一个日本的买方出售了CDM的排放额度，但是它们其实已经将该额度用于在欧洲履行减排义务了——于是当这些排放额度被再次卖回欧洲并被发现已经无法用于履约时，不满和恐慌就接踵而至了。[27]

从这些欺诈案例中应该吸取的经验在于由排放交易所创造的有价资产将不可避免地引致相关诈骗犯罪的出现——甚至有时是政府层面的欺诈——这些诈骗分子通过寻找制度的漏洞以虚构的方式来利用系统获利。从这个角度来看，排放交易市场和金融市场并无二致，唯一的区别在于排放交易是一个更加新鲜的事物，而从政治角度反对总量管制和排放交易机制的人们则会利用这些欺诈的案例来反对并质疑该体系的可靠性。但是，事实是金融市场中的欺诈行为一直存在，但是却从未使我们放弃使用货币；同样的道理对碳交易市场也适用。然而，这些可能的欺诈凸显出该机制亟需强有力监管以及安全体系保障的重要性，这些保障机制必须要与金融市场的监管体系相适应和配合。[28]

成本影响

除了上述"四条基本"的经验外，还有一些和经济影响相关的经验也需要总结。这些内容在前面以及随后的章节都有详细讨论，但是这里会对此进行总结。

（5）*排放交易的宏观经济影响很小*

欧盟最开始估计 2020 年的减排目标所产生的宏观经济成本大概是使经济增长遭受一次性的损失，约为 GDP 的 0.5%，或者是到 2020 年时使经济总量增长水平滞后几个月。正如前一章所讨论过那样，如果拍卖配额获得的收入能够被有效用于抵消这些负面影响，去减少税收体系的扭曲以及为低碳投资提供资金，那么对宏观经济的成本影响将会进一步减小（参见第 11 和第 12 章中对碳减排的宏观经济影响更为广泛的讨论）。在实际中，这种成本现在几乎可以被忽略不计，而更大的问题在于那些过去依赖于 ETS 体系收入的各种项目（最为显著的当属 CCS 项目）则会因此受到影响。那些对交易体系的宏观经济成本危言耸听的不实描述不应成为阻碍使用这种市场工具来制定减排目标和运用其解决问题的借口。

（6）*产业可以因此获利*

排放交易体系并非会不可避免地给相关产业带来净成本。事实上，尽管各相关产业都非常反对 EU ETS 的推行，但是到目前为止，欧洲所有参与该交易体系的产业部门总体来说是获利的——也许获利规模还非常可观。实际上，产业可以通过三种方式从碳排放交易体系中获利：

● 最明显的方式就是当它们获得排放配额并最后有了排放盈余后就能用于出售获利，不管它们是用低于市场价格的成本实现了减排还是因为其他因素推动它们降低了总排放水平。很显然，当排放配额的水平固定时，碳排放交易是反经济周期的：在欧洲，几乎所有的产业都从参与 ETS 中获利，因为经济衰退减少了这些产业的排放水平，并因此让它们有很多多余的排放配额可以出售。

● 如果低碳资源和高碳资源可以用于制造相同的产品——如发电——

那么前者将能从任何执行的碳价中获利。很明显的例子就是由于煤电厂和天然气发电厂因碳价机制面临更高的成本，因而可以使可再生能源和核能部门从中获利。

● 第三个获利的方式要更加复杂一些：通过获得免费的排放配额，相关产业可以通过将碳价成本纳入产品销售成本并在竞争性市场中出售获取"暴利"。我们会在随后的第8章中对这种获利机制进行详细介绍，而这正是欧洲的电力公司在EU ETS的第1和第2阶段获得数以十亿欧元计的巨额收益的主要原因。

大部分人并不相信排放交易机制能产生"暴利"——甚至一些经济学家也并不相信——一直到真正出现这种情况。这再次充分地显示出，大部分经济学家关注于价格的"信号"功能，而不去考虑价格机制对收入水平的真正影响。只有当市场电价数据明白无疑地昭示碳价被完全转移给了消费者，而排放配额其实是免费获得，人们才广泛接受电力部门确实从机制实施中获得了意外的暴利。这实际上和市场操纵并没有任何关系，讽刺的是，这种情况大部分都发生在竞争性的市场中，这反映了市场内部运行的问题（参见第8章）。而出现这种情况帮助推动EU ETS在第3阶段转为采取拍卖排放配额的方式。[29]

（7）只有少数几个能源高度密集型的产业部门的国际竞争力因排放交易机制的实施受到了影响

对大部分制造部门来说，由劳动力和其他生产要素投入的成本导致的成本差异要远超过由碳价导致的成本差异。浮动的汇率——以及原材料的成本等——都比碳价因素要重要得多。因此，大部分部门都可以接受碳价的成本，碳价机制应该不会对这些部门的盈利能力、销售情况和竞争力产生显著的影响（第8章中有相关的数据证据）。

然而，对于相当一部分的高碳工业生产活动，能源成本是一个非常重要的因素，它们需要考虑真正的竞争性问题，通常这些问题与行业具体的特点和情况密切相关。在下一章中，我们将具体讨论这些部门的实际情况。

美国经济学家保罗·克鲁格曼（Paul Krugman）曾经发表过一篇著名

的文章对"国家竞争力"这个概念提出全面的批判，他认为，"竞争力"
这个概念只适用于存在商品竞争的部门之间，而不能用于形容国家之间的
角力。同样的逻辑也适用于解释排放交易以及碳价机制对竞争力的影响。
现在并没有足够的证据能够支持碳价机制的实施会对国家竞争力产生实
质性影响的论断——无论这种影响意味着什么。然而，碳价机制确实会
无法预计地导致一些领域出现由此获利的赢家以及在另外一些领域导致
利益受损企业的产生。至少从碳价的历史波动情况看，甚至一度曾预计
EU ETS 的碳价高达 40 欧元/tCO$_2$的情况都导致人们对一些可能受到影响
的部门的关注，并考虑提供一些方案帮助解决这些影响——而并非逃避
这些挑战。

执行效率和实施效果

最后三个经验都是关于该体系的机制设计和在国际进程中的作用。

（8）排放配额的分配方式以及所确定的排放总量上限非常重要

传统的经济学理论认为只有对总排放制定上限是最为重要的。根据
这些理论的假设，排放交易市场能够以成本最节约的方式来解决问题，
因此能最有效率地实现目标。按照这种思路，排放配额究竟是以拍卖的
方式还是免费发放的方式提供给排放源产业，以及究竟应该以何种方式
将免费的排放配额发放给市场参与者被认为对该体系的执行效率没有任
何影响。

当然，从政治的角度来看这些因素是很关键的，因为所分配的这些排
放配额在市场上是有价值的。为了让相关产业都能接受 EU ETS，如前所
述，大部分政府都会在实际中采取免费发放排放配额的方式，这样可以让
企业感觉这种免费获得排放配额的方式并不会给它们造成明显的负面
冲击。

然而，不幸的是——尤其是对于这种将执行期划分为不同阶段的体
系——免费发放排放配额的方式会产生相应的成本。之所以设计这些免
费发放排放配额的方式是为了减轻交易机制的执行给高碳部门带来的影
响，因为为了实现经济整体的减排目标，将不可避免地给其他部门带来相
应的经济负担。而且这会很轻易地削弱该体系所应创造的经济激励影响。

在EU ETS执行的初期，遵循的分配原则主要是祖父原则——根据最近的历史排放水平来分配排放配额。但不幸的是，这种认为更高的排放水平将会使排放交易第2阶段获得更多免费排放配额的预期会产生非常明显的风险因素去削弱机制激励减排的效果，因为这意味着如果现在排放的更多会导致未来获得更多的免费排放配额。

而由于机制设计中还需要考虑在行业现有企业、退出企业和新入企业之间创造出"公平竞争"环境的需求，就将进一步削弱这种激励效果。因为对市场而言，能有新加入的参与者几乎总被认为是"好事"，因此也会为这些新入企业或参与者的所有新排放源发放免费的排放配额。而且，一般都认为有必要合理公平地对待新入市场和退出市场的企业，因此如果一个企业要倒闭，必须允许它们售出所拥有的排放配额。任何一个国家的政府都不希望EU ETS的实施导致政治不友好的企业倒闭情况的出现，因此，多数国家在其国家分配计划中约定一旦企业倒闭相关的排放配额将被收回。这种情况当然会创造出一种有违常理的需求，即各国都极力想保护高碳企业继续生产运转。从这个角度来看，根据生产水平而非排放水平来发放免费排放配额的方式应该会更好一点。[30]

总结一下，除了产生预期之外的暴利之外，根据历史排放水平或生产水平免费分配排放配额的方式会导致在生产、燃料和消费选择中产生各种混杂的效率低下问题。这些在下面的图7-6中（最下面一行）中将得以体现——该图被称为"扭曲金字塔"（pyramid of distortions）。

这些问题中有部分可以通过根据"基准"水平来分配免费排放配额的方式得以避免——这种基准水平指的是根据一定的技术水平所确定的标准分配水平，而不管实际执行中的技术运用如何（参见图7-6中的第2和第3行）。这就可以防止各国非要维持高碳生产水平的不当动机，但是却并不能阻止一些部门获得暴利的可能性，而且也无法防止出现国际碳泄漏问题。

设立基准水平的方法并非能解决所有问题的"灵丹妙药"——即便采取这种方法，也会对机制实施所希望实现的一些基本的激励效果有削弱影响，而且这种方法的复杂性也远超过倡导者所描述的那样。[31]因此，在第

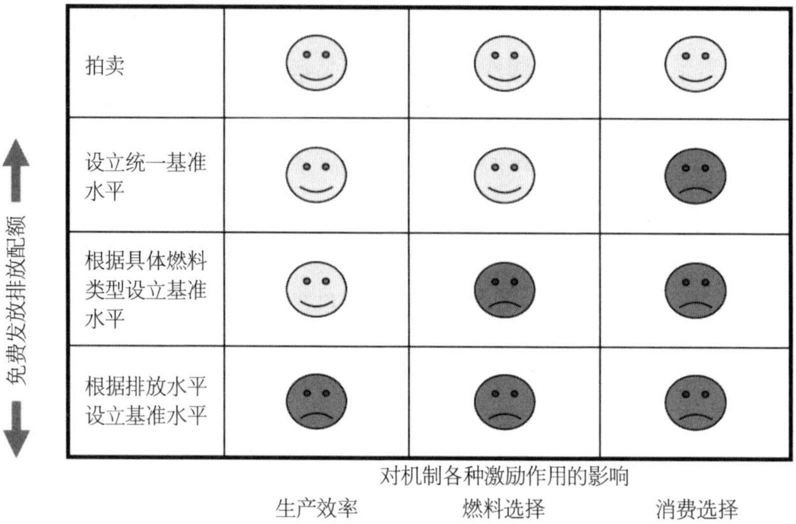

图 7-6　分配方法学及实施效果

来源：作者整理。

二轮的国家分配计划中，这种方法也很少被使用。德国在本国的第二轮国家分配计划中使用了"根据燃料类型"区分的基准水平确定方法——也就是说给予以煤炭为燃料的厂商的排放配额要多于提供给使用天然气燃料厂商的水平——希望以这种方法来降低对煤炭使用的不利影响。但是，如果是希望为削减碳排放提供有效的激励作用，更好的办法应该是采取设立统一的基准水平——因此对于电力部门应该按照每 kWh 分配相同的排放配额，而不管究竟是源自哪种燃料类型。

　　但是事实背后的简单真相是免费的排放配额其实并非免费：其实这种方式也有着很实际的成本。为了使对相关部门的总体盈利能力的净影响降至最低，同时还能促进清洁技术和创新者的获利能力有所增强，必须要设计出合理的排放配额分配方案。应该对免费分配排放配额的方法进行调整和修正，来最小化机制实施带来的经济扭曲以及减少由此产生的暴利情况。

　　不幸的是，要实现这些目的进一步让情况更加复杂化。各种努力的行动越具体，相应的数据要求和技术评估以及协商过程就越为冗繁。在 EU

ETS的第3阶段中，将经济影响放在关键位置，但是政策制定者仍然非常关注能源密集型产业在海外的碳泄漏风险。因此，欧盟大约经过了2年无休止的协商和谈判，才达成了关于第3阶段分配"基准"的最终意见，然而，该结果仍然远不能让很多人满意。[32]

由此可总结的经验其实非常古老：细节是魔鬼，而免费分配排放配额的细节会受到各种游说压力的影响，因此很难对分配方案进行进一步的调整。

（9）有很强的经济理论支持在未来逐步提高拍卖配额所占比重

我们倒数第二条经验是这样的：有很多强有力的理由支持在未来最大化拍卖排放配额所占的比重——将排放配额出售而不是继续免费地发放给排放源。这种方式就能消除一直存在的各行业中利用免费发放排放配额获得暴利的可能。拍卖的方式确保价格信号能够有效地促使企业和私人仅根据碳价对生产活动、燃料选择和消费活动做出合理的决策——原则上，还应包括能够对低碳投资和创新行为提供必要的激励影响。因此，与免费发放排放配额方式相关的各种复杂问题都将能够得以避免。

当然，拍卖方式所获得的收入也能为实现一些公共目标——例如促进低碳技术发展、为碳价影响给消费者带来的碳成本提供补偿，以及/或开展技术转移或为适应行动提供经济援助的国际项目——提供资金支持。

到2008年，欧洲的学术界已基本上取得了支持采取拍卖方式这场战役的胜利——这相比较于3年前的情况，已经是非常显著的进步了——在那时主流观点一度认为不能在任何部门内采取这种方式，因为有可能会因此产生"碳泄漏问题"的风险。但是电力部门不可能转移到海外去，而且欧洲从ETS覆盖范围之外的地区进口电力的规模几乎是可以被忽略不计的。

因此，在EU ETS的第3阶段，ETS最后放弃了免费发放排放配额为主的方式，并以经济理论为基础转而建立以拍卖为主的排放配额分配机制，将其纳入对排放交易机制最初指令的修正案中。EU ETS还禁止在电力部门内继续实行免费发放排放配额的方式（除了考虑到政治因素对东欧地区免于执行这项改变之外），并设定了在其他部门逐步废除免费发放排放配额方式的目标和时间表。[33] 从政治的角度来看，这无疑是一个意义重大的转折性事件。

（10）对于该机制的实施效果，形成一个具有法律约束力的国际协议的政治影响无疑要比该机制的经济影响更为重要

最后，欧盟主导的该机制实施和运行还有另一项重要的经验是关于更加广泛的国际结构的：如果没有《京都议定书》这样一项国际性制度框架作为基础，EU ETS 是无法得以施行的——正是因为欧盟希望履行《京都议定书》所确定的减排义务这样一项具体的需求推动了 EU ETS 的问世。EU ETS 自身就是以《京都议定书》所确定的结构为基础，并与其基本保持一致的。而且，根据《京都议定书》确定的具有"抵消"性的 CDM 排放额度——京都机制下推动发展中国家参与减排的最基本制度结构——能够帮助欧洲企业减轻对工业减排可能引致的高成本的忧虑。

然而，最引人注目的是，如前所述，在 EU ETS 实施的第 2 阶段，大规模游说压力要求大量发放排放配额来推动该机制帮助欧盟实施京都减排目标，而最后却推动欧盟委员会在与之斗争时取得了最终的胜利，并由此建立了基本性的法律基础来对成员国提出的排放配额分配方案进行严苛的压缩。

最后，欧盟提出的要将 2020 年时实现减排 20% 的目标进一步提高是有条件的，这必须以其他国家和地区一系列合理而且具有约束性的减排承诺为基础来实现。现实情况表明，欧盟提高减排目标远未进入实质性阶段，而这也正是导致排放交易体系目前面临困境最重要的原因。欧盟不可能凭借一己之力来寻求达成具有约束力的国际性减排承诺并推动境内各国实施有效的减排行动。

还有另外一条"准国际经验"：一位前波兰政府工作人员提出东欧各国需要加入一个在机制设计之初并未参与的市场机制，这好比是开始了一段"终将走向不愉快的婚姻"，因为这样的机制体系必将对像波兰这样后加入的国家不公平，而这些国家的频频发难也成为努力解决目前 ETS 面临的困境路上最大的绊脚石。[34] 如果像排放交易这样一个范围涉及不同国家的体系想要有效运作，必须要对所有的参与者都同样公平；如果这个条

件不能得到满足，从长期来看，实施效果的有效性必然无法得到保障。

7.5 投资、可预测性和信心

有句老话说，生命中只有死亡和税收是必然之事。如果你想投资 10 亿英镑，你所需要付出的必然要更多一些。

值得注意的是，由于碳价的波动性，少有证据能够表明 EU ETS 对支持低碳投资发挥了最初设想的作用。低碳投资者习惯性地呼吁更多的"确定性"，而经济学家则通常认为碳税手段具有更大的确定性并能避免免费分配排放配额产生的问题，因此他们认为征收碳税的方式更好。

这种假设本身就是存在争议的，因为大多数国家的税收水平通常是作为年度预算的一部分而设置的（如第 6 章所指出的，碳税也往往存在着许多可以免除执行的例外情况）。正如前一章所介绍的，英国"燃料价格定期比例调整"政策具有很强的 "确定性"，但该政策却在遭到普遍反对后最终被冻结，这只是其中的一个例子。然而，该例子并不是这里所关注的重点。碳价机制的核心问题是应该如何确定低碳投资者的需求，并制定出有助于满足这些需求的最佳气候政策。

碳价机制的多重作用

在一个充满不确定性的世界中，大型投资决策涉及的因素远不止价格。一项针对大公司投资决策过程的研究显示，对投资产生影响的政策框架必须：

• 获得相关决策者的关注，因为这将对他们未来的经营环境有着显著的影响。特别是对大公司来说，长期气候政策目标的性质和可靠性对于公司进行有关资源分配的战略决策是最为重要的。这对创新来说也是很重要的——一项对 800 家制造企业的访谈结果显示，如果企业预期未来排放配额分配会趋于更加严格和收紧（包括减少免费发放的排放额配），它们就更有可能去重视低碳技术和创新。[35]

• 必须足够清晰，能够帮助企业在面临经营、投资和战略决策时对新的机会和挑战做出合理评估。在 EU ETS 的指令中，对 ETS 碳排放设定的排放总量上限要求是排放水平从 2013 年开始直到 2050 年以每年 1.74% 的速度下降（除非有其他条件要求重置该目标）。这确实确定了一个能够让公司了解长期约束性战略政策的明确框架。该制度还纳入了旨在确保目标逐步实现的实施机制，以此为基础创建实施体系将该总量上限转化为碳的价格。对向太多的国际性抵消排放额度机制开放的 EU ETS 而言，其中一个核心问题是，这种开放性破坏了减排战略的确定性，那么该如何确定到底哪些企业必须最终在欧洲实现这些目标呢？[36]

• 有助于增强具体低碳项目的财务活力，特别是改善与金融风险和收益间平衡点有关的财务状况。而这正是碳价机制所应承担的主要职能，即提高低碳投资的盈利能力。然而，这里的关键词应该是风险。构建低碳的能源体系要求公司在不同的公共政策环境下以不同的方式进行投资。任何提倡此类变革的管理者都不希望被因碳价崩溃而无法盈利的项目拖垮。因此，虽然碳价的出现有助于增强低碳投资的财务活力和可行性，但是未来价格的不确定性却使得决策变得更加复杂，可能会大幅度增加已知的风险，从而产生新的财务障碍。

当然，碳价和气候政策只不过是在进行相关投资选择时需要考虑的众多因素中的两个因素。例如，电力行业的投资者同时还需要考虑保障燃料供给并顺应公众意识，变幻莫测的电力市场会使投资决策变得更为复杂。

在这样的背景下，不确定的碳价到底有多重要呢？

• 在企业的关注点方面，碳价的一些波动不会影响公司对气候政策的关注。然而，许多企业普遍将欧洲碳价的持续下降理解为各界对气候政策关注度的下降。这会对一些决策产生重要的影响。

• 该制度框架对未来低碳技术市场规模预期的界定非常清晰。在这种情况下，只要人们确信各种政策工具会用于切实实现总量控制目标，就不会对碳价的不确定性过分担忧。然而，一些显著和潜在的持续变化可能从本质上改变人们对某些技术领域前景的预期。其中，最显著的例子当属 CCS 技术。过去，由于曾普遍预计碳价将能达到 40 欧元/tCO_2，并且有专用的补贴资金预留下来支持 CCS 技术的发展，石油公司能够在促进 CCS 发展方面做出战略性投资。但是，现在却不行了；这种投资必须直接由政府进行资助，并且自发投资与补贴配套比率已经高达100%左右，这对能源公司不再具有足够的诱惑力。在这个意义上来说，碳价间接地反映出了没有足够积极的减排速度和水平目标来推动CCS技术应用的需求产生。

●但是，从维持项目的稳定性和可预测收入来源的角度来看，高度不确定的碳价会对这些项目的财务活力产生明显损害。碳价过低的风险降低了企业利用债务来减少融资成本的能力；它们将更加依赖于高成本的股本。因此，碳价的不确定性非常不利，驱使着每个人的成本都不断上升。对收入流的信心确实是保障电价补贴手段有效促进可再生能源发展的原因之一，而诸如CCS这样受碳价影响比较直接的项目，其发展却萎靡不振。

还有另外一个重要的问题——碳价的不确定性对高碳投资项目的影响。但是，这需要相关企业了解和相信与碳排放相关的风险，而这些企业往往不了解也不会相信。私营部门的一些举措可以对改善这种情况有所帮助。[37]例如在2009年，评级机构标准普尔考虑到英国最大的火电厂德拉克斯（Drax）专门从事火力发电，而对火力发电的监管和环保要求日益严格，导致这家火电厂的商业风险不断上升，因此标准普尔下调了对该公司的信用评级。[38]德拉克斯公司随后进行了巨额投资来调整大量使用木材的场地，它现在可能已经成为欧洲最大的"共烧"发电厂。然而，碳价的持续走低可能会导致其他相关行业对是否做出同样的改变犹豫不决。

因此，碳价提高的可能性会阻止高碳投资，鼓励相对廉价的能源结构转换。最终能实现碳价与环境目标相匹配的政策框架，将会鼓励商业和金融业探索低碳风险管理策略。在这种情况下，其实并不需要价格的确定性。

但是，信心是指引能源和相关气候政策前进方向的基本要素，应将这种信心转化为显著的财务影响。要真正鼓励主要的机构投资者做出低碳投资的选择，必须根据第10章中的介绍，建立一个可靠的碳价体系，推动相关机构适当发展，并与市场结构和补充性的基础设施相适应。

因此，市场价格的不确定风险其实只是一个"程度"问题。碳排放交易体系在价格方面有一定程度的不确定性，可能会阻碍某些具体的大型低碳投资项目的推进，但对一些相关的巨大投资项目而言，这种影响并不是致命的。然而，如果碳价持续大幅度下降到了一个导致企业对这一问题失去兴趣、对制度框架和政府的承诺失去信心的水平时，所产生的影响就可能是毁灭性的。

"排放配额跨阶段储存"的作用和局限性

"排放配额跨阶段储存"在碳排放交易机制中的主要目的是通过允许储存配额以备将来使用，使人们对当前不需要的排放配额的持续价值具有信心，从而使碳价得以平滑——避免出现ETS第1阶段时一度面临的碳价"断崖"危机。

如前所述，在第2阶段的大部分时间里，都允许这种情况存在，尽管面临比较严重的经济衰退，该机制仍使碳价得以维持一定水平。那么这种机制到底有什么问题呢？

答案似乎是两个因素的结合。首先需要了解谁会跨阶段存储排放配额以及为什么要跨阶段存储。直接参与ETS的许多企业喜欢将排放配额留待未来几年使用；它们可以与未来的电力合同捆绑在一起，例如，在没有任何风险的情况下。这意味着排放交易体系可以比较轻松地处理这些排放配额盈余，而不会产生太多的问题。但这些都不是投机性的市场庄家。纯粹为了未来利润前景而持有配额的人只有（"二级"市场的）金融投机者。这些存储排放配额的人如果要求更高的回报，就需要承担更大的风险。事实上，因为信贷紧缩（及相关的金融监管加强），这些人对风险越来越厌恶，他们对未来的碳价和政策产生风险的看法也有所改变。不论他们判断某个东西是否价值可能更大（或可能更小），他们都只会支付几欧元，实际上此时可能还未到真正需要处理这些投资的时候。

通过扩大相关的时间范围，"排放配额跨阶段储存"机制能够通过增强减少排放的潜力，让任何短期的意外波动被更长期（因此更大）的排放配额池所吸收，从而使得短期的"需求曲线"（见图6-6（a）和图7-7）变平。但是，这只能在限制范围内起作用。如果排放配额盈余进一步增长，碳价在到达悬崖边的时候就开始跌落——当前的碳价反映了盈余的短期影响，但这种碳价下跌包含的可能不仅是当期影响，而且会包含所储存的盈余水平的影响（图7-7（a））。

因此在欧洲，另一个重要因素是排放盈余的不断增长和欧洲的2020减排目标未能进一步增强，碳价与实际配额需求相脱钩并进入更具有投机性的金融市场，导致在2011年年末ETS被推入边缘的困境。由于短期的修复和长期（2020年后）的碳价都从根本上取决于政治协商进程，其结果是，虽然允许存储排放配额举措最初的目的是要让碳价摆脱短期波动以及政治和认知中隐含的陷阱，但是最终却再一次陷入同样的困境。允许排放配额跨阶段储存的机制只能在一定范围内解决该问题。如果超过了这个限度，就会允许盈余从一个时期进入另一个时期，加剧后果的风险，进而随着价格变动而削弱交易体系的可靠性（图7-7（a））。

稳定排放交易体系

EU ETS当前的困境，再加上美国的碳排放总量管制和交易机制未能得到国会通过，因此重新考虑征收碳税的需求变得越来越迫切。第6章指出，征收碳税的主要障碍之一就是其对收入的影响，但是可以配合使用类似于交易体系中免费发放排放配额机制的"税收门槛"机制来解决该问题。然而，这将导致出现本章中所指出的免费发放排放配额的几乎所有问题，包括曲折的谈判过程、不正当激励的风险和在某些情况下的暴利风险。在下一章还将详细介绍这些机制的收入分配影响和在政治方面面临的巨大挑战，这对于任何碳价机制都是十分重要的问题。

此外，正如第6章中所指出的，最新的经济学观点强调了碳价机制中经典的"该采取税收手段还是交易手段"的辩论问题显得过度简化，因为这里最重要的问题在于确定两种手段所面临的各类不确定性。[39]广为接受的结论是，长期性的总量控制目标有助于确定长期目标（允许为实现共同目标而充分组合各种政策工具）。相应地，最近的研究表明，如果减排工作的成本/难度是"暂时性的"，设置一个近期价格则更有效率；如果这些不确定性是"永久性"的，则设置总量控制目标更好。毫无疑问，EU ETS所遭受的"冲击"产生了持久的后果——对能源和排放的期望所产生的很多似是而非的"冲击"都是真实的。[40]因此，抛弃以定量目标为基础

(a)

二氧化碳价格

排放量储存通过延伸时间跨度
"使需求曲线变平"（见图7-5）

基于未来预期的下降
但不稳定的价格

从长期来看的
理论价值

信心的崩溃——从
短期来看

二氧化碳排放量

(b)

二氧化碳价格

需求与储存

下限价格

下限价格防止价格或信心
的崩溃，从而大大降低了
低碳投资风险

二氧化碳排放量

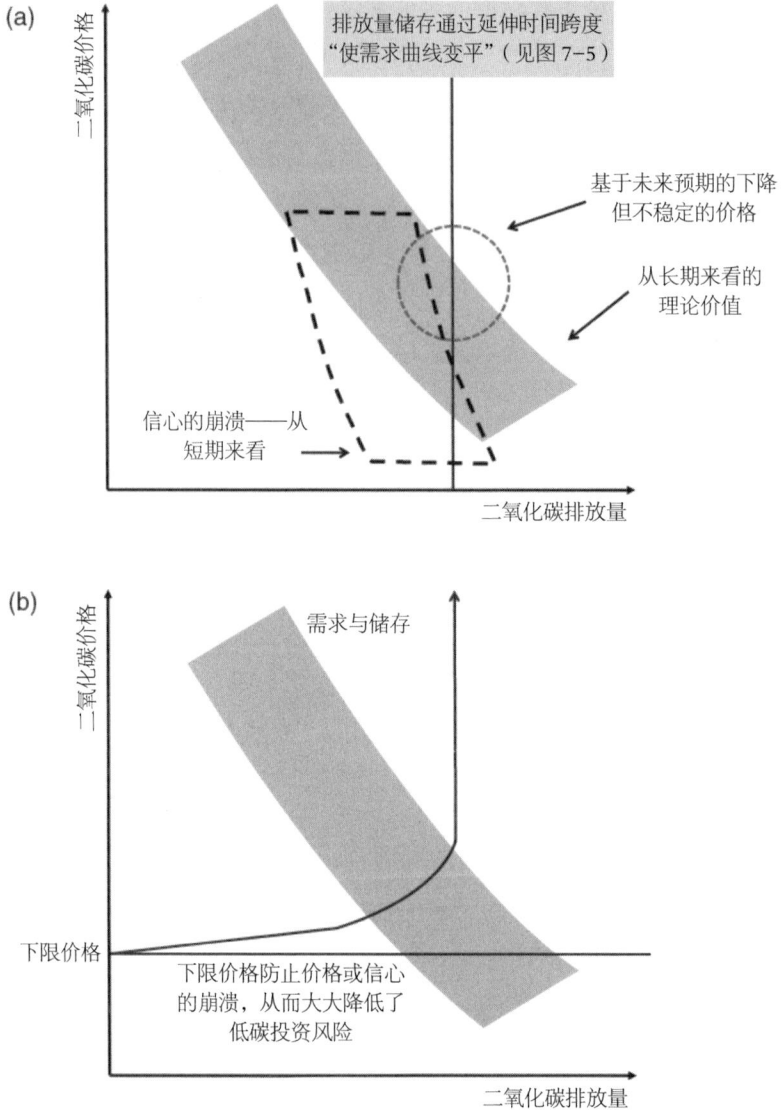

图7-7　（a）跨阶段存储排放配额和（b）设定价格下限对ETS碳价的影响

的方法学缺乏战略意义。然而，EU ETS价格的历史波动，则验证了许多
经济学家的标准警告，即如第6章中所指出的，仅依靠确定控制总量的方
法来实现短期目标会导致极度不稳定性的风险。针对澳大利亚排放体系的

解决方案附带有可随时调整的五年承诺条件，而且对连续的上限设置有一个清晰的治理过程，能够应对不断变化的环境。从这个角度看，EU ETS 的关键问题在于执行区间长达八年，而且恰逢至少两代人所面临的最严重的经济衰退时期，这些客观情况与所有其他因素一起让该机制的运行条件超出了所能承受的极限情况——因此我们提到的"墨菲定律"（事情如果有变坏的可能，它总会发生）应验了。然而，现实也总会给人意外和惊喜；我们需要的是不仅要解决（EU ETS）当前所面临的问题，而且要让这个排放交易体系更加稳健和强大。

对 EU ETS 而言，"采取行动"所依据的基础是碳价机制应该在促进低碳投资方面发挥积极、有价值和有效的作用，符合气候科学以及降低对国际化石燃料市场依赖性的愿景。此外，其在碳融资方面也将发挥潜在的促进作用。但是目前的情况是没有实现这些作用和愿景。ETS 的目标是基于某些假设所设置的，但各方面的实际发展已经超出了任何预期的范围，并且再等待八年的时间才调整，这个时间太长了。

除了采取可能的短期干预措施之外，真正的挑战在于给出更持久的解决方案规划；专栏 7-1 中总结了一些主要的解决方案。这些解决方案之间的差异是基于排放总量控制目标或基于价格进行调整，以及在自动规则机制和审慎机构机制之间所寻求的平衡点不同。

在自动价格的影响方面，最具体的将是最后出现最低价格，这将使得关于"过低"价格的所有干预所警示的隐性判断显性化。经济学研究越来越强调价格和总量目标手段相结合的"混合"工具组合的价值（见第 6 章，特别是文献中列出的 Pizer 和 Newell 的著作）。

而设定价格下限可能会引起相反的问题，即避免价格过高。这可能会以不同形式体现。在排放配额盈余处于中等水平时，这可能为暂时较高的排放水平提供一个缓冲，从而使外部触发或超过价格上限的情况下一小部分配额得以保留下来。与价格下限一样，价格上限的利弊在很大程度上取决于价格水平。[41]原则上来说，设计相应的机制来应对"不可接受"的高价格，就像应对"无效"的低价格一样是有道理的。对于这样的情况，采取合理的规划去避免，似乎要比在诸如严重天然气危机等情况下推动天然气和碳价格提高到政府当局所不能容忍的政治恐慌水平好多了。而且，直接解决这些对可能出现的碳价高企的担忧也可能使得设置更严格的减排目标变得更为可行。

美国加州的总量管制与排放交易体系建立在10~40美元/tCO$_2$的价格区间里，而且还在不断上升。去观察该机制的影响和演变进程是非常有趣的。在欧洲，要进行的战略选择为是否要将当前的经济困境视为"一次性"的，并可采用"一次性"调整总量目标的方式来解决问题（不管是通过取消一定数额的排放配额、重新谈判2020年的目标，还是将长期排放趋势轨迹调整得更加陡峭），还是需要采取其他调整手段来控制碳价发生极端变化的问题。

要实现该目标，可采用的机制可以是直接与价格进行关联（如加州价格区间与隐含的排放总量水平相链接），或隐蔽性地通过调整排放总量控制目标来实现（例如认定所积累的排放配额盈余规模过大）（参见专栏7-1）。图7-7（b）说明了设定价格下限的基本影响。

那么，一个重要的问题是如果设定一个很低的门槛，价格会发生什么样的变化呢（例如，由于保留价而未被拍卖）？一个巧妙的备选方案是当市场价格回到最初预期和预定的价格或保留价格时要求排放源返还发放出去的排放配额。而当市场规模和趋势走向相反的方向时，一个类似于"价格上限"的做法可能有助于应对高碳价带来的风险，而不需要永久性地向市场注入额外的排放配额。

图7-8展示了在碳排放交易体系中这种稳定价格的方法机理。这样的机制可以提高市场稳定性，在允许市场具有价格响应功能的条件下，仍然可以使碳价易于回到政治协商中最初所预测的范围。因此这种机制有可能使碳价和排放总量保持合理的平衡状态，反映出磋商任何排放总量上限时始终隐含的这些双重目标。将排放总量控制边界直接与价格（上限和下限）挂钩，将会使低碳投资和与使用碳收入相关联的所有财务规划变得更为清晰明确，但可能会存在一些政治或法律上的弊端。因此，不同地区可能选择不同的做法。这里最重要的事实是确实存在能够使碳市场更稳健的机制，并且应该采取这些机制来稳定市场。

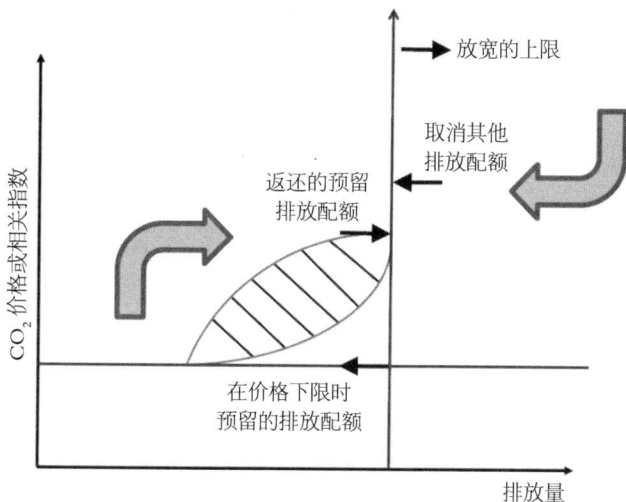

图7-8　稳定排放交易体系

注：该图所示的是如何能够帮助排放总量管制与交易体系去处理各种不确定性，以保持价格和排放总量控制目标之间合理平衡的各种机制。其中最简单的例子就是设定市场价格下限和上限的方式，在这种情况下，阴影区域表示具有大量排放配额盈余的体系中价格和排放控制总量的可能区域。然而，同样的原则也适用于其他的"阈值"触发点，例如基于累积排放配额盈余的水平来进行调整的各种机制。

专栏7-1　EU ETS "结构改革" 的选择

"结构改革"已成为寻找EU ETS碳价崩溃问题的持久解决方案的代名词。在这个方面已提出了许多方法。从概念上，最简单的可能是在交易体系实施的第3阶段收紧排放上限。这可以通过多种方式来完成："预留"或取消一些排放配额；正式宣布加强欧盟2020年减排目标（和相关的排放趋势）；并/或更严格地限制抵消排放额度（CDM）在市场中的使用。目前的2020年目标远远低于与本世纪中叶的大幅度减排相一致的排放趋势。加强这些目标将更好地协调短期碳价格和中期减排目标与长期目标，为低碳投资者提供一个一致和可靠的投资框架。从技术上讲，任何一种选择都会使图7-7（a）中已远离左侧回到右侧的"需求曲线"的偏离趋势得以改变。

显而易见的问题是，这会成为一个危险的对市场进行干预的先例，而干预只是因为决策者认为市场价格"过低"，而想要"修正"市场的偏差。这使政治的不确定性对市场的影响扩大化；如果进行这样的干预，很可能会出现其他的干预。此外，这些举措不会提高排放交易体系的稳定性。如前所述，EU ETS 在历史上是最大的碳排放交易市场，但绝不是第一个充分表现能源和排放预测不确定性的市场。该体系的第 3 阶段要运行 8 年的时间，并且此时欧盟仍然处于基本的结构性经济转型期，取消任何规模的排放配额可能都不会产生预期的价格影响，也可能不会解决有限期限内按照固定供应设置的"非弹性"需求所产生的隐含的周期性价格不稳定问题。

EU ETS 已经充分反映了长期的碳排放趋势轨迹。收紧总量目标并使其与解决环境问题的热情保持一致，虽然能有效解决部分问题，但却会引发具体的政治问题。[a]如果采取澳大利亚排放交易机制设计的思路："原则上"每年都对五年期内具有约束力的排放上限进行协商，并最终根据协商结果加以执行，则可以使市场实现一定的平衡性；但现在欧盟并未考虑该选择。

在 8 年或更长的时间内，排放交易体系执行所面临的挑战仍然是机制本身的稳定性。有一种方案所关注的事实在于：允许排放配额可以跨阶段储存只有在一定条件范围内才能称得上是理想的机制；如果排放配额的储存量累计超过了一个阈值，就应该限制其供应量。实现这一点的具体方法已经提出，只是尚待充分地实践验证这种方法的利弊。[b]这种方法的重点也同样是限制价格的不确定性影响，同时允许价格能保持一定程度的提高趋势并能持续地进行自我修正。与此密切相关的提议是为解决大规模供给/需求失衡问题而提出的基于总量的调整规则。

一个更加雄心勃勃的建议是建立"中央碳银行"，允许在碳价较低时购买排放配额，在价格较高时将其出售。该提议所面临的两个很明显的问题基本上都是政治问题。目前人们不清楚所制定的排放上限为何导致碳价一路走低，而不愿意收紧排放上限的政府却要去建立碳银行并允许碳排放额度跨阶段存储。此外，建立这样一个机构来制定规则和进行治理，所面临的任务和挑战显然是十分艰巨（和非常敏感）的。碳银行最终可能有一

定作用，但它更可能解决的是碳市场运行中面临的问题，而不是纠正市场中存在的长期的结构性失衡。ᶜ

最后一种方法是直接设定一个价格下限。在 EU ETS 第 3 阶段转为大规模拍卖排放配额的方式能够（从技术上）简单地实现这一目的，即可以设置一个拍卖底价。除非市场参与者至少愿意支付该底价，否则排放配额不得进入市场。这将保证市场中的其他交易价格也会快速趋向该价格水平或更高价格的水平。与主要目的在于提高碳价的其他措施不同，设定价格下限的主要目的是降低投资者面临的价格下行风险，ᵈ并确定来自碳市场的可用于多种用途的政府财政收入最低水平。根据市场碳价与价格下限的接近程度排放配额总量会自动进行调整，具体如图 7-7（b）所示——如果市场需求减少（需求曲线向左移动），则市场碳价将不再崩溃，但开始逐渐趋近于所确定的价格下限水平。如果一致确定价格下限将会不断提高——根据在第 11 章将介绍的各种战略优势——人们就会有动力尽早在拍卖中购买到所需的排放配额，从而保障拍卖中稳定获得收入来源。

注释：

ᵃ收紧排放趋势轨迹并在 2050 年目标中将该思路延续下去，可能能恢复对交易体系第 4 阶段（2020 年后）及以后阶段进行"排放配额跨阶段储存"的信心并保障其价值；如果再辅以取消现存的排放盈余，这将是特别有效的手段。然而，在试图解决第 3 阶段问题的同时延长时间范围，将使政治上面临的挑战进一步扩大。欧盟尚未开始认真着手有关"2030"年的一揽子政策，在定于 2015 年的全球气候会议达成 2020 年后的新协议之前，也不太可能敲定相关的一揽子政策。如果没有达成一个全球性的协议，EU 没有必要对更长期的排放趋势做出具体承诺。

ᵇ一位专家艾瑞克·海特斯（Erik Haites）提议，"如果累积的排放配额存储量超过年度排放总量的×%，由于出现排放盈余则应减少下一年分配的排放配额水平，通过这种方式对分配规则进行小规模的自动调整……这种调整规模可能很小，因此对市场的影响也不会很大。而采取市场自动调整的方式，就能避免涉及政治决策和相关的不确定性"（引自 Grubb，2012，注 22）。碳市场投资者协会（Carbon Market Investor Association）也提出了一种类似的方法，提议如果一定数量的排放许可盈余在三年内尚未使用，则往后的供应中应该减少发放相同数量的排放许可（CMIA，2011，Sartor 于 2011 年引用；又见 Grubb，2012，注 22）。但不仅要确定排放配额发放水平存在一定的困难，而且要能足够清晰、没有漏洞地量化实际盈余水平，并用其来约束"排放配额存储量上限"也面临很大的挑战，例如以远期合约进行补偿等复杂问题。如前所述，允许一定的排放配额盈余从某种角度来看是必要的，例如，这可以让电力公司有机会对冲未来的电力合同中隐含的风险。因此，如何采取合理的机制仍然有待详细研究。此外，如果累积的排放盈余充分表明该地区的减排趋势在加快，限制排放配额的盈余规模将无法真实反映实际情况，此时应该采取调整排放总量控制上限的方式更为合适一些。

　c如果整体碳价水平被认为过低，那么"中央碳银行"可以以较低价格购买大量的排放配额，并在将来以较高的价格将其出售。然而，这也引发了人们对该机构的监管信誉和机制实施一致性的担忧。对投资者来说，只有在他们相信碳价水平能够保持的情况下，较高的碳价才有价值。这样的"中央碳银行"怎么才能具有充分的独立性来维持该目标？调查结果显示，低碳资产的投资者在评估相关的投资选择时，不仅要考虑 EU ETS，而且要考虑长期减排目标。如果碳价仅仅由于"中央碳银行"的介入而变得很高，但不符合长期减排目标，也可能会限制低碳投资的价值。

　d如需了解有关混合政策工具优点的研究，请参阅 Pizer（2002）和 Weber 与 Neuhoff（2010）等的文章和著作。

　　任何稳定价格的机制必然在管理该体系时引入另一个维度的问题。然而，所有环境政策实际上都是在存在不确定性的情况下平衡经济和环境目标的一种手段。上述的各种稳定机制可以但却不应该替代合适的目标，应该明确反映经济和环境的双重目标，从而在其他经济和政策发展的情况下提供自发性的保险机制，通过机制设计来消除极端的风险并使排放交易体系稳定性增强。

　　事实上，世界整体仍然处于碳价机制实施的早期阶段；所有这些运行的碳价体系其实都远远没有达到科学所建议的环境保护目标，而且也缺乏一个稳健的全球性制度框架带领各方心悦诚服地朝此方向前进。如可以实现这些要求，可能就不需要特别价格稳定机制。但是目前，这种稳定机制还是非常重要，但却又几乎是缺失的。

7.6　京都机制

在总结碳价机制实施经验时，还有一个非常重要的领域不容忽视，这就是京都机制（Kyoto mechanisms），我们现在就讨论与之相关的具体问题。

目标、期望和经验

尽管 EU ETS 是目前最引人注目的总量管制与排放交易体系，但它却仅为《京都议定书》所确定的更大规模的交易体系中的一个组成部分。京都机制允许在加入强制性减排上限的国家（附件一国家[42]）之间进行国际碳排放交易。此外，《京都议定书》中还建立了其他两个基于项目的灵活性机制：

●清洁发展机制（CDM），通过这个机制，附件一国家可以从没有提出排放总量控制上限国家（非附件一国家）的减排项目中获得排放额度，所实现的减排额度可以直接从自己的排放水平中扣除。

●联合履约机制（JI），这种机制允许附件一国家从其他附件一国家的减排项目中购买排放配额。售出国被允许的排放水平会相应地降低，而买卖双方总体排放上限保持不变。设计该机制的主要目的是为原社会主义阵营中的东欧国家的减排项目提供资金。

许多相关研究报告的作者（包括本书的作者）最初都认为《京都议定书》纳入了太多的机制，而且预期由于 CDM 机制的实施可能会遇到管理上的一些阻碍（JI机制也类似，只不过所面临的阻碍略小），京都框架下建立的排放交易机制构想——对国家“分配数量单位”（assigned amount units）进行交易——将是最简单也是最重要的机制。[43]而现实的经验几乎与之相反——CDM 成了主导性的灵活机制，JI 起到一定的辅助作用，而基于京都框架的排放交易机制则在一定程度上受到了合法性问题和需求不足的阻碍，因而举步维艰（参见图7-9）。

由于本章讨论的重点是碳价机制实施的各种教训和经验，我们不需要详细介绍《京都议定书》的优缺点。关于 EU ETS 的运行，一个重要的教

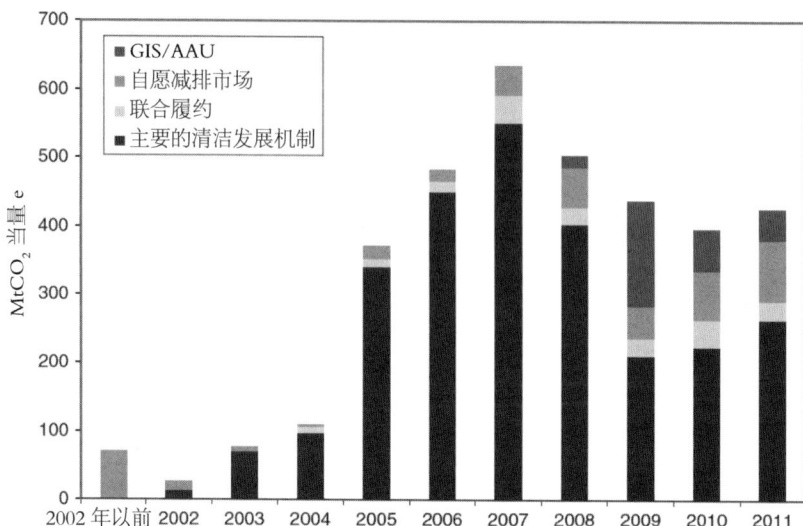

图 7-9　国际碳市场的演变

注：“初级 CDM”数据记录的是 CDM 机制所产生的原始碳排放信用额度，因此与可以交易多次信用额度的“二级市场”不同。然而，CDM 项目的实际规模可能比预期水平要更大一些，因为一些项目是在发展中国家“单方面”开发的——不涉及任何外国参与者，并直接销售到二级市场，因此不包括在该数据中。

来源：世界银行（2012）。

训是预测相对不足。俄罗斯以及它的东欧邻国，自 1990 年经济转型以来排放水平显著下降。预计这些国家经济复苏后排放水平会相应提高，据此对它们所应承担的减排目标进行了相关的谈判和分配。但如第 1 章和第 11 章中所指出的，其实东欧经济的复苏在很大程度上是通过提高效率实现的，因此它们的排放水平并不会迅速提高，预计的偏差使这些国家获得了巨额的排放配额盈余。

此外，美国（然后加拿大）退出《京都议定书》，使得许多大国可能不再需要购买排放配额。俄罗斯一国所拥有的排放配额盈余就比其他所有缔约国可以想象的需求大几倍。因此，其他国家大多拒绝购买这种被称为“热空气”的排放配额盈余——因为这是一种不劳而获的盈余。

但是，部分解决该问题的方案应运而生，其中一些国家表示愿意将出售配额所得的收入用于能效和碳减排政策绿色投资计划（Green

Investment Scheme，GIS）。这种交易首次发生于 2008 年，当时匈牙利向比利时和西班牙出售了 8MtCO$_2$ 的京都碳排放单位，按照合同，所获资金将主要投资于提高匈牙利现有建筑的能源利用效率。但这个计划很快就陷入了困境，这不仅说明了在经济危机时期"预付款"给另一个国家的风险，而且还导致了后续买家可以用脚投票的后果。[44]

2009 年，京都排放配额的销量飙升至占所有机制总销售额的 1/3 以上，主要源自日本向捷克共和国和乌克兰购买的排放配额。前者是由一个绿色投资计划所支持的，但乌克兰的情况尚不清楚。[45]2010 年新组阁的匈牙利政府试图将自己重建为一个值得信赖的绿色投资计划基金接受者形象时，却发现被称为"京都惊喜"的 CDM 机制的实施基础已经摇摇欲坠了。

清洁发展机制的历史

该机制的思路其实很简单。因为气候变化是一个全球性的问题，重要的是要找到一种方法来鼓励参加《京都议定书》但并不做出排放上限承诺的发展中国家进行减排。由于工业化国家很害怕实现总量控制目标时可能遇到的困难和成本，它们（特别是美国）希望有尽可能多的灵活性。一种解决方案就是让发展中国家的减排项目产生减排的"信用额度"，而工业化国家可以通过购买这些排放信用额度来实现自己的减排目标。

而实施的实际情况非常复杂——包括机制的设计、发展和最后的结果。为了确保能减排，CDM 项目必须通过复杂的项目流程，包括它的项目设计、验证和批准注册。[46]该体制的机构发展似乎和冰川融化一样缓慢——关于机制"规则手册"（马拉喀什协定）的谈判就花了 3 年的时间。"快速启动"的规定使得这种机制的制度发展在《京都议定书》生效之前很早就开始了（事实上第一个项目早在 2003 年就开始出现了），但机制真正开始启动是在 2005 年《京都议定书》生效时，而 EU ETS 也于同一时间开始，通过其《机制链接指引方针》（Linking Directive）产生了对 CDM 机制信用额度的需求。这一结果的"利与弊"仍然是存在争议的：CDM 机制有成功的经验，有意想不到的结果，错过了一些机会，同时在监管方

星球经济学

面也受到一定的限制。

随着各种要素全部到位，首个"经认证的减排"项目于2005年10月发布；7年后，到2012年9月时，该机制实现的减排总量超过10亿吨。通过核查的项目证实了在规定期间所产生的排放配额规模比预期数量大得多，这反映了经核查项目数量的大幅增长，并在2012年年底突破了20亿吨（参见图7-10）。

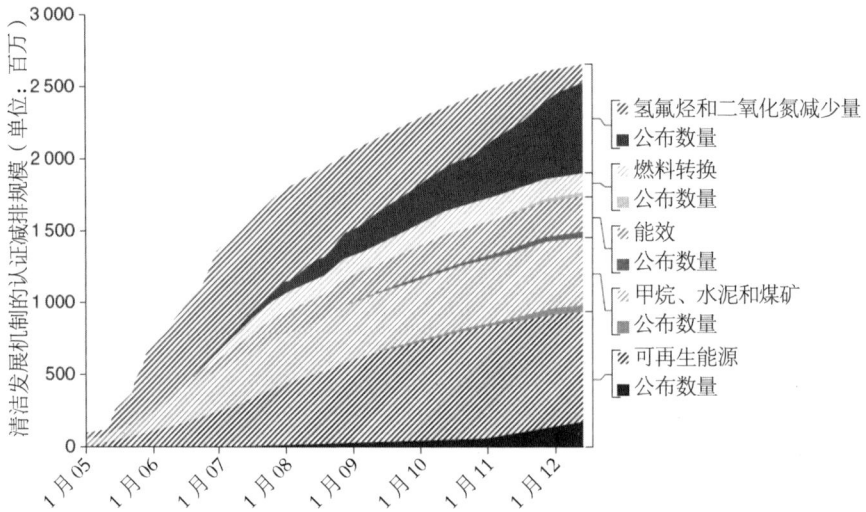

图7-10　项目规模——从核查到所公布的认证减排量

来源：根据来自联合国环境规划署RisoCDM/JI领域的分析和数据库的数据，2012年7月1日。

因此，CDM与EU ETS平行发展（并相互关联），但来自CDM的减排额度规模已增至所估计的在欧洲范围内的EU ETS实现减排总量的4~10倍。许多公司发现从发展中国家的项目获得减排量，比向欧盟支付碳价更便宜。据估计CDM项目总共吸引了约1 500亿欧元的私人投资。

从这个角度看，在欧洲的排放交易中使用CDM机制创造的排放额度其实完全符合预期，因为这是成本最低的实现京都目标的方式——事实也证明这种减排成本真是非常便宜的，来自CDM机制的排放额度在排放交易体系中泛滥，导致市场碳价崩溃，因此也就堵截了新的CDM项目再进入排放交易体系。与其他市场机制一样，此时出现了很多未曾预计的选择方案，本文稍后将对这些选择方案进行介绍。

CDM机制施行之初，在韩国和巴西的引领下，大批工业温室气体减排项目喷涌而出（稍后将对此进行讨论），接着就是大部分出现在中国的大量可再生能源项目，在印度也有许多这类项目，但规模略小一些，这些项目在发展中国家逐步变得越来越流行。[47]截至2012年，所有中国项目实现的减排量占总减排量预期水平的一半以上。[48]但引人注目的是撒哈拉以南的非洲地区几乎没怎么开展过此类项目，尽管来自该地区的此类项目贡献的减排量在总减排中所占的份额大致与该地区的外商直接投资占全球总量的比重基本相当。

CDM机制完全按照第二领域原则所建立：以碳价机制来奖励减排项目。一个有趣的问题是，能否用该原则来解释该机制的发展情况或其后果。许多经济分析对资金奖励的规模是否足以支持工业温室气体减排之外的很多其他类型的项目提出了质疑。但现实以各种项目的爆炸性增长作为回应，昭示了该机制所产生的关注效应：CDM机制的存在，刺激了所有发展中国家的企业积极寻找潜在的减排项目。而CDM机制的规则允许项目也可以获得来自国内的政策支持，因此这些项目的总规模呈迅速增长的态势。[49]而当支持可再生能源的机构和政策相继建立和确定之后，可再生能源项目不断增加，且不受CDM项目排放额度的影响。因此，CDM机制的推行促进了相关机构转型和减排态度转变，推动了亚洲各国的可再生能源项目不断发展——为这些国家留下了具有持久性的遗产。

因此，尽管CDM机制从根本上来讲属于第二领域的工具，但该机制的重点是开启了一些先前几乎不存在的领域和做法——例如奖励发展中国家的清洁能源项目——这意味着该机制的影响会通过第一领域中的关注效应被放大。事实上，该机制在改变人们的态度和促进与减少温室气体排放相关的机构和政策发展过程中，也有助于第三领域实现更典型的转型。

联合履约机制的发展

联合履约机制——在工业化国家内部和之间基于项目的减排额度交易制度——的发展要落后于CDM制度，这是因为减排额度的使用与所确定的国家排放上限有关，因此在《京都议定书》确定的自 2008 年开始的承诺期之前，这些国家没有动力去开展这些项目。

联合履约（JI）的最初思路是必须按照《京都议定书》规定的报告要求对相关国家进行最低限度的监督，因为这将有助于确保这些国家的排放总量控制目标得到实现。这些规定范围非常广泛，许多转型经济体觉得自己并不能满足其要求。考虑到这些担忧，JI 的第二"轨"得以建立，即可以允许在不符合这些资格要求的国家开展相关项目，但要成立一个 JI 机制监督委员会，以类似于 CDM 机制的方式去审核项目和排放额度问题。即便在符合资格要求的国家内，项目开发商也可能更支持采取这种第二轨方式，通过独立的监督委员会获得相应的保障。

JI 项目所实现的减排绝大多数源自于降低散逸性排放水平（fugitive emission），最初主要来自俄罗斯的天然气运输管道。2007 年 9 月，在该领域实现的减排量占到 JI 机制下所有减排规模的 60%。[50] 但到 2012 年，形势发生了变化，预期约有 70% 的减排额度来自于工业能效的改善，包括对来自垃圾填埋场、工业和化学气体（HFC-23、N_2O）及煤层甲烷在内的散逸性排放的捕获和减排。在乌克兰，这类活动规模的扩大表现得尤为突出，在西欧地区也在快速发展（这似乎有点令人惊讶）。[51] 总体而言，截至 2012 年 6 月，公开发布的 JI 项目数据显示，该机制实施所产生的减排总规模相当于 1.69 亿吨 CO_2 排放量。

但规模的持续增加却并不是一件令人高兴的事。在欧盟，监管部门对 2012 年后是否会继续接受 JI 机制创造的减排额度显得犹豫不决，碳价的持续下降，致使相关投资者信心崩溃。2012 年 12 月在多哈举行的联合国气候变化框架公约缔约方会议确定，在转型经济体中积累的排放配额总盈余不能被"跨期存储"下来供以后使用。这相当于在最后一分钟无情地抛弃了数以亿吨计的排放配额，因此大量通过未经监督渠道的 JI 第一轨方式所产生的排放配额（尤其是来自乌克兰的排放配额）会变得毫无用处，这将进一步致使全球性的排放额度过剩，并进一步削弱了 JI 机制的声誉。[52]

对京都机制的批评意见

《京都议定书》所确定的灵活机制旨在允许以成本最低的方式实现总

体减排目标，并促进发展中国家积极参与。CDM 机制的明确设计目的是促进可持续发展，并实现"与减缓气候变化相关的真实、可测量和长期的利益"，至关重要的一点是确定这些减排"额外于未经认证的项目活动"。[53]关于 CDM 项目在多大程度上能实现可持续发展目标或具有额外性的减排，一直是一个充满争议的问题。

CDM 项目的东道国政府需要评估这些项目对本国可持续发展的贡献。不同国家对此态度各异，但这些国家都对所吸引的投资最感兴趣，因此很多研究文献都对该机制对于促进可持续发展的作用本质和程度提出了质疑。[54]

一个不可避免的棘手问题是如何确定和执行项目的"额外性"原则（可参见专栏 7-2）。这必然会面临很多困难，而早在十多年前就有很多人预测了可能面临的一些困难，其中包括：最具成本效益的项目（所需 CDM 排放额度最低的项目）往往最难证明其额外性这个悖论，因为从定义上来看，这些项目本身就具有很强的成本效益。[55]审核项目额外性的方法不断尝试在严谨性、一致性、可预见性和管理复杂性（参见专栏 7-2）等因素之间求得平衡，但最终结果仍然广受争议。[56]

专栏 7-2　CDM 项目的额外性

额外性是 CDM 机制的核心问题，是指排放配额应该是由 CDM 项目所额外实现的减排这一原则。这一原则是 1997 年在《京都议定书》中被引入的，CDM 执行理事会有权对此给出定义并付诸实施。在大型项目和小型项目之间，这种"额外性要求"存在差异。对于小规模的项目，可以采取资格准则的形式，即建立方法学来确定一个项目必须符合哪些条件才能成为一个合格的 CDM 项目。

CDM 执行理事会审核项目和验证项目额外性的方法经历了不断发展的过程。首先，每个项目的支持者必须寻找到能验证其额外性的方法，但在 2004 年，CDM 执行理事会公布了第一个"额外性工具"，其中确定了证明项目额外性的标准。随着时间的推移，额外性工具已通过添加流程图的方式得以进一步增强，项目支持者需要回答更多的问题和采取更多步骤来具体化和明确不同的要求。

2008年首次发布的《审定和核查手册》进一步有助于确保CDM项目的透明度和一致性，使得不具有额外性的项目在审定与核查过程的早期就能被否决。2008年引入了确定项目额外性的"基准水平"，并首先将其应用于节能冰箱：这个"基准水平"代表了市场上"一定比例"的最节能冰箱，满足这一节能基准水平的冰箱即视为具有额外性冰箱，其减排量就可以计入CDM项目中。该程序意味着，随着技术发展和更加节能的冰箱逐步应用于市场，对确定额外性的基准水平将提出更高的能效要求，这与第5章中所述的日本技术"领跑者"项目比较相似。

未来可能的进一步发展将会使更为客观和更易于验证的技术准则（比现在这种基于项目的审定方法要容易得多）应用于审核项目的额外性——可能包括根据某些地区实际情况对其项目审核方法的调整——以帮助提前明确哪些项目应该被视为具有额外性的CDM项目。

来源：摘自Raab（2012）；有关该问题更全面的分析，请参阅注释47。

项目覆盖范围

围绕工业温室气体减排的项目有很多非常激烈的争论。争议最大的是温室气体HFC-23。这种气体的全球温升潜势是CO_2的11 700倍，但可以用成本很低的方式实现该气体的减排。因此可以创造出大量排放配额并在CDM机制下获得高额利润。[57]某些工厂可以仅仅依靠出售CDM项目创造的排放额度获得的利润而维持生计，但令人担心的是出现了仅仅为了产生CDM项目排放额度而设立的新工厂。2005年，《联合国气候变化框架公约》规定所有新的HFC-23气体减排设施和项目均不被认定为合格的CDM项目。

尽管对一些项目减排量的额外性仍存在各种质疑，但毫无疑问，如果没有一定的因素激励，这些项目就不会得以开展——因此仍会持续地排放大量的温室气体。此外，尽管多年来各种基金——如全球环境基金（Global Environmental Facility, GEF）——都在对这些减排项目提供资金，但在各种市场机制被建立之前这些项目减排的潜力并没有被充分挖掘。中国政府对CDM项目征收所得税（对HFC-23气体减排项目征收的最高税率高达65%），并将由此获得的税收收入部分用于实现抵消排放额之外的减排。[58]

2010年出现了一些关于印度和中国火电厂的批评。有12家公司在建设超临界火电厂（而不是采用传统技术的火电厂）之后，用减排量来申请CDM排放额度，这些新的火电厂可以将碳排放量减少30%。这些CDM项目将有资格获得数以百万吨计的排放配额，反映了新的发电技术产生的排放量与传统的火电厂相比会显著下降（并且会推动更具能效的技术被普遍使用），但是反对者对这种将CDM项目的资金用于在未来数十年内仍属高碳型的投资领域提出了强烈的反对意见。

CDM项目多集中于能源、工业领域，另有少部分项目投资于废弃物处理领域；但是几乎没有建筑、交通和林业领域的相关项目，因为在这些领域中，大部分都是规模非常小的排放源，而涉及的因素又较多。在这些领域中，确定是否采取了明确的减排干预措施、确定项目的额外性和监测减排水平是非常困难而又昂贵的。

事实上，这些机制的交易费用相当高。创建这样一个原本没有任何价值的市场，必须辅以强有力的监管机制。早期的经验表明，每个CDM项目的交易成本为数十万欧元。[59]然而，巨大的交易成本似乎并没有严重地限制机制发展，特别是后来在对规模较小的项目引入简化规则后。最近还引入了"活动方案"机制，允许在一个独立的伞形管理目录下开展多个项目（例如各种提高能效的项目），截至2010年秋天，已经登记了37个这种项目。

尽管曾做出种种努力，但是CDM项目仍然主要集中于能源和工业部门，我们这里可以更简单地对该事实进行解释。正如第3章中所指出的，在这些部门中，大部分都是由一些大型决策者（大企业）占主导地位，都会比较理想化地根据第二领域提出的理性和财务估算情况来进行重要的投资决策。但如第4章中所介绍的那样，尽管建筑部门可能也会对CDM项目产生关注，但在该部门实施这些项目所面临的障碍远比在能源和工业部门显得广泛和复杂。CDM机制尽管具有很高的成本效益潜力，但对于一些部门所发挥的作用几乎可以被忽略，而这反映了第二领域中的工具不能解决第一领域中面临的一些问题。交通运输部门也是相关投资项目的决定因素往往并不源自第二领域的一个典型部门，因此，对该部门而言，CDM 机制也几乎没有什么用。因为欧盟拒绝在 EU ETS 中接受源自林业部门的排放额度，故而林业部门也没有太多相关 CDM 项目的实例。

项目分布情况

上面曾介绍过 CDM 项目的分布情况：这些项目主要集中在制度体系足以吸引投资且比较稳定的新兴经济体中。几乎没有任何来自撒哈拉以南非洲地区的 CDM 项目。尽管在能力建设方面做出了巨大的努力，但 CDM 机制仍然未能惠及最贫困的国家。这不仅是由于存在很大（导致这些国家贫困）的制度体系的困难和阻碍，而且由于缺乏数据和保障稳定性的条件，导致无法保证这些项目的可行性和额外性，也给在这些地区应用项目审定和实施方法学造成了严重的挑战。

京都机制的经验教育我们在处理市场机制时要能够预计到意料之外的情况。最初人们认为在这些机制中，应该以不同国家之间的交易机制为主导，以项目为基础的相关机制只发挥较小的作用。但在实践中，CDM 机制的不断发展，导致国际碳排放交易机制或联合履约机制的重要性不断减弱。CDM 机制的实施早期，在各国政府努力协商并实施各项法规的情况下，产生了很多减排成效，在该背景下，大量工业温室气体减排的 CDM 项目的不断出现让很多人出乎意料。但这些项目同时也给开发商带来了巨额利润，并引致一些对低效减排项目的批评意见。

但是，尽管存在一些问题，京都机制仍然收获累累。这些机制在全球很多地区引起了人们对创造抵消排放配额机会的关注，刺激了大量的私人融资来帮助实现减排目标。CDM/JI 项目所创造的排放额度价值已高达数百亿美元，并带动了更大规模的私人资金进行清洁能源领域的投资。[60] 到 2012 年时，《联合国气候变化框架公约》指出全球从 CDM 机制获得的收益包括：[61]

- 吸引了 1 500 亿美元的私人投资；
- 在 79 个国家减少了超过 10 亿吨温室气体的排放量；
- 未曾意料地在一些行业发现了许多机遇和成本信息，例如在垃圾填埋场和一些工业部门；

　　● 极大地提高了温室气体核算、监督和报告方面的专业知识；

　　● 在私人和公共部门中，对清洁技术、排放交易和未来气候变化的行动方面的公共意识和认知水平产生了积极的影响；

　　● 使得发展中国家能够获得第一手的经验，提高了当地相关领域从业人员和机构的能力；

　　● 为项目的开发、审核和融资服务建成了重要的碳市场相关基础设施；

　　● 吸引资金投资于清洁技术转让，从而改善了数百万人的生计，减少了一些地区的局地空气污染和生物多样性损失，进一步实现了性别平等，提高了用电普及率。

　　CDM机制的经验本身是不可能被复制的。EU ETS为其工业部门所制定的排放总量控制目标，以及允许这些部门可以通过购买排放配额来实现这些目标的机制设定是推动CDM项目最重要的经济驱动因素；北美地区并未参与该排放交易体系。CDM项目产生的排放配额在欧洲市场泛滥，已经成为导致欧洲碳排放交易体系价格崩溃的一个主要因素，CDM机制产生的排放配额价值几乎降为零。因此，CDM机制本身也成了自身成功发展的牺牲品；在欧洲，人们广泛认为CDM机制削弱了各国在国内采取努力行动实现减排的动力。

　　在这些错综复杂的情况下，一个冷酷而又基本的教训是：市场机制只有在同时存在减排供给和需求的情况下才能够维持下去。在信贷紧缩问题造成了经济危机之后，全球经济均衡状态不断发生变化，《京都议定书》中所隐含的纯粹"南北对垒"情况下的供需平衡已经难以为继。如果国际碳市场机制希望继续发挥重要作用，必须对这些机制做出一些根本性的改变。

7.7　新的全球形势

　　如果"一周时间从政治上看实属太长"，那么3年时间对碳价机制实施来说简直就像是一个时代那么久。2010年年初，欧洲继续在整个OECD范围内推进基本协调的2015碳市场远景计划，将欧盟碳排放交易体系与预期的美国国家排放交易计划相互链接来推动新一轮的抵消交易。此后，关于该体系的"大远景计划"（Grand Vision）将进一步演化成一个至2020年时覆盖全球大多数国家和地区的统一排放交易体系。但与此形成鲜明对比的是，在2010年美国的排放交易市场建设提议被抛弃之后，许多学者（及美国的许多行业）都认为除了欧洲还在苟延残喘之外，碳价机制已经消声匿迹至少10年。现实世界的情况似乎总是比想象更为有趣！

继美国建立全国排放交易体系的努力被叫停之后，2010年11月的美国中期选举结果被广泛视作在美国推动碳价机制之棺上又敲上了一个坚实的钉子。但是，在同一天，美国加利福尼亚州的选民却在选举中选择了相反的结果，对中止加州气候计划（包括总量管制与碳排放交易机制）的提案投出坚定的反对票。加州的碳排放交易体系于2012年正式生效。该体系最初覆盖了占加州温室气体排放总量37%的发电和大型工业设施排放源，但到2015年体系覆盖的排放比重将激增至85%，还包括交通运输部门和其他燃料及天然气排放（国际排放交易协会（IETA），2012）。该州计划所确定的排放总量控制上限还将以每年3%的速度下降。与早前其他排放交易体系相似的是，加州的排放交易体系也免费分配了许多排放配额。[62]

加利福尼亚州一度被视作覆盖美国11个州、更具有雄心的"西部气候行动"（Western Climate Initiative，WCI）计划的核心地区。WCI的发展轨迹在很多方面都与EU ETS的发展形成了对应。两者都基于更高层次的行动框架所建立（分别是《京都议定书》和预期的美国国家排放交易体系）。然而，WCI未能够从任何现有的政治和法律结构中寻找到实施根基（与欧盟不同）。因此，在美国联邦政府所做的努力宣告失败时，WCI变得摇摇欲坠——愿意承诺加入的州不断减少，很多州在政治重压之下选择退出该计划。最终只剩下了加利福尼亚和魁北克这两个充满自信、措施有力（并且碳密集程度相对较低）的核心区继续实施该计划。[63]

但是，美国的经验也表明，一个体系一经形成，往往就能生存下去：区域温室气体减排行动（Regional Greenhouse Gas Intiative，RGGI）对美国东北部7个州的发电厂提出了CO_2排放总量控制上限，尽管各种强烈的反对声音此起彼伏，但到目前为止该行动仍然存活并在继续，这在一定程度上是因为该计划能产生收益，用于支持其他重要的州计划。

其他一些发达国家的地方政府尽管在国家层面面临一些阻碍，但也仍然在破冰推进。如前所述，尽管遭到加拿大联邦政府的强烈反对，魁北克省仍然留在与加州共同参与的西部气候行动体系中。在加拿大其他地区，如不列颠哥伦比亚省在2008年开始引入在斯堪的纳维亚各国实施后差不多已有20多年无人问津的碳税手段，而且税率于2012年上升至30美元/tCO_2（可参见第6章表6-1和相关参考资料）。

日本产业成功地采纳了美国的排放交易体系发展经验，建立了日本国内的总量管制与碳排放交易体系，但2011年，东京成了第一个实施城市层面总量管制与碳排放交易体系的城市，2012年的"Rio+20"峰会召开之前，里约热内卢也迅速地仿效，建立了类似的排放交易体系。[64]

2010年，新西兰也开始实施碳排放交易体系，包括农业部门及与国际碳排放交易体系相连接的完整体系，并希望澳大利亚也实施类似的体系。[65] 但澳大利亚的体系建设却陷入险恶的政治斗争中。澳大利亚政府希望能够挽救该国的排放交易计划，决定于2012年开始实施为期3年的固定价格交易机制，之后可逐步演变为与EU ETS相关联的交易机制。澳大利亚的排放交易体系涵盖了占总排放量约60%的500个最大的污染源。[66] 澳大利亚政府又与欧盟联合签署《京都议定书》第二承诺期减排承诺，进一步促进了该体系的实施。但2013年9月选举出的新政府对气候持怀疑态度，因此希望中止该体系，从而给澳大利亚碳排放交易机制实施增加了新的不确定性。

事实上，碳排放交易体系在美国和澳大利亚艰难的前进历程使得亚洲地区排放交易机制的重要性凸显，而这些国家的进展情况给人留下了更为深刻的印象。亚洲大陆国家已经开始填补由美国的政治僵局和日本的紧缩政策所留下的空白。图7-11中所示的新兴国家碳价机制建设格局，显示了这种带有试探性而又非常重要的全球重心的转移趋势。

○排放水平（2010 年）● 正在投入运行的碳排放交易体系 ● 通过立法的碳排放交易体系（2015）
● 实施碳税机制　区域温室气体减排行动 RGGI。MtCO2，百万吨二氧化碳排放当量（包括滥伐森林）

图 7-11　现有和新兴的碳价机制体系

来源：M.Grubb（2012），"Emission trading：cap and trade finds new energy"，首次发表于 *Nature* 杂志，491：666-7，Macmillan 出版社有限公司的分公司自然出版集团。

2012 年 5 月，韩国国会最终通过了排放交易立法；该立法将对韩国 60%的排放源提出排放控制总量要求，并计划于 2015 年开始实行。[67]新加坡也正在起草详细的立法议案，其他许多亚洲国家也在制订类似的计划，并面临不同程度的争论。

在中国，国家发展与改革委员会（NDRC）于 2010 年 7 月选定 5 个省份和 8 个城市作为低碳省区和低碳城市。根据该国的五年计划（2011—2015 年），还将在 5 个城市和 2 个省份开始碳排放权交易的试点。[68]随着这些排放权交易机制逐步投入实施，有关其机制设计的详细信息也越来越多，并成为正在考虑建设的中国 2015 年碳价机制数据库中的重要内容，帮助中国实现 2020 年的碳强度减排目标。该目标一度让人感到难以置信得雄心勃勃，但随着中国的不断发展，相信该国实现此目标并非难事。

印度的"执行、实现和交易"（Perform，Achieve and Trade，PAT）

计划进一步展示了这些机制的推广实施范围。依据《印度节能法案》
（Indian Energy Conservation Act）的规定，PAT 计划对 8 个能源密集型行
业（大致类似于 EU ETS 的行业覆盖范围）设定强制性能源强度目标。对
经营者颁发了构成交易市场基础的节能证书（ECerts）：未达到目标的排
放源必须从超额完成目标的经营者处购买证书。这一计划正在分阶段有序
地实施，从 2012—2020 年每 3 年一个阶段，希望逐步地实现阶段性的成
果。其目标是推动节能交易市场快速进展：例如，要求印度钢铁部门到
2020 年时达到全球最高技术水平，而这一点按照正常的进展需要 30 年的
时间。到那时，预计印度人口将达到 13 亿，工业增长速度也将成为全球
最快的国家之一，截至 2020 年，PAT 计划的覆盖范围将与整个 EU ETS 大
致相当。[69]

印度 PAT 计划同总量管制与碳排放交易计划相比有两个基本的差
异：首先，PAT 计划的重点是国内的能源而非碳；其次，它的另一个重
点是能效而非节能总量。[70]尽管该计划有利于降低碳强度，但它并不算严
格意义上的气候政策，同时也反映出了印度对不稳定的石油市场担忧以及
担心对劣质煤炭资源的依赖性严重限制印度的经济增长，并对印度的环境
和交通运输系统产生越来越大的压力。

印度 PAT 计划试图既要与势在必行的实际发展趋势相一致，又要遵
循该国坚持的解决气候变化问题的责任主要在发达国家这一基本立场。但
是，在这个有着巨大潜力的节能交易计划显著推动印度工业能效的背景
下，印度也跻身于全球可再生能源发展先锋之列，并继巴西之后制订了最
宏大的国家可再生能源目标以及核能发展计划。然而，现实却是，占世界
人口五分之一并且工业部门急速发展的印度，正在给自己套上一个限制能
耗水平和促进低碳能源发展的沉重枷锁。为了与印度面对气候变化极端脆
弱的现实保持一致，该国正通过全球第二大市场交易机制赋予能效提高和
相关的减排量直接的经济价值。

所有这些都强调了两个事实：美国为建立全国性的交易体系寻求立法
基础努力的失败和 EU ETS 所经历的阵痛，都不能阻止排放交易机制在全
球范围内的前进，而且这些失败的教训给亚洲地区的追随效仿带来了重要

的启示。全球排放总水平中的约10%现在都受到排放总量限制或者要面临碳税（不包括印度的PAT计划）；到2015年时，韩国以及中国的试点计划将把这一比例提高到接近15%，并且更多类似的行动和实例还在不断出现。

　　然而，与《京都议定书》提出的愿景和欧盟所设想的建立一个与OECD范围一致的排放交易市场的想法相比较，这些努力似乎都是微乎其微的。新兴经济体不会完全复制EU ETS（或加州体系）：这些国家都会根据本国的优先问题和具体情况对市场机制做出一些调整，因此具体的市场机制看起来会与这些先驱大不相同。随着时间的推移，更多的排放交易体系可能会不断涌现，但显然那是2020年以后的任务了。在至少10年的时间内，全球范围内的排放交易机制将出现纷繁多样的不同情况和机制各异的不同体系。

7.8　结论

　　中国有一句老话：世上无难事，只怕有心人。常识以及第6章所述的经济原则和数据都表明，价格应该在市场经济中发挥作用，起到促进减排的目的。随着《京都议定书》的实施，全世界都呼吁通过市场机制来应对全球的气候变化，欧盟各国也基于这个平台建立了适合本区域实际情况的市场机制。在这种情况下，京都机制似乎验证了国际法的重要性——继续参加《京都议定书》的成员国遵守了其中的规定和承诺，从而使得京都机制更加强有力——但是美国的不参加和加拿大后来退出议定书，也强调了参与该议定书的自愿性。总而言之，全球范围内使用经济手段应对气候变化问题的大型试验，与先前预测的任何情况都完全不同。本章中所详述的教训数不胜数，包括具体的"欧盟碳排放交易体系十大经验"，但真正的重要问题其实非常简单。

　　第一，碳市场所发挥的作用基本符合预期：在具体的规则和当前的条件下寻找成本最低的减排方法。而这种机制的优点在于，往往能够发现意料之外的机会。而反面教训则是：如果人们真的希望建立一个国际体系能以低成本实现减排，那 CDM 机制绝不是一个正确的工具。

第二，人们普遍认为《京都议定书》及其建立的市场机制所面临的最大挑战是实现排放控制总量目标。而事实证明恰恰相反：这些机制所面临的最大的结构性挑战却是由于多种原因而过度实现减排目标，相应地产生了巨大的排放配额盈余（欧盟碳排放交易体系、东欧绿色投资计划、CDM 机制概莫除外）。这就出现了一个问题：如何防止盈余挫伤其他人参与或未来进行交易的积极性。这些机制总体的灵活性和本文载列的各种偏见共同作用，导致了这种新的风险。这就是需要考虑使用价格和总量控制目标的混合工具或（如本章中所列的）其他稳定机制的另一个原因。

第三，尽管所有的经济工具主要都是以均衡经济学的相对静态原理为基础构思出来的，但事实上这些工具都会发生变化，也是可以相互借鉴的。在欧盟的碳排放交易体系中，除了第 3 阶段因为缺乏稳定机制而被证明缺乏效果外，各阶段都在前一阶段的基础上取得了一定的进展。清洁发展机制的治理结构必须经过不断地发展，才能吸收关于项目额外性的经验并解决其中面临的各种争议，以消除机制产生不正当奖励的风险。一旦有一个体系能够让减排具有价值，总会在某个地方有某个人出来诋毁它。因此，立法、治理、监测和实施必须保持同步。从这个意义上来说，经济手段在很大程度上与金融体系并无区别。金融体系和市场的问题并未阻止我们去使用金钱和银行；碳市场所暴露的各种缺点也不应该阻止我们为造成损害的排放行为赋予一定的价格。

第四，以第二领域假设条件建立的各种市场工具可以通过其他领域产生一些影响——例如碳排放交易体系和清洁发展机制所产生的关注效应（第一领域影响），以及碳排放交易体系作为一种能够让长期目标具有经济价值的机制所产生的战略性影响（第三领域影响）。了解这些工具在第一领域（以及可能包括第三领域）中所产生的影响，的确有助于促使超额实现减排目标，从而导致对排放配额的供应过剩。此外，还应将由此产生的收入也用于相关的用途，如东欧绿色投资计划，以及用出售欧盟排放配额获得的资金来支持 CCS 项目。但是，市场工具本身不能克服在其他领域出现的各种障碍——关于 CDM 项目会实现建筑领域以"负成本"实现减排的假设不异于是在白日做梦，因为在该部门所面临的障碍其实和成本的关系并不大。

第五，作为一种过渡性的工具，"抵消"机制的作用（从不属于（具有约束力的）排放总量控制范围内的单个减排项目中产生排放配额）可能是最重要的。抵消机制本身就存在着很多固有的问题，这不仅仅包括评估项目"额外性"（参见专栏7-2）时所面临的各种复杂性和不确定因素，还因为抵消机制所追求的目标随着技术、成本和政策的演变会不断地发生变化。抵消机制在经济上也是不稳定的，因为抵消机制取得的成功不仅会产生供给过剩，而且会导致人们对一些国家因为可以通过抵消机制从受控于排放上限并推动体系前进的国家获得的巨大资金转移非常不满。但是，抵消机制——特别是 CDM 机制（以及一定程度上东欧地区的 JI 项目）——不仅带来了实际意义上的减排且促进了相关的低碳投资；还对这些区域的参与、能力和利益产生了转变性的影响。与其他类似事物一样，这些机制工具必须加以改进以免退出舞台。

最后，纵观全局，有一点是很显然的：市场只有在有人付钱的情况下才会起作用。通常情况下，人们都不喜欢付钱——尤其是不喜欢对以前免费的东西和看上去主要让别人获益的东西付钱。美国带头创造了市场机制，在全球能效方面体现了明显的优势。但是在后来的实践中，事实证明美国并不愿意付钱，而是退出了这些机制。加拿大随后仿效了美国的做法。这使得欧盟碳排放交易体系成为全球市场机制建设的核心，但该体系却不能承受全球范围内清洁发展机制项目给其带来的重负。更重要的是，"谁来付钱"这个问题是对市场工具的最强烈政治反对意见的核心，也是下一章的中心议题。

尽管遇到了各种困难，并且往往前进的道路上举步维艰，但在前几节所介绍的各种举措表明了目前已经普遍认可碳价机制（和更广泛的市场工具）在促进可再生能源发展、创新和增长的可靠战略中是不可或缺的要素之一。[71]这些机制是否能够以及应该如何相互联系在一起——无论是在本国国内还是在国际范围内，例如通过 CDM 机制使贫穷国家也能加入——仍然有待进一步研究。对各种形式的碳价机制总会有很多不同的意见和声音，目前有些反对意见看似非常令人信服，但这种情况就好像一条河流，不论在河道中有多少障碍物，也不论阻力有多大，最终总能找到一条出路前进。

注释

1.可以参见在该领域非常知名的研究者，也是对美国的机制争议参与颇深的学者 Stavins（2013）的文章，他对很多具有最优信息和最有影响力的学术文章进行了总结综述。然而，因为在设计机制细节时要贯彻文中介绍的这些想法和概念，使得《韦克斯曼-马基法案》过于政治化和复杂；而且一般公众也很担忧该机制对自己造成的成本影响并担心会迎来史无前例的能源价格高峰；同时，在当时美国刚刚经历信贷紧缩的艰辛，公众普遍对于这种复杂又容易被操纵的市场机制非常反感。

2.Fawcett 和 Parag（2010）创造出"个人排放交易"（personal carbon trading）这个范围比较宽泛的术语来总结了很多更加具体的排放交易机制提案，而这些提案本身可能名称各异：包括"总量管制和分担"机制（cap and share）、可交易能源配额机制（tradable energy quotas）、可交易消费配额机制（tradable consumption quotas）、个人碳排放配额机制（personal carbon allowance）、家庭碳排放交易机制（household carbon trading）以及可交易交通碳排放许可证机制（tradable transport carbon permits）。《气候政策》（Climate Policy）杂志有一期关于该主题的专刊（Parag 和 Fawcett，2010），其中的文章探索了关于这些具体机制提案的方方面面，包括与这些机制相关的一些复杂议题，如公平问题、机制执行和管理细节等。

3.关于在欧盟范围内建立一个碳排放交易体系的初次讨论萌芽于1997年在日本京都召开的气候变化大会。在1998年布宜诺斯艾利斯和2001年马拉喀什召开的《联合国气候变化框架公约》（UNFCCC）会议之后，形势变得很明显：UNFCCC没有办法去创造和推动有力的履约机制，因此欧盟开始考虑在欧盟范围内根据欧洲法院（European Court of Justice）的法律体系要求和审核批准程序来建立相应的减排机制。碳排放交易机制能够创造出有价值的资产，因此强有力的治理、监测和执行机制对于交易体系的建立和实施至关重要。2000年，欧盟委员会关于碳排放交易的讨论稿（绿皮书）已经将论调从"是否应该有这种排放交易机制？"转为"怎么建立这种排放交易机制？"之所以能够取得这样的进展，也可能归因于欧洲工业部门，如"欧洲工业和雇主联盟"（Union of Industrial and Employers' Confederation of Europe）（现在更名为欧洲商业，Business Europe）给予的支持。这些部门曾强烈反对欧盟碳税计划，但是却支持碳排放交易机制。该机制的提案在2001年形成初稿，然后被提交给欧盟部长理事会（EU Council of Ministers）和欧洲议会（European Parliament），并最终于2003年被通过并采纳（欧洲议会和欧盟理事会，2003）。

4.在实践中，碳排放交易市场存在三种交易类型：大型参与者之间的双边交易、（目前约占欧盟排放配额交易70%的）场外交易方式以及通过专门为该机制成立的一些新的交易所——如欧洲气候交易所（European Climate Exchange）和Bluenext交易所——与已有的一些能源交易所——如欧洲能源交易所（European Energy Exchange）和Nordpool交易所——进行的交易。

5.欧洲议会和欧盟理事会（2004）。

6.Kettner等（2008）。

7.在2005年年初排放交易机制启动之际，仍有四个主要的排放国（波兰、意大利、捷克共和国和希腊）所提出的国家分配计划仍然没有得到欧盟委员会的批准。事实上，其中拖到最后的国家是希腊，该国最后直到2005年6月才获批准，这比该机制正式启动晚了足足六个月。

8.在实际中，只有冰岛、匈牙利和立陶宛真正进行了拍卖交易，而丹麦只是将自己的排放储备额通过金融中介机构向市场出售。

9.Neuhoff（2008）。随着天然气价格变得更高，碳价肯定会相应提高，因为这样才能提供相应的经济刺激来促进使用天然气去取代烧煤，这也是与实现碳排放总量控制目标相一致的基本要求。因此，碳价会随着天然气价格一起提高。

10.Ellerman and Buchner（2008）。

11.当时主要的批评意见之一就是关于信息披露的方式——环境部长也许对于处理这些市场高度敏感的数据的细则并不熟悉。最开始的信息泄露来自于荷兰和捷克共和国，这两个国家都宣布它们的排放水平要显著低于所获的排放配额。随后，其他一些国家也相继宣布各自的排放水平，并泄露出相应的信息，在 2006 年 5 月 12 日时还出现了一个技术性的失误，导致 20 个国家的数据都被泄露出来，并引致碳价暴跌。

12.EU ETS 的指引方针很明确地排除了在该体系的不同阶段之间借还排放配额的可能性，因为方案制定者害怕这种方式会危害系统的完整性。在实践中，这种规定下，一些成员国还是可以将排放配额存储下来，而法国和波兰就试图去这么操作，不过当欧盟委员会宣布这种存储下来的排放配额必须从第 2 阶段的排放总量中被扣除之后，这两个国家的这种操作也被宣告无效。

13.唯一的例外是两个新加入国罗马尼亚和保加利亚，这两个国家在 2007 年才开始加入该交易体系。

14.在 2006 年 11 月欧盟委员会对首先提交的 11 份国家分配计划（在法国政府临近审阅前几天撤回了该国的计划后，变为 10 份）进行评审时，对除了英国以外的其他 9 份计划都予以拒绝，理由是这些国家所提出的减排水平不够。实际上，欧盟委员会所做的不仅仅是驳回这些方案，委员会通过提出具体的可允许的排放配额规定，明确表达了它对指引方针相关内容的解读——委员会对可供分配的国别排放配额的总额设定了上限，并认为所确定的这种上限与预期经济发展水平、能源强度和《京都议定书》确定的减排承诺是相一致的。具体来说，总排放配额不能超过 2005年的排放水平乘以经过能源强度（每单位经济产出所消费的能源水平）发展趋势调整后的经济增长率预测结果。而其中所使用的经济增长率预测水平和能源强度修正结果都是来自于国际（欧盟）一些机构的研究，而非由欧盟成员国自己提出。《京都议定书》所确定的减排义务以直线的形式由1990 年的排放水平转换为京都减排目标，并考虑了成员国提出的具体执行方案的其他方面，包括购买国际京都排放信用额度的计划。在当时，对于15个有减排义务的欧盟成员国，10个决定将其排放水平削减至低于基准（BAU）情景水平，因此这10个国家的排放配额的上限也就因此被决定了；剩下的5个国家被允许将国家分配计划中的排放配额提高到BAU排放水平。

欧盟具体的京都减排目标是根据《京都议定书》之后欧盟达成的"减排责任分担协议"确定的。《京都议定书》本身只是简单地规定了欧盟的目标是相对于1990年的水平降低8%，每个成员国的目标也与此相同。然而，议定书中的第4条（"泡沫"条款）就是为了允许一些国家——主要是欧盟成员国——可以在批准协议之前，聚集起来在议定书规定的总额基础上重新进行内部分配。因此后来通过的"减排责任分担协议"确定了每一个欧盟成员国的减排责任。

欧盟提案的意义在于驳回了各国在跟本国的产业经过广泛的谈判后所提出的加总后比排放上限高出10%的这些提案。欧盟委员会所宣布的声明让人非常意外，由于这项决议是代表了很多国家作为一个整体而做出的，这种做法无疑面临很大的风险。如果引致法律挑战可能会导致该交易体系彻底崩溃，或者由于法律纠纷导致该体系停摆数月甚至数年——那样就无法及时让投资者了解第2阶段的规则。一个愤怒的德国经济部长宣布德国将挑战欧盟委员会的这项决定，但是几周之后德国总理安吉拉·默克尔（Angela Merkel）就宣布这位经济部长的表述无效。德国是2007年G8峰会的主办国，而对于默克尔而言，气候问题在她的议程中占据非常重要的地位。如果德国控诉欧盟委员会，并要求委员会允许德国产业排放更多，她就无法在会议上做出表率去领导全球减排行动（并指责美国布什总统任期内的不作为）。

15.Neuhoff（2008）。

16.大部分东欧国家都向欧洲一审法院提出法律挑战，提出质疑的主要基础就是欧盟委员会对经济发展规则和预测结果的表述——很明显它们还是能够实现基于《京都议定书》所确定的各自减排目标——有一些裁决还是对它们有利的。这些争端延续了一段时间，最后只有波兰的情况在2010年4月得以解决，决议并未对其减排水平进行修正，只是修订了内部分配方案（EurActiv，2010）。

17.这种特别处理包括让东欧国家的发电厂仍然可以获得免费的排放配额（但是总量会有所降低）；还有就是为它们建立"不同燃料的基准线"配额水平，例如可以使这些国家为煤电发电厂发放比天然气发电厂更多的免费配额。

18.可以在网站 http：//unfccc.int/Statistics/index.html 上查获最新数据。

19.经核证的2008年排放数据于2009年4月被发布，该数据显示对于主要的排放国家，如英国、意大利、西班牙和德国，所确定的国家排放控制总量是比较合理的，均低于其实际排放水平。然而，由于可以大量使用国际抵消机制（CDM和JI）中产生的排放配额，这些国家也不需要进行比较积极的国内减排（Consilence Energy Advisory Group Limited，2009）。在2009年，情况则完全不同：2009年4月的数据已经显示出当时的排放水平与2008年同期相比下降了11%，产生了超出排放控制总量大约8 000万吨CO_2的盈余额度（Point Carbon，2010）。

20.Point Carbon（2009a）。

21.Delarue 等（2008）。

22.Climate Strategies：Grubb等（2012）。

23.可以参见 Schmalensee 和 Stavins（2012）的文章中对美国排放交易经验中所吸取经验的详细分析。

24.Grubb 和 Ferrario（2006）。

25.有很多人都因这种诈骗而被起诉，但是为了避免出现这种问题，随后欧盟委员会通过了一项指引方针，允许成员国对于EUAs的VAT征税机制做一个反向调整，转为对排放配额的购买者征税，而不再向售出者征税。

26.Phillips（2009）。

27.随后，欧盟颁布了相关立法条例来禁止这种排放额度被来回循环倒卖。

28.这些问题并不局限于 EU ETS 自身，市场操控实际上当然也是另一种欺诈行为。在京都框架下排放配额的政府间交易中也出现了类似的案例，斯洛伐克的四位环境部长就因为以市场价格的半价水平向一家匿名的美国公司大量出售京都框架下的排放配额而被迫引咎辞职。

29.实际上，在 2005 年，欧洲开发复兴银行（European Bank for Reconstruction and Development）的首席经济学家在一个公开讲话中对我预计欧洲公共事业部门可能因排放交易获得巨额收益的观点大加批评——他的观点反映了在机制运行初期人们的共同看法，即大家都认为企业不可能从环境管制措施中获利。我在 Climate Policy 杂志的一期特刊上（Sijm 等，2006）首次解释了出现这种情况的基本机理以及提供了确实的证据。然后，在两年之后，这成为了普遍接受的事实，并导致在 EU ETS 的第 3 阶段转为采取拍卖的方式来发放排放配额。

30.将分配配额方式与生产水平挂钩——被称为以排放强度为基础的分配方式（根据每单位产品的排放水平进行分配）或者以产出为基础的分配方式——可以解决企业从排放交易中获取暴利和碳泄漏等问题。然而，这种方式会重新导致甚至扩大以排放水平为基础的分配方式产生的执行无效问题。因此，欧盟的政策制定者根据对实践操作、环境目标和效率因素等的综合考虑，一直都拒绝来自企业的要求采取以产出为基础的分配方式以及返回一定利润的要求和压力。

31.如果是采用统一的方式对所有产业部门设立基准线，那么所产生的无效性会仅限于使最终高碳产品的价格提高幅度降低，因此降低了促进低碳产品替代的激励效果。然而，如果是根据燃料类型设定基准水平，如同在 EU ETS 中对于电力部门发放免费排放配额的方式那样，会导致发电部门转用低碳能源的动力降低。例如，如果煤电厂能够获得比天然气发电厂更多的免费排放配额，而天然气发电厂所能获得的免费排放配额又比水电厂多，那么整个电力系统转向低碳方向的动力就会被削弱，但同时整个系统改进生产效率的动力还仍然存在。这些因此产生的比较异于常理的激励影响的详细分析可以参见 Neuhoff 等（2005）和 Sterner 与 Muller（2008）的相关文章。

32.例如，在水泥行业，关于是否应该根据水泥还是水泥熟料（生产水泥的原材料）来设定基准水平的争议一直非常激烈。最终，致力于通过削减水泥熟料的使用来减排的企业输给了对手，因为最后它们的对手成功地游说政策制定者根据水泥熟料的使用量来确定配额分配的基准水平。

33.欧洲议会和欧盟委员会（2009）。这种对东欧国家的网开一面主要是由波兰对从免费发放调整为拍卖排放配额的方式对本国大规模的煤电厂的巨大冲击提出的抗议所驱动的妥协结果。我们将在随后的第8章中继续讨论其他可能面临碳泄漏风险而获得免除执行拍卖排放配额方式的部门。

34.这里提到的波兰官员的观点来自于其与本人的私人联系中。

35.基于对800家制造企业的访谈：Karoline Rogge（Fraunhofer系统与创新研究所）、Tobias Schmidt（苏黎世联邦理工大学）和Make Schneider（苏黎世联邦理工大学），"不同气候政策要素对于企业气候创新活动的相对重要性"；如需了解有关电力部门的研究结果，请访问：http：//www.climatestrategies.org。

36.第2阶段允许的CDM排放额度，可能会允许EU ETS的所有排放源在2008年到2012年期间的排放量平均超过其控制总量上限5.4%。这种潜在可供使用的减排规模显然也对欧盟碳排放交易体系的价格产生了重大影响。

37.诸如碳披露项目（Carbon Disclosure Project）这样的私营部门行动和像低碳指数跟踪器（low-carbon index tracker）、低碳100欧洲指数（low Carbon 100 Europe index）或标准普尔/IFCI碳效率指数（standard & poor's/IFCI carbon efficient indices）这样的金融产品，已经开始提供相应的信息。这是至关重要的，因为对于养老基金和从15~20年债券中寻求固定收益的其他投资者，必须透明地向其展示其所面临的风险。

38.标准普尔（2009），"英国电力价格疲软和业务风险增加导致德拉克斯电力有限公司发行人评级降至'BB+'：负面展望"（评级指导）。

39.Parsons和Taschini（2013）。

40.工业化经济体不可能恢复到2008—2009年信贷紧缩之前预计的经济产出水平；事实上，在经济衰退之后，几乎从来没有恢复到先前预期排放轨迹的先例（Bowen和Parker，2010）。可再生能源出乎意料的快速增长趋势也不太可能出现逆转。如果碳价没有崩溃，也不会为防止价格崩溃而改变规则，那么即使是未预计到的CDM项目产生的排放配额规模之大，在第3阶段也不会做出什么规则的调整，而只能任由这些排放额度进入体系。因此这种冲击只是暂时性的，大多都是在经济模型中的虚构想象；在现实世界中，经济危机大多都会产生持久的影响。

41.价格上限和下限的组合一直被讥讽为"价格管理"。然而，一些"价格管理"手段本就隐含在相关的干预方案中，而且如果当太低或太高的价格不符合战略目标时，那么"价格管理"从根本上来说就是适当的。应该根据经济和政治原则来确定价格上下限之间的差额以及这种"价格管理"的手段的实施程度。

42.《京都议定书》定义了两大类国家：附件一中的国家包括需要强制履行排放总量控制目标的国家，主要是发达国家；除附件一之外的其他附件所列的是不需要承诺排放总量控制目标的国家，其被称为非附件一国家，主要包括发展中国家。

43.如需了解有关清洁发展机制和联合履约机制比国际排放交易机制更重要的不同意见，请参阅Woerdman和van der Gaast（2001）的文章。

44.当接踵而至的各种经济危机将匈牙利政府推到濒临破产的边缘时，匈牙利政府提交了延迟执行绿色投资计划来防止出现该国需要向国际货币基金组织申请应急贷款的情况。最后的结果仍然在谈判过程中。

45.Kossoy和Ambrosi（2010）。

46.通过指定的经营实体进行验证（指定的经营实体：按照给定的标准评估项目的认证的第三方审计员），东道国指定的国家机构批准（检查项目是否有助于可持续发展），然后向清洁发展机制执行委员会（《联合国气候变化框架公约》下的独立监督机构）进行登记。

47.如需了解有关CDM机制业绩的更详细的分析，请参阅：《气候策略》，Michaelowa和Castro（2008）及Grubb等人（2010）。

48.联合国环境规划署Riso Centre（2012）。

49.这一规则后来被称为"E+/E-"规则。这种风险是，由于必须证明项目属于"额外"的项目，这可能会阻止一些国家提高国内政策。为了防止促使采取错误政策（例如提高基线排放量）或不去实施正确政策（如在没有CDM机制的情况下促进低碳项目出现）的这种潜在的不正当奖励，欧盟理事会于2004年通过了以下原则：（a）提高基线排放量（"E+"）的政策变化，如果在《京都议定书》通过后实施，则不能计入基线中。（b）让低碳技术（"E-"）具有积极的比较优势的政策变化，以及在2001年通过《马拉喀什协定》（其中对《京都议定书》的实施做出了规定）之后实施的政策变化，则不需要考虑。因此，各国无法通过不良政策产生更多的排放配额，减排政策也不能降低CDM机制信用额度，因为"基准情景是指在没有国家和/或行业政策或法规时假设的一种情况"（Carbon Trust，2009：56，网址：http：//www.carbontrust.co.uk）。

50.Korppoo（2007）。

51.如需了解有关JI项目开展的更深入分析，请参阅Korppoo和Gassan-Zade（2011）和Carbon Trust（2009）。2012年的数字来自联合国环境规划署Riso JI Pipeline。

52.Zhenchuk（2012）。在2012年年底的多哈决议和"轨道一"产生的排放配额激增之后，JI行动小组（一直负责监测JI项目的非政府组织）在解散之前向联合国联合实施监督委员会写了最后一封反馈信（请访问：http：//www.jiactiongroup.com）。

53.《联合国气候变化框架公约》（1998）。

54.Olsen（2007）与Olsen和Fenhann（2008）。

55.早期的研究包括Michaelowa（1998）、Grubb等人（1999）和Jackson等人（2001）。如需了解清洁发展机制中审核额外性的监管历史的相关详细叙述，请参阅Michaelowa（2009）。

56.参见Cames等人（2007）、Michaelowa和Purohit（2007）、Schneider（2007）与Grubb等人（2010）的文章。如需了解有关其发展历程和未来可能性的广泛概述，请参阅Michaelowa（2009：248-71）。

57.Wara（2008）和Green（2008）。

58.Liu（2010）。

59.Fichtner等人（2002）与Michaelowa等人（2003）。

60.Carbon Trust（2009）。

61.《联合国气候变化框架公约》（2011）：清洁发展机制的益处，网址：https：//cdm.unfccc.int/about/dev_ben/pgl.pdf，引自Rabb（2012：8）。

62.如需了解加州排放交易体系的概述，请参阅国际排放交易协会（2013）。对于电力行业和被认为容易受到外部竞争的其他行业，免费配额将包括95%的排放总量上限，该上限在2020年逐渐下降到42%（美国电力研究院，2011）。对于工业排放源，这一数字初步是90%，并按年产值按比例每年减少。考虑到欧洲电力部门因排放交易而获取暴利的先例，电力部门的配额没有提供给发电厂，而是给了电力消费者。

63.创造碳市场不仅仅是一个技术上的挑战，更是一个社会过程。WCI的经验强调了集体行动逻辑的重要性，司法管辖区重视个人利益的必要性、其他政策环境下证据的作用，以及对有关政策的目的达成广泛共识的必要性（Klinsky，2013）。

64.世界银行（2012）。

65.新西兰是碳税提案（最终受到政治扼杀）和排放交易体系之间相互政治角力斗争的另一个范例。Bertram和Clover（2009）严厉批评了新西兰交易体系所存在的问题。

66.从技术上讲，在澳大利亚体系实施的最初几年，2012年将碳排放配额的固定价格设定为23澳元，到2015年以每年2.5%的速度提高（Meltzer，2012）。市场参与者可以在拍卖会上以这个价格获得无限数量的配额，而政府则致力于以抵消额度来满足超出国内目标的任何需求。2015年7月1日之后的配额供应将封顶，但市场参与者将能够通过购买欧盟碳排放交易体系中的配额来满足其排放需求。

67.韩国（2012）。

68.参与的中国城市包括北京、天津、上海、重庆和深圳，还包括广东和湖北两省。

69.具体而言，印度"执行、实现和交易"（PAT）计划的参与部门和阈值为：热电厂、水泥、化肥、钢铁、纸浆和纸张为30 000吨油当量（toe）；铝为7 500吨油当量；氯碱生产为12 000吨油当量；纺织品为 3 000 吨油当量。如需了解印度"执行、实现和交易"（PAT）计划的简短介绍，请参阅 Joyashree Roy 的"简报说明"，网址：http：http：//www.climatestrategies.org。如需了解更全面和更新的分析，请参阅 Roy 等人（2013）文章。通过设置这些阈值，印度 PAT 计划覆盖了不到 500 个主要设施，避免了欧盟碳排放交易体系实施时由于（以较高的相对交易成本）纳入成千上万的小型设施而带来的各种问题，而实际上绝大多数的排放其实只是来自于 5%~10% 的最大型设施（Carbon Trust，2008）。

70. 把重点放在能效（强度）上，这反映了对于一个经济增长率较高但历史增长率不确定的国家而言，在确定能源利用目标时存在的困难。这种计划所面临的政治挑战性也相对较小，因为该计划只是去实现能效提高的潜力，并非尝试去鼓励该国寻求由能源密集型向能源密集度较低的商品和服务结构的转变。这项计划将对每单位的电、水泥、钢铁和其他基本商品的能耗（而非初级生产量）进行限制。

71. Paterson（2012）。

参考文献

Bertram, G. and Clover, D. (2009)'Kicking the fossil fuel habit: New Zealand's ninety percent target for renewable electricity', in Fereidoon P. Sioshansi (ed.), Generating Electricity in a Carbon Constrained World. Amsterdam: Elsevier.

Bowen, A. and Parker, C. (2010) Economic Growth, the Recession and Greenhouse Gas Emissions, Report for Climate Strategies. Online at: http://www.climatestrategies.org.

Brack, D., Grubb, M., Windram, C. et al. (2000) International Trade and Climate Change Policies. London: RIIA/Earthscan.

Cames, M., Anger, N., Böhringer, C., Harthan, R. O. and Schneider, L. (2007) Long-term prospects of CDM and JI, Report by Öko-Institut and ZEW. Berlin: Umweltbundesamt.

Carbon Trust (2008) Cutting Carbon in Europe: The 2020 Proposals and the Future of the EU ETS. London: Carbon Trust. Online at: http://www.carbontrust.co.uk.

Carbon Trust (2009) Global Carbon Mechanisms: Emerging Lessons and Implications. London: Carbon Trust.

Climate Strategies: Grubb, M., Laing, T., Sato, M., and Comberti, C. (2012)'Analyses of the effectiveness of trading in EU-ETS', Climate Strategies Synthesis Report, London, www.climatestrategies.org.

Climate Strategies: Michaelowa, A. and Castro, P. (2008)'Empirical analysis of performance of CDM projects', Climate Strategies Synthesis Report, London, www.climatestrategies.org.

Consilence Energy Advisory Group Limited (2009) Accord. Agreed COP15 18/12/2009 by USA, China, India, Brazil and S Africa, 'Noted' by UNFCCC. Copenhagen: Consilience Energy Advisory Group Ltd.

Delarue, E., Voorspools, K. and D'haeseleer, W. (2008) Fuel Switching in the Electricity Sector Under the EU ETS: Review and Prospective, TME WP EN2007-004. KU Leuven Energy Institute.

Ecofys, Fraunhofer Institute for Systems and Innovation Research and Öko-Institut (2009) Methodology for the Free Allocation of Emission Allowances in the EU ETS Post 2012: Report on the Project Approach and General Issues. Berlin: Ecofys.

Ellerman, A. D. and Buchner, B. (2008)'Over-allocation or abatement? A preliminary analysis of the EU ETS based on the 2005-06 emissions data', Environmental and Resource Economics, 41:267-87.

EPRI (2013) Exploring the Interaction Between California's Greenhouse Gas Emissions Cap-and-Trade Program and Complimentary Emissions Reduction Policies. Online at: http://eea.epri.com/pdf/ghg-offset-policy-dialogue/workshop14/EPRI-IETA-Joint-Symposium_Complementary-Policies_041613__Background-Paper_FinalPosted.pdf.

EurActiv (2010)'Czechs vie for top in Eastern European R&D league', EurActiv, 7 June.

European Environment Agency (2013) EU Emissions Trading Systems (ETS) Data Viewer. Online at: http://www.eea.europa.eu/data - and - maps/data - viewers/ emissions-trading-viewer.

European Parliament and Council (2003) Directive 2003/87/EC of the European Parliament and of the Council establishing a scheme for greenhouse gas emission allowance trading within the Community and amending Council Directive 96/61/EC, Official Journal of the European Communities, L275:32–46.

European Parliament and Council (2004) Directive 2004/101/EC of the European Parliament and of the Council amending Directive 2003/87/EC establishing a scheme for greenhouse gas emission allowance trading within the Community, in respect of the Kyoto Protocol's project mechanisms, EU.

European Parliament and Council (2009) Council Directive 2009/29/EC to improve and extend the greenhouse gas emission allowance trading scheme, Official Journal of the European Communities, L140:63–87.

Fankhauser, S. (2011) 'Carbon trading: a good idea is going through a bad patch', European Financial Review, April-May, pp. 32–5.

Fawcett, T. and Parag, Y. (2010) 'An introduction to personal carbon trading', Climate Policy, Special Issue, 10(4):329–38.

Fichtner, W., Graehl, S. and Rentz, O. (2002) 'International cooperation to support climate change mitigation and sustainable development', International Journal of Environment and Pollution, 18(1):33–55.

Fliechter, T., Hagemann, M., Hirzel, S., Eichhammer, W. and Wietschel, M. (2009) 'Costs and potential of energy savings in European industry-a critical assessment of the concept of conservation supply curves', Eceee 2009 Summer Study - Act! Innovate! Deliver! Reducing Energy Demand Sustainably, Paper No. 5376. Ecofys, Fraunhofer Institute for Systems and Innovation Research.

Green, R. (2008) 'Carbon tax or carbon permits: the impact on generators' risk', Energy Journal, 29(3):67–89.

Grubb, M. (2012) 'Emissions trading: cap and trading finds new energy', Nature, 491:666–7.

Grubb, M. and Ferrario, F. (2006) 'False confidences: forecasting errors and emission caps in CO_2 trading systems', Climate Strategies, Report. London: Climate Strategies.

Grubb, M., Brack, D. and Vrolijk, C. (1999) The Kyoto Protocol: A Guide and Assessment. London: Earthscan.

Grubb, M., Brewer, T. L., Sato, M., Heilmayer, T. and Fazekas, D. (2009) Climate Policy and Industrial Competitiveness: Ten Insights from Europe on the EU Emissions Trading System. Washington, DC: Report for the German Marshall Fund Climate and Energy Paper Series No. 9.

Grubb, M., Laing, T., Counsell, T. et al. (2010) 'Global carbon mechanisms: lessons and implications', Climatic Change, 104(3-4):539–73.

IETA, EDF (2013) California: The World's Carbon Markets: A Case Study Guide to

Emissions Trading. Online at: http://www.ieta.org/assets/Reports/EmissionsTrading AroundTheWorld/edf_ieta_california_case_study_may_2013.pdf.

Jackson, T., Begg, K. G. and Parkinson, S. D. (eds) (2001) Flexibility in Climate Policy: Making the Kyoto Mechanisms Work. London: Earthscan.

JIAG (2012) CDC Climate: Extensive Report on Joint Implementation. Joint Implementation Action Group, available at: http://www.jiactiongroup.com.

Kettner, C., Köppl, A., Schleicher, S. and Thenius, G. (2008) 'Stringency and distribution in the EU Emissions Trading Scheme: first evidence', Climate Policy, 8:41–61.

Klinsky, S. (2013) 'Bottom-up policy lessons emerging from the Western Climate Initiative's development challenges', Climate Policy, 13(2).

Korppoo, A. (2007) Joint Implementation in Russia and Ukraine: Review of Projects Submitted to JISC, Climate Strategies Briefing Paper, October. Online at: http://www.climatestrategies.org/research/our-reports/category/19/12.html.

Korppoo, A. and Gassan-Zade, O. (2011) Dangers of the Endgame: Engaging Russia and Ukraine during the Gap, FNI Climate Policy Perspectives 2. Lysaker: FNI.

Korppoo, A. and Moe, A. (2008) 'Joint Implementation in Ukraine: national benefits and implications for further climate pacts', Climate Policy, 8(3):305–16.

Kossoy, A. and Ambrosi, P. (2010) State and Trends of the Carbon Market 2010. World Bank, May.

Liu, X. (2010) 'Extracting the resource rent from the CDM projects: can the Chinese government do better?', Energy Policy, 38:1004–9.

Meltzer, J. (2012) Carbon Pricing in Australia: Lessons for the United States, Brookings Institute Working Papers. Online at: http://www.brookings.edu/research/opinions/2012/07/02-carbon-australia-meltzer.

Michaelowa, A. (1998) 'Joint Implementation– the baseline issue', Global Environmental Change, 8(1):81–92.

Michaelowa, A. (2009) 'Interpreting the additionality of CDM projects: changes in additionality definitions and regulatory practices over time', in D. Freestone and C. Streck (eds), Legal Aspects of Carbon Trading. Oxford: Oxford University Press, pp. 248–71.

Michaelowa, A. and Purohit, P. (2007) 'CDM potential of bagasse cogeneration in India', Energy Policy, 35:4779–98.

Michaelowa, A., Stronzik, M., Eckermann, F. and Hunt, A. (2003) 'Transaction costs of the Kyoto Mechanisms', Climate Policy, 3:261–78.

Neuhoff, K. (2008) 'Learning by doing with constrained growth rates: an application to energy technology policy', Energy Journal, 29(2):165–82.

Neuhoff, K., Grubb, M. and Keats, K. (2005) Impact of the Allowance Allocation on Prices and Efficiency, Cambridge Working Papers in Economics 0552. Faculty of Economics, University of Cambridge.

New Carbon Finance (2009) 'Emissions from the EU ETS down 3% in 2008', New Energy Finance, 16 February.

OECD (2013) Climate and corban: aligning prices and policies. Environment Policy Paper no. 1. Paris: Organisation for Economic Cooperation and Development.

Olsen, K. H. (2007) 'The clean development mechanism's contribution to sustainable development: a review of the literature', Climate Change, 84: 59–73.

Olsen, K. H. and Fenhann, J. (2008) 'Sustainable development benefits of clean development mechanism projects: a new methodology for sustainability assessment based on text analysis of the project design documents submitted for validation', Energy Policy, 36(8): 2773–84.

Parag, Y. and Fawcett, T. (2010) 'Personal carbon trading', Climate Policy, Special Issue, 10(4): 329–38.

Parsons, J. E. and Taschini, L. (2013) The role of stocks and shocks concepts in the debate over price vs. quantity', Environmental and Resource Economics, 55:71–86.

Paterson, M. (2012) 'Who and what are carbon markets for? Politics and the development of climate policy', Climate Policy, 12(1): 82–97.

Phillips, L. (2009) 'EU emissions trading an "open door" for crime, Europol says', EU Observer, 10 December.

Point Carbon (2009a) Carbon Market Europe, 30 January.

Point Carbon (2009b) CDM Host Country Rating. Available at: http://www.pointcarbon.com/research/carbonmarketresearch/cdmhostcountryrating/cdm/.

Point Carbon (2010) Carbon Market Europe, 30 January.

Raab, U. (2012) Market Mechanisms-from CDM Towards a Global Carbon Market, FORES Study No. 8. Stockholm: FORES.

Republic of Korea (2012) Act on Allocation and Trading of GHG Emissions Allowances, 2 May.

Rogge, K., Schimdt, T. and Schneider, M. (2011) Relative Importance of Different Climate Policy Elements for Corporate Climate Innovation Activities: Findings for the Power Sector, Working Paper, Berlin: Climate Policy Initiative and London: Climate Strategies, available at: http//:www.climatestrategies.org.

Roy, J. (2010) Iron and Steel Sectoral Approaches to the Mitigation of Climate Change, Briefing Note, 9 December. London: Climate Strategies.

Roy, J., Dasgupta, S. and Chakravarty, D. (2013) 'Energy eficiency: technology, behavior, and development', in A. Goldthau (ed.), The Handbook of Global Energy Policy. London: Wiley–Blackwell.

Sartor, O. (2011) Closing the Door to Fraud in the EU ETS, Climate Brief No. 4. CDC Climate Research.

Schmalensee, R. and Stavins, R. N. (2013) 'The SO_2 allowance trading system: the ironic history of a grand policy experiment', Journal of Economic Perspectives, 27(1): 103–22.

Schneider, L. (2007) Is the CDM Fulfilling Its Environmental and Sustainable Development Objectives? An Evaluation of the CDM and Options for Improvement. Berlin: Öko-Institute.

Sijm, J., Neuhoff, K. and Chen, Y. (2006) CO_2 Cost Pass Through and Windfall Profits in the Power Sector, Cambridge Working Papers in Economics 0639. Faculty of Economics, University of Cambridge.

Standard & Poor's (2009) Europe-Standard & Poor's. Standard & Poor's Financial Services LLC.

Sterner, T. and Muller, A. (2008) Output and Abatement Effects of Allocation Readjustment in Permit Trade, RFF DP 06-49. Washington, DC: Resources for the Future.

Tietenberg, T. H. (2006) Emissions Trading-Principles and Practice. Washington, DC: Resources for the Future.

UNEP Risø Centre (2012) UNEP Risø CDM/JI Pipeline Analysis and Database, UNEP. UNEP/IUC/99/2, Geneva.

UNFCCC (1998) Kyoto Protocol to the United Nations Framework Convention on Climate Change.

UNFCCC (2011) Benefits of the Clean Development Mechanism 2011. UNFCCC.

Wara, M. (2008) A Realistic Policy on International Carbon Offsets, Program on Energy and Sustainable Development Working Paper No. 74. Stanford, CA: Stanford University Press.

Weber, T. A. and Neuhoff, K. (2010) 'Carbon markets and technological innovation', Journal of Environmental Economics and Management, 60(2): 115-32.

Woerdman, E. and van der Gaast, W. (2001) 'Project-based emissions trading: the impact of institutional arrangements on cost-effectiveness', Mitigation and Adaptation Strategies for Global Change, 6(2): 113-54.

World Bank (2012) State and Trends of the Carbon Market Report 2012. Washington, DC: World Bank.

Zhenchuk, M. (2012) The Integrity of Joint Implementation Projects in Ukraine. Kiev: National Ecological Centre of Ukraine.

[第8章]

碳价政策伤害了谁?

碳价机制的传导性影响与应对之道

别找我征税,也别找你征税,要找就找躲在树后面的那个家伙吧……

——Russell B. Long,美国民主党参议员,引自Mann(2003:333)

8.1 引言:由谁买单?

如果碳排放真的有一个价格,总得有人为由此产生的成本买单,事实上,这才是碳价机制的核心问题所在。市场经济能有效使人们为某种商品的实际成本进行支付。但是谈到掏钱支付,人们总归不会很乐意,尤其是对于像碳排放这样一种过去一直被视作是免费的东西,人们就更不情愿为其买单了。第6章已经用各种证据论证了为何为碳定价如此重要,也介绍了一些关于对碳定价的经典案例。而很久之前,由主要发达国家所组成的OECD组织就已经一致认同了"污染者付费"经济原则的合理性(第1章)。

对于CO_2这种污染物,我们所有人都是污染者。因此"污染者付费"原则从理论转变为实践的过程要更加复杂一些。此外,还有一个比较棘手的问题:谁应该真正为碳排放买单:所支付的价格到底应为多少?支付者又会如何应对?

总的来说,高碳产品的制造商和使用者所需承担的成本更高,而低碳产品的制造商和使用者所需支付的成本将相对更少一些。如果碳排放水平真正体现在商品价格中，这种价格水平的变动将能够帮助改变人们的生产和消费行为，但同时也会使不同群体的财富水平发生转移和调整。如果为单位碳排放确定一个足以产生影响的价格——或者说大致能够相当于大部分研究中估计的足以弥补气候灾害的价格水平——就意味着将会发生大规模的财富转移。以欧盟碳排放交易体系的所有排放配额价值为例，总规模可达每年数以百亿欧元之巨！

最初，人们对碳价的关注主要聚焦于它对社会总成本的影响——即对GDP 和福利水平的整体影响。事实上，正如在第 6 章中所介绍的那样，这种影响实际上是比较有限的。从政治的角度分析，碳价对于国民收入或国家就业水平的影响并不是那么显著，因为一方面有些其他因素的重要程度要远胜于碳价问题（例如经济增长速度等），另一方面就是不同阶层群体之间财富转移的规模也会削弱碳价对国民经济的影响。

关于碳价的分配影响，最基本的事实就是如果不对碳排放赋予一定的价格本身就意味着一种转移效应——通过避免让我们这一代人承担成本的方式把风险转嫁到我们子孙的头上。然而，正如前面的章节已经强调的那样，即便认识到这样的事实，我们设计碳税机制以及在实践中加以实施的实际帮助也非常有限。相比于这种代际间的分配影响，实施碳税对生产部门和消费者之间的分配影响机制以及在不同的产业和不同的消费群体间产生的分配影响则更为引人关注。本章将主要探究碳价究竟应该"由谁买单"问题以及它的分配影响效应，这些问题都相当关键而棘手。如前所述，这些问题是决定哪些目标可以实现而哪些无法实现的重要决定因素，此外，本章还将探索该如何设计路线图来处理和应对碳价对于不同群体的分配影响效应。

8.2　排放交易带来的收益和损失

对大部分读者（或选民）来说，碳价问题最引人关注的焦点在于排放交易机制对于消费者的最终影响。为了能够全面了解该问题，我们最好从问题产生的"上游环节"开始溯源，从产业排放源开始进行分析。它们才是选举议题和经济问题（包括"碳泄漏"问题）中最容易滋生忧虑的核心之所在，而且这些主要的碳排放产业真正决定了碳成本如何通过经济运行转移到（或者没有被转移到）终端消费者身上的过程。

诚如我们在第6章中已经强调的那样，利益是不会消失的。如果以征收碳税的形式——或者政府对排放配额进行拍卖——政府将由此获得收益，那么进行排放的产业所需承担的成本将被转移到产品价格上去。我们所有人都会因为消费能源产品（以及能源密集型产品）支付相应的成本，同时又会以公民的身份获得福利收益（例如可以被减免其他税收负担）。碳价政策的这种"向下游"各环节分布式的影响还将在第8.5节中进一步讨论。

如果是采取免费向碳排放行业提供排放配额的方式，那么产生的影响（甚至）将更加复杂一些。我们已经分析过，发放免费的排放配额——主要是为了避免重新分配资金——对于所有现行的交易机制最初的启动都尤为重要。在第7章中已经解释过，尽管为了实现《京都议定书》确定的减排目标，相关产业的排放水平都有所削减，但是事实表明在欧盟的碳排放交易体系覆盖的所有部门中，众多企业直至今日都未能实现实际赢利。

在这种情况下，企业获得的利润来自两种渠道。首先，如果一个部门能够通过减排实现排放配额盈余，它就能够将其出售；其次，可能相关商品的价格所提升的幅度要高于碳价所引致的成本增幅。欧盟的碳排放交易体系的运行经验可以验证如图8-1中所示的一般性经济原理：这种交易机制对企业的影响究竟是使其获得收益还是遭受损失取决于免费发放配额的方式（纵轴）以及碳排放成本中有多少转移到商品的成本中（横轴）这两方面因素所结合的方式：

• 如果没有免费的排放配额，企业需要为所有的排放进行支付，但是却不能将任何的成本转移到商品售价上（例如由于激烈的国际竞争），那么就位于图中左下角的区域，企业（以所介绍的钢铁产业为例）的利润率将会大幅下降。

• 与此相反，如果企业所获得的免费排放配额足以支付几乎全部排放所应支付的金额，但同时却将所有的碳价都增加到商品的最终价格上，那

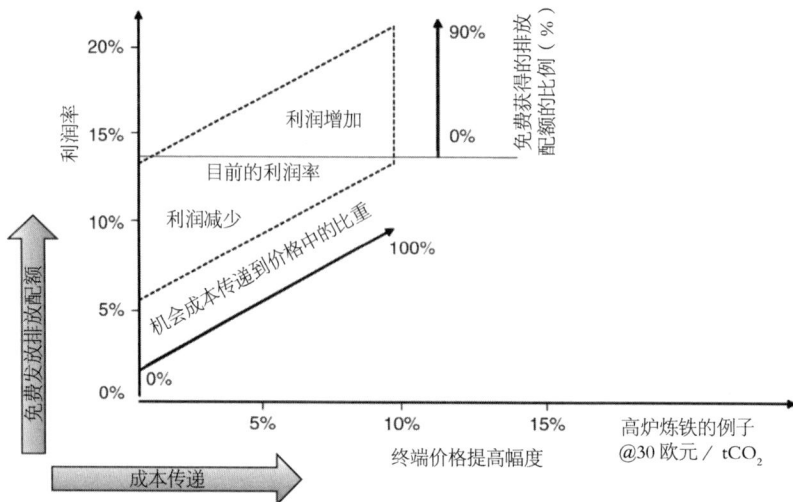

图8-1　免费发放排放配额和成本传递到最终产品方式两种因素的结合决定了
最后碳税机制是产生收益还是面临损失

注：图中列出的数据来自一种最为典型的高碳产品——钢铁，在欧洲，不考虑国际影响的情况下，钢铁行业的碳价为30欧元／tCO$_2$。

么就如图8-1中右上方的区域所示，能够使企业所获得的利润水平大幅增加。

首先，后面这种情况看起来是赤裸裸的逐利行为。但是让人感到矛盾的是这种情况最有可能在竞争性市场中发生，尤其是在以短期营业成本为基础的持续性竞争环境中——例如完全开放的电力市场等。这是因为在这种市场中，追求利润最大化的企业将倾向于根据它们的短期营业成本来制定商品的价格：销售每单位产品获得的收益价值应该至少能够平衡生产单位产品的总成本，如果销售价格无法抵补成本，就意味着企业是在亏损运营。对排放水平进行控制会增加企业的单位增量（边际）成本，因为企业如果需要多排放，要么需要购买排放配额，要么就放弃了售出排放配额的机会。几十年来，电力经济学家一直非常推崇这种"边际成本定价"的方式。由于在这种方式下，所有直接参与竞争的企业都有同样的动机，结果就是最终的价格将会趋于提高以反映这种"机会成本"。[1]

在EU ETS的前两个阶段，政府给所有的部门和产业都发放了免费的排放配额,希望它们能够处于图 8-1 的左上方区域——使产生的利润变化影响最小化,但是却仍有动机去实现减排。但实际上,欧洲竞争性的电力市场变成了图中右上方区域所示的情况,从这种交易机制中额外获得了几十亿欧元的收益。正是基于这种实际情况(而并非第 7 章中提出的由于免费发放排放配额所产生的潜在效率损失),EU ETS 在其第三阶段时(2013—2020),开始推动在发电部门中,逐步从无偿发放排放配额转为拍卖的方式。[2]

然而,这种适用于任何竞争市场的基本性原则,还会因为市场要接受来自不实施碳价国家的竞争而受到一定的约束。免费分配排放配额的方式伴随着很多的复杂性,从经济上来说,最理想的情况就是达到位于图中右下方的区域。这也是 EU ETS 希望电力部门在第三阶段能大致实现的状态。而对于其他部门来说,情况甚至还要更加复杂一些。

前面已经介绍过,碳价的影响不仅仅由免费分配碳排放配额的比例决定,还有一个重要的因素就是碳价是否会传递到商品的最终价格中去(或者有多少会传递过去)。图 8-2 介绍了三种关键的价格影响效应。

在图中最左边介绍了对产业("供给")侧的影响,碳价会使制造厂商有动力来削减它的碳排放(例如通过提高能效水平、寻找替代燃料等方式),同时还会为了实现该目标在一些方面积极推动各种创新。

如果碳价造成的成本上升传递到了消费("需求")侧,也就是图中最右边介绍的情况。这时碳价的出现会鼓励消费者使用低碳产品和服务,同时鼓励企业为了迎合这种需求去提供相应的商品和服务。

从实现减排的目标来看,这些都属于理想的结果。但是在下图的中间还介绍了如果在不同地区施行不同的碳价时有可能产生的不利影响:如果产业的成本增加并未传递到商品的最终价格中去,那么会导致利润水平下降并使投资水平降低;如果产业的成本被传递到商品价格中去,那么产品将会比其他未征收碳价地区的竞争者所生产的同类产品要更贵一些,因此产业将在与进口产品的竞争中失利(或者失去出口市场)。这样,会通过促使投资或经营行为的调整使"碳泄漏"问题变得更加严重。

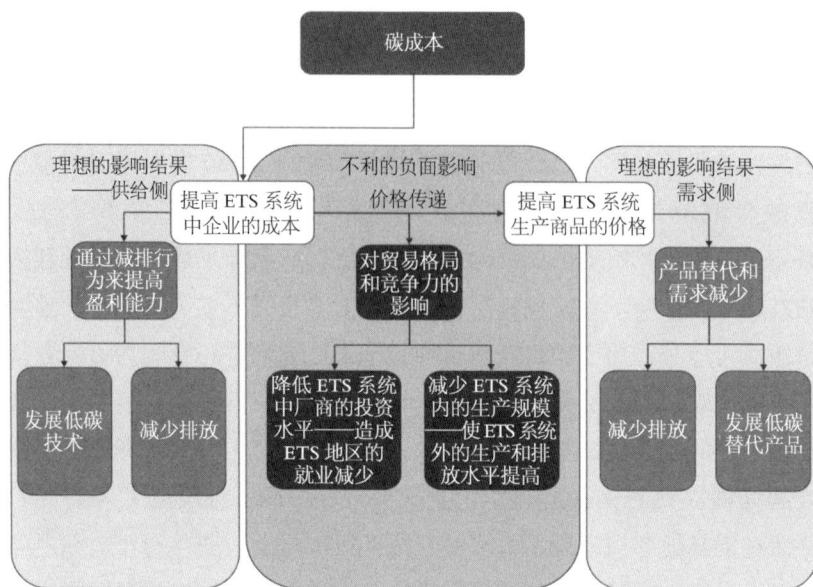

图 8-2　碳价实施产生的理想和不利影响结果

来源：摘自 Carbon Trust（2010）。

　　有很多的学术研究都试图对潜在的碳泄漏规模进行估计。其中大部分都指出所估算出的总规模很小——肯定会远远小于预期的减排规模。

　　尽管这种潜在的碳泄漏的规模有限，不算是很严重的问题。但没有任何的政治家（无论他们怎么承诺）会愿意去维护一个可能造成出口下降或投资转移到国外——因此导致总产出和就业减少——但无法有效实现减排的机制。从政治的角度来看，这种机制还是隐含着风险。在现实世界中，没有任何的碳价体系能将碳泄漏问题视作小问题不予重视，却能取得实质性的进展：事实上，这可能是最重要的一个议题，而且在所有的情况中都会导致对具有国际竞争力的产业有一些特殊的对待措施。

　　同时，不同部门之间的碳泄漏风险的差异性也非常巨大。合理的政策的关键在于正确理解这些部门差异。每个部门因施行碳价而承担的成本是决定碳泄漏问题最显著的影响因素。然而，成本只能作为识别"碳泄漏风险"的首要指标而非全部。对电力部门的考虑就是一个非常明显的例子。

毫无疑问，对于电力部门碳成本是非常重要的因素；但是，一般来说，成本问题并不能使这个产业进行"转移"：英国的消费者不能从俄罗斯购买所需的电，而美国也不可能因为碳价因素大幅增加电力进口。电力部门只能转向使用低碳能源，同时能将相应的成本增加转移给消费者而不会因来自进口市场的竞争而失去市场份额。

　　一般来说，贸易的世界不是扁平的。可能通常本地生产的产品在同进口产品的竞争中会获得一些优势，因为它们更能取得消费者的信任、具有一些符合本地市场需求的特质以及能够获得更有利的管理政策。与之相反，进口商品会因交通和管理方面产生的成本以及汇率风险而面临一些额外成本。这种区位优势可能意味着如果企业重新迁移生产地所损失的总额要超过减少碳成本所节约的规模。因为所需的运输基础设施可能不完善；在没有碳价的地区所实施的法律、政令和其他管制政策可能都对外来企业不利。所有的这些因素都会削弱进口产品的竞争性，不利于企业重新转移生产地；而且促使任何增加的成本都被转移到市场中去。然而，当成本差异非常显著时——例如劳动成本的差异推动大量企业将生产（以及一些服务）业务外包给新兴经济体——那么成本因素就会超过这些阻碍。

　　因此，获得准确的数据和分析是不可缺少的。我们在前面解释过如果某个产业能够获得免费的排放配额，但同时仍可以将碳成本传递到商品的需求侧，那么就有潜力从排放交易的实施中获利。产业是否能由此增加利润取决于碳成本相比较于其他成本的规模究竟有多大，各种不同因素和阻碍因素如下面的图8-3所示。

　　• 如果它们所生产的商品没有竞争对手，而消费者对于价格提高的反应不敏感，那么该行业可以（而且确实会）将这种碳成本传递给消费者，这个产业就会趋向于从免费获得排放配额的机制中获利，而如果企业能够削减排放水平，它们就能获取更多利润。

　　• 如果产业面临来自其他碳成本较低制造商的激烈竞争；或者，如果消费者能够轻易地找到替代产品，那么碳密集型产品的生产企业就无法传递太多碳成本到最终商品上去。

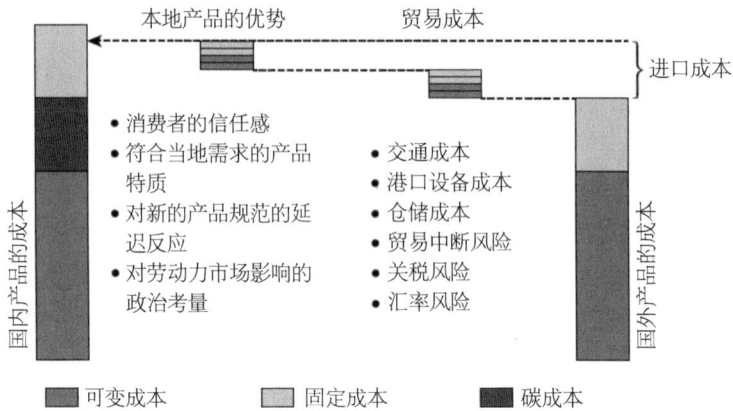

图8-3　碳成本的影响、本地产品的优势和贸易成本

来源：Neuhoff（2008）。

因此，那些产品差异性比较明显、竞争性较小、具有中等碳强度的产业，或者那些在国际竞争中能够获得保护的产业，很可能将成本传递到消费侧。一些产业可能暂时或在机制启动之初获得免费的排放配额，以此在投资者能够理性评估碳价影响之前为高碳投资导致的"搁浅资产"提供部分补偿。从经济的角度来说，没有任何其他理由或者长期理由来保护能够因此获利的制造商一直免于支付足额碳成本。

然而，如果企业需要面对大量生产同类商品且无需负担碳价成本的竞争对手时，就可能很难将成本传递到下游。在这种情况中，企业要么自己承担这种附加成本，因此导致利润水平下降；或者将成本传递到下游或消费者，并因此承受销售量和市场份额下降等风险。而这是一个更加持久的问题。

第6章和第7章已经从产业的角度介绍了碳价实施所面临的各种抵制反应有多么激烈，而这也确实是导致在20世纪90年代时欧洲的碳税和美国针对化石燃料热量消耗的能源税（US BTU tax）等制度推行举步维艰的主要原因之一。因此，了解哪些产业会因碳税受到影响以及受影响的程度将非常关键。

8.3　产业影响——赢家、输家和搬家户

前面一节在关于碳价机制带来的收益和损失的讨论中，有两个议题充满了明显的矛盾和争议。

第一个矛盾的观点就是很多关于"行业碳泄露"风险的学术研究认为这种风险的规模非常小，但同时又指出（前一章也提到过）对碳泄漏问题的担忧成为阻碍所有碳价机制实施的巨大障碍。[3] 第二个存在矛盾的现象是很多部门看起来似乎都能从总量管制和排放交易机制中获利，然而，大部分（尽管不是所有）行业却反对该机制的实施。

本章将进一步围绕"碳泄漏"问题的实际结构和相关数据来深入剖析这两种充满争议和矛盾的观点。要清楚分析"碳泄漏"问题，准确的数据确实是必不可少的要素。能最好度量碳成本的可能影响的方法是计算出部门碳成本规模相较于其"总增加值"（gross value-added，GVA）的比值——广义的"总增加值"指的是销售收入和物料投入的成本之间的差额。[4]

图 8-4 展示了欧盟 27 国成员的情况，图中根据企业所需支付的所有碳排放成本对行业进行了排序——同时展示了电力行业成本受到的相关影响——碳价采用了 30 欧元 / tCO_2 的水平（这是 EU ETS 中所达到的最高碳价水平）。在图中，横轴表示的是行业的 GVA——这些部门的经济活动对欧盟 GDP 的直接贡献。

在碳价机制下，只有少数产业确实会受到实质性的影响。30 欧元/tCO_2 的碳价水平会使产业成本提高 5% 或以上（相对于增加值）的这些行业的产值大概在欧洲经济总量中约占 2% 左右——但是总排放中绝大部分的排放都来自于这些行业。

从产业分布的角度来看，排放来源基本集中于初级产品生产产业，这些部门的增加值在工业部门总的增加值中所占比重非常小，而这种情况并非欧洲所独有的现象。尽管在不同国家间这些产业的规模大小和排位先后存在一定的差异，但是在全球范围内，这些成本影响最显著的生产活动是

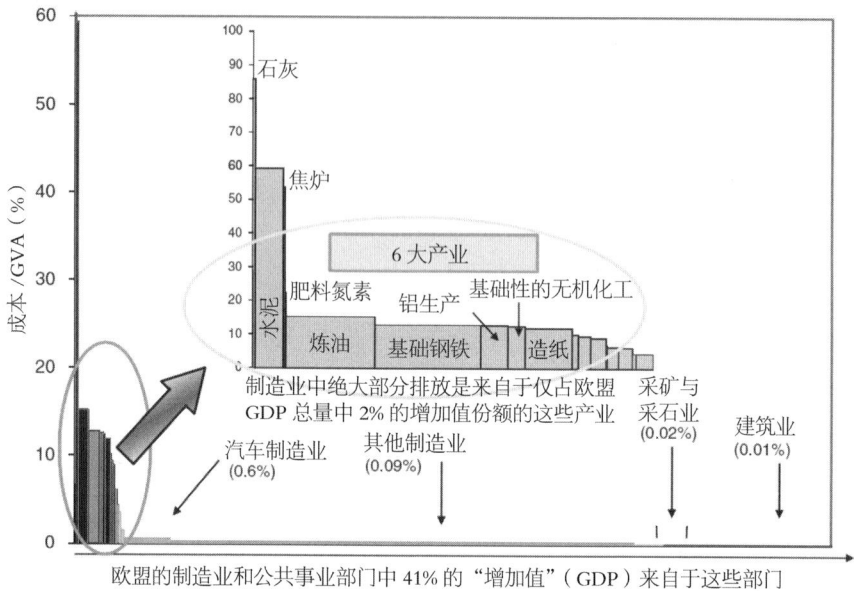

图8-4　碳价对欧洲工业部门的影响以及它们在欧盟经济中所占比重

注：横轴表明了部门总增加值（GVA）的规模（这些部门产值在GDP中所占的比重）。纵轴表示的是如果这些部门为CO_2排放支付的足额成本为30欧元／tCO_2（大约为40美元／tCO_2）时导致的成本增加影响（以碳成本在部门增加值中所占比重表示）。因此每列的面积即为部门排放在总的CO_2排放中所占比重。请注意电力部门除了将其碳成本已分摊到其他部门之外，还会作为一个独立的部门被列出。

来源：来自于研究报告'Results of the Quantitative Assessment of Sectors at NACE 4 Level'。报告获取路径 http://ec.europa.eu/environment/climat/emission/carbon_en.htm。英国的原始数据，包括电力的贡献，都来自于 Hourcade 等（2007）的 Climate Strategies 和 Carbon Trust（2008）。而美国和日本的数据来自 Grubb 等（2009）。对于美国的情况，类似的结论也可以参考 Aldy 和 Prizer（2011）的研究。

基本一致的。包括电力生产部门在内，物质生产和化工产业中的六大产业将会因碳成本受到非常明显的影响，具体包括：

- 钢铁产业
- 铝业
- 炼油行业
- 水泥和石灰产业
- 基础性的无机化工产业（主要是氯化物和碱性化合物生产）

- 纸浆造纸业

如果考虑碳强度并以此从大到小排序，那么化肥生产行业也位居前列。此外，还有其他六个规模稍小一些的产业——例如玻璃生产等——仅次于上述的几大行业，尽管这些部门的总排放水平和"风险值"（value at stake）都相对较小。

在制造行业所产生的总排放中，绝大多数来自于上述的"6大产业"或"12大高污染产业"（具体是哪些部门还取决于如何划定边界和标签）。通常在一个国家的总排放中，这些部门的排放总额所占比重高达20%以上。但是在工业化国家中，这些部门的产出占比通常不高，部门就业总贡献也少于1%，皆因这些产业主要是高度资源和资本密集型的部门。在新兴经济体中，这些产业的产出和就业贡献占比要略高一点：在中国（全球最大的能源和制造业密集型国家之一），这些能源密集型产业的产值在其 GDP 总量中所占比重接近10%。

当然，几乎所有经济活动都需以这些基础产业的产品为基础。而且，这些部门与更多相关下游产业之间也存在着极为密切的产业关联度。例如，汽车制造业要依赖于钢铁行业和铝业的产品。如果这些生产活动在当地与其他部门和产业存在非常紧密的联系，那么经济整体的"风险值"将会变得更大一些。但正因如此，这些基础性的（高排放）产业很难被转移到其他地方去。

这就能够有助于解释前面所讨论的第一个明显矛盾的观点。过去20年里，大部分关于"碳泄漏"问题的学术研究要么是寻找关于"污染避难所"假说的历史证据，要么则是运用最初为研究其他问题所建立的全球经济模型进行估算。

到目前为止，为了逃避控污管制而真正出现的产业转移（即使是重工业转移）实例非常有限——长期以来，关于"污染避难所"假说的各类经济研究都缺乏真实可信的证据基础。[5]但可能造成这种现实有一部分原因是政府对于就业和碳泄漏问题都极度关注，因此会为相关产业提供一些豁免政策或其他使产业免于承担成本的措施。如图8-4所示，实际上碳排放高度集中在几种商品的生产过程中；因此其他污染物控制的经验和实证结论对于碳排放问题并没有太强的借鉴意义。

　　相应的，用于预测泄露水平的经济模型大部分都是根据经济值对部门进行加总。如果从这个角度来看，像水泥这样的部门由于产值占比太小就完全不值得过分重视。实际上，这类模型通常都只是简单地对所有的制造业进行加总处理。因此，得出（产业转移的）成本影响以及由此估算的产业碳泄漏规模都不大（参见注释17~19中关于其他泄露模式的内容）的结论也就不足为奇了。

　　有一些对该问题理解更为深入的研究注意到尽管一些部门在产出总值中所占的比重较小，但是由于部门所进行的是高碳生产活动，是排放中相当重要的一部分（因此减排机会也是很重要的一部分），故而相应产生的碳泄漏问题不容小觑。[6]结合政治因素，使其成为一个关键且充满挑战性的议题。根据实际数据不难发现，6大能源密集型生产活动是决定碳价机制究竟会使经济获益、受损还是应该进行产业转移的重要因素。

　　图8-4中并未深入探究产业转移面临的潜在障碍或产业具有的减排潜力。如果有大量成本低廉的减排选择，那么相关产业就可以通过削减碳排放水平从而降低碳价机制对其造成的影响。但我们在第3章中曾经讨论过，由于在实践中（最起码在短期内）排放密集型部门的减排潜力是有限的；而在长期内，新的技术选择可以提供更大的减排潜力。这表明了制定公司决策以及评估政策工具的积极影响和可能的负面影响的过程中必须考虑时间维度因素，这是非常重要的要素之一。

　　"产业转移"就会产生碳泄漏的问题——这种转移会使碳价无法制约相应的碳排放。正如前面提到的，这样会导致转出国家或地区的贸易和投资水平下降——却无法实现真正的减排——因此蕴含着极大的政治风险，尤其是在那些聚集了大量重工业部门和利益相关方的选区中。

　　如前所述，行业究竟是盈利、受损或出现碳泄漏的风险取决于几个因素共同作用的结果，具体包括[7]：

- 碳价对成本结构的影响；
- 免费排放配额（或者豁免权）的水平；
- 如果有其他竞争者不用承担类似的碳成本，在这种情况下，行业能否具有将碳成本传递给消费者的能力；

- 减排潜力；
- 监管和法律体系。

欧盟碳排放交易体系根据两个简单的度量指标来区分哪些部门是"存在碳泄漏的风险"，通过这两个指标就能反映出上述提到的这些因素，具体包括碳成本强度和贸易强度。[8] 贸易强度指标反映该行业中的企业没有碳成本时，在同样的市场内与外来企业的竞争力。如果一个部门的碳成本过高或者贸易竞争性较强，亦或两者兼有之，欧盟就认为这种部门是"存在风险"的，因此可以给予其免费的排放配额。那么，该部门就被认为有资格获得碳泄漏保护——主要就是给它分配免费的排放配额。

欧洲从 2005 年伊始就开始实施碳价机制，其经验是否能够表明对碳泄漏问题的担心和恐惧是合理的呢？实际上，在产业中该问题有点被夸大，而欧盟提出的评估该问题的标准又有点过于宽松。这两个标准已经受到广泛诟病，因为大部分制造业中，碳成本给行业带来的影响是比较小的（如图 8-4 所示），也不太可能会对产业的贸易产生非常显著的影响。通过一些调查获得的证据也显示在欧盟关于工业的分类处理和争论中，对该问题的严重性有所夸大，因为调查发现很多部门都被划为"易受影响"的部门之列却经不起推敲。[9] 事实上，正如第 7 章已经指出的那样，在欧盟的碳排放交易体系中，所有的部门整体来看都是获利而非亏损的。

那么，为何产业部门却通常反对该体系呢？对这个问题可能有很多可能的答案。没有制造商愿意看到自己的投入成本增加，即使是他们能够将成本转移出去（因为顾客会因此归咎于他们）。同样，没几个部门能够真正理解或者相信该机制能够为他们带来利润——正如在前面章节提到过，只有在很好的公司里相关机制才能顺利运行（第 7 章，注释 29）。同样，大部分企业还对未来的发展前景有着充满进取心的预期，因此并不希望最后拥有大量的排放权盈余并被视作是欧盟碳排放交易体系中那些"获得了超额利润的巨蠹"。[10]

然而，还存在另一个原因可能比其他因素能更好地解释为何存在产业反对这种能为它们获利的机制这样一个充满矛盾的事实，即这些产业基本都是长周期且资本密集型的，它们希望继续投资。但是它们无法预知欧盟排放交易体系未来的管制交易规则变化。尽管一些部门被归类为"存在碳泄漏风险"一列（虽然这样的分类存在着争议性），它们并无法确知在2020年之后 EU ETS 进入下一个阶段时交易体系的规则会走向何处。相关行业已经能感知公众对于它们目前能从碳价机制中获利这种现实的不满和愤怒，因此并不确定目前提供免费排放配额的机制将持续多久。所以尽管它们能够获得短期收益，却并无法或不愿去预测更远的未来还能继续获利。而且看起来在其他一些（发展更快，需求更大，且目前并未实施碳价机制的）地区发展所面临的风险要小得多。

因此，碳泄漏问题的产生可能并非仅源自于产业转移的决策，而是萌芽于产业和政府之间漫长的博弈和犹豫不决过程中。分配免费的排放配额的机制还是存在着一些比较严重的弊病；也不能确定在未来这些问题是否还会进一步扩大化。因此，目前碳泄漏可能是全世界最坏的方案。

8.4　解决"碳泄漏"问题——生产、消费和贸易端的渐进行动方案

如果全世界范围内存在不同的碳价，就会产生碳泄漏的问题，但是该问题可能只会对部分部门产生影响。在这样的背景下，我们没有理由去全面否定碳价制度；但是在一些较大的、贸易影响比较直接的部门中，我们必须要考虑一些系统性的解决方案。

要解决该问题，可以大致将可选方案分为三种类型：在实施碳价机制的范围内，调低受影响企业所需承担的碳成本；调高不用面对碳价机制的企业的其他成本；或者在进出口的边境调整相应的成本（参见图8-5）。

前面已经提到，在欧盟碳排放交易体系中，目前解决碳泄漏问题的主要机制就是免费发放排放配额。现在有很多的配额都已经准备一直分配到2020年，但是这将造成非常复杂的影响。[11]这种机制只不过是鼓励企业去出售免费获得的排放配额，但同时企业还是会将生产活动转移到国外去。为了阻止这种情况继续发生，"企业关闭管制"（closure rules）旨在防止企业或生产设备停产却能继续获得排放配额的情况出现——这就能够促使一

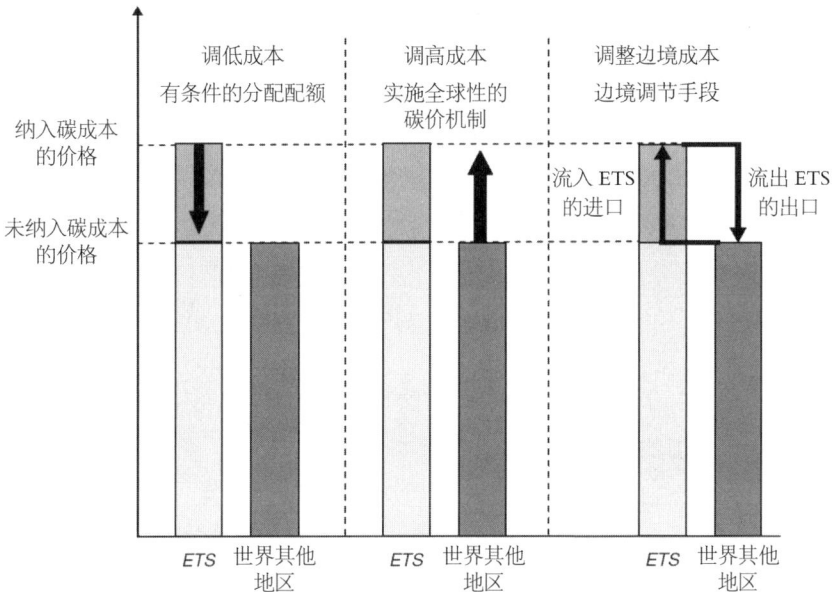

图8-5 解决碳泄漏问题的可选政策手段

来源：摘自Neuhoff（2008）。

些老企业仍然保持运转状态。

　　在第7章中就已经提到，通过免费发放排放配额的机制来解决碳泄漏问题远谈不上是一个理想的方案。如果在实际中，企业和部门能够一边获得免费的排放配额，但同时却将碳成本传递给下游的消费者，它们就能因此获得额外的收益；而如果企业无法将成本传递出去，就缺乏促进消费结构向低碳产品倾斜的动力。因此，免费发放排放配额机制的实施效果（以及效率）在部门之间存在一定的差异性。

　　图8-2整体上概括和提醒了我们为何为污染付费是非常正确的机制。在该图的最左边指出了让生产者付费能够促使它们削减排放、激励它们进行创新、去寻求更加清洁的生产过程；最右边指出了将成本传递给消费者能够向他们传递信号，让他们去选择使用污染程度较低的产品或促进这种污染水平较低产品的利润率提高；但是在该图的中间部分也介绍了伴随该机制实施所产生的负面影响。因此，如果一项政策能够防止产生碳泄漏问

题，同时还能保持在供给侧（图中左边）和需求侧（图中右边）所产生的环境收益，才能算得上是一个比较理想的政策。

在碳排放交易体系中，还存在一些其他可能的政策选择可以降低企业的碳成本。例如，可以对在受影响部门中投资于新的低碳技术的活动提供直接补贴；在这些部门中降低企业面临的其他的税种（例如公司税）；或者可以直接从政府预算中对这部分成本进行补偿。在第6章中我们已经介绍过，实际上，合理利用碳价收益将有助于缓解碳价机制可能产生的各种不利经济影响。

在图8-5中介绍了第二大类政策选择：提高世界其他地区生产同类产品企业所需承担的碳成本。但是不幸的是，第7章就已经指出要实施这种方案究竟有多么困难。在《京都议定书》签署后的第一个十年，启动了很多关于"部门协议"的对话来尝试解决造成采取行动的地区和不采取任何行动的地区之间竞争力出现差异的问题。但是最后的结果让人们明白，根本不可能达成一个"全球部门协议"来使不同地区的产业所面临的碳成本（至少是在某个大于零的水平上）实现均等化。

但是前面也介绍过，碳价机制具有非常深远的政治含义，而且要实施这种机制还需要通过比较复杂的国内立法过程。即便真正实施了某种碳价机制——例如各种碳税制度以及现存或正在考虑的碳交易机制，其影响也是各有不同的。根据不同国家国内政治环境实际情况，机制的实施方式和过程都会存在差异。事实验证，在全球范围内协调实施同一套碳价机制，使各国与碳排放关系最紧密的部门所面临的碳价保持在相似的水平上的想法在现实中如海市蜃楼一般难以企及。实际上，支撑这种想法的理论基础也是经不起推敲的，关于这点我们在本章的小节中还将进一步讨论。

第三大类的政策选择是确保所有对碳密集型产品的消费都包含碳成本。如果向拒绝执行碳价机制的地区出口商品，则提供相应的退税。这种解决方案的本质就是"在进出口边境"对碳成本进行调整，因此实施碳价机制的地区出口产品时能削减所面临的碳成本，而来自未实施碳价机制地区的进口产品需要承担相应的碳成本。可以采取很多不同的手段来对碳成本进行边境调整，至少理论上来说，这种边境调整的方案应该是可行的。[12]例如：未实施碳价机制地区向征收碳价地区提供商品时，可以要求企业为这些进口产品购买相应的碳排放配额；而征收碳价地区向无碳价机制地区提供商品时，可以允许对这些企业实行碳排放配额缴纳折免。也可以通过税收的方式来实现这种调节，如要求进口产品生产企业根据商品的排放情况支付一定的税额，而出口商则可以获得相应的退税优惠。还有一种办法就是为商品的生产者提供免费的排放配额，但消费者需要在消费时支付与碳相关的额外费用，不管这种商品的生产地是否实施碳价机制。

　　这些边境调节方案都会面临一些法律、政治或管理方面的问题。主要的法律问题源自与世界贸易组织（World Trade Organisation，WTO）规则之间的矛盾。关于碳成本边境调节的方式是否符合 WTO 规则曾进行过一系列广泛的讨论，而结论就是"这取决于"边境调节具体执行的方式以及对其合理性的论证。[13]

　　征收边境调解税意味着执行碳价机制的地区开始为其所消费产品生产过程中的碳排放支付相应的成本，而无论该产品在哪里被生产。这种征税方式的实质就是要求消费者为所购买和使用的产品（无论产地何在）中"隐含"的碳排放买单。如果不征收边境调节税，执行碳价机制地区的消费者在实际消费决策中会歧视本国生产的产品，因为本国企业在生产过程中承担了碳成本，而国外竞争者却不用面对这种负担。随着全球贸易规模不断扩大，越来越多的产品在生产过程中不止一次地在不同边境之间流动，各国消费中"隐含"的碳排放（其碳足迹），实际上和本国生产所造成的排放存在很大差异，且该差异还呈不断增大的趋势。在这种背景下，对边境碳成本进行调节实际上是"消费者责任"原则的体现。

　　正如在第 3 章一开始所强调的那样，全球性的能源和环境问题最终都是源自消费行为——尤其是那些富有的消费者的消费行为。因此如果让"消费者责任"原则和相应的价格机制逐渐发挥作用从逻辑上来看是一个完美的解决思路。然而不幸的是，在执行细节中存在着难以忽视的问题。

从何处开始着手解决以及如何解决？

　　尽管从理论上来看，让"消费者责任"原则发挥作用是一个很好的解决方案，但是考虑到在解决边境问题时所面临的各种法律、政治和管理挑战，不难预见这种政策导向的调整将是一个长期、复杂而且艰辛的过程。一种可能的实施方案是以"基准水平"——某种标准化的费率——为基础来进行边境调节（无论是采取税收手段还是要求进口商购买排放许可证等方式），例如对生产产品的最佳可行技术进行边境调节。这种调节必须使所有的本国产品都面对不低于对进口产品要求的约束（满足WTO中的"国民待遇"原则），但同时也应该避免发生本国厂商将生产活动转移到国外以逃避碳价成本的情况。[14]

这种思路的另一种执行方案就是根据平均水平设定一个"默认"的调节值，但是同时提供一种"追诉的权利"（right-to-refute），如果进口产品厂商能够证明产品的排放水平低于默认调节值就能享受这种权利。[15]这就能够促使在实施碳价机制地区以外的厂商也能有动机去减排，并提供其产品排放量低于平均水平的相关证据。然而，这种政策框架又会产生新的问题：如果在未实施碳价机制地区有足够多的新型、高效的高碳产品生产工厂，那么这种区别性对待的进口调节机制可能会导致这些较新和高效的工厂主要用于生产出口的产品，而国内其他低效工厂则主要生产服务于本地需求的产品。这种情况中，贸易规模可能还会增加，但是却并未促进实质性的减排活动产生。

要真正建立执行简单、无差别对待的边境碳成本调节政策框架，最大的挑战可能并非源自法律争端，而是政治考量，同时还伴随执行双方怀疑和担心所采取的手段被滥用或扭曲以致陷入贸易保护主义或区别对待的陷阱。与边境调节相关的一些更加复杂和深远的目标要求创造一些新的激励因素促进国外企业或厂商进行减排（或对那些行动力度低于国际预期的国家进行惩罚），而这正会加剧这种担心和忧虑。根据一些比较简单具体的目标，对碳成本边境调节手段的使用进行合理限制，对国内消费者和产品生产商执行全面的碳价机制，但是保证不会产生对国外厂商和产品的区别对待，只有这样的制度框架和政策手段才能够促进边境调节方案能够在更大范围内获得认可、理解并吸引各方对此进行深层次的磋商交流。

前面已经介绍过，不同部门之间解决碳泄漏的方式可能存在一定的差异。免费发放排放配额的方式可能会减弱行业和企业向低碳生产方向调整的动力，并导致一些部门获得额外利润。在所有国家间进行协调并对相同产业采取比较相近的碳价水平，（至少对于某些部门）是一种比较理想的解决方案。然而，要达成（并执行）这样的全球性协议，需要经历异常艰辛且缓慢的进程。由于没有办法实现这种机制，各种形式的碳成本边境调节手段和措施就应运而生，其中至少有一部分——从排放角度来看——产品具有完全同质性（如水泥熟料或钢铁）的生产部门，对其采取适当的边境调节措施是符合 WTO 规则的。[16]而这就能为某些重要的高碳部门提供一些解决碳泄漏问题的途径和思路。

最后，在减排力度不均衡的实际世界中，如果我们遗漏了两种通过其他渠道产生的"碳泄漏"问题，那么所进行的这种讨论无疑是不完整的。这两种"碳泄漏"一种会产生极为显著的环境负面影响，而另一种则会产生积极的效应。[17]这两种碳泄漏的产生都不是由碳价机制本身所造成的，而主要是由控制碳排放所产生的一般性负面影响所致。

其中第一种碳泄漏的产生主要源自化石燃料的价格变动。如果一个地区能够采取行动来降低本地的化石燃料消费水平，就能减轻化石燃料供给的压力，因此会降低化石燃料的全球价格——然而这又会刺激世界其他地区对化石燃料的需求（以及碳排放水平）。这实际上就是第 5 章中所讨论的"能源效率反弹"效应在全球范围的体现。这种情况被称为"绿色悖论"（green paradox），并吸引了学术界的广泛关注。[18]

很多关于"绿色悖论"的观点在现实中是完全站不住脚的，目前还不清楚这种简单的逻辑在复杂的分析中是否能够被证实是正确的。如果政策最开始能够促进部分煤炭消费转变为使用天然气，就会导致天然气价格水平的提高。而对于煤炭而言，由于全球储量仍然非常丰富，因此也不清楚减少需求在长期能在多大程度上降低煤炭的开采成本。在中期内，关于煤炭潜在需求的不确定性将使煤炭开采部门内的投资水平降低，因此会使生产能力缩减并推动煤炭价格水平提高。因此这种通过"化石燃料渠道"产生的碳泄漏的关键主要是来自石油——这是公路、航空和海运交通使用的主要能源类型。我们将在第 10 章继续简要讨论石油的主要作用。

第二种碳泄漏主要来自于技术创新和扩散过程。在第9章中将会介绍，那些积极实现碳减排的地区很可能会推动低碳技术和进程中的创新加速。[19]而随着这些技术成本的逐渐降低，其他地区就可以采用这些新的技术。但这种"技术"性的碳泄漏会在全球范围内产生积极的环境收益。

基本来说，如果能够防止出现产业转移的情况，同时还能不破坏产业层面实现清洁化生产的基本热情和投入，最后的净影响就取决于这两种通过其他渠道所产生的碳泄漏问题的整体影响结果。那么问题就会归结为是否全世界范围内有足够多的地区都能尽快实现向低碳发展路径的转型，有足够的创新来使更多地区都能实现低碳经济；或者是否一些地区所削减的化石燃料的消费以及相应的碳排放水平降低会被其他地区的增加所抵消。关于创新问题的讨论是支柱三部分（第9到11章）的主要内容。而关于这些问题的答案，在一定程度上也取决于我们该如何去处理经济中的其他部分——目前来看，在经济中超过95%的生产活动很可能并不会面临严重的产业碳泄漏问题。

8.5　消费端价格影响

控制碳排放的政策很可能会通过提高能源以及其他高碳产品和服务的价格对家庭的能源消费产生影响。在第6章中介绍过，一些国家已经开始征收不同水平（且差异很大）的石油税。尽管有人认为目前的碳价水平有些高，但与有的石油税相比其实是微不足道的。前面的章节也曾经提到，大部分现在正发挥作用的"总量管制和排放交易"体系主要是针对发电和工业部门，而后者在很大程度上能够因免费发放排放配额的方式免于受到较为直接的影响。因此这里主要关注的焦点在于电力和天然气的价格以及它们的分配影响。[20]

碳减排政策对家庭电费的影响主要取决于三个因素。首先是免费发放配额方式与价格监管体系之间的关系（在第8.2节中已经解释过，不管是否采取免费发放排放配额的方式，竞争性的电力市场都可以将碳成本传递给下游的消费端，但是如果电力价格受到监管，就不会允许这种情况产生）；其次是电力部门的能源结构：在那些主要依赖煤炭发电的国家（如印度、中国和澳大利亚）中，政策导致消费者受到的价格影响明显会大于那些水电或核电占主导地位的国家（如巴西、法国和瑞典等）；最后就是其他政策可能产生的影响，这主要指的是因其他原因对终端消费者电力使用所收取费用或提供补贴造成的影响。

很多国家仍然保持对电力市场的高度监管，它们通常会对电力零售价格提供补贴（可以回想一下在第6章中所进行的相关讨论）。在这种情况下，发放免费的排放配额会使消费者免于受到政策所带来的明显影响。如果公共事业部门使用"影子价格"（或假定的碳价）来帮助指导投资行为，消费者受到的影响也比较小，例如南非的国家电力公司 ESKOM 所进行的类似尝试就验证了这点。然而，如果是在一个竞争性的电力市场上真正收取一定的碳价，电力成本的提高和相应的其他成本就会都被传递给消费者。

英国的电力部门具有相对多样化的能源结构、大量相关环境管制计划以及能源利用效率差异性较大的各种不同类型的建筑存量。各种研究综合性地考虑了这些因素对电力消费的影响，并进行了很多非常有用的案例分析。在2009年欧盟碳排放交易体系中碳价达到峰值时，有研究估计出该碳价水平对每个家庭电费的平均影响为24~31英镑，这相当于家庭电费的5%~10%，占家庭平均能源总支出的2%~4%。[21]

其他的环境政策也会对家庭能源支出产生影响，包括支持提高建筑能效计划（第4章）和可再生能源技术运用推广计划（第9章）。在英国，这类计划和政策越来越多，在图8-6中列出了相关领域最新的详细数据。英国天然气使用（这并未受到 EU ETS 的影响）相关的政策产生的价格影响大约为4%。碳价崩溃后，EU ETS 缩减到了难以影响批发电价的水平，增加能效和可再生能源项目的支出（如第5章和第9章所述）分别增加了6.5%的电价。

当然，实施其他的环境计划或方案也会带来一些收益。能效水平的提高将会使国内消费者所使用的能源总量水平有所削减（因此未来的电费也会减少）；而使用可再生能源可以降低电力批发价格。电力价格提高中有

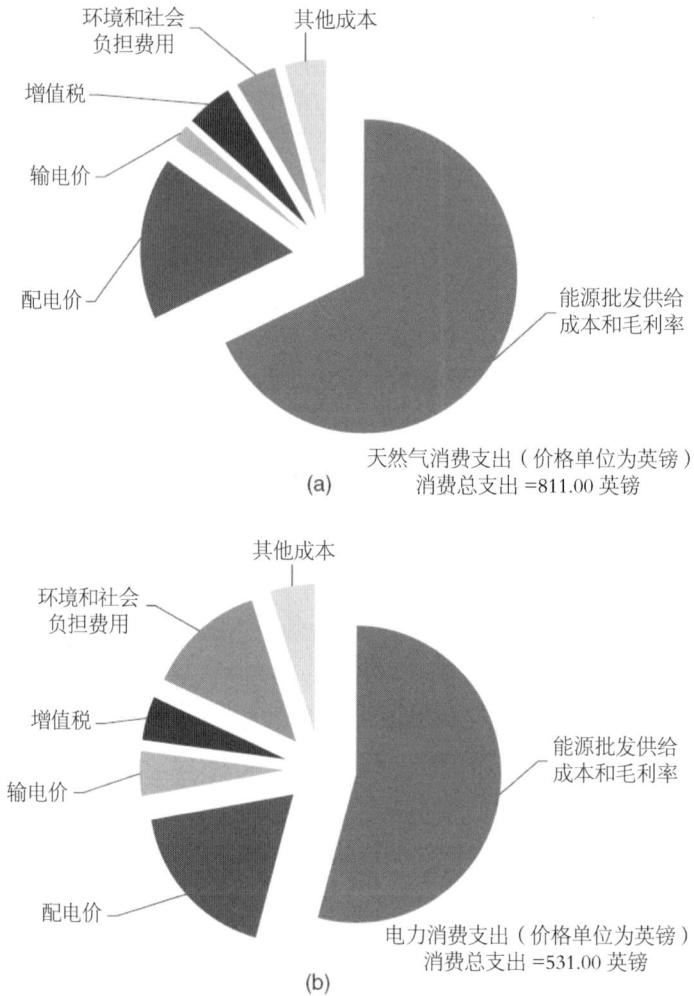

图 8-6　2013 年英国平均家庭（a）天然气和（b）电力消费支出分解情况

来源：数据由英国能源监管机构 Ofgem 提供，2013。

多少能够被更有效的能源利用所抵消是评估这些政策对电力消费费用整体影响的关键因素，在针对英国的研究中，有两项研究的结论具有很大的差异性。其中一项研究提出，到 2020 年时，与气候相关的政策将会使英国家庭每年的电力消费支出提高 268~435 英镑（其中 EU ETS 所导致的费用提高仅为 40~60 英镑）。[22] 而另一项关于相关政策的研究则估计这些政策和机制的施行将只会导致家庭电力消费支出提高 13 英镑（相当于总支出的1% 左右）。[23] 后面这项研究之所以估算出较低的支出增长并非因为其假定的价格水平更低[24]，而是因为该研究预计未来能源消费水平会降低——降低能源使用总量一方面是因为价格提高所致，另一方面是因为实施了各种能有效促进能效提高的政策——因此总体而言会使电力消费支出水平降低一些。

全局性的研究视角对于考量这些政策的影响非常重要，而德国的情况正验证了这点。众所周知，德国国内的电力价格非常高，电价中的一部分为各种与环境管制政策相关的基金提供了资金。但是，由于德国经济比较健康以及各种强有力的能效政策提高了全国的能源利用效率，因此 2010年德国平均的家庭电力消费仅占家庭收入的 2.5%，而 20 年前该比重为2.3%，与之非常接近。该情况符合前面（第 1 章）提到的"巴什马科夫常数"（Bashmakov's constant）规则，也进一步强调了"能源经济学中最重要的一张图"（图 6-1）所揭示的：从长期看，较高的能源价格并不一定意味着较高的能源消费支出。

据美国的能源信息管理局（EIA）估计，《韦克斯曼–马基气候议案》（Waxman Markey bill，又名《美国清洁能源及安全条例》）将会使美国2030 年的能源消费价格指数相对于基准情景提高 8%~62%。[25] 在该议案中所设计的排放配额分配方案要求在该机制实施的前几年为能源分销商提供免费的排放配额，这就意味着在机制实施的初期能源价格提高的幅度要相对较小一些。

8.6　损害了谁的利益（以及该如何解决）?

目前各种碳减排政策的实施仅仅使能源价格提高了很少的几个百分点，但是随着政策力度的加强，这种影响幅度也会随之扩大。前面已经讨论和介绍过，政策（对消费者能源支出）的整体影响取决于一系列因素，例如消费者使用了多少能源、消费者的收入中用于能源支出的比重、有什么方法可以减少消费者的能源需求以及消费者是否能获取低碳能源而不用支付由此带来的费用。

这些政策对家庭能源支出产生的分配影响所面临的挑战在于能源价格的提高通常都是"递减"的——因此对最贫穷阶层人群的影响要大于对富人阶层的影响。[26]能源能够为许多基本需求提供服务，例如使用能源来取暖、烹调和照明等。这就意味着我们所有人都对能源有着最基本的需求。随着财富水平的增加，我们都可能会购买更多电器或者使用更多能源来取暖（或降温），因此会花费更多于能源消费之上，但是总体来说，这部分支出在家庭收入中所占比重非常小。[27]因此，贫穷阶层人群的能源消费在收入中所占比重通常要大于富人阶层。英国的家庭能源消费支出在收入中占比的数据也验证了这一点：在全国人口中最穷的20%人口用于能源消费的支出仅相当于最富有的20%人口能源消费支出的一半左右，但是最穷阶层的能源消费在收入中所占的比重几乎为最富人群的3倍（参见图8-7）。

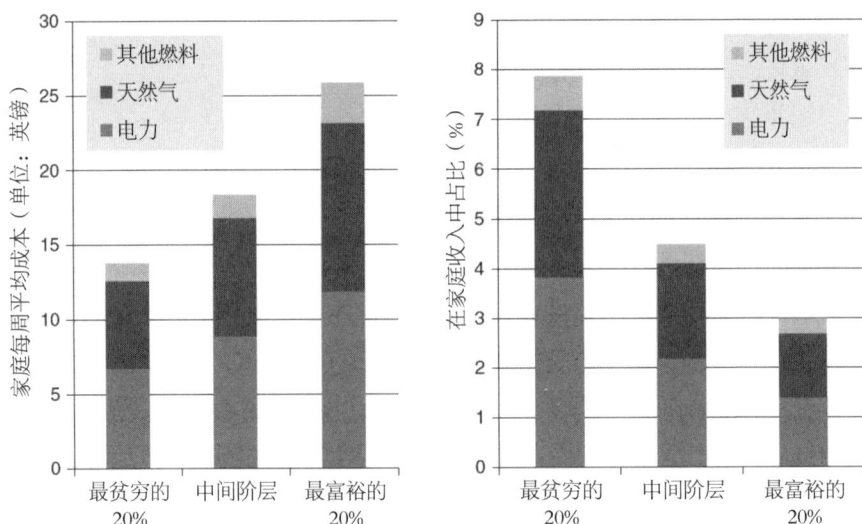

图8-7　2008年英国不同收入水平家庭能源消费支出情况

来源：英国国家统计办公室（2009）。

在有的国家中，汽油价格和消费支出可能不符合该规律，这是因为这些国家最穷的人口根本就没有汽车，因此受到的影响要较小一些。[28]

然而，家庭收入中用于能源消费的支出规模并不仅仅取决于收入水平，能源效率水平和家庭规模所发挥的作用更为关键。第3章中已经介绍过，英国能效水平较低的建筑规模非常大，而随着能源价格的提高，就引发了关于"燃料贫困"问题的热议。在英国，"如果一个家庭需要花费超过10%的家庭收入来维持满足需求的取暖服务"，就可以被定义为是处于"燃料贫困"状态。在2008年，英国有大约450万户家庭都可被归为"燃料贫困"状态（约占总数的15%）；其中有80%的这类家庭都位于收入最低的20%家庭之列。[29]

这些被归为"燃料贫穷"的家庭因碳减排政策受到的分配影响要更为显著。根据英国的能效认证（Energy Performance Certificate）评级结果，几乎有90%的"燃料贫困"家庭都居住于能效水平最差的三类（E到G）建筑中（如图8-8所示）。因此，任何会导致电力和天然气价格水平提高的措施都很可能使这种燃料贫困家庭的绝对数量进一步增加。[30]

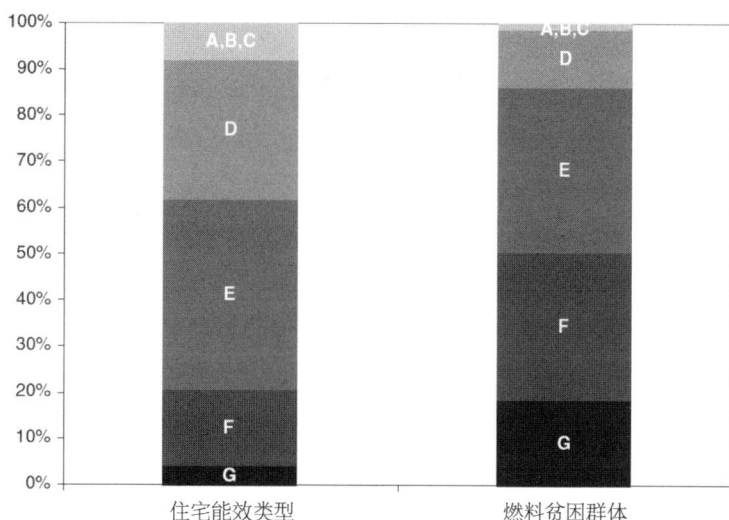

图8-8 2006年英国平均住宅能效分布和燃料贫困群体住宅能效分布情况
来源：Boardman（2009）。

"燃料贫困"只是一个比较武断的定义，但是却说明了一种比较显著的情况。通常，燃料贫困都是因实际贫困以及/或糟糕的住房条件所致，而这些因素又总是互相关联的。在社会中最贫穷的阶层收入一般较低，因此如果没有强有力的政府支持，就缺乏必要的资金去改善住房条件以及安装像隔热装置这样的节能设施。通常，这些贫穷人群所使用的电器也一般都是能效水平最低的。[31]

而这种问题在欧洲中部和东部更为显著，如各种相关补贴都相继取消，就会导致燃料价格大幅提高，而这些国家能效较低的建筑存量也比较大，在严寒的冬季贫穷阶层就会深受其苦。例如在像匈牙利这种国家中，从2002年到2007年间，天然气的名义价格几乎翻了一倍多，而电价则提高了大约75%。[32]

廉价能源支撑的低效基础设施被浪费了，且其仍在浪费大量的能源。这导致无法负担取暖支出的家庭日渐增多。在2005年，大约有15%的匈牙利人口都无法负担基本的家庭取暖费用，将近17%的家庭都拖欠电费或燃气费。[33]这种情况在中欧和东欧地区都非常普遍，在克罗地亚、格鲁吉亚和斯洛伐克共和国这些国家中，最贫困的10%家庭将收入中超过10%的部分都用于电力消费这一项支出。[34]

一些评论者指出解决燃料贫困的很多方案和思路也适用于很多其他问题（例如"食品贫困"）。无论如何，都应该对该问题的分配影响保持关注，因为这种分配影响可能引起需要重视的政治问题——不只是在英国。例如，在法国，据估计大约10%的人口（大约300万个家庭）都深受"燃料贫困"之苦。[35]围绕关于该指标是否会被反对者利用作为反对能源清洁化的一个政治工具，或者该指标是否能帮助政府度量相关政策会给一部分阶层群体带来超过其所应承受的不利影响一直存在着各种争论。而这些情况都是存在的，因此也提出了一个关键的问题：那么该如何去应对呢？

补贴？首当其冲而且效果最为明显的解决方案无疑是为最易受影响的群体提供能源价格补贴。然而，前面在第6章关于补贴的专门讨论中已经指出了该方案的主要缺点。消费补贴将会刺激人们消费更多能源，而且能源利用的效率也可能降低。德国的情况就可以为验证这一点提供实际证据:一部分群体的家庭供暖费用完全由德国政府所提供,而这些家庭的供暖费用花销比普通家庭的平均水平高7%~8%。[36]

调整价格结构?对能源消费执行阶梯价格(rising blocking tariff):对初始的一部分(仅仅能满足基本需求的)电力消费收取较低的价格,但是随着消费水平的提高,价格也随之提高。采取这种方式就能使家庭在能源消费水平超过基本需求水平之后有动力去实现节能。不幸的是,图8-8反映的情况表明这也会最终损害最贫困阶层群体的利益,因为这部分人群通常都居住在能效水平最差的建筑和房屋中。

能源补偿——将贫困人群所支付的费用退回给他们。考虑到大部分最容易受到影响的群体几乎都是社会中最贫穷的阶层,提供"补偿"的方式似乎是可行的,但是精准地为这部分人群提供补偿是非常困难的。燃料贫困的群体个体情况各异:有退休者(尽管不是所有的退休者都面临燃料贫困问题)、失业者、单亲父母、单人家庭、残疾人等等。英国的冬季燃料费(Winter Fuel payment)将为达到退休年龄的群体提供每人125英镑到400英镑之间的燃料费补偿,但是这也意味着那些收入很高、居住在高能效住宅中的退休人士也可以领取这种燃料补偿费,但一个居住在保温效果很差的住房中的单身失业母亲却不能获得这样的直接补助。

在美国总量管制和排放交易机制设计方案中,这种收入转移支付的方法是为低收入消费者提供帮助和支持的主要手段,至少有50%的排放配额是用于为低收入人群提供补助支持或为消费者退返基金(consumer rebate fund)提供资金。此外,有提案还提出要在该机制实施的最初阶段向一些配电公司提供排放配额用于适当减轻能源价格的上涨幅度。

能效改善——改进能源利用效率。除了将关注的焦点集中于解决"贫困"问题之外,另外一种解决的方案就是降低"燃料"能源使用水平。因为相较于普通人群,"燃料贫困"群体多居住在较差的住宅中,因此旨在提高这些建筑能效水平的各种措施将不仅仅能够帮助贫困群体降低能源消费支出水平,同时也能以最优成本实现节能和碳减排,这些在前面支柱一的相关章节中也已经详细介绍。在英国,能效水平最差的10%的房屋在充分供暖时会平均产生12.7吨CO_2排放,这相当于能效最高的10%房屋水平的四倍还要多。[37]通过改善建筑基本的保温功能、换掉老旧的锅炉以及购买更多高效的家用电器等手段可以在 2022 年时使大约 40 万户英国家庭摆脱目前所处的燃料贫困境地。[38]

在世界范围内，已实施了很多相关机制和措施来帮助家庭改善住房保温功能。在德国，国有政策银行德国复兴信贷银行（KfW）提供大笔拨款和低息贷款为住宅保温改造措施提供资金支持。英国则要求电力和天然气的供应商必须为改善家庭能源利用效率提供资金和采取一些具体的措施。为了解决燃料贫困问题，这些措施中约有 40% 都针对贫穷家庭（可参见第 5 章，注释 43）。[39]这些行动计划，虽然在执行时需要面临各种复杂性，但是却能够为燃料贫困问题提供最具持续性的解决方案；同时也能够强调在实施碳价机制以及其他政策对家庭产生分配性影响时，采取综合性解决方案以及考虑这些解决方案对于家庭支出的整体影响的重要性。

8.7　发展中国家的能源获取和碳价问题

如果碳价机制的实施对于工业化国家贫穷阶层群体的影响尚且非常复杂，那么这种机制该如何在发展中国家推行呢？令人好奇的是，这个问题的答案远比其表面看起来还要微妙得多。

在第 1 章中已经提到，在世界上最不发达的国家里（主要是撒哈拉以南的非洲和印度农村地区），超过 25 亿人仍然还依靠生物能源来供热和烹饪，这些活动中超过一半都并未使用电力。[40]即使在这些地区之外，有的地方虽然能够广泛供电，但是仍有很多人获取天然气的途径依然非常有限。这种情况限制了一些家庭采取更加便宜和有效的方式来为其住房供暖，也使他们对提高电价（或煤炭和供暖石油的价格）的反应更加敏感。

使普通民众能够获取电力和天然气等能源服务是很多发展中国家的头等要务。提供这些能源服务不仅仅有助于促进工业和商业的发展，电力所提供的可靠照明还会使孩子们能够学习的时间延长，冰箱能冷藏各种药物，而电动灌溉手段的使用和推广也能提高农作物的产量。[41]使用电力来照明和烹饪还可以帮助减少在使用传统的生物燃料烹饪时所产生的危险烟雾气体,而这种有毒气体的排放是发展中国家一些重要健康问题的主要来源。[42]因此,在发展中国家中为所有人群提供这些能源远比其他一些能源问题更加重要。

这种情况又会对碳价机制的实施前景产生怎样的影响呢?一个看似矛盾的结论就是如果在发展中国家中商业能源获取途径非常有限,则意味着相比较于发达国家,在这些国家实施碳价机制更为激进。[43]因为目前在发展中国家社会中,富人阶层使用了比其所需水平更多的收入份额用于汽车和空调的使用。当然,随着新兴经济体的逐步发展,这些国家的中产阶层的规模将会扩大,会有更多的人增加能源使用量,因此会因碳价机制的实施受到影响。更高的价格同样也会使那些还没用上这些能源但是未来有望使用的这部分人群面临风险。因此,决定碳价机制实施前景的重要因素包括提高价格对于中产阶层影响的政治反应以及碳价机制是否能有助于其他阶层群体获取能源服务等。

这并非完全不可能。首先,为什么(这些国家中)很多人无法使用电力?关键原因部分在于政府为了帮助人们使用电力而对电价进行控制,致使电价甚至低于成本,这会导致电力产业没有能力继续投资于扩大能源基础设施建设。这种情况仍时有发生,而另一个教训是过于便宜的能源会导致工业和私人用途中存在广泛的能源利用效率低下问题。

这种情况创造了大量机会。一项印度研究展示了将全球碳价机制和印度国内致力于减少电力部门低效的各种政策结合起来将如何降低碳价实施产生的宏观成本。[44]效率低下的能源使用同样也会导致刚刚用上清洁能源的这部分人群面对价格变化的脆弱性进一步扩大。

因此,在发展中国家,解决碳价机制影响的方案可能会完全不同,因为这些国家所面临的问题就和发达国家明显不同——发展中国家需要尽力创造获取电力的各种渠道,提供电力使用带来的各种福利,但同时也要用各种信号引导使用过程中降低排放,创造面向未来的低碳电力体系。

然而,发展中国家实施碳价机制的基本目标仍然还是应该与发达国家相一致,这种相似性将会产生经济和环境目标之间的协同效应:高效、(最好是)低碳的能源发展将会降低能源和碳价的变化对人们的影响,使国家对易于波动的国际化石燃料市场依赖性降低。换言之，在发展中国家施行碳价机制的关键作用在于帮助这些国家避免重蹈发达国家曾经历过的高度依赖化石燃料使用的覆辙——尤其要避免对发展中国家里较为贫困的这部分群体产生更为显著的不利影响。

8.8　被神化的全球碳价机制

当面临气候变化这种全球性的问题时，大部分经济学家的直觉都是要寻求一个关键性的解决方案：确定能够阻止全球损害的全球性碳价。在第6章已经解释了这种想法背后的基本逻辑。这确实提供了一个看起来过程和结果都比较有效的解决方式：称其过程有效是因为全球统一的碳价能够为所有国家的减排活动创造出同等的激励水平，而避免因为各国碳价不一造成各自减排努力的成本出现差异性，因此能使"全球性投资的盈利空间"最大化；而称其结果有效是因为这种方式能防止出现碳泄漏问题（因为各个产业在世界各地都会面对同样的碳价水平）。在学术论文中，这种全球统一的碳价可以表现为不同的形式，如全球性的碳税、各国关于国内碳税达成的国际协议、全球性的总量管制和排放交易机制或者将各国国内的总量管制和排放交易机制有效联系起来等，而所有这些方案都可以最终推动全球的碳价水平趋于统一。

然而，这种观点也面临极大的挑战，甚至有针对其理论基础的质疑。在20世纪90年代中期时就有人指出，建立全球性的碳价机制并不可能实现福利最大化。因为一定的能源价格水平给贫困人群造成的损害要远大于对较为富有的群体产生的不利影响，因此对所有人执行相同的碳价并无法实现福利最大化，除非能够通过资金转移支付机制来为一部分群体提供补助和补偿。[45]政策结果的"效率"（被定义为成本最小的"全球最优"排放控制水平）和福利最大化之间存在着明显的分歧。当然，对于个别社会来说，这些观点和想法可能是正确的，但是在大部分社会中，还存在各种各样的修正机制——累进所得税、公共服务、社会保障机制，以及一些其他精心设计的措施，如英国的冬季燃料费政策等。这些机制有助于改善和减轻碳价机制产生的不利分配影响，同时也能实现（执行）单一价格机制所带来的各种收益。

但是在国际范围内，这样的修正机制效果很弱。经济学家Chichilnisky 和 Heal 采用定量分析的方法分析指出当不采取这些分配修正措施时，富裕国家实施更高的碳价才会使全球福利实现"最优化"。研究也表明只有通过相应的国家转移支付机制来抵消不同的影响时，全球统一的碳价机制才可能是"最优"的。

关于全球统一碳价的最早讨论是通过《京都议定书》自带的南北二分原则展开的，在工业化国家做出承诺的前提下，全球碳价是可行的，但只能延伸到那些在发展中国家依靠外资能够产生碳排放额度的项目。在第 7 章中已经解释过，CDM 机制被证明能够解决部分问题，但该机制也无法成为未来全球碳价机制的主要基础。

而且，在第 7 章中介绍的各种实际情况已经证明这些机制的问题在于发达国家在是否为其他国家的减排行动付费的问题上犹疑不前，尤其是通过（碳）"补偿"的方式。市场的实用性不仅在于其运行依赖于具有支付意愿的参与主体，更关键的是，正是基于这部分支付意愿，单一市场导致双方受益的想法才成为现实。

从实际操作性来看，很难预测这种统一的全球碳价能够得以实现和执行：没有国家会将这样大一笔直接税收收入交给联合国或者交给任何的全球性中央机构；在围绕支柱二（第 6~8 章）的各种讨论中已经总结出全球统一碳价机制所面临的各种困难，因此各国不会任由一个联合国主导的论坛或进程就完全决定碳价实施的具体机制并让这种总量管制和排放交易机制在自己国家施行，也不会让一个全球性的协商进程完全决定国内碳税征收水平。即使有国家愿意去执行，也很难确定出一个有意义的可比价格，特别是考虑到第 6 章中介绍的可能存在的各种不同补贴政策和燃料税（更不要说还有复杂的汇率问题）。

要在全球范围内推行碳价机制，最现实的一种方案就是各国政府各自建立国内的可行机制，然后想办法将这些机制链接起来。但是这种尝试却因美国立法的裹足不前而受到严重打击，因此只能像第 7 章中介绍的那

样，将努力的方向转为配合其他地区实施的碳价机制。如果我们回忆一下
本章前面介绍过的减碳政策可能产生的分配影响，就会发现出现这种问题
并不令人意外：这都是必须要面对的现实。但问题在于，在现实中各国各
自实施的碳价机制是否可以链接成一个完整的系统？如果可以，在何种条
件下能实现这种链接？而最后融合在一起的碳价机制中价格到底为多少？

　　在第6章中已经提到，只有当碳税手段被视作是完善的经济和环境管
理体系中必要的一部分时，这种机制才可能成功运行。一般认为，当一些
国家达到工业化的基本水平以及在制度建设方面取得了一定进展时，才适
合开展碳价机制。对这些国家，首先应该合理地确定预期基准水平。考虑
到多方面原因，可以允许最贫困的国家免于执行这些机制，其中一个原因
就是这些贫困国家的制度基础非常得差。但这也并不意味着其他所有国家
都应该执行相同的碳价。从国家范围来看，一个更加可行且合理的方案
就是首先确定一个"基准"价格，并期望该价格会随着时间的推移而逐
渐提高。朝着这个方向努力以及建立相应的制度框架，就能在鼓励减排
——特别是在国内和国家间合作——时传递出强有力的信号。如在支柱
二相关的章节已反复提到，在本书其他章节也会多次提到的，单个国家
能够实现更高碳价的原因是多种多样的——这与第6章提到的汽油税在
各国变化情况大体一致的情况不同，根据不同国家国情的差别，碳税的
国别差异很大。

　　上述这些困难并没有阻碍世界上很多国家和地区进行不断的尝试。就
如同在发展中国家经历了几次严重的千禧金融系统危机后，至今仍然没有
一个统一的全球性货币，而单一货币想法本身也未见得是一个好主意。我
们每个国家都有自己的货币。而且，这些因素相互影响发挥作用却并不支
持"价格必须反映成本"这个基本原则。在能源体系中根据所产生的风险
为碳排放支付不同的价格——以及对于低碳经济发展加持不同的信心——
至少还是要比无所作为要好得多。这里我们想强调的是各国应该在经济和
政治发展中统筹考虑碳价问题，"碳泄漏"应该被当成一个长期问题而非
短期问题对待，碳价给各国带来的多重潜在收益和收入应该得到充分
重视。

8.9　小结

有一个很老的经济学笑话讲的是一个人在夜里的路灯下寻找东西,他告诉路过的人他不小心遗失了自己的钥匙。当陌生人问他钥匙掉在哪里时,他回答"是在别的地方掉的,但是那里很黑,而只有这里有灯光能够便于寻找。"

还有另一个嘲讽经济学家的老笑话——让全世界的经济学家头脚相连排成一列,他们也"够不着"任何结论。这种说法并不正确。关于碳减排问题,现在在经济学界已达成广泛的共识,那就是如果我们不实施碳价机制就好比是自动放弃了能解决问题的钥匙。在市场经济中,没有办法能有效解决对碳排放的依赖却不产生任何价格影响:任何其他的方法或手段都违背了基本的经济动机。在第6章所列出的支持碳价机制的各种很好的理由都能完全站得住脚:碳价应该是经济政策中解决气候问题的关键之所在。但是经济学研究还是只在自己的路灯所照射的范围内寻找解决问题的钥匙:只关注如何去设计"最优"的政策工具以及如何去量化相关的宏观经济成本。

而在现实中,这些问题都并非关键之所在。前面的章节已经解释过如何在两种碳价机制——碳税与总量管制和排放交易——中进行选择其实是由基本的政治考量所决定的:税收手段一般可以由产业(和/或消费者)向政府转移大笔资金;而总量管制和排放交易机制可以通过免费发放排放配额的方式消除一些最激烈的反对意见——或者使一些最容易受到影响的参与者受到的压力减轻。而与经济整体和所预测的未来经济增长情况相比,这些碳价机制所产生的宏观经济影响其实是非常有限的。

真正关键的问题在于碳价机制对社会中各个收入阶层群体产生的不同影响,尤其是与之相关的财富转移问题。碳价机制的实施会产生相关的赢家和输家。西方有句谚语说"所有的政治都是地方政治",这也在碳价机制问题中得以集中体现:挑战在于如何避免丧失要素、生产工艺以及产品进行低碳转型的动力。这里所需要考虑的重要因素不再是政策手段实施的最优效率，而是与碳价机制相关的政治经济学——要防止出现经济衰退或其他可能损害政策实施效果的情况出现。

尽管各界都已广泛认可采取碳价机制和相关行动的必要性，但是也有针对政策效果和分配影响的不少反对意见。其中最受关注的是对碳价机制可能会导致相关产业向海外转移的忧虑和担心。本章已经证明了担心的这些问题可能仅仅只存在于6种最主要的高碳生产活动中，例如基本的钢铁和水泥生产等。目前，为了防止出现该问题所实施的方案——提供免费的排放配额——能够控制相关风险，但是同时也会削弱机制中蕴含的减排激励，同时也会产生一些持续的不确定性。在各产业的生产活动中能否实现有效的 CO_2 减排取决于政策制定者不断完善碳价机制的能力。而这只能在边境碳价调节中得以实现。根据一些基本商品（如钢铁等）在最优可行技术条件下的碳强度来进行边境调节可以控制该问题的复杂性并解决 WTO 框架下可能产生的一些争端。然而，在实施过程中仍需面对很多敏感而复杂的议题。

关于分配影响的另外一种忧虑来自于各种碳价机制对社会中最贫困阶层群体的影响。在发达国家中，最贫困人群的收入中用于能源消费的支出占收入的比重无疑是最高的，因此碳价水平的提高会使他们受到更为显著的影响。（正如我们在第6章中所见）为这部分人群的能源消费提供一般性的补贴并非很好的选择，尽管"阶梯递增"的能源价格机制可能会发挥一定的作用。税收手段以及总量管制和排放交易机制的实施可以带来大量的收入，这部分资金可用于对受到影响的家庭提供补偿，然而，想要实施这种旨在提供定向补偿的机制也是困难重重。改进住宅、房屋和其中电器设备的能源利用效率——充分发挥第一和第二领域之间相互联系的关系——能够帮助降低家庭能源消费支出水平，同时也能实现碳减排。

建立全球性的碳价机制并实现统一的碳价从理论上来讲是成立的，但是综合考虑很多因素表明现实中并不太可能确定一个全球性的统一碳价，而且即使能够实现，也未必是一个理想的结果。因为碳价机制对不同产业部门以及世界不同地区所产生的影响具有差异性，全球性的统一碳价机制真正要实施会面临很多困难。要记住，我们所处的现实世界充满了各种不完美和政治障碍，而且不同阶层之间的收入差距相当大，因此理论和现实并不尽然相符。

考虑到所有这些现实的问题和困难，要合理解决碳价机制实施中面临的各种挑战，必须要正确认识到这是一个漫长的过程，并逐步顺应实际情况推进机制向前发展和改善。如果有的国家一开始选择实施碳税机制，那么应该从一个较低的税率水平开始，或首先对部分行业（例如重工业部门）提供免除执行的特殊对待（也可两方面同时进行），但是当碳税水平开始提高或者缩小能获得免除执行行业的覆盖范围时，各种挑战就开始出现了。如果有的国家选择从总量管制和排放交易机制开始，那么随着时间推移，当逐步减少所发放的免费排放配额规模并收紧总量上限时，就会面临一些新的挑战。

- 更多行业将面临与国外竞争者间价格差异不断扩大的困境。但是各国都不会也不应该在本国和外国生产的产品之间的选择中偏好后者，因此碳价机制发展的方向应该还是朝着对消费端定价而不是在生产端提高成本，这就意味着会存在一些边境调节的手段和措施。最开始的实施范围应该非常谨慎和有限，但是随着碳价水平的提高，就应该将其覆盖范围扩大到更多的商品类型。

- 从消费者处征收的资金将非常重要，在没有其他措施干预的条件下，相应的影响和由此产生的不平等问题都会变得更为显著和突出。应该向最贫困群体提供更多的保护。而这就要求更加民主地决定如何将这部分征收的资金返还给经济来解决全球性的挑战。最后一章将从理论上论述实施碳价机制所带来的收入该如何使用——然而政治压力却有可能导致实际与之南辕北辙。

在完整的框架中考虑碳价机制

因此，碳价机制是解决气候问题所必需的，但是仅靠碳价机制仍是不够的。具有讽刺意味的是，如果我们能够正确理解就会发现，大部分经济学家所支持的"关键政策"与本书所提出的三个互为补充的支柱是彼此紧密联系的。如果没有强有力的政策来促进能源利用效率提高——尤其是对于那些社会中的贫困群体或者在一些较为贫穷的国家中——那么考虑到碳价机制的影响，就更难在一些国家中顺利启动和执行具体的碳价手段和措施。如果没有创新和适当的基础设施来促进各项低碳政策的落地，仅靠碳价的实施无法促进社会减少化石燃料使用，也会面临越来越多的反对意见——因为人们只会将其视为惩罚性的措施而不认为它们是有效的激励手段，掌握投票权的选民则希望通过各种努力来降低这些措施和政策对自己最终支出水平的影响。

而碳价机制则能为兼顾效率、创新和投资的计划提供必要的动力和资金支持。这种机制能够提高消费者的兴趣和对该问题的关注，也能够为主要的能效提高计划（参见第4章和第5章）提供各种资源以及更为广泛的政治框架基础。而在后面的第9章和第10章中将会介绍，碳价机制也可以为R&D活动和必要的基础设施建设提供资金，并能促进低碳创新活动的盈利性增加。

让我们回到最开始针对支柱二展开讨论（在第6章中）时介绍过的"能源经济学中最重要的一张图"。碳价机制及所有相关的因素将使该图进一步延伸：如果能源价格和碳价能够反映全社会经济活动的真实成本，效率提高和创新使提高碳价水平在政治上可被接受——我们（个人和全社会）便都能降低最终的消费支出总额。

注释

1. 如果能源价格提高并对经济产生影响，但是政府却通过现金转移支付的方式对企业提供补偿就会出现这种情况。关于这一问题有一篇非常基础性的报告，在报告中对五个产业进行了建模分析，并率先预测大部分部门将会因为EU ETS的实施而获利（Carbon Trust，2004）；而基本的机制运行经验也验证了这点。对排放水平进行控制意味着碳排放不再是免费的行为。这对于企业利润和竞争力的影响将取决于谁能得到由此产生的"经济租金"；免费的排放配额使企业由此获利。但需要注意，即使是给企业发放免费的排放配额，只要减排的成本低于排放配额的市场价格，企业也会努力去降低其碳排放水平，但是还要考虑到前一章中已经介绍过的各种可能出现的市场扭曲。如果有兴趣了解该机制以及关于 EU ETS 最早的实证研究，可以参见 Grubb 和 Neuhoff（2006a）的论文。

2.Sijm 等（2006）。可以参考 Sijm 等（2008）利用计量和其他模型工具对碳价对于电价的影响所进行的更深入的分析和实证研究成果。现在已经有不少研究对欧洲碳交易市场上产生的这种意外利润的规模展开了大致估算，Grubb 等（2012）在 Climate Strategies 上对这些研究也进行了综述。因为研究者选取的样本时间、方法学以及是否考虑价格传递效应、是否考虑了排放配额的盈余等方面都各有差异，因此目前有关于该问题的研究很多，涉及的范围也很广泛。但是这些研究估计出的规模均为每年数十亿欧元之多。

3.有很多研究都试图对可能出现的碳泄漏规模进行估计。可以参考 IPCC 报告和 Climate Strategies 中完整的综述报告内容：作者 Droege 和 Cooper（2010）。大部分研究都是从欧洲的视角出发，但也有部分研究考虑的是未来美国、日本以及澳大利亚的碳价机制问题。请注意，正如 Climate Strategies 中指出的那样：Droege 等（2009）的研究提出还有两种其他的碳泄漏途径。一种与化石能源价格相关，是不利影响（在一个地区减少化石燃料使用会降低化石能源的全球价格，因此会促使其他地区消费更多的化石能源）。另外一种碳泄漏途径的影响是积极的（一个地区的低碳创新会引起低碳技术在全球范围内的扩散）。

4.总增加值是对产业产值的一种度量指标，计算方式是用产出水平减去中间投入得到的。

5.生产过程中产生的碳泄漏途径是以"污染避难所假说"为基础，即企业会选择转移到环境管制较弱的地区去以规避控污成本；对于该问题较早的讨论可以参见 Copeland 和 Taylor（1994）的文章。

6.泄漏率被定义为碳价机制实施所造成的世界其他地区碳排放泄漏的总量除以碳价机制实施地区排放降低水平的比值。如果对所有的排放配额进行完全的拍卖以及在一个相当长的时期内进行度量，那么模拟计算得到的各部门的调整比率将分别为：钢铁部门39%，铝业生产部门21%以及熟料生产部门16%。因为一些其他部门的影响相对要较小一些，因此碳泄漏水平——欧洲以外其他地区的排放增加——将相当于欧洲所实现的减排规模的10%左右（参见Monjon和Quirion，2009）。

7.关于评估具体部门是否面临碳泄漏风险的这些决定因素更加广泛的讨论可以参见Climate Strategies：Droege和Cooper（2010）。

8.这被定义为欧洲对其他地区的出口加上其他地区对欧洲的出口除以欧洲市场规模的比值。

9.一项研究发现，每个部门中平均水平的企业将基本没有关闭的风险，而只有很少几个规模较小的企业面临缩小的风险。可以参见Anderson等（2011）的相关完整研究。

10.Sandbag（2012）。

11.欧盟的碳排放交易机制和很多其他提案存在差异，关键在于欧盟坚持在给定的一段时期内固定排放配额的规模，而不管实际工业产出究竟是多少。而其他的一些机制建议建立"基于产出水平"的分配方案——按照工业产出的规模成比例地分配排放配额。在实际中，EU ETS关于关闭企业和开设新的企业的规定都是"基于产出水平"分配方案的特殊形式。如果企业在低水平下继续运转以获得免费排放配额，然后换取现金并购买进口产品可能存在"碳泄漏"风险，这最终导致EU ETS的第三阶段规定如果企业在一定生产能力之下维持低水平的运作，就应该缩减为其提供的排放配额规模。但是有很多证据也显示，如人们所预期的，这样的规定还会产生漏洞，这会导致工厂维持仅仅高于最低水平的生产能力——在一些情况中，这将产生"碳泄漏逆转"问题：在这种情况下，生产出的水泥会销往国外。很简单，在这种免费发放排放配额的机制下，不存在理想状况，而每个部门中"最不差"的情况也存在着一定的差异（Quirion，2009）。

12.可以参见Monjon和Quirion（2010）文章中关于各种可选方案的讨论。

13.WTO规则的核心旨在确保本国商品不会享有优于相同进口商品的待遇，所有的WTO成员都必须要平等对待进口产品和本国产品。因此在面对碳税机制问题时，必须确保任何与碳相关的调整水平不应该超过最优可行技术下生产产生的排放水平。但是，这些要求可以源自对"全球资源"的保护，这种情况下就可以对传统的贸易要求进行适当的免除对待，因此可以在确定调整水平时具有更多的灵活性。对于气候变化和贸易之间关系更加广泛的讨论，可以参见 Brewer（2003 和 2004）所进行的调查结论。也可以参见 WTO/UNEP（2009）。

14.Ismer 和 Neuhoff（2007）。

15.实际上，同进出口商的协商很可能是保证 WTO 规则得以遵守执行的关键要素，而这很可能在确定关税之前就会发生。

16.可以参见 Carbon Trust（2010）和 Climate Strategies（Droege 等，2009）中关于具体部门问题以及解决措施更加完整的讨论和介绍；还可以参见 Quirion（2009）的文章中更为详细的拓展。

17.可以参见 Climate Strategies 中关于这些其他渠道的广泛讨论（Droege 等人，2009；Carbon Trust，2011）。

18.一个经济研究网络 CES Info 曾经在 2009 年召开了关于"绿色悖论"问题的重要大会。可以参见 Van der Ploeg 和 Withagen（2012）的文章中对该问题所进行的完整介绍和综述。

19.这正是迈克尔·E.波特 1995 年在 Porter 和 van der Linde（1995）的文章中提出的波特假说的基础所在；可以参见 9.10 节"波特的观点"中的讨论。

20.图 8-4 中的数据首先表明了制造业中成本传递的重要影响，如果这些部门都执行有效的碳价机制的话。

21.Boardman（2010）。

22.Owen（2008）。

23.英国能源和气候变化部（2010a）。

24.他们预计各种气候政策的实施会使电力价格提高 33%，而天然气价格会提高 18%。

25.美国能源信息管理局（EIA，2009）。

26.可以参见 Wier 等（2005）的文章中关于丹麦的能源税和碳税实施经验的研究结果。而 Speck（1999）以及 Zhang 和 Baranzini（2004）的文章介绍了关于《京都议定书》的分配影响的实证研究。

27.实际上，有实证分析验证了能源支出和收入之间存在着类似于 S 型的恩格尔曲线的关系：随着我们变得更为富有，尽管绝对水平有所提高，然而增长率较低，这就导致在高收入区域存在相对平稳的阶段。这种规律类似于对食物的消费与收入的关系，也就是最早发现恩格尔曲线的由来。可以参见 Jamasb 和 Meier（2010）的文章中关于英国的实证结果。

28.Sterner（2011）。

29.满足基本需求的标准通常为在主要的起居空间保持温度在21度，而在其他的房间中保持温度为18度（DECC，2010b）。关于燃料贫困的描述以及该问题未来的展望可以参见 Roberts（2008）的研究。

30.英国的气候变化委员会估计出气候政策所提供的各种支持（碳价机制以及对可再生能源发电的其他支持）将会导致在2022年时增加60万个陷入燃料贫困的家庭。

31.这些通常都是二手电器，而且效率往往很低。这些电器都非常老旧，技术也很落后；这些电器所遵循的能效标准都是过时且并不严格；此外，这些电器的保养情况也较差。

32.Tirado-Herrero 和 Ürge-Vorsatz（2010）。

33.同上。

34.Fankhauser 和 Tepic（2005）。

35.ADEME（2008）。

36.当其他要素被控制时（Rehdanz 和 Stöwhase，2008）。

37.Boardman（2010）。

38.气候变化委员会（2008）。

39.即为图8-6中介绍的关于能源支出的 CERT 机制的一部分。

40.Saghir（2005）。

41.同上。

42.可以参考 Bruce 等（2000）的文章中关于该问题的全面讨论。

43.可以参考 Brenner 等（2007）的研究中对于中国情况的讨论和分析。还可以参考 van Heerden 等（2006）的研究中关于南非情况的讨论。

44.Guivarch 和 Mathy（2012）。

45.Chichilnisky 和 Heal（1995）的研究强调了在关于全球性碳价的争论中，"福利"和"效率"之间的矛盾。意见相左的两种观点其实都是存在问题的。从效率最大化转为福利最大化要求一定的国际补偿机制相配合，而这看起来是很难实现的。但认为气候变化是全球性的问题，因此根据"碳排放造成损害的社会成本"确定出统一的碳价能够促进福利的观点同样也忽略了一些事实：例如，根据一些众所周知的原因，这种机制的执行对贫困群体一般都采取更高的贴现率——而贴现本身就是决定"碳的社会成本"最为重要的因素之一。因此很难最终将这些问题与关于全球性的伦理、平等和资金问题的基本讨论分离开来。

参考文献

ADEME(2008)'The weight of energy expenditures in household budgets in France, ADEME and you',Strategy and Studies,no. 11,3 April.

Aldy, J. E. and Pizer, W. A. (2011) The Competitiveness Impacts of Climate Change Mitigation Policies, NBER Working Papers 17705. National Bureau of Economic Research.

Anderson, B., Lieb, J., Martin, R., McGuigan, M., Muuls, M., de Preux, L. and Wagner, U. (2011) Climate Change Policy and Business in Europe: Evidence from Interviewing Managers, Occasional Paper No. 27. Centre for Economic Performance.

Boardman, B. (2010) Fixing Fuel Poverty: Challenges and Solutions. London: Earthscan.

Brenner, M., Riddle, M. and Boyce, J. K. (2007) A Chinese Sky Trust? Distributional impacts of carbon charges and revenue recycling in China', Energy Policy, 35 (2):1771–84.

Brewer, T. (2003)'The trade regime and the climate regime: institutional evolution and adaptation', Climate Policy, 3(4):329–41.

Brewer, T. (2004)'The WTO and the Kyoto Protocol: interaction issues', Climate Policy, 4(1):3–12.

Bruce, N., Perez-Padilla, R. and Albalak, R. (2000)'Indoor air pollution in developing countries: a major environmental and public health challenge', Bulletin of the World Health Organisation, 78:1078–92.

Carbon Trust(2004) EU Emissions Trading Scheme. London: Carbon Trust.

Carbon Trust (2008) EU ETS Impacts on Profitability and Trade: A Sector by Sector Analysis, Carbon Trust Report CTC278. London: Carbon Trust.

Carbon Trust (2010) Tackling Carbon Leakage-Sector-Specific Solutions for a World of Unequal Prices. London: Carbon Trust.

Chichilnisky, G. and Heal, G. (1995) Markets for Tradeable CO_2 Emission Quotas: Principles and Practice, OECD Economics Department Working Paper 153. Paris: OECD Publishing.

Climate Strategies: Droege, S. (2009)'Carbon Leakage and the EU ETS', Synthesis Report, London: www.climatestrategies.org.

Climate Strategies: Droege, S. and Cooper, S. (2010)'Tackling Leakage in a world of unequal carbon prices', Synthesis Report, London: www.climatestrategies.org.

Climate Strategies: Grubb, M., Laing, T., Sato, M., and Comberti, C. (2012)'Analyses of the effectiveness of trading in EU-ETS', Climate Strategies Synthesis Report, London: www.climatestrategies.org.

Climate Strategies: Hourcade, J. C., Neuhoff, K., Demailly, D. and Sato, M. (2007) 'Differentiation and dynamics of EU ETS industrial competitiveness impacts', Climate Strategies Synthesis Report, London: www.climatestrategies.org.

Committee on Climate Change (2008) Building a Low-Carbon Economy-The UK's Contribution to Tackling Climate Change, Report by the Committee on Climate

Change. UK Government.

Copeland, B. R. and Taylor, M. S. (1994) 'North-south trade and the environment', Quarterly Journal of Economics, 109(3): 755-87.

Daly, J. G. and Riedy, C. J. (2008) Cogeneration Stakeholder Workshop: Summary Report, prepared for NSW Department of Environment and Climate Change, Institute for Sustainable Futures, Sydney.

DECC (2010a) Estimated Impacts of Energy and Climate Change Policies on Energy Prices and Bills. Department of Energy and Climate Change, UK Government.

DECC (2010b) Average Temperature of Homes. Department of Energy and Climate Change, UK Government, online at http://2050 - calculator - tool.decc.gov.uk/assets/onepage/29.pdf.

EIA (2009) Energy Market and Economic Impacts of H.R. 2454, the American Clean Energy and Security Act of 2009. Energy Information Administration, Department of Energy, US Government.

European Commission (2009) Results of the quantitative assessment of sectors at NACE 4 level, online at http://ec.europa.eu/clima/events/0038/20090429results_quantitative_assess_sectors_nace4_en.pdf.

Fankhauser, S. and Tepic, S. (2005) Can Poor Consumers Pay for Energy and Water? An Affordability Analysis for Transition Countries, EBRD Working Paper No. 92. European Bank for Reconstruction and Development.

Grubb, M. (2008) Carbon Prices in Phase III of the EU ETS, Report. London: Climate Strategies.

Grubb, M. and Neuhoff, K. (eds) (2006a) 'Allocations, incentives and industrial competitiveness under the EU Emissions Trading Scheme', Climate Policy, Special Issue.

Grubb, M. and Neuhoff, K. (2006b) 'Allocation and competitiveness in the EU Emissions Trading Scheme: policy overview', in Grubb and Neuhoff (2006a), pp. 7-30.

Grubb, M., Brewer, T. L., Sato, M., Heilmayr, R. and Fazekas, D. (2009) Climate Policy and Industrial Competitiveness: Ten Insights from Europe on the EU Emissions Trading System, Report for the German Marshall Fund, Climate and Energy Paper Series. Washington, DC.

Guivarch, C. and Mathy, S. (2012) 'Energy-GDP decoupling in a second best world-a case study on India', Climatic Change, 113(2): 339-56.

IPCC (1996) Second Assessment Report. Cambridge: Cambridge University Press.

IPCC (2004) Third Assessment Report - WG3. Cambridge: Cambridge University Press.

IPCC (2007) Fourth Assessment Report - WG3. Cambridge: Cambridge University Press.

Ismer, R. and Neuhoff, K. (2004) Border Tax Adjustments: A Feasible Way to Address Nonparticipation in Emission Trading, Cambridge Working Papers in Economics 0409. Faculty of Economics, University of Cambridge.

Jamasb, T. and Meier, H. (2010) Household Energy Expenditure and Income Groups: Evidence from Great Britain, Cambridge Working Papers in Economics 1011. Faculty of Economics, University of Cambridge.

Mann, R.T. (2003) Legacy to Power: Senator Russell Long of Louisiana. Lincoln, NE: Universe.

Monjon, S. and Quirion, P. (2009) Addressing Leakage in the EU ETS: Results from the CASE II Model-Final Workshop Presentation. London: Climate Strategies.

Monjon, S. and Quirion, P. (2010) 'How to design a border adjustment for the European Union Emissions Trading System', Energy Policy, 38(9): 5199-207.

Neuhoff, K. (2008) 'Learning by doing with constrained growth rates: an application to energy technology policy', Energy Journal, Special Issue, 29(2): 165-82.

Office for National Statistics (2009) Family Spending: A Report on the 2008 Living Costs and Food Survey. London: Palgrave Macmillan.

Owen, G. (2008) Towards an Equitable Climate Change Policy for the UK: The Costs and Benefits for Low Income Households of UK Climate Change Policy. EAGA, online at http://www.carillionenergy.com/downloads/pdf/3867%20eaga%20Equity%20&%20Climate%2036ppg%20PROOF.pdf.

Porter, M. E. and van der Linde, C. (1995) Green and Competitive: Ending the Stalemate, Reprint 95507. Cambridge, MA: Harvard Business Review.

Quirion, P. (2009) 'Historic versus output-based allocation of GHG tradeable allowances: a survey', Climate Policy, 9: 575-92.

Rehdanz, K. and Stöwhase, S. (2008) 'Cost liability and residential space heating expenditures of welfare recipients in Germany', Fiscal Studies, 29(3): 329-45.

Roberts, S. (2008) 'Energy, equity and the future of the fuel poor', Energy Policy, 36 (12): 4471-4.

Saghir, J. (2005) Energy and Poverty: Myths, Links and Policy Issues, Energy Working Notes No. 4. Washington, DC: World Bank.

Sandbag (2012) Carbon Fat Cats Could Make 5.6 Billion Euros from ETS. London: Sandbag, online at http://www.sandbag.org.uk.

Sijm, J., Hers, I., Lise, W. and Wetzelaer, W. (2008) The Impact of the EU ETS on Electricity Prices, Final Report to DG Environment of the European Commission. Energy Research Centre of the Netherlands.

Sijm, J., Neuhoff, K. and Chen, Y. (2006) CO_2 Cost Pass Through and Windfall Profits in the Power Sector, Cambridge Working Papers in Economics 0639. Faculty of Economics, University of Cambridge.

Speck, S. (1999) 'Energy and carbon taxes and their distributional implications', Energy Policy, 27(11): 659-67.

Sterner, T. (2011) Fuel Taxes and the Poor- The Distributional Effects of Gasoline Taxation and Their Implications for Climate Policy. Washington, DC: Resources for the Future Press.

Tirado-Herrero, S. and Ürge-Vorsatz, D. (2010) 'Trapped in the heat: the post-communist genre of fuel poverty, working paper', Energy Policy, 49: 60-8.

van der Ploeg, F. and Withagen, C. (2012) 'Is there really a green paradox?', Journal of Environmental Economics and Management, 64(3): 342−63.

van Heerden, J., Gerlagh, R., Blignaut, J. et al. (2006) 'Searching for triple dividends in South Africa: fighting CO_2 pollution and poverty while promoting growth', Energy Journal, 27: 113−41.

Wier, M., Birr-Pedersen, K., Jacobsen, H. K. and Klok, J. (2005) 'Are CO_2 taxes regressive? Evidence from the Danish experience', Ecological Economics, 52 (2): 239−51.

WTO/UNEP (2009) Trade and Climate Change. Geneva: World Trade Organisation and UN Environment Programme.

Zhang, Z.-X. and Baranzini, A. (2004) 'What do we know about carbon taxes? An inquiry into their impacts on competitiveness and distribution of income', Energy Policy, 32(4): 507−18.

支柱三
对创新和基础设施的战略性投资

概述

进入21世纪的世界经济，每年都要在能源供给上消耗数以万亿美元计的资金。决定着长期成本和长期影响的关键因素是创新和对基础设施的投资，我们在这里将其宽泛地定义为"长寿命资本积累"。

创新不仅仅指科技突破和政府对科技的投入。能源使用方式、能源系统模式和能源的资源禀赋在不同经济体间存在巨大的差异（见第3章），不可能存在能够解决所有问题的"万用钥匙"。事实上，在工业化和市场化不断发展和推进的过程中，创新包括广义的发展、商业化、规模效应带来的成本降低，以及干中学。

然而，主要能源部门，特别是电力生产和用热部门，它们往往花费其收入的很少一部分用于创新，与之相比，更有活力的经济部门则会在创新上给予更多比例的投资。这些能源部门中存在的牢不可破的结构性障碍，导致了公共财政资助的科研成果很难产业化，公共财政投入的经费与企业实际可获的技术之间完全不匹配。这种现象与市场反馈相吻合，也与其他部门驱动创新的资金链运作模式相一致（参见第9章，制药业和信息技术产业相关内容）。

总体来看，市场对创新的投资是不足的，特别是与整个经济收益相比更是如此，工业领域的投资主要集中在技术环节，用于增加竞争力，扩张市场份额。在能源部门，情况更是如此。虽然化石燃料部门在原油冶炼技术领域投入了大量的资金，其对清洁生产技术的投入却寥寥无几。加速低碳技术的创新很有可能具有经济收益，而解决公共危机也同样具有类似效益，在这过程中强力的公共干预是必须的。"技术推动"必须和"需求拉动"相匹配，这样政策就必须使创新的链条涵盖整个产业链，中小企业是重要环节；否则，政策就要增强市场信心、加大投资，满足大企业进行长期投资的愿望，这必然导致其与公共利益背道而驰。两种选择都给政府提供了明确的方案，用于加速和整合创新的成果，服务于能源安全和低碳发展等公共目标（见第9章）。

核心的清洁能源创新政策包含以下三个部分：

·技术研发和转化，主要依靠直接公共投资。

·商业化运作与政府联合创造的"孵化器"（鼓励基于新技术的小规模经营）和"市场参与"（实地考察以提供商业模式、市场反馈、顾客信心和本土化程度）。

·资金补贴和优惠政策的战略部署，为新技术和好技术的规模化使用和推广创造"溢出价格"，同时克服既得利益群体和现有结构带来的诸多障碍（见第9、10章）。

历史经验表明，在一个共同进化的社会技术体系中，技术的转型也将伴随着基础设施和机构的转型。这导致技术、基础设施和机构设置等的严重的"路径依赖"，也就是说，当期能够实现的在很大程度上取决于上期的投资和决策。这种体系也被证实存在"锁定"效应，相互关联的技术、基础设施和机构之间存在巨大的惯性并遍布整个现存利益格局。当今世界严重依赖化石燃料的各大体系完全符合以上提到的所有特征。目前大多数的发展战略仍然集中在增加对化石能源的创新和投资上。当今世界仍有数以万亿计的投资流向化石能源体系和相关技术，而获得化石能源的难度越来越大，产销距离也越来越远。这些过程中并没有减少对大气的污染，只不过降低了污染的成本。低碳投资的发展速率越来越快，但与化石能源体系的发展相比还是相当保守。

在未来的一二十年间，如将依赖化石燃料发展起来的经济转型，无疑需要巨额投资。然而，全球模拟的结果显示，未来发展路径和转型成本将是多样的。由于石油生产所需的原料越来越难以获取，加之各国需要面对的煤炭开采和燃烧所带来的环境问题也愈发棘手，相应的治理成本势必随之上升（参见第10章）。

将经济进行低碳转型不仅仅需要一个可靠的碳价体系和低碳技术创新机制，更需要制定能够容纳新的竞争者的英明决策。有两个关键要素不可忽视，首先，要将低碳技术从定向应用推向更广阔的市场；其次，要使低碳技术在市场上完成"杂交"，只有这样低碳技术才能在现有基础上逐渐适应，进而拓展用户需求。太阳能芯片技术的发展可以很好地印证前者，生物质能源和水力发电技术的应用则很好地说明了后者。在这样的背景下，我们就能描绘出关键部门的低碳发展路径：机动车、电力和建筑——特别是在城市化的大背景下，这种路径规划尤为重要。结合本书提到的其他领域的特征，美国、欧洲和亚洲的具体的案例能够说明创新和基础设施之间的相互关联。在每个案例中，转型的过程都明确揭示了潜在的战略利益，然而要认识到这种战略意义的重要性，一些前期政治投资和资金投资是少不了的（参见第10章）。虽然低碳化的过程需要一些前期投资，但这并不意味着低碳发展路径所需的整体成本更高，即使在气候和安全等要素的考虑下，低碳发展的成本也不会更高。低碳发展路径是对碳密集型的传统发展路径的替代。尽管如此，经济体系仍能容纳多元的发展方向，包括能源消费、生产和排放模式的多元化（见第10、11章）。由于传统的发展路径存在明显的内生风险，维持其发展无疑反映了个体的短期理性和群体的决策失败，很容易让人联想到导致了全球金融危机的那些因素。

要跳出这个陷阱，需要做出努力和创新。经济增长理论早就认识到创新是关键，但是被解读的远远不够——在古典增长模型中，创新是用"残差项"来阐述的。在最简单的经济增长理论中，要么假设创新是外生的、不可抗力的，要么假设市场提供了"最佳"的创新方向和水平。两个假设都经不起检验。创新是一个复杂的过程，受到需求、投资和激励的驱动，并且在整个创新的链条上经受不断的失败（见第9章）。创新还受到现有的基础设施和在任者利益的制约，如能源部门的案例所示（见第10章）。历代经济学家都认为创新是关键，也都承认在经济复兴过程中没有给予创新足够的重视，经济增长的链条总是与工业转型的浪潮挂钩（包括创造性破坏）。

经济增长过程中的这种"暗物质"构成了制度和技术体系创新，这与本书介绍的第一和第三领域直接相关。因此，我们没有理由相信，政府引导的政策能够在兼顾经济发展与能源气候安全的条件下，带来效率、创新和基础设施重构。实现这些目标确实需要充满智慧的政策、居民和企业驱动的行动，以及大量前期政治和资金投资，唯有如此，才能够实现长期收益（见第11章）。

资金投资的规模首先要在欧洲于2020年前达到1万亿美元，并在随后的几十年间在全球范围内达到数十万亿美元。颇具讽刺意味的是，在经济危机的余波带来的经济衰退中，人们恰好可以利用这些投资作为复兴增长的动力。这是因为人们可以利用大量闲置资源和利率的历史低点：市场上有大量的失业劳动力，还有大量的私人资本低利率空转。低碳投资所需的金额只占机构投资基金中很保守的一份（养老金、保险和主权财富基金等占比相当大），然而其对于长期保值投资来说相关性却很大，其中最受关注的还是能源基础设施的投资。目前，不确定性和缺乏信心阻碍了相关领域的投资和就业。大气环境的有限性所带来的刚性制约意味着碳储蓄具有坚实的科学基础，其价值将与时剧增。政策正是要将这种可预测的实施转化成清晰和坚实的激励措施，从而刺激新一轮投资，使创新和清洁增长的潜力得以释放（见第11章）。

第9章

强推猛拉：为技术的死亡之谷搭建桥梁

让我们铭记，制造业的生产鲜少按照象牙塔里的哲学家给出的理想方式安排，没人能够提供充分的供给。政治经济学家对贸易商和制造者的决策建议建立在数据基础之上，……根本无需考虑数据处理过程中对实际情况真实性的减损，数据缺失所带来的误差问题更大、情况也更严重。

——Charles Babbage，机械和制造业经济学（1832）

（数学家和分析哲学家眼中的"现代计算之父"

——可编程计算机概念的创始者）

9.1 引言

Daniel Yergin 在其石油领域的大师之作《奖章》中详细分析了 Edwin Drake "上校"的故事。"上校"是第一个挖掘油井的人。故事涉及观点、技术、时间、实验、决心和钱。虽然存在诸多障碍和风险，但石油开采技术无疑是人类历史上最赚钱的创举。Drake 的成功要归功于美国邮政系统服务的低效，本来他事业的精神支柱和唯一资金支持者 Townsend 已经没有钱继续支持他的研究了，Townsend 写信给 Drake 让他放弃，但是在Drake 收到这封信之前，他终于在石油开采的技术领域取得了重大进展。[1]

创造一个新产品并使其商业化的过程永远充满了风险。历史证明，新技术的应用和推广不会像天上掉馅饼那样容易，从发现技术开始，要走的路还很长，需要花费很大的成本、很长的时间来进行技术的完善和试错。随着规模的加大和成本的提高，技术的发明者和投资者之间的关系会变得很紧张。获得经济回报的时间可能长达几年、几十年之久。

诚如第3章的能源技术评估中所指出的，在一个合理的成本情景下，能够用于推动一个安全的、低碳的能源体系建立的技术数不胜数。但由于能源利用、能源系统、能源储量和国家治理结构等很多因素都会对最终的成果形成影响，并不存在一蹴而就的灵丹妙药。与公众的想象相去甚远的是，核心挑战并不是如何推动一项新的、革命性的技术来解决所有能源问题的。一个世纪的经验证明，想通过单项技术来解决所有问题，无论是核能、太阳能发电还是水力发电，即便对于一个充满激情的人而言也会逐渐望而却步。真正的挑战来自如何理解和管理能够促进创新的各种要素。

在这样的背景下，讲述三个支柱的相关章节（第9～11章）回顾了我们关于创新过程的认知、能源系统的转型和这些内容与经济发展之间的关系。当前这章的内容主要是关于创新的"微观经济学"，特别是跟能源技术相关的部分，主要涉及相关技术如何研发，受什么因素驱动或阻碍，如何降低成本；为什么技术创新更关注化石能源本身而不是替代能源；如何加速创新来满足21世纪的挑战等。我们所关注的不仅是创新事务本身，还包括不同属性的能源所提出的问题和带来的机遇的差异性。

9.2 闪耀的奖章

创新仍是经济学研究的难点，给学者、政府和公众带来了很多困扰。相关讨论主要包括两派主要观点，两方面都既不准确又不全面。一派认为，政府只需要为聪明的研究者提供资金就能够获得解决方案。另一派主张，创新不过是经济过程的一个自然过程，仅受市场驱动，相关技术就能够获得最优水平的投资，并自动促进获利性商品的生产和销售。两个观点都没能很好地反映现实，但是两者都认可了创新在能源和环境领域的重要性。[2]

　　尽管后继者大有人在，关于创新的经济学分析总能追溯到 Joseph Shumpeter（熊彼特）在 20 世纪 30 年代所做的研究。熊彼特引入了"创造性破坏"的概念，用来解释激进的新技术和新体系对传统产业的替代，这种替代改变了经济增长的基本面。我们会在后面的章节详细分析这个方面的内容。在经济学范畴，熊彼特被认为是识别了核心技术变革关键三步骤的第一人，这三个步骤包括：发明、创新和传播。[3]

　　Townsend 和 Drake 对石油钻探的最原始的想法只能算是技术发明——无法满足技术创新在实际开发和应用层面的需求。技术发明需要动脑筋和想象力。创新则需要时间和资金投入。通过对历史上能源领域的各个转型阶段的研究可发现，为完成技术传播所需要的要素更多。后"熊彼特思潮"创造了石油时代，正如其他主要的能源系统转型一样，这次转型用了 3/4 个世纪的时间。[4]

　　从那时起，能源博弈的关键点就被巧妙地转移了。在 Townsend 和 Drake 的技术发明出现后的 75 年间，世界各地不断发现新的石油资源，但对（石油以外的）新型资源的发现速度显著降低了。人们关注的焦点转向如何更好、更廉价地进行技术创新（而不再是技术发明），来发现和获取石油，要知道石油也曾是不可获取和经济性很差的资源。同时，我们对其他资源的认知和能力是逐步增长的。这种情况在煤、天然气、铀和可再生能源上都适用。"化石能源前沿"指的是在海平面数千英尺之下、在北极冰盖之下、油砂之中和地下数千米的岩层之间（"压裂"）发掘更多的石油。毫无理由认为这些资源获取方式会比从光、风和水中获得能源的方式更廉价，同时我们对这种获得如此之多关注的"资源"的使用效率也并不高。如第 3 章所述，我们对这些一次能源的浪费率高达 90%。

　　因此，正如我们在第 3 章中讨论过的结论，本质上来讲，我们并不缺少能源种类，也没有哪种资源具有超越所有其他资源的优势。在我们的时代，不同的能源技术和体系之间进行着竞争，不同能源种类之间具有明显不同的经济和环境属性。其中最明显的一项区别是，化石能源储量是有限的，且 CO_2 被排放到了一个有限的大气空间。因此，与可再生能源不同的是，化石能源开发所需要的（生态）修复时间也是有限的。21世纪最耀眼的奖章最终将归属于那些赢得了大规模供给清洁、安全、充分和持续的能源的技术、厂商、行业和国家。

创新是物有所值的。大量的经验详尽又简练地表明，随着其开发和大规模使用，多数技术的成本实现了显著地下降。我们要通过创新来实现一个低碳的未来，图9-1给出了一个关于电力低碳技术创新过程中成本和收益（纵轴）如何演化的路线图。首先，一项技术的发明所需的时间可能超过一个世纪之久，而将这项技术切实应用且普遍盈利则需要几倍于此的时间。任何一项新的、清洁的发电技术，都要求成本随着认知的加深和经济规模的扩张而降低（x轴），此项技术的应用增多也需要成本的降低（图的第三个维度）。如果技术能够获得竞争力，就能够替代现有的、燃料依赖式的发电方式，并且开始盈利。初始开发的附加成本仅限于很少的时间和市场投入——称为初始投资。随着技术应用的规模扩张，收益（右侧数轴）便有可能极大地超越初始投资。

清洁技术创新如果能够避免环境损害成本，就能够实现更高的收益。图9-1上方的楔形部分表示潜在的 CO_2 减排量，时间越久这个量会越大。理论上讲，无论政府是否直接设立碳价政策，这部分（环境）附加值早晚都会实现。其实，原则上说，政府可以通过补贴和标准来引导清洁技术的研发和推广。但该图还进一步指出碳价在许多方面都能促进更高效、更低碳的技术创新。通过提高传统碳密集型技术的成本，就能够降低清洁技术上马需要弥合的成本差距。而设置碳价的形式既可以是直接的公共补贴，也可以是私人融资。也就是说，新技术能够更早地与现行技术进行竞争，从而降低补贴政策所带来的政策风险（补贴政策是一种公共支持政策）和/或融资成本（如果由企业来进行学习融资）。不断提高的碳价会提高新型低碳技术的可行性、扩大技术创新的范围、提升私人投资者的商业利润空间。

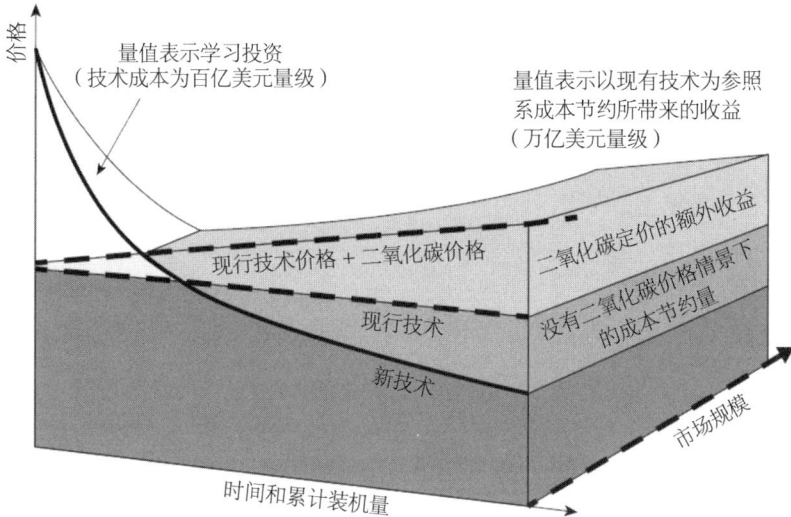

图9-1　低碳技术创新的当期成本和未来收益

如第6章所述，技术研发对碳价政策是否有替代作用是个颇具挑战性的话题。成本总是要有人承担，如果没有相关环保政策跟进，所有收益和利润实现的时间都会推迟。这些成本如果都没有得到合理定价，就不会形成有效的激励。谚语所言，"可以牵马到河边，无法强迫马饮水"。如果没有对清洁技术的正向激励，相关技术创新只能蹒跚慢行。

然而，也有反对观点认为，环保政策会挤出技术政策的需求，这种观点同样有失偏颇，本章和下一章就专门对这一问题进行了详细讨论。为推翻这种相似的类比可以举个例子，如为牲畜提供一处远方的水源并不意味着它已经喝饱了水；如在沙漠中，这匹马还是会渴死。到此为止，我们才接近当下很多新能源技术创新的真相。

与技术创新的技术专家观点不同，经济学主流观点认为技术创新是"外溢效应"导致的"市场失灵"。主要问题就是知识产权的悖论：创新者如果不将其成果共享并形成"外溢效应"就无法真实获利。基于这点，一些高级别的能源和气候研究文章倾向于认为这是一种关于外部性（没有形成环境影响的正常定价）和知识产权的"双重市场失灵"，应该将环境影响定价和知识产权（专利）进行联合管控。

　　将环境定价和创新政策进行两分式的割裂，将两者互为替代物，如实地反映了两者的互补性，但是"双重外部性"的难题仍没有得到完美的解决。专利权的本质是对垄断加以法律保护——而经济学家并不热衷于保护垄断。在某种程度上，垄断代表了一种独特的"英式思维"，国家和私人部门之间具有明确的界限，企业单纯因为追逐利益才进行创新。在其他地区，国家的作用可以涵盖对创新的支持，包含产业发展培育，而且这些做法取得了普遍认可。即使在北美和英国，政府除了出资支持基础性研发和保障知识产权，按理说不应该对创新进行更多的干预，但如果政府对创新给予支持无疑会得到认可（尽管在现实中没有观察到实例）。经济顾问几十年来不断给出各种提高创新水平的措施，并始终强调政府应该扮演更为强势的角色。[5]

　　本章解释能源领域创新问题的特性。事实上，对创新的阻碍还会延伸到其他领域，当我们试图通过创新提供"公共物品"的时候——如清洁能源——问题的复杂性就又增加了一层。与研发资助和知识产权保护相比，创新作为政策的第三个支柱具有更丰富、更深邃的含义。为了便于展开讨论，本书将以研发资助作为出发点。

9.3　能源研发——公与私

　　研发政策并不少见，政府在能源部门推行研发政策已经有很长的历史了。20世纪50年代，政府对核能研究非常感兴趣，纵然有军事方面的考虑，但保障居民的用电安全更是政府的核心关切。70年代，第一次石油危机之后，尽管仍对核能保持高度重视，政府扩大了能源研发支持的范围。80年代之后，政府对能源事物的关注热情逐渐消减，对能源研发的支持也随之减少。随着对环境问题关注的升温，以及近期能源价格的变动，政府对能源研发的支持政策力度有所回升，技术研发被寄予救市的厚望，成为2009年次贷危机之后政府出台的"一揽子刺激计划"的主要受益领域（如图9-2所示）。

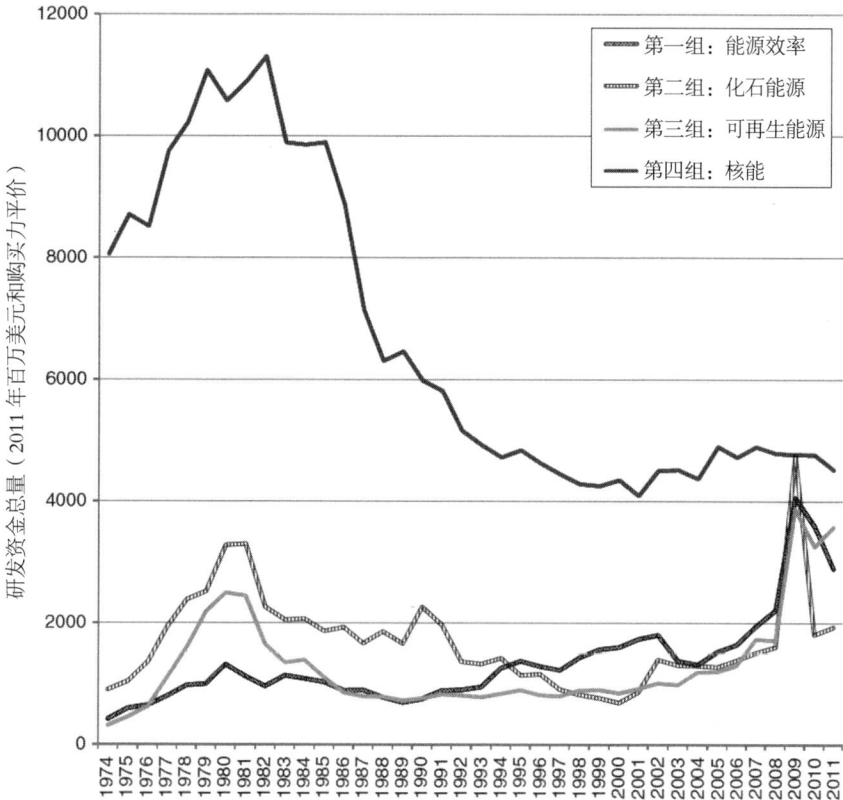

图9-2　经合组织国家对不同能源技术研发的公共预算总额，1974—2011

来源：IEA Energy Statistics (2013)，网站地址：http://wds.iea.org/WDS/ReportFolders.aspxo.

从20世纪70年代中期开始的十年之间，公共资金对能源技术研发的支持迅猛增长。尽管不乏一些有价值的发明，但是美国的一些大型"猪肉桶"项目因滥用公款贿选而臭名昭著——他们出于政治原因在某些毫无价值的项目上持续增加巨额支出。[6]1986年的石油价格崩盘使得大型能源创新项目失去了主要的存在理由，相关项目继而大规模下马。政府仍然在自主进行一些基础研究，但是仅仅局限在那些有发展前景和价值的项目上，同时这个项目还得到私人部门的支持。

在相关领域，人们曾经抱有重大预期。关于核能研发的相关投入仍在继续，但规模已不及20世纪70年代顶峰时期每年100亿美元的一半，同时还加强了关于核废料的关注和其他重大国际项目的合作研究。对于太阳能光伏的支持曾被认为是较为成功的"高科技"项目，因此，一些国家，如丹麦，仍在持续支持对光伏的研发，同时也逐步增加了对风电产业的支持。自从可再生能源和能效兴起，公共资金对可再生能源研发的支持总额保持在每年低于10亿美元的水平上15年不变；对能源效率研发的资助规模与之类似。比较而言，包括私人部门在内的全球能源研发和示范总支出约为每年500亿美元，全球能源系统投资则高达万亿美元（见第10章）。[7]

公共研发所产生的技术理应由产业部门接手继续研发，产业自身应该完成技术的示范和商业化这一艰巨的任务。这些后续步骤难度更大也会消耗更多的资金，这一过程应更多依靠商业激励，只有这样才能防范技术开发过程中的经济风险。

在20世纪80年代，石油部门成为一个新兴国际竞争性行业，当时大多数电力系统都由大型公共实体运营。这些运营单位中确实有些尝试运作一些大规模的技术研发项目。其中最为引人关注的是法国和日本的大型核电项目，两者都是政府和大型电力企业联合运营并有效管理的。如第3章中提到的，法国项目从1975年到1990年共花费1 200亿欧元（2008年货币水平），并成功将法国电力系统改造为以核能为唯一主要供电来源的体系。[8]

法国和日本的政企联合项目成为了他们国家的骄傲，而其他国家的能源技术项目却并不这样理想。如英国，在其政府和中央电力生产集团（Central Electricity Generating Board）的联合决策下，核电在其后的几十年间逐步并入电网，但这一决策就很糟糕。像这样的国家机构可以投入资金冒险一试，但是从他们内部就产生了很多怨言，人们指责政府对于大型已完成技术承诺过多、缺乏企业家精神等文化因素等。结合美国的"猪肉桶"项目可见，政府和公有公司推动的能源技术创新并不受人欢迎，这与人们普遍反感政府的"产业政策"是一致的，这点在本章的结论部分还将提到。

英国曾尝试解决上述问题，使电力部门解脱出来。基本假设是私人部门会接手研发项目并做得更好。事实上，这种政策上的放手所导致的结果南辕北辙。由私人部门和私人竞争形成的新市场追求更快的投资回报和更小的风险，而能源技术往往耗时很长，同时伴随巨大的不确定性，这些因素将潜在的投资者吓跑了，创新更无从谈起。私有化后，原本属于国家垄断式的能源技术研发在英国土崩瓦解了。20世纪70年代到90年代的能源技术发展史上，英国的这些能源技术成为了尸体、成为了垃圾，未能跨越"技术的死亡之谷"。我们还将在9.5节和9.7节中详细阐述相关内容。[9]

　　事实上，众所周知的是，社会对于技术的投资往往不足；不为人知的是，对不同的部门，技术研发的投资程度存在巨大差异。图9-3显示，信息技术领域和医药行业的顶级企业支出中高达其总营业额的10%～15%用于研发新产品，而电力和建筑行业，这一数字不足上述两个行业的1/10。

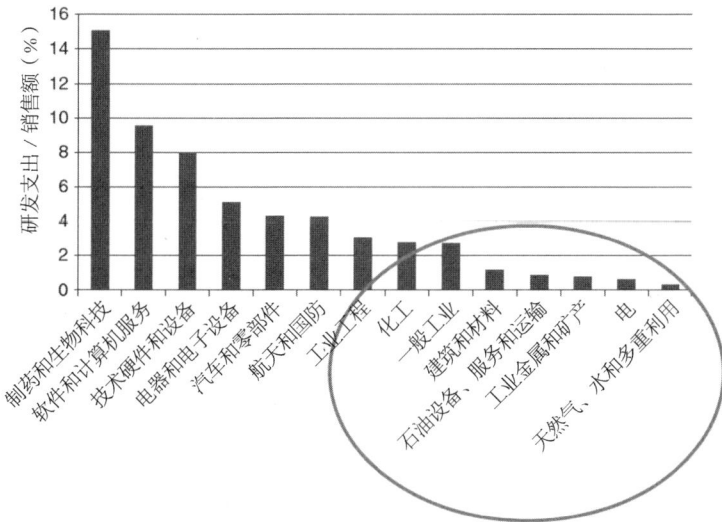

图9-3　不同部门顶级公司研发支出占销售额比重，2011

注：上表显示了各部门的平均研发强度，数据涵盖世界排名前1 500的公司，服务业不包含在其中。

来源：Data from EU Joint Research Centre on Industrial Investment and Innovation, R&D Scoreboard 2012, http://iri.jrc.europa.eu/scoreboard12.html.

　　在很多部门，竞争都是创新的强大动力，但能源部门除外。能源部门创新的类型分类很复杂，差异还很大。[10] 也就是说，在应对全球能源和环境挑战的过程中，我们需要在那些最缺乏创新性的经济部门寻求最为激进的创新。只有了解了这些部门为什么会陷入"技术的死亡之谷"，政策才有可能成功。

进而，这一问题如果放置在实现全球环境目标的大背景下会进一步被放大，创新者需要相信未来的环境政策能够带来价值。本章的倒数第二节（波特的一脚）进一步说明了为什么控制二氧化碳排放不足以推动创新超越研发阶段。我们需要仔细审视各个相关要素，看看究竟是哪个要素阻碍了创新，以及我们该拿它怎么办。

9.4　学习

公众的想象倾向于将创新等同于研发。在过去几十年的人类智力成果中，有一项很关键的内容就是创新要远远比研发更具深意。诺贝尔经济学奖得主Kenneth Arrow在1962年发表了论文《干中学的经济学》，至今已经过去半个世纪之久，经过假设、争论，事实证明很多技术发展和成本降低并不来自天才的灵光一现，也不是来自研发实验室。在真实的世界中，我们往往是边干边学。在与上述论文发表的同一个年代的末期，波士顿顾问团受雇分析产业的成本降低并催生了"经验曲线"这一概念。这是一个观察统计结果，成本随着某项技术应用范围的扩大而降低。[11]这一结果分别提供了"自上而下"和"自下而上"两种分析方法，刷新了人们对创新的认知。

就像很多重要的理念一样，这些概念看上去需要花掉十几二十年冥思苦想、缓慢演化，直到20世纪80年代，相关文献爆炸式增长，完善了概念并补充了证据。有一些结论和证据基于一个假设，技术成本的降低往往出现在很多惨痛的经验教训后的规模扩张。

看上去很简单且毫无悬念的观察结果显示，单位产出的成本在技术和产业扩张时出现了下降，这点颇具深意。在宏观层面上，这意味着无数正在申请的技术和应急技术看上去贵得吓人，一旦其应用范围得到扩大，很可能变得相对便宜得多。进一步讲，在模型中加上这样的假设条件，就打破了基于现有资源和技术水平的自然"最小成本"的一般假设：这样的模型能够产生（经济）系统发展的多元路径，初始值的设置至关重要，这点后文还将详细阐述。类似这样的结论为下章中概述的演化经济学的新兴理念提供了重要的支持，并丰富了"混沌理论"的内涵。

描述某项具体技术学习效果的典型计量单位被称作"学习速率"，专指资本或产出每翻一倍成本下降的程度。在20世纪90年代，研究者测量了很多种技术的学习速率，多数技术在资本或产出翻倍后的成本降低水平为10%~20%。如果这种速率能够得以保持就存在重大意义：如果产量增加10倍，技术学习速率为20%就意味着成本能够减少超过一半，即使学习速率仅仅为10%，成本也能够下降1/4。将这些数据放在预测新兴技术成本的模型中去，就会使技术成本的竞争演化成一场狂野西部大乐透，第一个达到足够产量的技术会挤出其他技术成功占有市场。这与传统观念中外部现实条件既定情况下成本最低的技术完全不同。

事实上，由于文献不可避免的不断涌现，事情变得越来越复杂。首先，因果关系有两面：技术扩张导致成本降低，同时成本降低会促进技术扩张。仔细分析数据和谁为起因，并解析不同的因素之间的关系，人们认为因果经验曲线效应发挥了主要作用，使用量的增加导致了成本的降低，但同时，人们也发现两个方向影响过程彼此独立。

然而学习速率具有很大的不确定性，不同的技术和测量时间会导致结果存在很大差异（价格远比真实成本要好观测得多）。图9-4显示（a）能源消费和（b）技术供给的估计区间。从上百个——很可能是上千个——估计之中可以看出，几乎所有的相关性都是正向的——只有极少的几个观测案例具有显著的"负学习效应"——但是几乎所有的案例中估计的区间都是很宽泛的。[12] 这意味着，学习曲线给出了一种可能性，即成本会在一定的显著性水平下随着规模的扩大而降低，但是它不能准确地预测成本究竟会降低多少。

很多经济学分析和模型的建立至今仍无视这种学习效应，而这种思考角度会简化分析过程。正如关于环境损害评估的漫长争论一样，仅仅因为不确定性（或者不方便建模）无视一种已知的变量，相当于默认这个因素的作用等于零，这样得出来的结论会完全被验证过程推翻。

仔细推敲数据能够发现其他重要的特征和局限——最为要紧的是，学习速率倾向于随着技术的成熟而发生变化。高学习速率与新兴技术和小规

(a) 能源消费类技术

(b) 能源生产类技术

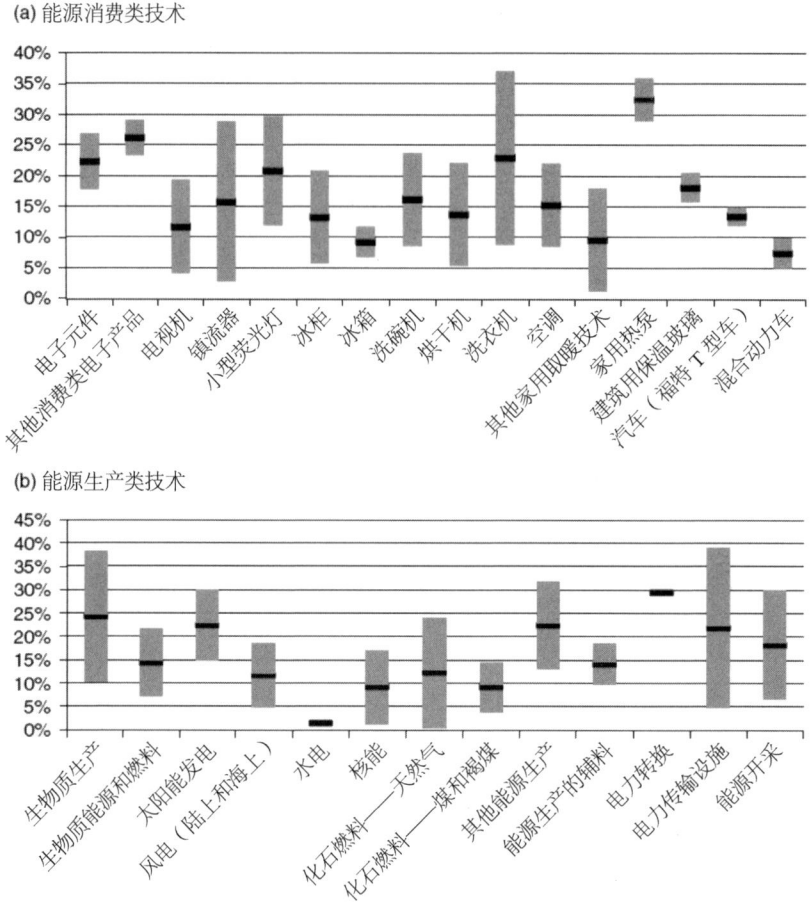

图 9-4　各种能源技术装机容量或产量翻倍后节约的成本（"学习价格"）

来源：Based on data from Weiss et al.（2010），Annex 1，supplemented with data on hybrid vehicles from Weiss et al.（2012）.

　　模技术高度相关（太阳能光伏发电是一个经典案例），同时较低的学习速率与更为成熟的技术和规模更大的企业相关（如煤电站）。这只是通过观察的定性说法，在技术应用早期，成本起初会上升，因为技术的实践中存在试错过程。然而，付出过昂贵的代价就会得出这样的结论，通常情况下，技术速率在应用的最早阶段会上升（这一过程存在很大的不确定性），然后就会迎来平台期，再然后会逐渐下降，直到技术完全成熟可以规模应用。

正如能够预测技术发展前景的工具，经验曲线需要补充和完善，将应用的范围加以考虑。[13] 从总体数据来看，人们有理由预期，不仅随着产业的扩张成本会降低，而且创新的扩张同样会带来成本的降低。

9.5 创新链

前两节指出了创新过程的两条截然相反的轨迹：研发过程对发现新技术的重要性，以及新技术成本的降低在多大程度上与技术的应用规模挂钩。我们在创新过程中可以分别考虑"推动"和"拉动"带来的驱动力。创新是一个包涵多个阶段的复杂链条，每个阶段都有不同的主体，存在不同的障碍，而且受到不同的政策影响。创新链涵盖从技术创意，到最终技术在某个新工艺和新产品中应用的整个过程。

在Shumpeter之后，经济学家们习惯性地想到三个主要步骤：发明、创新和传播。[14] 在现实中传播的过程往往很粗糙。如果你用过苹果电脑就会很熟悉一条由很多工具元件组成的工具线，如果你想仔细看看具体内容，用鼠标划过图表表面，每个都能变大。

图9-5显示了在技术发明和技术传播之间大致有四个截然不同的阶段，共同构成了创新链的6个步骤。

• 创新链的起始阶段源于一个观点或一个应用研究，这个过程会发现核心技术和技术的主要功能。这个阶段还没有产品，研究的重点在于理论和原则，而非应用。太阳能光伏发电效应是1839年被首次观测到的，第一个光伏电池建造于1941年，但是将其转化成一个能够产生电力的设备却耗时漫长。[15]

• 针对某项技术的具体研发能够进行一些基本的发现，并建立一套该技术的原型，这往往是非常实用的。这个过程关注的重点是发现技术的机理、材料和使之运行的工艺；此时，经济因素基本不予考虑，或较少考虑。技术的发展往往要包涵一个要素，那就是示范，但在这个阶段，技术的设计仅仅考虑内部检测。这个研发阶段能够产生一个技术的雏形，但它还不是产品。从工程实验室中产生的东西很少能够直接商业化。例如，人

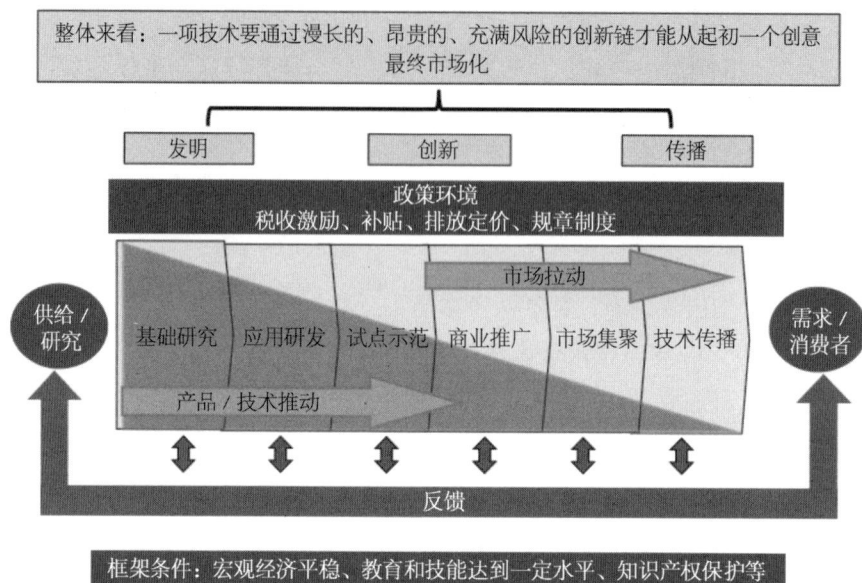

图9-5　创新链

来源：Authors building on Grubb，Haj-Hassan and Newbery（2008）.

们不能直接使用能将光能转化成电压的太阳能光伏电池。人们需要的是能够装在屋顶上，并能提供稳定电源的光伏发电板。

● 因此，下一步就是：示范。经过检测，基本技术可行，那就需要在这基础上制造一个更为可行的技术用来向潜在的投资者和用户进行展示，让他们相信在现实中具有应用该技术的潜力。这个过程可能是自筹经费完成的（例如某些公司的自主研发实验室），也可以获得来自政府的外部资助，很少一部分还可能来自风险资本或者发明家的私人财产。

● 在技术商业化阶段，一家企业需要同时考虑产品生产、客户搜索、资金运行和其他问题。产品由各自独立的来源提供的原料整合而成（个人、大学等），这个转变过程是最难的，因为它将不同的世界相互融合——需要依靠来自管理、商业计划和市场营销，以及我们下面要谈到的不同的资金来源等多方面的技巧。

● 经过这个（不稳定的）过渡期，技术就变成了一个商业化的产品，这从多个方面来讲都需要一定的市场占有率：要满足"干中学"的要求、要满足规模经济的条件、要发展供应链、拓展销路，并维护好第一批稳定的客户。一步一步，这个过程还会涉及基础设施和规章制度的完善和转变。收入开始增加，但成本还是很容易挤掉利润。

● 最后一个阶段如图9-5所示，技术的大规模传播阶段：此时，产品愈加成熟，而且也不再被认为是新鲜产物。这时进行的技术改造不会影响其主要功能，但是正如学习曲线所示，这个阶段能够实现成本降低和效率提高。

不用说，现实情况既没有这么简单，也不是线性变化的。当人们观察得越仔细，整个创新过程就显得越复杂。如果要想在应用阶段取得成功，所有技术都需要通过上述各个阶段的检验。任何一个阶段没有通过检验，技术都会以失败告终。

第一个基础的"创新锛"的图表发表于2004年，在这基础上有过很多个演绎版本，根据不同作者的情景、关注点和专长而存在差异。发明领域的学者提出了"第一步"（应用研究）的许多维度；传播领域的学者也强调"最后"一步的特殊复杂性。本章的剩余部分更多的研究了技术创新中间阶段的一些障碍；下一章将会阐述技术传播和系统转型过程中的障碍。

要记住在开始阶段技术的创新主要受到技术的推动效应驱动，而在后面的阶段，技术创新往往依靠需求的拉动。但是很多时候，技术创新的驱动因素混杂着两者，不好区分。其中的原因有资金方面的，但文献强调更重要的是不同阶段之间的反馈。创新领域的学者如今意识到创新锛被简单化了，线性的发展路径不足以说明创新锛的复杂性，于是，他们开始绘制不同主体之间的极为复杂的关系以及不同过程产生的反馈。事实上，现实中的大多数技术如果能够最终成功变成产品，至少反复经历过创新锛上的几个阶段的循环（见专栏9-1）。所有的阶段同时受到整体外部条件的限制——这既能促进创新也能阻碍创新——以及某项具体政策的限制，如图9-5所示。

之前的章节也提到过，与经验曲线相关的"学习"过程往往出现在技术的商业化阶段和市场扩张阶段。这个阶段由图9-1中的学习轴（左上）

表示，这指出一个特殊的政策难题。技术创新的经济过程需要专利等知识产权保护。研究却发现，在早期的技术应用阶段，小专利层出不穷——这也是不同阶段之间存在反复反馈的又一证据。[17]

然而，在技术的应用阶段，对于每一个学习而得的小进步都进行专利保护是不合适的。进一步说，专利事实上起到了赋予垄断权力的作用——特别是在这些阶段，技术已经到了市场上，并开始需要扩大市场占有率——而竞争对于减少成本是最为有效的手段。没人希望新兴技术在其成熟阶段被某家企业垄断（除了垄断企业本身）。

因此，很多技术反复经历了几个阶段，直到按照正常的步骤，市场中出现了技术推广的成熟模式（见专栏9-1），电子消费品是一个典型案例。只有很少的新技术能够超越已有的成熟技术在市场中产生飞跃，如图9-6所示。多数技术反复的经历创新链的中间阶段，在学习和市场扩张的环节不断重复。

9.6　创新链断裂时

在此背景下，让我们回过头来看看9.3中提到的问题：为什么有些部门比其他部门多花10～20年时间来进行技术研发？鉴于企业对创新产生兴趣的原因有很多，有人也许认为这个问题很容易回答，但是我们经过很久的研究都没能发现系统的、跨部门的原因，事实上表述这一问题原因的文献也非常少。研究创新问题的文献往往分散在不同部门。在能源部门讨论比较多的问题是究竟是什么导致了"技术的死亡之谷"——观察显示很多很有前景的技术似乎都在创新链的早期阶段就夭折了。

专栏9-1　重复创新

创新是个天然的动态过程，不仅因为创新需要经过创新链的各个阶段，还因为多数产品经过改良并投入市场后都会有一个动态的变化过程。正如图9-6所示，左上角表示一项新技术没有市场占有率（横轴），初始成本却很高（纵轴）。在其初次被引入后，成本会随着市场占有率的提高而降低，同时会不断经历研发和学习的过程，每一个小小的技术进步和产品改良都会推动技术的传播（技术推动）。在某一个节点之后，由于规模经济和成本的降低，市场占有率会进一步提高（市场拉动）。

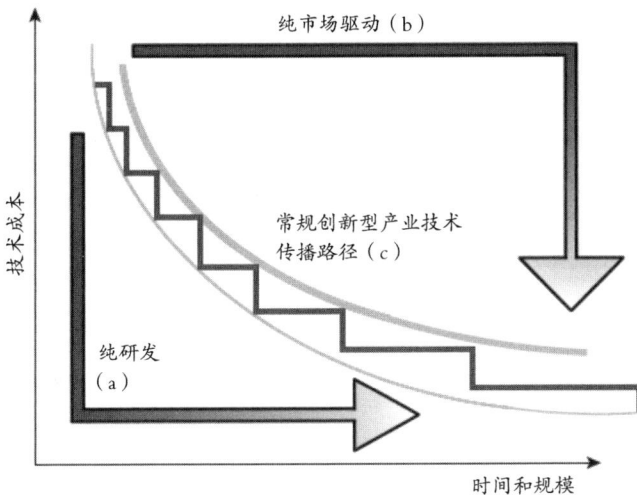

图9-6　技术传播途径

来源：Authors，developed from CIRED，France.

　　这个重复的路径——图表中部（c）线所示——代表了多数技术。同时还存在其他的可能性。（a）线表示一个大型技术项目或"突破性"创新，它在创新链的前三个阶段产生了巨大的成本效应，成本降低很多——或者提供了一项非常新颖或者非常有吸引力的产品——一旦投入市场就会产生显著的规模经济效应并占有庞大的市场份额。相反，（b）线则通过政府补贴"人为"创造了一个技术市场，这种创新路径结合了创新链前三个阶段的有力的激励效应、中间过程的"干中学"所导致的成本降低——政府补贴可以逐渐降低。

　　法国为两种极端情况提供了很好的案例。法国的核电项目是路径（a）的典型（美国军方对此发表了多轮讨论）。法国的迷你通（Minitel）电信业务——在因特网广泛应用之前的10年为几乎每一个法国家庭提供基于信息技术的终端设备——则采取了路径（b）。每种发展路径在其"驱动"战略支持下，都既有收益又有风险。

我们在图9-7中描述了一些基本问题。问题的关键在于创新链的连接，特别是在"技术推动"和"市场拉动"之间的连接。起决定作用的因素包括前期技术研发的时间和成本，以及后期消费者参与的程度。

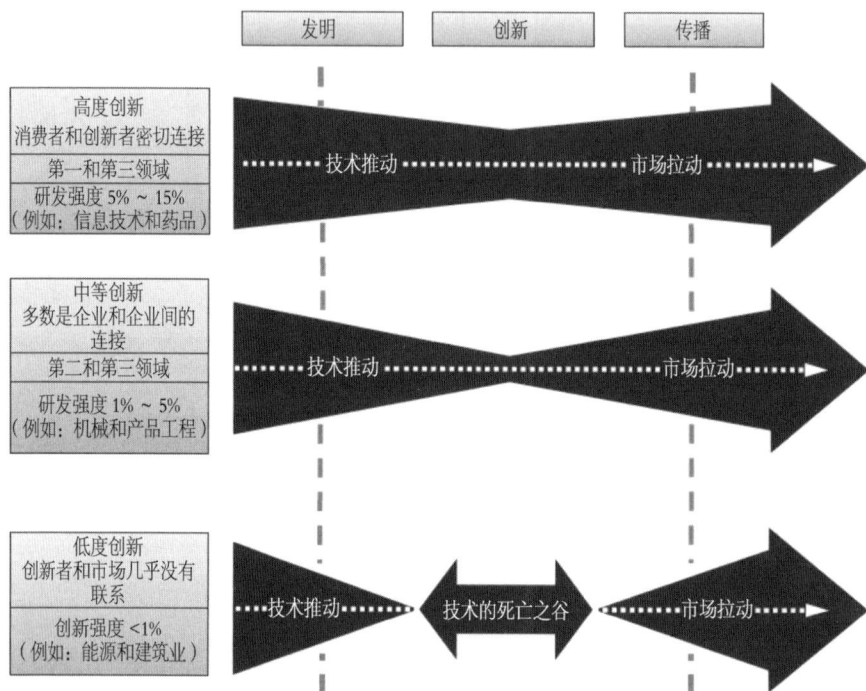

图9-7 创新强度和断裂的链条

以iPhone为例，它是独一无二的，苹果公司有理由相信消费者愿意为之付出高额定金；除此之外，没有产品能够做到这样。对于制造商来说，成本往往很高，技术发展的时间也往往要花掉好多年——但这些与成百上千人都渴望拥有而别人都造不出来所带来的丰厚回报相比简直微不足道。苹果公司一以贯之通过提供新的客户体验产品来保持创新所带来的竞争边界。在其他信息技术领域，研发新产品所需要的成本和时间——特别是软件——与将其应用于某项大型工程中相比，也不算多。事实上，软件行业催生了数不清的小公司，它们之中成功的就会开始扩张并脱颖而出。

随着新产品的退出，创新过程本身会创造新的、具有盈利空间的市场。这个过程的结果是产生了巨大快速的创新发展的生态系统，消费者会及时、持续地反馈信息，而创新者和小企业总会引领最为先进的创新。

在制药业，情况也类似，企业明白一款成功的药物就是一个独一无二的产品。随之会有巨大的需求潜力——如果药物能够满足某种需求，医疗服务部门和患者就绝对具有购买欲望。每种药物都具有独特性和可识别性，很容易受到专利保护。只要保证药物能够起到疗效并且能够满足某种需要，即便技术研发（和制药许可）的成本会增加，但是鉴于有一个颇具获利空间且被很好保护的市场，企业可以将价格定在一个足以弥合成本且充分获利的水平。

在上述两个部门中，创新链的各个阶段都被很好地连接起来了：技术推动很容易和市场拉动结合并产生利润。

多数能源消费性产品，如机械和设备等，研发支出相对较少但是数量仍旧很可观。如机械和电子电器制造行业，平均要将其收入的4%～5%用于研发（如图9-3所示）。与高研发投入的部门一样，它们会与终端消费者分担成本。如果不是开创新的市场，而是通过技术进步满足已有市场的客户需求，相关研发成本确实会高一些，时间也会花得久一点。能源消费是产品的"内生"属性，而且对终端消费者而言这部分能源消费是看不见的，通过创新来减少能源使用的激励所产生的作用是很有限的。然而，如果能源和环境政策发生改变，技术的创新就会在很大程度上受到影响——参见第5章能效标签和能效标准政策的影响，以及关于低碳机动车专利的研究（9.10）。通过将第一领域的驱动因素和第三领域的创新过程相连接，环境和能源效率政策能够对技术产生非常显著的影响，而且能够解释第5章中分析的能效政策所产生的显著的、持续的效果。

能源和燃料产业本身的发展过程与这个创新过程截然相反。消费者为了使用汽车而买电或者液态燃料。任何一种新的生产技术都在生产和销售同样的基本产品——能源。为了实现某种进步，技术的创新需要挤压既得利益者的生存空间，而这一过程消费者是完全没有参与的。除非某项技术能够得到市场的支持或者保护，否则该技术只能以更低的销售价格来与存在了上百年的传统技术相抗衡。一项新专利产品能够以很大的利润空间赢得消费者支持和资助的情况少之又少。

这回应了主流经济学文献中的一部分观点，在解答经济增长中的一些谜题时，这部分观点认为产品的种类和质量起到了关键作用，两者同时促进了创新和经济增长。[18] 这些文章的作者似乎从未将这类宏观经济的增长与不同寻常的低水平能源技术研发联系起来。

抛开巨大的潜在价值不谈，图9-1右侧的楔形展示了这种低水平的创新。任何私人创新者都很难获得这样的价值：有些技术刚刚够满足部分设备的改良和能源供应商的需求（能源供应商希望竞争者无法获得新技术）；有些技术与未来的政策挂钩（投资者无法预测）；大部分的技术价值都是公共物品（私人无法从中获利）；而且几乎所有大额收益都是长期的——增加风险的同时，也提高了创新给竞争者带来外溢效益的可能性。

如果投资需求很急或规模很小情况就不太一样，但是通常这两种情况都不适用。能源的本质是关于转化，而能源物质的大规模转化所需的大型工程需要花费时间和金钱。"技术推动"的作用并没有那么大。这类技术的创新过程十分缓慢，无法很快实现。相应的盈利空间很小，规模也不会很大。风险则很高，回报很低，存在的各种障碍很多。简言之，技术推动无法与市场拉动直接对接。

"技术的死亡之谷"被研究和归类为制度缺陷、资金不足，以及经济激励的方式缺乏效率。但是结果都是一样的：这些部门创新链的初始阶段，如图9-3和图9-7下部所示，与最终消费市场之间缺乏直接的联系。[19]

创新当然还会持续下去，但是只有那些机械公司和设备供应商才有能力运用其丰富的专业经验和雄厚的财力来支持复杂新颖的工程技术系统的研发。然而，相关的支出（资本和时间）受到两个方面的制约：一方面是总的投资规模；另一方面是商业对商业的合作关系。例如，工业工程和工业化学部门在研发上的支出占其总收入不足3%（如图9-3和图9-7所示）。他们的技术开发产品会到达市场，但研发企业不负责将其转化为终端消费产品。研发企业只负责提高技术的表现和降低成本，下游企业负责剩下的从技术到产品的部分。

更有甚者，在能源部门，工程公司负责对下游公司（化石燃料和电力企业）销售技术，而这些企业负责向最终消费者销售无差异的产品。竞争都是成本导向的，不存在新的消费产品及其潜在的利润空间。这要求创新的激励要紧紧围绕供应链实施（能源供应商本身的创新强度相当之低）。

在第11章，我们将会谈到创新是经济增长的一个重要动力，但往往被误解了。主流经济学支持的一种观点是，产品丰富度在吸引创新激励方面起到了相当的作用。这支持了我们的观点，能源领域的产品缺乏差异，部分解释了能源创新强度低的原因——同时也暗示在这样的部门增加创新投入并获得经济收益的可能性很大。

然而，观察结果总是更为复杂且含义更深。当多数工程公司的设备使用和制造无差别的能源的时候，其消费者却并不都是这样。上下游行业显然更倾向于将其资源投入其具有优势的领域并将其加以深化，目的是保护其现有利益和商业模式。分化的新技术对于它们而言并没有比较优势——甚至还会损害它们现有的利益基础——因此对它们来说是无意义的冒险。它们更乐于推动现有技术改进，但是私人部门在化石燃料领域，改进现有技术存在很大风险。它们最不愿看到的就是熊彼特所说的"创新的破坏"。

这种趋势受到谨慎的研究支持，并体现了一种创新过程本身的路径依赖——"肮脏"企业更专注于"肮脏"的创新。[20]石油企业资金雄厚，面临的竞争主要来自其对手，在发掘领域花了大量的成本，为之服务的企业也尽力运用新技术帮助它们开发和提取更远、更难获取的资源。这样的创新不会帮助能源系统"低碳化"——事实上，起到的作用恰恰相反。

主要电力公司，如前所述，要么就是国家资助的垄断企业，鲜少创新动力，要么就是私人业主，他们对长期创新的兴趣更少。尽管其他跨国企业在不同的可再生能源领域有所投资，但几个主要的电厂也是化石能源企业的股东。[21]

这些部门创新链的薄弱恶化了路径依赖和锁定效应的问题，在下面一章中还将继续分析。如上所述，激进的创新往往来自后来者——原因显而易见——但创新的条件并不好，创新的道路也会困难重重。系统倾向于强化现有技术的改良——从而降低开发和使用化石燃料的成本，通过创新来发掘化石燃料的替代品是其所不乐见的。

因此，在上述部门进行纯粹的不受政策干扰的创新也许毫无用处（甚至还会把事情搞坏）。一些模型能够反映这一结论。例如，为了回应关于"引进"技术变革重要性的激烈经济学争论，诺德豪斯（Nordhaus）教授——见第1章，他是第一个建立全球气候领域成本-收益模型的顶级经济学家——在其模型中增加了"内生"的技术改进。他同时将化石燃料部门的研发作用通过经验数据进行了估计。不出意外，他发现了两者相关性很小。当问题限于创新链本身，环境政策无法对其做出解释。[22]

9.7　技术的死亡之谷

为了在新能源供给技术领域开拓创新，必然要加强新能源和清洁能源技术及相关产业创新链各环节的联系，在行业准入和增长过程中提供必要支持。[23]本章前面的部分讲过，政府在引领技术发展的过程中所起到的作用是很复杂的，第1章中也提到过，"市场失灵"不仅是政策干预的案例，更为政府如何医治市场失灵提供了良好的案例。

为了迎接这一挑战，需要仔细认识"技术的死亡之谷"的本质。如前文所述，行业发展和市场活动的本质会将"推动和拉动"的作用彼此分离，造成创新链的断裂。这种断裂会在准入门槛、政府通过政策干预实际价格——以环境收益为潜在驱动力——等方面被扩大化（如本书支柱二中所述）。一些成功的低碳电力的案例必然是某项低碳战略的核心部分。

最终问题都会以资金的形式出现。"需求拉动"效应的缺点是阻碍了来自顾客的资助，同时私人研发资助由于经典的私人研发外溢效应而受到了严重阻碍。如9.2中讲到的，清洁能源技术研发在很大程度上依赖于公共资金的支持。在研发资助的初始阶段，无论是学校、企业还是企业协会，进行相关的项目都相对便宜很多。然而，当技术开始示范和初始商业化的时候，相关的成本就会快速上升。

在创新链的末端，一个产品的最终传播过程会同时增加收入并减少不确定性。但是上文也提到了，这项技术必须经过以市场为基础的学习过程和成本降低过程，只有这样才能寻求最终通往市场的路径。[24]

　　创新链的中间部分很宽泛，也是最难的部分——试点示范和商业化的过程，公共资金已经被花得差不多了，初始的技术尚未产生足够的收益，还需要通过干中学和规模经济获得进一步的增长动力。[24]

　　图9-8显示了上述问题的本质。死亡之谷出现在技术进一步开发并需要更多成本投入的时候，此时公共资金已经较难获得，私人资本和竞争力量跃跃欲试，但同时，所谓的私人资本尚不存在，或者融资成本相当高。

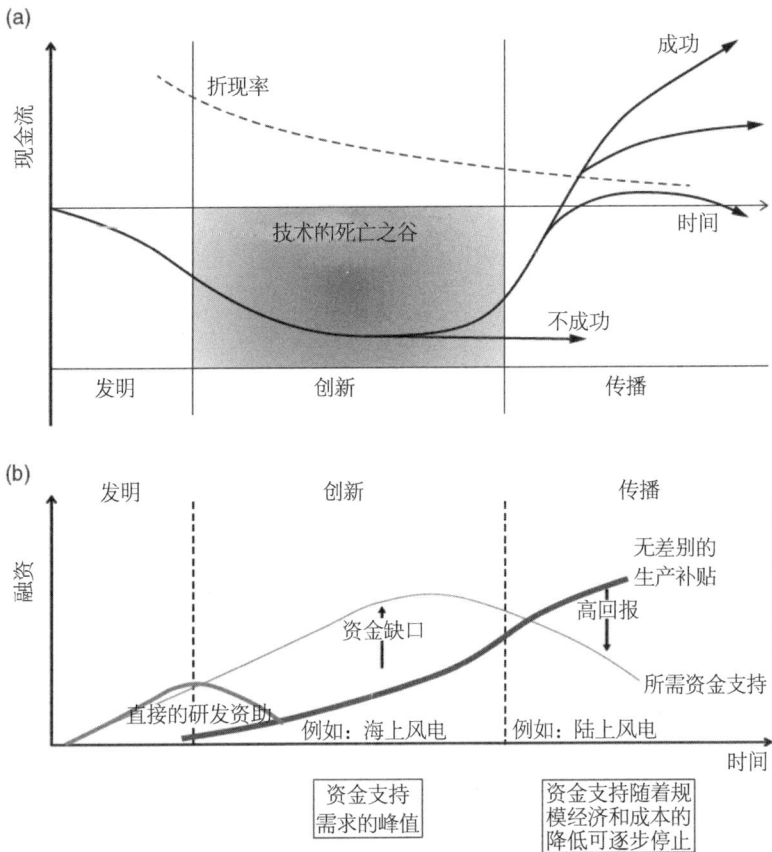

图9-8　（a）技术的死亡之谷（b）研发的融资缺口和无差别的需求-拉动类补贴

　　来源：（a）Adapted from Murphy and Edwards（2003）.（b）Adapted from Carbon Trust（2006）.

　　各种因素同时作用于创新链的四个核心要素并起到了阻碍作用（如图9-5所示）。其中有三个主要因素对"技术推动"创新产品走向商业化起到了决定作用：

　　● *不确定性和对风险回报认知的不同减少了真实投资者的兴趣。* 对于投资者而言，无论是公共投资者还是私人投资者，这两点都是关键。风险和不确定性在很多经济活动中都受到推崇，唯独不在那些"能够改善品质的研发投资"上适用，这与我们在第2章提到的第三个领域保障风险的部分相吻合：发明带来的回报不仅是不确定的，概率还很低，影响却偏高。[25] 当一项技术经过创新链的各个环节时，工程师会因技术的表现而建立信心，但是他们对其产品即将进入的市场却知之甚少；类似，潜在的投资者则了解市场而对技术茫然无知。对于任何一个私人投资者而言，他总是想先停下来看看某项技术究竟会演变成什么样。从公共政策的角度而言，观望是没有意义的，因为那只会减慢技术从创新到传播的进程。即使不存在知识产权和外溢效益的问题，为了实现创新的最佳节拍也需要公共资金的支持。[26]

　　● *在创新的早期阶段，将技术转变成管理和商业化技巧是一件极其复杂的工作。* 一个好的技术研发团队主要由研究人员构成，他们对潜在市场和商业管理知之甚少，很难形成一个具有说服力的商业计划。投资者更倾向于给那些具有成熟商业经验的团队进行投资。这种模式增加了不确定性带来的风险，同时信息不对称导致的"逆向选择"也印证了第一领域中的现象（第4章）：由于没有能力辨别技术的好坏，投资者往往将钱花在那些水平不怎么样，但是销售技巧很高明的技术上。[27]

　　● *可再生能源研发的资金成本很高，研发时间很长，所获得的燃料的原料基本上是免费的。* 投资者投入的越多，所需要收回成本的时间就越长，所面对的不确定性和风险就越大（包括政策的变动）。[28] 投资者不仅要承担技术和市场的风险，还要面对公共政策和选举周期中的政治变动。

　　这导致私人投资者更愿意对那些已经进入成熟阶段的项目进行投资，那使他们能够更好地预测和管理风险。即使到了这个阶段，由于缺乏强有力的生产新产品的动力，还是有三个因素会影响潜在"需求拉动"的融资过程：

- *规模经济和经验。如9.4节中提到的，创新需要产品不断地通过干中学和规模效应得到改进。然而最初的计划需要聚焦利基市场而不是一个庞大的顾客群。"研中学"的价值会随着产品投入市场逐渐降低，但是此时"干中学"的量还不足以支撑产品建立一个稳定的市场。*[29] 潜在的投资者很清楚技术学习和改进的过程，随着研发资助的减少，融资规模进一步扩大，风险也被扩大了（如图9-8所示）。由此导致的迟疑能够解释增长停滞的原因。"太阳能惊喜"（见第3章，专栏3-4）能够出现很大程度上依赖于上网电价补贴刺激了某些国家的需求——特别是中国——公共资金的引导使投资快速的进入，扩大了生产设备的装机规模。

- *私人目标和公共目标的错误结合。政府出于公共政策目标（如鼓励环保创新）而资助技术研发，而私人部门投资的动力与其并不一致。特别是当政府的政策阻碍了私人获利的时候，如排放定价和其他相关政策，私人部门的投资意愿就更低。为了获得研发资助，创新者们需要关注公共目标（如低排放技术），但是投资者对于没有行动支持的公共政策承诺倾向于持怀疑态度。他们进而会认为受到政府支持的技术由于其目标与商业利益不一致，因此具有更大的风险。*

- *公共政策与创新链全周期理念的不相容。一个关键的问题是，某些政策试图同时满足其他政策的目标但是有没成功，这往往是因为对政策目标缺乏共同认知，或者对创新过程的理解不够充分。内部创新需要公司有盈余，且具有前瞻性战略眼光，这往往与股东们短期收益最大化的目标向左，因而很难实现，对创新能力也无法形成有力的影响。*[30] 通常的情况是，建立一个新兴行业，需要许多要素的协同管理，包括基础设施和管理框架等（见第10章）。

在能源政策领域，后面那种效应是很普遍的。例如，可再生能源的资助需求与政府要减少对行业技术选择的介入相矛盾，英国政府因此出台了"一刀切"政策，对所有可再生能源产出给予同样的支持（见专栏9-3）。结果导致了"赢家通吃"——只有那些最成熟和成本最低的技术（其他国家已经研发成功的陆上风电）获得了巨额资助，其他重要的技术由于存在巨大的风险（但具有巨大的长期收益潜力）没有获得支持。

从中我们应该得到经验，至少在能源领域，竞争最大化和成本最小化与创新最大化是不一致的——这部分地解释了韩国和中国等国虽然在经济上取得了成功，却反而给创新过程平添了很多障碍。由于规章、制度和基础设施等方面的限制，大规模的技术传播带来的规模效应被抵消了（见第10章），这也同时抵消了"需求拉动"的潜在规模。

在上述情况下重建创新链需要政策做出如下改革：

● 强推——公共资金支持技术及其应用的研发和示范，直接资助技术转化成商业化产品；

● 猛拉——通过政策的实施为新技术改良下的产品创造价格补贴，如更清洁的电子设备。

对政策和相关商业实践进行大范围调查超出了本章的范畴——国际能源署的一些出版物中已经越来越多地涉及了相关问题（IEA，2012）——但一些关键的方面和有趣的案例还是很值得一提的。

9.8　强推

我们知道，很多政府长期支持基础研究和能源技术的发展。在欧洲，技术研发获得"政府救助"支持的条件被适当放宽。同时，很多政府都通过税收减免等政策来鼓励私人部门进行技术研发。如果想为技术的死亡之谷搭建桥梁，仅仅通过对技术研发进行资助是远远不够的；如果创新链断裂，就需要将技术变成产品并吸引足够的销量和投资的政策措施。

对技术的资助不加以明确的条件、评估和监督是非常冒险的（见注释6中对美国"猪肉桶"项目的经验教训介绍），通常也将无疾而终。不假思索的投资不仅会导致"失败者胜出"，也会将资源从那些好项目中挤出。然而，对政府研发政策的约束本身也是一项政策选择——这种选择很可能在相关领域使研发的进度停滞。因此在政策的设计过程中需要考虑如何跨越上述障碍。

最为激进的创新往往来自研发起步阶段和小公司，但是这些公司鲜少能够获得足够的资源和技巧将其创新转化成产品。大公司更有能力在技术研发的后期将技术转化成产品，同时也具有游说政府改变政策的能力。对于那些天然具有巨大挑战的技术而言是存在例外情况的，特别是那些能够和现有技术（如CCS）实现关联的技术更存在例外性。但总的来说，在创新"强推"的早期阶段，新加盟的研发者和小公司大有作为。

孵化器

如上所述，很多人幻想着一旦创新融入了产品就能够顺利融入市场。企业家、投资家和潜在的私人支持者缺乏共同的语言和行为动机：没有一个谨慎的投资者会资助那些没有市场前景的创新，更别提那些无法有效管理、甚至连一个商业计划雏形都算不上的创新项目。政府和高校对于这类创新则习以为常了，而且目前对于技术孵化器和技术转化服务的资助也成为一种通常行为，这能够使刚刚起步的公司同时获得资助方和高校等科研机构的支持。尽管类似的工作网络短时间内无法盈利也无法脱离公共资金支持，但是它们能够产生显著的社会收益（如就业、新产品、创新投资的高回报等）。

孵化器能够达成多元目标：在一些案例中，它们的作用就是连接不同的地理区域并提供地域经济纽带，如欧盟的商业创新中心。此外，它们还能推动对话，加强夕阳产业和朝阳产业间的沟通和联系。孵化器能够为高科技起步企业提供创业技巧，是高校和研究中心之间最强有力的纽带。

公私伙伴关系

公私伙伴关系能够在创新过程中发挥重要的作用，特别适用于那些具有较高社会收益，但很难在短期内获得市场回报的创意以及某些大型技术。公私伙伴关系遵循产业驱动战略：他们为技术选择排列优先序，而且还帮助创新者理解市场需求。进而，他们会选择那些更有商业前景并将私人部门纳入创新链的项目进行投资。[31]一个能源领域的著名案例是美国的PV红利伙伴关系。[32]英国的主要案例包括能源技术研究所和碳信托的"海上风电加速器"（见专栏9-2）。[33]

这样的案例说明了大型企业如何在更具组织化的安排下解决大规模技术的市场化的问题，这一过程中处理竞争压力和关于知识产权的谈判是很复杂的。

市场参与

市场参与的概念并不新鲜。一个常被引用的案例是被誉为风能产业摇篮的丹麦莱索检测实验室。在20世纪70年代，基于丹麦在风能领域的长期研究积累，莱索实验室将风机的早期技术纳入了严格的、独立的、公共可获的检测流程。这形成了日后全球风能产业的基础。

专栏9-2 建立缺失的链接——碳信托提供的技术加速器

自创建伊始碳信托就致力于将所有的行动都紧密地与商业实践相连接。意识到私人资本是低碳经济转型得以实现的关键，碳信托认为终端市场必将在创新计划中扮演重要角色。几乎像教科书中写的那样，低碳创新者的周围充斥着各种市场失灵，但是碳信托还是将终端用户拉进了创新链，并促使私人部门尽量地发挥其撬动作用。为了消除市场失灵，碳信托出台了一系列干预措施，其中包括提供研究基金、鼓励技术孵化、进行技术风险投资，以及针对每个不同的市场面临的挑战而设置的全行业范围内的技术加速器。所有的活动都聚焦于如何撬动更多的私人资本。

一些全行业范围内的技术加速器致力于搭建示范项目平台，例如智能电表、微风微热发电（CHP）实测，这些项目的关键在于证明其盈利性（或者相反）。容纳了终端用户的成功示范项目能够使碳信托相信这些项目具有经得起市场检验的商业价值。

在其他部门，碳信托还邀请核心的市场主体共同运作，从而减少成本、降低风险。"海上风电加速器"项目中，主要的项目开发方合力使海上风电成本降低了10%，解决了包括初始设计和建站上网等一系列问题。重要的是，所有的行为主体都是技术的使用者，不对技术本身产生竞争。这不仅为创新者提供了卓有成效的市场拉动，还可以使整个项目团队持续合作，并在其能力范围内更多地承担责任——每一镑的投入都因为其他贡献者的参与而增值13倍。

这种通过将终端客户纳入创新链为创新提供市场拉动的方式，也被用在了海洋能源和航空生物燃油的开发上。这种方式不仅加快了市场相关创新项目的发展速度，同时还吸引了大量的私人投资。这种众筹模式在客户产品开放领域很流行。

英国碳信托同期还推出另一种截然不同的项目运行方式，能够同时兼顾很多技术，并且能够切实解决创新链上可能出现的各种问题。技术提供者声称能够提供多种技术，从而降低能源消费、减少成本和排放。潜在的购买者顽固地对这些推销保持怀疑，提不起兴趣。很明确的是，"自然"选择的过程将会痛苦而缓慢。为了避免这些，碳信托发布了两个"技术加速器"试点项目来进行技术实测，其中一个是微风微热发电，另一个是"智能电表"。

这些项目的不同结果显示一个独立实体来进行技术实测的价值，这一过程能够检验技术提供者所生成的各项技术是否具有实效。当技术没能满足客户的预期时，相关信息就会反馈给技术开发者，敦促他们修改和改进他们的产品——而不是改变目标市场。当技术开始运行后，同时产生的第二方信用和数据能够提供无价的市场信心，为技术的表现提供说明，并为技术的实施创造最有效率的环境。在碳信托头两个加速器的运行基础上，一项技术（微风发电）被发回给其创造者，并指出"需要改良"，而另外一项技术试验的效果如此之好，以至于政府感到信心十足，并启动了一项国家实施计划来加速该项技术的上马，至此，在实测的基础上，该项技术已经得到了坚实的商业支持。[34]

进行商业创新加速的机构并不少见，一个著名的案例是德国的弗朗霍夫研究所（Fraunhofer Institutes）。这个研究所的创新性研究者们为企业积极地提供创新性措施（这些专长和规模优势是企业内部很难达到的）。这个研究所的研究人员彼此提供了竞争性的工作环境来挑战那些有难度的任务，同时也不必面对起步者的失业风险。一个关键的因素是，这样的工业研究机构与德国境内成熟的制造业工业基地关系紧密。因此，已经有工业投资随时准备接受相关创意和解决方案，并与创新者携手共同经历创新链接下来的各个环节。

低碳创新的挑战在于相关技术并不是中性的，这些技术的应用将会给现有的商业结构带来毁灭性的打击。这要求创造一批全新的企业，而不是给现有的企业出新点子。然而现存企业也并非中立并对这类创新抱有良好的预期。现有的企业或许能够更好地支撑整个创新链条，但是正如本章和下一章谈到的，低碳技术并不是为其提高现有的比较优势，而是将其发展带领到一个全新的方向。在时刻演变的政策背景下，新企业和改变发展战略的现有企业都需要对其新技术研发做出改变。

　　碳信托使技术创新立足商业利益的同时保有"低碳化"这一公共目标，因此是独树一帜的。它能够很好地驾驭供应链，并能够掌握更为多元，且规模更小的技术，而不是盯着时髦的大项目。它将注意力集中在终端使用和交互技术领域。在其初始经验基础上，碳信托相继出台了几项其他类似的技术加速器项目，内容涵盖低碳建筑到海洋能源，每一个项目都关注研发者和市场之间的有效衔接。在一些例子中，召集主要的市场主体共同运作能够分担风险并创造更为有力的市场拉动效果，比如海上风电项目就是这样。在另外一些例子中，比如生物质发热和海洋能源，这些项目为现有产业注入了新的动力，打破僵局、带来曙光。

　　碳信托所创造的灵活程度和商业全盘买进的模式是不同寻常的。通常被默认的成熟的工业化市场对新兴技术的反应将会非常缓慢，已经不再成立了。独立的技术测试、评估和商业驱动的示范项目能够打破僵局。行业专家和政府资助的机构一旦被赋予充分的资源和自由，便能够形成强大的合力；正是这种独特的属性，使碳信托获得了比传统国家支持的机构更高的资金撬动能力（7：1）。[35]

　　类似的行动倡议有助于克服"强推"过程中遇到的头两个障碍。通过降低可预见的风险，这些项目还有助于降低资金成本，从而第三个障碍——资金成本和时间跨度的风险也能够大大地降低，特别是对小规模的技术而言，这种帮助是特别重要的。降低投资大、耗时长的项目风险——更具体地说，在保障清洁技术潜在公共利益的前提下分担了私人部门和公共部门的风险——同时获得了更高水平的资金支持。尽管公私合作伙伴关系也需要直接的资金支持来降低风险，使大型技术更平稳地发展，但与传统的直接政府资助相比，这种方式是最好的从中调解渠道。

9.9　猛拉

每一座桥梁都有两端。为了弥合技术的死亡之谷，桥梁的另一端来自市场。由于在传统能源产品（化石燃料和电力）供给方面的技术改进激励非常有限，同时政府对清洁能源技术能够带来环境收益方面的态度也有所保留，我们如何更好地支持清洁技术沿着学习曲线不断地发展呢？与此相关的政策往往需要政府的强势介入，不断扩大的创新规模意味着成本也会增加，逐渐减少了现行技术、碳密集型技术和新兴替代技术之间的利润空间差异。

有一些过渡阶段的补贴形式，关于推进技术沿着学习曲线不断发展方面的政策含义比较模糊。另外，在公众和私人资本之间的文化认知差距也是技术发展的主要障碍之一，这意味着在资金支持和技术发展之间需要通过市场来建立通畅的渠道。在过去的20年之间，关于如何实现上述目标积累了大量的经验。

利基市场和"战略布局"

"深入推进"的过程中早期的市场经验能够起到至关重要的作用。识别和扶持原创的利基市场是从源头支持技术研发的关键举措。关于"战略性利基管理"的文献层出不穷，为扩大技术传播范围提供了途径。[36]例如在能源价格高昂的边远地区，政府应该鼓励太阳能发电上网，从而缓解区域电网的高峰负荷。除了产业扶持，利基管理还能够克服制度和机制的障碍，这些将在下章中详细阐述。

利基管理能够为能源技术提供一个与传统消费产品发展过程类似的市场扩张路径，使技术市场能够成功经历反复的扩张–学习–扩张的过程，逐渐成熟，如图9-6所示。在没有自然的利基市场的情况下，政策应该通过战略布局引导和推动其建立——领先于市场给予技术应用补贴，减少完善市场、建设产业和实现规模经济所需的成本。这是提供公共启动资金来完成技术学习的基本方式，如图9-1左上。

两大类的支持是可获的，其中之一直接与投资决策相关，另一个则间

接地与产出相关——通过可再生能源来进行电力生产就是一个很好的
案例。[37]

投资可以通过直接的资助、优惠性税收政策以及低息贷款等手段来实
现。资金资助往往仅要求少量的交易成本，从而能够使小规模的装机项目
得到支持。税收优惠对政策制定者有一些吸引力，但也有很多缺陷。[38]低
息贷款会降低融资成本，但会对新技术的项目融资设置一定的门槛。

这类意图明确的支持措施对于示范项目而言特别有帮助，对于那些处
于商业化初级阶段的项目也是如此。这些项目存在多元的不确定性，往往
会降低其融资能力。[39]当技术开始从死亡之谷的另外一个边沿爬升时，往
往开始大规模的应用，这时，所受资金支持的性质就发生了转变。如果所
获直接支持占到了项目总价值的相当大的比重，技术研发者就会更为关注
项目所获得的补贴而不是技术本身的全生命周期表现。在加利福尼亚和印
度，早期的风电项目所获得的补贴往往和装机容量挂钩，这导致了风机质
量差、产量低以及频繁的故障。简单的资金支持也会增加早期使用者的负
担，后来的使用者会从较为便宜的产出中获得更多的收益。

正因如此，可再生能源在其项目执行期内获得的多数支持都和电力消
费挂钩。这样既能激励最佳表现，也能在利益相关方之间更好地分担成
本。这类的支持主要分为三个步骤：

• 可再生能源义务（在英国被称为"组合标准"）定义了每个电力供
应商在整个电力系统中可再生能源的比例，在实际运行过程中这往往通过
交易许可证制度来完成。这保障了可再生能源的增长，但同时也可能将监
管的风险转移到了私人部门，部分保险补偿金会提高成本，并最终导致收
益方所获资助的外溢。[40]英国在相关领域的经验提供了值得借鉴的经验和
教训（见专栏9-3）。

• 上网电价给每单位（千瓦时）可再生能源电力产出规定了一个具体
的价格。上网电价降低不确定性的同时能够使产业保持一定的竞争压力，
特别是在德国、丹麦和西班牙大规模风能的发展领域起到了主要作用。相
对的确定性预期使这些项目很受投资者青睐，由于数量增长快，传播的范
围也相对较广。然而，最近的经验表明，如果能够建立一套完善的改进机

制将能够更好地满足产业增长的需要。对于太阳能光伏产业尤其如此，在21世纪头10年，光伏的高昂成本迫使上网电价也居高不下。政策成功的本身带来了失败："来自太阳的惊喜"（参见第3章，专栏3-4）带来了不可想象的增长率和快速的成本下降。那些执行了类似上网电价政策的国家，如德国和西班牙，没能够及时地根据新增装机调整政策幅度，导致那些动作够快的公司实现了超过预期的扩张速度，赚取了高额利润的同时为政府财政和相关企业增加了很大负担。西班牙和英国紧急行动试图降低上网电价，瓦解投资者的信心。逐渐地，上网电价政策采取了动态调整机制，根据不同的装机容量来协调电价水平。

●通过对特定数量的可再生能源发电容量进行拍卖是另外一种新能源支持措施。英国可再生能源义务政策是一项较早出现但不乏问题的政策尝试（参见专栏9-3）。加利福尼亚州最近根据反向拍卖的原则出台了一项可再生能源拍卖机制（RAM），通过竞争性投标来确定政策的支持水平。[41] 除了理论上的吸引人之处，这种措施还试图向市场提供充分的关于拍卖时机、交易量和结算价格的可预测能力，但是这种尝试的最终结果导致了人们所熟知的"获胜者的诅咒"。[42]

单一方案很难满足复杂多变的现实情况。例如，在一些发展中国家，市场和竞争力量无法支撑良性的产业发展、技术创新和广泛的技术传播。存在的障碍包括基础设施的不足（特别是在农村地区情况尤其如此）、政府对地方产业的保护性补贴、市场需求和透明度的不足、金融市场的缺陷和文化障碍等。政策需要建立市场信心、培育国内投资兴趣、照顾各国国内的现实需求，这些目标的实现仅仅依靠财政支持是完全不够的。此外，最近的证据进一步肯定了"需求拉动"效应会影响国际政策，这是因为预期的技术传播会进一步驱动创新，鼓励清洁技术国际传播的政策对创新活动有着主要的影响。[43]

专栏9-3　如何避免市场拉动——英国新能源政策的沿革

英国政府的可再生能源政策最早出台于1990年：通过这项大胆的实验性政策英国能源市场引入了竞争动力，体现了撒切尔政府的自由化执政方针。事实证明，市场不能被迫购买核电能源，一个富有雄心的政策由于禁止"非化石能源"补贴的障碍而止步。经历了非化石能源义务政策的核电发展，事实上是倒退了的。非化石能源义务后来沦落为可再生能源发电的预付费。

　　非化石能源义务反映了一个共识，那就是私人部门应该寻找最低价格来提供一定比例的可再生能源，它们应该可以在多项技术之间进行抉择。当然，当在既定范围内以最低价格胜出的技术出现时，要防范"获胜者的诅咒"：那些设置了不现实的过于乐观的假设的项目最终赢得了订单，但是接下来，技术的提供者就要顶着巨大的风险进行项目的实际建设（参见注释42）。如果没有相应的惩罚机制来限制基于"讨价基础"而提出的项目，并监管其实施，很多获胜者最终都没能完成项目的实施。考虑到成本最小化的驱动因素，英国可再生能源装机情况没有办法与其大陆上的伙伴竞争。

　　在2002年，英国政府又出台了无差别的可再生能源义务认证政策（ROCs）。类似于英国的"组合标准"，这项政策对可再生能源装机比例做出了规定。为了避免政策成本过高，这项政策规定了价格的上限（3英镑/千瓦时）。这项政策还规定了政府无权"选择获胜者"，所有的可再生能源企业都是公平竞争的。最终多数政策的支持资金都流向了风险最小、最成熟的技术——主要是陆上风电和在现有发电站联合燃烧生物质项目。事实上，英国国内的可再生能源制造业在20世纪90年代就逐渐没落了，外国的制造商从中获得了巨大收益。总结起来，这项政策较之前的政策节约了成本，但是也破坏了英国的创新收益；因为削减了公共资金支持，越来越多的公众反对规划意向书。到了2008年，英国可再生能源装机排名占到欧洲国家的末位，虽然有很多优势资源也没能加以充分利用。

　　由于存在诸多此类问题，英国政府在2006年采取了约束性政策来管制发展相对缓慢、但获取了多重补贴来刺激创新的可再生能源企业。这个约束性政策设置了"滑雪斜坡"形状的价格上限，并保障了在企业超额完成任务时，可再生能源义务认证的价值相对稳定。这样投资者就会对价格保有信心。至此，英国陷入了最为混乱和最为复杂的实施上网电价的政策路径。

9.10 波特的观点

总体来说，在创新链上拉动技术发展的资金需求规模会逐渐增加，问题随之而来：环境政策的"大棒"是否有利于创新？以排放控制为主要手段的环境政策能够解决其自身的复杂性问题吗？

哈佛大学商学院的教授迈克尔·波特（Michael Porter，1991）在其发表的一篇短文中提到的"大棒"政策所扮演的角色颇具争议。该文指出环境规制可以通过刺激创新提高产业竞争力。这一结论将导致这样一种观点，即通过环境管制手段可以击败竞争对手——通过创造环境质量改善的需求来刺激创新，进而通过这种创新提高企业的竞争力。"波特假说"激起了很多人的质疑，这些人认为通过限制政策来提高竞争力是十分可笑的。然而，波特提出了很有说服力的案例研究，这些案例展现了其在商业竞争方面广泛的研究，挑战了商业和管理领域多项既成研究结论。为了证实自己的观点，波特随即在《经济学视点》期刊（Journal of Economics Perspectives）发表了一篇论证更为详实的论文，并进一步提出了5个新观点。[44]

就像许多观点需要慢慢孕育一样，一开始吸引一小撮人的视线，进而慢慢将研究范围扩大到更多的学者中间，进一步仔细地推敲论证。目前已经有相当一部分人在追随波特的研究思路，并为其观点添砖加瓦。一个比较有用的做法是对波特论点的弱形式和强形式加以区分。弱形式仅仅指出环境规制可以刺激创新。这个观点通过环境管制对多个行业专利的影响研究已经基本上得到了共识，如征收汽油税可对提高发动机燃油效率方面的创新产生明确的刺激作用。[45] 这是创新假说具化到环境领域的案例——尽管创新会受到市场条件的影响——这点已经被广泛接纳，并成为了一项常识。

波特假说的强形式还增加了第二步，即创新还将进一步提高企业竞争力。这点的争议就更大了。根据"挤出效应"假说，如果企业已经决定优化其整体创新水平，单独强调其任何一个单独领域的创新都会消减该企业在其他领域创新所付出的努力。总体来看，理论界对这一假定的挑战在不断加强，根据实证研究得出的结论也并未将其证实，且实证研究的结论存在多样性。[46] 在第11章中，本书对波特假说强形式在逻辑上不可证的原因做出了具体的阐述。

然而，有一些很有趣的研究案例不断的涌现。例如，一项最近的研究聚焦不同形式的环境规制手段与德国企业盈利性之间的关系，与以往那些关注专利的研究不同，这项研究能够直接研究竞争力对环境规制的响应。该研究得出的结论是环境规制中如果对资源利用效率的提高做出要求，则会提高企业的获利性；而要求加装尾气处理装置等环境规制手段则会导致企业获利性降低。[47]

该项研究还指出碳价政策兼具以上两种属性。从专利数量变化的实证数据看，欧盟碳交易机制（EU ETS）除了催生了低碳价格，还鼓励了低碳创新。[48]

所有这些内容都指向本书所说第二和第三领域之间关系的核心内容以及相关政策。化石能源产业涉及范围广泛。我们对化石燃料的依赖是根深蒂固的，从消费者的角度来看，获取替代性资源的难度非常大。因此，碳价政策的传导性影响，包括对能源贫瘠和碳泄漏等方面的考虑，在很大程度上决定了杠杆能够发挥多大的作用来拉动创新（参见第7章和第8章）。由于碳的影响范围渗透到很多领域，对碳的管控会在广泛的领域传播其经济影响，这会使支柱二中提到的拉动作用受阻。碳价政策——或者更广泛意义上的同类政策，如电厂的碳排放标准——是典型的"大棒"政策，这些政策对创新的激励是很弱的，而且没有哪个政府敢在需要通过拉动效应来激励创新链的深入发展的过程中使用这类政策。[49] 因此，碳价政策不能够提供有效的创新链激励信号，其作用只能是强化其他的激励信号，扩大其他成功的创新激励政策的正向收益，并当相关创新逐年累积时增加创新的收益。

事实上为了让那些需要做出充分政策反馈的行业做好准备还有许多工作要做。若要一项技术成功，也就是使其走出"死亡之谷"开始大范围传播，除了价格还有很多关键因素需要考虑。这包括协调制造商、终端用户和无数中间环节行为主体之间的关系，来保障该技术被使用且持续使用。为了搭建供应链和终端用户之间的桥梁，需要发明和调动传播各个环节的多种技巧。[50]因此，除了直接的资金支持，特别是当技术进入市场扩张和广泛传播阶段，一系列结构性和机制性障碍会对整个进程形成阻碍。本书第10章在分析转型系统更广泛的挑战部分，将进一步分析这些障碍。所有这些考虑都不可避免地遇到这样一个事实：成功地为"技术的死亡之谷"搭建桥梁，最终需要与产业发展战略相结合。

9.11　重塑工业化战略——风险、奖励和原则

在许多经合组织国家，工业战略曾经暗指某种不正当竞争，因为相关的政策总是"支持失败者"，即支持那些很有政治影响力的夕阳行业，在这样的环境下，技术进步的企业往往被最先淘汰。[51]随后，许多证据显示虽然存在复杂性和很多风险，制定一个工业战略还是要比没有好很多的。这些证据包括设立了明确工业战略的朝鲜和中国，以及处于信贷危机和经济停滞阶段的欧洲和日本等国的经验。[52]

关于工业战略的主要争论集中在"做什么"和"怎么做"，这些争论给技术创新的后期阶段和传播阶段带来了很多启发。很多研究广义工业战略的文献都显示，工业战略会刺激创新链的发展，同时会给能源部门的创新和转型提供重要的额外指导。它并不能直接搭建连接"技术的死亡之谷"的桥梁，但是可以为行业的转型搭桥铺路，在下一章还会进一步分析这方面内容。

最近亚太经合组织系统地回顾和梳理了工业化战略的历史框架和近期发展。这份报告从图9-5中所描述的创新链"最后阶段"的扩张开始，将工业化过程整体上分为形成、成长、成熟、衰退四个阶段。相对应的挑战则分别是识别新兴部门并指导其成长，以便这些部门所在的国家能够在其成熟阶段的生产过程中获得更多的经济利益——同时也能够在这些部门经历产业更替和衰退的过程中进行妥善安置，并在可能的情况下帮助这些部

门进行产业转移和产业转型，使其生产工艺和产能为新兴产业所接受。

整体来看，工业政策的演变可以简单的分为以下几个阶段：首先是战后几十年里大范围的制造业领域的积极支持政策，其后是20世纪70年代至90年代在大多数亚太经合组织国家支持政策的减少，再之后，逐渐复苏的工业政策关注的重点都是如何实现收益最大化和风险最小化。亚太经合组织的这份综述报告指出了工业政策演变的五大驱动因素：

• 放任政策理论的关键不是认为市场是完美的，而是认为政府更糟。该观点认为政府失灵加速了市场失灵，因此较为实用的办法是让市场力量来决定新兴行业的留存，同时用最小的行政成本来完成落后行业的淘汰。

• 传统的所有制理论试图通过生产补贴、政府救助和贸易相关政策来刺激某行业的发展，保护国内产业。在一些国家，类似实践的极端做法演变成了企业的国有化和强行合并等形式；也有的演变为滥用税收和补贴政策来支持某些行业，从而催生了强大的游说力量和不再中立的政治化政策。正因如此，"国家主义"和相关政策的失败引起了利益相关方对工业战略的强烈反对。

• 经典的市场失灵矫正和庇古税收/补贴分析将压力推给了如何证明市场失灵的本质以及政府的政策如何对其进行矫正：经典的案例引入了外部性（如知识产权的外溢效应和环境损害）、市场力量和资本市场失灵等因素，整体上"反映了在特定经济活动中私有化结构和社会收益之间的不匹配"。[53]

• 对于新增长理论，技术能力分析认为其"代表了新古典经济学的动态延伸。厂商不仅能从静态的生产规模和范围中获得规模经济收益，同时，经过一定的时间，还能从积累的学习效应中获益……"。这种理论的结论非常强调累积技术能力的重要性——相关的支持政策要广泛的覆盖如上所述创新链的各个环节，特别要帮助技术的发展走出"死亡之谷"——只有这样通过知识累积和外溢效益所带来的国家利益才能惠及全经济范围。[54]

• 最后，通过技术转型和制度经济学的深入研究，整个经济体系并不一定按照规范的新古典增长理论的路径前进，熊彼特的"创造式破坏"和演化经济学的观点在下一章中还会有所涉及。这些内容的核心要素包括识别不确定性、不完全信息的中心，以及机构和体制在技术研发、知识成果转化、技术转型的多方协调过程中所起到的作用。[55]

　　与这些工业政策演变的阶段性研究成果对应的，在定义人类决策和经济发展的第三领域的基础问题上还有一条平行的演化路径：该领域由复杂系统经由较长时间阶段演化得来。这意味着，一套完美的政策既不是依靠计划经济的逻辑也不是依靠自由市场的完美运行。这套政策关注的是政府如何资助、加速和形成这种长期经济发展的演化路径，需要考虑来自私人市场和公共物品两个方面的诸多要素。在资本、技术和机制/体制方面的政策选项如表9-1所列示。从工业战略相关的主流文献来看，这些政策包括"一般性"政策——覆盖整个经济范围——以及"选择性"政策，指那些重点关注某些行业和技术的政策。当然，这些政策的实施效果还要考虑到经济框架的条件以及围绕创新链（如图9-5所示）的政策环境——通常来看，能源创新的成功往往与整个经济范围的成功密切相关。

表9-1　　　　　　　　经合组织国家的工业政策工具

政策领域	普适政策	定向政策
资金	贷款担保、税收和融资优惠政策、宏观经济和金融的稳定、金融市场规范	战略投资基金、特需贷款、国家投资银行、引进投资优惠政策
技术	研发税收抵扣、科研预算、知识产权制度	绿色技术、模范市场、创新的政府采购、专利制度、定向技术资金、专业技术中心
体系和机制	创业政策、情景规划、信息传播、整体竞争力战略	引导性规划、前瞻性举措、识别战略型产业部门、部门竞争力战略、产业集群政策

来源：Derived from Table 4 in Warwick（2013）.Note that the original table also contains policies in arenas of product markets, labour and skills, and land (such as land planning regulations, enterprise zones and place-based clusters).

一般性政策更为安全，因为这类政策规避了政府对"赢家"的事后评估，但毕竟是不足以鼓励创新的。有些政策表现的更具一般性——横跨多个部门——但还是难免在不同的部门产生截然不同的效果。这是因为——第9.3节的数据和相关讨论可以支撑这点——部门之间的属性是有天壤之别的。各个部门发展的机遇和障碍不同，政策如果没有意识到这个现实则不会带来良好的政策效果。为了减少这种一般性政策带来的风险，就要针对具有战略性经济属性的部门进行创新支持。在很多国家，能源部门都被认为是这样的核心部门。[56]

9.12　结论与综述——多元路径

创新是一项复杂的系统工程，很多证据和分析都表明了这一核心观点。然而，我们还是能够通过大量的学习和经验积累来对创新的过程做以整体的了解，特别是去了解在能源和环保技术的有效创新过程中存在的特殊障碍和困难。一个行之有效的洞见其复杂性的方法是将创新不仅作为包含多个阶段的链条，更是一段接着一段达到某个阶段的过程。

就创新链自身而言，这些不同的阶段性过程可以根据关注的重点和需要的细节不同而被延伸或压缩。在最为延展的案例中，碳信托创造了6乘6的矩阵，如图9-9所示，我们将其三个一组进行总结，并将创新链的三个经典阶段，发明、创新和传播，转化为三个相互协作、相互关联的过程。[57]

本章关注的重点是错综复杂的技术创新和组织结构发展过程。许多技术起始于单独运行的以研究为基础的机构（或某个公司的研发实验室）的创意。当该项技术进入创新阶段，随着规模的增长，工作的重点就转变为如何制造出有卖点的产品。这时，管理技巧和与私人部门交涉的能力则变得尤为重要，技术也开始转变为一项正规的产品和可经营的生意——经典观点认为这个转化过程和技术的更替过程将非常缓慢，历时几年到几十年。如果当技术冲破藩篱，组织单位也成功的转型升级并开始按照符合供应链需求的方式拓展业务，该项技术及其产品就开始进行市场积累，并进入创新的传播阶段。在这样的过程中，技术进入市场竞争，只有积累了足够的学习经验和生产规模，新兴产业才能走向成熟，建立健全供应链，并进一步完成产业增长。

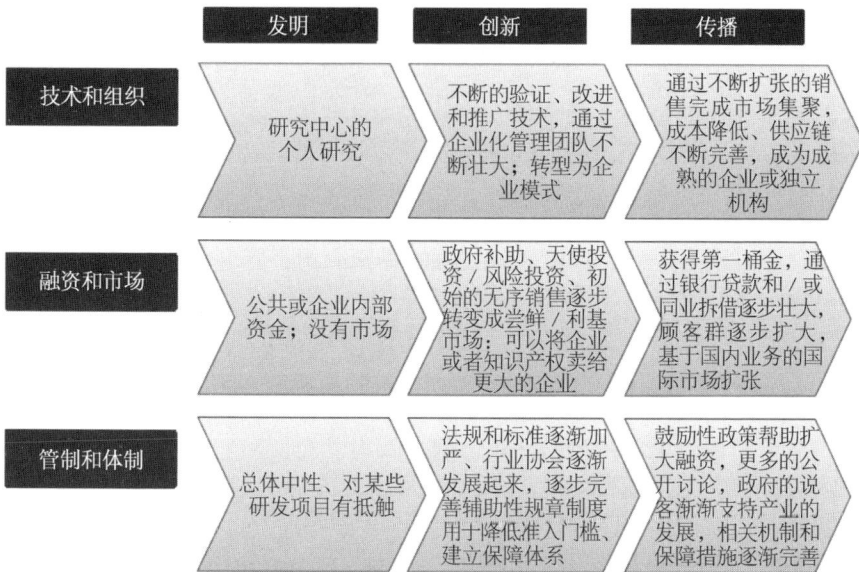

	发明	创新	传播
技术和组织	研究中心的个人研究	不断的验证、改进和推广技术，通过企业化管理团队不断壮大；转型为企业模式	通过不断扩张的销售完成市场集聚，成本降低、供应链不断完善，成为成熟的企业或独立机构
融资和市场	公共或企业内部资金；没有市场	政府补助、天使投资／风险投资、初始的无序销售逐步转变成尝鲜／利基市场；可以将企业或者知识产权卖给更大的企业	获得第一桶金，通过银行贷款和／或同业拆借逐步壮大，顾客群逐步扩大，基于国内业务的国际市场扩张
管制和体制	总体中性、对某些研发项目有抵触	法规和标准逐渐加严、行业协会逐渐发展起来，逐步完善辅助性规章制度用于降低准入门槛、建立保障体系	鼓励性政策帮助扩大融资，更多的公开讨论，政府的说客渐渐支持产业的发展，相关机制和保障措施逐渐完善

图9-9 创新链的多元路径

来源：Adapted and condensed from Carbon Trust, Memorandum 64 to House of Commons Select Committee on Innovation, Universities, Science and Skills（2008），online at http://www.publications.parliament.uk/pa/cm200708/cmselect/cmdius/216/216we80.htm.

创新的融资和市场之旅开始于公共资金或者（偶尔）公司内部资金：当没有市场的时候，人们很难对技术产生盈利信心。然而，单纯的成功希望和科研好奇心无法支持一项技术的成长并走过整个创新过程：创新需要金钱投资，这种需求很快就会超过公共资金所能给予的，并开始不断考验投资母公司的耐心。如果没有投资母公司的支持，新进加入竞争的企业将会尤其脆弱，当它们耗尽公共资金的资助，就会面临劝说吝啬的私人部门进行"天使投资"和"风险投资"的障碍。风险投资者很可能退出并将其资产和知识产权卖给更大的公司，并通过其强大的资本实力来维持创新的进展，同时保障其核心利益不受影响。专业化的利基市场——或者公共资金资助的战略性项目——在每一个技术创新过程中都至关重要。

　　当技术顺利实现了转型，相关的风险投资就开始盈利了。这会使该项技术获得更广泛、成本更低的融资资金，包括债务，并建立一个更宽广的平台来拓展客户基础和销售网络，并逐渐从国内市场拓展到国际市场。本章主要涉及了融资之旅的初始阶段，如研发支出（第9.3节）和导致技术落入死亡之谷的融资空缺（第9.7节）等，关于融资、创新和增长之间的详细的互动关系还将在第11章中详细阐述。

　　创新的第三段旅程是那些关于管制、机制和基础设施的内容。初始阶段，管制可以是中性的，但随着技术的更新应用，管制将逐渐趋严，对创新的发展形成抑制作用（例如，某项管理规定是针对现任产品进行设计的，当该产品的技术更新换代，现行管理规定就不符合其新属性）。对于一个产业来说，标准的设定是极为重要的，标准的建立过程也会经历很长时间。尽管全球化能够帮助产业根据不同国家和地区的管制水平进行更有利的选择，一旦当技术开始走向市场，管理上的障碍就会尤为显现。此时，相关体制结构就必须相应的发展和演变：一个正在成长的行业需要建立起自己的行业协会，并最终壮大到能够立足于现有的协会之中，并对关键的管理者、融资决策、管理方式形成影响。随着规模的增长，一项技术是否与现存的基础设施相关联将愈发重要。历史的经验表明，机动车最终迫使马路让位于柏油路。而当代的最显著的能源领域的案例则是，电力系统为了大规模集中供电设计的单向流通系统，将让位于可再生能源和智能电表所需的分布式系统，新系统将便于电力生产和消费的灵活性转换。系统转型过程中的核心挑战将在下一章中重点阐述。

　　我们确实需要"将技术创新和机制创新协同考虑"（见第2章）。基于相互关联的多种要素，结合能源系统的诸多属性，我们不难得知能源创新为何如此缓慢、繁复和迟滞。大量的资金需求足以抑制技术推动的效果；缺乏消费产品的差异性又阻碍了市场拉动的力量；而政策对污染排放定价和技术外溢效应的权衡失利意味着类似创新的收益流于公益层面，很难惠及创新者——这些创新者还将受困于多重资金和机制障碍。出于同样的原因，若通过成功的政策干预加速低碳创新，便能产生巨大收益，不仅有利于环境、能源这样的核心产业的发展，对更广泛的经济发展也大有裨益。然而，任何一项专门作用于创新链某个"点"的技术或措施都无法弥补缺口，这便是本章所要传达的信息。在创造一个动态的低碳未来的过程中，以上这些说明，清洁技术在多元路径的每个阶段都需要加以适当的支持（如图9-9所示）——就此而言，我们还有很长的路要走。

注释

1."进展是缓慢的，同时纽黑文的投资者由于项目缺乏进展变得越来越缺乏信心……最终汤森德（Townsend）成为了唯一仍然对项目抱有信心的推动者，当这个风投项目破产的时候，他开始用自己的钱来付账单。在绝望中，他最终给德瑞克（Drake）发出了最后一次借款请求用来支付账单，结束项目的运行，并返回纽黑文。德瑞克直到1859年8月27日才收到这封信，在69英尺处，挖掘井出现了裂缝……比利叔叔去查看了井口……发现了表层浮现着深色的液体……"（Yergin，1991：7）。关于挖掘石油的创新本身建立在多个其他创新和实验的基础之上，包括长达多年调查研究可能的用途、提炼在一些地区渗出表面的"岩石油"的方法等。事后看来，挖掘石油这一想法是显而易见的——就像很多发明一样——但当时，这一切都是充满疑虑和风险的。

2.在Jaffe et al.（2005）中展开了精彩的关于技术变革和环境的经济学讨论，强调了不同的理论推导的综述和回顾。

3.Schumpeter（1939）。

4.存在很多不同的定义。全球能源评估（GEA，2012:Ch.24）的定义，发明即"为解决某一问题或需求而产生的想法，通常以某种技术方案体现"，创新即"通过（反复的）设计、测试和改进将想法付诸实践，包括小规模示范和商业化试点项目，逐步累积工业化能力来制造给定的技术创新"，传播即"通过潜在的应用者建立的市场广泛地使用技术创新"。历史上的能源转型在第1章全球能源评估部分简要地做了说明。

5.与广泛的私有化相反，英国的前沿经济学家Dasgupta和Stoneman

（1987）指出了影响私人部门创新的 7 大主要障碍。与那些特别聚焦于市场失灵的经济学家们不同，他们的研究致力于更为系统的阐释创新系统，并给出了相关原则。Bergek 等人（2007）在《研究政策》杂志上的综述文章很好地引用了这篇文献，并厘清了有效的创新系统应该提供的 7 项具体的功能。《全球能源评估》（GEA，2012：Ch. 24）很好地概述了能源系统衍生的主要话题，将创新链作为一个结构化途径来更好地阐释广义的研究能够带来的核心启示。

6. "合成燃料、增殖反应堆、聚变功率、多数可再生能源技术，以及长期以来对燃料电池的选择，都证明了这一趋势：多数情况下，这些技术创新项目要么是昂贵的失败，要么是稍微不那么昂贵的成功，而其所对应的市场永远都是有限的"（FIR，2003）。在核电发展的资质证书中可以看到其投资水平使所有可再生能源技术的投资相形见绌，事实上一些可再生能源的资金资助（如丹麦风电）确实能够体现成本有效性（Cohen 和 Noll，1995）。

7. 关于能源领域创新链投资的最详尽的分析来自全球能源评估（GEA，2012：Ch.24）。大多数前沿文献表明，GEA 尽力将私人部门投资的数据也包含在报告中——陈述了数据不确定性的概率——其估算的研发和示范项目投资总额约 500 亿美元，来自市场的投资（依赖直接公共资助，如上网电价补贴）约 1 500 亿美元，在成熟的能源供给和终端技术（技术传播）领域投资总额为 1 万亿～5 万亿美元。

8. 法国核电项目的成本中只有很小一部分是专门拨给研发的。1990 年之后随着建设速度的减慢，整体的累积成本到 2000 年几乎再次翻倍，而这些成本主要来自维持运行和保养设备（O&M），以及燃料消耗。相关数据参考 Grübler（2010）的文章，本书第 3 章，注释 42 也有所引用。

9. 关于这些"意外后果"的分析——如电力部门私有化之后带来的技术研发停滞——参见 Dooley（1998）。几乎所有重大技术创新都源于公共资金资助的研究项目，相关的文献见于 Mazzucato 的著作《创业者现状报告》（The Entrepreneurial State，2013）。该书还从机制建设的角度讨论了如何使政府在公共投资用于技术创新过程中获得更多收益，从而避免受惠于纳税人资助的技术创新最终为私人部门牟利。本章剩余部分不再介绍清洁能源技术产生的过程，而是重点介绍技术进入商业化过程并规模化使用的阶段的复杂性。

10. 例如，石油和天然气的生产者在技术研发领域的投入非常少，但是由其设备、服务和运输领域供应商提供的技术创新支出则相对较大（尽管这样的数额从资本比例上看仍然不大）。类似地，与电力相关的创新支出也能追溯到上游产业的一般制造业和工程工业等领域（例如风机制造）。然而这些数字仍然较小，特别是跟信息技术和医药化学领域的投资数额相比简直是天壤之别。此外，法国的电力技术研发力度由于受到法国同业者的努力和AREVA（法国核电制造商）加入的影响产生了较大程度的改变；电力技术研发力度在全球范围内的平均水平低于0.5%。

11. Arrow（1962）；波士顿咨询集团（BCG，1974）。

12. "负向学习"最常见的案例是核电——项目扩张后单位成本也随之增加，参见注释8中Grübler（2010）的文章。

13. 关于学习速率随着技术生命周期的演进先增加后降低的论述详见Kahouli-Brahmi（2009）的综述文章。该文根据技术的产生、演化和成熟等不同阶段对技术进行了分类，并根据不同阶段给出了技术的学习速率数据。某位学者还提出了一项预测工具，即经验曲线——提供了固定的学习速率——为既有技术的分析和技术的中期发展预测提供了方法。进而，该研究将经验曲线数据与另外两项成本演化分析数据进行比较，得出结论认为，可以较好地通过经验曲线来预测能源生产技术的成本演化数据（Neij，2008）。

近些年，研究表明能源技术成本随着全球商品价格的增长而增长——如钢铁和水泥，以及能源本身——融资成本的增加也导致了能源技术成本的增加。"来自太阳的惊喜"（见第3章，专栏3-4）和美国页岩气的发展在能源技术领域是最大的例外。在很大程度上讲，学习效应只有在能源技术的成本保持在较高的水平时才能显现。参见Kahouli-Brahmi（2009）文章。

14. Schumpeter（1939）。

15. Mumtaz and Amaratunga（2006）。

16.不同的人群，根据其专业背景和经验以及其所面临的问题的不同，想要从创新链上的不同环节实现扩张。在现实中，所有的环节都很重要。例如，一份国际能源署（IEA）关于RD&D的信息报告（Chia-vari和Tam，2011）中将创新链的商业化作为一个离散的部分与其他部分割裂开来。关于美国创新与能源领域的综述可参见Alic等人（2003）的文章，该文将创新过程归纳为研发、发展和商业化、学习和传播等几个阶段，并追溯了为加速创新过程中各环节所需要的多元工具。作者个人参与碳信托活动的经验表明，技术的商业化过程存在巨大的复杂性、重要性和难度——技术传播会出现在技术商业化后很多年甚至几十年。

17.参见IEA（2011）以及Mizuno（2010）引用的背景报告。

18.多样性部分的主要作者是Romer（1990），产品质量部分的主要作者是Aghion and Howitt（1996），参见第11章，注释22。

19.Moore（2006）主要关注不同生产商和设备使用者之间的制度障碍；Murphy和Edward（2003）建立了电力生产技术死亡之谷的经典分析框架，主要考虑了资金障碍，特别是公共部门和私人部门之间的融资障碍。风险投资的特殊属性能够发挥重要的作用（Gompers和Lerner，2001），但是由于能源部门的多种特殊属性，风险投资仍然不足以弥合技术的死亡之谷。

20.Aghion等人（2012）认为技术改革的方向存在路径依赖。该分析指出，那些在历史上创造了污染技术的企业，会在未来创造出更具获利性的技术。这种路径依赖，加上环境外部性，使自由放任经济生产和创造更多的污染技术。Acemoglu等人（2012）的文章指出，如果将整个技术创新结构从污染转向清洁，通过与技术结合的碳价，能够使应对气候变化的成本大大降低。相关的设想和建议过于简单，受到了Potter等人强烈的撰文批评（2014）。Potter等人指出创新过程和能源部门对快速变化反应的迟滞和抵抗都需要建立更为现实的模型加以分析。Potter等人的分析指出应用能源部门经验数据分析得到Acemoglu等人的乐观结论，尚需更广泛和更持久的努力。事实上，Potter等人分析指出，理论经济学和创新系统之间存在认知缺口（参见本章注释5），他们指出两者都强调了创新能够以较低成本解决气候变化问题（甚至获得净经济收益），但两者指向的政策含义大相径庭。相关内容亦可参见第11章低碳转型模型部分。

21.在欧洲，大型电厂如Eon-Rhurgas和RWE的煤炭依赖程度很高，ENI主要生产碳氢化合物，CEZ参与煤矿开采，而GDF-Suez也生产碳氢化合物。一些电厂确实拥有一些可再生能源份额，包括Centrica（控股英国天然气）的海上风电，Dong和Satoil也是石油天然气公司中大量投入可再生能源的代表。

22.相关内容详情参见Nordhaus（2008）文章。DICE模型的更新内容和引入了技术变化的改进模型（RICE）参见Nordhaus教授网站http://nordhaus.econ.yale.edu/。Jaffe等人（2005）的综述文章指出，"为了校准模型，他（Nordhaus教授）对私人部门和全社会化石能源相关研发的收益进行了参数估计……用现有的化石能源部门的研发强度来驱动这些参数，他发现引入创新的作用是适度的……他得出结论认为引入创新与引入最佳排放水平相比影响较小"。

23.某些产品由于与终端用户的联系更为紧密，其能效并不那么重要。

24.Freeman（1974）；Murphy和Edwards（2003）。

25.引自Jaffe等人（2005）文章，其中详述了："预期收益的分布扰动与其他投资相比大很多，不仅如此，这些估计值的概率非常低，而产出值却很高"，参见Scherer等人（2000）文章。

26.一个更好的创新速度是接近社会最优化的速度——意味着需要改善环境质量。分析人士一致认为缺乏完美的信息流的一个重要后果就是对技术资金支持的延后——研发阶段的投资，或者晚些的技术传播支出，甚至有些当期净盈利的案例都存在这样的问题。参见Carruth等人（2000）文章。在能源领域，相关的后果表现为，资金总是倾向于投给"肮脏"的技术，坐等其他人去开发新方案。除了可预见的技术风险，其他无法预计的因素被称为软资产：人力资源、交易秘密、只有研发者自己清楚且不愿与投资者分享的相关技术和专利的独特价值和潜力等。关于经济理论中信息不对称问题的详细讨论参见 Stiglitz（2002）文章。

27.Murphy 和 Edwards（2003）。

28.Nemet（2008）。

29.关于学习曲线和能源技术更详细的讨论，参见 Jamasb 和 Köhler（2008）。

30.来自与 Liz Hooper 的私人交流。

31.关于公私合作伙伴关系在创新过程中所扮演的角色的详细讨论参见 Stiglitz and Wallsten（2000）。

32.关于公私伙伴关系的一个案例是 PV：BONUS，这是美国能源部（DOE）在 1993 年发起的一个项目，旨在促进光伏和混合能源技术在居民和商业领域的应用，最终开发出简便易行的装机方案。这个项目一个有趣的角度是，即便在最初的竞争压力下，也鼓励合作的多样性：在 16 个合作伙伴关系启动之初，只有 7 个确定了投资来源，有 5 个商业化产品来展示资金已经就位。项目的开始，大家关注的焦点聚集在光伏电板未来市场盈利性上，如设计、灵活性、与建筑材料的配比性和安全性等。关于这个项目的详细介绍详见 Thomas 和 Pierce（2001）文章。

33.能源技术研究所（The Energy Technologies Institute，ETI）是全球能源和工程公司与英国政府之间组建的公私伙伴关系。它支持 9 项技术和相关项目，旨在为技术研发和商业应用建立连接（ETI，2012:3）。

34.基于智能电表的实验数据，2009 年 Ruth Kelly 部长负责的新闻通告中讲到，"……我们认为智能电表的使用对帮助商业部门计量和管理能源使用是至关重要的。政府将从下个月开始为商业领域的电力使用者优化电力计量方法，这项工作将于 2014 年完成。这项工作很关键，而且我们希望这项工作在全经济部门推广开来"。

35.碳信托由于有了独立性和政府的支持，能够建立起广泛的专业技术形象，并能够将初始的公平投资引向新企业。这起到了初始投资的作用，一旦碳信托投资某个项目，很多私人部门的风险投资者就会跟进。

36.这是"战略利基管理"学者们的讨论，参见 Kemp et al.（1998）。

37.参见 Grubb 等人（2008）著作。该书中由 Nadine Haj-Hasan 负责的章节讲述了碳信托（2006）的内容，证明了碳信托在说服英国政府放弃其关于可再生能源"一刀切"政策的过程中还是很有影响力的，如碳信托成功说服英国政府根据技术发展的不同阶段，针对不同技术逐步引进其"可再生能源义务证书"。

38.税收激励意味着成本没有完全纳入国家预算——资金不经过财政部——但是这项政策对于具体的投资项目情况很难逐一落实。此外，这项政策的价值取决于公司的经营状况——对于良性获利的企业而言这项政策很有价值（反之则成为税收负担），对于新手而言，这项政策会增加经营难度。

39.Bürer 和 Wüstenhagen（2009）。

40.Grubb 等人（2008）关于英国和德国可再生能源支持体系及相关风险的比较分析，详见 Mitchell 等人（2006）。

41.加利福尼亚公共设施委员会（Public Utilities Commission of California）（2009）关于初始拍卖的报告参见 http://blogs.reuters.com/environment/2010/12/16/california-approves-reverse-auction-renewable-energy-market/。

42."获胜者诅咒"指在竞争性拍卖过程中，出价最低者获得了合作合同，不可避免的结果就是由于竞标过程中所有假设过于乐观，在项目的实施过程中将会面临较大的压力。结果往往是，通过竞拍选出来的项目的可存活性存在风险，胜出的项目事实上在投标项目上以失败告终的案例比比皆是。原因很可能是他们假设的报酬率对于负担成本和风险而言是不够的。在充满了不确定性的环境中，通过人工施压的手段选择最乐观的竞标者是一种冒险的战略。行为经济学和信息不对称理论中表明"逆向选择"风险的案例也说明了这种情况（参见第4章）。作为应对，加利福尼亚竞拍机制要求参与者设置大量的抵押资金和物品，政府借此来保障项目一旦失败不致血本无归。这种做法确实能够提高参与者的融资和交易成本。拍卖机制的设计本身也充满了复杂性，有很多经验值得借鉴。

43.Dechezleprêtre 等人（2011）。

44.Ambec等人（2013）在"波特假说"20年总结回顾研讨会上以及期刊上指出"Porter 和 van der Linde（1995）的文章至少从5个方面解释了良好设计的制度能够带来预期的成果"，这些制度的特点包括以下几点：

- 向企业放信号，指出资源无效的点和潜在技术改进的方向；
- 聚焦于信息收集能够通过提高企业意识实现大部分收益；
- 减少环保投资的不确定性将会很有价值；
- 为创新和进步施加压力、提供动力；
- 为转型平台分级。在创新驱动型项目的转型期，合理的规制保障该企业不去减免环境投资来获取机会主义的回报。

最后，他们指出："我们欣然承认，创新不能完全抵消环保的成本，特别是在短期，当学习效应发挥减少成本的作用之前。"

45.Aghion等人（2012）撰文指出，燃料税将汽车行业的创新对象从污染技术（如内燃机汽车）转移到清洁技术（如电动和混合动力汽车）。Crabb 和 Johnson（2010）的文章指出，更高的石油价格导致了汽车能效技术领域的创新投资增长——但是对于 US CAFÉ 标准而言，这一效果并不显著，很可能因为这些标准起初并不严格，且30年没有更新（见第5章）。

46.Ambec等人（2013）的相关评论总结到：与该话题早在1995年《经济学观点》期刊中的热烈争论相比，关于波特假说的理论争论目前更为扎实了……从经验分析角度看，波特假说的"弱"形式（较强的环境规制会促进创新）的证据已经相当清晰。然而，波特假说"强"形式（较强的规制提高企业表现）的经验证据却仍尘埃未落，但是近期的研究已经提供了较为清晰的论据。

47.Wagner（2006）。

48.Calel和Dechezleprêtre（2012）。

49.在欧盟碳价政策和二氧化碳地板价格政策出台的同一时期，英国政府出台了针对电力部门的"二氧化碳排放标准"，并将其纳入英国能源市场改革的重要组成部分；同期，2013年6月，美国总统奥巴马要求美国环境署建立电力部门二氧化碳标准。在这两项政策中，都没有禁止新建天然气发电厂。因此，这两个标准对于激励低碳电力生产创新而言作用很小。

50. 关于亚洲发展中国家的主要障碍的详细分析参见 Koh 等人（2004）文章。

51. Crafts（2012）综述了20世纪以来失败的英国"工业政策"，包括对经营不佳的产业进行补贴，如造船业（Wren 和 Simpson，1996），以及对高科技领域领先的国有民用航空产业（Gardner，1976）、计算机（Hendry，1989）和核电产业（Cowan，1990）补贴。当然也存在一些成功案例（如对劳斯莱斯汽车公司的拯救（Lazonick 和 Prencipe，2005））和其他国家的案例（所有引文来自 Crafts（2012））。

52. 没有特别排序，OECD 综述（Warwick，2013）中引述了法国、日本、韩国、荷兰、土耳其、英国、美国、巴西、中国和印度等国的工业政策发展历程。综述建议 OECD 国家重拾工业战略雄心，原因有5点：对金融危机及其滞后期的应对；金融危机在一定程度上削弱了人们对市场的信心，特别是在资金流方面；使金融救助措施取得最大化收益；金融危机在一定程度上指出了经济的不平衡性，牺牲了制造业而过度依赖于金融业和服务业；亚洲经济体在明确的工业战略指引下取得了惊人的经济成果。综述文章的其他部分注意到，主要经济体重拾工业战略的时间早于金融危机发端，源于对经济结构性不平衡和国际竞争力降低的考虑，与紧随中国之后的韩国经济战略取得的成功相映成趣。

53. 如 Warwick（2013）文中所引。Crafts（2010）文章中指出了三个市场失灵的具体类型，包括初生行业相关的资本市场失灵、外部性集聚和战略性贸易政策导致的租金转换。前两者与本章关于技术的死亡之谷和干中学效应的分析结论相似。

54. 引自 Sharp（2001）文章。

55. "共同因素是对于知识产生、吸收和商业化开发过程的关注。新古典分析框架将知识作为内生变量，并认为其在短时间内能够得以传播；系统分析论则认为知识是外生的、具有特定背景的、被默许的和具有'黏性'的。行动者面临切实的不确定性，需要行动者随之调节来降低风险，而不是依照新古典经济学的范式任风险传播。在 Schumpeterian 的理论中，重要的是认识到技术演化过程的累积性，以及从这种机制内口口相传的技术传播积累中获得的收益——不同机制之间正式和非正式的联络网组成了生产和创新的国家体系。在这一观点中，工业政策与创新政策要创造和建立能够促进网络连接和合作的机制，并需要设计出优化利用这些机制的战略方针。当前的政策考虑越来越多地吸纳了'系统失灵'论关于工业政策与创新的观点。这一观点比'市场失灵'更为宽泛，但无法将其替代……"（Warwick，2013: 21）。

56.注释52中列示的多数国家都有能源相关部门，往往强调低碳技术的发展，并将之作为优先领域。在英国，人们习惯性地怀疑任何工业战略的正当性，目前，这种传统观念也果断地转变了方向。英国商业、创新和技能国务秘书声明（2013年3月7日）中指出"（工业战略）胜利了——我相信现在左翼和右翼两党都接受了这一事实。目前，10个重要部门都开始着手制定各自的长期战略"。这10个部门包括四个"待扶持"部门，其中3个有关能源生产：核能、石油和天然气、海上风电，以及建筑部门。机动车也包含在先进制造业部门之中。

57.原始版本有4条主线：技术、企业、市场和规制。当碳信托向英国下议院提交申请之时，还将资金和机制融入其中，并加入基础设施作为第七条。如图9-9所示，这几条综合起来更具可操作性，每一条主线都能找到其分类，像创新链本身一样具有可操作性。

参考文献

Acemoglu, D., Aghion, P., Burzstyn, L. and Hemous, D.(2012) 'The environment and directed technical change', American Economic Review, 102(1): 131-66.

Aghion, P. and Howitt, P. (1996) 'Research and development in the growth process', Journal of Economic Growth, 1(1): 49-73.

Aghion, P., Dechezleprêtre, A., Hemous, D., Martin, R. and Van Reenen, J. (2012) Carbon Taxes, Path Dependency and Directed Technical Change: Evidence from the Auto Industry, No.w18596.National Bureau of Economic Research.

Alic, J., Mowery, D. and Rubin, E.S.(2013) US Technology and Innovation Policies: Lessons for Climate Change.Washington, DC: Pew Centre on Global Climate Change.

Ambec, S., Coheny, M.A., Elgiez, S. and Lanoie, P. (2013) 'The Porter Hypothesis at 20: can environmental regulation enhance innovation and competitiveness?', Review of Environmental Economics and Policy, 7(1): 2-22.

Arrow, K. (1962) 'The economic implications of learning by doing', Review of Economic Studies, 29: 155-73.

Babbage, C.(1832) On the Economy of Machinery and Manufactures, 3rd edn. London: Charles Knight, Chapter 17 'Of Price as Measured by Money'.

Bergek, A., Jacobsson, S., Carlsson, C., Lindmark, S. and Rickne, A. (2008) 'Analyzing the functional dynamics of technological innovation systems: a scheme of analysis', Research Policy, 37: 407-29.

BCG (1974) The Experience Curve Reviewed, Perspectives Reprint No.124, 125, 128, 149.Boston:Boston Consulting Group.

Broadberry, S. and Crafts, N.(2001) 'Competition and innovation in 1950s Britain', Business History, 43(1): 97-118.

Bürer, M.J. and Wüstenhagen, R. (2009) 'Which renewable energy policy is a venture capitalist's best friend? Empirical evidence from a survey of international cleantech investors', Energy Policy, 37: 4997-5006.

Calel, R. and Dechezleprêtre, A. (2012) Environmental Policy and Directed Technological Change: Evidence from the European Carbon Market.Grantham Research Institute on Climate and the Environment Working Paper No.75.

Carbon Trust (2006) Policy Frameworks for Renewables - Analysis on Policy Frameworks to Drive Future Investment in Near and Long - term Renewable Power in the UK.London: Carbon Trust.

Carruth, A., Dickerson, A. and Henley, A.(2000) 'What do we know about invest-ment under uncertainty?', Journal of Economic Surveys, 14(2): 119-53.

Chiavari, J. and Tam, C. (2011) Good Practice Policy Framework for Energy Technology, Research, Development and Demonstration (RD&D), IEA Information Paper.Paris: International Energy Agency.

Cohen, L. and Noll, R. (1991) The Technology Pork Barrel.Washington, DC:

Brookings Institution.

Cohen, L. and Noll, R. (1995) 'Feasibility of effective public - private R&D collaboration: the case of cooperative R&D agreements', International Journal of the Economics of Business, 2(2): 223–40.

Cowan, R. (1990) 'Nuclear power reactors: a study in technological lock– in', Journal of Economic History, 50(3): 541–67.

Crabb, J.M. and Johnson, D. K. N. (2010) 'Fueling innovation: the impact of oil prices and CAFE standards on energy-efficient automotive technology', Energy Journal, 31(1): 199–216.

Crafts, N. (2010) The Contribution of New Technology to Economic Growth: Lessons from Economic History, CAGE Online Working Paper Series 01. Competitive Advantage in the Global Economy(CAGE).

Crafts, N. (2012) Creating Competitive Advantage: Policy Lessons from History, CAGE Online Working Paper Series 90.Competitive Advantage in the Global Economy(CAGE).

Dasgupta, P. and Stoneman, P. (1987) Economic Policy and Technological Performance.Cambridge:Cambridge University Press.

Dechezleprêtre, A., Glachant, M., Hascic, I., Johnstone, N. and Ménière, Y. (2011) 'Invention and transfer of climate change mitigation technologies: a global analysis', Review of Environmental Economics and Policy, 5(1): 109–30.

Dooley, J. J. (1998) 'Unintended consequences: energy R&D in a deregulated energy market', Energy Policy, 26(7): 547–55.

ETI(2012) Annual Review 2012.Energy Technologies Institute.

Freeman, C. (1974) The Economics of Industrial Innovation.Harmondsworth: Penguin.

Fri, R. W. (2003) 'The role of knowledge: technological innovation in the energy system', Energy Journal, 24(4): 51–74.

Gardner, B. L. (1976) 'The effects of recession on the rural - farm economy', Southern Journal of Agricultural Economics, 8(1).

GEA (2012) Global Energy Assessment - Towards a Sustainable Future.Cambridge and New York:Cambridge University Press and Laxenburg, Austria: IIASA, Chapter 24.

Gompers, P. A. and Lerner, A.(2001) The Really Long-Run Performance of Initial Public Offerings: The Pre - NASDAQ Evidence, NBER Working Papers 8505. National Bureau of Economic Research.

Grubb, M., Haj-Hasan, N. and Newberry, D.(2008) 'Accelerating innovation and strategic deployment in UK electricity: applications to renewable energy', in M. Grubb, T. Jamasb and M. Pollitt (eds), Delivering a Low - Carbon Electricity System: Technologies, Economics and Policy.Cambridge: Cambridge University Press.

Grubler, A.(2010) 'The costs of the French nuclear scale– up: a case of negative learning-by-doing', Energy Policy, 28: 5174–88.

Hendry, J.(1989) Innovation for Failure: Government Policy and the Early British Computer Industry.Cambridge, MA: MIT Press.

IEA (2011) Deploying Renewables: Best and Future Policy Practice.Paris: International Energy Agency.

Jaffe, A. B., Newell, R. G. and Stavins, R. N.(2005) 'A tale of two market failures: technology and environmental policy', Ecological Economics, 54(2‐3): 164–74.

Jamasb, T. and Köhler, J.(2008) 'Learning curves for energy technology and policy analysis: a critical assessment, in M. Grubb, T. Jamasb and M. G. Pollitt(eds), Delivering a Low‐Carbon Electricity System: Technologies, Economics, and Policy.Cambridge: Cambridge University Press, pp.314–32.

Kahouli-Brahmi, S.(2009) 'Testing for the presence of some features of increasing returns to adoption factors in energy system dynamics: an analysis via the learning curve approach', Ecological Economics, 68(4): 1195–212.

Kemp, R., Schot, J. and Hoogma, R.(1998) 'Regime shifts to sustainability through processes of niche formation: the approach of strategic niche management', Technology Analysis and Strategic Management, 10(2): 175–95.

Koh, L. P. et al.(2004) 'Species extinction and the biodiversity crisis', Science, 305: 1632.

Lazonick, W. and Prencipe, A. (2005) 'Dynamic capabilities and sustained innovation: strategic control and financial commitment at Rolls‐Royce plc', Industrial and Corporate Change, 14(3): 1–42.

Mazzucato, M.(2013) The Entrepreneurial State: Debunking Public vs Private Sector Myths.London: Anthem Press.

Mitchell, C. et al.(2006) 'Quotas versus subsidies‐risk reduction, efficiency and effectiveness-a comparison of the renewable obligation and the German feed-in law', Energy Policy, 34(3): 297–305.

Mizuno, E.(2010) Renewable Energy Technology Innovation and Commercialisation Analysis, Report prepared for the IEA Renewable Energy Division, Cambridge Centre for Energy Studies (CCES), Judge Business School, University of Cambridge.Moore, G. (2006) 'Managing ethics in higher education: implementing a code or embedding virtue?', Business Ethics: A European Review, 15(4): 407–18.

Mumtaz, A. and Amaratunga, G. (2006) 'Solar energy: photovoltaic electricity generation', in T.Jamasb, W. J. Nuttall and M. G. Pollitt (eds), Future Electricity Technologies and Systems.Cambridge: Cambridge University Press.

Murphy, L. M. and Edwards, P. L.(2003) Bridging the Valley of Death-Transitioning from Public to Private Sector Financing, NREL/MP-720-34036.US Department of Energy.

Neij, L.(2008) 'Cost development of future technologies for power generation‐a study based on experience curves and complementary bottom‐up assessments', Energy Policy, 36: 2200-11.

Nemet, G. F. (2008) 'Demand - pull energy technology policies, diffusion and improvements in California wind power', in T. Foxon, J. Köhler and C. Oughton (eds), Innovation for a Low Carbon Economy: Economic, Institutional and Management Approaches.Cheltenham: Edward Elgar.

Nemet, G. F.(2009) 'Demand pull, technology push, and government-led incentives for non-incremental technical change', Research Policy, 38(5): 700-9.

Nordhaus, W. (2008) A Question of Balance: Economic Modeling of Global Warming.Yale Press continuing updates of the DICE model and the version with induced technological change (RICE) are available from Professor Nordhaus' website, http://nordhaus.econ.yale.edu/.

Porter, M.(1991) 'America's Green Strategy', Scientific American, 264: 168.

Porter, M. and van der Linde, C. (1995) 'Toward a new conception of the environment-competitiveness relationship', Journal of Economic Perspectives, 9(4): 97-118.

Pottier, A., Hourcade, J. C. and Espagne, E.(2014) 'Modelling the redirection of technical change: the pitfalls of incorporeal visions of the economy', Energy Economics(in press).

Public Utilities Commission of California (2009) Approval of Reverse Auction Renewable Energy Market.Online at: http://blogs.reuters.com/environment/ 2010/12/16/california-approves-reverse-auction-renewable-energy-market/.

Romer, P. M. (1990) 'Endogenous technological change', Journal of Political Economy, S71-S102.

Scherer, F. M., Harhoff, D. and Kukies, J. (2000) 'Uncertainty and the size distribution of rewards from innovation', Journal of Evolutionary Economics, 10 (1): 175-200.

Schumpeter, J. (1939) Business Cycles: A Theoretical, Historical, and Statistical Analysis of the Capitalist Process.New York: McGraw-Hill, 2 vols.

Sharp, M. (2001) Industrial Policy and European Integration: Lessons from Experience in Western Europe Over the Last 25 years, Centre for the Study of Economic and Social Change in Europe Working Paper No.30.London: University College.

Sondes, K.- B. (2009) 'Testing for the presence of some features of increasing returns to adoption factors in energy system dynamics: an analysis via the learning curve approach', Ecological Economics, 68(4): 1195-212.

Stiglitz, J. E.(2002) Globalization and Its Discontents.New York and London: W. W. Norton.

Stiglitz, J. E. and Wallsten, S. J.(2000) 'Public-private partnerships: promises and pitfalls', American Behavioral Scientist, 43(1): 52-7.

Thomas, H. P. and Pierce, L. K. (2001) Building Integrated PV and PV/Hybrid Products-The PV: BONUS Experience.Golden, CO: National Renewable Energy Laboratory.

Venturini, F.(2012) 'Product variety, product quality, and evidence of endogenous growth', Economics Letters, 117(1): 74–7.

Wagner, M.(2006), 'Innovation towards energy-efficiency and Porter's Hypothesis', Zeitschrift für Energiewirtschaft, 30: 4.

Warwick, K.(2013) Beyond Industrial Policy: Emerging Issues and New Trends, OECD Science, Technology and Industry Policy Papers, No.2.Paris: OECD.

Weiss, M., Junginger, M., Patel, M. K. and Blok, K. (2010) 'A review of experience curve analyses for energy demand technologies', Technological Forecasting and Social Change, 77: 411–28.

Weiss, M., Patel, M. K., Junginger, M., Perujo, A., Bonnel, P. and Grootveld, G. (2012) 'On the electrification of road transport - learning rates and price forecasts for hybrid-electric and battery-electric vehicles', Energy Policy, 48: 374–93.

Wren, B. M.and Simpson, J. T. (1996) 'A dyadic model of relationships in organizational buying: a synthesis of research results', Journal of Business and Industrial Marketing, 11(3 - 4): 63–79.

Yergin, D.(1991) The Prize: The Epic Quest for Oil, Money and Power.New York: Simon & Schuster.

[第10章]

转型系统

林间分现两条路，而我——选择了人迹罕至的那条，从此一切大不同。

——Robert Frost（1916），《山间小憩》（Mountain Interval）选集，纽约：H.Holt and Co.

10.1 桥梁之上

证据显示，到目前为止一切良好。第3章说明了有大量的技术选项可以提供清洁能源，这些选项会对多元化能源系统产生不同的附加成本（有时是负面的，通常是适度的）。支柱一剩余部分说明了为什么我们的能源系统浪费如此严重（第4章），以及在改善能源效率方面的巨大政策进步（第5章）。支柱二章节说明了能源定价产生的巨大累积影响（第6章），并说明尽管能源定价非常复杂，遭遇挫折且不完美，但依然在朝着目标前进（第7章），而且一些选项至少可以在某种程度上产生传导影响（第8章）。之前一章（第9章）说明了影响低碳创新的阻碍，以及在解决这些阻碍方面的成绩。

过去几十年，能源世界发生了翻天覆地的变化，人们充分理解创新，获得了丰富的经验并实现新能源产业的增长。政府、产业和其他方面投入的努力取得了丰硕的成果。最为显著的是可再生能源支持机制开始展现出巨大的成效。全球清洁能源投资从2004年的500亿美元上升至2008年的1 500亿美元，而且在全球经济衰退中受到的影响要小于其他大部分行业，仅在2009年小幅下降之后便恢复到衰退之前的增速。最初由欧洲和美国统治的清洁能源产业在此期间发生了翻天覆地的变化：受到清洁发展机制的部分推动（第7章），2009年亚洲清洁能源投资飞速增长，超过了美国，与欧洲持平。为避免2009年金融危机而实施的经济刺激计划也有助于清洁能源投资增长。2010—2012年，在美国、中国和韩国的领导下，定向清洁能源支出实现了年均500亿美元的增长。

随着投资的飞速增长，风能的成本不断下降；太阳能成本方面，在因过量需求而达到顶峰之后，开始大幅下降（专栏3-4），而且最终的影响尚未完全显现；巴西乙醇已经可以与石油进行竞争。[1]在需求方面，许多个人设备（主要为照明设备、家用电器和汽车）的能源效率获得大幅改善。

但是，这并不意味着清洁技术成功地跨越了鸿沟，并且取得了足够大的进步，到达了学习曲线的另一端（见第9章）。尽管进步显著，但是与面临的总体挑战相比依然显得微不足道。随着能源效率的增加，全球能源需求也在快速激增。另外，少数几个可再生技术取得的进步依然局限在为数不多的领域，总体规模无法与其他技术对比；在全球能源供应碳强度中，可再生能源依然无足轻重（见第1章）。

另外，大部分清洁能源投资依然依赖于公共资金或技术特定法规支持，例如上网电价补贴。如图9-1的曲线所示，新能源技术成本不断下降，但大多依然高于传统能源的市场价格。许多国家（特别是发展中国家）尚未充分考虑对于当地环境的破坏，碳价格依然存在不一致，不足以反映巨大的风险（见第6、7章）。只有少数地区的内在市场信号可以清晰说明新能源产业在未经补助的情况下的状况。

随着新能源产业规模的增长，维持高水平支持所需的成本和面临的困难也在增加。刺激计划的短期的正面影响被经济衰退产生的负面影响所抵消，因此一些国家（例如西班牙）大幅削减补贴，削弱了投资者的信心。另外，随着新能源总量的增加（特别是可再生能源），已经到达当前电力

系统可以有效吸收的极限。与之类似，由于低碳燃料处于统治地位，生物
乙醇依然受到"燃料混合"的限制（第3章）。

因此嫁接"技术死亡之谷"的特定政策有助于连接技术推动与需求拉
动，让一些关键技术跨越峡谷，但是它们依然在另一侧攀登（更多的技术
需要满足不同的利基市场和需求）。在这个过程中遇到了大量的挑战，出
现挑战的原因是技术进步只能解决部分问题。能源系统变革不仅仅是资金
和成本削减。促进能源的分配和/或不间断供应需要对传输和配送系统进
行重组。对于低碳燃料的支持可能涉及不同的车辆和/或供应网络。所有
新的产业系统需要一个可靠的供应链，这种挑战远远超过一种技术或一个
公司的能力。我们到目前为止的努力只涉及总体任务的表面（效率政策，
定价和创新），但是这些努力揭示了任务的艰巨性，特别是改造整个能源
系统所需做出的改变。本章介绍了在促进整个行业大规模转型过程中面临
的挑战和机遇。

10.2　任重道远

如要了解整个任务规模，首先应当考虑2005年之后化石燃料价格激
增产生的影响（参见第1章图1-2和图1-3）。石油价格上升的背景是30
年来相关机构、能源效率（和一些定价）与创新政策的发展（如本书所
示）。到2005年，人们对大气中二氧化碳持续增加的风险达成共识。许
多分析师认为全球脱碳最有效的方法便是大幅提升化石燃料价格。之后
我们采取了这种做法。但是全球二氧化碳排放量在短暂停止增加之后，
继续以前所未有的速度增长，一些大型石油公司已经开始继续寻找替代
能源。

第11章的宏观经济分析指出一个相关的谜团。全球许多计算机模型
预计实现低碳未来的成本只相当于全球GDP的数个百分点，只需控制经
济增长速度，使之符合新能源系统的发展需求即可。[2]我们只需持续将经
济发展延后一到两年，便可以为所有人提供能源，确保能源安全，保护大
气，而且在一到两年后依然有出色的GDP。以经济发展略微滞后为成本

获得能源和大气系统的稳定性与安全性非常划算，这便是《斯特恩报告》的主要论据。那么为什么这一过程受到阻碍，而且尽管化石燃料价格上升到前所未有的水平后，全球二氧化碳排放量依然在急剧增长？

由于"净 GDP"数字无法清楚说出真正的影响，因此需要详细地分析数字才能揭示问题。国际能源署预计，到 2030 年实现完全电力获取需要额外投资 7 500 亿美元。这相当于 2009 年美国经济刺激计划在本年代的全部支出。[3] 本例中，由于需要"获取能源"的主体为地球上最穷苦的人民，因此他们很难支付费用，这增加了问题的复杂性。到 2030 年（符合第 1 章上升 2℃的轨迹）与低碳发展相关的净额外投资成本预计在 4 000 亿美元到 12 000 亿美元之间。[4] 投资成本会受到低能源需求、低化石燃料价格（由于化石燃料需求下降）的抵消，进而造成化石燃料支出大幅下降，这是低碳情景的特点；净效应说明了对于 GDP 的影响只有 1%。

不过，全球能源系统脱碳过程的额外成本是两个更大数字之间的差异——未来数十年满足能源需求所需的总体投资。低碳情景中重新定向的资金流量要大得多。在关于可再生能源的专门报告中，政府间气候变化专门委员会预计到 2030 年，全球可再生电力资源投资在 3 万亿（基准情景）到 12 万亿美元之间（2℃情景）。国际能源署 2010 年世界能源展望（WEO）预计到 2030 年，2℃情景中总体投资成本为 18 万亿美元。2012 年，世界能源展望新政策情景预计到 2035 年全球电力行业投资约为 17 万亿美元。[5]

目前全球每年 GDP 约为 70 万亿美元，预计 2020 年将达到 100 万亿美元，这意味着将近 1% 的全球 GDP 需要用于电力行业转型（人们通常认为电力行业是最容易进行脱碳的行业）。这是极为庞大的资本流动，会对成功者与失败者产生巨大影响。

在本章末尾，我们会进行一些关于价格和成本影响的情景研究，并在第 11 章考虑宏观经济影响。目前的核心是在变革过程中"净 GDP"影响只会发生部分作用。经济上，到 2030 年需要投入数十万亿美元改造能源产业，相当于全球GDP的1%到2%，这意味着需要通过持续的方式进行更大规模的能源投资。⁶这些资金需要通过不同的方式进行投资：投资于清洁能源而不是肮脏燃料，投资于能源效率而不是能源供应。除了投资以外，还需要改变能源生产、输送和消费方式。我们需要重新定向整个能源体系——全球最大的产业基础设施。除此之外，低碳发展不仅意味着改变能源产业，还需要改变关键的生产和制造行业。

由于投资中越来越大的比例来自新兴经济体，因此可持续能源不仅仅是西方国家需要解决的问题。未来数十年的基础设施建设可能会造成难以逆转的碳密集型模式。对于上述研究，普遍预计非工业化国家至少可以享受一半的投资利益。可持续性能源是一个全球性问题，解决这个问题需要改变全球经济结构并为全球经济发展提供资金。⁷

低碳转型会损害目前已经占据优势的技术、系统和利益。如果没有这些因素的影响，一切将会不同。我们在第3章和第9章中指出，化石燃料通常来源于海面之下数千英尺的油田内，埋藏在北极冰盖下方，或者需要从油砂或地下数千米之下、压力极高的岩石中抽取，因此太阳能和风能等自然资源的成本不应当高于化石燃料。但是化石燃料所依托的是一个世纪以来的发展和基础设施，反映了全球一些最大国家的专业技术和经济利益。

随着能源价格的上升，大型石油公司开始探索如何更好地发掘化石燃料。激增的能源价格大幅增加了这些公司的利润，因此它们宁愿花费数十亿美元开发新的区域，以维持现有的化石燃料供应。与之对比，由于非化石能源没有形成全球基础设施，因此根本不具备竞争优势。如第9章所述，这影响了创新的预定方向。因此，通过增加化石燃料价格减少高碳投资只是一个幻想，与事实完全相反，产生这种幻想的原因是没有充分理解化石燃料产业的本质以及涉及的利益。

本章说明了为什么能源产业的技术、基础设施和机构系统已经过时，以及推动这些复杂系统朝不同方向发展的基本要素。另外介绍了如何通过不同的方式促进投资和能源使用。本章主要分析了3个关键例子：美国面临的输送挑战；欧洲的电力基础设施；以及亚洲居住范围的扩大。首先，看一下导致世界处于危险状态的一些因素。

10.3 系统：演变、锁定和开放

向低碳经济的转变路线涉及普遍转型。能源生产和使用起因于生产与运输系统、消费方式与技术的相互作用，并受到机构和活动地理分布的影响。从马车到火车，再到汽车的变化不仅实现了运输系统的变革。电力不仅仅是为相同的活动提供更加便捷或廉价的能源。人类居住区域分布和城市形态在很大程度上影响了对于运输、供热及制冷的能源需求。低碳经济转型不仅仅意味着使用不同的技术做同样的事情。对于如何改变当前路线，我们需要更好地了解这些系统，明白为什么被困在当前的轨道上，以及如何促进转变。[8]

在阐述三个领域中的第三个领域时，第 2 章说明了演化经济学中相对较新的知识成果——关于经济体系如何演化的研究。这代表了 20 世纪多位著名经济学家播撒种子的成熟。首先著名的 Thorstein Veblen 在 20 世纪 90 年代提出了相关的问题，并受到广泛称赞。其理论中心是社会包含演变的结构，这些结构基于历史发展模式。特别是，现代经济包含复杂的技术系统，这些系统被定义为"相互关联的组件连接至一个网络或基础设施中，包括实体、社交和信息元素"。[9]

演化经济学理论在沉寂数十年之后，终于在 20 世纪 80 年代与以下两个发展共同取得丰硕成果，而且并非出于偶然。

第一个发展是行为经济学的崛起。在行为经济学中，只要经济体系可以合理表述为"经济上合理的代表性个人"，而且这些个人会做出最佳的成本效益决定，那么在理论上便可以认为经济系统会沿着定义和预计的方式发展。行为经济学（类似于物理学中的量子理论）介绍了源于有限理论内在随机性的定性元素。通过观察发现，公司、机构与个人的行为通常是由隐性知识（规则和惯例，以及缺乏远见和模仿）决定的，这便是 Nelson 和 Winter 多篇学术论文（1982）的基础，也可能是对演化经济学做出的最大基本贡献。[10]

　　第二个发展是计算能力的提升，这让研究人员首次可以模仿复杂的演变过程，包括干中学和选择演变过程。这是 Arthur 重大贡献的基础（1988，1994），他清晰地演示了复杂的系统可以产生多个不同的路线。[11]混沌理论呈现的事实是这些系统发展对于初始条件或细微调整非常敏感。[12]上一章（第9.4节）关于干中学过程和其他内源性学习过程的证据清晰证明了能源体系中这些因素。

　　因此大部分第二领域经济理论中的稳定、最小成本均衡（自然、无所不包市场中供应与需求的经典匹配）充其量只能算是一个缺乏实践的理论，永远也不可能实现，因为定义该理论的技术和系统边界处于不断的演变中。[13]不同参与者的不同行为选择会让现实从最佳或均衡状态偏斜，不过这也有助于保持选项的多样性。个人市场可能倾向于平衡供给与需求，但只有规模更大的系统才能反映出基础设施、机构与利益的综合影响。这些系统展示了历史与当前状态。我们可以影响系统的未来演变，但是无法在短时间内替代这些系统。[14]

　　结果是一个以证据为基础的强大理论实体，通过内在动态演变过程解释了经济运行原理。我们继承的历史遗产减少了选项，但创新可以生成选项。甄选过程（不同的参与者做出不同的选择）可以对这些选项进行精选，但是无法获得唯一的最佳选项。我们继承了技术与基础设施的综合历史演变，并围绕这些技术与基础设施构建了社会和机构结构，因此这些系统非常依赖于过去的路线。

　　第1章的证据清晰地展示了上述理论对于能源系统的影响，这些影响通过广泛的指标也可以展示：财富水平相同的工业国家至少有一到两个关键指标会有所不同，例如人均碳排放量以及缺乏收敛迹象。

　　这些系统本身对于特定路线存在偏斜，原因是这条路线的限制最少，造成这些限制的原因包括现有技术、基础设施、既得利益，以及公司和消费者的习惯和偏好。在大部分全球经济建模研究中，最大的阻碍是让这条限制最小的路线（一般称为"基准"路线）实现最低的成本。经济力量会产生一些削减成本的压力，但依然受限于系统和结构，出于多种原因这些系统和结构难以发生根本变化。

位置租金

第9章围绕干中学概述了相关的证据，说明了现有企业的技术是数十年累积投资和经验的成果。在之前章节，我们提到化石燃料产业热衷于进一步改善现有技术，并获取更多的资源，原因是它们在这方面拥有竞争优势。由于产业系统围绕化石燃料构建，因此产业可以受益于经济学家所谓的"位置租金"，产生这种局面的部分原因是化石燃料为主导技术：

• 例如汽油车辆在任何地方都可以很容易地找到加油站进行加油，而燃料电池或充电汽车等替代燃料车辆就很难找到便捷的充电点。由于道路基础设施为主要的交通网络，其他运输方式（从自行车到火车）便会受到限制。

• 我们的电力系统围绕大型、集中式发电站进行开发和优化，通过单向方式将电力传输给被动接受能源的消费者。这些电力输送系统可能不适合输送大规模可再生能源。另外，化石燃料是我们主要的能源储备，当前的电力系统在设计时并没有考虑到要充分利用可变且分散的自然能源，因此我们需要更加智能的系统（如第3章所示）。

• 许多工业化国家的建筑特点显示建筑年代是在木柴或煤充足且廉价的时代，而北美地区的城市布局印证了一个世纪以来廉价的石油价格：这是经济发展中持续时间最长的一些能源系统。

关于路径依赖存在一些显著的例子。利用化石燃料的能源系统被高度开发：这些系统定义了我们的运输方式，主导了电力系统结构，并成为城镇和建筑扩张的基础。

值得注意的是，路线依赖的广泛概念适用于所有三个领域。第一个领域的特点可能造成了建筑物中能源使用的普遍低效，但这是一个历史问题，很难解决。由于最终消费者面临缺乏信息或选项，这进一步加剧了第一领域的低效能源使用，造成这种情况的原因可能是系统性因素，例如低效制造商拒绝采用高效的标签和标准（如第4章和第5章所述）。与之类似，第二领域价格结构的决定因素也属于历史遗留问题，其中一个证据便是化石燃料补贴难以取消。这一点在支柱二（第6~8章）中进行了阐述，也是所有步骤中最具政治争议且最为困难的步骤。如第9章所示，可能技术不足难以实现适用范围的扩散。

第一个领域的污染本质，第二个领域对于完全成本定价的政治阻力，以及对于既有技术，位置租金和现有企业利益的偏斜，导致发达国家过度使用化石燃料。"基准"模式既不是最高的模式，也不是最佳的模式。因此图2-3采用了异常画法，曲线向后倾斜，资源使用水平很高：能源系统完全有可能对化石燃料等关键能源产生不健康的过度依赖。

选错裤子

出于上述原因，实现改变并不容易。学术界关于这一问题产生了大量的文献，并使用一个简单的词表述这一问题——锁定。锁定已经开始用于日常用语，但意思通常只是发电厂等实体的股本。如上所述，在本书中锁定有更多的含义，这个词语涵盖已经建立的经济优势（累积的干中学和位置租金）、实体和机构基础设施，以及现行技术和产业的利益（包括监管和游说力量）。

消除累积优势的主要方法是为创新提供足够的公共支持，包括实施措施帮助新技术跨越死亡之谷，并成为可供消费者使用的选项（见第9章）。而足够的公众关注和政治承诺也可以克服或抵消大部分的游说力量。

但是真正的问题不是改变其中一部分，而是改变整个系统。即使是为汽车加油或开灯这样简单的动作都要涉及多种技术：能源来自油井或发电站，途经炼油厂或变电站，最后到达加油站或墙上的插座。这些部分是相互关联的，只有连接在一起才能驱动汽车或点亮灯泡。这些部分的组合是真正的问题。我们面临的挑战是改变整个技术系统。

当然，我们可以改变一个部分而不影响其他部分（例如将白炽灯更换为荧光灯）。不过，单一部分替换的限制恰恰说明很久之前我们就应当进行大范围的改变，改变涉及其他部分，基础设施甚至是整个系统。

例如，即使替代燃料可以与汽油展开竞争，或者风能可以与传统电能展开竞争，但是这些能源的特点决定在现有的系统中只能发挥有限作用。现有的能源系统可以容纳少量的清洁能源，但是如果产生大量的清洁能源，便会产生其他问题。如果希望替代燃料车辆的使用变得更加广泛，或者让风能成为主要的发电来源，需要进行激进的变革。如果新能源没有得到广泛使用，并无法证明需要系统级别的投资，反过来，如果没有系统级别的投资，并无法实现新能源的广泛使用。无论清洁技术具有多少益处，如果基础设施不适当，也可能会严重阻碍清洁技术的快速扩张。现有的结构可能会阻碍变革。

举个形象的例子，当一个过胖的人希望锻炼身体，他最初的想法是希望自己更加健康，随着体重的下降，他最喜欢的衣服变得不再合身。裤子、衬衫和夹克都变得过于宽松，严重影响了他重塑体型的决心。因此，改善是一个逐渐的过程，最终的目的是改变系统本身。

增长的利基市场

创新很少会被大众立刻接受。这个过程是逐渐完成的。对于许多先进的技术，最初只有一些极客或精通技术的人会在店铺前等待数小时，购买最新版本的手机或游戏主机。这种现象在很早之前便被人指出。一种理论将人们分为五种类型：创新者和早期采用者最欢迎新技术的应用，早期大多数和晚期大多数是最大的用户群体，最后一部分落后者拒绝创新。[15]

技术需要通过市场利基者推动增长，这样可以培养学习经济风气的形成，有助于根据市场需求改造最初的原型，吸引新的投资以及刺激产品的开发和传播。[16]一些利基市场形成的原因是创新应用必不可少的，例如首先用于航空产业的太阳能板；为军事飞机开发的燃气涡轮；最早的互联网是由欧洲核子研究组织粒子物理学家科学社区开发的，并在美国国防部ARPANET研究网络推动下实现快速发展。[17]

目前的挑战已经变为专业环境成熟的技术是否（为什么、如何以及何时）可以应用于大众市场。对于这些市场的预测非常困难，但反过来想一下，在20年前有谁会想到手机、互联网、个人电脑和其他物品会像汽车或食物一样成为生活必需品？这些案例的显著特点（如第9章所强调的）是产品可以提供完全不同的服务，使最终消费者被创新所吸引。与之相比，清洁能源创新也可以提供类似的消费产品，只不过方式不同。

但是，我们依然可以进行一些预计。在电力供应方面，最明显的例子是太阳能电池实现了新的应用——移动冰箱、偏僻村庄照明、船舶电力等，原因是人们可以通过可扩展的方式在当地生成电力。这些光伏电池与可充电电池形成真正的竞争。在一些利基市场光伏电能已经进入电网系统，这些地区阳光充足而且需求旺盛，特别用于制冷。公共政策也大幅加快了规模化成本削减，实现了"太阳能惊喜"（见第3章专栏3-4），但是光伏电池通过利基市场的扩大也获得了一定程度的自我维持动力。

许多新能源技术完成市场化转变的必要条件是利基环境和/或资金支持，但仅有这些还是不够的。如果创新链的初期阶段不存在专门的市场，便需要创新政策来测试和开发市场环境与应用本身，如第9章所示。[18]电动汽车早期努力的失败以及混合动力技术的成功（下一节介绍）涉及一些通用因素。[19]

基础设施和多重保险

所有希望减肥的人都知道最好的办法是购买新的衣柜，不过如果基础设施与市场准备情况相差太远（即衣服太小），付出的努力要么被浪费，要么成本过高，最终让人感到沮丧。

基础设施不成熟投资的例子并不常见，但确实存在。一些野心勃勃的公共交通或电池充电基础设施基本上被荒废。这些失败的例子再次强调了开发者、用户与第三方（例如政府）之间互动的重要性。只有实现社会变革才会实现制度变革，在建立一个新市场时必须考虑到消费者的渴望，如果有巨额补贴，新的市场可能可以生存，但是一旦没有补贴便会失败。强迫基础设施扩大规模也存在相同的风险：我们可以建立许多的氢燃料站，但是人们不必一开始就使用燃料电池汽车。[20]

也有一些其他方法可以应对基础设施转型带来的挑战。互联网便是最成功且最具普遍性的基础设施转型例子。目前WiFi和光纤网络快速增长，让越来越多的用户可以花更少的时间交换更多的数据，但是15年前情况则完全不同：最常见的互联网连接方式是与电话线连接的拨号调制解调器，上网速度让目前大部分的用户都无法忍受，被戏称为"全球等待网"。但是这种连接方式有一个巨大的优点：基于一个已经存在且广泛使用的网络——电话线。新的技术（调制解调器）让创新可以通过现有的基础设施实现快速的扩张。互联网（和其他许多技术）的成功是在基础设施挑战下开辟的新道路：首先利用现有的电话基础设施实现扩张，直到达到足够的规模，以对专用 IT 网络进行新的基础设施投资。

因此新能源技术用于大众市场至少需要四个部分：技术途径；技术采用者的群聚效应；适合支持新技术的基础设施；能够支持扩张的市场。

本章其他部分介绍了全球一些主要能源系统的经验和潜在转变路线：美洲的交通、欧洲的电力系统和亚洲的人类居住。

10.4 美国的酷车

首先值得探讨的例子便是汽车，原因有很多。交通对于经济和人类发展至关重要，包括长时间使用的基础设施，而且交通受到能源或环境之外许多其他因素的强烈影响，这些因素（例如公司和家庭的位置）会决定集体和个人的行为。减少交通能源强度和碳排放需要技术（减少特定交通模式的能源和碳强度）、基础设施（定义可用的交通模式）和行为（影响总体流动性需求和模式选择）三个方面的进步。[21]

交通燃油消耗占据全球燃油消耗的一大部分，排放的二氧化碳占据全球总排放量的 1/4（见第 3 章图 3-1）。过去 10 年间全球油价上升对经济造成重大打击，并加剧了许多地区的贸易不平衡。预计未来油价将会持续保持高位，原因是廉价且易获取的能源无法满足需求，这种情况促使石油公司到深海或其他边远地区进行石油勘探开发（见第 3 章第 3.6 节）。新兴特大城市面临交通堵塞的困扰，因此全球交通与石油的关系必然会发生某种转变。正如 Daniel Yergin 在《石油大博弈》一书中所言，石油（黑金）改变了 20 世纪的地缘政治，在 21 世纪也会产生相同的作用。

美洲是一个最佳的值得关注的区域，原因有很多。由于人口密度较低和历史发展模式等原因，美洲对于交通运输的需求非常旺盛；美洲人口不到全球总人口的 20%，却要消耗全球 1/3 的石油。[22]对于石油的庞大需求限制了美国的军事和外交政策，但也让美洲获得了种类繁多的资源，例如生物燃料（在美国和巴西大量开发）和其他可再生资源，而石油资源的开采已扩展到近海和其他非传统油田（例如委内瑞拉焦油和加拿大油砂）领域。后者需要进行大量的投资且碳排放量更高，在地下开采高碳资源会进一步加剧这种状况（考虑到科学不确定性，这是一场巨大的赌博，而且目前科学界对碳排放极为担忧）。但是这条路径受到的阻力最小。不过美洲有一些全球最先进的创新技术，其中包括汽车产业，在落后几十年后美洲的汽车产业正在奋力争夺领导地位。

提高效率

第3章和第5章指出，在经历20世纪70年代的石油危机之后，美国针对汽车能源效率制定了适当的标准，但是在之后30年基本没有提高，落后于世界其他地区。因此美国汽车产业在此期间不断下滑也就不足为奇了。造成这两种情况的根本原因都是相同的：美国石油生产商和炼油厂（占据大约1%的美国GDP）为了保护现有利益造成政治僵局，而汽车制造商则倾向于生产高功率和低效率的汽车。

单单改变能源价格或引发环境关注不足以改变现状，多种因素的组合造成了汽车产业的空前危机并对信贷市场形成巨大冲击。一些历史悠久的汽车制造商面临破产，不得不向美国政府提出援助请求。奥巴马总统挽救了整个汽车产业，但是要求重组汽车产业并切断汽车制造商与炼油厂之间的亲密关系。他再次竞选的口号是——"本拉登已死，通用汽车重生"，随之实施了大规模的政策改变，国会同意将燃油效率标准成倍提高（第5章），汽车产业放弃抵抗，认识到没有其他选择，只能进行创新。

很难明确说明现有系统和既得利益的力量，而现代经济系统倾向于实现最佳模式也是一个谬论。经济系统存在停滞和僵化期，当具备多种改革力量会出现剧烈波动。在本例中，美国汽车较低的能源效率根本无法称得上是最佳模式，只能反映汽车行业的总体经济效率低下。单靠能源和环境方面的压力无法改变现状，只有施加其他力量才能证明改革的必要性，并促进改革。

到2030年，由于美国运输行业汽车行驶里程增加，会在很大程度上抵消能源效率的提高（包括第5章所述的反弹效应）。[23]更高的能源效率可以减轻能源和环境问题，但是无法根除这些问题。

出于多种原因，最受关注的是乘用车和轻型商用车（例如皮卡和厢式货车）。目前存在许多低碳选项（见第3章第3.5节），但是大都需要不同的燃料以及存储和/或配送系统。另外，最终采用者的数量非常庞大（与电力生产相比)，而且市场竞争激烈，全球制造商集团超过 50 个，其中 17 个集团每年至少生产 100 万辆汽车。[24]

目前传统石油燃料的可能替代方案包括天然气、生物燃料、电力、氢气和煤制油。工业国家中，巴西和美国在增加替代能源使用方面成效最为显著。

巴西的突破

在 20 世纪 70 年代爆发首次石油危机之后，巴西政府实施了全国乙醇计划以减少巴西对于进口石油的依赖，同时为本国食糖行业提供支持。巴西政府为乙醇产业提供政策支持，成功实施了这一计划。[25]尽管 20 世纪 80 年代中期全球石油价格暴跌，但是受到乙醇生产利益等因素的推动，相关的技术继续发展。灵活燃料汽车(可以使用任意组合的传统化石燃料和乙醇)技术不断改善，到 2003 年已经可以享受与生物燃料汽车相同的税收减免，另外巴西政府对汽油税率进行调整，高于乙醇税率。[26]

近年来，巴西政府要求在销售的柴油中加入一定比例的生物柴油。2005 年加油站可以选择性添加 2%，在 2008—2010 年之间添加生物柴油变成强制性要求，2010 年 1 月这一比例提升至 5%。[27]

图 10-1 展示了这些政策的成果。从 2004 年开始，灵活燃料汽车的销量迅速增长，到 2009 年已经占到轻型汽车销售总量的 88%。

巴西实现了从汽油到混合燃料的快速转变，我们从中可以学习到两点。首先，应当实施长达数十年的政策，为燃料和汽车相互创新提供支持，并制定相关的标准和制度(如第 9 章第 9.10 节所示)。其次，通过利用现有基础设施促进了这种巨大转变，乙醇燃料主要通过现有的燃料配送网络提供。

尽管乙醇使用的大幅增加是第一次石油危机所触发的(即第一领域机制)，但是该产业是在经历长时间的公共投资和相关的制度发展之后才得以充满活力(支柱三政策)。政府为乙醇产业提供支持的一个关键要素是食糖制造商可以从中获益。巴西政府除了通过税收刺激政策来支持产业之外，还实施长期战略，大幅投资基础设施和研发，以确保乙醇市场的长期活力。

为美国加油——交通和其他

美国选择的路线与巴西有一些共同点，但是也存在巨大差异。[28]经历石油危机之后，美国同时发展许多不同的替代燃料技术，并在 20 世纪 90

年代采用了适当规模的多种替代燃料。在20世纪前10年，尽管传统石油
燃料汽车依然占据主宰地位，但是乙醇汽车的数量在稳定增加（主要依赖
于重度补贴的玉米），而其他替代燃料汽车的数量在不断下降。[29]对于能
源的综合贡献不大，但是对于农业收入的贡献非常显著。

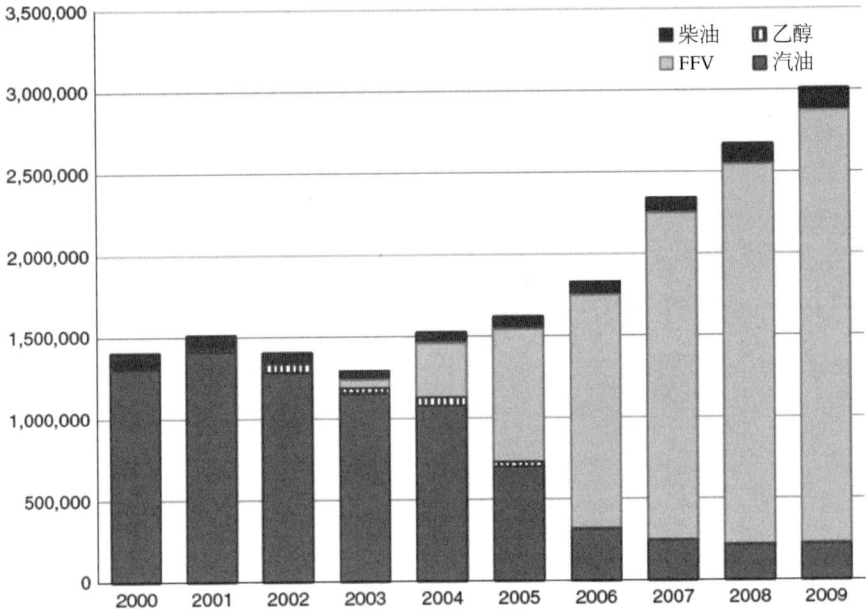

图10-1　巴西各种燃料类型新置轻型柴油车登记数量，2000—2009

来源：ANFAVEA（2011）。

　　美国实施的关键措施包括税收抵免和生产指令。[30]第一种措施的作用
是减少温室气体排放并改善美国能源安全，但使用玉米制造的乙醇只能产
生很少的环境效益；如第3章所示，玉米乙醇远远不如巴西的甘蔗乙醇，
甚至可能无法减少温室气体排放量。[31]不过与其他替代燃料相比，玉米乙
醇有两个显著的优势：可以利用现有的基础设施，而且有利于政治力量强
大的美国农民。[32]

　　尽管生物乙醇和生物柴油的使用量均在迅速增加，但是美国的生物燃
料转型很难实现石油大规模替代，原因是生物燃料效率较低且存在环境缺

陷，包括如果生物乙醇过量生产便会推高全球食品价格。[33]这种技术有利于农民，但是可能出现美国汽车制造商面临的利益陷阱，并非长久之策。

错误的开端

如第3章所示，我们曾经寄希望于使用氢气燃料电池汽车。但是对于氢技术的过度夸大产生的弊端要大于益处，现在政府对于资助氢能计划的利益持严重怀疑态度。[34]另外，氢燃料缺乏已经建立的基础设施，面临"先有蛋还是先有鸡"的传统困境；正如燃料电池产业的一位代表所言："零售氢燃料面临的主要挑战是我们需要改变加燃料的本质。"[35]由于没有足够的游说力量推动解决这些障碍，未来前景相当暗淡。

天然气车辆在一些城市初步形成规模，部分原因是这些车辆可以满足当地的空气质量标准。[36]由于目前已经建立天然气输送网络，而且在石油价格高昂背景下美国政府实施了页岩气革命，因此一些天然气车辆出现增长便不足为奇。不过和乙醇一样，天然气车辆对于温室气体减排的作用微乎其微。

在美国和其他地区，电动汽车在开始发展时出现了一些错误，但是这种技术依然在快速发展，[37]因此汽车制造商将大量的精力投入电动汽车。[38]电动汽车不仅不会产生任何温室气体，还可以利用多种发电技术产生的电能以及现有的输电基础设施，特别是在北美人口稀疏地区，大部分家庭的停车位都可以便捷地使用家庭电力。插电式混合动力汽车（PHEV）和距离扩展电动汽车（BEC）可以使用电网的电力进行驱动。如果我们最终的目标是电动汽车的广泛使用，那么只需将石油燃料汽车变为电动汽车，实现交通模式的可持续性转变就会更加容易。

很明显，加油系统只是众多交通系统中的一个。合格的机械师网络以及可用的配件也非常重要，但是他们也可以从现有的基础设施中受益——部件可以通过相同的方式进行配送，在经过适当的培训之后，技师可以继续在现有的修车厂工作。这些因素强调了交通模式转变是一个复杂且长期的过程，通过捷径可以促进这一过程的实现。

从燃料到电力——多重保险和可替换的基础设施

混合动力汽车（配有内燃机和电动机）似乎是一条可行的方案。在低速行驶状态下使用汽车电动机可以实现更低的燃油消耗，特别是在城市地区。与纯电动汽车相比，这些混合动力汽车可以行驶更远的距离且具有更大的灵活性，甚至可能更加廉价。第一辆商业化混合动力汽车（丰田普锐斯）可以将燃油消耗与排放减少大约30%。[39]混合动力汽车的价格是一个巨大的阻碍，但是随着学习效应的显现，这个问题当很快得到解决。[40]

普及混合动力汽车是日本减少石油依赖的一个关键举措。[41]回顾20世纪90年代日本普及纯电动汽车的失败，这是支柱三中政策转变的不成熟举动，失败原因是缺乏足够的基础，以及没有获得其他支柱的足够支持。不过，电动汽车的持续研发、基础设施建设以及市场支持[42]很大程度上促进了混合动力汽车的成功，混合动力汽车受益于围绕电动汽车开发的基本技术，已建立的成熟市场以及现有的补贴系统。

除了在汽车中整合加油和充电系统外，我们还可以创造廉价的替代基础设施。普及电动汽车的主要障碍是充电时间过长，使用时间有限，而且充电容量较小。一种解决方案是建立一个电池租赁系统（以色列 Better Place 公司已经开始实施），该系统提供充电站网络，可以快速更换电池。[43]另外充电站这种做法也可以在阳光充足的时候对电池充电，错开电力生产与消耗的高峰期。第3章已提到了亚洲电动自行车的崛起，尽管存在电池技术限制，但是这种电动自行车能源消费更小，且能够行驶更长的距离。通过发展不同的技术，可以提供不同的车辆满足不同的出行需求。

这些例子说明了有多种方法可以克服基础设施路径依赖与交通系统的困境，从而实现新技术的发展、响应与成熟。汽车最初的充电方式可能是电源插座，但是智能的控制系统一定会根据用户需求、电池技术和发电系统发展，通过更好的方法优化充电周期。目前无法确定混合动力汽车，或电池更换站的存在时间。在互联网的发展过程中，为了满足用户需求以及响应大规模的政府计划，拨号连接网络迅速被宽带所取代。完善电动汽车和充电基础设施可能需要更长的时间。

这一历程的方向非常明确，但目前尚无法确定终点，原因是大量的创新会更好地利用机遇，在智能电网基础上满足不同的汽车和交通需求，提供更好的电池和充电选项。不过现有的混合动力和相关技术会在转变过程中扮演重要的角色。我们需要经历一系列的技术浪潮，才能让交通系统摆脱对于化石燃料的依赖。图 10-2 展示了包括全球低碳交通工具的使用情景。这个长达数十年的转变需要多种技术：到 21 世纪中期将会利用多种燃料和系统，包括石油、生物燃料和电力。在美国交通方式从马车变为汽车的过程中，有轨电车与自行车发挥了承上启下的作用，混合动力汽车的作用与之类似。[44] 通过发展混合动力汽车和基础设施可以培养出新的用户习惯和偏好，并最终实现低碳交通。

10 亿辆 / 公里

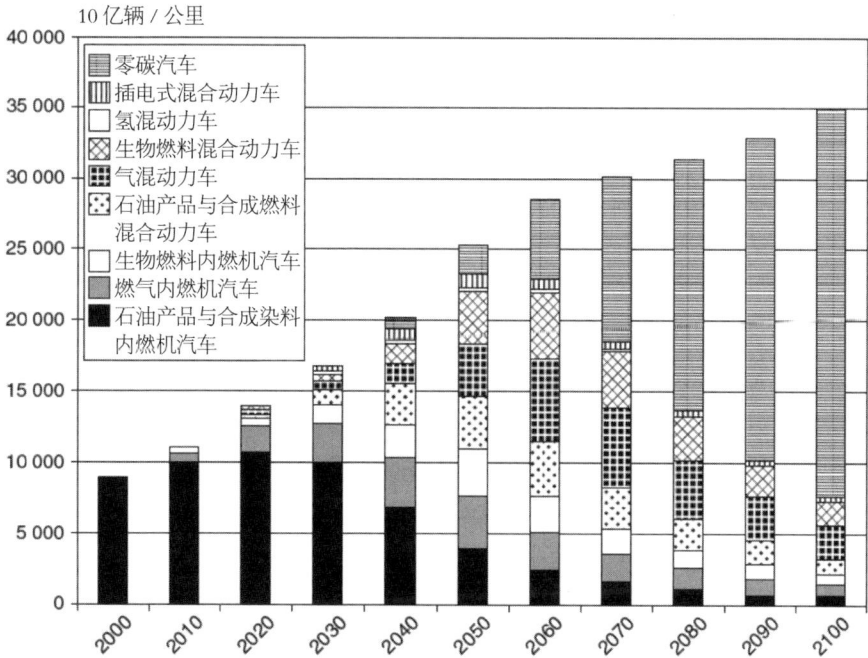

图 10-2 全球汽车类型演化情景

来源：Gül et al.（2009）。

结论

改变我们的出行方式需要新的技术和燃料，这些技术和燃料通过具体的利基市场进行开发：美国最早的汽车并不是为了与马车竞争，而是用于娱乐用途。[45] 不过考虑到汽油汽车目前的统治地位，政府应当实施政策发展利基应用之外的替代能源和技术。巴西经验向我们展示了政策可以将第二领域和第三领域的驱动因素长期结合：利用乙醇价格保证和优秀的创新政策（包括法规）推动灵活燃料汽车与基础设施公共投资的扩散。通过这种方式，巴西技术实现了图9-6中的交互。尽管第一代生物燃料的应用已经颇具规模，但是真正的环境利益尚未得到测试。二氧化碳定价（根据生物燃料全部生命周期的排放量确定碳价格）、消费者对于环境的持续关注、社会和经济影响将继续推动更优秀液体燃料的开发。

混合动力成功地向前迈出重要一步，吸引了大量的富裕客户（利用了第一领域的驱动因素），解决了双引擎技术不可避免的成本问题。为了克服电动汽车面临的限制，应当专注于不受这些缺点影响的潜在用户（如车队所有者，而不是单个消费者），从而为具体的利基市场提供支持。[46]电动汽车的部署和采用形象地说明了我们需要充分利用三个领域的驱动因素。我们需要设定正确的价格刺激因素（第二支柱政策），通过适当的基础设施和制度支持创新（第三支柱政策），同时创造条件，为公众提供吸引人的选项，改变现有的高碳排放交通习惯（第一支柱政策）。

这些选项有助于更好地满足多样化交通需求。在许多城市，我们到商店购物要驱动重达一吨的汽车与我们同行，其中80%～90%的燃料被浪费掉，这形象地说明了目前机械化交通车辆的限制。随着交通技术的演变和多样化，汽车可以更有效地满足我们的需求。对于电动移动模式，这意味着提供充电选项更多更吸引人的廉价电动汽车。如上所述，这可能也需要基础性制度转变。法国PSA Peugeot Citroen（公司的官方名称为PAS Peugeot Citroen）可以提供完全的移动服务，例如为购买城市电动汽车的客户提供更加传统的家用车用于周末出行。实现低碳移动需要紧密关注基础设施和机构的发展模式，它们最终会塑造和回应大众的移动习惯和偏好。另外，交通模式转变也有其他一些益处。

人们对交通的未来感到悲观，但是通过许多措施可以减少目前交通模式中的能源强度（例如更高效的汽车），并减少燃料的碳强度（通过生物燃料或脱碳电力），这是最终的观点。为了实现交通转型，我们不仅仅需要改造交通行业，还需要实现系统更大范围的改变。图10-3展示了欧洲交通模式转型的情景，这会对欧洲电力需求的规模与本质产生深远的影响。

因此为了让能源转型过程实现安全性和清洁性，电力系统本身也需要改变。

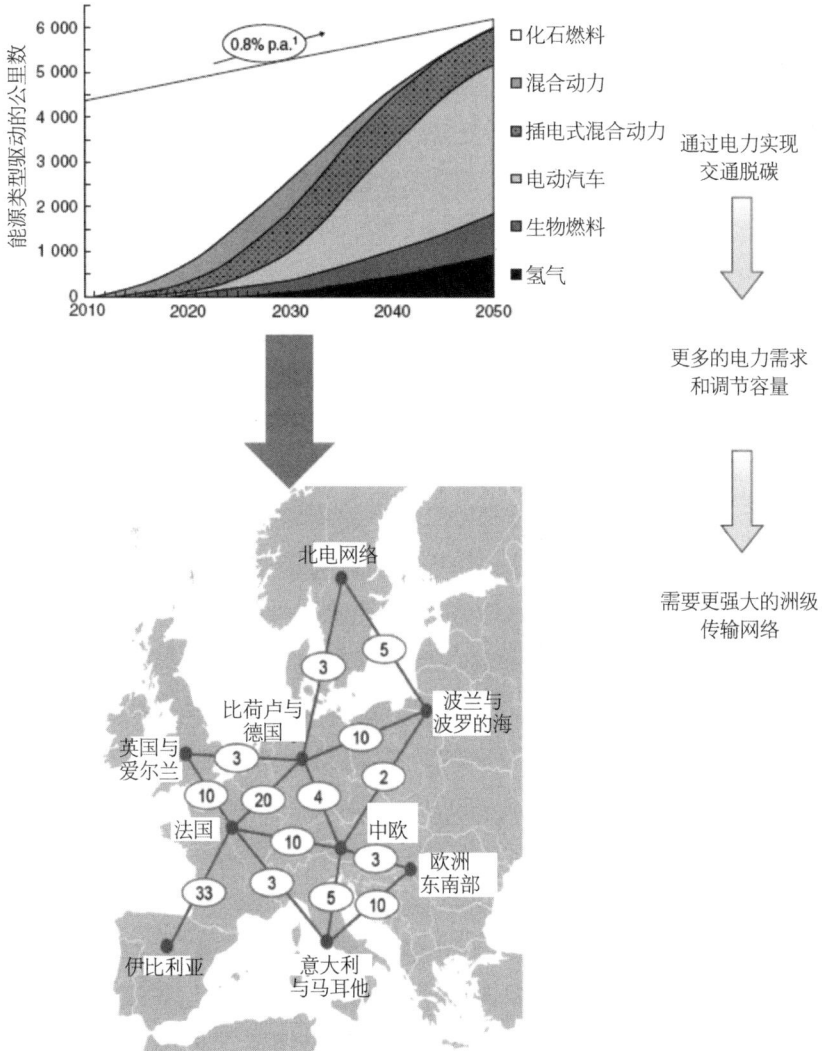

图 10-3　交通转型与欧洲电力网络

注意：上图展示了欧洲交通的脱碳情景，以及对于混合动力和电动汽车需求的增加。下图展示了 2050 年交通所用电力增长情景中不同欧洲国家的电力联网规模（十亿瓦特），由于大量使用可再生能源，因此需要更大的输电能力。椭圆形中的数字代表增加的输电能力（单位为十亿瓦特）。

来源：McKinsey & Co.et al.（2010）。

10.5　转型中的欧洲电力

第 3 章已经指出为什么电力对于全球能源未来发挥着越来越重要的作用。电力是一种灵活的能源载体，可以用于多种重要用途（利用家庭、商业和运输中多种已建立和新兴的需求侧技术），最终实现可持续能源的广泛使用。不过如果没有转换、输送和提供电力的基础设施，电力生产便毫无意义。为了实现电力的充分利用，应当建设资本密集，长期存在，且极为复杂的联网基础设施。

系统需要转型的程度依赖于当前起点与未来愿景之间的距离。大多数国家设计、开发和监管的电力系统都是通过高压电线将电力从巨大的中心发电站逐级向下输送。许多国家由中央监管公司进行发电投资，但是从 20 世纪 80 年代末开始，一些国家开始在发电行业注入竞争，创造之前不存在的市场，原因是之前所有的电力都是通过单一的监管输电系统传输的。

欧洲是推动竞争最为积极的地区，通过最新立法确定了单一能源市场的基本规则。在实现电力系统脱碳方面，欧洲的目标最为野心勃勃，原因是电力系统脱碳是 21 世纪中叶实现减排目标的关键。标准经济评估显示电力行业减排成本最低，这通常也意味着电力行业最容易实现减排。所有欧洲国家都承诺到 2020 年增加可再生能源的使用份额，并承诺通过使用大量的可再生能源实现欧洲减排目标（到 2050 年减少 80%～95% 的碳排放），一些欧洲国家（包括英国和德国）进一步制定了清洁战略对电力行业进行脱碳。[47]

第二领域中的简单理论认为：为了实现脱碳目标，最主要措施应当是设定适当的碳价格（支柱二），提供研发和技术特定支持（例如上网电价补贴），让技术到达学习曲线另一端，如第 9 章所示。本节将概述欧洲电力系统转型的其他事实。

技术、系统和市场

在三类主要的低碳技术中，核能是目前实体基础设施中最容易实现的能源：发电量巨大的核电站可以通过全国电网将电力输送至全国各地。但是核能的规模、时间尺度和风险使得核能投资不利于欧洲已经建立的竞争市场。欧洲核能领导者——法国便竭力希望引入竞争，如之前所言（专栏9-2），在抛售英国发电业务时根本无法包含现有的核能资产。英国电力监管总体改革的一个主要驱动因素便是获得新的核能投资，批评者称这在很大程度上终结了竞争市场（下文详细介绍）。目前实体基础设施已经准备就绪，但是依然缺乏现代监管制度。

对燃煤或煤气发电站进行碳捕集与封存（CCS）可以广泛利用现有的实体基础设施，但是也面临其他障碍（以及技术不确定性）。由于人们反对海洋碳封存，因此德国放弃了这一选项。北海地区可以进行海洋碳封存，但是成本更高。只有当碳价非常高时，化石燃料发电站才会安装昂贵的配套设备，但正如第7章所言，这个前提条件目前并不明确。尽管碳捕集与封存过程产生的电力可以使用现有的基础设施，但是也需要全新的二氧化碳管道基础设施和处置设施，以及相关的法律和监管结构。这些当前和预期的障碍进一步阻碍了碳捕集与封存的进度，因此目前只能以龟速发展。

如第3章所示，可再生能源包含多种不同的选项，但是可再生能源与传统能源存在诸多差异，原因有三：首先，许多可再生能源规模较小，一般连接至本地输电系统；其次，与核能或化石燃料不同，可再生能源需要在资源所在地进行生产，不便于进行集中式能源联网；再次，规模最大的可再生能源是间歇性的，特别是风能与太阳能。尽管一些可再生能源（例如生物质）的生产不存在间歇性，但是根据 German Energiwende 提供的资源数据显示风能和太阳能在可再生能源中所占的比重最大，不过这两种能源生产与传统电力生产模式有着本质的区别。

整合可再生能源——从微观到宏观（循环往复）

如果将能源系统转型面临的挑战进行汇总，那么应当首先看一下电力系统各个级别面临的关键问题，然后返回至最终使用技术。

本地生产

可再生能源传输让人们可以自己生成电力（家庭光伏系统或风力发电

机），这在之前是无法想象的。如果到达一定的规模，风力发电机或太阳能电池组可以从规模经济中受益，并接入本地输电网络。事实上，能源的多样性意味着尽管人们依然依赖于目前大规模的电力系统，但是人们有可能使用智能电表监测和记录电力流动，为电网输送电力。这需要制定安全标准和实施监管变革，那么应当由谁来为本地网络和提供的服务付费呢？经证明做出这样的改变并不困难，而且还会开启一个之前空白的社会维度：本地居民参与电力生产。斯堪的纳维亚和德国的社区或农民所有风电场参与电力生产，为风能使用做出重要贡献。这几乎是迄今为止电力系统转型唯一一次利用第一领域的效应，将公众参与从传统的"不关我事"（拒绝改变）变为积极地参与，并为清洁能源转型做出贡献。

联网和分配

不过，与本地电网的相连并不顺利。由于电力公司占据垄断地位，因此它们不大愿意连接可能损害自身收入的可再生能源。在一些国家（包括英国），与本地电网连接的延迟严重阻碍了独立发电者可再生能源的发展。另外出现了相关的协调性问题：连接协议与公司投资决定哪个应当优先？面临电网接入问题的不仅仅是英国，因此多国政府不得不介入，要求监管机构实施采取"连接与管理"机制，清除这一障碍。只有实施全面改革，为广泛的系统建立刺激结构，才能应对新的电力类型和流向，在此之前，其余的电力系统就需要负责管理涌入的电量。随之而来的结果是出钱给风电场让其不要生产电力（避免配电和输电网络超载），这进一步加剧公众的不满情绪。在电力网络转型变革过程中，最重要的是协调与规划。

另外转型变革也需要创新，如第9章所示（图9-3），在所有的能源公司中，电力公司的研发支出是最少的。由于缺少（供电网络）竞争，因此促进竞争几乎完全依赖监管机构。英国监管机构建立了一个5亿英镑的低碳供电网络创新基金（资金来自供电网络收费），并制定了知识产权规则，确保创新成果可以由整个产业共享。这一经验证明了"碳效益"与加速创新的广泛收益是密不可分的。[48]

运输和系统平衡

下一步便需要解决国家电网的问题，这通常涉及整合系统，以及需要持续地平衡全国电力供给与需求。这里产生了两个问题。第一个问题涉及本地连接：需要连接远程资源（例如大规模可再生资源），并可能需要加强国家电网，才能容纳新产生的电量。如在德国和英国，风能资源大多是在北方产生的（北海海面），而大部分的需求来自南方。随着德国风力发电量的增加，输电系统在多风天气将电力从北方传至南方。英国风能发展较慢，采取的做法是建立一个"引导"输电线路，其中的关键环节是英国首个海上直流电缆。尽管增加了投资成本，但是产生了更强大、更综合的电力系统，解决了长期存在的南北互联问题。

国家电网的第二个问题是平衡电力的供给与需求。目前电力系统需要应对电力需求的大幅波动，以及可能的计划外工厂断电，但是如果可再生能源生产的电力达到或超过传统能源生产的电力，国家电网便会面临更大且更为复杂的挑战。系统平衡是一个复杂问题，不属于本书的范畴，但是和其他挑战一样，系统平衡的问题能够得到解决，只不过需要付出一些成本，成本的多少主要依赖于电网反应与监管结构的复杂程度。最佳的选项涉及另一级别的挑战——通过投资维持适当的容量。

加强相互联络

除了加强国家内部电网之外，还应当实现各国电网的互联。欧洲各国电力系统呈碎片化发展，基本上互不相连。一项建模研究探讨了电网中容纳大量可再生能源的前景。首席分析师 Goran Strbac（大规模可再生资源成本建模方面的一流专家）指出，在大多数欧盟国家中，当可再生能源的贡献达到40%时，就会出现问题。不过，他对欧洲各国电网互联的潜力表示惊喜。"2050年路线图"研究结果显示，通过将各国电网互联，当可再生能源（主要为风能和太阳能）贡献比例达到80%时，电力系统依然可以正常运行。通过改造输电基础设施，可以将当前的互联水平提高3倍（图10-3中的下图），还可以消除短期电力波动和解决季节性电力差异。

通过加强南北互联，夏季欧洲南部可以将太阳能输向北方，而冬季欧洲南部的风能可以输向南方。不过这需要对欧洲电网基础设施进行大规模的转型投资，会极大地影响公众接受度、协调、监管与跨境合作。另外可能引发的讨论是与本地存储容量之间的权衡，随着大规模电力系统的扩张，一些可再生能源可能因无法使用而溢出，这方面需要进一步的探索。

和其他大规模转型一样，电网互联也具有其他附加效益。由于波兰一直担心过度依赖于俄罗斯天然气，可能希望加强与欧盟系统的互联。北海可能再次成为一个重要的欧洲能源中心，风能的增加可以弥补石油与天然气产量的下降。另外在综合的电网系统中，不同的技术可以产生多种能源，电网抵御风险的能力得到增加，不会受到天然气或者一系列的多云或无风天气的影响。

广泛和互联系统的另外一个优势是每个区域可以利用自己最为擅长的发电技术，这非常类似于其他形式的国际贸易。如果一个隔离的国家需要生产所需的全部产品，会非常低效且存在限制。在综合性欧洲系统中，气温较高的国家可以使用太阳能发电技术，大西洋海岸国家可以利用海洋发电技术，而其他国家可以利用风能发电（如果与冰岛联网，该国可以利用地热发电）。每个国家都可以利用自身的优势，并从多样化电力网络中受益。

当然，我们可以将电网互联扩展到欧洲之外。一些遥远的设想是向南扩展，利用撒哈拉沙漠的太阳能。[49]这是加强地中海政治整合的举措之一，有助于南非的发展，包括减少移民压力（受到气候变化的影响，欧洲地区面临的移民压力不断增加）。由于这些规模宏大的项目需要花费数千亿欧元，因此成功的关键是一个现实的演变路线，从撒哈拉沙漠所在国家的国内利益出发，目前这些国家对于太阳能的兴趣在不断增加。[50]

按需存储

大量的可变电力能源需要能量储存。有多种技术可以实现这一目的。长途输电可能增加对于传统水坝的利用，但是一些专用存储技术也在稳定地发展，包括压缩空气存储、深冷储存和熔盐存储。

其他（可能的补充）路线让我们绕回至电力需求的作用。如第3章所示，所有终端行业趋势都指向电气化的增长。其中许多用途可以增加灵活性，使用智能电表作为中介可以促进信息和电力的双向流动。

车辆电气化可以让车辆本身存储电力。当车辆插入插座之后，与电气系统相连。在当前的电池技术中，人们担心重复充电（暗指电网电力存储服务）会降低汽车电池的性能。反过来，由于人们需要高性能的电池，因此会定期更换汽车电池，这样我们便获得了大量的电池可以用于电网平衡和电力备份。[51]

另外，绝大多数用于制冷和加热的电器（例如热泵），以及许多工业生产过程（包括水处理）都包含隐性的廉价存储方案，方式为重新安排负荷或直接存储热量。

投资安全和回报

有趣的是，影响欧洲电力系统未来的最大推动力不是脱碳（这甚至不是主要的推动力），最大的推动力涉及大规模长期系统竞争与投资的基本关系。在过去 20 年，发电行业的注入竞争获得了巨大的成功，为产业增加了活力，并大幅降低了消费者的成本。欧盟"第三份能源市场改革方案"（加大欧洲电力和天然气市场的竞争）是第二领域原则用于欧洲电力行业的自然成就。

这并不是终点。造成成本削减的一部分原因是经济效率提高，但主要的原因是发电能力充足期间投资的下降。如第 9 章所示（见 9.3 节），新的投资公司不仅不愿意大幅削减研发资金，还会避免大量的其他投资。当根据新的规则建设发电厂时（排除对于可再生能源的支持），大部分的发电厂为天然气发电厂，这种发电厂的建造成本较低，但是会受到天然气价格波动的影响。随着天然气价格的暴涨，电力价格也会上升，当公司无法将上涨的天然气成本转移到电价上时，一些天然气发电厂就会被迫关闭或封存（停止发电）。在化石燃料市场，公司不愿意为存在数十年的发电厂投入资金，原因是它们不确定发电厂的经营是否存在条件以及存在怎样的条件。

第二领域理论认为系统应该能够自我修正，在预期电力短缺的情况下电价上涨，随之吸引新的投资。考虑到多种不确定因素，事实上公司不愿意做出这样的赌博。人们开始对欧盟碳排放交易体系真正的目的和期待感到迷惑：竞争性能源市场的目的是减少短期成本，还是支持适当的投资？如果有足够的证据（特别是过渡期间的不确定性）证明我们的预期是错误的，这两者无法同时实现，那么我们应当怎么办？

　　更加基础性的问题是依赖于垄断资产（电网）的市场需要通过监管规则进行重新构造。新市场的设计方式具有重大的影响力。在欧洲目前实施的方式中，由于建设成本较低，天然气发电站成为风险最低的投资。巴西采用的是完全不同的方法，为长达20年的供电合同进行竞争拍卖，且投标价格固定。由于没有补贴（但是巴西水电设施提供电力存储），因此风能击败了天然气，占据了将近80%的市场。[52]这些长期合同的风险与天然气发电站恰好相反，后者建设成本较低，但是受到油价波动影响很大。欧洲工商管理学院的一项研究强调，可再生能源与替代能源的经济收益对比可能更依赖于市场、合同与系统结构，而不是相对价格或碳税。成本是一个相对概念，依赖于市场和系统如何分配风险与奖励。[53]

　　这些事实指向了一个更加深层的问题：多大程度的投资是适当的？这通常是第二领域市场价格刺激措施的结果，但事实上与第三领域过程的关系更加密切。当涉及主要利益为安全或环境的长期投资时，界限变得越来越模糊。

　　在这方面，通过对比石油和电力产业可以获得有趣的见解。以欧洲为例，北海石油是一项规模浩大的开发项目：在经历石油危机之后，英国每年的投资额超过200亿英镑。现在人们将其视为一个巨大的财富，但这是人们在做出重大预计错误后实现的成果（人们预计石油危机后油价会继续上升，这与事实恰好相反），原因是生产技术的进步。最初人们预计油价高于50美元/桶的情况下，北海石油生产才可以盈利，之后尽管油价下降，但是石油开采技术在不断创新，最终在油价低于20美元/桶的情况下依然实现盈利。[54]

　　目前，海上风力发电面临激烈的政治反对力量，该项目的投资不到北海油田项目的一半，但是可以获得相同数量且持续的能源。不过，创新的相应价值和范围是类似的。主要的差异是监管与文化：最终控制电压的政府应当遵循一条最低成本的道路，这是一条保守和递增的路线。许多人认为石油公司拥有丰富的海上工程经验，应当进入海上发电领域。有些人对此表达一定的赞同，但是正如英国石油公司一位负责评估的高管所言，他们不愿意这样做，原因很简单——英国石油不是一家电力公司，也不希望成为电力公司。这句话的含义很明显，只有石油行业才蕴含巨大的风险和巨大的利益，如果石油公司领导电力产业转型，英国政府绝不会允许石油公司获得所期待的风险和利润。[55]

在实现总体能源转型的过程中，最具有胆魄的国家可能是德国。最近德国实现了一个里程碑式的成就——25%的电力来自可再生能源，并开始解决下一步的问题。德国能源转型主管称实现首个25%能源转型的主要困难来自政治方面，而不是技术方面。他预计在实现下一个25%能源转型的过程中，主要的困难将来自技术方面，原因是需要改变电力系统本身。

这便是德国选择的道路，但正如之前所言，电力脱碳有多个途径。不同的地区需要采用不同的路线，以及不同的核能、CCS和多种可再生能源的组合，并需要对于最终使用效率和智能电力服务给予不同的侧重。这些差异不仅影响技术充分性和成本，还涉及社会选择和经济结构。核能使用已经实现但充满争议的技术，需要最大程度的中央规划和投资。CCS可以在最大程度上保护当前煤炭或燃气产业的利益，并使用相关的国家资源，但是需要大规模的工程创新和新的基础设施。可再生能源需要对电力系统结构和监管方式进行最大程度的变革。目前达成的共识是价格和成本很重要，但远远不是唯一的决定因素，主要的推动因素是监管和战略政策，因为这些是我们选择的关键工具，在很大程度上决定了我们获得的系统。

10.6 城市化和亚洲

2007年全球跨越了一个重要的门槛：在历史上首次有超过一半的人类居住在城市。城市化的推动力正在变得越来越强大（如图10-4所示）：到2050年，超过60亿人将会生活在城市；其中大部分（大约50亿）来自发展中国家，而2007年，发展中国家只有20亿人生活在城市。无论汽车、燃料和电力脱碳如何发展，能源和环境影响的三大关键因素都是城市、建筑和交通系统。[56]

城市人口（按10亿计），1950—2050年

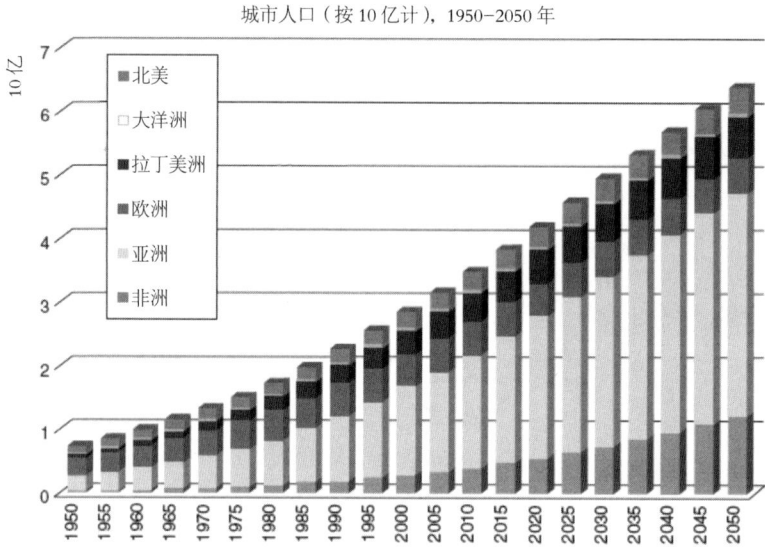

图10-4　1950—2050年的城市人口

来源：联合国经济暨社会理事会（2011）。

亚特兰大：
250万人（1990年）
4 280平方公里（建成面积）

巴塞罗那：
280万人（1990年）
162平方公里（建成面积）

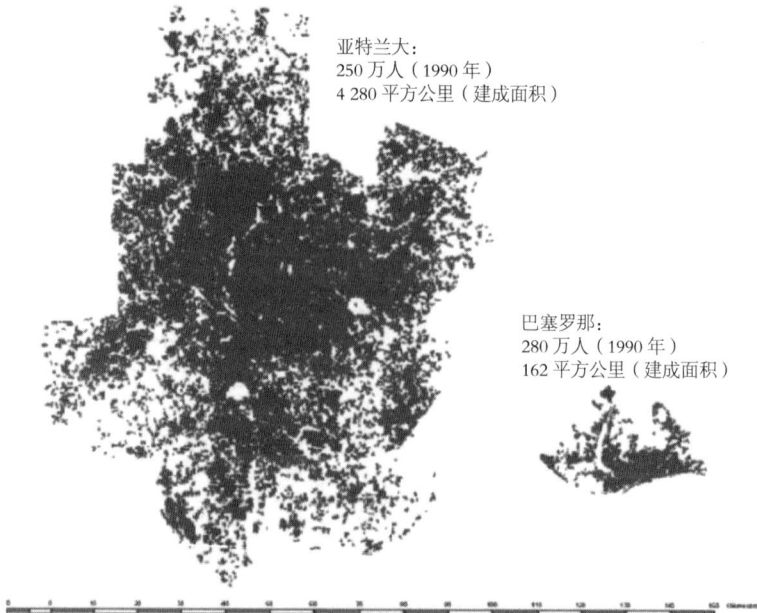

图10-5　亚特兰大和巴塞罗那同等人口规模的城市建成面积比较

来源：Bertaud and Richardson（2004）.

　　而对于欧洲和美国而言，想要改变已经有些太晚了。比建筑物持续时间更长的是城市结构与系统。如第 3 章到第 5 章所述，改善建筑物能源效率所需的成本远远高于在设计时满足能源效率所需的成本；与伴随城市扩张设计公共交通系统相比，在完工后改造公共交通系统成本非常高昂且不实际。

　　现有城市的多样性会产生巨大的差异。图 10-5 对比了两个人口几乎相同的城市：地中海海岸的巴塞罗那和美国佐治亚州的亚特兰大。在 1990 年，巴塞罗那的建成区面积为 162 平方千米；而亚特兰大的城市面积几乎是巴塞罗那的 30 倍。没有人可以断言一个城市比另外一个城市更适合居住。亚特兰大的居民可以享受巨大的房屋和花园，但是需要汽车才能参加工作和社交活动。而巴塞罗那是欧洲最具活力且最吸引人的城市之一，但是许多居民不需要汽车。这两个城市不同发展模式的因素有很多，包括土地与能源可用性与价格，这些因素的作用被文化选择所放大。两个城市的发展模式都不大可能改变，包括居民、系统、技术和文化。

　　很难更加形象地说明我们系统的演变和路径依赖本质。世界新兴城市未来几十年的选择会产生类似的巨大和持续影响。如图 10-4 所示，大多数新兴城市将出现在亚洲，而非洲的城市数量也会增加。

影响

　　城市的发展是第三领域过程的极佳例子（长时间存在且存在基本型演变），这个例子说明了不能将能源和气候因素视为某种附件和单独估价的选择，这两种因素无法与其他因素分离。城市的发展有许多不同的方式，这是多种不同推动力量的结果。

　　家庭和公司会根据时间、成本、雇佣可能性和社会偏好选择或重新选择所处的位置。这在一定程度上属于便捷性、总体成本（住房和交通）与城市中心吸引力的权衡。[57]影响这种权衡的因素包括土地和房产价格，以及交通时间和价格。反过来这些因素受到城市化规则、财政刺激、房地产市场监管、公共投资、交通基础设施、位置吸引力以及工作位置和质量的影响，也受到本地环境和连接状况的影响。[58]

　　许多人希望远离城市中心，原因是他们希望住在大房间里（带有花园），可以享受开阔的景色，空气和噪音污染也更小。但不是所有人都有这种逃离城市的愿望（主要依赖于年龄差异），而城市中心设施继续保持吸引力，市内迁移运动是一种常见的想法，但并不是普遍趋势。

低密度（扩大的）城市需要更多的能源，并会排放更多的二氧化碳，原因包括：燃料消耗与距离呈比例关系；连接更多的区域意味着更加复杂且低效的交通系统，这会增加私人交通的比例；需要更多的基础设施，且成本更高；低密度房屋会导致更高的加热和制冷需求。[59]

一个重要的问题是能源和气候问题是否会影响更大范围的选择，以及产生影响的时间和方式。在一些情况下这些问题可能不重要，但是在其他情况下可能产生催化作用。例如，在规划审批大型开发项目时，出于多种原因需要提供适当的公共交通，能源和环境问题只是其中的部分因素。但是除了直接的影响之外，这些决定可能会对未来的位置选择，以及交通网络和技术总体发展产生持续的影响。

亚洲的当务之急

在全球人口超过 1 000 万的城市中，大约一半的城市面积位于亚洲。所有的城市都会继续发展，而新兴经济体面临的挑战是不仅要为大量新兴的中小型城市提供基础设施，还需要为大型城市提供基础设施。中国城市住房面积每年大约增加10亿平方米，这相当于整个欧洲建筑行业在15到20年内增加的建筑面积。[60]很明显，这种快速的经济和地理增长可能抵消个人能源效率技术的进步；除了建筑面积之外，印度和中国的城市交通基础设施规模的扩张会极大地影响能源增长和相关的碳排放。[61]

以前发展中国家能源消费的主体是工业活动，但是随着中产阶级数量的增加与生活方式的变化，城市区域能源使用占据了越来越大的比例（工业能源使用中一大部分的比例用于提供城市扩张所需的水泥和钢铁）。与工业生产相比，城市能源使用更容易受到第一和第三领域过程的影响（个人偏好、进化力量以及公共投资和政策如何产生相互作用），不同收入涉及的范围更大，这与财富水平无关。[62]

伴随着城市人口增长和生活方式的变化，出现了新的挑战：道路拥堵、本地污染，以及能源使用量和温室气体排放量的增加。

这些问题让我们开始尝试传统国家政策工具（例如价格）之外的其他工具。一些工具可能很类似（如第 7 章所示，日本和中国开始在城市级别实施排放交易试点计划），对于城市化的研究显示需要关注城市级别的具体问题和机遇。[63]

政策与城市管理

发展中国家的可持续性城市化主要依赖于城市政策的远见，道路、建筑和公共交通规划之间的协调水平，以及必要长期投资的融资能力，这是经典的支柱三政策。另外也需要对市民的可持续性生活方式有一定的兴趣，获得市民对于这些行动的支持，并确保高效和低碳解决方案被大量的能源用户有效采用。可以在三个级别考虑这些问题和现象：（1）建筑物；（2）能源系统问题；（3）能源规划（公共交通，城市扩张限制）。[64]

建筑

糟糕的建筑标准会带来多种问题，其中最主要的问题是安全性。缺乏标准让建筑商可以通过捷径满足市场需求和最大化利润。改善标准后，由于采用了更好的建筑方法，因此会实现能源绩效的提高，这是提高质量的综合方法。地方政府必须监管和强化建筑标准，建筑技术才会逐渐发生改变。[65]

推动因素包括改善安全、健康和温度，以及国家能源和环境问题。第 5 章回顾了单个建筑级别相关的政策。测量和标签是基础，它们需要（并可以创造）基本的数据和技能。由于发展中国家特别缺乏这两项内容，因此难以有效实施其他政策。[66]

城市能源系统

在城市背景下，这些可能性会得到其他机遇的补充。新城市开发过程中集成的供热（或制冷）网络实现了更高的系统效率——可能会利用工业废热、热电联产和配送的可再生能源。因此中国住建部已经开始与财政部合作，在北方城市实施城市集中供热改革。[67]另外如第 3 章所示，中国有越来越多的城市开始鼓励电动汽车的使用。

城市规划

在城市规划级别，一个关键的挑战是设计和开发高效的公共交通系统。这个系统的潜在利益包括改善城市流动性，实现社会凝聚力，减少拥堵土地压力，以及减少石油依赖性之后可能降低出行费用。面临的障碍包括巨大的资本成本，缺乏技术和资金能力，以及相关的因素互不相连。解决方案包括结合推动和拉动力量（包括拥堵费在内的价格与税收工具），综合性城市规划，以及将低碳基础设施政策转化到本地级别（例如中国的省级和市级政府）。

快速公交系统包括改善道路基础设施、车辆与调度，可以让城市流动性达到轻型轨道的服务质量，同时享受公交系统的灵活性、成本和简易性。[68]2010年亚洲大约有40个城市实施了快速公交系统，包括中国的15个城市、印度尼西亚的11个城市，以及印度的7个城市。[69]利用新的公共交通基础设施产生的土地升值也是获得资金的一种方法。[70]

除了交通模式之外，还有大量的概念可以改善城市地区的土地混合使用——将不同用途的土地（住宅、商业、机构、娱乐等）组合在一起可以减少出行距离，特别是让廉价住房靠近有大量工作的区域。[71]

这些不再只是学术概念。2010年，中国将8座城市（天津、重庆、深圳、厦门、杭州、南昌、桂阳和保定）指定为低碳试点城市。洛克菲勒基金亚洲城市气候变化适应网络正在印度尼西亚、泰国和越南的10座城市展开试验，增加建筑物对于气候变化的抵御能力。[72]

和大多数复杂的演变过程一样，面临的关键问题是规划和协调。如果城市规划、公共交通和道路建设之间缺乏协调，会极大地增加问题的难度。低效的公共交通规划和资金利用会阻碍土地的适当使用和站点的及时建设，结果往往是低效且更加缓慢的公共交通网络，并增加公众对于私人车辆的使用。城市基础设施高昂的前期成本更加剧了这一趋势。另外，建筑和城市交通供应链非常分散，需要多种政策组合来协调变化。[73]

协同收益与合作

综上所述，城市发展面临多重挑战。由于缺乏适当的城市规划，造成非正式定居点的扩散（例如贫民窟），许多建筑物和基础设施无法满足基本的安全标准。[74]再加上糟糕的服务和基础设施，人们很容易遭受极端天气事件（例如大浪、干旱和洪水）、热浪或其他气候相关的风险。[75]与之相比，更好的建筑物抵御能力更强，更加节能也更加适合居住。

在城市级别解决能源和气候变化问题具有多种协同效益。其中包括低收入家庭获得社会福利，获得更多的住房和交通服务，改善室内和户外空气质量，以及增加就业。[76]一个最明显的集体效益可能是城市空气质量的改善，这已经越来越成为许多亚洲城市面临的巨大问题。[77]

这些相互关联达成更大的共识有助于推动扩张努力，包括连接国家、转型和国际政策发展。近些年来，转型计划的参与范围已经扩大到全球各地的大型城市，特别是亚洲地区（C40城市气候领导集团中的40个城市有12个位于亚洲）。[78]

通过在"清洁发展机制"中包含"行动计划"（第7章）增加了与城市计划的相关性，与之类似，国际协商强调和支持"国家适当减缓行动"的作用，促进了城市相关政策在国际上获得认可与鼓励。

10.7 内生化的交通体系

上述三个案例显示，通过实施战略可以让行业脱离目前对于化石燃料的严重依赖。我们在每个案例中关注不同区域，这具有一定的特殊性。根据国内资源，现有遗产以及政治经济文化，不同的区域拥有不同的机遇，也面临不同的障碍，但是它们都有共同的潜在主题。

在一般层面，转型是有可能实现的，但并不容易。所有的转型均涉及两到三个领域的巨大变化。三个领域的共同发展（所有三个政策支柱）对于改变目前的具体路线至关重要。本书的末章将深入探讨这些政策整合。

另外，为了实现第1章概述的全球目标，应当关联各个行业的转型。即使是将交通工具成功地转变为电动汽车或燃料电池汽车，如果化石燃料依然是主要的电力（或氢气）生产来源，那么对减少碳排放的作用也是微乎其微的。如果汽车或电力生产有一个方面进展缓慢，可能意味着需要更多的生物燃料（这可能是重型运输车辆和飞机燃料脱碳的最现实方法）。只有当城市形态变得更加紧凑，有更多的土地实现农业生产，才有可能增加生物能源的使用比例。低碳城市化让生物质供热变得更加容易，但是最主要的能源可能依然是电力，包括私人车辆、公共交通、本地送货服务和家用电器。如要提高效率，转型必须是相互关联的。

因此，如果希望大幅减少碳排放量，仅靠微观层面的行业方法是远远不够的。最为显著的是，减少交通行业的碳排放需要涉及各个方面的转型。只有在便捷基础设施的支持下，纯电动汽车才会流行；只有使用脱碳电力系统生产的电力汽车，才能称得上是低碳交通工具；只有城市化或制度性发展可以让人们方便地使用其他车辆或方式进行长途旅行，电动汽车才能成为主要的汽车种类。石油是全球能源系统中最不稳定的组成部分，也是最难以移除的部分。

前1章说明了促进技术发展的方法。本章从关注单一创新转变为关注基础设施的行业框架，这个框架嵌入我们的能源系统中，有助于定义可行的技术路线。在对于我们的日常生活至关重要的所有主要系统中（交通、电力和建筑），我们都介绍了这些系统沿着低碳方向发展的机遇。

第三领域过程包含战略性投资，尽管大型私人公司（特别是跨国公司）有能力进行如此大规模的投资，但是它们并没有动机，原因是这些投资的目的是产生公共利益，例如全球能源安全性和气候稳定性。正如本章引言中所强调，在全球化石燃料价格上升后，这些公司积极地增加自己在化石燃料方面的竞争优势，而不是试图改变目前的路线。

10.8　结论：碳的分野

本章的结论是未来充满选项：随着时间的发展，可能的选项会增加，而碳排放量也会上升。我们可以选择不同的路线，这些路线有很大的差异。现在我们可以更好地理解能源系统面临的总体挑战与机遇。

远在10年前，国际应用系统分析研究所对全球能源的未来进行了一项研究，其研究结果依然具有战略重要性。研究所开发了包含大量技术的计算机模型，朝两条路线发展都可能降低投资成本。和大部分复杂的学术研究一样，由于研究人员无法清晰地表述，因此这项研究并没有得到广泛认可。这项研究展示了不同"最低成本能源未来"的可能性（图10-6上

图），并预测了世纪末的二氧化碳排放量。这项研究的一个有趣特点是
"双峰"：他们的预计结果不是围绕一个最佳猜测得出的，而是分为两个集
群。图 10-6 的下图说明了真正的含义。随着廉价石油越来越难以获得，
我们要么围绕低碳解决方案进行技术和系统投资，要么在高碳道路上尽力
降低成本。每条路线均有其协同效应：

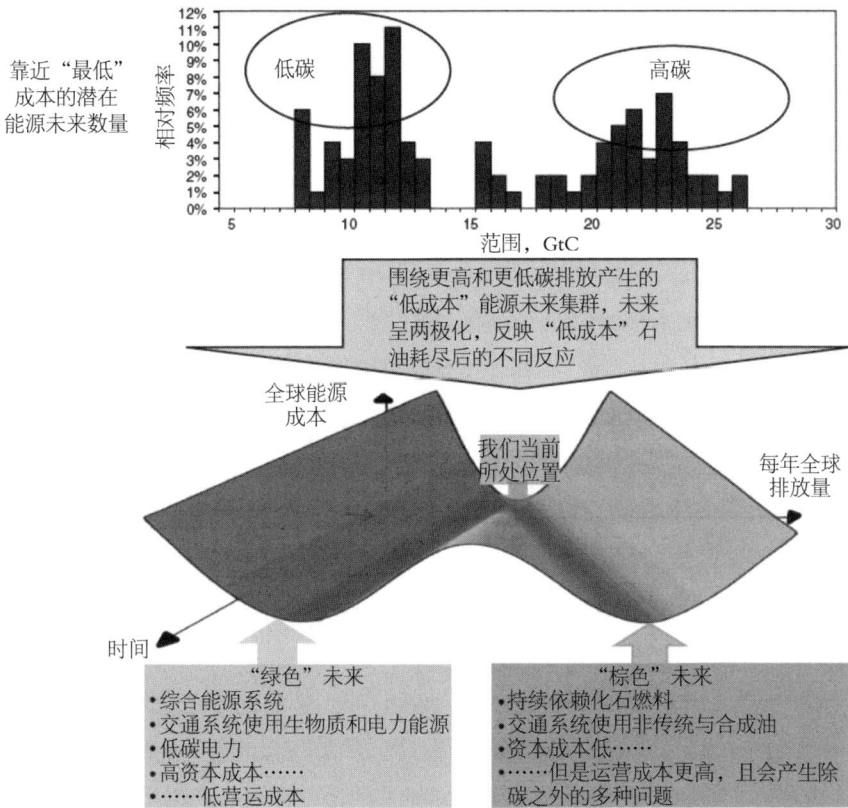

图 10-6　两种能源未来——不同的碳

来源：上图：Gritsevskyi 和 Nakicenovic（2000）；下图：作者。

• 在能源消费更高的高碳道路中，可以更好地为大型、集中式投
资，开发分布广泛的化石燃料资源，实现基础设施转变规模经济，并保护

现有的供应链。

- 更强调能源效率的低碳道路可以通过可再生能源更好地满足需求，这条道路更加分散，也更加广泛，每个国家都有一些可再生能源技术，为了充分利用互补资源，需要进行国际电力传输。

图表的中心轴是两种道路的混合，这可能比任何一条道路的成本都要高昂，原因是创新行动分散，而且系统不匹配。我们在高碳道路上走得越远，当气候变化迫使我们跨越碳排放界限时，产生的成本就会越大。

高碳道路的成本并不低，但是我们可以学习如何降低成本，可以进行更大且更好的煤炭开采与运输，改善深海钻井技术，开采北极石油储备，扩大军事投资来保护能源供给线。如果希望进一步降低成本，我们可以挖掘大量委内瑞拉焦油和艾伯塔油砂，并增加投资改善从煤中获得液体燃料的方法。这是默认的方向，也是目前能源公司最擅长创造的未来，最为适合目前的基础设施。对于我们而言这个未来更加容易创造，即使从长期来看这条道路的成本更加高昂。

这两条道路具有本质的不同。低碳道路需要更多的基本投资来减少对于化石燃料市场的依赖，需要强大电网组成的更加综合的能源系统，可能需要对交通和供热进行一些电气化，以及更快地实现低碳技术创新，这并不容易。我们需要在2050年之前实现整个电力行业的几乎完全脱碳，转变投资用于更加资本密集的发电（可再生能源、核能和CCS）和传输，并持续提高能源效率。这将改变我们在建筑物中和道路上使用能源的方式。低碳道路需要实现向节能城市的转变。

公司、技术和社会完全可以实现一个更少地依赖于化石能源且更具环境可持续性的世界。我们可以使用更少的能量做同样的事情，而且可以降低碳排放量且提高安全性。

与之对比，在"基准"情景中对碳密集技术进行持续的投资和开发更加容易，但可能不是最佳选择。除了环境影响之外，过度依赖化石燃料会让整个世界在面临化石燃料不确定性时显得更加脆弱，这一点已经在第1章中进行介绍和探讨。

关于这些转变有大量的能源建模研究。这些研究的一个结果是需要早期信号，才能触发向低碳能源系统的转变，并以可接受的成本实现稳定性目标。早期信号包括足够高的碳价格（支柱二措施），具体的政策（包括行为和组织变化），减少效率缺口（支柱一），以及塑造技术系统（支柱三）。越早采取这些行动，总体成本就会越低。如果推迟行动，那么在 21 世纪末需要以更快的速度替换资本，造成长期成本高于低碳情景。提前行动可能触发技术变革，让经济比默认的高碳情景更有效率。另外，气候政策的协同效应可能不会立刻显现，但是可能会在实现转变后慢慢出现。实施政策的时机涉及短期与长期成本的权衡。[79]

改变路线需要行动且包含风险（包括政策失败）。工业转型（挑战的核心）是一个复杂的过程。之前几章介绍了从创新和工业政策能学习到的一些经验，这些经验有助于消除内在风险。[80]另外，转型需要大量的资金。电动和混合动力汽车从大量的政府投资中获益。日本设立汽油税用于发展相关技术，减少对于石油的依赖。在北美地区为纯电动车建设充电基础设施的成本并不低，而根据 2050 年路线图建设泛欧输电基础设施的成本也非常高昂。特别是在经历债务危机之后，资金成了一个关键的挑战；我们将在下一章继续探讨不同的选项。

另外，如上所述，创造选项并不能确保这些选项得到使用。只有在投资者和消费者愿意购买的情况下，开发技术及其相关的基础设施才有意义。由于未能认识到这种差异，在技术发展历史上遭遇了一些耗资巨大的失败：政府推动或补贴的项目在失去政府的保护之后，根本无法进行大规模应用。如以下三个例子所示，单凭技术投资无法解决全球能源问题：

• 即使其实混合动力汽车获得了大量的支持，但是购买这些汽车的人依然主要使用石油燃料作为动力。由于无法完全使用电力，因此便无法实现向电动汽车的转变，而美国对于汽油的依赖将持续下去。即使驾驶员使用更多的电力进行驱动，如果电力系统依然主要采用西部的煤炭作为燃料，那么便无法改善全球环境。

• 欧洲加强电网基础设施的承诺无法确保一个低碳系统，反而有可能让欧洲的其他地区使用欧洲肮脏的煤炭（德国和波兰的褐煤），原因是这些煤炭价格最为低廉。

● 亚洲也是如此，无论政府如何尽力避免西方城市化过程中所犯的错误，能源需求的上升都是无法阻挡的。中国和印度均有大量的煤炭和可再生能源储备。它们选择的资源会放大（或抵消）在创造节能城市系统方面所作的努力。

需要强调的一点：大规模技术和基础设施投资是实现转型的必要条件，但并不是唯一条件。面临的其他挑战是确保公司和居民有动力投资和购买低碳解决方案。挑战不是集中选择，而是将低碳创新和基础设施的战略性投资与公司和消费者的动机相结合，通过更具可持续性的方式满足他们对于能源的需求。这说明了三个领域动机和资金的作用，以及需要深入发掘经济发展的长期影响——在倒数第2章我们将讨论最后一部分内容。

注释

1.IEA（2012）。政府对于乙醇行业的持续支持促使了巴西乙醇生产成本的下降。下降在很大程度上取决于甘蔗产业产量上升以及乙醇工厂规模的增加（van den Wall Bake 等人，2009）。

2.政府间气候变化专门委员会（2007），Edenhofer 等人（2010）。

3.美国国会预算局（2009）。

4.这些分别是联合国气候变化框架公约（2030年为3 800亿美元），国际能源机构（21世纪20年代年均8 080亿美元）以及麦肯锡（2026—2030年年均12 150亿美元）。

5.政府间气候变化专门委员会SSRN 报告预计，到2030年用于发电的可再生能源投资为2.85万亿美元（参考方案 IEA）到12.28万亿美元之间（目标为450百万分率，国际能源署，2009）。根据 IEA 世界能源展望（2010），预计在上升2℃的情景中，2030年总体系统投资成本为18万亿美元。2012年分析报告警告提高2℃的目标将无法实现，应当专注于新政策的方案，预计到2035年电力行业的投资总额为16.9万亿美元。

6.简而言之，15年来15万亿美元相当于每年1万亿美元，如果同期全球 GDP 增长年平均约为100万亿美元（一个远大的目标），这将意味着重新定向1%的全球GDP，这在总体投资总额中所占的比重将更大，更不用说能源行业的投资。

7.世界银行世界发展报告（2010）。

8.Hourcade（1984）。

9.引文来自系统锁定的经典文献（Unruh 2000：819）。

10.Nelson和Winter（1982）。

11.Arthur（1988，1994）。

12.Gleick（1988）。

13.Robson（2001）。

14.因此"反对创新与选择的力量产生的结果是一个持续变化的过程，不必然导致均衡。只有在有限创新或者没有创新的情况下，系统融合才能在选择过程的影响下达到一种平衡的状态"（van den Bergh等2007：4）。

15.Rogers（2003）。

16.Unruh（2002）。

17.Raven（2008）。正如之前由Mazzucato通过图表所示（见第9章，注释9），大部分主要创新来自政府资助的项目，然而，技术转移至主流市场的范围差异很大。例如，虽然电动汽车已经被高尔夫球员使用了很长时间，但是他们没有在其他环境下刺激电动汽车的需求（Cowan和Hultén，1996），因为一辆高尔夫球车的诸多要求是非常明确的：它不能期待去跋涉长途距离或者达到较高速度。完全不同应用程序的产品只能保持在它们的专业用途内。

18.Geels和Schot（2007）。

19.Hoogma等人（2002）。"其他因素"包含大众市场需要足够的性能，以及适当的基础设施。

20.Unruh（2002）。

21.Jaccard等人（1997）；Bristow等人（2008）；McCollum和Yang（2009）；Schäfer等人（2009）；Hickman等人（2010）。

22.美国能源信息署（2011），网址：http://www.eia.gov/cfapps/ipdbproject/iedindex3.cfm?tid=5&pid=5&aid=2&cid=ww，r1，r2，&syid=2008&ey-

id=2012&unit=TBPD。

23.Morrow 等人（2010）。

24.OICA（2008）。

25.政府政策包括基础设施与研发投资，可再生能源上网比例最低要求与价格底限。这些政策获得国外投资的支持，包括来自世界银行的 10 亿美元贷款（Hira 和 de Oliveira2009）。

26.Hira 和 de Oliveira（2009）。

27.Maroun 等（2011）。

28.美国能源信息署（2011）。

29.2009 年，汽油占据美国燃料消费的 78%，与此同时柴油与生物柴油几乎占据剩余的 22%；所有其他的替代燃料（尤其是乙醇，液化压缩气体，电力）仅占全部消费 0.1% 的比重。

30.2005 年能源政策法案及 2007 年能源独立和安全法案（Hochman 等人，2008）。

31.Oliveira（2008）；Solomon 等（2007）。Searchinger 等（2008）发现当在 30 年内计算土地使用变化相关的温室气体排放量时，美国玉米乙醇汽油的排放量差不多是汽油的 2 倍。

32.美国为生物乙醇的生产及使用提供的支持还包括豁免联邦汽油消费税和道路使用税，联邦生产税额减免以及联邦执照税减免（Solomon 等人，2007）。

33.可再生能源的空间需求，见 Ashraf-Ball 等（2009）。

34.一个例子是美国政府对于氢技术资金的好奇，见 Wald（2009）和 Whoriskey（2009 上半年）。

35.Catherine Dunwoody， 加利福尼亚燃料电池公司执行董事（CaF-CP）。由《经理学家》报道（2008）。另请参见 Struben 和 Sterman（2008）及 Romm（2006）。

36.请参见 Flynn（2002）的一个类似案例（天然气汽车），在这个案例中，最初的高期望值换来的却是最后的失望。

37.从 1971 年开始，日本国际贸易及工业部（MITI）发起了一项野心勃勃的计划来刺激电池驱动电动汽车的广泛使用（电动车），却以失败而告终。一部分原因是在20世纪70年代和80年代MITI的计划在产业内缺乏公信力；而另一部分原因是在20世纪80年代石油市场价格稳定（Åhman，2006）。15年后，加利福尼亚提出了类似的计划，要求使用"零排放车辆"，希望推动电动汽车产业发展。由于该计划的要求超出了现有的技术和充电设施，因此计划受挫，但是相关技术和充电设施得到了发展。提供利基支持并不能保证应用的成功：通过刺激整个基础设施系统的建设来跳过一些步骤是一个危险的战略。

38.Reisser 和 Roquelle（2009），Whoriskey（2009b）。

39.Vermeyen 和 Belmans（2006）。

40.Weiss 等人（2012）的一个有趣观点是1997年以来混合动力汽车7%（±2%）的学习速度相当于减少了与传统汽车23%±5%的成本差距，到2010年，混合动力汽车的价格只比传统汽车高10～50欧元/kW（传统汽车平均为150～200欧元/kW）。他们的分析结论是电池汽车的发展道路更长，会在21世纪20年代末期达到收支平衡，需要投资大约1 000亿～1 500亿欧元。

41.1997年，国际贸易及工业部实施了先进清洁能源计划（ACE），主要用于混合动力汽车的研发与早期部署阶段。到2001年超过50万辆混合动力汽车将投入使用（Åhman，2004）。

42.包括租赁项目、补贴及标准化（Åhman，2004）。

43.Andersen 等人（2009）。

44.在美国，自行车和电车通过培养新的出行习惯，改变人们对街道功能的看法，实施了高速转变，并让公共机构更有效地管理街道，缓解了交通模式向汽车的转型。

45.Geels（2005）。

46.Kemp 等人（2001）。

47.英国气候变化委员会预测到2030年碳发电排放强度将从当前的500克二氧化碳/千瓦时减少到50克二氧化碳/千瓦时，这是英国第四份碳预算审查的一部分，已经被政府所采纳。德国能量过渡计划目标是国家电力系统的大规模工业转型，实现以可再生能源为基础。

48.Ofgem 低碳网络的创新资金管理小组得出的结论是碳节约尽管是一个关键动力，但是不能用作评估项目的指标。根本无法区别低碳创新与旨在创造更灵活和快速响应配送系统的广泛创新：创新有多重利益，在通常情况下无法合理地分离。

49.最具有雄心的提议之一是"沙漠技术"，目标是在2050年从中东到非洲沙漠为欧洲提供高达17%的能源。一个同时开展的项目（马德里，原名绿色输送）旨在地中海开发一个传输网络（Kanter，2011）。

50.埃及计划在2020年将可再生能源的份额（主要是风能和太阳能发电厂）增加到20%（能源部门管理辅助项目，2010）。北美地区最大的单个项目是由摩洛哥太阳能局推动的，目标是到2015年在瓦尔扎扎特安装500MW 容量，到2020年在五个区域安装2 000MW 容量；到目前为止，该局已经在19个竞标集团中选择4个候选公司在瓦尔扎扎特安装设施。

51.Taylor 等人（2012）。

52.巴西已经建立复杂的系统采购电力，通过竞拍授予长期固定价格（20年）合同。Cunha 等人（2012）将结果总结如下：

2010年，在两次2013年能量供给拍卖中，风力发电与小水电和生物电项目以平等地位展开竞争……最终风力发电胜过其竞争对手，负责将近80%的能量合同，价格平均为80美元/兆瓦时（常规拍卖）和73美元/兆瓦时（有底价拍卖）。……常规合同中风能容量为1 500兆瓦，有底价合同中风能容量为500兆瓦。2011年8月，…组织了两次2014年能量供给拍卖（一次常规，一次有底价）。……在新能源的拍卖中风力发电与燃气电厂展开直接竞争……在这次拍卖中，一个包括1 000兆瓦风电装机容量的能源设施已签约……风力发电和天然气项目在2011年的拍卖会上以纯经济标准参与竞争（巴西还没有碳价格）……在这些拍卖中，平均风力发电的价格是60美元/兆瓦时，低于普通天然气的能源价格（62美元/兆瓦时）。

显然，这反映了巴西风能的有利条件，廉价的土地，很少人反对的有效规划程序，并且在巴西水电设施中自动备份，而欧洲的成本不大可能如此之低。不过 Cunha 等人（2012）也认为，由于欧洲对于风力发电机的需求减少，风能成本可能已经降低。尽管如此，它强调风和天然气发电相对成本在很大程度上取决于市场与合同结构。

53. Aflaki 和 Netessine（2011）。

54. 英国政府有关北海石油资本投资的数据参见：https://www.gov.uk/oil-and-gas-uk-fi eld-data。在北海英国石油资本投资平均每年超过 50 亿英镑，连续投资时间超过 20 年；资本投资的其他信息参见：https://www.gov.uk/government/uploads/system/uploads/attachment_data/fi le/16102/ukcs-i-and-e-chart.pdf。

55. 英国石油公司首席执行官的特别顾问 Chris Mottershead（个人通信，c.2005）。Chris 向作者强调说这是一个为期两年内部评估的结果，其结论是对海上风能开发没有技术障碍，而且有充足的空间可以降低成本。他强调这是关于公司比较优势和发电业务监管本质的判断："这是很简单的。在石油方面，我们可能在每 5 个开发项目中分别损失 10 亿英镑，但是只要有一个开发项目成功，我们就会获利 100 亿英镑。如果我们在海上风电领域取得了同等的突破，我们认为政府将只改变行业规则。"

56. 经济事务部（2011）和联合国人居署（2008）。

57. Schafer 和 Victor（2000）。能源价格和运输政策影响城市扩张和郊区化。实际上，家庭和公司会在便捷性、与兴趣中心的距离以及房产价格或租金（或等同的可承担住房面积）之间进行权衡（Alonso，1964）。

58. 交通时间、城市化规则、财政鼓励、房地产市场监管、公共投资、就业分布和交通公共设施的发展比交通价格本身的改革更有影响力，并且它们可以作为工具来帮助减轻交通价格长期下降产生的城市蔓延，增加收入和人口（Brueckner，2000）。就业也是一个重要因素（GRAZI 和 van den Bergh，2008）。交通价格演变（涉及能源价格、技术变革和公共政策）与城市区域转型之间的关系是城市演变多个预期模型的基础，即土地使用交通模型的基础（de la Barra 等人，1984；Lefevre，2009；国际运输工人联合会，2010；Waddell，2002；Wegener，2004；Viguié 和 Halle-gatte，2012）。

59. 城市密度与私人交通比例呈负相关关系：一个高度扩展的城市使

创建一个高效的公共交通系统更加困难，而更高效的私人机动交通方式需要更大的空间。一个城市的总建筑面积是能源消费的主要决定因素之一，因为长距离使用私家车似乎在便捷性和成本上比公共交通更具吸引力。

60.预计到2030年，全球城市人口将增长至49亿人（即全部人口的60%）（Schroeder等人，2012）。预计到2030年，中国和印度的城市化程度将分别达到62%和41%（联合国人居署，2008年下半年）。预计在2005—2020年间，中国城市住房面积将增加150亿到200亿平方米，来满足新增加的城市人口，这相当于欧盟15国现有的建筑存量（Colombier和Li，2012）。亚洲城市增长参见Dhakal著作（2009）。

61.在1991—2005年间，印度23个主要的大城市的交通能源消费增长了两倍以上，同时二氧化碳排放也增加了两倍（Li，2011）。预计印度的机动交通距离将达到13万亿公里/年（其中92%为道路运输），按照当前的能源和碳强度增加速度，预计到2020年，能源使用量和二氧化碳排放量将比2000年增长5倍（辛格，2006）（见Colombier和Li，2012）。

62.工业化向城市化能源的转变参见达喀尔等人著作（2003）。同时，中国环境与发展国际合作委员会（2009）强调了这种转变实现能源使用和更高排放水平的多样性和选择性。

63.Muzones等人（2010）。

64.通过改造建筑物结构（绝缘、集中或区域供热、热电联产），并通过合理布局城市本身，可以实现适当的城市规划。例如，可以轻松地扩展公共交通系统和避免过度扩张（Colombier和Li，2012）。

65.Richerzhagen等人（2008）和Schroeder等人（2012）。

66.因此，如果建筑商没有必要的背景知识实施节能解决方案，而且设计、建筑与经营的每个阶段均涉及多个利益相关者（Jefferson，2000），或遇到错误的激励措施和动因（主要障碍，投资决定的动因与能源节约的利益不同），标准的作用将无足轻重（Scott，1997；Schleich和Gruber，2008；Levine等人，2007）。

67.见Li和Yao（2009）。

68.新城市主义的一个关键特性是倾向于发展公共交通，同时阻碍私家车在人口稠密地区的使用。

69.Schroeder 等人（2012）。

70.通过利用交通基础设施产生的土地升值被视为提供资金的一种事后手段或至少是作为收回损失的一种方式。这是大量研究活动的主题，特别是在世界银行。

71.Litman 和 Steele（2012）。"土地混合利用"概念是新城市主义的关键特点。包括建筑物（例如零售和上层住宅）和居民区内部的混合使用，混合房屋类型与价格，容纳不同收入群体（Litman 和 Steele，2012）。工业化国家已经采用了这一概念，可供亚洲城市采用（Schroeder 等人，2012）。通过减少出行距离，在改善的混合模式中可以使用多种替代出行模式（例如步行和骑自行车）（Kuzmyak 和 Pratt，2003；Litman 和 Steele，2012）。

72.Schroeder 等人（2012）。

73.Schroeder 等人（2012）。

74.2005 年，"非正式定居点"人口大约占到城市总人口的 36%，撒哈拉以南非洲的比例高达 62%（联合国人居署，2008 年上半年）。

75.贫民窟对于全球变暖的贡献很小，但是却更容易受到全球变暖的影响，原因是其难以抵御洪水、干旱和热浪等自然现象（Ramin（2009）和 Kjellstrom 等人（2007））。暴露的极端气候事件的主要原因是大量的建筑和基础设施（不仅仅是非正式定居点）无法满足一些基本的安全标准（Revi，2008）。

76.政府间气候变化专门委员会（2007）。

77.地球环境战略研究机构（2008）；Yedla 等人（2005）。

78.Schroeder 等人（2012）。

79.查看 Luderer、Bosetti 等人著作（2012），了解实质模型对比项目概述。Waisman 等人（2012）探索了基础设施投资和其他长期因素的作用。Bosetti 等人（2012）探索了世纪的宏观效应。

80.查看 Olsthoorn 和 Wieczorek（2006），了解工业转型的不同论证方法。

参考文献

A flaki, S. and Netessine, S. (2011) Strategic Investment in Renewable Energy Sources, INSEAD Working Paper 2012/59/TOM.

Åhman, M. (2004) Government Policy and Environmental Innovation in the Automobile Sector in Japan, Report No.53.Lund University, Department of Environmental and Energy Systems Studies.

Alonso, W. (1964) Location and Land Use.Cambridge, MA: Harvard University Press.

Andersen, P. H., Mathews, J. A. and Rask, M.(2009) 'Integrating private transport into renewable energy policy: the strategy of creating intelligent recharging grids for electric vehicles', Energy Policy, 37(7): 2481-6.

ANFAVEA(2011) Anuário da Indústria Automobilística Brasileira-Brazilian Automotive Industry Yearbook.São Paulo, Brazil: Associação Nacional dos Fabricantes de Veículos Automotores (ANFAVEA) – Brazilian Automotive Industry Association. Available from: http://www.virapagina.com.br/anfavea2011/.

Arthur, W. B. (1988) 'Self - reinforcing mechanisms in economics', in P. W. Anderson, K. J.Arrowand D. Pines(eds), The Economy as an Evolving Complex System.Redwood City, CA: Addison Wesley.

Arthur, W. B. (1994) 'Inductive reasoning and bounded rationality', American Economic Review,84(2): 406-11.

Ashraf-Ball, H., Oswald, A. J. and Oswald, J. I.(2009) Hydrogen Transport and the Spatial Requirements of Renewable Energy, The Warwick Economics Research Paper Series(TWERPS) 903.University of Warwick, Department of Economics.

Beinhocker, E. D. (2006) The Origin of Wealth: Evolution.Complexity, and the Radical Remaking of Economics, Cambridge MA: Harvard Business Press.

Bertaud, A. and Richardson, H. W.(2004) 'Transit and density: Atlanta, the United States and Western Europe', in H. W. Richardson and C. – H. C.Bae (eds), Urban Sprawl in Western Europe and the United States.Aldershot: Ashgate.

Bosetti, V., Carraro, C.and Tavoni, M.(2012) 'Timing of mitigation and technology availability in achieving a low - carbon world', Environment and Resource Economics, 51(3): 353-69.

Bristow, A. L., Tight, M., Pridmore, A. and May, A. D. (2008) 'Developing pathways to low carbon land - based passenger transport in Great Britain by 2050', Energy Policy, 36(9): 3427-35.

Brueckner, J. (2000) 'Urban sprawl: diagnosis and remedies', International Regional Science Review, 23(2): 160-71.

CCICED(2009) Annual Policy Report-Energy, Environment and Development.China Council for International Cooperation on Environment and Development Secretariat, Beijing, China.

CLCF(2012) Pathways for Energy Storage in the UK.Centre for Low Carbon Futures.

Colombier, M. and Li, J.(2012) 'Shaping climate policy in the housing sector in northern Chinese cities', Climate Policy, 12(4): 453-73.

Cowan, R. and Hultén, S. (1996) 'Escaping lock-in: the case of the electric vehicle', Technological Forecasting and Social Change, 53: 61–79.

Cunha, G., Barroso, L. A., Porrua, F. and Bezerra, B.(2012) Fostering Wind Power Through Auctions: The Brazilian Experience, International Association for Energy Economics Newsletter,2nd Quarter.Available from: http://www.iaee.org.

la Barra, Tomás, Pérez, B.and Vera, N.(1984) 'TRANUS-J: putting large models into small computers', Environment and Planning B: Planning and Design, 11: 87–101.

Dhakal, S.(2009) 'Urban energy use and carbon emissions from cities in China and policy implications', Energy Policy, 37: 4208–19.

Dhakal, S., Hanaki, K.and Hiramatsu, A.(2003) 'Estimation of heat discharges by residential buildings in Tokyo', Energy Conversion and Management, 44(9): 1487–99.

Economist, The (2008) 'The car of the perpetual future', The Economist, 4 September.

Edenhofer, O., Knopf, B. and Luderer, G.(2010) 'From utopia to common sense: the climate mitigation challenge', in E. Cerdá and X. Labandeira(eds), Climate Change Policies.Global Challenges and Future Prospects.Cheltenham: Edward Elgar.

EIA (2011) International Energy Statistics Online Database.Energy Information Administration,US Government.Online at: http://www eia.gov/cfapps/ipdbproject/iedindex3.cfm?tid=5&pid=5&aid=2&cid=ww,r1,r2,&syid=2008&eyid=2012&unit=TBPD.

ESMAP(2010) Annual Report.World Bank, Energy Sector Management Assistance Program.Fernández, J. L., Red Electra de España(Spanish transmission system operator)(2012) Presentation to European Climate Foundation 'Roadmaps to Reality' meeting, Brussels.

Finon, D.(2013) 'The transition of the electricity system towards decarbonization: the need for change in the market regime', Climate Policy, 13, Supplement 01: 130–45.

Flynn, P. C.(2002) 'Commercializing an alternate vehicle fuel: lessons learned from natural gas for vehicles', Energy Policy, 30: 613–19.

Geels, F. W.(2005) Technological Transitions and System Innovations.Cheltenham: Edward Elgar.

Geels, F. W. and Schot, J. (2007) 'Typology of sociotechnical pathways', Research Policy, 36:399–417.

Gleick, J.(1988) Chaos: Making a New Science.East Rutherford, NJ: Penguin USA.

Grazi, F. and van den Bergh, J. C. J. M. (2008) 'Spatial organization, urban transport and climate policy: comparing instruments of spatial planning and policy', Ecological Economics,67: 630–9.

Gritsevskyi, A. and Naki-enovi-, N.(2000) 'Modeling uncertainty of induced technological change',Energy Policy, 28(13): 907–21.

Gül, T., Kypreos, S., Turton, H. and Barreto, L. (2009) 'An energy - economic scenario analysis of alternative fuels for personal transport using the Global Multi -regional MARKAL Model(GMM)',Energy, 34: 1423-37.

Hickman, R., Ashiru, O. and Banister, D.(2010) 'Transport and climate change: simulating the options for carbon reduction in London', Transport Policy, 17(2).

Hira, A. and de Oliveira, L. -G.(2009) 'No substitute for oil? How Brazil developed its ethanol industry', Energy Policy, 37(6): 2450-6.

Hochman, G., Sexton, S. E. and Zilberman, D. D.(2008) 'The economics of biofuel policy and biotechnology', Journal of Agricultural and Food Industrial Organisation, Special Issue, vol.6, article 8.

Hoogma, R., Kemp, R., Schot, J.and Truffer, B. (2002) Experimenting for Sustainable Transport: The Approach of Strategic Niche Management.London and New York: Spon Press.

Hourcade, J. - C. (1984) 'Prospective Energy and Development Strategies in the Third World'.PhD in Economics, University of Paris VIII Vincennes in Saint - Denis, October.

IEA(2010) World Energy Outlook.Paris: OECD/IEA.

IEA(2012a) Energy Prices and Taxes, online data available at OECD elibrary.

IEA(2012b) World Energy Outlook.Paris: OECD/IEA.

IGES(2008) Climate Change Policies in the Asia-Pacifi c: Re-uniting Climate Change and Sustainable Development.IGES White Paper, Institute for Global Environmental Strategies (IGES).Available from: http://pub.iges.or.jp/modules/ envirolib/view.php%3Fdocid=1565.

IPCC(2007a) Climate Change 2007: Mitigation of Climate Change: Working Group III Contribution to the Fourth Assessment Report, Intergovernmental Panel on Climate Change.Cambridge:Cambridge University Press.

IPCC(2007b) 'Issues related to mitigation in the long-term context', Chapter 3, Climate Change 2007: Mitigation of Climate Change: Working Group III Contribution to the Fourth Assessment Report, Intergovernmental Panel on Climate Change.Cambridge: Cambridge University Press.

ITF(2010) Transport and Innovation.Berlin: International Transport Forum 2010.

Jaccard, M., Failing, L. and Berry, T.(1997) 'From equipment to infrastructure: community energy management and greenhouse gas emission reduction', Energy Policy, 25: 1065-74.

Jefferson, M.(2000) 'Energy policies for sustainable development', Chapter 12 in World Energy Assessment: Energy and the Challenge of Sustainability.New York: United Nations Development Programme.

Kanter, J. (2011) 'Energy security in uncertain times', New York Times, 10 October.

Kemp, R., Rip, A. and Schot, J.(2001) 'Constructing transition paths through the management of niches', in R. Garud and P. Karnøe (eds), Path Dependence and Creation.Mahwah, NJ and London:Lawrence Erlbaum, pp.269-99.

Kjellstrom, T., Friel, S., Dixon, J., Corvalan, C., Rehfuss, E., Campbell-Lendrum, D., Gore, F. and Bartram, J.(2007) 'Urban environmental health hazards and health equity', Journal of Urban Health, 84(Suppl.1): 86–97.

Kuzmyak, R. J. and Pratt, R. H. (2003) Land Use and Site Design: Traveler Response to Transport System Changes, Transit Cooperative Research Program Report 95.Transportation Research Board, Chapter 15.

Lefèvre, B. (2009) 'Assessment of integrated "Transport - Land Use" policies potential to reduce long - term energy consumption of urban transportation: a prospective simulation in Bangalore, India', in Proceedings of the ECEEE Summer Study, Sweden, European Council for an Energy-Efficient Economy, p.10.

Levine, M., Ürge - Vorsatz, D., Blok, K., Geng, L., Harvey, D., Lang, S.et al. (2007) 'Residential and commercial buildings', in B. Metz, O. R. Davidson, P. R. Bosch, R. Dave and L. A. Meyer(eds), Climate Change 2007: Mitigation. Contribution of Working Group III to the Fourth Assessment Report of the Intergovernmental Panel on Climate Change.Cambridge and New York: Cambridge University Press.

Li, B. and Yao, R. (2009) 'Urbanisation and its impact on building energy consumption and efficiency in China', Renewable Energy, 34(9): 1994–8.

Li, J.(2011) 'Decoupling urban transport from GHG emissions in Indian cities - a critical review and perspectives', Energy Policy, 39(6): 3503–14.

Litman, T and Steele, R.(2012) 'Land Use Impacts on Transport: How Land Use Factors Affect Travel Behavior', online at: http://www.vtpi.org/landtravel.pdf.

Luderer, G., Bosetti, V., Jakob, M., Steckel, J., Waisman, H. and Edenhofer, O. (2012) 'The economics of GHG emissions reductions-results and insights from the RECIPE model intercomparison', Climatic Change, 114(1): 9–37.

McCollum, D. and Yang, C. (2009) Achieving deep reductions in US transport greenhouse gas emissions: scenario analysis and policy implications', Energy Policy, 37(12): 5580–96.

McKinsey & Co. et al. (2010) ECF Roadmap 2050: A Practical Guide to a Prosperous, Low - Carbon Europe.Volume 1 - Technical and Economic Analysis. London: McKinsey & Co.

Maroun, C., Rathmann, R. and Schaeffer, R.(2011) Brazilian Biofuels Programmes from the WEL-Nexus Perspective.European Report on Development.

MASEN(Moroccan Agency for Solar Energy)(2010).Available from: http://www.masen.org.ma/.

Morrow, W. R., Gallagher, K.S., Collantes, G. and Lee, H.(2010) 'Analysis of policies to reduce oil consumption and greenhouse-gas emissions from the U.S. transportation sector', Energy Policy,38(3): 1305–20.

Muzones, M. D.(2010) 'Bogor workshop: sustainable low carbon development in Indonesia and Asia', in K. Tamura Hayama(ed.), Is Indonesia in a Good Position to Achieve Sustainable Low Carbon Development? Opportunities,

Potentials and Limitations.Japan: IGES.

Nelson, R. R. and Winter, S. G.(1982) An Evolutionary Theory of Economic Change. Cambridge, MA: Belknap Press.

OICA (2008) Production Statistics Online Database.International Organization of Motor Vehicle Manufacturers.

Oliveira, M. D. D.(2008) 'Sugarcane and ethanol production and carbon dioxide balances', in D. Pimentel(ed.), Biofuels, Solar and Wind as Renewable Energy Systems.Springer Netherlands, pp.215- 30.Available from: http://link.springer. com/chapter/10.1007/978-1-4020-8654-0_9.

Oliveira-Martins, J., Gonand, F., Antolin, P., de la Maisonneuve, C. and Yoo, K. Y. (2005) The Impact of Ageing on Demand, Factor Markets and Growth, OECD Economics Department Working Papers 42.Paris: OECD.

Olsthoorn, X. and Wieczorek, A. (eds) (2006) Understanding Industrial Transformation-Views from Different Disciplines.Dordrecht: Springer.

Ramin, B.(2009) Slums, Climate Change and Human Health in Sub-Saharan Africa. World Health Organization.

Raven, R.(2008) Strategic Niche Management for Biomass: A Comparative Study on the Experimental Introduction of Bioenergy Technologies in the Netherlands and Denmark.Eindhoven Centre for Innovation Studies, VDM Verlag.

Reisser, S. and Roquelle, S.(2009) 'Carlos Ghosn: Priorité à la voiture électrique', Le Figaro.Online at: http://www.lefi garo.fr/lefi garomagazine/2009/06/27/01006- 20090627ARTFIG00128-priorite-a-la-voiture-electrique-.php.

Revi, A.(2008) 'Climate change risk: an adaptation and mitigation agenda for Indian cities', Environment and Urbanization, 20(1): 207-29.

Richerzhagen, C., von Freiling, T., Hansen, N., Minnaert, A., Netzer, N. and Rußbild, J. (2008) Energy Efficiency in Buildings in China, German Development Institute Working Paper No.41.Bonn.

Robson, A. J.(2001) 'The biological basis of economic behavior', Journal of Economic Literature, 39(1): 11-33.

Rogers, E. M.(2003) Diffusion of Innovations, 5th edn.Riverside, NJ: Free Press.

Schäfer, A. and Victor, D.(2000) 'The future mobility of the world population', Transport Research A, 34(3): 171-205.

Schäfer, A., Heywood, J. B., Jacoby, H. D. and Waitz, I. A.(2009) Transportation in a Climate Constrained World.Cambridge, MA: MIT Press.

Schleich, J. and Gruber, E.(2008) 'Beyond case studies: barriers to energy efficiency in commerce and the services sector', Energy Economics, 30(2): 449-64.

Schroeder, H., Li, J., Bulkeley, H. et al.(2012) 'Enabling the transition to climate smart development in Asian cities', in A.Srinivasan, F. Ling and H. Mori(eds), Climate Smart Development in Asia: Transition to Low Carbon and Climate Resilient Economies.London: Routledge.

Scott, S. (1997) 'Household energy ef fi ciency in Ireland: a replication study of ownership of energy saving items', Energy Economics, 19(2): 187-208.

Searchinger, T., Heimlich, R., Houghton, R. A., Dong, F., Elobeid, A., Tokgoz, S. et al.(2008) 'Use of croplands for biofuels increases greenhouse gases through emissions from land use change', Science, 319: 1238-40.

Singh, S. K.(2006) 'Future mobility in India: implications for energy demand and CO_2 emission',Transport Policy, 13(5): 398-412.

Solomon, S., Qin, D.and Manning, M.(eds)(2007) Climate Change 2007: The Physical Science Basis: Working Group I Contribution to the Fourth Assessment Report, Intergovernmental Panel on Climate Change.Cambridge: Cambridge University Press.

Struben, J. and Sterman, J.(2008) 'Transition challenges for alternative fuel vehicle and transportation systems', Environment and Planning B: Planning and Design, 35(6): 1070-97.

Taylor, P. et al.(2012) Pathways for Energy Storage in the UK.Leeds: Centre for Low Carbon Futures.

UNDESA(2011) World Urbanization Prospects, the 2011 Revision: Data on Urban and Rural Populations.Available from: http://esa.un.org/unup/CD - ROM/Urban - Rural-Population.htm.

UN-HABITAT(2008a) State of the World's Cities.New York: UN.

UN - HABITAT (2008b) Harmonious Cities: Focus on China and India, Policy Brief No.1.UN-HABITAT.

Unruh, G. C.(2000) 'Understanding carbon lock in', Energy Policy, 28. 817-30.

Unruh, G. C.(2002) 'Escaping carbon lock in', Energy Policy, 30: 317-25.

US Congress(2005) Energy Policy Act of 2005, 109th Congress, USA.

US Congress (2007) Energy Independence and Security Act of 2007, 110th Congress, USA.

van den Bergh, J. C. M., Faber, A., Idenburg, A. I. and Oosterhuis, F. H.(2007) Evolutionary Economics and Environmental Policy.Cheltenham: Edward Elgar.

van den Wall Bake, J. D., Junginger, M., Faaij, A., Poot, T. and Walter, A.(2009) 'Explaining the experience curve: cost reductions of Brazilian ethanol from sugarcane', Biomass and Bioenergy,33(4): 644-58.

Vermeyen, P. and Belmans, R.(2006) 'Transport', in T. Jamasb, W. J. Nuttall and M. G. Pollitt (eds), Future Electricity Technologies and Systems.Cambridge: Cambridge University Press.

Viguié, V. and Hallegatte, S. (2012) 'Synergies and trade - off in urban climate policies', Nature Climate Change, 2: 334-37.

Waddell, P. (2002) 'UrbanSim: modeling urban development for land use, transportation and environmental planning', Journal of the American Planning Association, 68(3): 297-314.

Waisman, H., Guivarch, C., Grazi, F. and Hourcade, J.-C.(2012) 'The Imaclim-R model: infrastructures, technical inertia and the costs of low carbon futures under imperfect foresight', Climatic Change, 114(1): 101-20.

Wald, M. L.(2009) 'U.S. drops research into fuel cells for cars', New York Times,

5 July.

Wegener, M.(2004) 'Overview of land-use transport models', in Hensher, D. A., Button, K. J.(eds), Transport Geography and Spatial Systems, Handbook 5 of Handbooks in Transport.Kidlington:Pergamon/Elsevier Science, pp.127–46.

Weiss, M., Patel, M. K., Junginger, M. et al.(2012) 'On the electrifi cation of road transport - learning rates and price forecasts for hybrid - electric and battery - electric vehicles', Energy Policy,48: 374–93.

Whoriskey, P.(2009a) 'The hydrogen car gets its fuel back', Washington Post, 17 October.

Whoriskey, P.(2009b) 'The deadly silence of the electric car', Washington Post, 23 September.

World Bank(2010)World Development Report.Washington, DC: World Bank.

Yedla, S., Shrestha, R. M. and Anandrajah, G.(2005) 'Environmentally sustainable urban transportation-comparative analysis of local emission mitigation strategies vis-à-vis GHG mitigation strategies', Transport Policy, 12(3): 245–54.

第11章

经济增长的暗物质 [1]

"预测未来最好的方式就是亲手创造它！"

——亚伯拉罕·林肯

11.1 引言：转型及经济政策

二战结束后，苏联投身于重建的热潮之中，并且有煤和油气等富饶的资源财富供应，在这些光环的掩盖下，潜在的各种问题可能会累积数十年。我们在前面章节概括地解释了各种体系在何种情况下可能走上错误的轨道，而且第1章指出危害生命以及经济发展的环境破坏问题并未得到充分解决。资源密集型的集中工业化和农业现代化模式带来了一些负面影响。由于能源效率过低，该地区蕴藏的丰富化石燃料的国内价格和出口价格都过低。同时，不断积累的环境问题加剧了人们的不满情绪，降低了生产力。20世纪80年代发生的石油危机反映出苏联保障国内外安全的经济基础是如此脆弱不堪，国家甚至无法提供最低的生活保障。所有这些都为后续的政体变革打下了伏笔。

从后苏联时代吸取的另一个教训是：在不符合经济学假设的现实背景下提出简化的经济建议极具危险性。当俄罗斯从最初"东欧剧变"中脱颖而出时，大批西方经济顾问涌向莫斯科，为俄罗斯经济开出经典的私有化和竞争机制处方，但其结果却加剧了法律体系的崩溃，扶植了金融寡头的崛起。如果这种需求是为了进行结构性变革，那么价格和市场就成为供不应求的必需品。经典的经济学工具依赖于正确的制度背景——这是一句偶尔会被忘记的老话，现在，世界银行与发展经济学家在反复强调这一至理名言。

第三个教训——同样贴近本书的核心思想——来自西方和东方的地理交汇点，发生在德国统一之后。二战刚刚结束时，将近1/3的德国留下了苏联影响的烙印。截至上世纪90年代，按照西方的标准判断，这些地区的人们还非常贫穷，大部分基础设施都非常陈旧、衰败。将东德改造成一个现代化的经济体，这是一个让人想起来就不寒而栗的设想。事实上，许多经济学家曾经警告说，两德统一将付出难以承受的成本，西德可能无法支付如此高昂的代价，在尝试统一的过程中，西德自己的经济会受到牵连。

但就在20年后，统一的德国成为欧洲最强大的经济体以及欧洲货币信用的重要基石，并且还位列全球最受推崇国家的榜首。[2]事实胜于雄辩，第二领域经济学（最小化成本以及优化资源利用推动经济发展）的一般假设几乎没有告诉我们有关第三领域的转型、创新、复兴和增长等内容。这是本章的核心议题。

在2008年发生次贷危机后——之前还发生了另一轮油价飙升现象（在第1章中有简要介绍），"增长引擎"似乎再次停滞，甚至没能跟上许多地区人口增长的速度。能源部门并不是导致经济不景气的首要原因，但作为经济发展过程的一部分，能源政策反映了政策制定者的经济理念。因此，我们在本书接近结尾的章节，重拾关于能源与环境的讨论，并依此阐述我们对经济增长的宏观经济学的看法。

本章将引导读者观察经济增长理论的世界，这一阅读之旅如同寻找一块点金石——探寻不朽生命的神话起源。当代的许多经济学家都力图实现最快的经济增长，而环保主义者所追求的要么是协调经济增长和全球有限的资源与环境，要么是得出如下结论：经济增长本身不可持续。我们可立即说出结果：创新的意义深远，技术可帮助协调那些似乎矛盾的客观事物，但这些都不是解决问题的点金石。最重要的是做出正确的战略选择，社会以及各行业以这一选择为轴心，集中全力，奋发努力。

　　这是本书最重要的技术章节，将深入到经济理论以证明这些观点，并讨论部分经济模型的结果。然而，最核心道理其实非常简单。经济学，就像物理学和生活的其他方面一样，在某种程度上受到不可避免的不确定性制约。尤其是，经济增长理论最终总是包括一种由于无法解释的制度和技术创新尺度造成的"剩余"因素。这些与第一领域和第三领域中的过程相对应。我们对这些因素的理解存在局限性，因此我们在理解这些约束因素的影响——以及附带的机会——特别是这些领域内各种行动的机会时也存在局限性。

　　这趟阅读之旅过程艰辛，却不虚此行。理解为何不存在一次性解决所有问题的点金石，就能够避免陷入没有答案的争论，这些无谓争论包括能源和环境在经济发展中起到什么样的作用，以及基于不同作用带来的约束究竟成本几何。世界各大经济体都挣扎在经济增长的边缘，因此有必要去理解为何经济增长的历史模型逐渐式微。从这点扩展开来，本章解释了为什么认为经济衰退后社会会因为"太穷"而无法解决环境问题的观点是错误的。进一步，本章指出低碳发展——通过合理的方式——能够为世界各国摆脱金融和经济危机提供具有可持续性的融资杠杆。

11.2　在经济增长中搜寻点金石

　　经济增长，就像传统理解的那样，通常用国内生产总值（GDP）表示。大量令人迷惑的GDP并不都具有真实性，原因是由于人们普遍误认为GDP代表一年中生产和销售的所有商品（包括鞋袜、汽车、房屋等）的市场价值。事实上，GDP是所有产品和服务产生的"附加值"总和，也就是商品的销售价格与生产所用中间产品（例如：生产汽车所需的金属和轮胎）的成本差价。附加值包括薪金、利润和一部分生产税费。

　　GDP是经济活动水平的一种货币化指标，它不反映社会福祉，也不反映经济繁荣程度。加上后两者的指标体系才能反映人们对社会进步更加完整的期望。有大量文献在探索 GDP 之外的指标体系，其中指出了一些很重要但主观的指标，比如幸福、自由以及"自然资本"的损耗等。无论 GDP 还是经济增长都不能成为社会福祉的代名词。³ 除了寻求 GDP 增长，社会还可通过选择减少工作时间、增加人们在休闲活动上花费的时间等方式来增加社会福利：这将创造相对较低的"附加值"，因为劳动是产品和服务的一项投入。然而需要承认的是，尽管存在诸多缺点，GDP 仍是一项重要的经济指标，因为它反映了当期的消费与能够增加未来消费的投资之间可以共享的货币化社会剩余——只要增长是可持续的。

因此，尽管认识到价值观和指标体系的重要性，本章还是主要集中讨论更加传统的经济问题——能源和气候政策可能对 GDP 产生怎样的影响。

关于能源、环境和增长的文字游戏

如第 3 章所述，在当前的经济体系中，全球的化石燃料消费至少有一半仅作为中间产品使用：生产化工产品和发电。其余部分直接用于运输——直接服务于生产过程和消费者——和获取基本福祉，比如家庭取暖。因此，在经济理论中，使用这种投入要素的方式至关重要。

生产汽车的一次能源的消费，就像任何其他中间消费一样，不被计入汽车行业的"附加值"。如果能够使用更少的能源投入汽车生产，并且保持汽车售价不变，则将增加汽车行业的附加值；但是，将一次能源转换成生产过程所需能源的能源行业所记录的附加值将下降。暗含的意思是，当一个经济体在某一特定时期，用其所有行业全部附加值累计量来衡量其经济增长时，经济增长被定义为一个利用人力（劳动力）、机器和基础设施（生产资本）、能源、土地以及原材料"创造价值的机器"。

一方面，有人担心碳约束将阻碍经济增长。实际上，在金融危机以及随后产生的经济衰退结束初期，碳约束是大多数国家关注的主要政治问题，其逻辑非常简单明了。正如工业革命以煤为动力，化石燃料逐渐成为经济增长的主要驱动力。大气中的温室气体浓度趋稳，必然会限制化石燃料的使用，或导致能源成本增加（例如，通过碳捕获与封存），因此阻碍经济复苏。

另一方面，相反的论点认为环保活动可能带来资源投入需要的减少、资源利用技术效率的提高、激励创新，以及那些使用更少投入创造更高价值的新产业的兴起。在微观（企业）层面，这种说法在第9章中作为一种波特假说进行讨论——对行业施加环境标准的想法可能会激励企业提高效率、促进创新，也可能鼓励企业干中学并且形成本章所述的规模经济。[4] 类似辩论转换到宏观层面可能暗示着其他意思，比如，碳约束可带来以提高能源效率为目的的成本效益的提高，以及加速创新、降低替代性能源的成本、激励所有行业的增长等。

反驳上述论点的理由是，如果企业和经济体可以变得更加高效、更有创造性，它们就会不考虑碳约束。无疑，环境管制可以刺激创新。但是，关于其可能导致净经济收益的波特假说"强"形式是否存在的争议已经持续近20年，至今仍未达成任何共识。迹象表明，它取决于创新是关于末端处理设施的改进，还是更精妙的工艺流程改进（参见第9章，注释46和47）。在宏观经济学领域，创新一直以来都是被热议的话题，争论不限于创新是否为一种有限资源，还依赖于有限的研究能力：例如，加速能源创新是否只能以放缓其他领域（医学、食品生产、高速交通）创新速度为代价，这种现象被称为"挤出效应"。

反驳上述观点的理由是：这种"挤出效应"理论并未通过现实检验：创新是一种探索性过程，而非优化过程。受多种原因影响，社会始终没有给予创新产业足够的投资（参见第9章），一个行业的创新可能与净收益一起传播到其他行业。早期典型的例子包括核电以及天然气发电机组的开发，这些都严重依赖于军用基础设施。近期的例子包括电池的改良，其中部分激励因素源于袖珍计算器、微型电脑和手机的爆炸式增长，这种新型电池现在应用于电动汽车。

人们很难就这些问题达成共识，这便是人们关于现代经济增长理论争论的核心，将这些理论应用到环境和能源问题的分析中非常困难。现代增长理论旨在支持经济规划和各种政策，一个重要的问题是如何在当期消费与当期投资之间进行选择，以及如何在当期消费与未来投资之间进行选择。其中重要的障碍是：增长模型中的"长期"通常是指10~15年的一段期间，而能源开发轨迹所指的"长期"包括20~50年，气候变化的时间尺度甚至更长。

　　了解能源与经济关系的另一个障碍：整个经济体的"自上而下"模式与"自下而上"模式之间始终没有关联，后者强调技术和行业细节。"自上而下"模式往往采用简化模型，能源仅仅是一种生产因素，其对经济增长的特殊作用没有做出特别说明。"自下而上"模式注重细节，但不反映经济增长过程。

　　当有关学者第一次试图建立工程师与经济学家所持技术观点——所谓的"自下而上"和"自上而下"的争论之间的联系时，方便起见，采用的宏观经济模型的理论基础是索罗的增长理论，详见下一章内容。[5] 这些模型假设能源部门本身是一个追求最优化的部门，并且仅通过资源成本与经济体的其余部分取得联系。

　　这种分析方法可巧妙地用炖象肉和兔肉的比喻说明。[6] 如果将GDP比做象肉炖兔肉，那么它的味道主要就是象肉的味道，兔肉的味道可以被忽略。当时——20世纪90年代早期，能源价格非常低廉——非能源部门占全部附加值的98个百分点，"兔肉"（能源部门）仅占全部附加值的2个百分点。如今，在新兴经济体中的能源部门所占比重可能翻了一倍甚至更多。考虑到在整个经济体内的大量能源投入——尤其是第10章所述能源需求、供给以及自然增长导致的结构性变化，这一比喻是否还那么贴切？这是一个大问题。这种变革可能暗示着使用更少能源，推动许多大型能源密集型产业附加值的增长。这个比喻也没有涉及能源价格受到巨大冲击的情况，石油价格上涨会对经济增长产生影响（参见第1章，注释7和8）。[7]

　　本章的其余部分将探讨这个比喻背后更深层次的经济学问题。我们会指出为何从任何单一角度看起来显然是合理的观点，当考虑到能源、环境、创新和经济增长之间联系的经济学时，完全有可能是非常草率的、不全面的。此外，本章还试图说明我们所讨论的能源体系的"现实"和相关"经济学"观点之间存在更大的差距。[8]

索罗剩余——发现暗物质

　　为了解释经济增长这样的重要问题，经济学家们需要将世间万象归纳为几个基本要素，比如劳动力、资本、生产、消费和投资。诺贝尔奖获得者——经济学家罗伯特·索罗在1956年首次提出了他的经济增长模型，从那时起，这个模型被不断地阐释和扩展，并以此为基础创建新古典经济增长模型。了解该模型非常重要，因为它是能源和增长相关讨论的基础，它关注当期消费和投资的选择，有助于合理设置模型的时间尺度。[9]它能够用简单的代数得到阐释。

索罗的理论使人们开始通过"增长引擎"对经济增长做出解释：劳动力（L）和生产资本（K）产生整体经济的"附加值"——通常用GDP表示。因此，GDP可以表示为K和L生产函数：GDP=f（K，L）。产品要么被消费（C），要么获得投资（I），从而提高未来的收入水平。因此，GDP=C+I。可使用的生产资本储备由多年积累的设备水平决定，是通过节约经济剩余部分（而不是消费掉）而建立的。

显然，常见的做法是接受这一方程，当索罗的论文发表后，他的理论已经成为分析经济增长的基础知识框架。然而，要弄清其中暗含的意义同样需要下一番功夫。就是说，除了L、K和I外，还有其他许许多多的必要投入。以资本为例，如果没有交通运输就无法使用资本，因此交通即是"中间产品"（生产投入）也是"最终产品"（运输乘客）。同样，生产食品也消费能源、交通和水（以及其他因素）。理论上，所有这些中间环节的生产和消费在等式的两侧同时存在——不仅被生产也用于消费——因此，如果用货币单位计量和加总（这是常见的做法）可以相互抵消。然而，这种说法具有局限性——在等式两边的变量省略了一些解释说明，这意味着虽然等式两边的变量被假设能够相互抵消，但事实上可能并非如此。[10]最终，GDP是经济体产生的附加值的总和，而不是售出产品价值的总和。于此，了解能源与环境的经济学非常重要，我们在后面将看到相关讨论。

投资是为了积累更多资本。因此，K（广义上的资本）取决于投资水平，并且将决定未来的GDP水平（与劳动力不同）。[11]然而，资本也需要维护，因为使用磨损会使资本逐年减值。在索罗的模型中，当增加投资带来的产量提高仅仅足够弥补折旧时，人均经济增长为零。当一个社会的设备水平增加时——与其累计资本投入有关，用于翻新或更新设备的产品所

占比例也增加。这导致产生一种被称为零增长稳态的情况。[12]注意：这与
"增长的极限"（罗马俱乐部首次提出）中涉及的环境问题无关，因为能源
和资源在这一机制中不直接发挥作用。[13]

　　摆脱零增长预期的唯一出路便是创新。更具体来讲，通过技术变革提
高资本生产力（针对一个给定投入水平的产出）的速度必须快到足以弥补
资本折旧的速度。经济的持续正向增长仅需要整体生产力的提高，这一般
与创新有关。现在，索洛的模型变为 GDP=A（t）×f（K，L），创新推动
A（t）随着时间增长，独立于资本与劳动力投入的变化。注意：A（t）并
不给出任何增长方向，它发挥燃料作用，其方式与汽油量决定汽车可行驰
的公里数相似。没有讨论任何有关经济增长方向或者组成成分的内容。增
长的方向，汽车的车轮，是在每一个时间点，根据工资水平和资金成本对
不同技术所做的选择。

　　在 1957 年，针对美国的经济增长、资本积累和劳动力，索洛首次对
照真实数据对他的增长模型进行了检测；结果表明从 1909—1949 年，劳
动生产力翻了一倍，其中 87.5% 归功于技术变革，其余的 12.5% 归功于增
加资本使用量。"技术变革"——创新——既不是劳动力也不是资本可用
性，占美国 1929—1957 年经济增长的 40%。在法国进行的类似研究显示，
这一数字占法国二战后几十年经济增长的 50% 以上。[14]

　　在"增长核算"中，A（t）变量后来被称为"索洛剩余"，因为它是
在计算了劳动力和资本的影响带来的增长，以及资本积累对劳动生产力的
影响带来的增长之后的剩余变量。从这一意义上讲，它表示经济增长的
"暗物质"：无法计算的劳动力和资本生产力的增加量，正是有了这些增加
量才使每次投入均能产生更多财富。

　　惊人的结果显示：经济增长的大部分（超过一半）都源自这种剩余的
"暗物质"，在历史上称为生产力增长的"天降甘霖"。这是许多基础模型
的薄弱环节，但其中包含一些出于直觉的智慧。结果显示，人均经济增长
不仅仅取决于典型的经济理论所阐述的机理——主要指受价格和竞争市场
驱动的最优化资源利用与资本积累，还取决于许多其他因素。总之，这些
其他方面的生产力增长，及其带来的经济增长，大致等于"创新"。如下

所述，在实践中，它们涉及各种各样的因素，包括制度变革。

　　增长理论的早期研究关注"创新"的性质和方向。[15] 与此相关的后续讨论非常重要，因为这些讨论涉及技术（如节能技术）是否存在一种"自然"进步率和/或变革方向，还涉及是否存在使增长从预期路径转向的"方向盘"。

　　事实上，要保持纯粹的经济动因在增长中占据主导地位有两种范式，分别代表两种极端情况。一种声称 A（t）不可能受到纯粹的经济决策的影响，完全是一种外生性概念，是"天降甘霖"，经济政策能够影响的就是资源优化利用的市场，除此只能感谢产出利得之外的神秘"剩余"。另一种完全相反的观点认为生产力增长（A（t））不仅受经济决策驱动，而且其自身也是一个最优化的过程，支撑这种观点的是拉姆齐（Ramsey）提出的优化增长理论（1928），其中充满了智慧的魅力。这种魅力部分源自其数学推导过程的优美和自洽。这些优化增长的"漂亮理论"必须假设全球范围内的"代表性机构"具有最佳行为和完美的前瞻性，还要忽略价格的波动和震荡。无足称奇的是，将这种理论进行观测数据检验的尝试是徒劳的。[16]

　　这种抽象的讨论给思维方式设定了框架，从而对能源和气候变化政策产生多种影响。如果创新的步伐和方向在某种程度上为"最佳"选择（或者超过控制范围），就意味着试图改变创新方向将要付出高昂的代价。反之，如果创新既没有内部优化，也没有超越其他影响的控制范围，那么，从碳密集型技术向低碳技术转变则无须付出高昂的代价，也不会仅仅依赖于价格。它揭示了神秘"剩余"背后发生的改变。

　　或许现代经济学家不认为生产力增长（A（t））真的处于极端状态，既不能通过市场实现内部优化，也没有外生于市场独立存在。然而，由于增长模型关于资源积累的关注，导致后续的研究者也普遍关注这些投入要素，并认为其对经济增长起到主要作用。第9章对此做了很好的说明：如果能源创新链断裂，仅凭公共研发和定价将无法对其完成修复。

　　在主流经济文献中，保罗·罗默（Paul Romer，1986）所做分析被认为第一次提出了关于宏观经济层面创新障碍的讨论（第9章）。他给出各种理由指出，赋予创新者的价值可能远远低于创新给社会带来的全部价值，他还指出"私人"和"社会"的创新收益之间存在巨大差距。从纯粹的经济学角度来看，这种观点是对"创新政策"的背书——但除了支持政府进行研发支出外，该文并未对那些形成生产力增长的具体因素进行逐一分析。

方向何在？

经济学家们尝试了许多方式来探测由 A（t）代表的暗物质，并且建造了"内生技术进步"的各种模型，在这些模型中，创新（推动生产力进步）受各种经济因素驱动。有些经济学家提出：创新和整体技术进步主要受劳动力和资本等生产要素价格的激励，相对昂贵的生产要素会受到创新驱动而提高生产力。其他经济学家则从经济历史学家那里吸取经验教训，并且注重制度、人力资本、文化和研究趋势的重要性，这很难与纯粹的经济机制联系起来。

尽管这些努力没能提供全面解释，但仍起到了关键作用：他们开启了研究之门——去研究能够在不同方向上改变经济增长结构及其环境影响的"车轮"。

有一种启发思考的方法就是想象一条"历史创新可能性曲线"，这条曲线代表利用一项给定研发预算和一项给定的人类能力使未来可能产生的改进。[17]这是各种方案的集合，与第2章所述最佳生产前沿相似，但在某一规定时间点，实际可用的技术集合是由劳动力和资本相关价格的既定路线决定的。这使技术变革产生路径依赖，如第10章演化经济学理论所述。[18]

然而，在上述分析中，相关价格的有效性本身由非经济因素决定，因此，也无法解答增长将如何受到某项技术的驱动而转向。需求是否刺激创新？其本身是否受相关价格控制？或者，是否受不断积累的知识和技术研究的内在动力驱动？在这些争论中，没有赢家，正如第9章强调的，正因为整条创新链充满了各种复杂的供需关系，像是各种"推力"和"拉力"的组合，为保持其平衡，势必导致不同技术在不同的发展阶段发挥不同的作用。[19]

关于创新受到什么因素引导的问题，是解释创新的结构效应如何对全球低碳化发展程度所产生影响的关键。

举例来讲，如果经济发展被理解为一次驾车驶离伦敦的旅行，大多数经济政策相当于认为在某一给定距离内，比如以牛津为目的地，只有一条"最优"路线能够实现旅行者的福利最大化。从伦敦去剑桥镇（英国第二古老的大学城）的距离与之相似。但是在经济学语境中，这一目的地的价值更小，或者道路更难行驶（费用高昂）。

在经济发展中，将技术作为外生变量意味着无法通过经济选择改变既定要素，就像无法改变人们对牛津的青睐及道路状况。内生增长理论意味着，如果越来越多的汽车调转车轮方向，驶向通往剑桥而非牛津的路，那么通向剑桥的这条路就越可能得到维护和升级。在这种情况下，经过一段时间后，汽车将以相同的速度驶向剑桥。有可能出现这样的情况：对通往剑桥道路的投资将挤出其他投资，如对通往牛津道路的投资，或旨在提高汽车质量的投资。在这种情况下，前往剑桥的旅行者可能受益（剑桥镇也可能受益）。然而，总的来说，仍需考量总成本的问题。技术变革的"车轮"发挥重要作用。

自索罗剩余理论提出后，人们付出了数不尽的努力将创新和技术变革在增长模型中内生化。其中许多人致力于解释各国增长率存在的差异。这些模型大部分是在20世纪60年代至90年代之间被开发出来的，取得了不同程度的成功，也发挥了不同作用。他们指出，生产力的进步可能存在许多内生驱动力。

• 干中学。1962年，肯尼斯·阿罗（Kenneth Arrow）提出了"干中学"模型。他的增长模型假设知识和生产力（"识（t）"）依赖于累积的总投资，并因此形成了"干中学"的概念，他摒弃了采用独立时间投资水平的做法。在这一模型中，知识和生产力随着总投资的增长而增长，而不是随着某一笔投资增长。其含义是：转变技术改革方向是没有成本的，至少从长期来看是这样的。[20]

• 提高劳动生产力。几年后，宇泽弘文（Hirofumi Uzawa，1965）采用多种方法揭示了存量劳动力的质量受投资影响——这形成了累计"人力资本"的概念。当有研究发现资本在美国的生产力比在印度高60倍，应该有大量资本从印度流向美国时，原始索罗模型无法对其做出解释。实际原因是美国对教育和培训的大力投资导致其各个水平的人力资本大幅提升。[21]

●产品质量和产品多样化。其他模型探索了作为技术变革主要推动力的产品多样化和产品质量的作用。如果消费者愿意为新的或者更好的商品及服务付更多的钱，那么企业就有动力向研发部门提供更多投资来生产这类产品及服务，并会优先将新产品推向市场获取利润。同样，消费者可能愿意为不断增加的商品品种支付更多的金钱，比如食品和服装。这与第9章的核心论点相对应，第9章提出能源部门（尤其是公共事业部门）的研发水平异乎寻常的低，其部分原因是将能源作为一种同质商品。对于大多数消费者而言，不存在"更好的电"，人们很难把关于宏观经济发展方向的争论与能源的种类联系起来。[22] 出于其他原因，石油业的经济租金（因此产生的研发费用）一直都比较高，部分原因是地缘政治所导致。

这些所谓的内生增长模型主要用于检验不同国家之间的生产力和收入的差异性，借助"赶超"生产力水平，检验贫穷国家是否能够，以及如何加速增长。然而，从整体来看，增长理论被证明是不确定的——最终是因为衡量某些关键流程所涉及的内在困难造成的（Sala-i-Martin，1996）。[23]

最后，我们知道，经济增长的暗物质由无数动因组成，往往泛称为"创新"，这实际上包含各种因素，比如有效的监管、机制与技术改革，以及教育和基础设施水平的提高等——还有很多潜在的、模糊的、与文化有关的因素。这些因素共同构成"索罗剩余"A（t）的内容，用来解释经典理论与观测到的增长之间存在的差距。我们还了解到，实证研究表明这些剩余占GDP驱动力的一半。我们能够假设创新的特征、驱动力以及发展路径，但我们无法准确地量化创新的各个组成部分。

我们在本章开头提出的例子有助于理解这些方面的内容。苏联经济中存在的结构性问题无法通过其储量丰富的廉价能源来解决。在"东欧剧变"完成后，人们心中——既定的基本假设——仍然认为廉价能源是经济增长的必要条件，也是俄罗斯国家禀赋一个重要组成部分。但是事实上，俄罗斯过度消费能源恰恰是造成问题的原因，而不是解决问题方案。[24] 俄罗斯的经济复苏（尤其是在 1997 年之后）没有相应提高能源使用效率。相反，更加自由化的经济体系带来一部分能源收益，加上环境问题日益凸显，使提高的这部分能源收益成为一项宝贵的经济贡献（在《京都议定书》下，使俄罗斯有大量富余的排放限额）。[25] 将 CO_2 排放上限看成经济增长的制约因素这一观点的局限性在于，它完全忽视了能源作为整个经济战略一部分的重要性。相比之下，德国充分利用重新统一后的活力和动力，旨在通过其能源转型战略使能源系统脱碳，这被视为一项振奋人心的挑战。但在上述两个案例中，能源和二氧化碳都不能脱离经济和社会的背景孤立地对待。

整合的问题

首次提出其增长模型的将近半个世纪后，索罗（2001）对用纯经济动因来解释生产力收益 A（t），以及在增长模型中将技术进步内生化的尝试表示悲观。[26] 在本节的"术语"部分，我们对其做出了解释，该观点相当于指出第一和第三领域的活动在"剩余"中发挥了重要作用——因此在经济增长中也发挥了同样重要的作用。

在尝试将三个领域的相关问题正规化（通过任何可能的量化手段）的过程中，一个主要的方法论问题出现在经济增长模型的整合过程中。我们已经看到：索罗的增长引擎就像一个生产果冻的工厂。在这里生产的果冻没有结构：单一部门、单一消费模式，并且产量还要根据总投资权衡取舍。当研究整个经济体的储蓄和消费时，这种简化形式可以接受，但分析该经济体生产不同商品占比带来的结构性变化，或不同部门对经济活动贡献时，这类模型便不再适用。[27]

由此产生三个与能源和环境问题相关的具体问题。第一，此类模型不涉及规模经济（所有生产要素投入翻倍只能带来生产水平的同比翻倍），然而，学习曲线（第 9 章）和大量产业案例表明，大多数产业中都存在明显的规模经济现象。经济模型专家在对模型进行技术解释的时候，往往要假设在整合经济增长各部门要素的时候，规模经济会消失。[28] 因此，这些模型无法反映产业规模经济与增长的动态变化之间的联系（例如，二战后，在钢铁、石化和汽车业中的规模经济）——我们在本章后续章节将会再次讨论这一话题。

整合带来的第二个问题是：在此类增长模型中的"技术变革"结合了技术选择（生产以"复合产品"为代表的诸多产品的要素投入）和结构变化（"复合产品"所代表的产品集合）。整合过的模型无法反映生产技术变化、消费模式和结构变化之间的相互作用。[29]

实际上，创新的驱动因素涵盖人类的想象力和发明能力、政府资助研究机构（包括军事研究）的战略性选择和企业投资。[30]市场需求为"干中学"和规模经济的试错过程提供了动力。一个典型的案例是，在首次明显看到经济增长的能源维度后，亨利·福特在1914年提出了"五美元工作日"制度，这促使汽车行业的加速创新过程发展了将近一百年——我们在以后章节继续讨论这一话题。

11.3　纵观历史：能源对经济发展的贡献

或许令人惊讶的是，自二战以来，大多数经济学家不将能源问题视为解释经济增长的一个重要议题，直至最近能源问题才开始引起关注。[31]结果就是，主流的经济增长理论著作与那些关注增长与能源关系的著作之间明显没有任何关联。

毫无疑问，能源在经济发展的主要阶段始终发挥着重要作用，比如煤在工业革命中发挥的作用，以及石油在美国20世纪扩张和全球发展中所发挥的作用。实际上，这或许是因为增长模型忽略了战后几年极充足的廉价能源。

事实上，能源渗透并支撑着整个经济体系。正如第3章所述，全球大约一半的商业能源消费直接为"最终消费者"提供基本福祉（供暖、照明、交通）；另一半商业能源消费则为工业和商业生产提供基本的投入。

上世纪70年代的石油危机带来了惨痛教训，古典增长模型由于不包括关于能源和自然资源有限性的任何考虑而饱受各方责难。改进方案可以采取一种"自下而上"方法，通过建立部门模型，追踪能源流在一个经济体内的投入和产出（中间消费）及其与环境的关系。[32]

然而，或许是因为大型矩阵模型不够精巧且存在技术难点，还缺乏一种解释结构变化的形式理论来预测较长时间尺度能源流，"自下而上"的方法没有成为经济学界的主流。相反，为了回应罗马俱乐部（Meadows等人，1974）关于增长极限的报告（环境和资源），索罗（1974，1986）扩展了他的模型，做法是在其一次生产函数的资本和劳动力变量旁增加一个能源（E）变量。[33]

在这个修改后的模型中，"能源生产"的存量反映一项特定技术投资可获得的一次能源量；有限的能源和自然资源不会限制经济增长，因为通过比较价格水平，它们可以被更多的劳动力和资本替代。针对代替不同要素投入的便利性，以及它们影响经济增长速率的方式，该模型的批评者对其"技术乐观主义"提出质疑。[34]

不是所有的经济分析都停留在这一整合水平。能源和环境问题催生了新一代模型以及其他派系的文献。这类文献非常多元化，发表在各种专业化期刊上。尽管呈现出多样性，但在了解能源对经济发展所起到的作用方面，这些文献仍然关注两大主要问题：能源效率的发展趋势和能源创新经济学。最后，我们开始探讨经济模型如何解释本书第一领域和第三领域所描述的现象。

"自动生成"的能源效率——能源的暗物质

当经济学家开始构建更细化的能源/经济模型时，他们的第一反应就是：能源是经济增长的一项投入，所以能源消费应与GDP同比例增长。但是，正如第1章和第5章所述，现实世界的证据一致表明，全球能源占GDP的比例实际上每年都在下降——能源效率似乎一直在不断提升，并且经济增长正与能源脱钩。

这项观察结果提出了一个与索罗模型和他的剩余"A（t）"——经济增长的"暗物质"类似的情况。我们知道能源效率随着时间不断提高，应包含在能源模型中，但我们并不充分了解其驱动力是什么。考虑到涉及的时间尺度非常长，这一问题极其重要。如果全球经济每年增长2个百分点，每年能源脱钩0或2个百分点就决定了全球能源需求将在35年内翻一番或保持不变。

事实上，自19世纪以来，各种证据显示，经济增长的能源占比形成一条钟形曲线，沿着这条曲线可追溯一个国家工业化的发展轨迹。[35] 最初由于对建造基础设施所需水泥和钢铁等能源密集型产品的需求大，相关生产制造所用的重型机械的需求也大等原因，经济增长过程中的能源占比逐渐增加。但随着国家进一步发展，能源密集型产品需求量就降低了。图11-1中所示的长期趋势表明，比起早期阶段，后来发展起来的国家由于可接触到相对更加高效的技术，因此在工业化阶段的排放强度（每单位GDP所需的能源）要低于最早发展起来的国家（比如美国和英国）。

无疑，能源与经济"脱钩"的速度取决于能源价格（参见第5章，图5-7）。提高能源价格为更加高效地使用能源创造了一个激励条件。但能源价格无法解释观察到的所有能效改进。在20世纪90年代初期，研究者提出了一个自发能源效率改进率（AEEI）来反映OECD国家的能源和经济每年脱钩大约1个百分点的基本趋势。[36]

因此，能源与增长脱钩不能仅仅反映在价格上。有待解决的问题包括，"AEEI"在许多建模操作中是否稳定、一致，政策和行为变化是否可能对其产生影响，影响程度有多大？本书的第一个核心部分（参见第4和第5章）阐述了这一理论，并且证明能效的影响充斥着第一领域，那部分内容还记录了能源效率政策的影响程度。当提升到全球建模层面时，这一简单的AEEI所呈现的缺点与索罗式增长模型中的自发生产力收益（A（t））相似。如果所有部门都整合到一般的"能源效率"中，AEEI的范畴不仅包含了技术进步，也涵盖了经济体的结构变化。

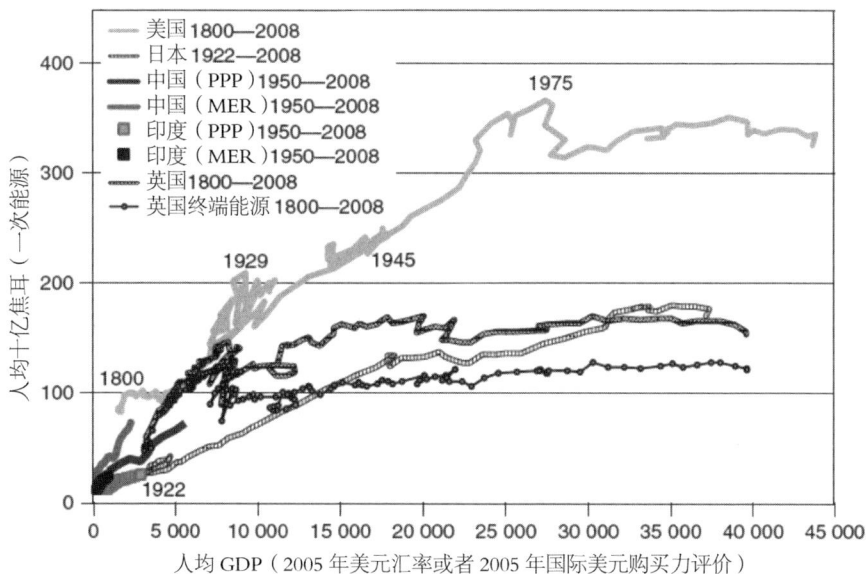

图11-1 几个主要经济体的人均能源消费的长期发展趋势

注：与第1章图1-7所列数据相似，本图提供了几个主要经济体的数据，指标选用了人均能源消费量，而不是碳，时间尺度也更长，能够将印度和中国在同等人均经济产出水平时，与美国、日本和英国等国能源消费水平相比。本图还反映了因不同汇率处理方法所产生的对发展中国家GDP的影响。（MER =市场汇率，PPP = 购买力平价。注意：GDP使用2005年美元表示。）
来源：Grubler et al.（2012）。

有一类经济学文献表明有学者试图通过在实证能源经济模型中"内生化"能耗强度来克服 AEEI 的局限性，从而更好地了解其驱动力和影响力。一个早期很有影响的类似研究指出，美国在较高能源强度的水平上发生技术变革的趋势较小。[37]然而，就像从几个特定国家、特定时期和特定规范得出的诸多计量经济学结论一样，这是否真的是一个系统化结果，亦或仅仅是某一特定国家在某一特定时期的个别现象，答案尚不明确。另外，这还可能会混淆相关性与因果关系。[38]

后续关于能源和长期生产力发展趋势之间联系的文献都没有给出明确的结论，但缺乏共识也无法掩盖这一事实，能源价格快速、超预期的上涨无疑带来了负面的经济影响。[39]时间是关键，这是我们在后续将要继续探讨的一个问题，一项重要节能技术改进的"溢出效应"能够增加一个经济体应对此种能源价格冲击的弹性。

创新与"挤出效应"：如何评价（能源政策的）溢出效应

争论的其他主要方面是能源创新在何种程度上是受研发支出和/或"干中学"激发的。[40] 从推拉力量上讲，"自上而下"模式遇到一个与本书第9章所探讨的"自下而上"模式有关的难题：创新究竟应该用低碳研发投资表示，还是用市场碳价反映。另外，加强能源创新是否会出现对其他领域创新的"挤出效应"，或者反过来使研发投资"溢出"到其他部门——产生相反的宏观经济影响。[41]

古尔德（Goulder）和施耐德（Schneider）（1999年）强调，净效应取决于研发投资的积累，以及化石能源和非能源生产之外的"清洁"能源领域的学习经验。他们确切地指出这取决于以下情况：（a）低碳技术降低生产成本的潜力的大小；（b）过去的研发投资以及"干中学"是否明确了该项技术降低成本的潜力很大；（c）是否存在创新从一部门流入其他部门的溢出效应。最后一个因素可能会与挤出效应相互抵消。在这种情况中，知识溢出和整体生产力进步取决于研发累计投资总额以及从中积累的知识，与投资是否面向低碳或高碳技术无关。[42] 同样，由于整合损失了重要的信息，我们面临解释上述结论的挑战。虽然上述内容阐述了对整个经济层面生产力发展的看法，但只是定性的描述，无法进行实证检验。[43]

或许，对军事研究领域大规模投资的案例能够提供一种归谬式的解释。如果不存在军事研发部门向其他部门的溢出效应，那么，美国、英国和法国等国家尽管"没有产出"的研发支出极高，但仍能够保持快速经济增长。而事实是，它们受益于军事研究领域向生产部门的溢出效应，包括前面提到的能源案例。

同样，挤出与溢出的争论似乎并不无定论，并且有可能陷入一种毫无意义的文字游戏。它使人们的注意力离开一个更加重要的问题，知识领域，包括新产业的研发和"干中学"，获得的投资不足。这就是保罗·罗默在1986年让人们警惕的局面，如其所述，社会与私人投资在收益上存在巨大差距。私人投资能够使社会整体受益，但个人决策者却无法因为其投资产生的正面知识溢出而获得奖励。这是一种正"外部性"：市场低估研发工作的真实价值，造成知识领域投资的不足。

私人与社会的投资收益差距不仅仅是由溢出效应导致的。它可能被能源部门的监管制度、与商业周期有关的投资风险、与最终需求不确定性有关的风险规避以及新技术表现等因素放大。在过去20年里，企业的管理制度从注重长期价值最大化转变为受每个时间点股东价值最大化支配，这种商业背景整体转型也可能放大创新领域系统性投资不足的问题。[44] 投资风险和金融问题潜藏在工业体系治理的基本演化中。我们在最后的11.7继续讨论这一话题。

这两大问题，也就是能源效率的宏观经济学与能源行业的创新，可能分别与第一领域和第三领域的机制有广泛联系。本书大部分内容均集中在微观经济学领域，也就是被工程师、企业和政策制定者揭示的现实情况。宏观经济分析无法就"自发"能源效率或者能源创新经济学给出确定结论，这印证了我们的核心观点，并且将其提升到宏观经济和增长的层面：仅仅通过第二领域经济学的假设和理论无法充分理解其他领域的优化过程。

有关能源在经济发展中所发挥作用的最基本理论认为，能源发挥两种截然不同的作用。一个作用是作为原料资源使用，它具有能够改变物质形态的物理力量，使我们出行便利，并且使我们保持温暖。另一个因素是在与能源有关的活动中发挥创新和改变的作用，这在能源消费产业内最引人注目，它不仅能够减少对能源（也包括其他典型的物质资源）的依赖性，而且可以为经济体系中的生产收益带来更大的贡献。

这两种因素都可以为增长做出贡献，但这两种因素之间存在一种张力。廉价能源不仅可以刺激增长，也助长能源消费活动的惰性。在整个能源消费层面，这两种力量之间的张力有助于解释 Bashmakov 常数（第1章）。为了理解这一点，我们只需考虑处于相反极端的国家：将20世纪70年代和80年代的俄罗斯与日本进行对比，考虑哪个经济体更为成功。日本对石油进口的依赖意味着其要承受石油价格危机带来的全部作用力，因此，获得技术优势对其在其他市场取得经济利益的贡献更大，尤其是与那些始终保持廉价能源、没有相应能效改进的竞争对手比较，比如美国的汽车和钢铁生产。

11.4　构架未来——一体化评估模型的启示与盲点[45]

美梦能否成真？

前面的章节也许会使读者做出令人沮丧的判断：几十年的研究没有对增长与能源之间的联系得出坚实的结论，仍然停留在表象层面。然而，此判断包含有用信息。如上所述，它指出在第二领域假设之外那些因素的潜在重要性。更确切地说，众多因素产生的经济历史结果（包括地缘政治事件，比如两次石油价格危机及东欧剧变）给出了有关能源与增长潜在关系的强大证据。

我们也可以从结构假设开始分析，利用"一体化评估"模型预测不同结构对未来产生的影响。这种做法能够抛开与能源无关的因素——比如地缘政治动荡、商品价格变动、金融危机等——利用历史统计数据总结教训。

现在有了一个包含成千上万此类情景的数据库，这些情景在低碳技术成本以及诸如税收、碳交易、技术转让和研发等政策工具的假设方面有差异。[46]尽管存在这些差异，绝大多数情景仍然提供了与若干内容一致的信息：

- 有可能大幅削减温室气体排放。
- 削减温室气体排放的成本将占一个国家GDP的几个百分点，不考虑减少气候变化带来的收益，这一成本高于更加雄心勃勃的温度控制目标的成本（例如，全球温度上升2°C，而不是4°C）。
- 减排的时间曲线：现在落实大量减排项目将增加短期成本，但会降低长期成本。[47]

此结果的长期宏观经济影响可利用简单的计算进行论证。从2015年开始，如果每年的经济增长保持2~4个百分点，至21世纪中叶，GDP将是其初始水平的2~4倍。至本世纪中叶，如果稳定大气浓度需以GDP的2个百分点为代价，那么相应的GDP将会是初始水平的1.96~3.87倍，全球增长率稍有减小。至本世纪末，如果气候变化的影响大到GDP的10个百分点（大多数结果的正向极值），上述2个百分点的减排代价带来的影响在与经济增长的总体规模比较时会微不足道——相当于届时每年削减大约0.1个百分点的增长率。与不采取应对气候变化行动的情景相比，这种程度的影响相当于只需要一年或两年就能使GDP复原。

正如第 1 章提到的，这看似不起眼的方面却提出了这样一个问题：为何各国对温度上升控制在 2°C 的目标总是迟疑不定，并且不愿采取行动，以及为何全球排放一直肆意增长？模拟所得结果显得太好了，以至于不可能成为真实的情况。部分解释是：从某些意义上分析，模型背后的结构假设令人难以置信的乐观；但其他相反方面却是真实情况。潜在的矛盾仍然有待解释：如果聪明的全球解决方案不仅非常廉价而且需要采取紧急行动，那么为何实施起来显得如此困难？

现实主义的挣扎：当转型切实发生

在本书前几章用图表显示的全球大多数经济模型与现实之间的鸿沟中可以找到这一悖论的答案。此类模型的大多数假设从目前至本世纪末，有一个拥有"完美预见能力"的"全球规划者"，从而有可能发现最便宜的途径。[48]它们还假设几种无摩擦的市场机制（每个减排机会在最便宜时推出），但它们低估了能源部门与其他经济部门之间复杂的相互作用：如果发生任何外它冲击事件，包括政策冲击，经济会迅速恢复到一种平衡状态。[49]它们实际描述的是一种仅由第二领域机制治理的经济，借助一个完美的全球规划者模拟一个完美的全球市场在能源效率和创新产生的自发收益帮助下的运行情况。

这些都是非常乐观的假设——然而这样的模型也不能反映全部机遇。假设系统是完美的，在发生气候变化之前和之后，任何约束都必然会产生成本。[50]大多数人假设创新过程无需努力就能把未来成本减少到一定程度，但相应的对策无法对其采取的任何方式产生影响。结果，它们描绘了一幅极不完整的图画，而这又限制了它们对真实政策的适应性。

能源经济模拟领域在过去几年中付出了许多努力，其中一项重大努力已经能够更好地反映创新，部分原因是由于利用了从一些主流内生增长模型中获得的经验。[51]在这些尝试中，"RECIPE"项目致力于深入探索和比较这三大模型产生的结果与外生技术变化。正如图 11-1 所示，这三个模型在许多方面都相同，从中得出的一致结论是，能够立即启动的全方位全球行动，有可能使 2050 年全球排放量减半，且仅需以大约全球净 GDP 的 1 个百分点为代价。[52]然而，正如图 11-2 所示，与实现 2°C 目标有关的碳价和经济影响的实际时间路径仍然有极大的差异。

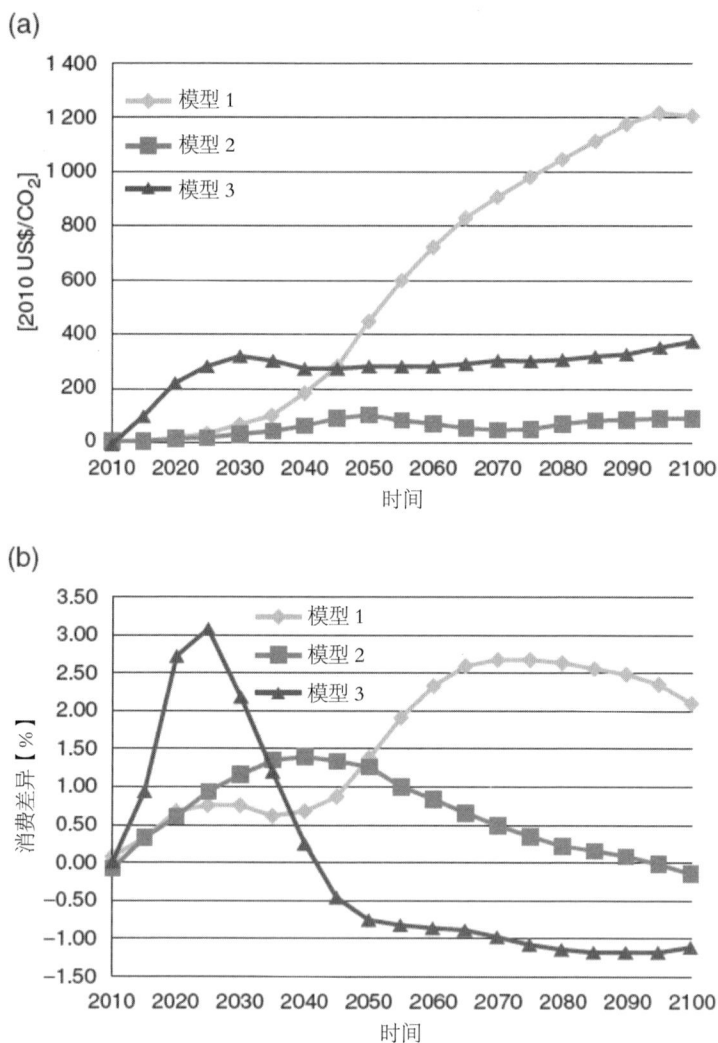

图 11-2　全球减排成本在三个不同经济模型中的百年发展趋势：RECIPE 对比图

本图显示，在大气二氧化碳浓度稳定在 450ppm 的情景下，相对于"基准"预测曲线，（a）全球碳价与（b）全球消费损失在整个世纪的发展趋势。这三个模型都包括引致创新，且成本中不考虑（降低的）与低排放路径有关的气候损害。

注释：模型 1：WITCH；模型 2：REMIND-R；模型 3：IMACLIM-R。

来源：RECIPE 项目（Edenhofer 等人，2009）。

　　但是，RECIPE 项目结果本身就已暗示了取得任何共识都存在一定困难。就创新或者能源效率的前景和创新机制取得共识而言，出于早期发现的一些基本原因，几乎没有实证的、可靠的、可量化的依据。结果，大多数模型普遍忽略了这些问题，或者做出外生性的，以及多少有点武断的假设，不同的团队和模型依据这些假设做出不同判断。

所有模型都发现，结果对一次能源和经济增长以及技术成本的假设非常敏感。还有其他观察结果也类似，比如：仅限于个别国家的行动会增加减缓气候变化的全球成本，使实现既定目标变得更加困难（或无法实现）。但不采取行动就会使我们失去选择的机会。

在尝试探讨第一领域和第三领域影响的几个模型中还获得一些有趣的结论。RECIPE研究中的模型1（WITCH）强调，如果价格是唯一的驱动工具，那么无论是效率还是创新都不能独自发挥作用：这多少回应了将引致创新放置诺德豪斯（Nordhaus）教授的原型模型中时得到的相关结论（参见第9章，注释22）：如果第一领域的各种要素继续限制消费者行为，或者如果创新链非常薄弱（和/或如果低碳供应技术的范围局限在各部门），那么价格是一把并不锋利的工具，必须费力地操作才能使这一工具产生效力。

RECIPE研究的模型2（REMIND-R）显示了围绕技术限制的更乐观假设的潜在影响。从可再生能源和CCS中产生的创新与更多的产业细节结合，从而允许这些技术在能源系统内传播开来——至此，碳价格和成本稳定在一个适中的水平。虽然在模型中表现得并不明显，但无需多加思考就可确认，这种情形除了碳定价，还需要更多的行为干预。比如，建立大规模的物质生产和供应链，以及创建全球二氧化碳输送和处理工业所需的物质基础设施和法律基础框架。

RECIPE研究的第3个模型（IMACLIM）再次呈现了一个不同的故事，如图11-3所示。模型中默认运行的部分导致一些模型产生了最高成本（最大经济损失）。然而，模型允许向交通和城市基础设施进行战略投资，从而减少流动性需求和城市扩张，进而提高运输效率。这需要短期内大量的投资，这些成本在几十年后才能收回，因为它减少了人们对汽车和石油的依赖（参见图11-3，（b）段）。另一组"补充政策"把企业的碳价收入通过较低的生产税费回收（用于抑制高能源成本的扩散），从而提高

劳动力转而投入新经济活动的能力。组合措施则急剧减少——并且将在
20~30年内完全抵消向低碳经济过渡的成本（（c）段）。

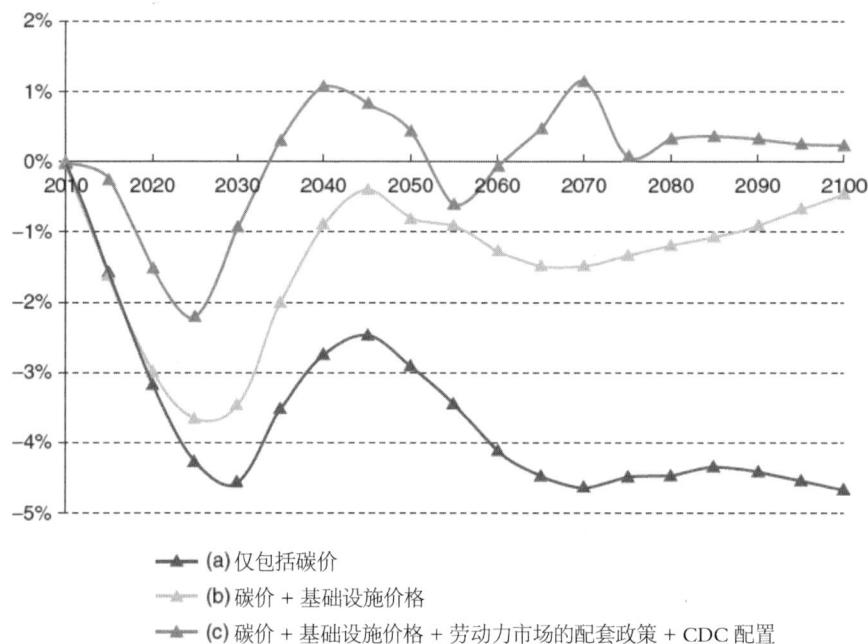

图 11-3　全球减排成本百年发展趋势*：在一个模型（IMACLIM）中，
取决于基础设施投资和其他补充政策

*本图显示的是，大气二氧化碳浓度稳定在450ppm情景下的GDP损失，不考虑（减少的）气候损害。

注释：基础设施政策是指受政策信号和价格信号（房地产）而不是能源价格主导的空间规划政策和交通基础设施的早期行动。正如 Waisman 等人（2012，2013）所解释的，这些行动通过三类核心假设进行描述：（i）交通基础设施中的投资结构转型；（ii）交通基础设施投资向低碳交通模式转变（货运用轨道和水运、客运用轨道和非机动交通模式）以及隐含的城市形态（例如：家庭的约束性移动（通勤）从总流动性的50%下降到40%）；（iii）物流组织降低生产/分配过程的交通运输强度（运输和生产之间的投入−产出系数降低1%）。配套政策能够提升劳动力技能和劳动力市场能力，减少脱碳转型过程中的结构性摩擦，具体可通过"工资弹性"水平反映（Guivarch et al.，2011）。在"共同但有差异的收敛（CDC）"配置下，附录一国家的人均排放配额在一个收敛期内收敛至一个低水平，同时，非附录一系列国家的配额在相同期限内收敛到相同水平，但只有当它们的人均排放量比全球平均水平高出一定百分比时才能开始（Hühne et al.，2006）。

来源：作者从 IMACLIM 模型的资源数据中推导出来。关于假设条件和其他结果，请参见 Hourcade 和 Shukla 的文章（2013）。

专栏11-1 引入创新变量的全球能源经济模型：RECIPE的模拟结果

RECIPE中引入了第三领域相关要素影响的变量，这些扩展性分析得出了一些有益的启示。模型专家系统地研究和比对了各自的结果，这些结果都与将大气中的二氧化碳浓度稳定在450ppm所产生的影响相关。

RECIPE研究的3个模型产生大量一致的研究结果。这意味从现在到2050年，二氧化碳排放量降低一半（与第1章所述的国际目标一致）将会以全球年均GDP的1%为代价（考虑折现率）。所有数据都表明，与其他产业相比，电力行业的脱碳速度更快，原因是可再生能源发电的迅速发展。3个模型一致发现电力改造的经济成本只占总转型成本的一小部分，因为任何其他行业的深度减排都面临着更大的挑战，费用也更高，交通部门尤为明显。[a]

尽管包含许多相同要素，3个模型的碳价路径差异极大（参见图11-2）。[b]两个假设完美预期的模型得出结论认为，在成本上涨预期驱动投资的10年间（到2030年），碳价区间为25~60美元/每吨二氧化碳；2030年之后的10年，碳价将急剧上涨。这2个模型对碳价的估计从2030年之后出现明显差异。在模型1（WITCH）中，碳价在本世纪的后半期上涨至1 000美元/每吨二氧化碳；在模型2（REMIND-R）中，碳价永远不会远超100美元/每吨二氧化碳。导致这种差异的原因是两个模型关于低碳能源的规模和普及范围的假设不同。

模型1（WITCH）遵循能源效率可持续改进的路径，除电力产业外的其他产业脱碳程度有限。能效改进最初有助于控制能源成本和GDP损失。但碳价在本世纪后半叶变得极高，一方面的原因是要平衡能效改进带来能源消费增加的反弹效应，另一方面的原因是，碳价还要驱动非电力行业的减排。[c]

模型2（REMIND）预测，到本世纪末碳价都非常低，包括生物质能的可再生能源将被大规模应用，而且成本适中；这回应了第1章图1-5下方曲线的形状。在未来几十年中，低碳生物质能不仅能够提供"可再生液体燃料"，而且还能通过将生物质能和碳捕获与封存结合起来提供"负排放"。这使更多的"困难"产业能够继续经营下去，并且仅需通过使用生物燃料和/或通过回收大气中的排放物并埋入地下，而不必进行深度结构改革。[d]

模型3（IMACLIM）的表现截然不同，不是因为它在能源效率与脱碳之间实现平衡（位于前面两个模型之间），而是因为它没有假设完美预期：它假设投资者在任何时间点采用现有碳价作为未来价格最佳猜测的依据。缺乏预见力，就是为何碳价从一开始就快速上升的原因之一：既要"矫枉过正"，还要说服企业不再对化石燃料进行投资。该模型还有一个直接反映交通基础设施的变量。由于缺少补充政策，对于那些因依赖高碳基础设施而受到冲击的产业来讲，高碳价造成的经济损失高达GDP的好几个百分点。

注释

a.由于缺乏廉价的低碳方案来替代当前技术，加上基础设施已经非常陈旧，脱碳交通的成本相对比较高。在ReMIND-R模型中，民用能源需求在推行气候政策情景和基准情景中非常相似，但这使用于生产液态燃料和碳氢燃料的生物质和CCS（碳捕获与封存）技术的比重有所增加。在3个模型中，减缓气候变化情景中的剩余排放主要是交通排放和其他非电力能源需求产生的排放。

b.从技术角度分析，这些模型用到了碳约束的影子成本，用来反映任一时间所需做出的减排努力。

c.RECIPE研究中所用WITCH模型的版本仅包括两个行业："电力"和"其他"。显然，WITCH已经能够模拟其他产业，但关键的一点仍然是："我们正在使用的一个及其注重部门细节的版本（农业、林业、土地利用、交通、建筑以及电力），包括创新在内的所有行业都进行了细节描述。但结果仍然十分相似，2050年后生物质和负排放发挥的微小作用能够对这一结果做出解释……我们还发现由于缺乏高效可行的技术来储存能源，太阳能技术的发展具有局限性。"（资料来自作者与C. Carraro的私人交流，2013年9月16日）。

d.如此大规模地使用"生物能源与碳捕获与封存技术"（BECCS），以至于在大气约束趋紧时，它会提供一种"刑满释放证"。在RECIPE研究中未提及这对土地利用产生的影响（Luderer等人，2011），但却涉及第3章中有关资源的简要讨论（Popp等人，2011），模拟了生物能源的使用对减缓气候变化的贡献，并且特别关注其对土地系统的影响，结果之一就是"专门针对生物能源，与大规模农耕相结合的林业保护措施可能会影响生物能源的发展，而且也会使全球食品价格上涨，并导致水资源更加匮乏"。Bibas和Méjean（2013）质疑了早期气候行动作为一种策略来限制不可持续生物质能源使用风险的正当性。

综合考虑三大领域的人类决策可以得出这样的结论，完全通过碳价

（第二领域）实现大幅减少 CO_2 排放所产生的成本肯定会超过 Bashmakov 常数（第1章），并且没有为那些平抑能源开支的调整过程预留足够的范围或时间（第4章至第6章）。由于存在无法被社会接受的分配效应（第8章），根据我们目前的经验判断（第7章），最终由碳价产生的影响是政治上不可接受的。碳价的影响全部集中到一个过渡阶段，即便长期来看它们能够重新实现耦合。这是制定具有雄心的碳价政策的根本障碍：2080 年的成本可能非常低，但无法解决政府当前所面临的问题。

相反，图11-3所描绘的结果表明：涉及三大支柱的一个更加一体化的策略可以包括各类成本支出，并且在较长时期内可能会创造净经济收益。始终超过 $200/tCO_2$ 的碳价足以震慑煤炭业的投资利润，世界更能避免受到油价攀升的冲击；其他政策使碳价的杠杆作用被充分放大。由于基础设施投资和技术发展，以及通过收益循环，增加了人们对碳的关注度，同时又控制了整体行业成本的影响，从而降低了交通部门及其能源供应链的成本支出。转型成本要低得多，初始投资在几十年内获得回报，在本世纪剩余时间内没有净经济成本；世界已经转型到上一章结论概括描述的更低碳轨道（如图10-6所示）。与最优增长模型的结果相比，在此，碳价没有"独自作战"，价格与减排成本不一定要无情地使效率、价格以及战略投资需求提高到足以使全球能源体系转向一个新增长轨道的水平，这在本质上将更符合全球大气约束的要求。

RECIPE研究使我们能够管窥全世界模型专家所付出的努力，2014年的IPCC第五次评估报告对更多的研究进行了综述和审评。一个值得注意的趋势是，不同政策工具的模拟组合，尽管采用的方法不同，原因也不尽相同，[53] 但一些关键信息看起来却非常有说服力。如果能效改进和技术创新进展良好，并且人们能够对碳价在未来几十年里的上涨进行"完美预期"又充满自信，便有可能获得总成本适中（不产生重大影响）的解决方案。如果政府行动起来，利用恰当的方式建造基础设施，则有太多的途径能够实现低碳未来，且不产生重大的长期经济成本。翻译成第10章的投资语言就是，所有的发展路径都暗含着涉及将数百亿美元的投资资金转向第10章所述的诸多产业转型。为了实现这一目标，要将所有路径结合起

来，尽量提早付出充足的努力使效率增速提高，使投资和创新过程发生
改变。

我们有无限的空间来讨论转型的具体性质，克服既有投资和消费模式
导致的短视的措施的组合方式，以及现存基础设施给经济转型带来的惰
性。在现实世界里，这些问题比简单的争论碳价需要提高到何种水平才能
把碳从某一经济系统中挤出更有意思，也更具有相关性，这与第二领域中
假设全球范围都能够自然而然实现最优化的理念截然相反。

11.5 对话推动转型

几乎所有的全球低碳轨迹经济模型都试图量化减排成本。对于一名经
济学家——事实上还包括许多其他专家——这显然是必须回答的问题。然
而，与量化第1章所述"气候变化的社会成本"的尝试不同，在经过二十
多年的争论后，经济分析家所给答案的范围似乎很难缩小：假设最优化的
参照系统，以及二氧化碳约束下的最优化响应路径，结论是深度减少全球
二氧化碳排放将会使GDP损失比基准水平降低几个百分点，差距也不过
是上下浮动几个百分点。

虽然碳约束的成本似乎是自然而然成为经济讨论的焦点，矛盾所在
却正如图11-4所示，不同模型计算得出的GDP损失"结果"之间存在
巨大的差距，该图取材自全球能源模型分析论坛。此图绘制了利用诸多
经济模型预测的到本世纪中期的全球GDP（通过斯坦福能源模型分析论
坛，在一项全球比较研究中展开），这些模型致力于解释能源、GHG排
放和增长之间的相互关系。各方关注的焦点——减排成本——可被任一
经济增长的驱动因素带入困境：无论全世界在本世纪中期之前能否成功
地使排放减半，都与全球GDP没有明显的相关性。在经济增长的背景
中，到本世纪中期使全球二氧化碳排放量减半产生的那区区"几个百分
点"GDP的成本，在给定地区同时期内产生的差异从100万亿~170万亿
美元不等。

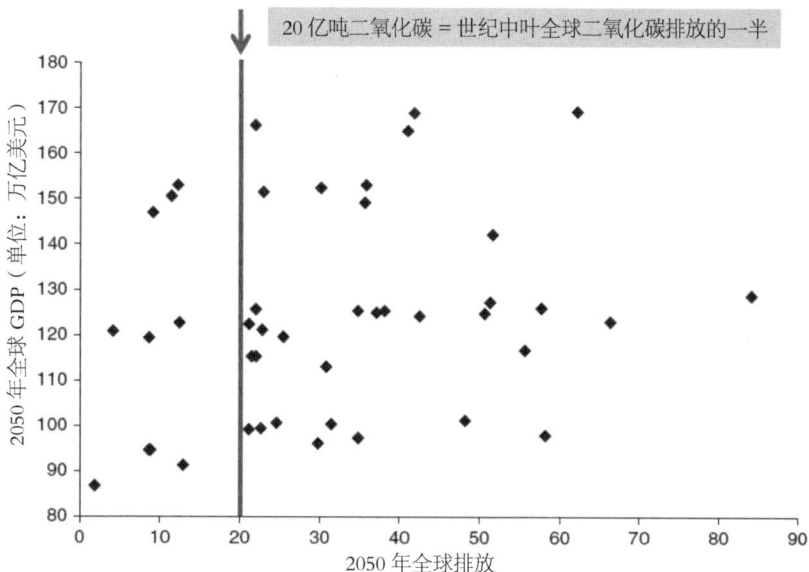

图11-4 不同模型对2050年世界经济生产总值（不计环境收益）的预测

来源：Energy Modeling Forum（EMF 2009）。

反对方辩称：几个百分比的GDP的确是一个比较大的数字。但只有在另一种关键假设背景中才是真实的，这种假设就是：能源转型对经济发展没有其他影响。在一个纯粹的第二领域经济世界里，每件事都能分别实现最优化：经济政策无需对能源政策产生任何影响，二氧化碳仅仅成为必须施加在该体系上的一项外部成本——这是这种理论的动人之处。这相当于解释说，关于全球能源模型分析的巨量文献与更加广泛的经济争议几乎已经完全分离。相应地，主流经济学中的平行假设强调：大多数宏观经济政策讨论都莫名其妙地缺少能源政策，直到最近，对货币体系的关注度才开始超过譬如基础设施投资等"实际"概念。

图11-4表明我们必须考虑一个新出现的问题，也就是能源/气候政策和经济的其他维度之间存在何种相互作用？是否存在能源/气候政策向宏观经济政策溢出亦或相反的情况？如有，即使是传统模型分析的，"几个百分比"成本的项目也可能被这些与宏观因素的相互作用拖入泥潭，这些因素决定我们是否将会终结在100万亿或者170万亿美元的世界里。

即使没有讨论挤出效应、技术溢出，以及内生增长理论，上述差距仍然使人回想起第 10 章关于气候政策为何如此困难的论述：这并不是关于发生适度成本支出的问题，而是关于使巨量资本投资从一种活动转向另一种活动的问题。估计的净成本是两个较大数字之差。低碳情景涉及使总资本投资的一大部分改变方向——这是经济增长的引擎。不与"主流"经济行为发生任何相互作用便能实现这一目标，这种想象简直令人难以置信。

明显的前因就是在俄罗斯进行的关于控制二氧化碳排放的探讨。俄罗斯分析家运用各种模型显示控制二氧化碳排放可能产生的成本以及潜在风险——京都目标最终将制约俄罗斯经济复苏。从外部来看，全世界能源效率最低的国家会因为提高效率而导致经济受阻，这一命题显得颇为怪异。但这就是后苏联时代经济运行效率低下的宏观经济问题与气候政策分离所导致的必然结果。将能源效率作为俄罗斯经济复苏的一块关键踏板的想法经过十多年的发展，最终还是沉没了，而且这种想法在其他一些地方仍然受到抵制。

绝大多数全球能源经济模型中与之相关的隐含假设是：经合组织中的发达国家更加聪明——并且，通过全球化传播的经济理念认为，经济实现最优化的同时，能源政策没有做出任何贡献。看看我们周围的世界，我们或许可以原谅外部观察家对这个基本假设持怀疑态度。

在前述章节中关于模型分析的讨论中强调：如果认识到（第二领域）核心传统假设的预见性并不完美，以及其他领域无法自动实现最优化，从而对假设做出修改，最终可能扩充研究结果，进而将更高的成本或者净收益（不考虑气候变化损失）纳入视野。最终，这肯定了我们关于古典（与索罗模型有关的）经济增长模型的分析结果：因为生产力提高不单纯受经济最优化机制驱动，所以没有理由假设改变技术变革的方向会必然降低长期增长速度。因此，创新有可能创建一种产生相似成本和截然不同碳含量的多元化未来经济结构（第 10 章）。我们可构建细化的模型，低碳技术在这个模型中变得更加廉价，并且使消费模式去物质化，这些活动产生的经济贡献意味着不存在净成本上的差异。

但是，大多数模型都无法分析技术变革的主要驱动因素，也无法评价技术变革的手段，包括优化经济发展过程（在这一过程中，大多数模型是通过外生性假设完成的）和脱碳（大多数模型的这一过程是完全由碳价决定的），这些模型也很难解释经济转型的成本。

基本原因相当简单：挑战来自如何综合利用三个领域的各种机制和相互作用，我们还没有可靠的量化方法。技术变革不可避免与经济增长的"暗物质"纠缠在一起，依赖于更加广泛的社会选择。模型的结果取决于假设，而实际经济影响却取决于经济和能源政策的综合作用。

由于没有考虑第二领域是如何隐含在人类活动的第一和第三领域的，我们陷入了错误的争论中。第一和第三领域过程既不实现内在优化，也不具有相互独立性——新技术不会一次只改变一个事物（低碳技术与高碳技术的不同之处不过是能够减少排放）；新型产业会对其他经济领域产生改变。同样，范围更宽的经济政策无疑会对能源和排放产生影响——正如第9章和第10章所述的电力市场自由化对长期研发的影响。

因此，抛开所有其他问题，一个能源部门内部感兴趣的问题不是减碳控制可能产生多大成本，而是更大的问题：能源转型怎样设计才能使部门内部适应，如何为持续经济增长的相关政策做出贡献，以及低碳发展为何、在什么情况下能够成为一个具有吸引力的、持久的话题。

为了回答这一问题，我们需要退一步观察更大历史模式的经济发展。

11.6 回到未来：工业复兴

对经济"新增长点"的需求能够丰富"绿色增长"的概念，许多国际经济组织越来越强烈地呼吁"绿色增长"，这些诉求是建立在更广、更深的历史传承基础上的。[54]

纯粹的第二领域世界遵循"市场充分利用所有可用资源"原理，"此范式也应该产生最优水平的创新"的想法扩充了这一原理，事实上两者都不成立。从这种怀疑角度来看，仅仅引用"绿色增长"一词便可能引起人们的恐惧：鼓励低碳创新会增加能源成本，使潜在收益从其他"非绿色"投资中挤出。有些国家甚至认为其实质是通过限制有限资源的使用而抑制经济增长、锁定不平等的一种方式。在国际政治领域，这个词也因此被赋予一些不幸的内涵，掩盖了真实问题。

因此，我们首先要重申本书前面已经讲述过的内容：经济力量广泛存在所有三个领域中，三个领域之间的经济力量相互作用，并共同引导创新的方向，能够使多种未来能源情景在相同的成本水平上得以实现。考虑到全球化石燃料市场和气候变化不稳定性产生的综合威胁，引导经济向低碳轨道发展是明智之选。然而，正如已经提及的，这需要付出努力，并且只有当代人利用更多的投资强迫变革走向正轨才有可能实现。这的确提出了一个分配问题——在当代与下一代之间以及当代不同群体之间进行分配的问题。在全球环境行动的复杂政治较力背景下，这种努力变得更加艰难。因此深入研究讨论仍然非常重要。

创新浪潮和增长周期

为了深入研究，回顾过去、追溯到战后长期经济增长之前的那一时期是一个有益的开端。事实上，经济学并不总是受稳定的最佳增长的想法控制。在上世纪60年代之前，大部分人感兴趣的是解释经济历史上出现的各个明显的周期以及周期性危机。[55]譬如李嘉图（Ricardo）、马克思（Marx）和熊彼特（Schumpeter）等经济学家，虽然他们的解释和政治意识形态不同，但都通过制度与技术变革之间的相互作用对这段历史做出了解释。以熊彼特为例，他提出了创造性破坏这一概念，他认为企业家的作用就是通过创新打乱现有秩序，从而对资本主义的动态发展做出解释。

图11-5概括了历史上技术范式与增长周期之间别具一格的联系方式。在19世纪后期，当第一阶段机械化完成后，在掌握蒸汽动力技术和铁路建设的基础上实现了工业革命；这两个因素拓展了获取廉价煤矿和铁矿的新经济前沿，完成了制造业产品（纺织品）与农产品全球化的第一阶段。最重要的是，这些商品现在均能通过远距离进行运输。

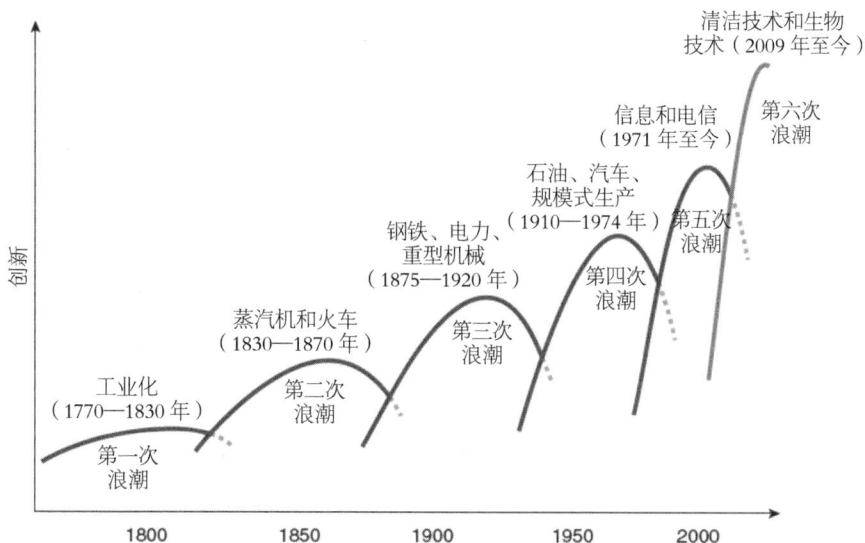

图 11-5 创新的浪潮

来源：作者参考 Stern（2012）和 Perez（2002）等文献完成。

19世纪末，当掌握了电力技术时，由于重工业史无前例地接触到电力，并且由于有了电力照明使人们能够获得更好的教育，从而涌现了新一波的增长浪潮。这些都出现于第一次世界大战爆发之前的那个美好时代，在一战爆发时终结。[56]

20世纪的核心经济引擎成为一战结束后的主要经济动力，一直持续到20世纪70年代，期间出现了借助规模经济的大批量生产，这通常表现在汽车业和电器行业，同时作为能源的石油价格越来越高。当世界大战终止这场前所未有的高速增长浪潮后，"辉煌的三十年"导致20世纪70年代爆发石油价格危机。[57]

毫无意外，稳定经济增长的数学理论在这段时间成为主流：受益于稳定增长，以及相关经济模型逐渐被经合组织之外的国家所接受，这类理论是时代的产物。这类基本模型经受住了石油价格危机事件的考验，并在20世纪80年代加强了人们对模型的信任。苏联解体后，其经济模式在很大程度上仍然是依赖于其电力和重工业的早期工业模式（在1919年俄国革命时期，这仍然占主导地位），并且受消费者市场引导，在以化石燃料为基础的大规模生产的经济模型中进一步增强了自信。

受信息技术和电信产业发展的刺激，新一波的增长浪潮又为这一模型提供了20年的帮助，尽管作为一种驱动力的信息技术革命产生的整体经济贡献似乎已经开始衰退。[58]

然而，如前所述，占主导地位的经济增长理论体现了二战后的时代特征：约一半的经济增长只能用"创新"解释，模型并未对驱动创新的因素进行结构分析。如果人们能够接受创新与社会转型的动态变化息息相关，那么社会技术进步推动了增长浪潮的看法就与基本模型完全一致。

这简短的经济史表明技术与制度变革共同演化，并且共同参与各行业、生活方式以及活动空间分布的大规模改革。如果没有铁路改革，美国的经济前沿便不会如此迅速地扩展到西部；如果没有照明和无线电，教育水平就不会以相同的步伐提升；如果没有汽车的广泛使用，城市扩张或大众旅游业就无法以相同的形式发展。

根据这一观点进行分析，持久衰退现象部分是"社会制度框架与技术经济领域'错配'的证明"（Perez，1985）。如果没有适当的机构（产权、政治结构、社会和商业网络）以及基础设施，新的技术范式就无法推广。这是中国19世纪错过欧洲工业革命浪潮的关键原因之一（尽管在17世纪中国与欧洲拥有可以匹敌的技术能力和收入水平）。这也是邓小平在20世纪80年代进行改革后，中国出现惊人的经济腾飞背后隐藏的原因。[59]

这便提出了一个明显问题：除了债务危机本身的融资来源，在世界范围内，持续的衰退以及当前经济低迷明显在全球传播开来的现象本身是否是当前流行的技术范式终结的一种征兆，以及新兴技术经济潜力与现有经济治理机构之间是否形成了一种错配。

除了推测还需做出实证分析，因此，我们首先需要正确理解推动那个时代生产力提高的经济引擎的性质。

三十（加二十）年繁荣期为何将近尾声？

以石油、汽车和规模生产为主的技术革命浪潮在二战后的"辉煌三十年"达到巅峰。集中化和更加自动化的生产技术使中间部门以及最终产品生产行业均出现巨大的规模经济。特别是在二战后，由于能够获得中东廉价的、巨大的石油资源，从而降低了运输成本，使工业化经济能够获取其他远距离地区的原材料（能源、钢铁、有色金属产品）。伴随着这些进展出现制度变革，从而创造了良性经济循环。这些改变以不同形式、不同速度推进，但拥有这些共同属性。[60]

这种制度变革的标志性例子是亨利·福特1914年在他的工厂推出的每天5美元工资制度。将最低日薪从2.34美元提高至5美元，这虽然增加了生产成本，但也刺激了汽车需求。从而使该产业得以扩大生产，并获得巨大的规模经济，也因此降低了生产成本。在各种因素的综合作用下，汽车这一属于精英人士的商品，在20世纪初期开始成为一种面向大众的产品。

这就是为何增长机制有时被称为福特主义。[61]它于20世纪30年代为罗斯福新政取得经济胜利提供了技术依据，这一新政使美国脱离了1929年金融危机后经济人萧条的泥潭，紧接着全世界也陆续出现经济复苏。罗斯福新政包括向基础设施提供巨额公共投资，为汽车、家用电器及材料产业的发展创造物质基础和金融基础，从而有力地促进美国煤和石油的开采。尽管不同国家有不同形式，但这种经济模式还是要求在社会和政治方面获得共识，通常涉及工会与雇员之间就消费最大化的焦点问题进行谈判。[62]

这一时代见证了凯恩斯经济学的统治地位。隐含的政策是：在良性经济循环中，工资随着整体生产力的提高而增长，并且公共开支可刺激消费支出以抵制经济衰退。但相反，市场全球化逐步破坏了这一良性循环，对工资和社会保障支出施加了竞争性的约束力。在上世纪60年代后期，廉价石油的枯竭以及对中东石油不断增长的依赖性向美国发出了第一次警告。上世纪70年代的石油价格危机揭示了能源是该增长机制的致命弱点。

福特主义和其他方面的危机带来了经济全球化。全球化的技术路径建立在规模经济的基础上，而越来越多的情况下，规模经济只通过国际市场实现。例如，一个中等规模的国家能够允许钢铁业的年投资达到1~3Mt，但年产量15~20Mt的钢厂只能面对国际市场。汽车零件的标准化也是一种迎合国际市场的做法，这能够使零部件企业更好地适应不同国家对终端产品的需求。越来越多的工业部门开始面临国际竞争，这些部门通过外包生产零部件或者通过创建跨国企业（例如雷诺日产尼桑（Renault-Nissan）或者空中客车集团（EADS-Airbus））使投资风险稀释在分散市场中。

曾经获得"辉煌的三十年"背书的政策逐渐撞上了一堵无形的墙，原因可能是由于提高工资、增加公共支出导致需求增加，或者宽松的货币政策导致进口增加而没能提高国内生产。[63]

在全球范围内，当石油冲击的影响减弱后，主要通过两个渠道迅速恢复增长：（1）新兴经济体采纳既有模式展开工业生产竞赛，起初受到西方投资者逐利的驱动，（2）西方消费者希望获得廉价商品。但是，"有益于通用就是有益于美国"这句名言已经不再是真理。[64]

据相关解释，在上世纪90年代，全球化带来的困难尚未产生影响，并且事实上，在贸易自由化背景下，给经合组织范围内基于信息技术（IT）的新增长周期松绑需要进一步自由化以及更宽松的银行管制。随着全球化的实现，IT革命为福特时代的延续做出了贡献，但并未从根本上改变发展趋势。事实上，正如所讨论的（参见注释58）和图11-5所示，其经济影响存在的时间看起来非常短暂，但西方债务的增加导致产生实际增长的假象。

自2008年以来，造成持久经济低迷的诸多原因都归咎于金融杠杆错位导致的分配效应上。金融的虚假繁荣，使西方国家对消费脱离物质基础不断上升这一不切实际的幻想持续了20多年。[65]增加房地产价值对经济增长毫无意义。这种首先出现在美国，随后被几个欧洲国家仿效的做法，即便没受到鼓励，但无疑得到持久繁荣幻想下鼓励消费政策的背书。[66]

在本章的最后部分，我们返回来再讨论债务问题和经济衰退以及它们与能源和气候政策的相关性。首先需要理解经济不景气的其他更加基础性的原因，并且经济停滞正在成为全球性的现象：福特主义良性经济循环的社会技术基础开始失去活力。

这是出于三大原因：

● 规模经济开始出现饱和。在钢铁产业、"半耐用"产品（汽车、电器）行业以及食品行业等中间部门中最简单的规模经济的活力已经耗尽。由于管理更加复杂系统的成本增加，以及投资与回报周期越来越长导致的风险增加，其他规模经济的获利性也降低了。另外，受惠于大规模生产用上了汽车和半耐用消费品的中产阶级的需求发生很大变化，他们转为更加青睐那些质优、品种丰富的产品和服务，这些不可能推动诸如餐饮业和旅游业的规模经济发展。建筑在规模经济上的生产力也不会永远持续发展。

● 滞后的消费模式对人类和环境产生的影响。福特主义增长模式导致的超出预期的环境和社会外部性在上世纪60年代已经开始显现。[67] 正如第1章所述（参见1.2的 "What comes out（产生什么结果）"），越来越多更富裕的人们生活在越来越差的环境中。改善环境是必要的，也是有益的，但并不是免费的。尤其是涉及脱硫等"末端"措施时更加明显。工业化食品生产是一个典型例子，在"绿色革命"取得巨大进步后，农药、化肥和能源使用的累积效应对农业生产力产生越来越多的负面影响，这显然无法满足人们随即提出的更高的食品质量和安全要求。[68]

● 能源脆弱性。最明显的例子就是发生在上世纪70年代的两次石油危机以及随之而来的金融危机（参见第1章，注释7和8）。在"辉煌的三十年"，由于城市扩张和准时化生产工艺增加了交通需求，因此经济变得更加依赖石油。在美国，中低收入家庭的交通开支平均占家庭支出预算的26%~29%，相当于用于住房的开支。平均55%至62%的收入用于新的"基本需求"——这是人的一种脆弱性，这也降低了他们对其他产品的购买力，因此进一步削弱了福特主义的良性循环。[69]

在经济增长的古典理论中，环境和能源（以及其他自然资源）都是"中间产品"，在增长方程式中相互抵消，这掩盖了经济应有的核心作用。生产力增长的性质与成因的复杂性，以及"创新"暗物质对经济的贡献，模糊了福特主义规模经济引擎的核心作用，填补理论和即成现实之间的差距。无限经济增长的预期所遭遇的现实瓶颈，不仅仅体现在有限的环境与资源方面，还体现在过去半个世纪都维持持续供应的基本"燃料"上——20世纪以化石燃料为基础的产业规模经济正在衰退。[70]

绿色增长，第一步：低碳发展的技术经济特征

将能源和脱碳联系起来时，我们可以看到"绿色增长"更加诱人的一面。增长要求创新；绿色增长赋予创新的方向和目标。而脱碳有助于减少经济暴露于化石能源市场的不稳定性。结合起这些因素，要求我们加速创新，其中一些需要创新的部门在历史上是全球经济中最不具备创新性的。这也暗含着要求产品差异化发展——正如上述主流文献所认可的，差异化的产品可成为创新和增长的一个重要刺激因素——拥有不同环境足迹的产品将面临不同的市场需求（第9章）。绿色增长还提供了一种新的发展路径，使经济发展超越行将就木的工业范式。[71]

事实上，在纯粹的技术经济层面上（借用佩雷斯（Perez）的话），低碳转型具有明显的经济优势。涉及的主要部门包括基础设施（交通、建筑、能源）、物料替换、电力设备和农业产业，这些部门加起来占用了大部分投资。如果用"象肉炖兔肉"的比喻来证明"能源和气候响应将覆盖更加广泛的经济活动"这一假设，那么上述部门仅是几块兔肉。但这一比喻忽略了能源消费部门在资本形成中发挥的关键作用。

从这一角度看，大部分主流经济人士对气候变化的关注度明显不足，反映了从实现出发的金融和GDP的抽象性；气候变化提供了一个总体背景，这也可能有助于经济界重新与经济体系的物理基础联系起来。

由于这些产业不仅包括生产商品也包括消费商品，因此它们有可能在需求（节能建筑、电动汽车、智能用电、饮食）和供给（智能电网、新材料和基础设施）之间形成一种良性循环。与天真的非物质化幻想相反的是，信息技术可能有助于推动新一轮的增长浪潮，主要驱动力来自信息技术能够使这些基础设施部门加速采取"低碳范式"。

全球化的失衡给低碳转型带来的优势是：大部分相关产业都面向国内市场（建筑、交通运输、国内可再生能源）。[72]因此，将会导致以出口为导向的发展战略减少，并且可能有助于平息出口型产业之间的工资竞争，同时缓解汇率操纵带来的紧张局势。第3章（图3-6）强调了资源重复利用和回收的潜力，也指出了从废水中创造经济价值的潜力，反映了商业界新出现的"循环经济"理念。[73]

向建筑、交通运输和能源等部门投资也有助于促成更具包容性的增长。毫不奇怪，已经接受了变革的工会（与此相反的是，通过保护高碳产业抵制变革）现在已经开始重点阐述"只是过渡"的重要意义。[74]

请注意，这比表面现象更加微妙，必须深入理解当前的经济低迷形势和全部三个领域的情况。我们知道有两个事实是肯定的。第一，从我们周围的世界来看，政策制定者正在努力寻找有效的经济政策。第二，基于本书上述所有内容，如果脱离更加广泛的经济和社会背景，使社会仅仅受到高碳价的打击，则既不具有政治可靠性，也不一定是一个有效策略。说它没有政治可靠性，是出于第 1 章和第 2 章所述理由，与人们对气候变化保持一定的心理距离和无法就"碳的社会成本"达成共识有关。此外，还因为它产生了第 8 章所探讨的分配问题，却没有述及可能有助于解决第一和第三领域的分配效应和总成本影响的关键机制，所以也不是有效的。

进一步强调这一点：创新需要改变，而改变可能由大棒与胡萝卜结合所产生。如果价格是碳密集型活动的大棒——我们在下一节重申其重要性——转型创造的收益就是胡萝卜，所涉及的广大行业也需要胡萝卜。[75] 因此，相关争论开启了一个完整的循环，并且强调利用所有三大支柱政策来治理全部三个领域的重要性。需要重点关注经济和制度的配套变革，这可能会推动基于向高效低碳社会过渡的长期经济发展新浪潮。[76]

就像在过去，如果不减少机构和新技术范式关键特征之间的"不匹配"，就不会出现这种良性循环。这就需要明智的政治选择，但是，除非低碳政策可同时应对眼前的经济和金融紧张局势，否则就无法做出这样的政治选择。反过来说，这给我们带来了最后一组关联性问题。

11.7　缓解萧条：金融与投资

毫不奇怪，这场争论的高潮导致此时在全球的宏观经济中出现金融、投资和价值等问题。然而，在关于行为经济学的第一领域中，我们拥有共同的出发点：需要了解人类行为和制度表现的现实情况，而不拘泥于完美的最优化系统的刻板形象。

事实上，这会促使一些人大胆地辩称全球经济处于一种完美状态中——"最佳生产前沿"（第2章）。因此，我们返回来再从更广泛的视角分析过去关于"负成本方案"和"无悔政策"的争论。在能源世界里，这些辩论始终关注纯粹的技术选择——"自下而上"的评估描述了技术潜力，但是没有就为何节约成本的方案没得到充分利用以及怎么做才能改变这种情况做出解释。然而，在宏观经济模型分析中做出相反假设不能解决问题——我们需要理解的是：在一个虽然不受第二领域假设限制，但是由那些在动荡年代里预见能力并不完美的决策制定者在各种约束和压力下进行决策的世界中，我们该做些什么。大部分能源气候模型忽略了第一领域的现实情况、基础设施的作用、城市形态的变化、创新链中缺失的环节、税收制度扭曲以及劳动力市场和资本市场的实际行为有多么重要。

因此，关于"负成本"的讨论必须考虑宏观经济政策。正如技术和能源市场的选择是由微观行为以及有组织的现实情况形成，包括受现有结构约束的劳动力市场和投资行为、变革的社会阻力，以及国内和国际市场诸多扭曲的现象也是如此。这些摩擦都具有宏观经济影响。经济并没有处于稳定的发展路径中；经济衰退和失业是调整失败的证据。当行业缺乏技能、基础设施或者供应链时就会失败，比如，当创新链失效（第9章）、产生锁定效应（第10章），以及储户不愿投资时（这是至关重要的），上述问题就会出现。

这样明显的缺陷当然有利有弊。有可能妨碍经济的低碳发展，或者导致成本高于完美模型分析所建议的成本。例如，一个应对信贷紧缩的措施是巨大的政府资助刺激计划，一些国家，最明显的是韩国，特别关注它们的绿色技术和产业计划。这使人感觉良好，但是许多国家现在由于庞大的债务水平而不可能重复这种做法：如果西方因为债务缠身而无法承受持续的刺激，那么就增加了一个标签"该刺激没有起到帮助作用"。这是现代世界中的纯凯恩斯主义经济刺激政策的局限性。

正如前文所述，关于脱碳有一些积极的宏观特征和更接近真实世界的模型分析，可以增进对这些特点的了解。在欧洲的一个例子就是受欧共体能源局委托执行的一项重大研究，此研究旨在检验欧盟能源脱碳路线（至

2050年大幅降低二氧化碳排放）对GDP和就业产生的潜在影响。众多参与机构以及两个完全不同的经济模型确认脱碳发展路径对GDP的影响很小，但就这些影响是积极的还是消极的却持不同意见。然而，它们都认同增加国内投资将会增加净就业数量，降低失业率。[77]

要了解通过脱碳发展路径解决当前经济低迷的潜力，还有最后一步：深入了解金融机制。

布丹驴 ①

在我们所生活的年代，超巨额债务与大比例储蓄共存，如在中国，储蓄占其GDP的45%；在福利国家，公民享有高额退休金和各种保险；而在石油输出国，主权财富基金也占有巨大比例。在现实中，两者必然存在关联：坐拥大量资金流的融资者掌握着国家债券的收益。大量的储蓄导致了这样一个结果，在过去20年里，商业环境引导越来越多的投资者倾向于进行短期投资，获取套利收益，而对长期的企业增长性投资不闻不问。[78]他们沉迷于如下做法：利用对所有人都不透明的方式低估那些对市场有吸引力的创新市场金融工具的风险，并与此同时使用借款额度（如举债收购）。结果是，寻求风险调整收益的资本市场有高达10%~15%的比例停止向产业投资，投机者利用储备资金来寻求资本收益，造成了房地产泡沫。随着泡沫破裂，金融管制必然紧缩，资本却不知该何去何从。

这种情况类似于在一堆干草和一洼水之间徘徊而死的布丹驴。[79]这是一位神学家精心绘制的一幅漫画，他认为：等到了解所有事实并且权衡利弊之后再作决策就为时太晚了。储户不知道到底如何向行业投资。这取决于债务政策、增长政策和气候政策的相互协调：必须使布丹驴警醒。降低与低碳项目有关的投资风险不仅将会吸引投资，也有助于清理储蓄过剩，以及解决导致金融危机的一个结构性问题。

这些当然是"更宽松的"选择，特别是放宽货币政策与环境政策。凭

---

① 译者注：Buridan's Donkey，布丹驴是一种哲学悖论，假设一头驴又饿又渴，站在一堆干草和一趟水洼之间，无论走向哪边，都会得不到另外一种补给死掉。这个悖论根据他的提出者，14世纪法国哲学家让·布丹命名。

借页岩气和页岩油带来的能源富裕新时代提供资金扶持，有利于凯恩斯式契约的复活。这相当于试图重新恢复和扩大一个基于不可持续的消费增长模式的旧范式，依赖金融和自然资源的债务，天长日久仍会积累许多问题。[80]

出于第10章所阐述的原因，这是相对容易实现的短期途径：进一步放松银根，使资本流入与传统化石燃料有关的企业，从而拓展化石燃料前沿。但这是一种零和博弈：是利用较低的能源价格吸引重工业投资的竞争，是在当前结构短期利益与全球低碳经济和稳定气候长期利益之间的较量。在此背景下出现的页岩气革命是一把双刃剑：在适当环境中加以合理治理，可以替代煤，以及减少排放和降低能源价格，但其自身的排放和地质特征对此贡献形成了限制，并且这是一种权宜之计或过渡方案。

很显然，页岩气并不意味着全球化石燃料市场不稳定（或高价格）局势的结束，以欧洲为例，最后一章概述了其在这场博弈中为何无法超过美国。在没有强有力治理的条件下，存在远离经济动力核心的风险，因此需要转为采用一种基于可持续金融的新增长模式，从而实现跨部门低碳创新。最终，政府不再保护能够带来气候风险的化石燃料投资（和投资者）。

绿色增长，第二步：为低碳发展融资

为实现与环境需求相适应的经济目标，关键是为低碳投资吸引巨额的制度资本流——比如退休金和各种保险以及主权财富基金。投资资金数额庞大，需要数百亿美元。目前，此类金融正在产生微薄的收益，通常不超过2%。这表明其极端厌恶风险——也表明其巨大的资源浪费。使全球能源体系实现脱碳发展所需的额外投资需要一大笔资金（5 000~10 000欧元/年，参见第10章和附录），但也仅占这些剩余资本的一小部分。

在这前所未有的低利率时代，基础设施投资可能是一个极具吸引力的建议。正如第10章所述。低碳转型主要涉及基础设施，其中大部分是资本密集型投资创造的长期价值流——高效保温建筑物、高速铁路，或者可再生能源带来的低价能源。正如第3章所示，低利率水平下可再生能源的净成本极具吸引力。使人们不敢投资的因素是风险，其中一部分是技术风险，但大部分是政治风险。[81]

从概念上讲，最根本的一点是"约束可以降低风险、提升价值"。金子比水更加昂贵，因为它是如此稀有，但是对黄金的欲望是一种纯粹的人为因素。能源是一种基本需求，并且化石燃料资源和大气容量存在物理约束，这意味着低碳能源的价值必然会随着时间的推移而上升。因此，在全球经济中，科学可以为新价值提供基础——前提条件是确定能够把长期资金吸引到真正的投资中去。

实施方法有许多种。一种做法是由各国组成的一个足够庞大的集团认同一种普遍的最低的"碳的社会成本"，此社会成本将随着时间的推移而上升，直到排放量下降至足够低的水平为止。实施这种做法的几种机制应包括碳税（第6章）或者在排放交易体系中制定一个最低价（第7章）。

这些做法能带来直接价值，但是仍有很多方法能够提高"低碳"吸引投资的效率。充分地讨论相关措施涉及面非常广，从"绿色投资银行"到特定项目的低碳投资债券，以及许多其他相关建议，不在本书介绍范围内。银行和机构基金可同时发行吸引国内储户和机构投资者的"碳"金融产品，并且提供略高于常规安全存款的有保证的投资回报率。国际货币基金组织的中央银行可以设置碳的提款权，通过碳证向开发银行和投资银行提供低风险贷款，甚至可以开发基于碳的长期价值的国际金融产品，以及满足金融系统长期、可持续性投资的需求。[82]

我们用一个终极悖论作为结束语。我们已经强调：过渡是不容易的，也不是无代价的，因为它真的需要大量的努力和投资才能使我们远离错误的路线：在本章中间部分所述的模型分析结果显示，在几十年里，转型成本占GDP的比重很可能达到或超过1%。我们很自然地会认为在那些正在经历经济困境的经济体，譬如欧洲，很难保证这一支出。悖论是：在持续的经济衰退、居高不下的失业率和经济不确定性笼罩下，这些国家的大量劳动力和金融资源被闲置。已经成功地建立了碳定价法律基础的也是欧洲——而且就出台于欧洲身处最困难的时期。如果可以使低碳投资转入一个可靠平台，辅之以第一和第三支柱的改进政策，欧洲被浪费资源最终可能被用于经济复苏、稳定金融体系和经济增长脱碳的联合行动中（在结论章节中，我们反过来再考虑一些特定的政策措施）。这些在以往的经济衰退中陷得最深的地区可能就是启动下一轮经济复苏的最佳地区。[83]

11.8　结论

旨在分析低碳发展路径的大部分经济分析始终专注于评估满足大气"碳约束"的全球成本。这被认为能够构建一个关于"成本收益"的话语，用来解释成本是否以及什么时候能够超过收益。在第1章中，我们证明并解释了：事实上，经济学界已经完全没有能力为减缓气候变化行动带来的成本提供有效的货币化估算，第2章假设了"成本收益"框架实际上可能是在提出错误的问题。

在支柱三部分结束之际，我们能够描绘一个完整的画面，经济学不能提供有意义的长期减排成本估计，理解这一事实我们才能够开始新一轮的、更有意义的讨论。

重申一下，许多证据均已显示了这一结论。事实上，这隐含在第9章关于创新和学习曲线的技术讨论中，第10章关于部门和能源系统转型的含义也有相关内容。图10-6可以充分反映这些内容，该图总结：包含引致创新和化石燃料资源的全球能源系统模型能够模拟在同等成本水平上截然不同的全球排放情景。

这与政府间气候变化专门委员会（IPCC）做出的全球排放情景异曲同工，在关于发展路径选择和技术演进方向的各种不同假设的基础上，最终生成的一系列"无政策"情景本身也存在巨大差异。

基于经济体系是一个优化系统，增加约束条件（比如 CO_2）必然会产生经济成本的假设，招致了许多经济学家的反对。本章已经说明这一假设中存在的错误。经济增长理论原型模型中的任何内容都没有说经济系统将带来"最优"增长：事实上，与此理论一致的观点认为：大约半数的经济增长推动力都必须在其他方面做出解释。许多这样的"剩余"对第一和第三领域中的过程做出响应，并没有内生最优化的倾向。事实上，尽管第二领域经济学印证了古典理论的观点，全球经济的多样化状态使人们很难认同这样的观点。

不完美才是现实。问题是，应对气候变化的明智政策在这种情况下是否以及如何能够取得更好的成果。支柱一的各章内容介绍了能效政策的路径，支柱二概述了包括第二领域在内的不同情况下的适用政策，例如，充满逆向补贴、商品周期及金融系统不稳定性的情况下如何作为。支柱三强调了创新对技术和体系发展所做的贡献，从能源创新的特征（第9章）到产业转型（第10章）对宏观经济的累计影响，最终讨论了经济增长理论和现实中经济衰退与不稳定的矛盾（第11章）。这一切都强调脱碳既需要成本也需要机遇，并且两者必须兼具。

最后，我们重申从本章开篇便提出的注意事项：本文专注于增长和GDP，并非福利。为发明GDP指标做出贡献的人们自己往往发现："无法从一个国家的收入水平来推测该国的福利水平"（Kuznets，1934）。关于全球发展与环境的更多文献既包括"经济"也包括"社会"方面的论述，但后者更直接地强调社会、能源和环境体系与其暗含的生活质量之间的关系。[84]本章仅限于论述传统经济指标；进一步的全面分析应包括更加广泛的福利指标。[85]

然而，基本结论仍然是：未来是自由开放的，而不是命中注定的。我们经济财富和福利的提高不会受到我们有限环境的约束，而会受到我们的选择以及那些推动我们经济社会发展的数不尽的其他实际因素的约束。

注释

1.感谢 Aurelie Mejean 和 Simone Cooper 对本章所做出的贡献。

2.BBC调查，2013年7月。

3.科齐委员会关于GDP作为政策干预的主要评价指标的不充分性的研究最具权威。在该机构的评价中汇聚了相关领域世界顶级的经济学家。该报告（斯蒂格利茨等人，2009）提出："当狭隘的市场表现措施与更广义的福利措施混淆时……应特别关注的是……我们认为什么会对我们的所作所为产生影响；如果我们的度量指标出现问题，则可能做出不正确的决定。政策应以增加社会福利为目标，而不是 GDP。"在没有增长的繁荣情景中，杰克逊（Jackson，2011）提供证据认为，增加消费和物质增长不会给发达经济体的人类福祉做出贡献，甚至还可能会产生阻力，并且呼吁重新界定繁荣的含义。这些关于指标和人类理想变化的问题非常重要，并且得到许多著名经济学家的认同，但不在本章所述范围内。就本书而言，GDP 的核心局限性之一就是其假设市场反映有效的价值表达式。但是，显然它们无法反映后辈将会施加在我们的行为之上的价值——包括消耗有限自然资产的成本，或留给后代人治理的污染问题。正如第 1 章所述，从根本上讲，这也解释了为何大多数经济学家不接受把市场折现率视作社会时间偏好率的一个合法量度。

4. 参见第 9 章，9.10 节"波特的观点"。

5. 政府间气候变化专门委员会第三和第四次报告中给出了关于所谓"自下而上／自上而下"争论的更多信息（IPCC，2001；IPCC，2007）。寻求弥合（或者至少解释）差距的主要文献包括 Grubb 等人（1993）和 Hourcade 等人（2006）的文章。阅读一名分析家撰写的一篇名为"Been top-down so long it looks like bottom-up to me（对我来说，自上而下看起来就像自下而上）"的文章是一次令人愉快的知识之旅（Huntingdon，1994）。

6. 象肉炖兔肉的比喻由 Hogan 和 Manne（1977）提出。

7. 参见 Ghersi 和 Hourcade（2006）的文章。

8. 例如，参见 Stavins 教授就气候问题的科学观点与经济观点之间的历史鸿沟所提出的研究结果（第 1 章，注释 44）。虽然这一鸿沟已经随着时间推移变窄，但对于解决方案的潜在性质和可能产生的成本却始终没有形成有交集的意见，这也是本章努力解释的。

9. 索洛后来将增长模型描述为"一个框架，人们在这个框架中可以严肃地讨论宏观经济政策，这些政策不仅可实现和保持充分就业，也可在当前消费和投资之间做出谨慎的选择，并且因此也可在当前消费与未来消费之间做出谨慎的选择"（Solow，1987）。在关于经济系统和凯恩斯主义政策的非最优性的辩论中，他后来认同："从短期时间尺度来看，我觉得有一点'凯恩斯主义'是一个很好的相似点，当然比任何直白的'新古典主义'更好。从长期时间尺度来看，令人感兴趣的问题最好放在新古典框架中研究，关注凯恩斯主义会分散注意力……在五至十年的时间尺度内，我们必须竭尽所能地将分散的事物集中起来，并且寻找一种能够执行这项工作的混合模型。"（Solow，2000）。"五至十年"仅是中间阶段的事实意味着：增长模型的"极长时间尺度"实际是指 15~30 年的过程——就任何正式的经济理论而言，这时间显得非常漫长，但就能源问题和全球环境而言，则又显得非常短暂。

10.因此，经济增长的平衡方程式可正式写作 GDP+IC=C+I+IC，式中，IC 表示所有的中间消耗（和生产）。一个经济体中售出的产品总和表示为 GDP+IC：也就是，当我买一个番茄时，我支付的是生产这个番茄所消耗的能源、水和运输的成本，而不仅仅是农民和商人的工资与利润。在一个整合模型中，中间产品是指类似果冻一样的同质产品（Robinson 和 Naqvi，1967），因此，在方程式的两边可以相互抵消。但是，在一个无法累加和替代的拥有许多不同分散产品的多行业模型中，却可能无法抵消。只有在可以使用纯粹的货币指标累计所有中间产品时，古典模型才能获得正确的算术值，并且倾向于提供一个多少有点无形的增长引擎，在这一引擎中，贯穿整个经济系统的主要物质流（比如能源和材料）倾向于变成隐形的物质流。

11.劳动力取决于人口规模，这无法用消费或投资水平进行解释。用经济术语来说，K 是内生的，受经济决策影响，而 L 主要是外生的，这是经济模型无法决定的，例外情况是，工资水平可能影响就业。生产设备的积累速度越快，经济增长便越快。

12.也就是说，在一个平衡方程中，如果经济恒速增长，那么这个方程等于零。

13.Meadows 等人（1974）。

14.关于原始模型和分析，参见 Solow（1957）的文章。对于美国战后几十年的数据回顾，可参见 Denison（1985）文章。一项法国研究

（Berthet 等人，1965）回顾了 1949 至 1963 年的数据。另外，很多其他研究结果几乎都确定需要使用"索罗剩余"对所观察到的经济增长做出解释。

15. 在原始处方中，剩余 A（t）完全中立，同等地适用于所有生产要素（劳动力、资本等）（被称为"希克斯中性"假设）。另外，也可能是另外一种情况：技术可提高劳动力与资本生产率的比值（哈罗德中性（Harrod neutral））或者相反（索洛中性（Solow neutral））。希克斯中性（Hicks-neutral）是指：对于一个给定的资本与劳动力比率来说，边际产品的比值保持不变（$Y=AK^aL^{1-a}$）；哈罗德中性是指：对于一个给定的资本与产出的比值而言，相关投入比例保持不变（$Y=K^a（AL）^{1-a}$）；索洛中性是指：对于一个给定的劳动与产出的比值而言，相关投入比例保持不变（$Y=（AK）^aL^{1-a}$）。

16. Ramsey（1928）。将增长模式转变为最优化系统的努力后来被索洛（1987）描述成："最终的结果是形成一个结构，在这个结构中，整个经济体被假设为一个需要通过时间解决的拉姆齐最优增长问题，并仅受偏好和技术的静态随机冲击干扰。经济体针对这些情况做出最佳调整。此类思维定式导致所观察的路径被自动推定为平衡路径。因此，我们需要关注我刚刚描述的反映实际资本主义世界的模型结构。我们过去所说的商业周期——或者至少是繁荣和衰退——现在被解释为与生产力和休闲愿望的随机波动性对应的最佳路径优化问题。"

17. Ahmad（1966）首次利用一个历史"可能性边界"来构建一个关于创新的简单理论表达方式。

18. 在经济变迁和路径依赖的更广义的数学解释方面的先驱是 Arthur（1989）；关于演化经济学与路径依赖的更加全面的讨论，请参见第 10 章的 10.3。在艾哈迈德（Ahmad）模型中，在每个给定时间点的一系列相关价格决定了在一个指定方向累积的实践学习量，这显然是发挥作用的整体进化力量的一个子集。

19. 关于创新链中的推拉力混合模式的讨论，请参见第 9 章，尤其是 9.4 和 9.5。在计量经济学文献中，Griliches（1957）针对杂交玉米给出了一个需求拉动的经典示范。Mowery 和 Rosenberg（1979）撰写的文章或者

Scherer（1982）的计量经济学研究倾向于强调"供给推动"的作用，其中，创新可能不太容易利用需求和相关要素价格进行解释。

20.本章的简介部分提到：在任何给定行业中，创新投资的宏观经济影响暗含着一种平衡，这是"挤出"（利用聪明的研究人员或者可能对其他创新做出贡献的其他资源）与"溢出"（一个部门的创新收益向其他部门溢出，正如所述的不同溢出效应，包括从军事研究向核能以及燃气轮机行业溢出）之间的平衡。暗含的意思是，阿罗（Arrow）模型表达了这样的观点：这两种力量从长期来说是平衡的——或者至少无从知道哪个力量占据主导作用。在清洁技术方面，这意味着：从总体水平来讲，清洁行业超过高污染行业的投资挤出效应（即：高污染行业的"干中学"滞后）完全被清洁行业向其他行业的知识溢出抵消了。

21.Lucas（1990）。自那以后，生产力差距已经大幅缩小。

22.Romer（1990）发现了产品多样性作用，而 Aghion 和 Howitt（1992）讨论了产品质量，两者进行的分析均涉及这些因素在经济增长中的作用，但似乎都没有得到如下结论：如果没有这些多样性，与降低它们的财务成本或者环境成本的创新的总体宏观经济价值相比，生产同质产品的部门将可能系统地出现创新投资不足的情况。关于与能源创新宏观经济学的联系，请参见第9章，尤其是9.6。

23.Sala-i-Martin et al.（2004），回顾了长期增长的主要决定因素，发现18个参数在非经济因素之中产生重大影响，好像小学入学一样重要。非但没有清晰的计量关系，还往往倾向于在小组（拥有类似增长模式的多个国家）中形成一定的收敛性；面临的挑战仍然是理解一个国家是如何从一个小组过渡到另一个小组。它们面临着在一定整合水平，以及在长度足以支持稳定的计量关系的时间序列上测量各种参数的困难，譬如私人部门的研发投资（在许多行业，专利数量是衡量创新的一个极差的指标）或教育水平等参数。

24.例如，普京总统的经济顾问竭力辩称批准《京都议定书》对俄罗斯不利，理由是：为了实现经济复苏，俄罗斯需要大量增加CO_2排放量。在这种情况下，这些预测被证明只不过一种幻想而已。

25. 参见第1章（图1-6和图1-7）和第7章（7.6）。关于俄罗斯预计提高排放量的历史背景，参见http://www.climatestrategies.org。

26. "我发现，即使这些更深入且更详尽的内生增长模型都停留在一个武断的线性假设上，认为增长速度是可能被政策操纵的相当简单的一个函数"（Solow，2001）。

27. 这种结构变化部分受消费模式改变驱动（例如私营运输对比公共运输或者饮食中的肉含量），还有一部分是受各行业生产率上升的相对速度驱动的。这就是为何Solow（1956）提出，简单的增长理论可以"用作加载多部门模型的一个背景，这些模式可能会试图执行超过其实际能力的工作，以及作为一个简单、强大、量化的宏观经济因果影响命题的框架"。他还指出："理智的人仍然相信，投资刺激利用其对技术从实验室向工厂转移的影响将会加快中期增长。"

28. 如果利用不受约束的规模经济，生产便会趋向无限发展，并且不存在向一个稳定的增长途径收敛的可能性。此外，规模经济是租金的来源，针对租金分配可能制定的任何规则都不会像在它们的生产力边际水平的生产要素报酬那样简单。之前提出的一个理由是，在中间部门（钢铁、有色金融、石化）和制造业（汽车、半耐用品）中的规模经济允许最终消费量在一定水平上增长，但不得高到足以吸收可用劳动力的程度。因为那样，这些劳动力便转向其他行业（服务、卫生、教育、安全、管理），这些行业更具劳动密集型特点，但从规模经济和"干中学"获得的收益很少。

29. 这个整合问题是"自上而下"与"自下而上"模式之间始终没有联系的根源，也是试图弥合这种分歧的大多数努力均不能令人满意的根源。

30. Thirtle和Ruttan（1987）。

31. 经济增长理论界对能源和环境问题做出的主要贡献是，将这些问题纳入现有的外生经济增长模型中，例如：Solow（1974）、Nordhaus（1974）。

32. 举例，Ayres和Kneese（1969）提出的意见。

33.因此，模型的方程为：Y（GDP）=A（t）×F（K，L，E）。

34.部分批评不恰当。如果节能投资需要更高的资金成本——在没有掌握技术知识的情况下——那么，为了节约一定费用，其他生产资本（机器、基础设施）的购买力将下降，从而降低了经济增长。用我们的比喻来说，当汽车转向剑桥行驶时，汽车中所加的汽油还是相同的，但道路更加狭窄，因此使车速降低。但是，由于能源与其他生产要素之间的整合替代没有实证依据，因此部分批评也是正确的，因为人们可以认为总是能够以低成本"拓宽道路"——利用其他物质替代现有能源资源。关于可持续性的强和弱之间的讨论最终都涉及是否能够寻找到通过技术手段制造替代物来代替有限自然资源的依据（Common 和 Perrings，1992；Hartwick，1978；Pearce 和 Atkinson，1995；Toman 等人，1993）和/或能否克服热能损失（Daly，1997；Ayres 等人，1998）。

35.遵循一种与环境库兹涅茨曲线相似的模式。

36.AEEI由 Manne 和 Richels（1992）提出。

37.这是由 Dale Jorgenson 与 Barbara Fraumeini 在 1981 年开发的，为 Dale Jorgenson 和 Peter J. Wil-coxen（1993）开发的动态一般均衡模型（DGEM）提供了支持依据。Jorgenson 和 Wilcoxen 的模型包括30个产业部门。该模型使用 F（K，L，E，M，t）代表每个产业部门的生产函数，K、L、E、M分别代表资本、劳动力、能源和其他投入，使用t代表时间。在 Jorgenson 和 Wilcoxen 的模型中，各部门（和整个经济）的能源含量不仅取决于相对于其他投入价格的能源价格，还取决于各行业能耗强度的外生性趋势。如果历史数据分析显示一个产业部门的能耗强度增加，这表明技术倾向使用更多的能源的方向变革。他们从这点结合美国数据得出结论："相对能源价格发生的任何增长都将导致全要素生产率增长放缓"——也就是经济增长放缓（Hogan 和 Jorgensen，1991）。参见注释38。

38.首先，所采用的方法认为技术的最优组合是由一个给定能源价格选定的。第二，研究期限可能导致结果有所偏差，可能会混淆相关性与因果关系。这延续了 Pindyck 和 Rotemberg（1982）以及 Berndt（1983）的观点。F（K，L，E）和F（K，L，E，M）函数的一个固有的局限性是：它们使用各行业生产成本中的能源占比数据，借助包络定理来推导隐含的"技术函数"。只有当所有特定技术组合对当时的相对价格达到最优时，这个定理的使用才有效。这是一种大胆假设。Frondel 与 Schmidt（2002）利用重复上千次研究所做的整合分析表明：由于在长期内价格发生剧烈变化，这种技术可能会陷入僵局。此外，所考虑的时间范围不仅包括"辉煌的30年"，这是发生剧烈经济增长的阶段，它将廉价能源与基于汽车使用的生活方式结合起来；还包括第一次石油价格危机之后出现经济不稳定和经济放缓的20年。二战后的经济周期和能源价格之间的相互关系使人们很难将它们的相互影响拆解开。例如，如果应用该方法，美国过去的30年里将会造成2002—2008年之间从经济放缓到能源价格上涨，而不是美国的房地产泡沫产生的影响以及对银行系统的影响。当统计意义上的相关性无法通过稳定性测试时，问题更加突出，比如在1960—2000年而不是在1955—1995年进行调整时，基本上会使各种结果都发生改变（Berndt和Wood，1984；1986）。

39.正如 Hamilton（1996；2012）发表的观点。能源价格突涨会提高生产成本、降低购买力，并因此使增长放缓，特别是在涉及进口时；与收益和投资（如果面向国内）有关的能源价格上涨以及提高效率产生的潜在积极影响通常会持续很长时间。欲知进一步讨论，参见第1章注释8和9。

40.Hourcade 等人（1996）。在大部分研究中，能源价格仍然是加速低碳技术渗透的一个重要因素。

41.论证如下："价值1美元的能源研发的机会成本是，在消费、实体投资或者向其他研发项目的投资这三项活动中的任何一项的可用预算都不足1美元……由于研发投资的社会回报率是其他投资的5倍……因此向其他研究挤出的任何研究成本都是4美元……抛开"部分能源研发的挤出效应所产生的收益是政策性能源研发收益的两倍"这一假设……这表明，模型分析忽略了研发项目开发新技术所需成本，比如那些仅仅依靠干中学的项目，因此夸大了政策性技术变革产生的收益"（Popp，2006）。

42.这是 Arrow 的"干中学"模型中的案例。

43.首先，精确模拟私人研发投资存在挑战，因为这些投资在各行业和不同国家中的核算方法不同。第二，没有明确的指标能够描述创新率，创新率仅在微观层面反映创新水平。专利数量往往作为一个代理变量，但只能在几个行业部门的创新链的早期阶段（而不是整个过程）反映创新水平。

44.Hallegatte 等人（2008）。根本问题是：金融资本的流动性远远超过物理基础设施——因此，比耗时较长的工程措施和创新投资更加"不耐烦"，特别是在能源部门，参见第9章和第10章所述。

45.本节的标题"Framing the future（构架未来）"是一句有意为之玩笑。在英语中，"Framing"往往表示用一种结构化方式来描述思考问题的框架。但"Framing"也可以指形成一种印象或提供明显的证据来表述哪个观点是错误的。几乎完全基于第二领域经济假设的模型应用无疑有助于构建思维方式；它也可能无意中给结果"设置框框"，这意味着不可避免地需要在环境政策与经济增长之间进行权衡。

46.这些模拟分析结果在 IPCC 报告中定期汇总（Weyant et al.，1996；Hour-cade et al.，2001；Barker et al.，2007）。

47.能源系统的惯性放大了延迟行动的成本（Ha-Duong et al.，1997），这一点在许多研究结果中均有所阐述；欲知更多信息，参见第12章。

48.最近一波比较模拟研究评估了围绕技术所作的各种假设以及气候政策延迟参与产生的影响——肯定了这一直觉：延迟参与要么导致实现既定气候目标所需成本的增加，要么不得不放弃实现气候目标。Riahi 等人（2014）利用 IPCC 第五次评估报告中审评的一项研究，在其文章中给出了一段有意义的概述，该报告于 2014 年 4 月出版。其他研究集中关注宏观层面的收入循环问题以及与创新有关的配套政策，参见 Barker 和 Crawford-Brown（2014）文章中的内容。

49.这是在 IPCC 第四次评估报告中给出的一句警告："大多数模型都使用一种整体最小成本方法来执行各种减排投资组合，并且利用碳排放交易，还假设市场是信息透明的，不产生交易成本，这样才能够在整个 21 世纪完美地实施减排措施"（IPCC AR4 WGIII SPM Box 3）。

50.因为均衡模型通常假设有一条最优化的基线，任何约束条件都会产生一定成本。想象一下如果其他因素在基线中产生了扭曲（例如补贴政策），或者采纳一种完全不同的技术路径会发生什么。例如，在以计量经济学为基础的 E3MG 模型中（Barker et al.，2006），转型的步伐受到技术因素的约束，因此，如果想使脱碳的步伐超过技术变革，就需要有极高的碳价格，但是，碳价、投资和 GDP 之间的关系与其他模型根本不同。计量经济学数据显示社会投资不足，因此，高碳价在推动更大的投资的同时抑制短期消费，但也促进长期的国内生产总值提高。批评者认为，鼓励投资的潜在 GDP 收益不应与气候变化政策混淆——这是在 11.7 考虑的一个问题。

51.Grubb 等人（2004）。针对能源和气候变化引发的创新问题，Weyan、Olavson（1999）和 Grubb 等人（2002）的两篇早期评论文章促使人们就这一问题展开广泛的经济辩论。随后发表的一篇非常有意义的文章（Ian Sue Wing，2006）比较了模拟引致创新的两种主要方法——干中学以及知识存量法——尤其是它们对时间产生的影响。他总结说：

就采纳"现在行动"气候政策还是"等待观望"气候政策的争论而言，虽然它可能对解释这种二分法很有诱惑力，但重要的是，需要意识到这两种方法似乎均表明需要及早行动。两者的区别是定性的……在"干中学"中引致创新通过更快的微观层面的低碳生产转型来表示……在知识存量法中，采用既定经济增长导向的研发投资的机会成本来反映印制成本，这回应了关于替代性的指导性假设。所有这些表明，仔细的区别反映引致创新的指标至关重要。

这再次指出在实证层面进行扎实的数据分析的重要性，如第 9 章关于能源部门研发强度的分析。

52.Edenhofer 等人（2009）。RECIPE 项目中包含的三个模型中：WITCH（模型 1）和 ReMIND-R（模型 2）是拥有完美预期的跨代优化模型，而 IMACLIM-R（模型 3）是一种拥有不完美预期的递归动态模型。结果，在 ReMIND-R 和 WITCH 中，全球能源经济系统的长期优化导致碳价格在最初几十年中成倍上涨。引致型技术变革所积累的影响可导致价格偏离指数路径。作为本世纪全球总消费量的一部分，相对于基准线，RECIPE 研究中的减排消费损失均集中在 2100 年前的期间，贴现率为 3%的情况下，这部分消费损失在模型 3（IMACLIM-R）中占 GDP 的 0.1%，在（ReMIND-R）中占 0.6%，在（WITCH）中占 1.4%（Luderer et al.，2011）。在能源模型论坛的文献中可以找到更多研究成果（参见图 11-4）。

53.Kalkuhl 等人（2011）的模拟分析得出如下结论："微小的市场缺陷可能使一项现用能源技术连续几十年地压制一个更具动态效率的竞争手"，并且"技术配额和上网电价补贴效率仅次于第一最佳补贴政策，并且看起来很有活力……"补充政策的价值也是如此。后来，Kalkuhl 等人（2013）对过度依赖这些政策发出警告，即：不断提高碳价仍是关键。而其他人开始探索各种工具组合的价值（参见 Barker 和 Crawford-Brown（2014）文章中的各章节）。一个共同的特征就是，碳价仍然非常重要。模拟多个政策工具的论文已经开始陆续出现，特别是在资源与能源经济学期刊中。

54.OECD（2011）关于经合组织分析的概述，参见 http：//www.oecd.org/greengrowth/key-documents.htm。"绿色增长知识平台"现在已经在世界银行、经合组织、联合国环境规划署以及总部设在韩国的全球绿色增长研究所之间达成共识；联合国开发计划署也正在积极考虑利用相关机遇。绿色增长知识平台的网址是：http：//www.oecd.org/greengrowth/greengrowthknowledgeplatform.htm。在一定程度上，这些概念与早些时候的"生态发展"理念相呼应。生态发展的表述是由联合国环境规划署第一任执行主席 Maurice Strong 于 1972 年提出，并由 Ignacy Sachs（1974；1984）进行了系统化阐述，在这一概念中，环境问题被视为重塑发展模式的机会，也是罗马俱乐部提出的"零增长"战略的一种补充。

55.Abramovich（1952：76-7）给出了最佳的综述，在 20 世纪 60 年代，数学增长模型占主导地位之前，增长理论中的讨论主要与解释历史事实有关，比如长期循环和短期循环以及金融危机的出现（Kondratieff 和 Stolper，1935；Juglar 和 Wolowski，1862）。

56. "美好时代"是指，欧美在1880年至1910年期间的产业创新潮流与文化和生活方式革命都出现在经济稳定增长和运行的期间。

57. 这一表述是由Jean Fourastié（1979）发明的，用于描述经合组织成员国在二战之后至石油价格危机之前的特殊增长期。它为许多以英语为母语的学者使用，包括J. Bradford DeLong在其著作《辉煌的三十年》（1997）中引用。

58. 技术信息革命产生的经济刺激明显非常短暂，部分原因可能是技术变革与最终需求之间缺乏良性循环。"汽车"和"iPhone"之间存在一个重大差别，它们分别作为"旧的"技术范式代表和"新的"技术范式代表。在二战后的增长周期内，工资增加导致汽车需求量提高，汽车需求量提高反过来直接导致钢铁、玻璃和气动产品的需求量增加，从而产生规模经济。这类技术的传播与"iPhone"和信息技术等低物质含量技术的传播不同。这类技术有助于降低其他部门（典型的是银行业、保险业和商业）的生产成本（管理、规划、广告成本），以及加速向准时化生产工艺过渡，但不能根本上改变绝对大多数产业的需求，包括基础设施（能源、交通、住房）或食品、服装、汽车以及半耐用消费品等。对这类技术的需求引发了消费服务革命，然而电子游戏和能够轻松观看成千上万部电影的便利性这样的需求却无法产生类似的影响，后者无法产生诸如汽车供应链的开发对原材料生产的溢出效应这样的影响。因此，互联网革命尽管对社会以及许多行业组织具有深刻影响，但就增长动力而言，不可能等同于过去的"蒸汽机"、"铁路"、"电力"以及"汽车"革命产生的影响。它只可能通过帮助福特主义在世界其他对汽车、半耐用消费品和食品需求不饱和地区实现延续，或者通过帮助现行技术模式转型来支持长时间的经济增长浪潮。随着新兴经济体开始成熟起来，经济增长浪潮开始放缓。

59. Pomeranz（2009）文章显示，在近代，中国与欧洲之间的"大分流"植根于皇帝的中央权力与农业社会结构的关系中；Aglietta和Bai（2012）的文章显示，经过几个世纪的经济停滞后，中国最近的崛起主要归因于中国传统小农社会进入一个良性循环后，通过有目的地推动农村进行有计划的转型，刺激了农业和工业生产率的提高。

60.例如，现代钢厂（使用焦炭和氧气的工艺流程）在二战结束后的钢材年产量为3Mt，在20世纪70年代的年产量达到15~20Mt。石脑油的情况相同，年产量分别为75 000t和750 000t。

61.这是法国学者分析现代资本主义时使用的表达方式（Boyer，1990）。

62.隐含的政治共识受到英国的工党、欧洲大陆的基督教民主党和社会民主党以及美国的民主党的支持。直至上世纪80年代之前，此政治共识一直没有真正受到英国保守党和美国共和党的攻击。

63.在过去20年中，商品和资本市场全球化成功地帮助10亿人脱贫。然而（这是一堵无形的墙），全球化也加快了从要素（劳动力、能源）成本更低地区进行采购的速度，因为建立国家福利体系具有滞后性，新兴经济体终端需求上升的速度却没有那么快。那么，如果新兴经济体的工资增长水平低于生产率提高的水平，并且不重新评估货币（防止过度出口盈余的积累），世界市场的扩张则无法使成熟经济体维持充分就业。这些经济体可通过降低就业做出响应，远离所涉及的政治雷区，但需承担进一步抑制其国内需求的风险。

64.从理论上讲，在一个拥有灵活汇率和类似劳动力市场组织的世界里，更高的进口量将通过提高向那些接受外包生产环节国家的出口获得补偿。例如，在20世纪60年代，美国在欧洲的巨额投资对美国工业产生负面影响，但在一定程度上由于提高了欧洲和日本增长速度，同时提高对美国产品的需求而获得补偿。在实践中，这没有高效地发挥作用：1966年，美国经常账户差额第一次出现赤字；1971年，贸易差额为负数。美国的工资水平在经过稳定并快速增长的25年之后开始停滞不前。关于经合组织，由于新兴经济体竞争造成的市场损失应由这些经济体中的新市场补偿。对于那些由于经济和社会政策缺乏协调导致的原因，则不属于这种情况。关于经济萧条以及为何福特主义全球化最终没有使所有人受益，现在有许多种解释。但汇丰银行的首席经济学家简世勋（King，2011）给出了一个令人信服的解释。

65.美国是新全球环境的第一个受害者。增加从新兴经济体的国际进口，尤其是从中国的进口，导致海外美元严重过剩，使美国家庭购买力下降。出于政治原因隐藏这一问题能够解释格林斯潘施加在美联储头顶的宽松货币政策。民间放款人获得前所未有的债务工具，"非银行业银行"（Krugman，2009）不受制于施加给银行的审慎经营规则。银行和非银行业银行都被杠杆收购和房地产投机吸引。提高房地产价值给中产阶级造成一种收入（和借款能力）持续增长的错觉。此机制首先出现在美国，随后被多个欧洲国家模仿（西班牙、爱尔兰），因为中产和低产阶级的房屋价值稳定上升使他们开始感觉自己变得更加富裕，因此即使没有明确的政策鼓励，此机制也会顺利施行。事先警告无节制信贷所带来系统风险的几位学者之一，国际货币基金组织前首席经济学家，对此现象给出一种最佳解释。他的标题为 "Fault Lines（Rajan，2010）" 的著作中警告说：问题没有得以充分解决，全球经济仍然处于危险之中。

66.正如小布什的声明所述，这是在电影《监守自盗》（Inside Job）中的镜头："你不必忍受一个破烂的家，低收入购房者也可以和任何人一样拥有漂亮的房子！" Rajan（2010）强调了由此产生的房地产泡沫背后的政治必要性。

67.德国的 Kapp（1950）以及美国的 Mishan（1961）曾指出过这些问题，罗马俱乐部在不可再生资源有限性的警告中也提出过这些问题（Meadows 等人，1973）。

68.Alston 等人（2009），Binswanger-Mkhize 等人（2010）。

69.Hickley 等人（2012）；Lipman（2006）。范围取决于他们是租户还是业主。欧洲的低收入阶层的能源支出比较低，但在法国能源支出比重迅速上升到 12%~14% 之间，与持续的住房成本提高相伴出现（Orfeuil，2013）。

70.美国和部分欧洲国家积累的问题通过金融系统蔓延至全世界。现今，金融危机不仅触及欧洲，也牵连到经合组织成员国。巴西已经经历了经济增长的急剧下降，2010 年的经济增长率为 7.5%，2011 年降低至 2%，2012 年再降至 1%，最终导致 2013 年 6 月爆发了社会危机。印度的经济增长率在一年内从 8% 降至 5%，如果再下降将会加剧地区紧张局势。中国的经济增长速度已经放缓。此外，由于存在相关的社会排斥与不安，在这些经济体中已经观察到了福特主义的发展局限。这其中就包括对能源安全的担忧；中国的污染治理行动以及孟加拉国的反对恶劣工作条件的活动；建立在工业集约化基础上的农业现代化；以及城市扩张与公共基础设施建设的断档。

71.Stern 和 Rydge（2012）在总结中直言："低碳经济增长将更具活力、更有创意、更加清洁以及更具生态多样性，而高碳增长将自毁前程。"

72.大量经济研究发现，由于国内附加值更高，欧洲的可再生能源比同类化石燃料对 GDP 产生更大的正向影响。最新的案例，参见 Ernst & Young 等人文章（2012）。

73."循环经济"旨在从目前的废弃物中提取的附加值，这同样是主要发生在国内（虽然不仅在国内）的经济活动。请参见 Ellen McArthur Foundation（2012；2013），可从如下网址获得：http：//www.ellenmacar-thur-foundation.org/business/reports。

74.这与一个不受管制的经济全球化产生的社会矛盾形成鲜明对比，根据充分的文献记载，不受管制的经济全球化具有增加收入不平等和鼓励社会二元化发展的倾向。在如下网址中可能会找到一份"只是过渡"思想的概述：http：//en.wikipedia.org/wiki/Just_Transition。"只是过渡"运动起源于美国，然后在国际上发展起来；有一份出版物概括相关原理和思想，即 Trade Union Congress（2008）。

75.这确实是英国碳信托公司建立的主要原因，参见第4章，碳信托是在英国产业部门坚持下成立的，旨在帮助英国应对气候变化税产生的影响。

76.关于低碳社会及其影响的分析，请参见国际低碳社会网络的出版物。

77.欧洲委员会（European Commission，2013）。该研究团队由华威经济研究所、安永咨询公司、英国剑桥计量经济学会、Exergia 咨询公司、E3M 实验室和COWI组成，方法使用了建立在一般均衡原理上的经济模型（GEM-E3），以及另一个计量模型（E3ME）。"Es"代表那些充分考虑了能源、经济和环境细节的模型。正如预期的那样，结果有差异，但总体来讲："该模型预测，脱碳情景将对GDP产生适度影响……E3ME预测有轻微增加（至2050年为2%~3%），而GEM-E3模型显示，GDP降低1%~2%，每个模型都是相对于一个基准线进行对比的，其中，GDP从2013—2050年增加了85%……两类模型都预测各类情景中的就业水平有一定程度增加，与基准线比较增加0~1.5%，具体取决于相关情景，E3ME模型产生的结果比GEM-E3模型产生的结果高1个百分点。

78.Zenghelis（2011）。Jensen（1986）强调了Galbraith（1973）所述的上世纪70年代的管理制度与新型股东制度之间的差异。Hallegatte等人（2008）论证了其对增长动态产生的影响。

79.这一形象源自14世纪索邦大学的神学家让·布丹（Jean Buridan）创作的一幅漫画，他质疑最明智之举是否就是等到获得所有必要的信息再作决定。

80.根据具体的体制框架、管理规定（或没有管理手段）以及具体国情，这些问题可能包括：使偏远农村地区生计堪忧的规模化生产农业系统，浪费稀缺的水资源，破坏耕地，房地产、土地和原材料寻租，以及对环境保护的蔑视。

81.更多讨论，请参阅the UK House of Lords（英国上议院）（2013），以及英国上议院网站上公布的相关证据（值得注意的是金融时报首席经济评论员Martin Wolf以及伦敦经济学院的Dimitri Zhengelis顾问提供的证据）。

82.在Hourcade等人（2012）、Neuhoff等人（2010）以及Bredenkamp和Pattillo（2010）的文章中描述了可能实施的各种机制。前者建议以碳证作为凭证，实现国际货币基金组织中央银行的碳提款权，给开发银行和投资银行提供低风险贷款，还可逐渐开发基于碳长期价值的国际金融产品，帮助金融系统满足长期、可持续投资的真正需求。

83.关于气候金融如何能够为欧元区提供一个杠杆，从而将严格的财务体系与可靠的增长机制结合起来，参见Agliatella和Hourcade（2012）。

84.关于财富与福利的关系，请参见注释3。在气候变化的背景下，国际"低碳社会"研究项目的两类主要文献为解释低碳社会与"财富和福利"之间的关系提供了一系列技术、经济和社会维度的视角（Strachan 等人，2008；Skea 等人，2013）。

85.Jakob 和 Edenhofer（2013）在如下论述中强调了这一主张：

关于绿色增长和负增长的流行概念均有误导性。这两个概念均未明确最终实现的目标，并且，促进经济增长和抑制经济增长哪个更有助于实现这些目标？这一问题仍不明确。也就是说，只关注经济增长而不关注福利，这两种概念最终会混淆手段与目的。即，它们将影响经济增长率描述为一种目的而不是用于实现某些目的的手段……关于经济增长和环境的讨论应牢固地建立在社会福利概念而不是经济概念的基础上……"福利导向"的方法考虑了规范分析立场的多样性以及社会福利的多维性……特别解释了"基本需求"和"最低福利标准"等内容。

与本章更直接相关的是，这些作者还认为福利导向的方法旨在纠正自然资源过度使用以及公共商品（如公共基础设施）供给不足的问题。由于自然资本与公共基础设施有许多共同特征，管理不同的公共资本存量投资组合可能被视为公共政策的一个中心任务。特别是，挪用自然资源租金向公共投资融资的可能性创造了管理自然资本与投资公共基础设施之间的密切关系……

以本文为引导，"绿色增长"经济学会议（伦敦，2013 年 9 月）收到了一系列相关领域的文献，这个会议是在本书出版前不久召开的，会上形成的其他几份文献将适时在《牛津经济政策评论》中刊出，有兴趣的读者可以参阅。

参考文献

Abramowitz,M.(1952)'Economics of growth',in B. F. Haley(eds),A Survey of Contemporary Economics,Vol. 2. Homewood,IL:Richard D. Irwin,pp. 132 – 82.

Aghion, P. and Howitt, P.(1992)'A model of growth through creative destruction', Econometrica,60(2):323 – 51.

Aglietta, M. and Bai, G.(2012)La Voie Chinoise Capitalisme et Empire. Paris: O. Jacob.

Aglietta, M. and Hourcade, J. - C. (2012) 'Endettement public et développement soutenable en Europe. Sortir des peurs?', in P. Weil(ed.) ,80 Propositions qui ne Coûtent pas 80 Milliards. Paris:Grasset.

Ahmad,S.(1966)'On the theory of induced invention',Economic Journal,76(302): 344 – 57.

Alston,J. M.,Beddow,J. M. and Pardey, P. G.(2009)'Agricultural research, productivity,and food prices in the long run',Science,325(5945):1209 – 10.

Arrow,K. J.(1962)'The economic implications of learning by doing',Review of Economic Studies,29(3):155 – 73.

Arthur,W. B.(1989)'Competing technologies,increasing returns,and lock-in by historical events',Economic Journal,99(394):116 – 31.

Ayres,R. U. and Kneese, A. V.(1969)'Production, consumption, and externalities', American Economic Review,59(3):282 – 97.

Ayres, R. U., van den Bergh, J. C. J. M. and Gowdy, J. M.(1998)Viewpoint:Weak Versus Strong Sustainability. Tinbergen Institute.

Barker,T. and Crawford-Brown, D.(eds)(2014)Decarbonising the World Economy. London:Imperial College Press(in press).

Barker,T., Bashmakov, I., Alharthi, A. et al.(2007)'Mitigation from a cross-sectoral perspective', in B. Metz, O. R. Davidson, P. R. Bosch et al.(eds), Climate Change 2007:Mitigation,Contribution of Working Group III to the Fourth Assessment Report of the Intergovernmental Panel on Climate Change. Cambridge: Cambridge University Press.

Barker,T.,Pan,H.,Kohler,J. et al.(2006)'Decarbonizing the global economy with induced technological change:scenarios to 2100 using E3MG', Energy Journal, SI2006 (01). Available online at: http://www.iaee.org/en/publications/ejarticle. aspx? id=2143.

Berndt, E. R.(1983)'Quality adjustment in empirical demand analysis'. Available online at:http://dspace.mit.edu/handle/1721.1/2032.

Berndt,E. R. and Wood,D. O.(1984)'Energy price changes and the induced revaluation of durable capital in U.S. manufacturing during the OPEC decade'. Available online at:http://dspace.mit.edu/handle/1721.1/60595,

Berndt, E. R. and Wood, D. O.(1986)'Energy price shocks and productivity growth in US and UK manufacturing',Oxford Review of Economic Policy,2(3):1 – 31.

Berthet,J.,Carré,J. J.,Dubois,P. et al.(1965)Sources et Origines de la Croissance Française au Milieu du XXe Siècle. Paris:INSEE.

Bibas, R. and Méjean, A. (2013) 'Potential and limitations of bioenergy options for low carbon transitions', Climatic Change, forthcoming.

Binswanger-Mkhize, H. P., McCalla, A. F. and Patel, P. (2010) 'Structural transformation and African agriculture', Global Journal of Emerging Market Economies, 2 (2): 113 - 52.

Boyer, R. (1990) The Regulation School: A Critical Introduction. New York: Columbia University Press.

Bredenkamp, H. and Pattillo, C. A. (2010) Financing Response to Climate Change. International Monetary Fund.

Common, M. and Perrings, C. (1992) 'Towards an ecological economics of sustainability', Ecological Economics, 6(1): 7 - 34.

Daly, H. E. (1997) 'Georgescu-Roegen versus Solow/Stiglitz', Ecological Economics, 22(3): 261 - 6.

DeLong, J. B. (1997) 'The great Keynesian boom: 'Thirty Glorious Years', in Slouching Towards Utopia: The Economic History of the Twentieth Century. Profile Books. Available online at: http://www.jbradforddelong.net/tceh/Slouch_Keynes20. html.

Denison, E. F. (1985) Trends in American Economic Growth: 1929 - 1982. Brookings Institution Press.

Durlauf, P. S. N. and Blume, P. L. E. (2008) The New Palgrave Dictionary of Economics, 2nd edn. Basingstoke: Palgrave Macmillan.

Edenhofer, O., Carraro, C., Hourcade, J.-C. et al. (2009) RECIPE: The Economics of Decarbonization. Report on Energy and Climate Policy in Europe. Postdam: Potsdam-Institut für Klimafolgenforsc-hung. Available online at: http://lpintrabp.parl. gc.ca/lopimages2/bibparlcat/23000/Ba445107.pdf.

Ellen McArthur Foundation (2012/2013) Towards the Circular Economy, Vols 1 and 2.

EMF (2009) EMF22 Database: Climate Change Control Scenarios. Available online at: http:// emf.stanford.edu/events/emf_briefi ng_on_climate_policy_scenarios_us_domestic_ and_international_policy_architectures/.

Ernst & Young, Acciona and EDF (2012) Analysis of the Value Creation Potential of Wind Energy Policies - A Comparative Study of the Macroeconomic Benefits of Wind and CCGT Power Generation.

European Commission (2013) Employment Effects of Selected Scenarios from the Energy Roadmap 2050 - Final Report for the European Commission. Brussels: European Commission DG Energy.

Fourastié, J. (1979) Les Trente Glorieuses: Ou, la Révolution invisible de 1946 à 1975. Paris: Fayard.

Frondel, M. and Schmidt, C. M. (2002) 'The capital-energy controversy: an artifact of cost shares?', Energy Journal, 23(3): 53 - 80.

Galbraith, J. R. (1973) Designing Complex Organizations, 1st edn. Boston: Addison-Wesley Longman.

Ghersi, F. and Hourcade, J.-C. (2006) 'Macroeconomic consistency issues in E3 modeling: the continued fable of the elephant and the rabbit', Energy Journal, Special Issue No. 2:39 - 62.

Goulder, L. H. and Schneider, S. H. (1999) 'Induced technological change and the attractiveness of CO2 abatement policies', Resource and Energy Economics, 21(3 - 4):211 - 53.

Griliches, Z. (1957) 'Hybrid corn: an exploration in the economics of technological change', Econometrica, 25(4):501 - 22.

Grubb, M., Kohler, J. and Anderson, D. (2002) 'Induced technical change in energy and environmental modeling: analytic approaches and policy implications', Annual Review of Energy and the Environment, 27:271 - 308.

Grubb, M., Edenhofer, O., Carraro, C. et al. (2004) 'Innovation modeling comparison project', Energy Journal, Special Issue.

Grubb, M., Edmonds, J., Ten Brink, P. et al. (1993) 'The costs of limiting fossil-fuel CO 2 emissions: a survey and analysis', Annual Review of Energy and the Environment, 18(1):397 - 478.

Grubler et al. (2012) 'Energy primer', in GEA, Global Energy Assessment - Toward a Sustainable Future. Cambridge and New York: Cambridge University Press and Laxenburg, Austria: IIASA, Chapter 1.

Guivarch, C., Crassous, R., Sassi, O. et al. (2011) 'The costs of climate policies in a second best world with labour market imperfections', post-Print, HAL. Available online at: http://ideas.repec.org/p/hal/journl/halshs-00724487.html.

Ha-Duong, M., Grubb, M. J. and Hourcade, J.-C. (1997) 'Influence of socioeconomic inertia and uncertainty on optimal CO 2 - emission abatement', Nature, 390 (6657):270 - 3.

Hallegatte, S., Ghil, M., Dumas, P. et al. (2008) 'Business cycles, bifurcations and chaos in a neoclassical model with investment dynamics', Journal of Economic Behavior and Organization, 67(1):57 - 77.

Hamilton, J. D. (1996) 'This is what happened to the oil price-macroeconomy relationship', Journal of Monetary Economics, 38(2):215 - 20.

Hamilton, J. D. (2008) 'Oil and the macroeconomy', in S. N. Durlauf and L. E. Blume (eds), The New Palgrave Dictionary of Economics, 2nd edn. Palgrave Macmillan.

Hamilton, J. D. (2012) Oil Prices, Exhaustible Resources, and Economic Growth, Working Paper, National Bureau of Economic Research. Available online at: http://www.nber.org/papers/w17759

Hartwick, J. M. (1978) 'Substitution among exhaustible resources and intergenerational equity', Review of Economic Studies, 45(2):347.

Hickley, R., Lubell, J., Haas, P. et al. (2012) The Struggle of Moderate-Income Households to Afford the Rising Costs of Housing and Transportation. Center for Housing Policy.

Hogan, W. W. and Jorgenson, D. W. (1991) 'Productivity trends and the cost of reducing CO2 emissions', Energy Journal, 12(1):67 - 86.

Hogan, W. W. and Manne, A. S. (1977) 'Energy economy interactions: the fable of the elephant and the rabbit?'

Höhne, N., den Elzen, M. and Weiss, M. (2006) 'Common but differentiated convergence (CDC): a new conceptual approach to long-term climate policy', Climate Policy, 6(2): 181 - 99.

Hourcade, J.-C. (1996) 'Estimating the costs of mitigating greenhouse gases', in P. J. Bruce H. Lee and E. F. Haites, (eds), Climate Change 1995. Economic and Social Dimensions of Climate Change. Contribution of Working Group III to the Second Assessment Report of the Intergovernmental Panel on Climate Change. Cambridge: Cambridge University Press.

Hourcade, J.-C. and Shukla, P. (2013) 'Triggering the low-carbon transition in the aftermath of the global financial crisis', Climate Policy, 13(Special Issue): 22 - 35.

Hourcade, J.-C., Perrissin Fabert, B. and Rozenberg, J. (2012) 'Venturing into uncharted financial waters: an essay on climate-friendly finance', International Environmental Agreements: Politics, Law and Economics, 12(2): 165 - 86.

Hourcade, J.-C., Jaccard, M., Bataille, C. et al. (2006) 'Hybrid modeling: new answers to old challenges', Energy Journal, 2(Special issue): 1 - 12.

Hourcade, J. C., Shukla, P. R., Cifuentes, L. et al. (2001) 'Global, regional, and national costs and ancillary benefits of mitigation', in B. Metz, O. Davidson, R. Swart et al. (eds), Climate Change 2001, Contribution of Working Group III to the Third Assessment Report of the Intergovernmental Panel on Climate Change. Cambridge: Cambridge University Press.

House of Lords (2013) No Country Is an Energy Island: Security Investment for the EU's Future. House of Lords European Union Committee 14th Report of Session 2012 - 13.

Huntington, H. G. (1994) 'Been top down so long it looks like bottom up to me', Energy Policy, 22(10): 833 - 9.

IPCC (2001) Climate Change 2001: Contribution of Working Group III to the Third Assessment Report of the Intergovernmental Panel on Climate Change, eds B. Metz, O. Davidson, R. Swart et al. Cambridge: Cambridge University Press.

IPCC (2007) Climate Change 2007: Contribution of Working Group III to the Fourth Assessment Report of the Intergovernmental Panel on Climate Change, eds B. Metz, O. Davidson, P. R. Bosch et al. Cambridge: Cambridge University Press.

Jackson, T. (2011) Prosperity Without Growth: Economics for a Finite Planet, reprint. Abingdon and New York: Routledge.

Jakob, M. and Edenhofer, O. (2013) Green Growth, Degrowth, and the Commons, paper presented to Grantham Institute/GGGI conference on 'Green Growth', London, September 2013; forthcoming in Oxford Review of Economic Policy.

Jensen, M. C. (1986) 'Agency costs of free cash flow, corporate finance, and takeovers', American Economic Review, 76(2): 323 - 9.

Jorgenson, D. W. and Fraumeni, B. M. (1981) Relative Prices and Technical Change. Modeling and Measuring Natural Resources Substitution. Cambridge, MA: MIT

Press.

Jorgenson, D. W. and Wilcoxen, P. J. (1993) 'Reducing US carbon emissions: an econometric general equilibrium assessment', Resource and Energy Economics, 15(1):7 - 25.

Juglar, C. and Wolowski, L. (1862) 'Des crises commerciales et de leur retour périodique en France, en Angleterre et aux États-Unis/par le Dr Clément Juglar … Guillaumin (Paris)'. Available online at: http://gallica.bnf.fr/ark:/12148/bpt6k1060720

Kalkuhl, M., Edenhofer, O. and Lessmann, K. (2011) 'Learning or lock-in: optimal technology policies to support mitigation', Resource and Energy Economics, 34: 1 - 23.

Kalkuhl, M., Edenhofer, O. and Lessmann, K. (2013) 'Renewable energy subsidies: second-best policy or fatal aberration for mitigation?', Resource and Energy Economics, 35:217 - 34.

Kapp, K. W. (1950) The Social Costs of Private Enterprise. Cambridge, MA: Harvard University Press.

King, S. D. (2011) Losing Control: The Emerging Threats to Western Prosperity. New Haven, CT: Yale University Press.

Kondratieff, N. D. and Stolper, W. F. (1935) 'The long waves in economic life', Review of Economics and Statistics, 17(6):105 - 15.

Krugman, P. (2009) The Return of Depression Economics and the Crisis of 2008. Reprint. W. W. Norton.

Kuznets, S. (1934) 'National Income, 1929 - 1932'. 73rd US Congress, 2nd session, Senate document no. 124, page 7. Available online at: www.nber.org/chapters/c2258.pdf

Kuznets, S. (1955) 'Economic growth and income inequality', American Economic Review, 45(1): 1 - 28.

Lipman, B. (2006) A Heavy Load: The Combined Housing and Transportation Burdens of Working Families. Center for Housing Policy.

Lucas, R. E. (1990) 'Why doesn't capital fl ow from rich to poor countries?', American Economic Review, 80(2):92 - 6.

Luderer, G., Bosetti, V., Jakob, M. et al. (2012) 'The economics of decarbonizing the energy system - results and insights from the RECIPE model intercomparison', Climatic Change, 114(1):9 - 37.

Manne, A. S. and Richels, R. G. (1992) 'Global CO 2 emission reductions: the impacts of rising energy costs', in J. C. White, W. Wagner and C. N. Beal (eds), Global Climate Change. Houten: Springer Netherlands, pp. 211 - 39.

Meadows, D. H., Meadows, D. L., Randers, J. et al. (1974) The Limits to Growth: A Report for the Club of Rome's Project on the Predicament of Mankind. New York: Universe Books.

Mishan, E. J. (1961) 'Welfare criteria for external effects', American Economic Review, 51(4):594 - 613.

Mowery, D. and Rosenberg, N. (1979)'The influence of market demand upon innova-
    tion: a critical review of some recent empirical studies', Research Policy, 8(2):
    102 – 53.

Neuhoff, K., Fankhauser, S., Guerin, E. et al. (2010) Structuring International Financial
    Support for Climate Change Mitigation in Developing Countries, Discussion Pa-
    per, German Institute for Economic Research. Available online at: http://www.
    econstor.eu/handle/10419/36752

Nordhaus, W. D. (1974)'Resources as a constraint on growth', American Economic
    Review, 64(2):22 – 6.

OECD (2011) Towards Green Growth. Paris: OECD. Available online at: http://www.
    oecd.org/green-growth/towardsgreengrowth.htm

Orfeuil, J.-P. (2013) Quand la Voiture Devient Contrainte, Projet, No. 334(3), pp. 50 –
    8.

Pearce, D. W. and Atkinson, G. (1995)'Measuring sustainable development', in D.
    Bromley, (ed.), The Handbook of Environmental Economics. Oxford: Blackwell.

Perez, C. (1985) Microelectronics, long waves and world structural change: new per-
    spectives for developing countries', World Development, 13(3), 441 – 63.

Perez, C. (2002) Technological Revolutions and Financial Capital: The Dynamics of
    Bubbles and Golden Ages. Cheltenham: Edward Elgar.

Pindyck, R. S. and Rotemberg, J. J. (1982) Dynamic Factor Demands, Energy Use,
    and the Effects of Energy Price Shocks, Working Paper, Massachusetts Institute
    of Technology, Energy Laboratory. Cambridge, MA: Massachusetts Institute of
    Technology, Energy Laboratory.

Pomeranz, K. (2009) The Great Divergence: China, Europe, and the Making of the
    Modern World Economy. Princeton, NJ: Princeton University Press.

Popp, D. (2006)'Comparison of climate policies in the ENTICE-BR model', Energy
    Journal, Endogenous Technological Change (Special Issue No. 1):163 – 74.

Popp, A., Dietrich, J. P., Lotze-Campen, H. et al. (2011)'The economic potential of
    bioenergy for climate change mitigation with special attention given to implica-
    tions for the land system', Environmental Research Letters, 6(3):034017.

Raghuram, R. G. (2010) Fault Lines. Princeton, MA: Princeton University Press.

Ramsey, F. P. (1928)'A mathematical theory of saving', Economic Journal, 38(152):
    543 – 59.

Riahi, K. et al. (2014)'Locked into Copenhagen pledges-implications of short-term
    emission targets for the cost and feasibility of long-term climate goals', Techno-
    logical Forecasting and Social Change, forthcoming.

Robinson, J. and Naqvi, K. A. (1967)'The badly behaved production function', Quar-
    terly Journal of Economics, 81(4):579.

Romer, P. M. (1986)'Increasing returns and long-run growth', Journal of Political
    Economy, 94(5):1002 – 37.

Romer, P. M. (1990)'Endogenous technological change', Journal of Political Econo-
    my, 98(5):S71 – S102.

Sachs, I. (1974) 'Environment and styles of development', Economic and Political Weekly, 9(21): 828 - 37.

Sachs, I. (1984) 'The strategies of ecodevelopment ⋯ Ceres', FAO Review on Agriculture and Development, 17(4) = no. 100, pp. 17 - 21. Available online at: http://agris. fao.org/agris-search/search/display.do? f=1985/XF/XF85001.xml; XF8546293

Sala-i-Martin, X. X. (1996) 'The classical approach to convergence analysis', Economic Journal, 106(437): 1019 - 36.

Sala-i-Martin, X. X., Doppelhofer, G. and Miller, R. I. (2004) 'Determinants of long-term growth: a Bayesian Averaging of Classical Estimates (BACE) approach', American Economic Review, 94(4): 813 - 35.

Scherer, F. M. (1982) 'Inter-industry technology flows and productivity growth', Review of Economics and Statistics, 64(4): 627 - 34.

Solow, R. M. (1956) 'A contribution to the theory of economic growth', Quarterly Journal of Economics, 70(1): 65 - 94.

Solow, R. M. (1957) 'Technical change and the aggregate production function', Review of Economics and Statistics, 39(3): 312 - 20.

Solow, R. M. (1974) 'Intergenerational equity and exhaustible resources', Review of Economic Studies, 41: 29 - 45.

Solow, R. M. (1986) 'On the intergenerational allocation of natural resources', Scandinavian Journal of Economics, 88(1): 141 - 9.

Solow, R. M. (1987) Growth Theory and After, Nobel Prize in Economics documents, Nobel Prize Committee. Available online at: http://ideas.repec.org/p/ris/nobelp/1987_001.html.

Solow, R. M. (2000) 'Toward a macroeconomics of the medium run', Journal of Economic Perspectives, 14(1): 151 - 8.

Solow, R. M. (2001) Addendum to Robert R. M. Solow's Nobel Prize Lecture 'Growth Theory and After'. Nobel Prize in Economics documents. Available online at: http://ideas.repec.org/p/ris/nobelp/1987_001.html

Stern, N. (2012) How We Can Respond and Prosper: The New Energy-Industrial Revolution, Lionel Robbins Memorial Lecture Series, Slide 5. London School of Economics.

Stern, N. and Rydge, J. (2012) 'The new industrial revolution and international agreement on climate change', Economics of Energy and Environmental Policy, 1: 1 - 19.

Stiglitz, J., Sen, A. and Fitoussi, J.-P. (2009) The Measurement of Economic Performance and Social Progress Revisited, Commission for the Measurement of Economic Performance and Social Progress.

Strachan, N., Foxon, T. and Fujino, J. (2008) 'Low-carbon society (LCS) modelling', Climate Policy, 8, Supplement 1.

Sue Wing, I. (2006) 'Representing induced technological change in models for climate policy analysis', Energy Economics, 28: 539 - 62.

Thirtle, C. G. and Ruttan, V. W. (1987) The Role of Demand and Supply in the Generation and Diffusion of Technical Change. Fundamentals of Pure and Applied Economics. New York: Harwood Academic. Available online at: http://catalogue.library.manchester.ac.uk/items/249194.

Toman,M.,Krautkrämer,J. and Pezzey,J.(1995)'Neoclassical economic growth theory and sustainability',in D. Bromley(ed.),Handbook of Environmental Economics. Oxford:Blackwell,pp. 139 - 65.

Trade Union Congress(2008)A Green and Fair Future:For a Just Transition to a Low Carbon Economy. Available online at: http://www.tuc.org.uk/touchstone/Just-transition/greenfuture.pdf.

Uzawa, H.(1965)'Optimum technical change in an aggregative model of economic growth',International Economic Review,6(1):18 - 31.

Waisman,H.-D.,Guivarch,C. and Lecocq,F.(2013)'The transportation sector and low-carbon growth pathways:modelling urban,infrastructure,and spatial determinants of mobility',Climate Policy,13(Supplement No. 1):106 - 29.

Waisman,H.-D.,Guivarch,C.,Grazi,F. et al.(2012)'The Imaclim-R model:infrastructures,technical inertia and the costs of low carbon futures under imperfect foresight',Climatic Change,1 - 20.

Weyant, J. P. and Olavson, T.(1999)'Issues in modelling induced technical change in energy,environmental and climate policy',Environmental Modeling and Assessment,4:67 - 85.

Weyant,J.,Davidson,O.,Dowlatabadi,H. et al.(1996)'Integrated assessment of climate change:an overview and comparison of approaches and results',in J. P. Bruce,E. F. Haites and H. Lee(eds),Climate Change 1995:Economic and Social Dimensions of Climate Change,Contribution of Working Group III to the Second Assessment Report of the Intergovernmental Panel on Climate Change. Cambridge:Cambridge University Press.

Zenghelis, D. (2011) A Macroeconomic Plan for a Green Recovery, Policy Paper, Grantham Research Institute on Climate Change and the Environment. Available online at: http://www.cccep.ac.uk/Publications/Policy/docs/PP_macroeconomic-green-recovery.pdf.

整合和启示

三大领域都已经分别形成了自己的世界：思维方式、语言使用、证据基础、学术领域、研究期刊、政策建议，并都汇集了各自的拥趸。《星球经济学》的关键在于将这三大领域整合于一体。

从分析的角度来看，单一领域已经无法提供与科学证据完全相符合的世界观或者理论解释。如果我们想要理解价格与技术创新是如何共同影响人类行为和管理结构的话，那么行为与组织理论（第一领域）就是不完整的。新古典经济学（第二领域）本身并不能合理地解释效率差距（第4章）、观察到的价格反应（国际间的价格反应可能是不同的）（第6章）、不同行业间的不同研发强度（第9章）。演化和制度经济学（第三领域）在前两个领域的基础上建立了强有力的理论基础，并且解释了社会经济的选择如何随着时间的变化推动了复杂的技术－经济系统的发展（第10章）。对于经济增长的索罗剩余的解释从古典经济学转向了其他两个领域（第11章）。

实践来看，最有效果和最有效率的反应都涉及政策的三个相关支柱，并且与不同的风险概念相一致（第2章）。我们的长期安全性取决于将集体风险的策略和目标整合于每一个国家、企业和个人的实际战略中（见第12章的12.3）。这不仅需要必要的战略投资意愿（支柱三），也需要政府得到社会的许可。相关的市场和财政制度的经济信号能够反映外部成本（支柱二），并且培养和激励个体以及组织的行动（支柱一），所有这些都要围绕共同的目标。

三大领域的回应可以让能源系统去适应其约束条件（第12.4节）。特别是第一和第三领域在这个意义上的影响过程主要是渐进的。它们促进了行为、组织、基础设施和创新的变化，这使我们能够"积少成多"。能源系统的适应性可以产生深远的影响，相关数据可以说明其适应性（见附录）。

如果以吨为二氧化碳的计算单位，施加持久影响的措施可能远比"碳排放量的社会成本"的价值还高出好几倍，那么最佳的回应可能就是实现本世纪下半叶的全球能源产业零排放。这种适应能力有助于缩小气候变化的"预防"情景和"成本收益"情景之间的成本差距。本书中的假设和其他研究证据都一致认为，大约每年1万亿欧元的强力投资可以确保在全球范围内实现这种转变，而这有助于降低气候影响和减排的综合成本。应对气候变化和减排的潜在成本在本世纪末将是目前水平的十倍。

确保这种转变将取决于三个层次的整合。

政策的三个支柱的整合。这三大领域的经济特征相互补充，包括调整公共和私人投资收益的相对比例（12.5）。并没有哪个支柱本身就是充分且稳定的。支柱一的政策（如能效标准）本身需要不断加严来抵消反弹效应的影响。环境定价（支柱二）在政治上是站不住脚的，弱势的消费者和行业分摊成本，收益却是不显见和分散的。在不受其他支柱政策（12.5）产生的激励情况下，既得利益和其他锁定效应的优势将阻碍低碳技术（支柱三）推动系统转型。

相反，能效能够影响立法，支持合适的定价；碳价能够提高人们对能源效率和创新的关注度并提供激励机制。碳价的收入有助于克服能效和创新项目的结构性障碍；创新和基础设施建设为能效和低碳能源政策提供了抓手（12.6）。

将气候政策整合于行业政策和协同收益。纯粹的第二领域过程意味着政策可以实现独立的最优化。例如，能效政策聚焦于市场建立，环境政策则将目标放在制定环境价格或排放量的上限。然而，这种简单的区分并不具备现实意义。本质上，能源系统很大程度上依赖于法规和基础设施，这对于能效市场来说是必不可少的；这些条件影响了能源供给的使用效率和投资选择。交通运输和城市化也同样依赖于法治建设和基础设施建设，这些都对能源和环境具有长期影响。这三大领域的整合凸显了那些集"公共物品"（更明智的选择、创新和基础设施）和"公害"（如污染）特征于一身的产业。国家政策除了为"公害"定价，还需要提供"公共物品"。良好的价格政策可以最大限度地提高第一和第三领域的决策水平（即私营部门参与战略投资），从而降低对国家主导项目的依赖。其中，有些案例也显示，一些从"公害"治理中获得的收入被用于提供"公共物品"，这也是符合逻辑的（12.7）。

在这种情况下，气候政策与其他目标相结合所产生的协同收益具有巨大的潜力。总体而言，协同收益的重要特征就是，气候政策一定程度上有助于激励、稳定、协调和资助其他政策，并且带来多重的收益（12.8）。

将能源和气候政策整合于宏观经济和发展政策。气候变化问题被广泛地视为全球环境问题所引发的经济负担之一。在现实当中，大多数相关产业（能源、交通、重工业和城市基础设施）对我们的经济系统来说都是至关重要的。这需要进行战略选择，将经济和环境的长期利益进行整合。矛盾的是，有些地区的整合收益与经济衰退此起彼伏。一个安全的政策框架必须有助于刺激就业，同时又能激发私营企业的低碳投资（12.9）。

经济发展本身就是在三大领域之间不断寻求平衡的过程。引领低碳发展国际协议可以产生全球最大的环境与福利协同收益，这其中包括提高能源获取的能力、包含了承诺的国际协议能够为吸引气候投融资提供信用担保。建立进行承诺的"通用平台"有助于那些致力于改变的国家、地区和行业进行更多的投资，并在经济转型中获得更大的经济利益。

世界顶尖经济学家之一将气候变化描述为"撼动经济学边界的地狱般的问题"（第1章，注释29）。这既是一种挑战，也是一个机会：用事实来扩展经济学自身的边界，从而更系统地帮助我们共同面对全球挑战。

第 12 章

结论：改变方向

"不知去路的人借不来东风"

——Lucius Annaeus Seneca[1]

"为什么不去准确地理解现实并把它们作为理论的起点？强行套用最优化理论有何意义？认识到既有知识的局限性……是所有经济学分支进行新发现和新突破的良好开端。此外，它还能够帮助我们进行更有建设性的思考……"

——Stephen J. Decanio（1999）

"没有啥能像一个好的理论这么有用。"

——Kurt Lewin（1951）

12.1　引言

我们都知道知易行难、适可而止的道理。但是，我们生活在一个食物充沛、久坐不动、交通便利的社会中，健康的饮食和运动是件费时费力的事情，很多人都没有办法实现。有的人甚至已经达到肥胖的程度，威胁到自己的健康和幸福。我们都知道，不良的生活习惯会持续下去并且难以改正。

多数人积习难改，这种惯性也体现在我们的经济体制和能源结构中，这就是本书的核心内容。第二领域的主要模式和理论基本上是有关短期的安逸和个人的长期利益。如果它很容易获得，市场也能够提供它，我们就认为一切都好；如果事情是很难的，我们就会认为成本太高。

全球金融危机展现了这种思想的局限性。宽松的信用抵押贷款对于每一个人都具有吸引力。短视和从众行为导致人们走上了一条危险的道路。监管不足的金融产品使得长期的系统性风险变得看不见、摸不着。第二领域的思维是危险的，它一方面缺乏对真正的人类行为的关注，另一方面缺乏对系统风险的认识。

尽管金融债务危机给我们带来了重创，但是我们仍在使用同一模式来思考自然债务：毫无限制地利用自然资源，不断地向大气中排放废气，将承担后果的责任寄希望于未来。能源和环境等全球性挑战——特别是气候变化——确实就像尼古拉斯·斯特恩的描述那样，这是"历史上最大的市场失灵"。

但是，实际情况还远不止"市场失灵"这么简单。地球上的人类行为最终会伤害到其他的物种，并且在几代人的作用下影响着地球本身。很明显，这一尺度的问题涉及基本伦理，就像我们在开篇章节讨论量化气候影响时遇到的问题一样。[2] 本书力求使用现有的经济学研究尽可能广泛地阐释问题，并且给出具体的政策建议。

通过整体思考这三大领域，本章总结了核心的经验教训，并且汇集了一些启示。它讲述了经济学如何从分担环境压力的静态概念转变到投资与回报的动态评估。产生收益的政策不应该被简单地理解为"碳定价"，而是需要有机融合三个支柱政策。本章总结了能够带来多重收益的案例，并且说明了相关的运作机制。本章最后阐明了帮助欧洲经济复苏的综合应对措施，并且探讨了《星球经济学》对于国际社会的启示。

12.2 三大领域：简要介绍

本书认为，思考全球和跨代问题——21世纪那些重大挑战——需要我们从经济学思想的传统模式中跳脱出来，拓展到更广泛的学术领域里。[3] 我们已经探讨、阐述和应用了有关能源和应对气候变化挑战的这些原则，并且把理论、事实和经验的发展交织在一起。我们所面临的挑战在人类社会中是史无前例的，几十年来我们一直在努力地抗争着，取得的成效明显有限。我们需要改变思维和行为方式。

第1章概述了全球能源发展面临的超大规模和日益严峻的全球能源和环境压力，也说明了学术界试图量化这些挑战的严重性是一项相当复杂的工作。他们倾向于给出一个较宽泛的结论：目前的发展轨迹是不可持续的。可持续的能源系统需要加速促进两种不同因素：能效的改善以及能源供给的去碳化。我们已经付出很多努力去应对这类需求和机遇。但是，因为缺乏一个连贯的框架，所以付出的努力不足以扭转上升中的能源消费和排放趋势。此外，占主导地位的经济理论无力提供解决问题的方案：正如在第1章结束时所介绍的"悲观的平方"。

然而，巨大的技术潜力可以帮助我们应对能源和环境挑战。明智选择的潜力是巨大的，尤其在（但不仅限于）改变我们家庭、商业和交通领域使用能源的方式上。清洁能源技术作用巨大，尤其在电力的生产上，此外，该技术还能覆盖其他能源载体并且不断地改进。明智选择涵盖各个行业，不仅包括个别技术，还可以运用在能源系统中，并且不断向其他行业拓展（参见第3章）。

本书的主题围绕着如何更好地进行能源选择展开。第2章划定了经济和资源决策的三个不同领域。不同的领域大致有不同的决策过程，并且该决策过程在较大的空间和较长的时间中持续进行着。这种结构需要三个截然不同的政策支柱，他们在各自的领域有着扎实的理论基础。

第一领域指的是实际行为不同于基于理性和最优选择的理想化理论：个人和组织的明智选择范围受限于现有的技术和市场结构。除了关于"经济有效性"选择的结构性障碍——特别是能源消费领域——的长期分析，实证经济学的证据和行为经济学的理论极大地加强上述观点的解释力度。所有这一切都有助于消除人们对个人和组织提高能源使用（浪费）效率的潜力的怀疑（参见第4章）。

这些特征说明了，支柱一政策主要是通过制定标准或者提高公众参与的水平，提供明智选择。提高能效的主要目标通常是节省费用和改善能源服务——这与任何环境收益无关。证据显示，这些政策能够带来（通常已经带来）收益——能效政策已经降低了能源的使用量、费用和排放量。然而，经验显示，实际的节能量并没有技术论证建议的那样大和便宜；此外，能效政策还受到增加能源消费的活动水平的"反弹"效应的影响（参见第5章）。

　　第二领域指的是完美预期促使个人和组织积极地追求利益的最大化。市场机制（尽管不总是）能够实现最大化，价格就是最优化的指标。价格作为中心指标，提供了理性经济选择，并且被认为能够反映实际成本。

　　这些特征说明了支柱二政策就是利用市场机制，通过"适当的价格机制"反映外部损害。在能源部门，价格对能效提高做出了重要贡献，也对选择清洁和低碳技术发挥了巨大的杠杆作用。原则上，包括二氧化碳在内的环境损害成本应该被考虑在能源市场中。这样的政策有助于实现能源供给的去碳化，前提是能源市场的功能完备。

　　实行这样的能源价格政策是大多数经济分析的核心建议。在这类政策实行的领域，碳税从来不是"从天而降"的，它确实已经产生了积极的效果（参见第6章）。作为碳价的替代方案，排放总量-交易体系使（排放）总量约束比预期的更加容易和便宜。事实上，与对于过高成本的担忧相反，非放总量-交易体系一直面对着另一个问题：反复的价格滑坡逐渐削弱了清洁技术的投资动力。因此，实施碳价的最好方法是将价格和总量约束结合起来（参见第7章），这也能够增强其与其他政策支柱之间的互动。

　　但是，无论是取消能源补贴，还是制定碳价，政府都会遇到激烈的反对。碳价无疑影响到了每一个人。当人们不得不为看似免费的东西付费时，人们就会反对碳价政策。碳价的好处是间接的、影响广泛的，且其效果需要逐步累积。但是大多数人会计较眼前的利益得失，即使他们中许多人将在未来会受益（参见第8章）。因此，经济学家建议的政策工具往往在政治上是最不受欢迎的。

　　碳价机制在许多地方已经实施，还有大约60个国家和地区正在积极发展和规划相关政策（其中的一半来自于欧盟排放交易机制所覆盖的31

个国家）。这正说明了政治上的障碍无法掩盖碳价机制的优势。现行体制
还没有对能源和气候变化这样的全球性问题给予充分前瞻式的重视。真正
的进展，只能依据各国不同的经济和政治发展水平，逐步、分别实现（参
见第6章至第8章）。

第三领域指的是技术、体系、人类的价值观和行为最终共同演变。
技术进步和技术选择的前沿符合新古典经济学的"供给和需求曲线"，
不是固定的，而是随时间推移不断发展的。创新和基础设施投资（伴随
着社会和制度的改变）为技术的发展创造了更多的可能性。然而，我们
的社会对创新的投资是不够的——尤其是在能源和一些相关行业——投
资依然青睐现有化石能源系统。因此，支柱三政策的应用范围是巨大
的。它可以促进战略投资，让更加清洁的技术和体系帮助创新项目和基
础设施实现转型。

能源领域的创新水平非常低，这也被称为"技术的死亡之谷"。为了
兑服这一困难，政策需要彼此紧密配合，深化到整个创新链当中（参见第
9章）。同时，业内研究显示，每个主要的能源系统——包括车辆与液化
燃料供给、电力、城市发展——都具有大规模长期转型的能力。然而，现
有体系的惯性和既得利益（包括企业利益）阻碍了这种转型（参见第10
章）。是否以及如何将这三个关键体系（汽车与燃料、电力、城市体系）
最终实现转型，不仅取决于创新项目和基础设施的战略性投资，还需要三
大支柱政策的相互合作。

最后，第11章探讨了三大领域如何应对经济增长和环境约束成本之
间的历史性矛盾。它指出了传统的经济增长理论集中讨论资本、劳动力和
其他资源要素的积累。这种理论在没有考虑创新的情况下无法充分解释经
济增长。传统经济增长理论无法直接对创新进行计量。这种经济增长的
"索洛剩余"是非常复杂的，包含了规模经济和多种形式的技术和制度创
新。因此，创新的影响需要与经济增长的发展阶段联系起来。

能源问题渗透整个经济体系，并且在经济增长过程中扮演着重要的角
色。本章阐明了第一领域和第三领域有很多共同的特点：它们都关注政
策、规则与技术体系的创新，特别是那些具有长期收益的创新项目。因

此，我们的结论是，第一领域和第三领域共同形成了索洛剩余——经济增长的"暗物质"。

经济增长的新古典模型显示（参见第11章），长期的经济表现将趋于平衡（资源和资本的积累抵消了折旧成本和环境损害等外部成本）。然而，现实中理论条件是不断变化的；第二领域经济学的基本假设逐渐被复杂的现实世界所削弱。第一领域和第三领域都一定程度上反映了经济增长的过程，但是本质上他们都无法被量化，或者说，无法实现最优化水平。此外，有一些问题一直困扰着大家。到底是什么推动着人们为各自的和共同的利益不断努力、开拓创新、协同合作与建设？古往今来，顶尖经济学家们都在探讨着这个根本问题——经济发展的动力。[4]

由此可见，环境治理是否能够阻碍或者促进经济增长这一问题无法得到理论上或者经验上的解释。约束产生了成本和价值。这就像黄金一样，限量供给使它比水的价格更高。如果需要是创造发明的源泉，制度和技术创新是经济增长的核心，那么环境规制对经济增长的最终影响就是未知的。因为这依赖于我们如何看待它们。虽然，我们不能肯定环境规制对于经济产生积极影响，但也不能将其否定。更重要的是，政策的可行性和一致性要贯穿三大领域。这些政策在实现利益最大化的同时，还要顾及环境的限制并且利用这些限制鼓励和刺激更好的经济表现。因此，本章主要探讨政策影响。

第2章阐明了三大领域的性质，包括风险和应对的一致性、证据以及各自的理论基础。这一章也总结了三大领域在能源行业里的重要性：

• 能源政策（第一领域）的工程（第3章），实验（第4章）和政策（第5章）的相关证据

• 谨慎应对能效和技术的价格变化（第二领域）（包括国内与国际之间的价格差距和价格上涨与下跌之间的不对称性）以及期望和政策设计的作用（第6章至第8章）。

• 技术和系统的进步在机理和工程层面都具有巨大的发展潜力（第3章），能源生产和主要能耗行业（如建筑行业）也具有较大的研发空间。显然他们的巨大潜力和空间都没有得到合理利用。虽然核心能源系统的转

型是可能的，但是巨大的惯性和路径依赖阻碍了转型（第 10 章）。

最后，增长理论的"索洛剩余"（参见第 11 章）表明全面经济增长的重要性，这远比简单生产要素的累积要重要得多。

在能源系统转型中，每一个领域都应该是相互关联的，没有哪个领域该被忽略。有些专家仅仅关注问题的单个方面，因此他们认为只需要解决眼前的问题。行为经济学、新古典经济学和演化经济学都试图无视对方的观点。[5] 但是，建筑、电力市场或者未来交通体系的实证专家强调了这些理论框架和政策的一致性。实际上，我们就像盲人摸象。为了面对全球能源系统转型的巨大挑战，所有领域都应该受到重视。

三大领域的框架提供了一种简单的方式去理解许多复杂的事务，并且提出了一些重要的问题。我们简要回顾了经济最优化和安全之间的关系，然后本章其余部分试图回答下列问题：

- 所有这些带来的"改变方向"整体潜力有多大？进而，对于降低高碳依赖的风险，我们应该在什么程度上进行怎样的努力？
- 三大领域能够为公共政策、市场竞争以及能源价格之间的争论增添什么？
- 三大支柱政策是如何相互关联并且彼此互动的？这对于实际的、持久的和有效的政策应对意味着什么？
- 应对长期的共同挑战，特别是气候变化，是否能够（以及如何）与提高人类福祉相结合并且产生收益？

本章提供了欧洲背景下具体的政策启示，该启示关注能源和气候政策如何帮助欧洲经济实现复苏。然后，本章概述了应对国际经济层面的政策启示。最后，我们通过重申本书的基本原理得出结论：我们的经济理论需要建立在这三大领域的基础之上。

12.3 能源系统的优化、安全和演变

本章的开篇箴言传达了一个信息：容易获得的东西不见得是好的。我们需要了解这些"东西"会引领我们去向何方。比如，食甘饮醾人所皆

好，但是如果我们身体已经超重，或者正要开车穿越浓雾，无所顾忌地吃甜食、喝酒就显得不是那么明智了。

两个基本主线贯穿了第1章：在复杂的能源系统中，我们既不了解不断上升的风险，也不了解能源系统的巨大惯性和路径依赖性。

全球能源趋势面临的战略风险与安全挑战在性质上有很多共同点。像局域污染治理一样，能源问题长期以来都需要通过传统的政治途径来反复谈判解决。但是，全球能源系统在过去一个世纪里的扩张所引发的问题，在属性和时间上具有很高的不确定性，很难量化，而随着社会发展的复杂性和相互依赖程度的加深，其影响却是毁灭性的。

一个很好地说明上述问题的案例来自截然不同于能源的行业[6]，第11章介绍了一个电信行业的例子：作为英国"硅谷"的剑桥，像其他大多数城市一样，拥有着巨大的数据流。如果从剑桥到伦敦的电话或数据线是唯一的，随着通信量的增加，线路容量便开始饱和，通信质量也会随之下降：电话会出现杂音，通信数据量将会下降。局部的问题会在局部产生即时的影响。然而事实上，数据是在瞬间传播的，如果一条线是拥挤的，数据流会立刻改变方向，占用其他闲置的线路。这是一种有效的局部应对措施，可以通过复制和增加应用到全球层面，当然这种推广应用存在一定的极限。很显然，如果每一条线都变得饱和，那么整个系统都会停摆。值得一提的是，这样的局部应对措施不仅可以节约成本，事实上没有任何一个用户会因为使用了超出局部承载力的系统资源而感到不便——因为有其他外部资源提供帮助，而且这份帮助是其力所能及。然而，这种超限使用增加了整个系统和系统中每个人的脆弱性。

当然有办法能够解决这个问题，需要将系统监控与有效治理相结合。全系统危机监控的建设速度要比任何单个系统都慢得多。由于全系统监控和治理要依据适度和客观的原则，因此有人就可以在"原则"中钻空子。治理的一个挑战就是，将"原则"转化为实际行动。

这个例子回应了人们对高度优化和复杂的系统具有高度脆弱性的担忧。查塔姆研究所出版的报告《资源未来》强调：高度优化了的及时送货系统，给全球粮食和其他供应链带来了高度的脆弱性。[7]结论是：只有通过监控提供持续的反馈并且及时采取避免系统风险的行动，针对系统效率的最优化才可能是安全的。因此，经济效率与安全的结合需要第二领域和第三领域之间的深度连接和反馈。在能源和环境的案例中，科学家提出了有关生态安全的界限（第1章，第1.5节）。

于是出现了两大挑战。一个是生态边界可能是模糊和矛盾的。另一个则是我们客观评估风险与约束并且及时采取行动的共同意愿和能力。这告诫我们应该结合谨慎和远见来做决策。

"乐观派"和"环保人士"之间的政治辩论是具有讽刺意味的。他们指出了许多悲观的例子，从预测粮食短缺到"石油枯竭"，但是最后都证明要么是错误的要么是夸张的要么比预期更容易适应。[8]不幸的是，这样的历史经验没能提供一个有用的指南，原因很简单：一旦问题出现，他们就依靠人类卓越的创新能力去适应问题。因此，我们一直没有真正的在约束下解决问题，而只是在忍受和应付不利影响——这就是为什么能效的提高总是出现在石油价格冲击之后。

同样，发达国家的局部环境改善主要是因为受到了法律的约束，但是环境立法通常是因为污染问题已经非常严重并且在政治上已经无法容忍。我们不得不在应对环境问题之前承受后果。就像第1章中所罗列的原因那样（在"陷入困境"的章节，特别是注释76），气候影响的时间和性质使我们无法肆意地排放。如果我们想要改变我们的气候状况，我们就需要改变现行的政策。

环境学者经常声称我们站在"十字路口"。如果仅仅是说说那还好办。如果我们已经站在了一个十字路口，就要做出选择——我们很有可能会做出明智的选择。实际上，能源消费和排放的全球趋势更像是一艘漂流船。我们正在开动这艘船，燃料就是数以百万计的企业、数十亿人和数万亿美元。第1章谈到了酒后开车穿过浓雾的例子，但这并不能解释在第10章中出现的巨大社会惯性。我们的习惯、技术和系统都是为化石燃料而设计的；比较而言，那些资源危机和科学警告看起来都无足轻重。

也许，超级油轮可以作为一个更好的例子。一艘在雾中行驶的超级油轮在面对前方冰山的时候要改变方向，但是那些既得利益的、叛逆的和怀疑的船员为了保持当前的路线而不断挑战冰山存在的证据。众多经济思想中最流行的错误莫过于将"照常情景"等同于最佳的"最小成本"路径。我们的情况更像是登上了泰坦尼克号，数百个船长在争论，却没有人能够控制方向。

能源系统（以及气候系统）的惯性作为另一条重要主线贯穿于第1章，在第3章和第10章中也有所阐释。我们的经济——连同能源系统、政策和社会——是一个复杂的、不断发展的系统。可能会有一个经济发展的最佳值，但这个最佳值从未以任何有意义的和静态的方式得以体现。相对于复杂的系统，人、技术、组织、治理，甚至文化都能够学习、改变和适应。

全球能源系统已经一次又一次地证明了其内在的波动性（尤其是价格）和不可预测性。人们依靠经验应对状况，利用可用的资源，并且做出看似最好的选择。由于受到超高能源价格的影响，化石燃料资源的投资迎来了新一轮的热潮。这意味着，我们可能要进入到另一个能源剩余的时期，化石燃料价格随之向下摆动。果真如此，我们将没有办法知道这会持续多长时间：在各种因素中，能源和地缘政治的紧密关系在本世纪看起来依然具有很大的影响力。

我们能够知道的是，大时代背景下的被动选择不会带领我们实现可持续发展。证据之一就是人们对"碳泡沫"越来越多关注——由企业（和国家）拥有和定价的碳基燃料数量（不考虑碳捕获与封存）与国际公认能够稳定大气浓度的科学目标是不一致的（参见第1章）。这意味着，要么碳排放的约束将被打破，要么我们需要重新评估化石燃料的定价——提高非化石能源的价格。有效行动的时滞越长，后续经济成本和环境冲击也将越大。

12.4　复杂中的秩序：改变方向的经济学

在过去的几十年里，我们对承载能源系统这艘超级油轮的性质进行了很多深入了解，对其前方的冰山的了解甚至更多。然而，许多关于减缓气候变化的量化经济分析——所依据的数学原理和模型——仍然在一些重大问题上争执不休。我们姑且从技术细节的争论中跳脱出来，讨论一些更基本的问题，从而指明本书所能给出的全球性关键启示。

不考虑历史过程？

无数全球能源与经济模拟已经计算了限制二氧化碳的成本和"最优"排放的路径。大多数中长期经济模型的研究都设定了经典的第二领域的"均衡"假设。[9]能源与经济模型的核心目的就是建立一个基准预测情景，通常需要假设没有气候因素的社会经济发展存在最优（最小成本）路径，然后，在此基础上，通过建立方程反映减排的成本与经济增速降低之间的关系。在这种情况下，成本只与减排量相关。

问题在于：这种模型不考虑历史过程。接受度最高的此类模型莫如诺德豪斯教授的DICE模型。反映2100年减排成本的方程完全不受任何历史事件的影响。全世界到2090年之前可以什么都不做，也可以全力大幅减排，两者都不会对2100年既定额度的减排成本有任何影响。这就是所谓的"均衡"：不考虑时间条件，强行假设给定时期内，资源投入会给经济带来成本和约束。许多模型还会在此基础上假设存在更多的成本，如不成熟的资本置换、新技术扩张的约束都会导致成本增加。这些作为约束补充了"均衡"方程，但没有改变方程的属性。

在众多早期的"全球成本收益"模型中，相对于气候损害的减排成本都考虑了折现率，这使最优化模拟结果只是略微偏离了基准情景。然而，这样的结果反映出假设条件之间的矛盾之处：适度的气候损害模拟结果建立在我们可以适应气候变化的假设基础之上（多样化作物种植、迁移沿海城市等），然而气候变化从根本上是不可预测的，通常以极端气候事件的形式出现（参见第1章1.4"核算气候成本"）。但与之相反，模型还假设了能源系统，即使在政策和激励措施可控的前提下，仍然没有适应的能力。

直觉上这似乎是一个令人难以置信的结果，20年来，已经有一些（尽管不是所有）经济学家对是否存在具有成本收益的稳定大气温室气体浓度的行动持怀疑态度。在实践中，许多分析人士意识到了气候损害评估的不确定性和争议，不再进行成本收益分析，他们只分析不同稳定大气浓度路径的成本。这与第2章中讨论的预防性和安全导向的行为是一致的，只不过科学认知和经济行动之间的鸿沟依然存在，无法推动政策的改变。《斯特恩报告》之前没人认真地试图弥补这条鸿沟，《斯特恩报告》及后斯特恩辩论让人们更多地关注折现率和对极端气候风险的评估（第1章，1.4"核算气候成本"）。[10]后斯特恩辩论主要是讨论了问题的规模，并没有涉及解决方案的构成和相互作用。

　　现在让我们回到第2章，图2-3说明了相对"最佳生产前沿"（类似的图形和政策影响，如图12-2所示）不同领域的经济过程。如前所述，前沿曲线随着技术和体系的演进而移动。前沿曲线代表了既定技术组合条件下能源和排放成本的替代关系，在纯粹的一般均衡假设（参见DICE模型）中，这条曲线在每一个时间阶段都已经外生固定了。

　　现实中，就像本书描绘的，创新是对需要和规模递减成本的回应。这意味着前沿曲线如何移动取决于三大因素："当前情况"与前沿有多么接近；相对价格变化的程度（驱动均衡点沿着前沿曲线移动）；创新和基础设施建设的影响。这三个因素显然受到三大政策支柱的影响。尽管前沿曲线是不断演化的，我们却从来就没有真正到达过预测中的前沿——更准确地说，我们（在第一领域）越接近曲线上某个给定的点，相应的价格信号就越强（第二领域），创新政策就越强（第三领域），曲线移动将越快。

　　如果图2-3的十字向右移动——能够节省能源和排放之外的其他投入——这将鼓励创新和发展，并将前沿曲线向右推动：这样我们只不过提高了使用能源的能力，并以更低成本污染大气层。然而，如果通过经济下行来节省能源和减少排放，就意味着推动前沿曲线向下移动，那样，我们就需要学习如何通过减少化石燃料的使用，改善我们的生活和气候系统。

　　如果我们将这些因素整合到第1章有关能源强度和碳强度发展轨迹上，并考虑第3章综述的多种技术可能性，我们就能够得到如图12-1所示的一些启示。到21世纪中叶，化石燃料的消耗和排放可能会比现在的水平大得多或者小得多，这取决于我们是否继续默认或改变当前的排放路径。如果我们按照2050年"最佳实践"前沿曲线的轨迹前行，我们就可能实现模型所预测的情景。

不走回头路

与此同时，我们也注意到，能源投资——当然是在更广泛的社会经济系统当中——的特点就是能源投资的巨大惯性。一个默认的轨迹形成于当前的系统、习惯、利益以及与变化相关的成本。这就像个体心理学和行为经济学的发现那样：安于现状。即使是积极的变化，也会带来一定程度的不适和压力。同样，即使有益于宏观经济系统的变化仍然会涉及过渡成本问题，比如逾期性结构改革——就像那些在工厂里失去工作的人们不得不在新领域里寻找工作机会。

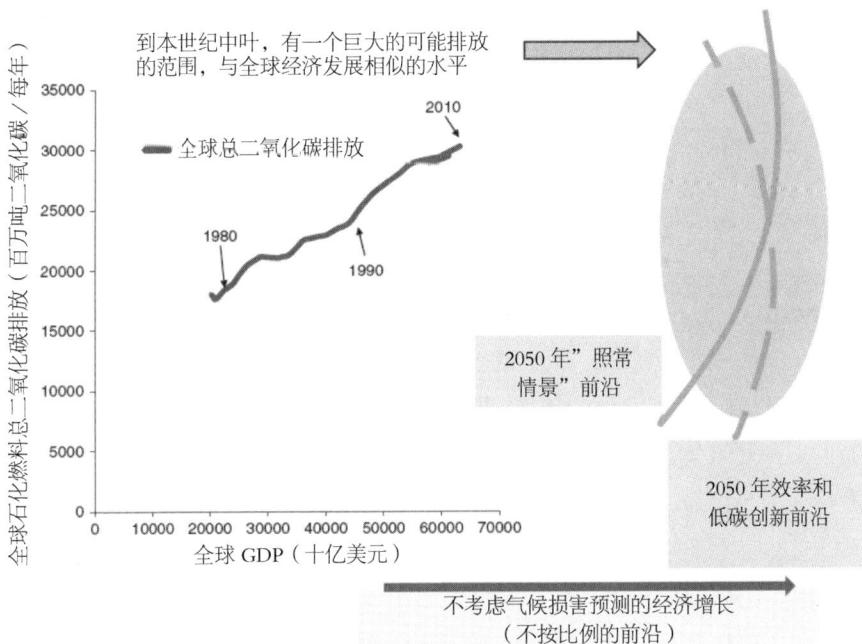

图12-1　全球趋势：默认和潜在的轨迹

在现实中，我们可能不知道要付出多少成本来实现技术与当前体系的匹配。碳定价可能包括任何措施。其中的一些措施可能会产生持续的较高成本（例如，燃气电厂替代更加便宜的煤炭电厂），其他的措施可能是持久的投资（如持续几十年的核电站）。

我们且将第一领域的明智选择看作"免费的午餐"。一种情况是午餐确实是免费的，提供了降低能源消费的美食。[11]事实上更有可能的情况是，午餐并不真的免费，会被要求以其他方式进行支付——比如改变行为、政策和监管方式。正如第5章中指出的，行为的改变通常是个体的努力。第5章提到的所有能效项目都需要有人施以持续的努力——去探索多种可能性、纠正市场失灵、设置标准、测量、核查、执行以及推动相关进展。当然，其他积极的经济措施也是可行的，比如取消能源补贴。

第一领域的措施还不能与第二领域的成本和收益相提并论，原因很简单：收益是持久的。支柱一政策的标准及其执行（先不说其他工具）最终能够省钱——因此我们称之为明智的选择。在省了钱之后，谁还会退出并且放弃这些措施呢？从经验上讲，第5章指出了稳步扩张的能效政策，这些政策几乎没有发生过逆转。毕竟，谁愿意花费更多的精力来撤销一项既经济又减排的政策？例如，就像在第5章里详细说明的，低能效的冰箱面对能效标识和标准从欧洲市场中消失了（取代他们的是不怎么昂贵的高能效冰箱）。支柱一的改革起初可能不是免费的——尽管成本并不是用金钱来计算，但是成本涵盖了个人或组织在执行过程中所付出的各种努力——但当收益是持久的时候，成本就只是过渡性的。

现在我们来考虑第三领域。就像基础设施一样，创新提供了多种技术选项（参见第9章），而演化经济学能够将体系演化包容其中（参见第10章）。关于部门的总结（参见第10章）强调了能源系统的转型能力——系统将变得完全不同，它不仅可以推动成本较高的运输、电力或城市系统实现转型，还可以将转型扩展到经济体系的其他领域。

再次声明，转型不是免费的午餐。创新需要投资，基础设施也是如此。大型机构改革也需要大量的投入。然而，这一切带来的变化是长期的。成功的创新能够融入我们的知识储备实现传播，而不是简单地消失在知识的海洋里。无论是一条公路或是一条铁路、高效能的建筑物或者新的输电线路——这些都需要投资，收益和回报却将持续几十年甚至几个世纪。

因此，最关键的是，这种战略性投资的成本是过渡性的，不是持久性的。经济上，此类问题与第11章所述的经济增长模型中的资本积累拥有相同特质；环境上，后代将继承这些投资的收益，他们将拥有比过去更少的二氧化碳和更清洁的未来。

能源系统的适应性

事实上，具体的技术可能性、行业评估、不同国情以及支柱三的相关内容，都说明了一个基本特征：能源系统的适应性。第1章提到了有些国家的人均财富水平相似，但是它们的能源消费和排放增长的程度却不同。第6章指出了尽管有些国家的能源价格很高，但是高能效抵消了这一部分的支出，使得最终能源消费只占总支出的很小一部分。它们的决策都不得不与能源系统相适应，这一适应过程经历了几十年的时间。根据支柱三的分析加以推论，如果技术选择和能源系统在国家之间可以是不同的，那么他们也会随着时间而变化。

因此，我们最终看到了第一领域和第三领域之间具有共同的特征。它们都重视创新。第三领域是关于技术和体系的创新，第一领域则是关于行为、法规和政策的创新。无论是有关技术的还是其他形式的创新，那是一种不断追求更优方案的过程，通常不会倒退，能效政策的演变就是很好的例子。

此外，我们还认为这解释了为什么第一领域和第三领域是获取生产力（驱动经济增长）的核心。如果我们每年都重复投资得到相同技术的研发项目，无疑大部分创新收益将会消失。能效的成本还来自建立测量和执行体系、改变政策的立法过程，以及企业建立各自的监测、管理和实施体系。如果这些成本每年都不断重复，创新收益自然就会消失。实际上，成本应该是过渡性的，减少资源使用和浪费的收益则应该是持久性的。这样才能增强创新对于经济和环境改善的贡献。

虽然，持久性收益在第一领域和第三领域中占主导地位，但是它基本上没有出现在第二领域的价格响应过程中。例如，大多数针对可再生能源和清洁发展机制（CDM）下工业减排的投资（第7章，7.6）没有得到收益回报：不仅很多CDM项目在接近零的价格上运行，而且很多已经建成产业和已经上马的技术还在被称为"最佳实践"。现实情况是，历史发展和我们的选择决定了技术、基础设施和偏好。在特定的时间里，我们的系统有一个巨大的适应能力。[12]套用经济学语言，经典的第二领域概念中的供给和需求曲线是固定的（不受到影响）。这个概念在一个特定国家的短期内是有用的，但是，随着时间的推移，体系会在这三大领域的活动中不断学习、创新和适应，第二领域的这个概念就会变得不再适用。适应性的概念会令一些经济学家相当不安，只是因为他们往往假定外部因素是固定的（尤其是供给和需求曲线），但是这些所谓的固定因素是可以变化的。[13]这就是我们要展示的结果，（不仅限于）第一领域和第三领域的现实更全面地呼应了这种新兴的经济理念。[14]

改变方向的经济学

这本书谈到的许多内容似乎都是在强调问题的复杂性，特别是谈到全球应对的时候，问题就显得更加复杂了。IIASA 关于全球能源未来的"双峰"研究（参见第 10 章，图 10-6）是多年的技术研究和数学方法实现根本突破的产物。[15]这项研究显示，"绿色"和"棕色"能源系统的长期成本（不含环境影响）可能是相似的，如果将这两个系统混乱地组合在一起，成本会变得更高。当然，就像许多世纪性预测那样，这样的结论取决于特定的假设。但是，很少有专业领域以外的人士了解这样的研究结果。圣达菲研究所的成立就是为了专门研究复杂性和混沌的数学原理，从而为演化经济学提供支撑。

本节的讨论就是要将所有这些复杂问题归结为一个简单的结论——我们的经济体系和社会都具有实质的适应能力。这也反映了一个更广泛的观点：我们需要学习和适应。[16]认识到能源系统的适应性就是我们从过去的经验和证据中学习到的结果。

随着认知的不断增长，我们能够真正地用简化的方式去探索一些复杂的影响。附录给出了一组简单的数据，它说明了改变的成本可以是固定的，也可以是过渡的，后者指出了惯性的作用。系统的适应能力就是如何平衡固定成本和过渡成本。这个模型的最大优点就是高度简化。它可以简单明了地说明一个运作二十多年的复杂体系。[17]

因此，我们可以运用惯性和适应性来模拟能源系统用来应对外部成本或者限制（如气候损害）的最佳路径和相关成本。从而，我们可以得出三个重要结论：

第一，也是最重要的，"最佳"方案可以在适度成本水平上长期存在。能源系统的适应性放大了采取行动的收益，限制了深度减排的长期成本。随着解决方案不断增加，三大领域的联合行动将会促进能源系统降低排放，并在本世纪内使气候系统达到稳定状态。此外，这并不需要强迫公众采取激烈行动来避免灾难性的风险。因此，"最佳方案"看起来不会有什么政治影响：这也增加了应对行动的收益。如果低碳路径不仅是安全的，而且代表了一种持久的变化，那么这就是一条光明大道。

第二，适应性可以缩小"成本收益"和"预防"措施的差距。正如第1章所述，科学的预防措施和气候损害的经济代价并没有达成共识。关于气候风险、折现和责任共担，大多数经济学评估已经小幅接近科学家们关注的问题。然而，科学家们仍然深切关注着气候风险。我们依然缺乏充足的、有形的、直接的和明确的全球行动。特别是那些既得利益的"怀疑论投机者"试图混淆公众的视听。[18]

然而，在改变方向的经济学中，能源系统的适应性缩小了经济与科学之间的差距：不管我们怎么看待气候的损害和风险，能源系统都要降低减排成本，增加收益的持续性。

第三，随着体系适应性的改善，最佳方案提高了收益的持久性，同时也增加了行动的成本。准确地说，有回报就要有付出。长期能源发展路径的调整——通过各种可能的机制——远比减排更有价值。如图9-1的影响（降低技术成本，满足上涨的碳价），投资于技术进步具有巨大的好处。根据标准化的假设，附录中的模型说明了调整能源发展路径的价值是降低直接排放的价值的数倍。

我们现在把这三个结论整合在一幅"全景"画面中，并且用具体的数字来说明：最详细的全球研究表明，全球平均气温控制在"2℃"内需要0.5~1兆欧元/年的投资。第1章中的全球"成本/收益"部分表明了如果我们仅仅是考虑潜在的灾难性风险或者非常低的折现率来避免气候损害，只不过是经济上的最佳方案。虽然这些假设（或两者）都有充分的理由，但是附录中的分析发现了即使没有这些假设的情况出现，类似的投资水平也是最佳的，因为系统的适应性提高了提前行动的收益。

最终，正是能源系统的这种适应性，使各国的能源支出都保持在巴什马科夫常数范围内（参见第1章）。能效和创新水平的提高同步于能源价格的上涨。能效成本的降低和能源价格的上涨为这样的能源系统提供了光明的前景。

再次强调：三大领域的选择和运用取决于问题的规模。这不会影响标准问题的标准化经济分析。例如，这里考虑的适应过程可能无法影响一个国家在几年之内的经济表现。但是，适应过程的重要性会随着时间和空间的扩大而不断提高。

因此，《星球经济学》强调了学习、动态和适应过程是至关重要的。一方面，70亿个能源消费者具有集体影响。另一方面，不仅要考虑随着时间推移这些个体的选择，还要关注有关市场、价格、创新和基础设施的全方位政策。

这些结合起来的影响将在全球范围内持续几十年，体现在一些最复杂的和网络化的基础设施中。附录中的简单模型为本书观点提供了证据，并且指出惯性和适应性主导了能源系统的根本性变化，无需使用传统方式计算成本和收益。此外，比起气候收益，能源系统转型的"成倍"收益更加具体和直接，更可能吸引广泛的投资——这从根本上改变了政治话语结构。

本章其余部分探讨了整合三大领域的整体政策。

12.5　不仅仅是钉子

英语谚语说："如果你有一把锤子，每个问题都会看起来像一个钉子。"[19]纯粹来讲，第二领域里的假设和模型导致许多经济学家得出了两个有关应对气候变化的基本命题：

- 理性应对需要权衡减排总成本与减缓气候变化的全球收益；

- 最佳政策工具就是全球碳定价。

实际上，这两个命题你中有我，我中有你。最佳碳价应该体现成本，也应该体现环境收益。在第二领域的世界里，价格是最佳的政策工具，它必须使排放大幅远离（上升的）基准情景的轨迹。许多模型基于这样的假设，预测稳定大气浓度所需的碳价——有些需要上升到超过每吨二氧化碳一千美元的价格（如果没有技术做后盾的话）。

我们完全有理由提出一个问题：这种成本是否合理？我们应该要承担多少？不幸的是，正如第1章（核算气候成本）所示的，如果权衡全球无数维度利弊，这个问题是无法回答的，因为在超越时间和空间条件下，科学、系统性风险和伦理等方面中有太多因素无法估量。因此，给讨论的范围加以安全的定义和生态的界限是至关重要的。即便如此，人们依然会脱离问题本身，来质疑我们所需支付的气候风险保险费的规模和性质。

此外，虽然有研究预测温升保持在2摄氏度以内的碳价将达到数百美元/吨二氧化碳，现实却截然相反。许多实施碳价政策地区的实际碳价难以达到30美元/每吨二氧化碳的水平。这是因为能源系统的适应能力会使碳价在转型过渡期适当保持适中水平，正如在第11章11.1中的模型那样（如图11-2和11-3所示；参见相应的注释）。毫无疑问，任何重大的脱碳转型都需要大幅提升碳价格。然而，第8章（在8.8中）指出了，在一个不平等的世界里统一"全球碳排放价格"，这种想法是错误的。

第2章已经表明，这种难题的最佳解决办法就是将不同级别的风险概念与不同领域的方案相对应（参见图2-6）。通过在第3章至第11章中建立的证据基础，我们可以更深入地理解三大支柱的多样性经济特性。

保险的成本：依靠模型和思维模式

模型影响人的思维模式，在许多经济部门和学术界中占主导地位的模型方法采用了"一般均衡"理论，该理论模型直接来源于第二领域的假设。[20]如上所述，如果这些模型仅仅用于价格政策，价格看起来就像是万能的钥匙，其他的方案就显得效率很低。理解三大领域如何定义了现实的能源系统是十分重要的，这会使问题变得更加有趣，也更易于管理。

"钉子和锤子"的核心不在于模型的结果如何，而是与之相关的理念和假设。许多学者使用的计算机模型影响了他们的思维模式。提供技术建议的模型与现实并不相符。这些模型关注于可以被量化的政策。但是，这些量化的尺度是非常宽松和脆弱的。那些不能够被量化的政策鲜少出现在相关模型中。

这也让我们思考一些更重要的问题：这样的模型假设了什么？它们说明了什么？它们的边界在哪里？它们回答了什么问题？例如，一般均衡模型适用于理解具体时间具体地点的碳价政策对成本、排放以及分配的影响，对于第二领域过程来说，这种影响就是碳价政策关注的重点。如果这个模型应用于研究美国的汽车能效标准，结果就可能会造成误导——美国的汽车能效标准是以第一领域为基础的，通过第三领域推动节能汽车的技术与竞争力的转型。[21]

幸运的是，抽象的学术世界建立了全球"自上而下"的经济模型，该模型体现了完美的市场和完美的能源生产和消费主体。正因为这些现实政策分析不是很程式化，所以这种理论的抽象性并没有阻碍能效政策的进步，尤其是支柱一的政策。同时，政策评估考虑到了平衡的重要性，它需要平衡工程师和其他人能够实现的技术潜力、消除"市场壁垒"的政策合法性，以及能效政策的众多实际经验带来的启示。政府能源部门倾向于使用"微观"工具评估"微观"政策，并且认识到能效政策的实际的和持久的好处——因此能效政策走向了全球。但是如前所述，这种方法可能忽视或者低估了"反弹"效应。反弹并不意味着否定福利收益，它反而意味着能够在其他方面获得好处（就像温暖的家——参见第5章，第5.3节至第5.6节）。

更大的问题出现在第三领域的模型里。基础设施、创新、技术和政策的全球扩张在更大的时空范围内不断拓展，这让事情变得复杂得多，许多"干中学"的政策以及技术被忽视，并且许多人认为"别人"需要学习。在模拟国家政策的时候，大多数模型——也有许多政策建议——使用了标准假设。然而，如果每个人都认为技术就像天上掉下来的馅饼，那么潜在的技术就会被困在"死亡之谷"，或者被限制在当前体系中——这将导致集体保守主义主导未来发展，无法改变当前路径。

类似的限制使政府难以追求第11章所描述的"绿色增长"。政府使用的大多数经济模型不包含任何第三领域经济过程。在这种模型中，环境和气候政策不可避免地被视为成本而没有考虑到（经济）收益，因为能够产生收益的机制没有在模型中得以体现。

正如上面所提到的，并不是所有的减排行动都具有可比性。有些行动可能确实有助于促进低碳创新。有些行动的结果具有持久性，就像建造隔温建筑、密集的公共交通基础设施（铁路、水路、电动公交车）或投资于远程可再生资源的传输系统。但是，有些行动，像用天然气发电厂代替燃煤电厂，对于实际和当下的减排来说，可能涉及很少的利益或没有任何长期的利益。随着时间的推移，经济相关的碳排放价格变得非常重要，但是，涉及学习和其他持久后果的选项将可能出现大量"外溢"的效果。因此，这三大领域的重要意义以及前一节的结果中所暗示的意义就在于，政策需要被区别看待。相应分析工具和思维模式也要加以区别。

例如，许多经济学家批评了可再生能源政策，他们认为通过发展可再生能源来降低二氧化碳排放看起来非常昂贵。但是，即使我们不能对于学习过程或者其他好处做出可靠估计，实施持久性解决方案的措施还是值得的。因为许多收益可能是持久的和公共的，所以没能被纳入市场价格或私人激励因素。[22]

事实上，能够切实反映三大领域经济活动（和相关政策支柱）的模型，不一定要降低成本。已经有几个这样的模型被用于能源系统分析，结果显示，短期内的快速变化可能是昂贵的、困难的，甚至是不可能的，这样的模型比起古典模型能够更好地体现系统中的惯性（惯性在附录中的简化模型中是重要因素）。但是，这样的分析更适用于解释新技术和体系（如果足够复杂的话）的成本降低和传播，因为它反映了过渡阶段的核心内容。[23]

回应第5章的内容（参见图6-6），将战略转型目标与科学约束结合在一起是可行的，通过控制成本，近期的价格可以达到较为适中的水平。最终，挑战来自如何将关注边际改变的思维模式，转换成复杂系统的整体转型，这种整体转型涵盖创新、基础设施、机构和行为等多种要素的相互关系。在现实世界中，只有锤子而没有钉子就可以完成的事情是不可靠的，也是低效的。与任何工匠一样，关键是要使用正确的工具完成正确的任务。这是经济模型的挑战——更为根本的是政策的挑战。

公共和私人的投资和回报

将多个领域的众多概念转化成具体政策的关键，在于深入研究经济结构，包括私人和公共利益之间的关系（如图12-2所描述的概念）。

我们已经了解了支柱一的概念，第一领域的决策通常会有较高的财务回报（年度投资回报率达到10%至25%，甚至更高）；事实上，第5章中的能效措施可以在一年或两年内回本，这就意味着收益率超过50%。第4章解释了为什么市场本身不能实现这些收益。第5章提供的证据表明，能效标准等公共政策可以产生净收益。私人投资的总体回报似乎超过了大多数政府项目的回报；大部分收益与私人投资有关，同时也带来了降低化石燃料依赖性和相关排放的公众福利。此外，一些公共利益可能是地方性和显性的，比如降低当地的空气污染程度——回想一下第2章内容，第一领域的特征在小型决策实体中更为典型，相应时间和空间范围也较小。如上所述，在这些地方推行的公共政策通常能够带来可观的收益，这些政策也很少会发生逆转。我们稍后再回到这个主题上探讨"共同收益"。

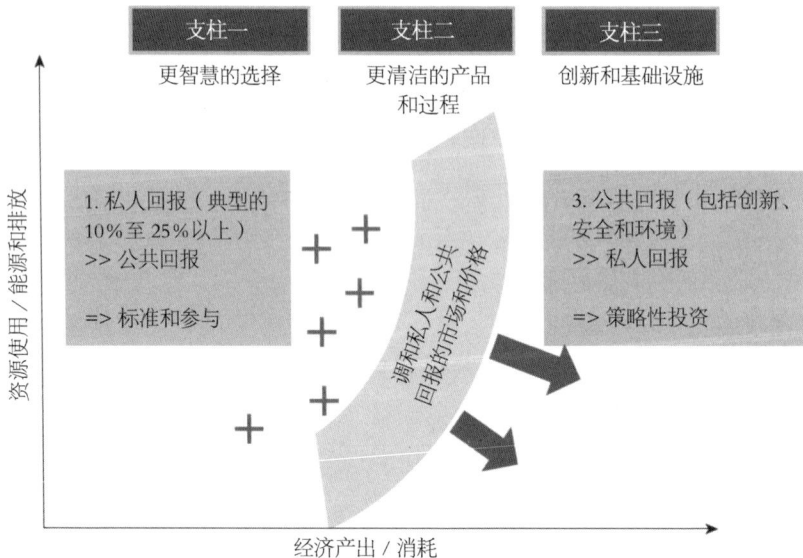

图12-2　三大支柱政策的公共和私人回报

支柱二的政策将私人利益与公众利益更好地结合在了一起。在这些条件下，市场几乎总是最有效的（尽管有分配的影响）。在决策机制分化的情况下，价格调节使得成本和收益相一致。以市场为基础的一般均衡理论被称之为"美丽的理论"。从根本上来说，这种理论体现了价格并反映了所有的成本和收益，因此私人收益等于公共收益；政府的工作就是简单地确保市场（包括"公害"的成本）产出最优的决策。

支柱三的政策可以被理解为公共利益超越了私人收益。基础设施建设就是一个经典的例子：例如，只有在极少数情况下，私人投资者才会发现修建道路的收益和好处。因此，"溢出效应"证明了政府应该资助研发项目。如图9-1所示，成功的低碳创新项目的收益成本比例是巨大的，但是这章的其余部分解释了为什么只有一小部分收益可能通过市场传递给创新者。

这与改变方向的经济学息息相关。第一领域的特征普遍体现在全球七十亿能源消费者（和他们的组织）中；相关政策产生的良好收益（主要是能效方面）以直接和有形的方式传递给了这些消费者，并且增强了政策的吸引力。在能源市场中，污染收费反映了环境破坏的成本，有效减少了污染的集体负担。在第三领域中，捍卫公共利益需要以政府为主导的战略性投资；投资的主要回报是公共的，而不是私人的，同时回报可能会较慢和较晚。

然而，随着新技术在时空变化下的发展和应用，支柱三的政策带来了巨大的总体收益。投资的全球前景非常乐观，可观的收益也可以反馈给政府或者相关行业。比如，随着时间的推移，投资可再生能源可以利用低边际成本的国内资源产生巨大的收益，或者国内产业通过投资可再生能源对技术供应链产生关键影响。此外，由于环境成本逐步内化，收益将会不断增长。战略性投资的规模越大，一个国家暴露在经济冲击中的风险就越低。这时，世界有可能被迫放弃使用那些廉价的资源——这就是"碳泡沫"的破灭。

由此可见，认为缓解气候变化只是"全球性成本"的观点是严重错误的，关键在于投资和回报。在三大支柱的政府政策中，最大的收益就是有效判断投资低碳经济的适当性、整体性和中心性。

12.6　联接：三大支柱的整合政策

基于实际政策中的得到的这些启示，我们在理解三大支柱以及它们之间的互动时就需要更加智慧。

单一支柱政策的局限性

由于能源系统和气候变化的特点，低碳经济的转型将同时涉及三大政策支柱。事实上，依赖单一领域或者过程最终会弄巧成拙：

● 单纯关注能效提高显然是不够的：能效提高使能源消费和二氧化碳排放变得更加廉价，因此人们能够更多地消费和使用能源（参见第5章）。这就是"反弹"的结果。同时，随着我们更加接近"最佳生产前沿"，收益也可能随之减少。只有第二领域和第三领域的政策选项才能继续扩大能效的范畴。

● 从传统的角度来看，价格实现了市场交易效率的最大化，也是最受欢迎的政策工具。但是，它的假设条件满足不了第一领域和第三领域的要求。政治的因素也会严重阻碍实施价格措施的步伐。从短期来看，（至少在没有支柱一政策的补充下）价格上涨导致的能源需求的下降程度是有限的。并且，能源供应系统的价格变化周期通常长达十年。创新链的断裂会阻碍创新的进步——正如在第9章中所提到的，如果创新链断了，能源/碳价格将会失灵。结果是，随着成本上升，价格上涨冲击消费者——他们也是政治中的选民。这时，他们拥有的选项十分有限，他们无法识别那些现在看起来很模糊但是未来可以产生巨大收益的政策工具。价格所带来的分布性影响是最大的，它会引发激烈的反对。因此，单纯依靠价格调控是有风险的，它将会面对更大的阻力。

● 单纯依赖技术驱动的方法在没有补充措施的情况下也会弄巧成拙。第9章指出了重要的教训，成功的创新需要推力和拉力的组合，但是这两者在能源部门中的力道都十分微弱。如果缺乏市场的动力，技术项目将不得不完全由政府来推动。现有产品在与创新产品竞争的时候，通常处于强势地位，能阻止新产品的进入。如果没有价格机制、规定以及积极参与的消费者，一切都只能依靠推力，缺乏拉力；没有拉力几乎就没有市场；没有市场，创新就要枯萎，技术就只能躺在实验室里或者依靠补贴存活。成功的支柱一和支柱二的政策将对低碳产品和过程产生需求。

传统的政策分析理念就是我们能够"沿着减排曲线工作"（参见图2-3）。这条曲线开端于"赔本"的能效措施，随后引入碳价格，最后进入高成本的选项。从多个角度来看，这种策略本质上是有瑕疵的。根据体系惯性和学习的特点，世界银行的一项研究指出，"曲线应该开始于最昂贵的政策选择" —— 这与从廉价到昂贵的"减排曲线"的简单想法相去甚远。[24]

换句话说，我们需要以最聪明的方式同时运作和整合这三大领域和三大支柱。如果我们能更清楚地理解三大支柱之间的互动关系，这种整合将是有效并显著的。这已经在本书相应部分的结尾处勾勒和总结出来（如图12-3）。

支柱间的互动

我们可以在图12-3的任何点上开始。从支柱一开始，"理想"领域的行为/组织措施将会倾向于改善能源效率，从而减少支柱二的不利影响。支柱二支持对消费者采取（价格）行动，"轻轻触动"消费者对能源价格的上涨产生反应。第6章中的国际比较数据表明，在面对物价上涨方面，长期反应足以保持能源费用的大致恒定。

如果支柱一政策的范围也涉及环境角度的个人偏好，这会有力地促进创新。一个标志性的例子就是混合动力汽车的市场与消费者和公众人物的角色——因为消费者关注能效和环境收益，所以他们就成为了推动支柱三政策的重要力量。

让我们关注一下支柱二，来看看价格与其他支柱的互动关系。物价上涨提高了对能源浪费的关注程度（第一领域），由此也加强了支柱一政策的有效性。经济工具的收入还有助于投资能效项目。因为某种原因，这些能效项目虽然具有较高的投入产出比，但是他们仍然需要公共资金的投入。比如，隔温建筑项目通常会带来共同利益，这在第5章中和下一节中将有所说明。

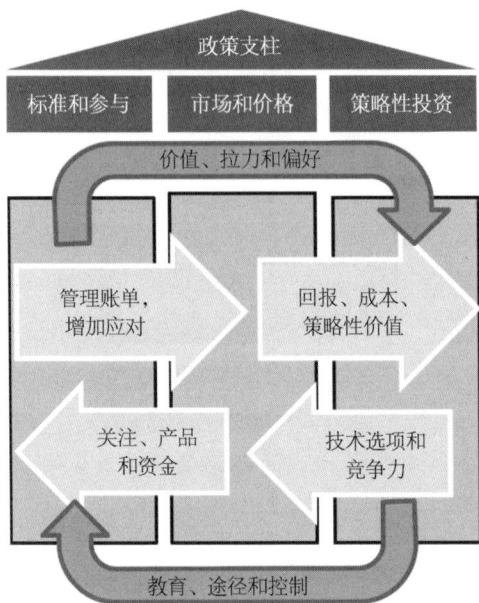

图 12-3　一体化政策包：三大支柱之间的互动

　　定价策略可以与第三领域的战略性决策和支柱三的政策产生互动。适当的价格会激励低碳创新，提高相关研发和基础设施的价值。碳价格的上涨将潜在地增加投资者的经济收益。因为某种原因，支柱三的激励措施是不完整的，这种负面因素特别体现在电力、建筑和一些重工业部门。因此创新也需要资助，包括加速扩张创新链中的昂贵的技术整合。重视这种方法还有其他的一些原因，但是关键的因素是政策工具的平衡性：单纯使用创新政策会提高锁定效应的风险。[25]

　　虽然支柱二和支柱三的关系不是总被提及，但是它们具有战略性的重要意义。市场价格反应了技术的实际成本，这要比工程师和业内的成本估计可信得多；清洁技术经历了学习和成长以后，它实际上会比预期的价格更加经济（第3章和第6章）。价格的变化趋势就像一个时钟，总是围绕在技术的进步和困境中变动。碳价格的上涨也提供了另一个创新的支点——

政府可以明确地摆脱商业的束缚，把低碳技术转化为更广泛的竞争力（参见下面的小节，"同等中的第一？"）。

最后，支柱三的政策通过各种方式影响到其他政策领域。更好、更有效率以及更清洁的能源技术将帮助消费者更有效地使用能效政策（支柱一），这些技术也扩大了选择的范围。因此，消费者在面对价格变动（支柱二）的时候有了更多的技术选项。这些因素都降低了碳价格上涨对于经济和财政的负面影响。同时，随着低碳产业的大规模增长，这些因素也潜在地创造了巨大的经济收益。事实上，对于应对气候变化等深刻的环境危机来说，管理长期成本的核心就是创新。

第三领域的基础设施建设是建立低碳经济的关键因素。基础设施的建设可以扩大我们获取清洁能源和可再生能源的能力——这需要制度创新。制度创新可以增加投资者的信心，从而吸引长期资本，它是一个长期的问题，比如教育。制度既可以帮助人们了解和应对问题，它也可以反馈个人偏好和社会规范——这涉及第一领域的行为。

支柱二和支柱三的结合是一个至关重要的挑战，尤其是在贸易和国家补贴的领域里。在一个"公平竞争"的环境里，竞争通常是健康的和最有价值的。所以，国际和区域的贸易协议通常致力于抑制或者限制国家补贴。就像第 9 章和第 10 章中所说明的原因，政府总是参与到改善能源系统的相关投资（以及实际参与到能源问题）中。目前，我们还没有解决这种冲突的一揽子方案，只能务实地追求平衡：为转型政策提供空间，为竞争力提供可能，尽可能多地为转型提供市场工具（参见"扩大市场领域"，在第 12.7 节）。

需要再次强调的是：某些支柱三的政策在没有一个适当的市场环境和互动下实施，会危及应对能源和气候变化的行动，它也会与核心的政策工具产生冲突。就像第 11 章强调的，这样的实施不会带来积极的作用。总而言之，与市场机制产生建设性的互动才是成功实施支柱三政策的关键。

这为我们奠定了如何思考的知识基础。我们应该想想为什么不同的政策工具应该结合，还有它们怎么结合。这是一个复杂的问题，每个地区在整合这些政策之前，都需要考虑它们现有的具体情况和政策格局，稍后我们回到欧洲的案例。

政策工具和决策者的多样性和目标性

我们没有一个全球的决策者；我们实际上也没有一个真正的联合国决策者。大多数经济学模型的普遍"代表性"是建立在以价格为基础的整合结果，它通常是一个近似值。在实际政策制定中，这些近似值的模型可能会产生严重的误导性。因此，三大领域的观点提供了一个可以拆解还原的自然框架，如表12-1所示，它描述了决策者的三个"原型"类别：

● 个人和消费者组织：能源消费是一种附加成本（消费者可能很难控制这类成本），因此它可能很容易被其他因素所掩盖（许多服务业的公共组织也属于这类）；

● 投资和采购决策者：位于制造业供应链上游的许多公司通常都具有较高的能源强度。但是，它们与最终消费者的关系非常远。

● 公共机构：负责制定有关公共利益的决策和政策，并有可能在跨国公司董事会层面制定涉及公司利益的战略发展决策。

表 12-1　　　　　　　　决策者、投资者和驱动者的不同类别

	投资类型		
	组织及行为改变	产品／项目	策略
决策者	主要决策因素		
个体和消费者组织	关注、习惯、固定	价格和回报、价值或者品牌	期待
企业	外部驱动者（消费者、竞争者、监管者）	价格和回报时间／市场折现率	战略竞争／市场趋势和规模期待
公共机构	政治优先性、目标和法律规定		策略目标、公共成本或者可持续性评估

显然，这三类决策者的原型与三大领域的观点普遍对应。表 12-1 的顶部显示了三种不同的投资类型：

- 投资于组织及行为的改变；
- 投资于特定产品或项目；
- 战略性投资于现行或者未来的选择方向。

同样，这些不同类型的投资决策与三大支柱的政策相互联系。不同的角色会根据第 1 章中有关折旧的基本经济论点来评估成本和收益（注释 55 至注释 60）。消费者购买的产品包括了制造商的（通常较高）折现率或者快速回报的要求。公司将通过市场利率（和股权成本）的引导来决定投资哪些项目。公共机构将会使用社会贴现率来评估公共性投资。对于评估公私合作的项目投资，最好的办法就是将资金的市场成本与社会的贴现率结合起来。[26]

在表 12-1 中，价格和数量对于不同实体来说扮演着不同角色，因此这些实体也需要做出不同类型的决策。有关经济争论关注于"价格与数量"哪一个更重要。这种争论是具有误导性的：价格和数量都是必要的，因为它们经常扮演着不同而又互补的角色，因此决策者可以根据需要采取不同的决策。

12.7　扩大视野

有关三大领域的观点不仅引领我们思考了政策的多样性、互动性以及不同的决策者（在前一节中讨论过）。更重要的是，它意味着一个开阔的视野，特别是关于经济工具和促进转型所需的制度结构的角色和设计。

财政收入和"专项支出"

经济工具普遍提高了财政收入，这些收入可能来自税收或者来自排放总量管制与排放交易津贴的拍卖。前一章节指出了支柱之间的潜在互动就是将经济工具（支柱二）带来的财政收入资助其他两大支柱的活动——比如能效和参与性项目，或者投资创新和基础设施建设。

原则上，最有效率的花钱方式应该与如何挣钱区分开来：对于中央的、统一的决策者（特别是国家层面的政府），他们应该具有独立的决策过程。理想的观点是：财政收入不应该被用于特定项目的"专项支出"（也称为"质押"）。

但是，理想并不等于现实。汽油税通常被用于投资道路和公共交通系统（参见第6章）。气候变化领域包括了建立碳信托（参见第5章，尽管英国财政部小心翼翼地否决了相关的制度结构），也包括了相当于3亿吨二氧化碳的欧盟排放贸易体系的份额，这些份额的收益将用于支持碳捕捉和碳封存以及其他低碳技术的发展（参见第9章）。日本针对碳税或"总量管制和排放交易"的争议在很大程度上也是有关谁会获得收入。美国众议院提出的Waxman-Markey总量管制与排放交易计划（但从未被送进参议院）也充满了收支关系的问题。在国际层面上，《京都议定书》规定下的适应（气候变化）基金的部分收入来自于清洁发展机制下的减排贷款，随后扩大到协议下的所有项目贷款（参见第7章）。

所以在现实中，财政收入的专项支出是普遍的。简单来说，这是因为政治总是需要收买选票。但是，这里还有其他更多的原因。

在纯粹的"公共物品"（如教育和国防）领域，公共支出很明确地来自税收。这些领域不可能提高公共收入，它们也不可能提供可以增加税收的收益。

相反，对于那些"公害"的领域，比如污染，政府需要落实污染者付费原则，并且不应该补贴产生这类污染的活动。

能源和气候变化的独特之处是政策必须要同时处理复杂的"公益"和"公害"：既要支持能效、创新和基础设施，又要征收污染费用。此外，这两个支柱（支柱一和支柱三）的活动不仅有助于直接减少"公害"（如排放或能源安全），而且也能够支持经济工具的使用：就像支柱二所示，对于消费者和产业来讲，碳价格的可接受性与能效和创新的程度是密切相关的。因此，收入和支出的关系是紧密相连的。

鉴于这三大领域的重要性，所有三大支柱政策的益处应该直接与问题的严重性联系起来。因此，支柱一和支柱三的支出水平原则上应该随着支柱二的碳价格水平而适度提高。

与古典经济学的假设相反，非价格策略往往被视为替代价格策略的第二选项（因此有时被描绘成低效的替代品，甚至与价格政策产生竞争）。从根本上讲，三大支柱政策是互补的而不是竞争的对手。因此，将收入与支出结合起来解决本质性问题在理论上是完美的。一部分高碳行业的收入可以被用于投资能效、创新和基础设施建设，这不仅具有政治可行性，它也反映出了"公益"和"公害"的基本经济结构。这就是通过征收"公害"的费用来资助"公益"的行为。

利用"公害"资助"公益"具有潜在的分布性（也是政治性）优势。例如，如果从排放价格中所得的收入部分地被用于资助创新产业，这可能有助于缓解竞争力的问题。当然，这也可以缓解政治问题：人们和产业——如果可以获得实实在在的利益——将不会反对这样的支出政策。

然而，正如大多数政府的警告那样，专项支出存在着重大风险。如果没有良好的治理和明确的原则，收入和支出之间的关系可能是混乱的。例如，如果所有的公害收入与特定支出相捆绑，这就将更广泛的"双重红利"排除在外，这与第6章中的劳动力和投资的税收转移有关。最大的风险是，如果它们的关系太过紧密，排放价格最终只能服务于特定目的。这似乎在日本得到了印证，最近通过的小额碳税基本上反映了收入使用的政治目的。这种方法的风险就在于排放价格可能会受到制度约束（被收入获得者控制），这违背了它的初衷：作为一种经济工具反映决策中的排放成本。

同业领先？拓展市场领域

三大支柱不仅仅是"水平地"相互联系。图2-6强调，尽管政策的各个支柱基本上都只影响某一个领域，但是它们也都可能影响到其他领域。该图特别说明了，市场和价格是可以影响到第一领域和第三领域的。它们的影响程度大体上取决于这些政策支柱的设计。

由于过度依赖政府的指导政策和补贴，增强碳定价在其他领域的影响是有益处的——这试图增加了如图2-6所示的"间接"影响。这有助于减少能效项目对政府的依赖程度，也可以帮助政府尽快实现特定技术支持的转型。

我们在第 7 章指出，碳市场似乎存在明显的行为影响（第一领域），它将注意力放在了应对气候变化相关的风险和机遇上。欧盟排放贸易体系的上限设置对于一些行业具有重要的战略影响（第三领域），特别是明显地增加了煤炭电力投资的风险。然而，碳价格具有相对短期的和波动的性质，这大大削弱了它与实际低碳投资的相关性，也降低了对于低碳投资的关注性。

第 7 章的结论阐释了"混合"工具的案例，将总量、贸易的数量目标与价格下限/价格走廊或类似的调节机制结合起来，主要的论点是：在面对外部的（和部分政策引导的）不确定性时，增加实力可以降低对投资者的风险。

退一步考虑三大支柱中的价格和数量的角色，展现了价格与数量的混合工具的多个其他原因。该方法降低了价格的波动性，从而增加了收入的稳定性，以及建立了一个最小值。如果政府为了充分利用收入而理性地进行预算和计划，建立最小值是至关重要的。价格因素——如果是稳定的话——与产品和项目投资是最相关的。但是，数量因素与战略投资更加相关——比如，低碳创新的市场有多大，以及是否更多地投资于规模性可再生能源的电网基础设施建设。然而，当前的目标缺少可信度，也没有一个最终可以转化为经济信号的执行机制：总量管制与排放交易系统的目标应该包括市场可信度。市场和价格也影响了第一领域的行为，其中的驱动力在参与者之间是尤为重要而且迥异的。第 7 章解释道，混合设计也能够更好地利用经济和环境的现实因素，并且更广泛地适应技术和制度的学习。

此外，不确定性的考虑出现在两个方向上和所有支柱中。纯粹的经济工具的数量方法甚至已经出现在了多个支柱中。根据国际能源署的说明，多个工具意味着碳定价的份量（支柱二）本质上会更加不稳定，因为在其他支柱的影响之后它会获得"剩余"。[27]通过混合设计，与纯碳税（可以更容易地在预算周期中被撤销）相比，数量目标可以作为战略指导也可以用于增强信心。相对其他领域中交付的不确定性，这是一个比较保险的做法。如果能源效率或者技术拉动政策的产值高于了预期，价格地板就设定了一个价格底线，确保其他低碳投资者的利益。如果其他政策支柱的产值低于了预期，上涨的碳价格将用于补偿低碳投资者的利益，这就确保了经济发展的长期目标。

经济工具的混合设计是包含所有三大支柱的一个广泛的政策包，因此它不仅可以最有效地对不同角色的投资给予支持，而且在面对多种不确定性方面它也是最强健的。

然而，随着清晰度和信誉度的不断提高，价格和市场在第一领域和第三领域行为的影响力也会不断扩大。随着投资信心的增加，私人投资者将意识到第三领域的公共收益对于转型是有帮助的。这将促使私人利益和公共利益在更广泛的领域里找到一个契合点。图12-2中的"市场和价格"趋势的扩大从概念上说明了：一个好的经济工具是将数量和价格的混合元素与策略性上涨的基础价格相结合，这潜在地提高了私人利益和公共利益之间的一致性，从而减少对政府直接项目的依赖。因此，碳价格十分重要，其有效的和战略性的设计也同样重要。

起初，这看起来似乎与混合工具无关。第2章和第6章的逻辑是（尤其是图6-6），不确定性的本质意味着需要一个长期的量化排放目标——在这种情况下，价格不能也不应该被固定。但是，原则上可以固定的是基本逻辑：在稳定气候系统的长期目标得以建立之前，碳价格应该继续上涨。

最理想的情况是国际协议接纳这一原则。即使没有国际协议，政府也可以在国家层面上设立一个分担全球减排努力的长期排放目标，并且制定一个价格底线，在实现这一目标之前促进价格的上涨。这种方法会增强投资者的战略确定性，明确最低碳价的发展方向以及实现长期的量化目标。

碳价格应该成为整个经济的基础。想要更广泛地使用市场力量的国家可以使用总量管制与排放交易，在实现目标的需求下允许价格的变化。其他更有针对性的和开放性的转型工具还可以用在责任分担上。结果就是，组合性的策略加速了效率、创新和基础设施投资——这些机遇与转型同样重要，因为它们促使系统更好地回应价格上涨。

依靠制度一致性

虽然这本书围绕着能源和气候变化的经济原则，并不是讨论制度设计的，但是如果没有谈到制度挑战，这本书将是不完整的。特别的是，这本书提到了创新的核心论点是"人类最伟大的、最早的创新" 是社会组织以及随之而来"需要以结合的方式找到应对技术和组织创新的方法"（参见第 2 章）。诱导性技术创新的讨论也强调了它的推论，即诱导性制度创新的重要性。[28]

气候变化正在限制人类制度的应对能力，社会学家将它描述为"邪恶"的问题。[29]第 10 章指出，制度惯性是令我们困在一个破坏性路径的主要因素之一。改变路径挑战了政府组织和政府与其他机构包括监管机构之间的关系。

政治上，支柱一的政策是最容易引入和管理的。它们的运作是相当复杂的——如果被带到第 5 章的最终部分去谈论，它们将会变得非常复杂。但是，如上所述，世界各国政府都在不断地改进和扩大能效政策。

建立实施产权的市场和系统被誉为"最伟大的制度创新"。它与相关的管理系统一起确保了竞争和公平地回收成本，这也为经济发展迈出了必不可少的一步。[30]下一步——纳入外部成本（如污染）——如同支柱二那样，这依旧是非常困难的，也还在形成当中。

关注问题和机遇的第三领域的制度是非常不完整的，通常也是过于简单的。显然，有些制度现在已经变得理所当然了——教育以及公共基础设施的投资十分普遍。许多像经合组织这样的富裕国家都拥有着管理政府研发的复杂系统。第 9 章的结论还指出，许多经合组织国家的产业政策变得愈趋复杂。这些政策因为先前的失败而不再具有吸引力。

能源和环境趋势的战略影响进入了一个新的维度：目标不再是纯粹地支持教育、创新和基础设施，而是将我们的努力方向与地球的生态界限相融合。我们不仅需要利用制度结构来促进发展，而且——用第 11 章的语言来说——我们要让历史的车轮转动起来。

制度的发展也代表了能源系统转型的迫切需求——有别于执行具体政策的制度——它是一个相对较新的领域。最雄心勃勃的努力之一是英国气候变化法案，该法案旨在增加低碳投资的战略确定性（参见专栏12-1）。

专栏 12-1 代表未来: 英国立法

为了应对气候变化的战略、伦理和投资挑战, 在2008年, 《气候变化法案》实现了中央立法, 并通过了英国议会的批准, 获得了跨党派的共识。最初的法案设定了到本世纪中叶温室气体减排80%的目标, 创建了五年排放预算周期的执行架构, 要求至少提前15年接纳预算。法定的气候变化委员会建议实施与实现2050年目标成本收益相符合的适当预算, 并建立了一个强大的监控和激励框架。该法案从2008年开始生效, 第一个预算期开始实施, 并且三项碳预算被接纳。在2010年, 新的保守党与自由党联合政府接受了第四次碳预算的委员会建议 (2023—2027), 推动英国电力行业的大幅脱碳化。

英国之所以能够实现这一切是因为它对于气候变化的严重性已经有了全国性的共识, 二十年来, 商业界也渴望出现一个一致性的、可预测的和以证据为基础的战略框架。这种框架有助于提供更稳定的政策与工业投资的环境, 但是它并不能解决更详细的执行问题。

2008年的能源法案也明确了英国天然气和电力市场办公室的主要职责 (英国能源监管机构)。它的主要职责就是保护现有和未来消费者的利益。同时, 英国天然气和电力市场办公室创建了低碳网络创新基金。

气候变化委员会表达了对现有电力市场的投资能力的担忧。在2009年, 一项为政府提供的研究 (项目发现) 显示, 现有的电力市场设计不会自行提供能源安全或者低碳发展所需的投资。这导致了对于市场结构的整体调整, 市场结构应该有助于降低电力转型的投资成本。整体的调整最终体现在2013年英国电力市场改革法案中。

该办公室不得不考虑监管机构应该通过什么方式和指标来平衡现有和未来消费者的利益。同样, 传统的成本收益评估并不能提供有用的答案来回答可持续性和转型的关键问题。

英国政府开展了有关可持续经济的实质性评估, 该评估指出, 成本货币化的传统收益评估方法没能涉及一些关键问题 (GES 2010)。在2013年, 经过两年的调查和咨询, 该办公室改变了影响评估框架, 纳入了影响未来消费者的具体因素, 这些因素包括了可选性、多样性、安全性、碳预算的一致性以及2050年国家减排80%的目标（这意味着在能源行业减排90%左右）。

在能源行业里，关键问题是竞争性市场的投资。第9章指出，市场开放远没有像预期的那样促进了技术研发，实际上市场反而摧毁了它。这种开放对于投资来说也有一个类似的（虽然不那么极端）影响，这就是股权拥有者的短视性与能源系统投资的长期性之间的紧张关系。

在一些国家（特别是丹麦和英国），政府内的制度性紧张关系已经在一定程度上通过创建能源和气候变化的联合部门而得以解决。在英国，能源和气候变化部监督了旨在解决投资问题的能源市场改革。[31] 反过来，监管者通过参考决策评估框架，将其正式职责扩大到保护现有和未来的消费者利益上（参见专栏12-1）。[32]

就像第10章所示的那样，因为电力供应以及结构和天然气网络交织在一起，所以我们所有的社会科技系统都是最复杂的和最相互依赖的。能源系统的投资在第二领域和第三领域之间架起了一座桥梁。在第10章中，隐性投资的性质和规模正在欧洲电力系统中不断扩大。欧洲仍在试图全面建立竞争的电力市场。但是，正如所说的那样，这需要独立的监管。然而，面临的现实是，因为金额巨大，这样的市场不太可能提供所需的投资。因此，追求快速回报的资本缺乏对长期回报的欲望，也几乎对能源安全或者环境没有兴趣。

未来的人们——作为个体和消费者——将会继承电力和天然气电网的巨大的相关利益，比如促进可再生能源的使用和管理。把这些利益的考虑纳入监管机构的职责也是一种创新；在选举期间以外，监管机构更有可能提高投资稳定性。能源市场（基于短期边际成本和股东利益）和第三领域转型的战略性担忧之间的关系需要加以管理，这种管理仍然在不断地改进当中。

可持续的经济发展必然需要接受这样或那样的挑战。没有一个社会能够纯粹地依靠经济计算做出重要的决定，因为这些决定牵扯到相互竞争的利益和观点。美国独立战争开始的口号是"无代表，不纳税"。同样的原则也可以适用于我们强加给其他人的成本和风险，包括那些我们强加给我们后代的。正如这本书所展示的，我们完全有可能改变方向；我们应该在决策中体现未来几代人的声音，用更广阔的视野推动我们不断改变——并且在转型的过程当中获得好处。

12.8　共同利益

来自三大领域的一个重要事实可能有助于降低应对气候变化的"邪恶"制度和政治的复杂性。这本书的许多章节展现了一个有趣的特性，这就是"共同利益"的普遍性原理：行动提供了传统的经济或社会收益，同时它也处理了温室气体排放的问题。

这本书提供了许多"共同利益"的例子，它们以更实际的方式说明了在应对气候变化的情况下共同利益的各种好处。

联合收益：支柱一

支柱一已经记录了大量共同利益的例子，这些共同利益来自于第一领域的行动、低碳以及增强的能效。家庭的例子包括了潜在的健康收益（气流较低或者较少极热或极冷的温度）和降低的街道噪音（双层玻璃）。在商业领域里，更节能的设备通常是"嵌入"在更现代的机械和更好的控制系统中。在运输领域里，更高效的汽车拥有较小的载油量，以及/或者可以支持更远距离的驾驶。同样的燃料可以支持更好的火车运行，提供免费的通勤运输。

有时，间接好处可能比官方预计得更大、更具有实质性。例如，国际能源署敦促各国尽力改善能效，建筑能效改善的成本不仅可以用于节能方面，而且也可以用于降低医疗成本，因为老年人在保温不佳的房子里很容易患上冬季疾病。

能效的更明显的好处是降低能源费用。标准、参与和其他政策（包括能效投资）都令决策更接近于新古典经济学的期望，减少了个人和组织的账单。这种"私人"利益与降低国家燃料支出的高层收益相符合，潜在地改善了国家能源安全，降低了环境影响。

有趣的是，高层的关注推动了政策的实施，即使这些政策创造的利益较小，并且几乎没人意识到它们正在做什么。有时，这样的决策其实是在浪费金钱；这也不是政府直接关心的事务。但是，如果政府正在试图解决能源和环境问题，政策的成本收益就显得十分重要了。如果节约能源能够降低民众的燃料支出，那么这固然更好。如果资助能效项目是实现相同目标的最佳方式——以及降低医疗服务的负荷——那么使用纳税人钱的最好方式就是运用于环境目标。私人收益（如低账单，温暖的家园）是政府应对能源和环境问题的主要共同收益。这说明了气候变化可以被看作一种动力。

联合收益：支柱二

支柱二（价格政策）的联合收益是难以想象的。如果市场可以像理想的新古典主义理论那样发展，个人和社会的收益和成本应该是紧密一致的。然而，现实似乎更加有趣。

共同收益的最明显例子是价格工具在能效税收制度中的潜在角色，也就是第6章中讨论的"双重红利"（第6.5节）：政府需要收入，所有提高收入的方式都需要某种程度的经济扭曲。如果能源价格工具（税收或拍卖排放津贴）能够取代扭曲的税收，如果这种取代可以支持支柱三的战略目标，整体的收益就会展现出来。因此，向"公害"收税要比向"公益"收税好的观点不断地被增强和放大。

支柱二（尤其是第6章）的经济观点概述了收益的潜在范围。一个更根本的挑战是认为，这不应被视为能源和气候政策的收益。应该优化的是税收制度。这当然是说起来容易做起来难，因为税收是高度政治化的。例如，较大的行业往往比单个的纳税人有更强大的游说能力。如果呼吁关注全球环境问题有助于推动社会实现一个提高经济收入的最优方式，那么这就可以合理地被认为是共同收益。

在这种观点下，"联合收益"的最普遍例子就是汽油税，它至少有三个功能：减少国家对石油的依赖，支持公共交通基础设施，以及提高中央政府的财政收入。

环境收益也可以被看作是强有力的经济工具，它能够促进煤炭和石油的投资转向天然气和可再生能源。第1章（第9页）指出，即使是在已经实施环境政策几十年的美国和欧洲，煤炭开采和燃烧的多方面经济成本也已经超过了其实际价值。如果这是真的，新兴经济体的空气污染情况也注定是十分严峻的。为了反映这些因素，第6章使用了一系列经济相关的碳价格来评估健康利益的潜在价值（参见图6-4）。更重要的是，学术界不断强调，减少煤和石油的使用可以带来巨大的环境收益。[33]因此，"更高领域"的担忧（在能源安全和气候变化方面）可能会推动积极的政策。

如果长期目标和经济工具有助于稳定投资预期，一个完全不同的并且不言而喻的联合收益就会出现。[34]第1章指出了化石能源市场（不仅仅是石油）的波动性。几乎没有哪个国家（可能美国除外）有能力独自应对这种波动性，但是国家政策可以有效影响国内的投资环境。第7章探讨了不确定性是如何阻碍了投资并且提高了资金成本。第11章观察了大量的制度资本（养老金、保险和主权财富基金），这些资本目前只能获得微不足道的经济回报。这一章讲述了为什么这些资本原则上是可以用于能源投资的，但却因为缺乏对未来的信心而受到阻碍。

气候政策的第二个好处就是作为投资回报的稳定器。这个理由支持了实施可再生能源的电力使用以及英国能源市场改革计划。更宽泛地来讲，前一节中讨论的经济工具的混合设计对于增加低碳投资的金融信心方面是具有广泛潜力的。从长期科学的角度来看，如果经济工具的混合设计能够刺激投资的话，它们就可以提供一个稳定长期的能源投资平台。因此，支柱二政策可以提供一个更加稳定的、可靠的低碳投资基础，从而降低资金成本。

提高能源投资的长期稳定性和改善碳价格系统的国际规则都说明，支柱二政策与第三领域的战略目标的一致性产生了共同收益。

联合收益：支柱三

也许，"联合收益"的最大潜力——毫不意外地——可能直接来自于支柱三的政策。对于进口化石能源的经济体来说，能源和气候安全之间存在着潜在的协同效应。

经济机遇来自于创新。第9章总结了实证性证据，并且解释了为什么关键部门（特别是电力和建筑）显示出非常低的创新率。第10章发现了既得利益者对创新方向具有不可避免的偏见。第11章描述了创新在经济增长中的核心角色。气候变化显然是创新的潜在动力——低碳技术的观念似乎更多地是由拯救地球的愿望来推动的，而不是依靠赚钱潜力的现实评估来实现的。

　　气候目标还可以有助于摆脱路径依赖和避免第10章讨论的锁定效应的陷阱。相关措施可以帮助协调产品价值链中的不同角色。这可以加速新产品、过程或服务的创新和传播，提供投资所需的战略信心。国家的低碳投资可以协调监管框架和基础设施建设的发展。

　　协调的潜在收益是可以超越国界的。比如，欧洲从贸易中获取的自然收益来自于相互联系并整合的能源系统——据估计，通过相互连接，电力资源到2030年可以节省100GW的发电需求。互相连接实现了更有效率的系统：需求和间隔性的可再生能源供应更均匀地分布，国家可以自己储备电力，获取清洁资源的途径也变得更便宜。

　　然而，发展更大的整合系统的过程已经变得缓慢，并经常遭到成员国的反对。它需要管理和推动力。整合系统的动力要与泛欧洲的经济工具（欧盟排放贸易体系）一样强大。互相连接不仅是一个奢侈品，而且是一个必需品，与高水平的可再生能源相结合。换句话说，促进合作的高难度挑战可以作为一种协调影响力——实现联合收益的共同目标。

　　这些观察指出了应对气候变化产生收益的三大机制：作为动力、作为稳定器以及作为协调员。这些角色最容易在三大领域中被识别，在实践中这些角色也都在不同领域中相互联系。

可分性和财政

　　共同利益的经典经济应对的是政府应该独立地追求收益：它们应该优化财政政策，优化卫生和空气污染政策以及优化气候政策，并且不要把它们混淆。这是基于一个基本的假设：不同的收益是分开的。这也说明了这是一个纯粹抽象的假设，没有现实依据。我们刚刚提到了价格的政治，它频繁地阻止政府采取"经济上最优的"政策。

　　在抽象的决策中，技术和投资是不可分的，也是不可逆的。今天，中国不能选择投资脱硫燃煤电站（需要重大投资）。如果实施的气候政策导致工厂关闭，中国就会在接下来几年逐步得到回报。理性选择是基于煤炭行业的整体战略发展，考虑投资选项的多个目标和全方位的外部成本。

然而，最根本的问题是，可分性的假设与治理的规范并不兼容。任何重大决策（与能源定价相关的几乎所有问题都是一个重大的决定）取决于利益联盟如何通过官僚和复杂的政治体系做出决定。例如，取消能源补贴几十年来一直被认为是有益于经济的。但是，气候变化现在成为了一个新的主要理由和力量促进改革，并且它作为一种国际压力推动去做正确的事情。因此，共同收益是实际决策的核心。

现实主义的需求也适用于财政。前面讨论的专项支出指出了气候政策的第四个潜在角色主要是与经济工具相关的。最明显的角色是资助者，收入既能够被用于降低税收，也能够资助三大支柱的项目。如前所述，英国碳信托基金的一部分资金就是依靠英国气候变化税所资助的（以及作为一个直接的政治反应）。其项目有助于减少英国商业界面对的全球能源价格上涨风险（参见第5章），并且有助于推动出现新的低碳技术公司（参见第9章）。这就是结合三大支柱的一个明显的例子。

在较大的范围内，使用欧盟排放贸易体系的津贴拍卖是一个关键机制，这致力于为碳捕获和碳储存技术的发展提供资金。碳价格的崩盘削弱了欧洲创新战略的支点；排放贸易体系的改革可能会重新带来相关的共同收益。

然而，收入的使用与经济工具的使用多少有些联系。收入可能被看作一种战略工具，用以平衡巨大的资本池。这些资本目前坐拥以下几种结构性的投资基金：主权财富基金、养老金和保险。在欧债危机之后，这种资本的年利率通常低于2%。低碳金融的债券市场已经开始发展。我们有两件事几乎可以肯定：一方面，我们仍然会在未来几十年内消耗能源；另一方面，只要我们到目前为止还保持谨慎，低碳化的价值就应该提高。就像第11章中描述的那样，各种政策工具有助于吸引长期资本。总的来说，气候变化可以被视作融资者。[35]

因此，如图12-4总结的那样，气候变化扮演着促进共同利益的四种角色。主要的挑战是需要拥有令这种可能性与行动相一致的设计和治理。获得这样的收益通常需要合作，在国际上更是如此。基于对主权和自治的渴望，自然有人会反对这样的合作。如果这样的合作进展很顺利，这些人就会采取进一步行动。然而，在很大程度上，人类文明本身的发展就被定义为改进的组织结构——文化发展——这促进了更大的合作。想象的外部威胁帮助我们增强社会的统一性和认同感——这可以令社会及时做出反应。但是，我们不再需要发明或者想象这样的外部威胁，因为它们已经现实存在了。

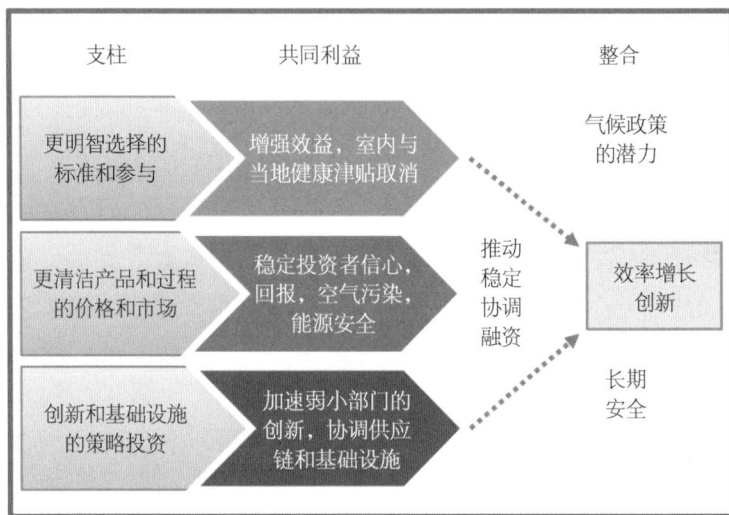

图 12-4　能源和气候政策的潜在联合收益

12.9　一种运用：助推欧洲复苏

当然，没有什么是容易的。本书的开场白反映了许多经济学教科书的语气，暗示了如果决策者能够理解经济学，问题就会容易得到解决。本书阐明，应对像能源和气候变化这类的巨大挑战并不容易，即使在理论上也不容易，因为它需要整合不同领域的思想。这些思想不但没有关联性，而且经常互相排斥。因此，有效的政策应对是非常困难的。即使联合收益是可行的，缓慢的进程也说明了它们面临的政治困难。

尽管三大领域的原则和见解具有普遍性，但是三大支柱在实际政策中的实现方式可能会根据国家情况有很大的不同。国内资源、经济系统、当前国情和广泛的文化和制度因素都将影响重心的平衡和工具的选择。对于制度和补贴相对微弱的国家最好是关注于支柱一的改革；容易获取廉价资源的地区可以使用支柱二；资源有限但是工业生产能力强的地区则需要从支柱三中获得最大收益。然而，正如上面所强调的，如果三大支柱参与进来，终极目标就是可持续发展。

本书的作者都是欧洲人，因此我们将具体的政策结论放在欧洲。我们的核心建议，从稳定整体欧洲经济的结合需求，转向如何在可持续发展中摆脱欧债危机——从财政和环境的角度探讨经济和科学的现实问题。

欧洲危机的解决将不能够依赖于我们已经使用过的同一种思维模式。人们普遍承认，仍然威胁着撕裂欧洲的货币危机可以追溯到这种共同货币的最初发行，该货币的发行没有建立在密切相连的财政机制上。但是，很少人认为欧债危机是经济意识形态的问题。欧洲共同体——最初实际上建立在煤炭、钢铁和核能的能源基础行业的协议上——逐步发展成为了欧盟，其主要经济目标是建立一个拥有战略性政治雄心的自由贸易区。

因此，欧洲国家之间可以自由地交易，但是形成长期增长的投资能力还是要依赖于单个成员国的自身努力。如果两个国家的情况基本一样，自由的市场就能够产生最佳的投资和经济增长。但是我们已经清楚地显示，第二领域经济学并不支持能源等基础设施部门的战略投资。这些行业的竞争成本仅能部分地促进经济发展。然而，除了欧洲投资银行以外，欧洲经济机构及其法律规定大多运用了第二领域的思想。第一领域和第三领域为可持续发展战略提供了经济以及环境的核心思想，但是相应的风险被严重淡化了。

发行缺少紧密财政机制的单一货币的决定以及欧盟排放贸易体系的幻想——以自己和目前的形式——为数千亿欧元的低碳投资提供了一个平台。单一货币的发行和排放贸易体系的实施之间是不匹配的。具有讽刺意味的是，如果他们可以利用第11章中概述的这个机会的话，气候政策和欧盟排放贸易体系就可以成为助推欧洲复苏的工具：这为战略投资（"制度"）基金吸引了巨额储蓄盈余，确保了欧洲能源和相关行业的投资，并且有助于利用目前许多尚未使用的资源。

欧洲目前经历着经济停滞的"失落的十年"，这在一定程度上是因为对于欧洲经济的未来缺乏信心以及债务危机后的财政紧缩。欧洲——乃至其他地区——正遭受"布里丹之驴"综合症（参见第11章）——不确定性和信心缺乏正在阻碍投资。因此，巨额的私人资本只能获得微不足道的每年约2%利率的资本收入。然而，实体经济却急需投资。欧盟委员会估计，机构性的投资基金在欧洲大约有14万亿欧元。英国上议院最近的一份报告指出：经济条件原则上有利于基础设施投资，也有利于刺激经济的需求和提高未来欧洲经济的供应潜力。[36]

能源行业是基础设施投资的主要部门——其他的重要投资领域是建筑和交通行业。这些行业都与气候变化有关。我们可以肯定两件事情。一件事是，我们在未来几十年里仍然需要能源消耗。另一件事就是，只要能源依然在科学上是必需品，能效和低碳能源的相对价值就应该提高。欧洲脱碳路线图估计，在接下来的十年里，低碳经济的总投资需要1万亿欧元。相对欧洲十年总计超过100万亿欧元的国内生产总值，1万亿欧元虽然还不够把欧洲从陷阱中拉出来，但是这肯定会是一个很大的帮助。

无独有偶，欧洲最强大的经济体也同时拥有最强有力的气候政策（参见第5章，注释51）。环境和财政政策的可持续性需要一系列的政策组合，并且着眼于长期性。根据欧洲经济情况，我们对三大领域的分析是关于三大支柱的政策体系结构，表12-2列出了三大支柱的观点。每个观点都涉及不同层面的许多细节，因此我们需要解释一下主要的因素：

● 支柱一：增强能效政策推动就业和凝聚力。欧盟能效指令（2012）以及生态设计指令（2009）以欧洲为框架，欧盟成员国负有主要执行责任。全力落实这些指令不仅可以应对能源和气候问题，它也有助于刺激欧洲建筑业的发展。中欧的成员国普遍面临着低劣的建筑、寒冷的冬季、低收入和高度依赖化石燃料。这些指令的实施有助于这些国家应对这些艰巨的社会问题。第一领域的原则和政策（分别参见第4章和第5章）证明了，有效的政策工具能够创造这些收益。同时，利用行为经济学的见解，这些政策可以有效地运用到第5章最终部分提到的供应链、隐性碳和材料效率等领域，这些问题目前还没有得到有效解决。

表12-2　　　　　　　　　欧洲背景下三大支柱的高级应用

	支柱一：更明智选择的标准和参与	支柱二：更清洁产品和过程的价格和市场	支柱三：创新和基础设施的战略性投资
经济理论基础	行为和组织经济学	新古典和福利经济学	演化和制度经济学
原型政策工具	效率标准 信息报告要求	燃油消费税 碳排放定价，通过税收或总量管制与排放交易	创新链融资 基础设施投资和网络监管
欧洲的主要共同收益	指令和交易成本降低 健康收益，比如（建筑，城市空气质量） 其他改善能效的收益——减少国内能源成本的影响，尤其是在部分欧盟较低能效/较低收入的地区	降低暴露在燃料价格波动的风险性 增强投资用于稳定低利率时期的价格预期 刺激充分就业的经济体 健康收益（如区域污染）收入和相关股息	加速低碳创新行业的发展 改进协调和基础设施的能效收益 中部和东部欧洲更大的能源整合 经济供应潜力的增长来自于较低边际成本的国内能源
"2030计划"的核心政策工具	欧洲能效指令和生态设计指令的执行承诺 在能源的购买决定方面，见解更一致供应链的碳计算和标准隐性碳	欧洲排放贸易系统的结构性改革将排放许可剩余与稳定价格机制相结合，如价格底线组件 转向"六大"能源部门的消耗（水准）框架 促进欧盟能源税指令支持在其他行业的能源和碳税收	制定2050年的战略性目标，根据部门/成员国排放许可剩余的指示性框架制定2030年控制温室气体目标 建立战略性能源技术项目的欧盟资助机制 明确关键部门/工业过渡的目标，比如电力和低碳汽车的可再生能源目标 财政：欧盟LTCFI★建立在项目债券和/或者策略性提高底价的基础

*LTCFI＝以碳为基础的长期金融工具，如碳债券，欧洲投资银行发起的项目投资债券的试点计划（参见第11章）。

● 支柱二：战略性改革支持欧盟排放贸易体系并且把它变成一个可以开展投资的工具。欧盟排放贸易体系现在剩余了巨大的排放许可额度。我们完全有理由"取消"一些排放许可额度，从而加强2020年的目标。但是，这并没有解决结构性改革的需求（参见第7章）。2013年的排放许可拍卖创造了一个简单机制，这个机制制定了一个欧洲国家都同意的价格底线。这个机制还可以让欧盟国家通过谈判来决定筹集资金的政策工具，到2020年，这个机制可以为成员国（像最初预计的那样）筹集数千亿欧元。为了发挥其潜力，排放贸易体系需要这样的机制来降低波动性，安抚投资者，使政府有效地使用预算收入。确立2030年的目标是一个迫切的需求，尽管这可能需要更长的时间来实现。在三大支柱的整体配合下，改革后的排放贸易体系的目标需要符合欧洲的长期气候目标。这不仅有助于减少投资风险，而且能够确保其他领域里投资的交付情况，最终保障了长期的市场信誉度。此外，通过稳定投资回报，欧盟排放贸易体系在政治上可以稳定地使用政策工具，整合其他领域的相关资金（这在前一节中有所讨论）。

● 支柱三：创新和低碳转型的跨行业战略。转型的第一步是要实施欧盟战略能源技术方案和特定产业路线图。这些计划和路线图提供了引导创新和基础设施政策的背景。例如，二十年来，电力行业的研发计划与2020年可再生能源目标相结合，奠定了电网发展的基础，实现了计划体系、市场设计和薪酬机制的管理和监管选择。

展望2030年，能源框架需要更全面地扮演"智能和整合"网络的角色，更好地吸引能源消费者（建立与第一领域过程的联系），充分地利用欧洲的可再生资源——这些可再生资源可能是远程的，也可能是植入式的。欧盟需要开展重工业的改革战略，明确技术潜力和技术支持，帮助欧盟产业实现创新，增强其竞争力。对于"六大"能源密集型行业来说，这可能需要与排放贸易体系改革相联系，碳价格的确定原则应该转向以消费为基础，避免歧视国内产品，降低碳成本上涨造成的产业搬迁风险（参见第8章，第8.2节和第8.3节）。在运输行业里，电动汽车、燃油效率和交通网络投资的政策可能会加速创新和转型。特别要强调的是创新投资与营销政策的结合，例如目标计划和国家政策的整合，运用于电动汽车计划和交通基础设施的投资。

这三大支柱与气候政策的潜在角色普遍相关，它们共同激励、稳定和协调促进经济发展。第二个因素还特别说明了与金融有关的潜在角色，它既可以通过拍卖直接获得收入，也可以（间接）吸引私人融资。后者只能从欧盟排放贸易体系的结构性改革中获取部分的收益。如果到本世纪中叶减少温室气体排放量80%至95%的承诺目标（欧盟排放贸易体系上限的相应路径）可以得到再次确认的话，底价协议的好处将会扩大。当然，这个协议还要符合一条原则，就是底价随着时间的推移不断提高，直到欧盟实现了总体目标。需要强调的是，这些配套措施与不同决策者的不同决定相关。第11章提到的碳金融工具的价值得以巩固，同时这些工具可以扩大欧洲低融资成本所需的投资规模：气候政策可以被视为一种融资工具。

没有哪个政策是容易实现的。在过渡成本期间，"共同收益"和经济收益并不一定同时产生，也不会出现在同一个"口袋"里（尽管这更可能出现在欧洲经济严重衰退以及资源不可利用的背景下；参见注释36，第11章11.7）。改变路径必须超越现有的系统和利益，付诸努力，正确把握未来的方向。

12.10 经济发展的三大支柱

最后一个问题关心的是，三大领域如何与经济发展的不同阶段相联系。实际上，这三大领域的平衡点很可能在经济发展的过程中就已经发生变化。最不发达国家和新兴经济体仍然需要解决极端贫困的问题。第1章强调了，过去20年里，尽管全球经济发展取得了显著的进步，但是我们依然有25亿人依赖于生物资源或其他传统燃料，他们中的一半还不能使用电，他们生活在像印度这样的新兴经济体的农村地区。发展仍然是他们的首要任务，但是他们的选择并不容易：全球能源或气候系统的不稳定性威胁到他们的发展目标。

人们很容易以为这三大领域和相关政策是具有连续性的。本章稍早的部分就指出了这种错误。能效有许多理由被认为是发展中国家最基本的发展机会。但是，第2章表明了，这些经合组织的发达国家也存在着第一领域的巨大（能效）潜力。第4章指出了为什么这些能效经济体依然还有持续的"能效差距"。其实，还有一些原因是与发展过程本身有关的。[37] 原则上，发展中国家有潜力"超越"高端技术。但是，实际上这不是那么容易。因为许多（不仅限于）跨国公司将尖端投资放到劳动力成本较低的国家，所以一些新兴经济体已经把生产这些技术产品作为发展模式的一部分。

　　这一切都发生在国际应对气候变化的新阶段的情况下。本书并不是要试图解决国际协调的复杂性。本书的出发点是，任何成功的国际方式都需要充分考虑国内的经济和政治现实；一个关键的问题就是：什么是"国家适当性"？本书的分析提出了一些一般性的原则和趋势。

　　经济措施的适当性和平衡性必然会随着时间推移而不断变化。第4章和第5章说明了，即使收益的形式（包括反弹效应）可能在不同的发展阶段有所不同，但是能效的收益是普遍性的。许多发展中国家仍然使用能源消费补贴来帮助穷人（尽管在第6章提到，实际上其中的许多补贴流向了新兴中产阶级）。其实，主要新兴经济体，特别是在东南亚和拉丁美洲，如今已经拥有了完善的管理和市场体系；它们的增长很大程度上要归功于他们采用了第二领域经济学的关键原则：面向市场和全球化。然而，它们惊人的经济增长率也导致了这些新兴经济体成为能源的主要消费者和温室气体排放国。

　　第6章解释了，用来全面应对气候变化的全球碳价格的想法在理论上是有缺陷的。然后，第7章说明了，通过"常见的全球架构"制定碳价格的方法在实践中也出现了崩溃的现象。但是，许多新兴经济体依然正在考虑或者实施多种形式的碳定价。截至出版前，中国有三个试点地区已经开始"实施"了，并且产生了首个碳价格。印度PAT系统也已经开始运作。其他地区提出了一些具有高度创意的理念，使用碳价格与其他支柱政策共同工作。[38]

　　第9章的分析讨论了支柱三。这一章强调了，如果高成本的措施成为了创新和产业转型战略的一部分，这些措施就是有意义的。第10章说明了潜在锁定的程度，以及运输、电力和城市化等所有关键部门中潜在转型的规模。然后，第11章全面提升到宏观经济层面，强调了经济增长的速度和方向与能源选择的相关性。

经合组织和新兴经济体在面对支柱三政策的原则和挑战时，具有共同利益。政策的重点可能在不同的国家和地区有所不同。大部分的世界创新能力仍然集中在经合组织中的发达国家（尽管这种平衡也在转移）。因此，广泛使用（上涨的）碳价格或者相应指数具有一定的经济逻辑。

新兴经济体正在建设他们的基础设施和社会系统，试图满足人类的基本需求以及满足中产阶级的期望。在这两个方面，他们面临着路径的选择——选择的结果将具有持久性影响。

基础设施建设的步伐是惊人的，中国城市化的进程及其能源影响可以说明这点（参见第5章和第10章）。本质上，基础设施建设是属于能源密集型的。但是，能源路径的选择还是可以有巨大的自由度。城市规划的策略，随着工业化和农村发展，需要考虑三大领域政策选择的碳影响。金融改革对于帮助基础设施建设去碳化是至关重要的。金融改革包括了国际金融体系，例如帮助"所有项目能源获取"与战略性环境目标相一致。

技术和基础设施也依赖于更广泛的经济情况。创新原则和路径依赖就像制度选择一样，它们都实际应用在现实当中。这强调了新兴经济体如何发展社会和财政系统的相关性。资助医疗保健、社会保障和退休的需求并不便宜；新兴经济体需要决定他们是否通过"公益"或"公害"的税收来资助这些需求，其最终的选择就像决定投资高碳或低碳基础设施那样重要。

第11章引用加州的例子，强调了潜在的投资以及金融和宏观经济收益，这些收益可以连接第二领域和第三领域的过程。在这个基础上，国家可以建立一系列更加开放的第三领域的转型政策。

全球应对气候变化的行动不能建立在产生全球成本的简单假设上；我们强调了投资和回报是同一个问题。最终，国家将自主决定是否要成为"转型俱乐部"的会员，致力于促进投资，获得低碳投资和创新的回报。

如果我们可以运用国际合作和资金帮助低碳技术的传播，这样的方法会更有效。同时，低碳技术的进步也满足了发展的需求。或许，依靠碳定价而获得的收入以及在11章中提到的其他财政收入也可以部分地资助经济转型。

因此，三大选项都缠绕在了一起。越来越多的著名经济学家强调，纯粹的市场自由化和市场全球化的处方其实并没有什么帮助。针对第二领域的斗争很久以前就已经赢了。第二领域只是考虑了总体收益，但是忽视了分配问题和战略后果引发的不满。[39]它的原则并不足以应对我们面临的挑战。因此，可持续发展的经济学必须同时拥抱三大领域。

12.11 结论

几年前，英国皇家学会——被认可为现代科学知识的最古老的机构——庆祝了自己的350岁生日。在它的纪念册里，有一个致辞人讲到，我们今天认为理所当然的东西曾经都是一个经过深思熟虑的和有争议的选择。[40]

文艺复兴的知识之花引发了发散性的提问。他们中的一些——哲学家——理论家，从第一原则思考世界应该如何或者必须是什么，从哪个角度来理解，并且产生了理解世界是如何运作的一般规则。别人——有时被视为低级的——实验者，观察周遭的世界，研究各种方法测试世界是如何运作的。英国皇家学会的创始人坚称，这两项必须结合在同一个机制下。

《牛津英语词典》曾经将经济学定义为"政治经济的科学"，并且将政治经济学定义为"管理人民及其政府资源的艺术"。如果经济学主张自己是一门科学而不是一门艺术，它就必须建立在事实的基础上。关键问题不在于经济学家是否使用数据——许多，也许是大多数经济学论文如今都建立在巨大的数据库之上。问题在于数据是否简单地被用于填充经济流程的假定结构还是被用于实际测试和探测结构性假设。[41]

本书的核心就在于这两种方法的不同。我们阐明了与经济系统相关的三大领域的决策过程是建立在巨大的研究和经验之上。我们也探索了能源和全球环境的重要性和启示。结果表明，三大领域的问题都是重要的，尽管它们看起来是不同的，但是星球经济学的关键就是要理解它们的相对角色、它们的关系和它们的统一主题。

这些领域反映了人类本质和系统的基本特征，并且承认它们的存在是有帮助的。实验心理学和神经学已经证实了人类思维包括至少两个不相关的决策系统：一个是短期、被动以及受感情驱使的系统；另一个则是单独的和独特的思维能力：能够理性地计划和计算未来。[42]具有更高层次的能力是成熟人类的关键特征；小孩子抵抗直接诱惑的程度甚至都会成为日后人生成功的最可靠指标之一。

反过来，文明的发展涉及追求共同利益的社会能力，就像学术研究中使用的制度经济学和政治经济学的原始研究。制度超越了个人、家庭、部落以及社会分组和时间意义上的一代人。发展制度的能力是文明进步的一个基本特征。

很大程度上，我们接受了一种包含不同层次的结构，某一层次的行为必须与更高层次的行为彼此兼容。我们教孩子们如何控制瞬间的冲动、如何三思而行、如何与他人合作。"成年行为"意味着合理规划和接受他人权利的程度，对经过几十年甚至几个世纪发展得来的法律和制度予以尊重。通常情况下，随着时间的推移，这些法律会在我们的社会中变得根深蒂固，成为一般性的社会共识——从经济的角度来看，大多数人（当然还有经济学家）都认为产权的存在和行使是理所当然的。[43]

这些都是学术界的大问题，它们涉及不同学科和多个研究方向。比如，本书建构的经济学三大领域直接反映了制度研究的结构和分层。我们并没有钻研那些更广泛的、非经济学的理论。我们就是专注于积累证据，探讨能源和大气系统的经济过程和政策启示。

本书总结了有关三大支柱的具体政策启示，它们都直接来自于三大领域。本书的结论指出了五个相互交错的普遍意义：

• 能源系统有具有很强的适应能力，这种能力提高了行动的长期价值。第一领域和第三领域很大程度上涉及适应的过程，这将使能源系统产生不可逆转的持久性改变。改变发展路径的好处可能远远大于当前能源和排放模式产生的价值。

• 我们需要扩充第三领域的分析工具。理论模型和计算机模型能够告诉我们，今天的决定和犹豫不决会如何影响着我们的未来。当然，如果我们的假设是不准确的，决策的知识范围被缩小，这些模型也能够限制和误导我们对未来的认知。值得注意的是，大多数学术机构和政府部门基本上很少使用这些模型来评估诱导创新、系统进化、锁定效应和路径依赖等许多第三领域过程。这就导致了一些最重要的潜在战略收益被低估。这些收益本可以通过解决能源转型等长期问题的政策而获得。

• 多种工具必须反映出各个领域的不同过程、各个政策的互补作用、动机和市场的复杂性以及各个支柱的私人和公共投资回报的不同结构。经济工具的优化设计可以扩展市场的有益作用，但不能取代其他支柱。具体的选择和平衡将会因不同国家和不同经济发展阶段而有所不同。

• 共同收益是无处不在的和不可分割的。应对能源和气候变化的行动可以通过许多方式与其他利益相互联系（反之亦然）。这些收益与第一领域和第三领域的内在特征有关。但是，共同收益的最大化则需要整合三大政策支柱的所有策略。在现实世界中，这些收益是不可能通过不同决策来具体"分开"的：技术上和政治上，大多数决策都涉及多个维度。明智的气候变化政策有助于激励、稳定、协调和吸引资金去促进经济和社会的有益发展。

• 整合三大政策支柱的所有策略才是有效的或者稳定的。完全聚焦于第一领域能效的措施最终会失效，其影响也会被反弹效应所抵消。在没有第一领域的参与下，纯粹依靠第二领域的价格"反映外部影响"的原则在政治上是行不通的。这意味着我们需要第三领域的新选项。然而，第三领域的选项在没有其他政策支柱的推动下将永远不会展现出自己的潜力。

正如第 11 章中解释的理由，我们没有一个标准答案能够回答，除了环境收益之外，降低化石燃料依赖性和二氧化碳排放量如何影响经济发展，答案依赖于不可测试的假设和我们选择的策略。目前所知的就是经济和环境危机都源自短期主义。前面的章节暗示了，有效的能源和环境政策可以作为一个杠杆来帮助欧洲摆脱目前的困境。

我们使用一个更富哲理的观点和一个类比来结束我们的讨论。没有一个理论能够适用于一切。当牛顿揭开了经典力学定律时，它看起来具有普遍性——这一观点似乎盛行于科学界将近两个世纪。在 20 世纪初，越来越多的可观察到的证据打破了原有的简单共识，证明了物理和时间规模的相对极值。量子力学和相对论的出现最终证实了牛顿力学的范畴并不是无限的。物理学仍然探索着一个统一的理论，但是它已经接受了不同物理过程在不同尺度上的主导地位。即使没有一个统一的理论，物理学也可以被理解为最小和最大领域之间的互动：在没有量子机制原则的支撑下，诸如微波背景辐射等可观察的普遍原理是无法被解释的。

在 21 世纪，经济学也可能出现同样的成熟性。艰苦的研究已经发现了行为和组织经济学的现实性、现实市场的不稳定来源和性质以及大规模的技术经济系统的演化和路径依赖特征。没有人能够准确描述出一个普遍适用于经济和环境进程的人类决策。面对 70 亿人制造的问题，我们需要同时使用三大领域的政策来解决地球的世纪难题。

实际上，理论发展的三个不同方面已经非常符合能源系统的特征：能源供应和能源使用之间的结构不对称性；国际化石燃料市场的过山车效应及其对经济的影响；能源系统和能源网络的规模性和长期性——知识的挑战更好地展现了这些问题的界限，更深入地探索了它们之间的互动关系。

这一章指出了，思想引领希望。套用古老的中国成语：改弦更张，悬崖勒马。

注释

1. 这个两千年的古老说法在网络上有众多版本的翻译。最直译的拉丁文是"鉴于他对于海港的无知，没有风就是他所谓的风"。

2. 参见第 1 章 1.4 "核算气候成本"。

3. "古典经济思想模式"当然是一个大范围的术语，但是在这里用于整体说明第二领域的假设，易于量化的新古典模型是第二领域假设的重要组成部分。当然，经济辩论本身已经在更广泛的范围内展开。例如，本书的结论回应了波兰尼的观点（1957），任何经济体系必须理解有关更广泛运作的制度和社会环境，因此，适合于一个背景的经济理论可能不是普遍适用的。因为人们的思想基本上是持观望态度，所以波兰尼与新古典主义学派和马克思主义者放在一起。

4. 例如，凯恩斯强调了"动物精神"的基本作用，激励变化、创新和增长。最近，乔治·阿克尔洛夫在2007年美国经济协会的演讲发表在《美国经济评论》上，题为"失踪的宏观经济学动力"，认为这个问题必须是经济学辩论的核心。参见此章的最终脚注。

5. 但是要注意，在第10章有关演化经济学的讨论和相关引用中，其中一些讨论突出了行为和演化经济学之间的紧密联系。还值得注意的是，一个有关演化经济学政策含义（Marechal和Lazaric，2010）的简短综述强调了与行为基础相关联是避免锁定的关键。

6. 我在此感谢剑桥大学基督学院的弗兰克·凯利和一位剑桥的顶级数学家，指出了这个例子。

7.Lee et al.（2012）；参见第1章，注释72，引用了美国农业部作为警告，2012年全球的玉米库存量正在降至1974年以来的最低水平。"X事件"的根本担忧就在于系统的复杂性（第2章，第2.1节）以及众多的学术文献阐明了相关风险和应对措施。

8. 该观点的一个典型例子是Matt Ridley（2010）的《理性乐观主义者》。Lomborg（2001）提出了改善环境的数据，同样他的气候变化后续评估在很大程度上断言：不需要法律约束，技术将会解决一切问题；参见第1章中讨论的"盲目行驶"和相关注释。

9. 因此：

经济分析的流行……主要基于一个观点，经济能够围绕在一个平衡路径上运行，这个平衡路径建立在之前的经验之上。平衡路径也被看作是实际路径的基础经济，经济将围绕着平衡路径振荡。此外，这些个人拥有的信息就是对于平衡路径的认识……［它］已经"存在"那里，他们的决定本质上必须获得认可。在大多数的经济分析中，经济的开始和路径的发展并不会影响这些模型的最终平衡位置（Arestis和Sawyer，2009：2）。

10.《斯特恩报告》之后，一个谜团是为什么知名经济学家主要关注气候系统的这些问题，而不关心能源系统的实证特点、惯性和适应能力。考虑到问题的不确定性，主要争论集中在问题而不是解决方案，或者问题和解决方案之间的相互作用，这些争论涉及行动和损失的成本和速度（Hourcade et al.，2009）。

11.因此，国际能源署估计：增强的能效政策可能减半预期的全球能源需求增长率，这使一切都变得更便宜、更易于管理。关键是实现气候目标的成本和能力（附录中包括了一个简单说明）。

12.在经济学的语言里，这相当于改变和重塑"供给和需求"的曲线。它有一个更广泛的内涵，也可以被看作一种更深层次的哲学问题，这就是有关决定论与自由意志之间的争论。外生技术和生产功能的经典搭配认识到了我们可以改变未来，但是这需要不断地追加成本投资，这显然不是最优路径。支持适应的观点认为，通过提高创造力和适应性，我们可以选择我们的未来，并且会爱上适应的过程。

创新政策也被认为是经典搭配的一部分。第11章指出了，许多经济学的假设是："创新资源"是有限的，社会应该是跟随价格信号追上创新的步伐和方向，促进创新的研究和发展。"最优"的观点是支柱二的根本。但是，这个观点在支柱三中就显示出了非常严重的问题。第9章说明了，能源领域的创新投资不足，能源系统还有很大的创新和发展空间。很多数学模型建构的"多种途径"不能简单地罗列经济的优先性，所以我们不太可能知道哪一项创新投资会更有吸引力。

13.最近和我一起工作的一个经济学研究生说，她不知道如何把它们联系起来。我们似乎把经济系学生深深地困在了"固定供给和需求功能"的概念中。技术和偏好的概念不断地在发展和变化，并且受到我们当前决策的影响。但是，这种根深蒂固的概念会威胁到经济学分析的发展。

14.比如，参见收录在 Arestis 和 Sawyer（2009）的文章。

经济学研究的一条原则就是适应性偏好，这就像是三大领域的普遍原理。为了追求"人类福利最大化"，福利经济学的基本假设是，人类偏好已经被定义以及很大程度地固定了。毋庸置疑的证据表明，偏好可以改变和适应环境：我们的生活经历和阅历会强烈地影响着我们的想法。"适应偏好"的想法似乎击中了福利经济学的核心。该想法在理论上就是通过设计经济体系将福利最大化，满足我们的需求。如果我们想要改变什么，政策就能够为我们做什么？首席经济学家 Christian von Weizsäcker 教授更细致地探讨了"适应性偏好"的经济学，阐明了它如何真正地实现社会福利最大化的目标——行为和演化经济学与"适应性偏好"有许多共同之处。新古典经济学的特殊之处在于，偏好在时间变化中被认为是稳定的。

从根本上讲，人类命运的选择不应该被简化为资源、财富和福利。它揭示了"集体行动"的困境。如果偏好适应了现在的情况，人们就会更加集体性地抗拒变化（符合行为经济学的"风险厌恶"发现）。因此，这证明了强调个人自由的重要性和市场的好处——个体不需要集体的同意，就可以尝试新的选择——同时这也解释了为什么在理由充分的情况下社会整体还是难以迈向正确的道路。因此，改善这一情况在政治上是困难的，这也是为什么理性和"领导"决策被认为是如此的重要。

von Weizsäcker（2005）已经说明了这个观点的基础。在此基础上，一系列的后续研究已经得出了适应性偏好的数学和哲学启示，这些启示结合在一起就是自由、财富和适应性偏好（Max Planck Institute for Research on Collective Goods，Bonn，Draft February 2013）。

15.IIASA 的结论总结如下。如在第 3 章中说明的，我们并不受到全球范围内能源短缺的限制：除了能效潜力，太阳能和风能资源可以很容易地达到化石能源的能效水平。我们使用的是技术和系统的一个功能。通过分析技术学习和系统互动，IIASA 模型（参见第 10 章，图 10-6）将这些基本事实转化为以下结论："绿色"能源系统——除了其环境收益——比"棕色"能源系统更加昂贵。这样的观念一定程度上反映了当前的技术和机构的限制——以及我们的思考。

16.知名的经济学作家 Tim Harford（2010）在他的著作《适应：为什么成功总是开始于失败》中概括了证据和观点。

17.许多模型研究关注于能源的惯性和不确定性如何影响决策机制，

这些研究从 Ha Duong et al.（1997）到 Hourcade et al.（2009）的各种评论，随后的争论关注了基础设施（例如 Guivarch 和 Hallegatte，2011）。他们都一致认为，惯性和不确定性的结合加强了早期行动的必要性——因为系统的惯性会增加延迟行动的成本，不确定性促使我们应该更快地展开行动。其他模型包括了诱导创新的能源系统的复杂模型和许多有关稳定二氧化碳水平的"护栏型"经济学研究，其中许多模型和研究一定程度上是有关诱导创新的（例如，参见第11章，第11.4节）。相关研究分析了，在一个不确定的世界里，资本存量周期和惯性如何影响决策——例如，第2章引用了世界银行的相关研究，警惕"麦肯锡曲线"，该曲线暗示了先做便宜的事情。

18.Oreskes and Conway（2011）在《商人的疑问》中说明了合理怀疑和有意误导的区别，合理的怀疑应该通过思想的辩论而加以表达，有意误导则是通过大众传媒有意识地误导或者混淆信息——这通常是由既得利益者背后支持——这些信息通常脱离了知识和证据的规范。这本书探到了美国的一小群人拥有着非凡的影响力，他们从烟草辩论到臭氧层损耗再到全球气候变化的问题，他们不断重复着这样的有意误导和混淆。

19.归功于 Mark Twain。

20.这有点矛盾，因为财政部着眼于短期，第二领域对中期的平衡假设是最有效的。这一定程度上反映了知识分子的思考停留在经济系大一和大二的经济学课程中，并且依然着迷于依靠传统脑力工作的那个稳定世界。这样的计算机模型当然是很容易建成的。

21.例如，MIT-EPPA 模型产生了很多有关碳定价系统的中期影响的有用见解。如果成本的变化取决于监管环境和部署的程度和时机，模拟汽车标准的应用（例如 Karplus et al.（2013））可能会有很多问题。研究小组的其他论文（Saikawa，2013）指出了，模型发现该标准更加昂贵。这项研究发现了，"国家间的汽车排放法规相互竞争，包括发展中国家"——这确实产生了对于经济模型第二领域假设的质疑。这说明了基础经济模型在实证观察中的重要性。可能的（消费者和生产者）行为尤为复杂。关于一个完全不同的模型方法，参见 Mau et al.（2008）。

22.事实上，即使学习水平下降至零，仍然会有一些理由支持可再生能源的投资：当可消耗的和可再生的资产之间是等价的，并且它们之间的价值是零的时候，投资和回报就可以在同一个"单位能源成本"下进行计算。理论上，这与折旧的讨论相关。这也与时间偏好有关。经济学家们对于时间偏好是"可观察的"还是"伦理的"始终争论不休。"单位能源成本"反映了建立在市场贴现率上的投资和回报总和。单位成本可用于模拟整个系统并且估计公共成本和收益（可能使用更低的贴现率）。一个极端的例子是潮汐坝，它的结构可能会存在超过几个世纪。大多数情况下，评估的单位能源成本是非经济性的。如果投资是以斯特恩类型的"伦理的"贴现率进行评估的话，投资和回报则是非常可观。因为大坝的技术是过硬的，相应的（经济）风险也会较低。

23.Mark Jaccard 和他在加拿大的同事们被认为是最严格模型的领导者。Jaccard et al.（2003）为 CIMS 模型设立了基础，Rivers 和 Jaccard（2006）跟踪了一些重要政策影响（由美国能源部研发的 NEMS 模型采用类似的方法）。后者提出了，新兴技术的"战略性部署"往往不是最有效的方法，但相较于更具能效的（但高不可攀的）的目标来说，成本差异可能比较小。那些能效目标包括了研发以及目标成本内化。来自同一个学派的 Mau et al.（2008）探讨了新车的发展受到了"邻居效应"的影响，从而明显延伸到了第一领域行为的维度。

24.Vogt-Schilb 和 Hallegatte（2011）。

25.因此 Rozenberg et al.（2013）提到：

政策制定者们有充分的理由支持以资本为基础的政策——如 CAFE 标准或者综合税制项目——以碳价格为基础的。碳价格将气候政策的贴现费用最小化，这可能导致现有资本利用率较低或者在预定期之前取消投资，损害相关产业的工人利益，造成收入的下降。资本政策能够避免这些问题。但是，资本政策必须尽早执行才能达到预计的气候目标。因此，推迟减排的政策可能会造成一个政治经济的锁定效应（容易实现的政策变得不可行）以及经济锁定效应（实现目标的成本变得更加昂贵）。

参见 Fuss et al.（2012）。

26. 这种方法涉及摊还投资成本。投资成本使用的是一个公司或部门的市场利率，但是整体现金的折现率是政府的社会折现率，它是不断变化的。在英国，这被称为"斯帕克曼方法"，是英国联合监管小组推荐的方法。

27. 就像第 2 章中已经提到的，国际能源署已经强调了类似于三大支柱的"补充工具"的相关性。在其主要出版物中，Hood（2011）继续系统地说明了三大支柱的同等作用。如果其他支柱固定以后，碳价格仍然承受着"剩余"价值，这意味着碳价格支柱可能会面临更大的价格波动性。

28. Ruttan（1997）。

29. 实际上，Levin et al.（2009）将气候变化描述为"超级邪恶"的问题，这是因为它结合了全球及代际层面的许多复杂问题。

30. 这种监管对于电力和天然气系统的垄断集团当然是特别重要的。

31. 有关围绕英国能源市场改革的经济论点和结论的概述，参见 Newbery（2012）。

32. 因为认识到监管网络的重要性，英国天然气和电力市场办公室建立了低碳网络创新基金会。参见 Ofgem（2012）的 Ofgem 战略和可持续性评估方法的信息，这已被纳入修订的 2013 年影响评估框架。

33. 有关共同收益的大量文献收录在了《环境科学与政策和能源政策》。其他期刊包括《气候政策》、《气候变化》、《能源和环境管理》以及众多有关能效的专业期刊，包括国际能源署的新期刊。《环境科学与政策》有许多文章是关于在过去几年里不同国家和行业的环境收益。例如，有关欧洲空气污染和气候变化的特刊得出结论："强烈地支持财政上发展联合政策以降低欧洲空气污染和温室气体排放"（Alcamo，2002）。例如，有关中国空气污染和气候变化之间的联系，参见 Mao et al.（2012）。

34. 奇怪的是这个问题几乎从未被学术界所考虑；这是一个事实，大多数模型不能模拟不确定性，缺少明确的财政部门，并且总是从"完美预期"的角度假设问题。

35. 见第 11 章的最后一节。有关低碳债券的市场发展的信息，参见 HSBC（2012：13）。

36.上议院和欧盟委员会第14次报告2012—2013,《没有一个国家是一个能源岛:确保对欧盟未来的投资》,2013年5月2日。第HL161页:

是时候去考虑包括能源方面的基础设施投资,因为它有一个加乘效应。它可以在一个稳定的成本上提供安全的能源,促进技术进步。低碳系统的基础设施可以提供几十年的较低运营成本的国内能源生产,只是资本成本有些高。我们得出结论:这种投资是特别适合处于历史低位的利率和衰退的情况……机构投资者持有13.8万亿欧元的资产。尽管利率处于历史低位,但是他们还是需要积极的政策增加他们的能源投资信心。这就是为什么到2015年欧盟必须优先考虑2030年政策框架协议。没有清晰的目标和有效的投资,欧盟将缺乏竞争力,并且过度依赖其他方面满足其能源需求,它将无法抓住机会实现欧洲经济的持久复苏。

37.能效差距背后的其他因素包括了惯性和创新之间的交互作用,继续沿着"最佳实践前沿"不断变化。上个世纪的许多建筑并没有使用现代技术:当这些遗留的投资可能已经接近前沿的时候,建设不可避免地落后于技术的发展。贫穷可能会导致短期行为。随着时间推移,能够产生更多资金回报的其他技术可能会变得更具吸引力。

38.一个显著的例子是计划中的南非碳税。它的一个特征是允许"抵消"限制目标,如资助高效发动机;在有限的时间内,温和的碳污染税将有助于推动供应链和"规范"的建立,这反过来也将有助于南非管理其电力系统。

39.Stiglitz(2002)。

40.Goldstein(2010)。

41.在此说明一点——无论是数据被用来帮助探测假设的结构还是填充假定结构的参数值——Jaffe et al.(2003)都评估了创新经济学理论。参见第11章,注释51,尤其是伊恩·苏翼的文章同样强调了:不可能在没有实证基础上对创新过程的本质一概而论。

42.就像Kahneman(2011)中评论的。

43.注意,在实践中,文献倾向于发现第四个层次,也是最根本的层次,它通常被称为"嵌入性",与文化和信仰有关,"非正式的制度、习惯、传统、规范和宗教"（Williamson，2000）。在犹太教和基督教的传统里，它们往往是与十诫有关。它们也以类似的形式存在于大多数宗教中，但是它们被纳入正式法律的方式和程度随着社会的不同而不同。

参考文献

Akerlof, G. (2007) 'The missing motivation in macroeconomics', American Economic Review, March, pp. 5 - 36.

Alcamo, J. (2002) 'Introduction' to Special Issue on Regional Air Pollution and Climate Change in Europe, Environmental Science and Policy, 5:255.

Arestis, P. and Sawyer, M. (eds) (2009) Path Dependency and Macroeconomics. Basingstoke: Palgrave Macmillan.

Bryson, B. (ed.) (2010) Seeing Further. New York and London: Harper Press.

Carbon Tracker and Grantham Institute (2013) Unburnable Carbon 2013: Wasted Capital and Stranded Assets. Online at: http://www.carbontracker.org/wastedcapital.

Decanio, S. J. (1999) 'Estimating the non-environmental consequences of greenhouse gas reductions is harder than you think', Contemporary Economic Policy, 17(3):279 - 95.

Ericksen, P., Ingram, J. S. and Liverman, D. M. (2009) 'Food security and global environmental change: emerging challenges', Environmental Science and Policy, 12: 373 - 7.

Fuss, S., Szolgayová, J., Khabarov, N. and Obersteiner, M. (2012) 'Renewables and climate change mitigation: irreversible energy investment under uncertainty and portfolio effects', Energy Policy, 40:59 - 68.

GES (2010) Review of the Economics of Sustainable Development. UK Government Economic Service, DEFRA. Online at: http://archive.defra.gov.uk/evidence/economics/susdev/documents/esd-review-report.pdf.

Goldstein, R. N. (2010) 'What's in a name? Rivalries and the birth of modern science', in B. Bryson (ed.), Seeing Further. New York and London: Harper Press.

Grubb, M., Chapuis, T. and Ha-Duong, M. (1995) 'The economics of changing course: implications of adaptability and inertia for optimal climate policy', Energy Policy, 23(4):1 - 14.

Guivarch, C. and Hallegatte, S. (2011) 'Existing infrastructure and the 2°C target', Climatic Change, 109(3 - 4):801 - 5.

Ha-Duong, M., Grubb, M. J. and Hourcade, J. C. (1997) 'Influence of socioeconomic inertia and uncertainty on optimal CO_2-emission abatement', Nature, 390 (6657):270 - 3.

Harford, T. (2012) Adapt: Why Success Always Starts with Failure. London: Abacus.

Hood, C. (2011) Summing Up the Parts: Combining Policy Instruments for Least-Cost Mitigation Strategies. Paris: International Energy Agency.

Hourcade, J.-C., Ambrosi, P. and Dumas, P. (2009) 'Beyond the Stern Review: lessons from a risky venture at the limits of the cost - benefit analysis', Ecological Economics, 68(10):2479 - 84.

House of Lords (2013) European Union Committee, 14th Report of Session 2012 - 13, No Country Is an Energy Island: Securing Investment for the EU's Future, 2 May.

HSBC (2012) Bonds and Climate Change: The State of the Market (and update report

2013). Online at: http://www.climatebonds.net.

Jaccard, M., Nyboer, J., Bataille, C. and Sadownik, B. (2003) 'Modeling the cost of climate policy: distinguishing between alternative cost definitions and long-run cost dynamics', Energy Journal, 24(1): 49 – 73.

Jaffe, A., Newell, R. G. and Stavins, R. N. (2003) 'Technological change and the environment', in K. G. Maler and J. R. Vincent (eds), Handbook of Environmental Economics, Vol. I. Dordrecht: Elsevier Science BW.

Kahneman, D. (2011) Thinking, Fast and Slow. London: Allen Lane.

Karplus, V., Paltsev, S., Babiker, M. and Reilly, J. M. (2013) 'Should a vehicle fuel economy standard be combined with an economy wide greenhouse gas constraint? Implications for energy and climate policy in the United States', Energy Economics, 36: 322 – 33.

Lecocq, F., Hourcade, J.-C. and Ha-Duong, M. (1998) 'Decision making under uncertainty and inertia constraints: sectoral implications of the when flexibility', Energy Economics, 20: 539 – 55.

Lee, B., Preston, F., Kooroshy, J., Bailey, R. and Lahn, G. (2012) Resources Futures – A Chatham House Report. London: Chatham House.

Levin, K., Cashore, B., Bernstein, S. and Auld, G. (2009) 'Playing it forward: path dependency, progressive incrementalism, and the "super wicked" problem of global climate change', IOP Conference Series: Earth and Environmental Science, 6: 50.

Lewin, K. (1951) Field Theory in Social Science: Selected Theoretical Papers, ed. D. Cartwright. New York: Harper & Row, p. 169.

Lomborg, B. (2001) The Skeptical Environmentalist: Measuring the Real State of the World. Cambridge: Cambridge University Press.

Mao, X., Yang, S., Liu, Q., Tu, J. and Jaccard, M. (2012) 'Achieving CO 2 emission reduction and co-benefits of local air pollution abatement in the transportation sector of China', Environmental Science and Policy, 21: 1 – 13.

Marechal, K. and Lazaric, N. (2010) 'Overcoming inertia: insights from evolutionary economics into improved energy and climate policies', Climate Policy, 10(1): 103 – 19.

Martenson, C. (2011) The Crash Course: The Unsustainable Future of Our Economy, Energy and Environment. Hoboken, NJ: John Wiley & Sons.

Mau, P., Eyzaguirre, J., Jaccard, M., Collins-Dodd, C. and Tiedemann, K. (2008) 'The "neighbor effect": simulating dynamics in consumer preferences for new vehicle technologies', Ecological Economics, 68(1): 504 – 16.

Newbery, D. (2012) 'Reforming competitive electricity markets to meet environmental targets', Economics of Energy and Environmental Policy, 1(1).

Nordhaus, W. (2008) A Question of Balance: Economic Modeling of Global Warming. New Haven, CT: Yale University Press.

Ofgem (2012) Strengthening Strategic and Sustainability Considerations in Ofgem Decision Making, 23 July; summary published also in Chronicle of the International Council of Energy Regulators(2013 forthcoming).

Oreskes,N. and Conway,E.(2011)Merchants of Doubt: How a Handful of Scientists Obscured the Truth on Issues from Tobacco Smoke to Global Warming. London: Bloomsbury.

Polanyi,K.(1957)The Great Transformation. Boston: Beacon Press.

Ridley,M.(2010)The Rational Optimist: How Prosperity Evolves. London: Fourth Estate.

Rivers,N. and Jaccard,M.(2006)'Choice of environmental policy in the presence of learning by doing',Energy Economics,28(2): 223 - 42.

Rozenberg,J.,Vogt-Schilb,A. and Hallegatte,S.(2013)'Efficiency and acceptability of climate policies: race against the lock-ins', Review of Environment, Energy and Economics,forthcoming.

Ruttan,V. W.(1997)'Induced innovation,evolutionary theory and path dependence: sources of technical change',Economic Journal,107(444): 1520 - 9.

Saikawa, E.(2013)'Policy diffusion of emission standards: is there a race to the top?' World Politics,65(01): 1 - 33.

Shalizi,Z. and Lecocq,F.(2009)Climate Change and the Economics of Targeted Mitigation in Sectors with Long-Lived Capital Stock. World Bank. Online at: https:// openknowledge.worldbank.org.

Stallworthy,M.(2009)'Legislating against climate change: a UK perspective on a Sisyphean challenge',Modern Law Review,72(3).

Stern,N. and Rydge,J.(2012)'The new industrial revolution and international agreement on climate change',Economics of Energy and Environmental Policy,1(1).

Stern, Sir N. (2006) The Economics of Climate Change: The Stern Review. Cambridge: Cambridge University Press.

Stiglitz,J. E.(2002)Globalisation and Its Discontents. London: Allen Lane.

Vogt-Schilb,A. and Hallegatte,S.(2011)When Starting with the Most Expensive Option Makes Sense: Use and Misuse of Marginal Abatement Cost Curves. World Bank. Online at: https://openknowledge.worldbank.org/handle/10986/3567.

Vogt-Schilb,A.,Meunier,G. and Hallegatte,S.(2012)'How inertia and limited potentials affect the timing of sectoral abatements in optimal climate policy', World Bank Policy Research.

von Weizsäcker, C.(2005) The Welfare Economics of Adaptive Preferences, Max Planck Insititute for Research on Collective Goods,2005/11.

Williamson, O. E. (2000) 'The new institutional economics: taking stock, looking ahead',Journal of Economic Literature,38(3): 595 - 613.

惯性和适应性的重要性

一个简单的模型[1]

适应性的证据：简要回顾

　　能源技术和能源系统演进与适应的能力是贯穿本书的一个重要主题。关于这点第1章中已经做出了声明，不同国家的能源消费存在差异——这通常被标记为"巴什马科夫常数"——该常数指消除了巨大的货币价格差异后，一国长期能源支出（占收入比重）相对恒定的值。第1章也指出了能源系统的巨大惯性。

　　第3章介绍了大量现存和在研的能源技术，以及化石能源和可再生能源的开发潜力。第4章指出了行为和结构惯性的根源，并指出正是这些原因导致了很多兼具经济和环境收益的技术被束之高阁。第5章描述了20世纪70年代石油价格冲击以及相应政策所带来的各方反应。

　　支柱二的各章节（第6~8章）通过具体的经济数据来说明，假以时日，能源系统如何对价格上涨做出反应，Newbery（参见图6-1）给出的基础数据说明了以上各点（也许长期国家能源支出常数应该叫作"巴什马科夫-纽拜瑞常数"（Bashmakov-Newbery constant））。第9章给出了学习效应的证据，并指出能源技术的发展在多大程度上依赖于推动和拉动效应的影响。第10章总结了演化经济学的原则和路径依赖的证据，同时描述了交通、电力和城市系统三大领域在未来几十年间将发生多大程度的转型。第11章注意到经济体系自身也存在创新、转型和路径依赖的问题，并提出了宏观经济层面的问题。

最后，第12章指出第一和第三领域的适应性尤其显著。第二领域事实上也没有排除存在适应性的可能性，虽然在模型中没有找到相关证据。

关于如何表现学习过程

一个明显的分析缺陷是，个人的发展和相关可能性看上去如此复杂，而将其聚合起来看，群体的行为变得更为复杂和难以管理。换句话说，很多因素本身都非常难以量化。第9章（图9-4）举例说明了技术学习率（技术成本随技术使用量增加而降低的程度）普遍的不确定性，同时强调了在估计某项技术成本时使用技术学习率的风险。

事实上，此书付梓之前，诺德豪斯（Nordhaus）教授的一篇文章中指出的"学习模型的危险性"就是说的学习过程的不确定性。[2]他指出从一个学习过程中剥离另一个附加学习过程的作用是很困难的，因此，技术学习率（如规模成本递减）往往被夸大了。

仅仅由于其复杂性和量化的难度而无视这种不确定性无异于"倒洗澡水时把孩子一起倒掉"。正如第12章（见"没有历史"一节）所述，许多模型都使用了的经典的第二领域假设认为，面对能源和环境政策，企业是无力适应和通过学习加以改进的。这显然与本书不断给出的各种证据相左。

仅仅因为难以测量就假设某变量为零，是最具误导性的估计方式。这能够使人们无视或忽略某些重要的问题。难点在于，如果试图直接表现学习过程，就需要围绕各种技术进行大量的假设。关于创新模型的比较研究项目揭示，引致了技术改进趋势的模型对于各种假设非常敏感（依据混沌理论中的"蝴蝶效应"），以至于依靠经验数据永远无法给出可靠的估计结果。这反映了创新的不可预测性和技术学习率难以精准测量的固有属性。第11章中提到的RECIPE项目三个模型所给出的不同结果，就在很大程度上反映了上述难点。

一个关于惯性和适应性的简单模型

在这份附录中，我们引入了一个简单的分析方法来解析前面提到的复杂性。尽管有些数学计算看上去有点复杂，但是基本原理是简单易懂的。

我们从设置能源和能源相关二氧化碳排放的基线开始。如第12章所述，全球能源经济研究往往认为减排的成本主要与减排的程度（相对于基线减少的排放）挂钩（参见第12章"没有历史"一节的注释9）。

区别于这种经典做法，我们认为减排的成本不只与减排的绝对量挂钩，还与减排量相对于基线的偏离率（速率）相关。

将减排成本与减排的速率挂钩是一种衡量惯性的方法。将减排成本从单纯取决于减排量，转换成部分依赖于减排速率也是一种简单地反映系统适应性的方法。

在一个能够完全体现其适应性的系统中，成本都是过渡性的。在这样的系统中，减排成本的增加实际上能够反映投资变化的路径。通过投资，减排的基线会发生改变，而且排放量逐渐降低的基线路径上没有额外的成本。

为了尽量简化过程，我们将模型根据全球二氧化碳排放、相关减排成本、二氧化碳大气浓度增加带来的成本等变量来设定。减排成本会随减排量和减排速率呈非线性增长。[3]我们假设这些成本以幂指数的形式增加，因此：

时间t的减排成本 $= cost_a \times (degreeoabatement)^2 + cost_b \times (rateoabatement)^2$

或写作： 减排成本 $C(t) = Ca \times \varepsilon(t)^2 + C_b \times (d\varepsilon/dt)^2$

其中 ε（t）表示t时排放量低于基线的量，$d\varepsilon/dt$ 表示其变化率。减排量和减排速率能够给出任意时间t的排放量相较基准情景的变化路径。常数 C_a 和 C_b（在下面的模型方程中被表示为 cost a 和 cost b）分别代表固定成本和过渡性成本。固定成本指现有的成本要素，过渡性成本反映了惯性，如减排水平变化时候的成本。

降低固定成本 C_a 并提高过渡性成本 C_b 意味着成本（或努力）降低的主导因素是技术水平从一种状态过渡到另一种状态的惯性，这与该成本距离初始路径的距离有关。C_b 到 C_a 的速率代表该系统的适应能力：提高 C_b

降低 C_t 会增加过渡性成本的影响，或者说，克服惯性的努力会对减排或改变排放路径导致的成本降低产生持久性影响。

将以上方法应用于全球最佳响应研究中的合理性得到了科学发现的印证，即全球温度在某一时间的变化与该时间温室气体的累积排放密切相关。这个方法可以反映气候影响与温度改变之间的关系；（"综合评估"的大部分研究试图比较减排的成本和避免灾害的成本，并将气候灾害用全球平均温度升高来表示）。一个关键的判断是500GtC累积排放会使全球温度升高1℃（会有一些时滞，但对于大多数实际的减排路径而言其重要性是居于次位的）。因此，我们假设全球损害随着温度的平方成比例增长：[4]

t时气候变化导致的年损害，

d（t）随着（温度变化）^{2}成比例增长=（E（t）/500）^{2}

其中 E（t）是二氧化碳的累积排放，单位是t时十亿吨碳（GtC，$1GtC=3.7GtCO_2$）。自 19 世纪末期至 2010 年的累积排放约为500GtC，2010 年的年排放量约为40GtCO$_2$（10.8GtC）。[5]

在任意给定的与大气累积二氧化碳浓度相关的损害水平上，我们能够发现理论上的最优响应路径如何取决于固定减排成本和克服惯性的过渡性成本之间的平衡，克服惯性是为了实现减排的长期收益。为了便于读者看到每一个细节并检验结果，模型的详情将在下文中给出。

数值假设

我们采用了以下关键假设。我们主要关注的是固定成本和过渡性成本之间转化产生的影响，这表明了能源系统的适应性影响。为了和传统的成本模型（不存在适应性减排成本）作比较，我们还采用了一些其他假设。

• 现实年折现率为 2.5%。该数值采取了"规定"折现率和"描述"折现率之间的数值，更靠近后者（参见第1章，第25页，"斯特恩对时间的警告"，以及注释56~64。）。这个变量会导致几十年之后成本显著降低；结果表明考虑采取切实减排行动的经济性，关于折现率的假设值不能够过低（斯特恩模式）。[6]

• 额外排放500GtC导致的气候变化损害为3万亿美元。如第1章中讨论过的，大气中温室气体浓度变化导致的成本变化是具有极度不确定性的，需要考虑风险的相关问题。如果额外于当前排放的500GtC导致全球平均温度较工业化之前水平升高2℃，按照全球GDP2%的水平估计，在未来几十年间产生的损害约每年3万亿美元（2050年左右或之后）。这与"标准"假设相符，且与很多权衡了风险的估计相比更为保守。

● 参照排放增长率为800MtCO$_2$/年。正如本书前几章所述，全球排放成线性增长，增幅显著。关于全球排放增长在未来为什么不是也不可能成幂指数增长的原因有很多。因此我们采用线性估计作为参照，排放降低用下面方程表示：

Emissions $e(t) = e_0 + e_1 t - \varepsilon(t)$

其中 e_1 表示线性增长率。历史增长率的差异性很大；2010年以来，化石燃料排放的CO$_2$平均增长率约为每年1.5%，但2000年左右的水平要显著高于这个数值（主要由于亚洲经济增长，那时能源价格上涨和信贷危机还没有发生）。同时，如第5章所述，历史数据已经包含了大量能效措施产生的影响。我们较为悲观地认为全球排放增长率 $e_1=800MtCO_2$/年 = 2010年全球CO$_2$排放的2%，这与IEA（2012）给出的参照预测很接近。

减排成本参数及其与三大领域的关系

减排成本参数的选取参考2040年减排全球温室气体50%的预测：

● 完全的固定成本（$C_a=0$）：未来30年间全球排放在基准预测水平上减排50%（到2040年减排32GtCO$_2$）的成本为2万亿美元/年（100万亿水平的全球GDP的2%）。这个值接近于文献中最悲观的值。

● 完全的过渡性成本（$C_b=0$）：减排力度一致，在线性的减排路径上，未来30年总的减排成本不变，但是是以变化的过渡性成本来体现，过渡性成本用来调整能源系统在未来这些年间的发展方向。

如下所述，简单地比较这两种对立的概念假设下的模型结果就能够得到很多启发——比较两个极值，即零适应性和完全适应性。以下图A1-1中黑体字显示的就是模型结果（分别用虚线和实线表示）。

然而，现实情况很可能介于两者之间。进一步的研究要求对既定路径上的固定成本和过渡性成本究竟是多少进行估计（同时需要估计的还有持久的收益）。本书假设能源系统的效率和结构在几十年间发生巨大改变，如第1章中所述，三大领域的贡献和重要性相当（参见第2章，专栏2-1）。

我们同样认为三大领域的两个（第一和第三领域）中过渡性成本（或努力）占主导地位。其他领域（第二领域）的固定成本和过渡性成本因其复杂性而难以相互剥离，这些复杂因素包括引致创新、能源枯竭、碳收益的"双重红利"之争及其对其他领域的外溢关系等。

我们的研究发现，通过检测能源效率的两种表现形式：

● 一种是"外部效率"，能效政策直接将排放每年降低1%，没有成本；这与IEA（2012）高效情景的估计相符。

● 另一种是"适应性效率"，假设效率是能源系统面对支柱一政策（能效政策）时的适应能力的一部分，存在一定成本，但是成本是过渡性的，而收益却是持久的，如第5章和第12章所述。

图A1-1中浅色虚线表示后一种效率——保持（高增长）参照情景排放水平，减排成本的2/3都是过渡性成本，即能源路径转换产生过渡性成本，而非在预设排放路径下降低固定成本。两种情况下的减排路径很相似。区别在于，效率的收益并不是免费的（没有"免费的午餐"），但是以投资于转型的方式所体现。

这些中间案例允许存在继续开发化石能源的可能性，但是成本绝对要比原始情景低很多。这与完全的适应性假设不同，可以保证能源系统在一段时间内有很强的创新、演化和适应能力，也说明没有理由认为化石能源系统终归要比高能效且零碳的能源系统便宜（如第10章案例中所述）。

结果

图A1-1展示了模型结果，包括未来一百年间的最优的排放路径、累积排放、减排成本和气候损害。

对于经典的、没有适应性/低惯性的情况，从初始减排到随着气候损害不断累积而加大减排量之间差距还是很大的。我们用与预设路径的距离表示努力的程度，减排成本经过折现后直接反应"碳损害的社会成本"。这是第二领域应用于能源系统的基本含义，即几乎没有惯性和适应性的能源系统。

这些假设的集合意味着经过最初的快速减排，全球排放持续增长，如图 A1-1 中上方"经典案例"(深色虚线)所示;减排速度赶不上排放增长的速度。这是很多建立在经典假设基础上的模型结果(特别见于由斯特恩报告中关于未来损失影响估计所引发的争论,参见第1章)。[7] 2010 年到本世纪末的累积排放约将达到 1 500GtC。

相反,如果长期来看能源系统本身具有高度适应性(将被高度的惯性所抵消),情况就会大不一样(见图 A1-1 中"适应性系统"的曲线)。这种情况下,曲线会在 10~15 年后偏离预设路径,超越经典案例中的"稳定状态"水平,并保持这种偏离状态不放松。在这一情景下,最优化响应是全球排放在 2050 年之前减半并持续降低,在本世纪后半叶中段实现零排放。届时大气中温室气体累积排放水平达到 600GtC,并在其后缓慢降低。

两个案例都假设在既定气候变化水平上损害是一致的,存在的区别是动态响应的过程。乍看之下这似乎是自相矛盾的——有人也许会认为当惯性成本或过渡性成本增加时,减排努力可以少做一点。然而这却不是问题的关键,因为在适应性案例中减排与路径的持久性改变相关。所获得的收益不仅仅是那些直接的减排量,还包括一些经过一段时间才能显现出来的外部性收益——惯性努力在几十年的时间范畴内会产生更广泛的减排效应。

图 A1-1 中的第二排介绍了成本的模式。在经典案例中(没有适应性),既定假设下,减排的最优化支出起始于每年 5 千亿美元,并逐年增加,最终到本世纪的最后十年超过每年 3 万亿美元。

在适应性案例中最初行动(那些值得一试的努力)的最优化成本更大,因为收益更大,但会随之降低。在既定假设下,初始成本约 1.4 万亿美元——接近于经典案例的 3 倍——到本世纪中叶会降低到每年 1 万亿美元,并持续降低。

这表明通过本书所分析指出的多种机制来试图改变长期减排路径的努力,较之单纯的减排行动具有更大的价值。在上述案例中,这些努力的价值是单纯减排行动的 3 倍。这回应了图 9-1 中所示的内容(降低的技术成本会弥补上升的碳价),同时也说明学习性投资能够带来巨大的潜在收益。换句话说,在相关领域的投资是相当有价值的,相当于假设的"社会碳成本"的 3 倍。

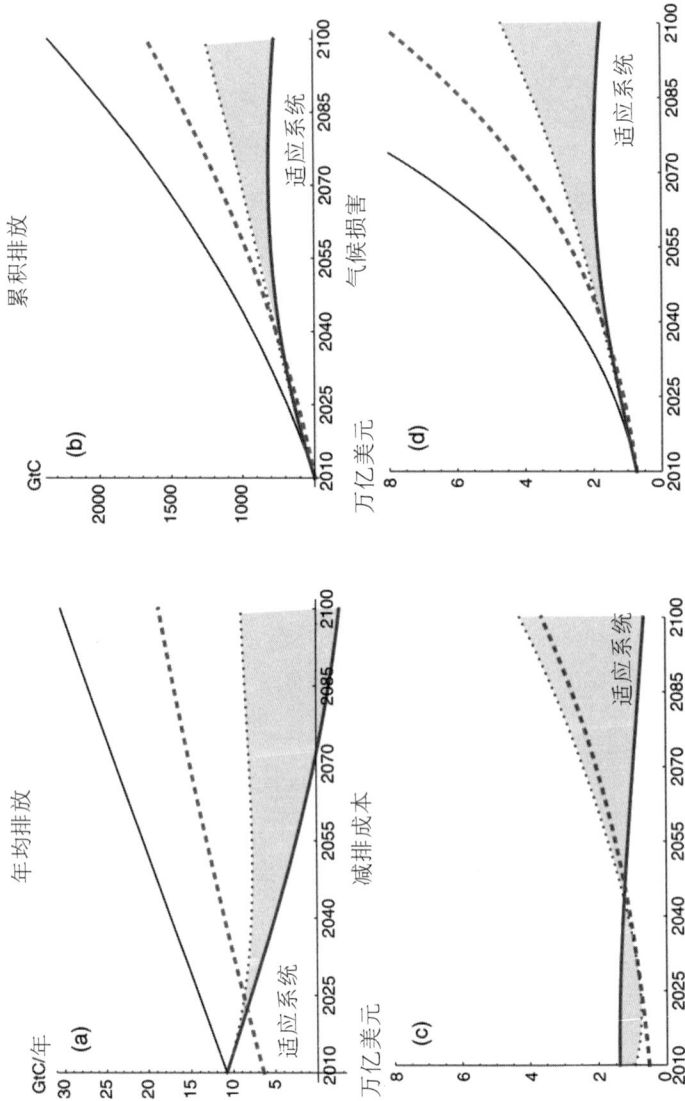

图 A1-1 最优化响应的惯性和适应性含义

注：上图显示不同能源系统结构假设下最低成本的全球响应。上面两图表示响应的减排成本（左）和气候损害（右），单位万亿美元/年。深色虚线代表相关假设、减排成本与减排量相关，全球基准排放曲线陡然上升（排放图表中最上面一条线）。与减排速率相关的适应系统，排放曲线随之转移。两者之间的虚线表示混合情况，成本分成三类，其中上面 2/3 是适应性的（理论上属于第一和第三领域）。低一点的实线表示减排成本（努力程度）与减排量年均（左）和累积（右）二氧化碳排放（单位 MTC）；下面两图表示最优化的适应系统，排放量仅与减排量相关。相关假设包括适度的损害水平（图 b）。此外，完全适应的情况会导致全球排放逐步降低，并在本世纪下半叶达到零排放水平（图 a），同时将额外的累积排放量限制在 350GtC 的水平上（图 c）用于减少本世纪下半叶将产生的气候变化损害，并将其控制在 2万~4亿美元的区间内（图 d）。根据可能性区间（阴影部分），到本世纪中叶，每年都值得投资 1万~1.5万亿美元（图 c）。

　　气候变化损害的成本参见图 A1-1 的最后一个图。在没有适应性的经典案例中，随着排放不断上升，损害水平从"最优化"响应开始上涨，到本世纪末增加到每年超过 8 万亿美元。在适应性案例中，损害可维持在每年低于 2 万亿美元的水平上。对于优化响应，本世纪末适应性能源系统的总成本每年低于 3 万亿美元，而没有适应性的系统中这一数据超过每年 10 万亿美元。

　　这一观点的重要性并不在于具体的数字，而是如第 12 章所总结的更为一般性的启示（具体的数字总是很有意思的，但是不同的假设会产生不同的结果）。[8]

　　一个基本的启示是，适应性能源系统能够显著降低气候变化影响和响应的总成本，但需要付出额外的努力来改变发展路径。同时，"成本/收益"和"安全"问题之间的分歧也会被降低。一个适应性的能源系统意味着维护安全的成本（或者说是避免数以万亿美元计的气候变化损害）会比经典情景下低很多。将三大领域相互连接和融合，便会产生一个具有很大适应性的能源系统，在调解星球热平衡的过程中就能够控制成本和风险，产生强有力的行动收益。

　　有趣的是，以上这些数值估计与实现 2℃ 目标所需要的投资很接近（第 10 章中引用的每年 400 万亿~1 200 万亿美元）。图 A1-1 中的数字来源于一个关于减排成本和货币化了的气候损害之间的平衡结果，其数值与能源系统的适应性程度密切相关（与能源效率也有关系：能效提高的背景下最优化的额外投资降低至每年约 1 万亿美元的水平）。

　　我们当然不必立刻做出长期减排路径的决策：目前需要决定的是我们在未来几年中该做些什么。简单说，在未来几十年中，每年投资 5 千亿~1 万亿美元，就能够将这个世界的发展转向一个可持续减排的路径上。这将给我们的未来带来更多选择空间，并提供一个能够持续降低能源和环保成本的大好机会。在科学认知和评判气候敏感性和风险的基础上，这种努力能够使实现 2 摄氏度温升目标的路径保持开放。不进行这类投资会带来全球风险，能源系统的惯性（很多经济模型中都没有很好地反映这一特性）进而会使后续成本达到人们难以企及的高度。

模型结果显示，能源系统的适应性能够达到什么程度是一个非常重要的经济学问题。需要对适应性的程度加以更多的讨论和分析。支柱三政策相关的证据（第9~11章）表明，假以充分的时间，能源系统能够表现出完全的适应性，最容易挖掘的化石能源已经被开采殆尽。无疑，适应性的程度值得关注。那些认为能源系统没有能力进行学习和适应的教条显然是不合时宜的，而在这份附录中，说明了这点有多重要。

详细的数学公式

本附录中的数学公式如下：

边际排放：$e(t)$

累积排放：$E(T) = E_0 + \int_0^T e(t)\mathrm{d}t$

参照排放：$e_{ref} = e_0 + e_1 \cdot t$

边际损害（X=温度变化）[9]：$d(t) = d_1 \cdot X(t) + \dfrac{d_2}{2} \cdot X(t)^2$

损害的净现值（NPV）（r=现实折现率）：$D(T) = \int_0^T e^{-r \cdot t} \cdot d(t)\,dt$

减排类型A的成本：$C_A(t) = \cdot cost_A \cdot (e_{ref}(t) - \dot{e}(t))^2$

减排类型A的NPV：$C_A(T) = \int_0^T e^{-r \cdot t} \cdot c_A(t)\,dt$

减排类型B的成本：$C_B(t) = \dfrac{1}{2} \cdot cost_B \cdot (e_1 - e(t))^2$

减排类型B的NPV：$C_B(T) - \int_0^T e^{-r \cdot t} \cdot c_B(t)\,dt$

模型的目标是寻找最小化总成本的累积排放的路径，F（T）=D（T）+Ca（T）+Cb（T）。根据数学原理运算如下：

$$\ddot{E}\int_0^T F(t)dt = \int_0^T e^{-r \cdot t} \left\{ \begin{array}{l} d_1 \cdot E(t) + \dfrac{d_2}{2} \cdot E(t)^2 \\ + \cdot \cos t_A \cdot (e_{ref}(t) - \dot{E}(t))^2 \\ + \cdot \cos t_B \cdot (e_1 - \ddot{E}(t))^2 \end{array} \right\} dt$$

运用拉格朗日方法求最优解：$\dfrac{\partial F}{\partial E} - \dfrac{d}{dt}\left(\dfrac{\partial F}{\partial \dot{E}}\right) + \dfrac{d^2}{dt^2}\left(\dfrac{\partial F}{\partial \ddot{E}}\right) = 0$

求解这个方程得到成本最小化路径下的累积（年）排放，在不同的成本系数假设下都是可行的。运用个人计算机和一定的数学软件（我们用的

Mathematica）能够很轻松地得到不同假设下的结果。

注释

1.Michael Grubb 与 Rutger-Jan Lange 和 Pablo Salas 分别来自剑桥大学土地经济系经济学研究团队和气候变化减缓研究中心。

2.Nordhaus（2014）。Nordhaus教授在其著作《平衡问题》中已经注意到引致技术改变的潜在重要性，他在DICE模型中对引入学习变量做了很多努力，但是受到第9章中所说的原因的限制（见9.6节"创新链断裂时"部分，及注释22）。这再次说明当测量的复杂性和难度成为障碍时，人们便会从另外的角度考虑用更简单的办法来表现关键进程，那便是本附录所提供的内容。

3.将减排力度加倍意味着要采取成本更高的措施，进而导致成本增长超过两倍；而将减排率翻番，很可能带来额外的交易成本或股本的过早退出。

4.作者的一项早期研究（Grubb等人，1995）给出了减缓分析的基本理念，还给出了在气候变化损害与大气中二氧化碳浓度呈一定比例假设下的结果。当时，这看上去是一个具有分析可追溯性的方法，也是一个估算我们关注的问题的有效手段。然而，数学只能分析既定的过程，而且这种方法存在一个缺陷，特别是在分析具有高度适应性的能源系统时缺陷更为明显，输出结果会受到减排长期收益的影响，而这种影响是没有限制的。当折现率很低的时候（或者损害因子很高），结果就显得很不符合现实情况。本附录中的方法，将损害直接与温度较工业化之前改变的平方挂钩，由于降低浓度的量是非线性的，从而避免了上述缺陷，如果全球温度下降到工业化前水平，结果将为负值。感谢Rutger-Jan Lange指出了温度的平方能够用累积排放来做控制变量，并完成了编码。

5.二氧化碳排放率的表达方法已经趋于固定，科学家们倾向于使用绝对排放来表示累积量，因此有了当前累积排放500GtC和还有500GtC排放空间使我们达成2℃温升目标的说法。用碳和二氧化碳来表述的区别在于两个氧分子带来的差距：$1tC=((12+2\times16)\div12)tCO_2=3.7tCO_2$；2010年全球二氧化碳排放约为$40GtCO_2$，其中化石燃料燃烧排放约$33GtCO_2$，其余排放包括水泥、土地利用变化和其他小排放源。

6.Ramsey折现公式（参见第1章，注释59）。如全球平均经济增长率为每年2.5%，则2.5%的现实折现率意味着：2.5%的纯时间偏好率（PRTP），不均等厌恶率为1；1.25%的PRTP的不均等厌恶率为1.5；0的PRTP的不均等厌恶率为2。作者认为在气候变化领域这是一个很高的折现率，但是对于反映相关领域的问题而言非常必要。结果图表（图A1-1）给出了这样的折现水平，在经典假设下，增加了未来成本；在传统情况下，初始减排努力少于1万亿美元，而本世纪末的累积减排成本和损害成本超过10万亿美元。这就是采用这一折现率的经典案例。这也说明了在能源系统中适应性如何减少代际不平等。

7.作者始终认为这种经济假设的经典式结合包含了某种不一致性。适度的气候损害反映了我们能够适应气候变化的假设（通过种植不同作物、迁移或者保护我们的沿海城市、提高对干旱或洪水的抵抗能力等），而事实上，气候变化通常会以一种难以预期的极端事件的方式体现。然而我们对能源系统的假设是相关政策和激励可以受到我们的直接操控，但能源系统本身对排放的限制无力做出适应举措。这两个假设加在一起似乎本质上存在矛盾，然而二十年来，在关于如何稳定大气中温室气体浓度的研究中，这种假设组合却指引了许多经济学的"成本/收益"分析。

现实中，认识到这种根本的不确定性和估计气候损害过程中的假设矛盾，许多分析人士便不再选择进行"成本/收益"分析，因为不同成本估计结果之间的区别仅仅在于其不同的假设排放路径。这种观点与第2章中谨慎的、安全导向的分析方法相一致，给"科学边界"和"经济成本/收益"分析方法之间划上了一道鸿沟，对政策的制定毫无益处。《斯特恩报告》曾经试图弥合这道鸿沟，并在相关讨论和后续争论中，将焦点问题过度引导到了折现率和极端气候风险等问题上（参见第1章，第1.4节，"核算气候成本"）。然而，这些讨论重在分析问题，而非寻找解决之道（改变能源系统），而本书更关注后者。

8.技术派读者也许想写信给作者要一份模型的副本（通过Mathematica软件运行），并对不同假设进行检验，包括不同的损害价值和折现率会对绝对结果产生什么样的结果等，并比较不同的能源相关假设下其他实证研究方法的结果，如国际能源署等机构的方法。一项最近的研究表明，类似模型在很大程度上依赖核心假设，这给相关的"社会碳成本"估计值带来了很大的不确定性（Hope，2012）。关于敏感性研究和气候损害资本化量化研究的长期历史，可参见第1章的参考文献（包括Ackerman，以及Yohe和Tol等人的文章）。

9.为了避免与模型中横轴T混淆，用X（t）表示温度变化；如文中所述，这一变量与累积排放成比例变化X（t）=E（t）*500。本模型假设d1=0，以便结果更好地反映损害的二次方。

参考文献

Grubb,M.,Chapuis,T.and Ha-Duong,M.(1995)'The economics of changing course: implications of adaptability and inertia for optimal climate policy',Energy Policy, 23(4):1-14.

Hope,C.W.(2012)'Critical issues for the calculation of the social cost of CO_2: why the estimates from PAGE09 are higher than those from PAGE2002', Climatic Change,online,12 December 2012.

International Energy Agency (2013) World Energy Outlook Special Report 2013: Redrawing the Energy Climate Map.Paris:IEA.

Nordhaus,W.D.(2014)'The perils of the learning model for modelling exogenous technological change',Energy Journal,35(1):1-13.